D1746697

Grundzüge der Krankenhaussteuerung

von
Prof. Dr. Steffen Fleßa
Ernst-Moritz-Arndt-Universität Greifswald

mit einem Beitrag von
Prof. Dr. Stefan Nickel
Universität des Saarlandes

Oldenbourg Verlag München Wien

Bibliografische Information der Deutschen Nationalbibliothek

Die Deutsche Nationalbibliothek verzeichnet diese Publikation in der Deutschen Nationalbibliografie; detaillierte bibliografische Daten sind im Internet über <http://dnb.d-nb.de> abrufbar.

© 2008 Oldenbourg Wissenschaftsverlag GmbH
Rosenheimer Straße 145, D-81671 München
Telefon: (089) 45051-0
oldenbourg.de

Das Werk einschließlich aller Abbildungen ist urheberrechtlich geschützt. Jede Verwertung außerhalb der Grenzen des Urheberrechtsgesetzes ist ohne Zustimmung des Verlages unzulässig und strafbar. Das gilt insbesondere für Vervielfältigungen, Übersetzungen, Mikroverfilmungen und die Einspeicherung und Bearbeitung in elektronischen Systemen.

Lektorat: Wirtschafts- und Sozialwissenschaften, wiso@oldenbourg.de
Herstellung: Anna Grosser
Coverentwurf: Kochan & Partner, München
Cover-Illustration: Hyde & Hyde, München
Gedruckt auf säure- und chlorfreiem Papier
Druck: Grafik + Druck, München
Bindung: Thomas Buchbinderei GmbH, Augsburg

ISBN 978-3-486-58279-6

Inhalt

Vorwort		**IX**
1	**Management**	**1**
1.1	Abgrenzung und Überblick	1
1.2	Planung	7
1.2.1	Planungsprozess	7
1.2.2	Entscheidungsproblem	10
1.2.3	Modellgestützte Planung	17
1.3	Organisation	19
1.3.1	Arbeitsteilung und Koordination	19
1.3.2	Organisationsstrukturen	23
1.3.3	Abteilungen im Krankenhaus	30
1.4	Personaleinsatz	32
1.4.1	Personalbedarf	33
1.4.2	Personalbeschaffung	36
1.4.3	Personalzuweisung	37
1.4.4	Personalentwicklung und -erhaltung	39
1.4.5	Leistungsbeurteilung	41
1.4.6	Personalfreisetzung	42
1.5	Führung	43
1.5.1	Grundlagen	43
1.5.1.1	Führungsstile und Machtgrundlagen	43
1.5.1.2	Persönlichkeit und Führung	46
1.5.1.3	Persönlichkeitstypologie	50
1.5.2	Vertikale und horizontale Führung	55
1.5.2.1	Motivationstheorien	55
1.5.2.2	Delegation und Vertrauen	60
1.5.2.3	Horizontale Führung	63
1.5.3	Führungsethik	67
1.6	Kontrolle	70
1.7	Managementkonzeptionen	73
1.8	Ergebnisse	79

2 Controlling — 83

- 2.1 Überblick — 83
- 2.1.1 Geschichte und Herkunft — 83
- 2.1.2 Instrumente — 86
- 2.2 Rechnungswesen — 88
- 2.2.1 Buchhaltung und Jahresabschluss als Grundlage — 88
- 2.2.1.1 Krankenhausbuchführungsverordnung — 89
- 2.2.1.2 Abgrenzungsverordnung — 90
- 2.2.1.3 Bilanz und GuV des Krankenhauses — 92
- 2.2.2 Kosten- und Leistungsrechnung — 107
- 2.2.2.1 Grundlagen — 107
- 2.2.2.2 Klassische Vollkostenrechnung — 118
- 2.2.2.3 Prozesskostenrechnung — 125
- 2.2.2.4 Deckungsbeitragsrechnung — 131
- 2.2.2.5 DRG-Kalkulation — 141
- 2.3 Budgetierung — 149
- 2.3.1 Externe Budgetierung — 150
- 2.3.2 Interne Budgetierung — 155
- 2.4 Betriebsstatistik — 160
- 2.5 Ergebnisse — 166

3 Logistik — 173

- 3.1 Einleitung — 173
- 3.1.1 Definitionen — 173
- 3.1.2 Aufgabe der Logistik — 176
- 3.1.3 Prinzipien und Merkmale der Logistik — 177
- 3.2 Bereiche der operativen Krankenhauslogistik — 179
- 3.2.1 OP-Planung — 180
- 3.2.2 Patiententransporte — 180
- 3.2.3 Terminplanung — 181
- 3.3 Lagerlogistik und Lagerbestandsmanagement — 182
- 3.3.1 Lagerlogistik — 182
- 3.3.2 Lagerbestandsmanagement — 184
- 3.3.2.1 Grundlagen — 184
- 3.3.2.2 Modell von Harris & Andler — 186
- 3.4 Ergebnisse — 189

4 Informationswirtschaft — 193

- 4.1 Grundlagen — 194
- 4.2 Krankenhausinformationssystem — 197

4.3	Innovationen der Informationswirtschaft	201
4.3.1	Elektronische Patientenakte	202
4.3.2	Telematik	206
4.4	Ergebnisse	208

5	**Strategische Steuerung**	**211**
5.1	Theoretische Grundlagen	212
5.1.1	Theorie dissipativer Systeme	212
5.1.2	Innovationstheorie	222
5.1.3	Innovationspolitik	227
5.1.3.1	Stakeholder	228
5.1.3.2	Wahrnehmung von Systemmängeln	230
5.1.3.3	Innovationsneigung	232
5.1.3.4	Innovationskosten	234
5.1.3.5	Komplexität	235
5.1.4	Management von Veränderungsprozessen	237
5.2	Geschäftsfeld- und Leistungspolitik	241
5.2.1	Grundlagen	241
5.2.2	Instrumente	244
5.2.2.1	Portfolio- und Lebenszyklusanalyse	245
5.2.2.2	Balanced Scorecard	251
5.3	Personalpolitik	254
5.4	Exkurs: Rechtsformen im Wandel	257
5.4.1	Rechtsformen des Krankenhauses	257
5.4.2	Dynamik	268
5.5	Autonomiepolitik	269
5.5.1	Grundlagen	269
5.5.2	Innovationen der Zusammenarbeit	274
5.5.2.1	Zusammenarbeit mit Krankenkassen	274
5.5.2.2	Vertikale Zusammenarbeit mit anderen Leistungsanbietern	276
5.5.2.3	Innovationskeimlinge	289
5.5.3	Betriebswirtschaftliche Bewertung	291
5.5.3.1	Horizontale Integration	292
5.5.3.2	Vertikale Integration	297
5.6	Ergebnisse	303

Ausblick	**307**
Literatur	**309**
Hilfreiche Internetquellen	**315**
Index	**317**

Vorwort

Viele Krankenhausmanager benutzen Bilder aus der Seefahrt, um die Situation ihrer Unternehmen zu beschreiben. Als Kapitäne stehen sie auf der Brücke und steuern das Schiff durch raue Gewässer, stets darauf bedacht, den Zielhafen nicht aus den Augen zu verlieren oder auf ein Riff zu fahren. Der Krankenhausmanager als Steuerungskünstler, als Kybernetiker. Und vielen erscheinen die Veränderungen der Krankenhauslandschaft der letzten Jahre wie ein Orkan auf hoher See ohne rettendes Ufer. Der nächste Hafen oder ein Seenotrettungskreuzer sind unerreichbar, und so sind Krankenhäuser häufig auf sich allein gestellt im Tosen der ökonomischen, demografischen, epidemiologischen und technischen Wellen, die auf sie einschlagen.

In dem Lehrbuch „Grundzüge der Krankenhausbetriebslehre" wurde das Krankenhaus mit seinen Elementen, Funktionen und Prozessen beschrieben. Ausgehend vom Werte- und Zielsystem haben wir analysiert, wie die Strukturelemente konzipiert sein müssen, um die Funktion der effizienten Transformation von Inputs in Outputs erfüllen zu können. Schwerpunkte bildeten hierbei unter anderem die Finanzierung, das Qualitätsmanagement sowie das Marketing der Krankenhausleistung. Abbildung V.1 zeigt den Stand des systemtheoretischen Modells, so wie es im ersten Band abgeleitet wurde.

Wenn man in obigem Bild bleibt, so muss man allerdings feststellen, dass wir bislang „Hafenkapitäne" oder sogar „Werftkapitäne" geblieben sind. Wir haben das Schiff konstruiert, so dass es seine Funktion theoretisch erfüllen kann, aber das Schiff wurde noch nicht zu Wasser gelassen. Der Kapitän weiß zwar, wohin er fahren soll, aber er kann noch nicht steuern. Die Elemente und Funktionen zu kennen, ist eine notwendige Bedingung für eine erfolgreiche Seefahrt. Aber die Steuerungskunst muss noch hinzutreten. Die Mannschaft muss an Bord kommen, die Motoren müssen laufen, der Kurs berechnet und die Seekrankheit bekämpft werden. Deshalb genügt die Statik des Betriebes nicht, die wir im ersten Band entfaltet haben. Vielmehr bedürfen wir einer Lehre von der Krankenhauskybernetik bzw. Krankenhaussteuerung, die in dem hier vorliegenden Band dargeboten wird.

Das vorliegende Lehrbuch komplettiert folglich die „Grundzüge der Krankenhausbetriebslehre" um die Dynamik. Hierzu wird im ersten Kapitel das Basiswissen des Managements diskutiert, das grundlegend für alle weiteren Steuerungsprozesse ist. Es folgen Kapitel zum Controlling, zur Logistik und zur Informationswirtschaft. Das Buch schließt mit einem ausführlichen Ausblick in das strategische Management.

Jedes Kapitel hat zwei Ziele. Zum einen sollen Instrumente für das Krankenhausmanagement angeboten werden, die eine zielsystemkonforme Steuerung erlauben. Zum anderen muss der Einsatz dieser Instrumente selbst wieder dem Oberziel der Effizienz als grundlegende Eigenschaft betrieblichen Handelns genügen. Die „Grundzüge der Krankenhausbetriebslehre" sowie die „Grundzüge der Krankenhaussteuerung" zusammen verfolgen damit das Ziel, ein vielschichtiges Denk- und Handlungsmuster für moderne Krankenhausbetriebe in dynamischen und komplexen Umsystemen zu prägen. Hierzu wird ein umfassendes Systemmodell des Krankenhauses entwickelt und die Methoden und Erkenntnisse der Allgemeinen Betriebswirtschaftslehre daraufhin untersucht, inwieweit sie einen Beitrag zur Verbesserung der Effizienz im Krankenhaus leisten können.

Das hier vorliegende Buch setzt die Inhalte des ersten Bandes voraus. Es ist deshalb hilfreich und insbesondere im Rahmen eines strukturierten Lehrangebotes sinnvoll, zuerst den Stoff der „Grundzüge der Krankenhausbetriebslehre" zu behandeln. Erfahrene Führungskräfte in Krankenhäusern werden jedoch auch ohne Kenntnis des ersten Bandes den Inhalt der „Grundzüge der Krankenhaussteuerung" mit Gewinn aufnehmen und in ihren Unternehmen umsetzen können. Das Buch wendet sich deshalb an Studierende und Praktiker gleichermaßen, an Ökonomen, Ärzte, Pflegekräfte und andere Berufsgruppen, die als Führungskräfte in der Verantwortung für Krankenhäuser stehen oder stehen werden. Sie sollen ihr berufliches Handeln auf Grundlage der Methoden und Modelle der Allgemeinen Betriebswirtschaftslehre reflektieren und ein umfassendes Verständnis der Steuerungsprozesse im Krankenhaus gewinnen.

Das Kapitel zur Logistik wurde von meinem Kollegen Stefan Nickel, Professor für Operations Research und Logistik an der Universität des Saarlandes, geschrieben. Ich bin ihm sehr dankbar, dass er seine vielfältigen praktischen und theoretischen Erfahrungen in der Krankenhauslogistik eingebracht hat, um dieses Lehrbuch zu komplettieren. Darüber hinaus wäre der vorliegende Band ohne die Hilfe von vielen Kollegen und Mitarbeitern nicht möglich gewesen. Besonders danken möchte ich Volker Kessler, Falko Milski, Jörg Heinsohn und Martin Henze für die kritische Durchsicht sowie Erika Hafemann, Britta Ehmke, René Herrmann, Olav Götz und Paul Marschall für die kompetente Korrektur.

Das vorliegende Werk kann nur ein erster Schritt in der Entwicklung einer wissenschaftlichen Lehre von der Krankenhaussteuerung sein. Verbesserungen, Erweiterungen und Anpassungen werden nötig werden. Ich hoffe, mit diesem Buch einen Beitrag zu dieser Entwicklung leisten zu können, der sich sowohl für Praktiker als auch für die Wissenschaft als wichtig erweist.

Greifswald im November 2007   Steffen Fleßa

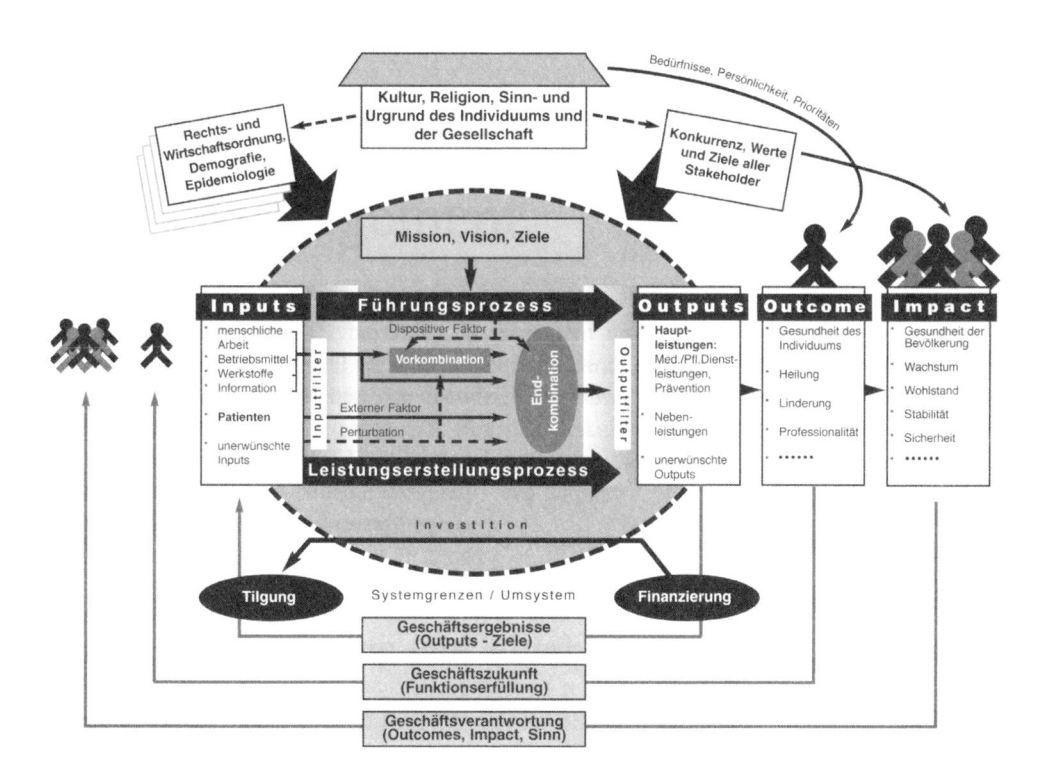

Abb. V.1   Vollständiges Systemmodell

jeder Manager wahrnehmen muss: Planung, Organisation, Personaleinsatz, Führung[1] und Kontrolle. Diese funktionale Sichtweise des Managements liegt den folgenden Ausführungen zu Grunde.

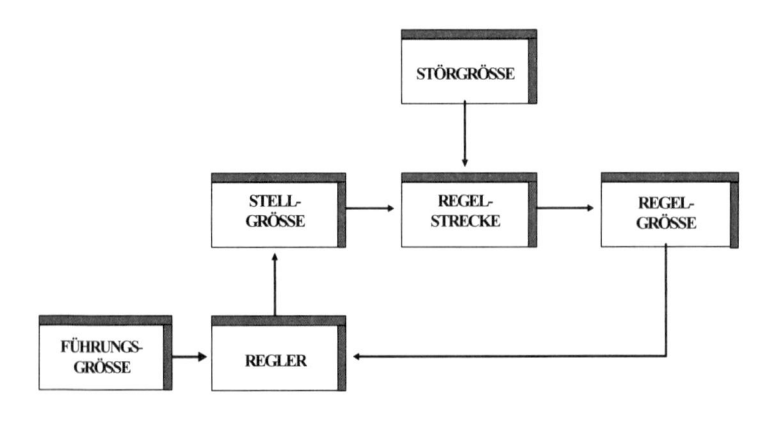

Abb. 1.1   Regelkreismodell[2]

Aus dem funktionalen Managementbegriff leitet sich die Führung als Teilaspekt des Managements ab. Führung umschreibt den Mikrokosmos der Mensch-Mensch-Interaktion, also die Aufgabe des Managers, Mitarbeiter zum systemkonformen Verhalten zu veranlassen. Führung wird allerdings immer mehr zur Kernaufgabe des Managers, denn ein Manager ohne Führungsqualitäten ist ein Bürokrat, der letztendlich leere Positionen verwalten muss, die von keinen motivierten Mitarbeitern gefüllt werden. Auf der anderen Seite ist die ausschließliche Personenorientierung, wie sie in Führungsseminaren für Mitarbeiter des Gesundheitswesens häufig vertreten wird, nicht zielführend, wenn die Vision und Mission des Unternehmens, die Organisationsstrukturen und die Kontrolle vergessen werden. Hard Facts und Soft Facts des Managements lassen sich nicht auseinanderdividieren.

Management und Führung legen einen Schwerpunkt auf die Steuerung innerhalb des Systems. Wie das Systemmodell jedoch nahe legt, verlangt eine zukunftsträchtige Systemlenkung die Einbeziehung des Umsystems, das Infragestellen des eigenen Systems, die Reflektion der eigenen Existenzgrundlage, der Funktionserfüllung und des Sinns der eigenen Arbeit. Diesen erweiterten Gesichtskreis bezeichnen einige Autoren als „systemisches Mana-

---

[1] Führung ist das deutsche Äquivalent zum englischen Leading. Leadership hingegen wird insbesondere in der US-amerikanischen Literatur breiter verstanden und teilweise mit der Unternehmenssteuerung gleichgesetzt. Wir folgen dem traditionellen deutschen Verständnis, wonach Führung ein Teilgebiet des Managements ist.

[2] Auf die Angabe von Quellen wurde bewusst verzichtet. Alle verwendete Literatur findet sich im Anhang. Am Ende jedes Kapitels finden sich Hinweise zum Weiterlesen, wobei die Abbildungen und Tabellen diesen Referenzen entnommen wurden.

1.1 Abgrenzung und Überblick

gement". Ich möchte hierfür im Folgenden den Begriff Kybernetik bzw. Steuerung verwenden.

Kybernetik ist die Kunst des Steuerns komplexer Systeme. Der Begriff wird für die Tätigkeit des Steuermanns auf einem Schiff ebenso verwendet wie für die Steuerung der Abläufe in einem Computer. Die Betriebskybernetik beschreibt folglich alle Funktionen und Prozesse zur Steuerung eines Betriebes. Steuert ein Kapitän sein Schiff durch die Wellen, muss er die Technik und Führung der Mannschaft ebenso beherrschen wie die Winde, Wellen, Sandbänke und andere Schiffe. So muss auch die Betriebskybernetik die Planung, Organisation, Personaleinsatz, Führung und Kontrolle ebenso umfassen wie die Analyse der Veränderungen des Umsystems, der Konkurrenz, des eigenen Wertesystems und der Kunden. Abb. 1.2 zeigt das Verhältnis von Unternehmenssteuerung, Management und Führung schematisch auf. Das Management impliziert in der Regel ein „Arbeiten im System", d.h. bei gegebenen Werten, Zielen, Märkten und sonstigen Umsystemen. Führung ist eine wichtige Teilfunktion des Managements. Die Unternehmenssteuerung hingegen verlangt auch ein „Arbeiten am System", was durch den äußeren Kranz angedeutet wird. Ich möchte allerdings noch einmal darauf hinweisen, dass es durchaus auch andere Begriffsdefinitionen und Abgrenzungen gibt.

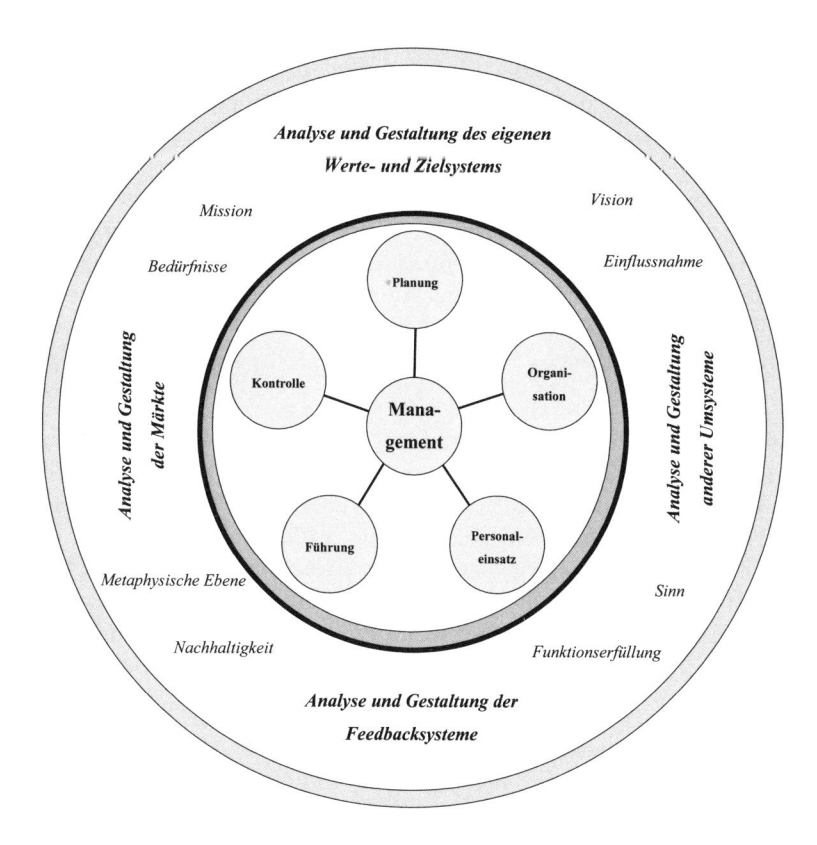

Abb. 1.2 Steuerung, Management und Führung

Der systemische Ansatz und die Vielfältigkeit der Aufgaben implizieren, dass die Managementlehre ihr Wissen aus zahlreichen Quellen schöpfen muss. So verwendet sie beispielsweise Motivationstheorien aus der Psychologie, Theorien über Gruppenprozesse aus der Soziologie und ergonomische Erkenntnisse der Medizin. Die Betriebswirtschaft nützt die Erkenntnisse dieser Wissenschaften und ergänzt sie um ihr Erkenntnisobjekt, die Effizienz. Sie fragt beispielsweise nicht nur danach, wie sich Menschen in Betrieben verhalten (wie es beispielsweise die Soziologie erforscht), sondern entwickelt Handlungsanweisungen, wie dieses Verhalten von der Unternehmensleitung beeinflusst werden kann, so dass keine materiellen und personellen Ressourcen verschwendet werden.

Die grundlegenden Teilfunktionen des Managements sind Planung, Organisation, Personaleinsatz, Führung und Kontrolle. Aus der Logik des Regelkreises ergibt es sich, dass die Führungsgröße am Anfang des Managementprozesses stehen muss. Die Definition von Vision und Mission sowie die Ableitung von konkreten Zielen ist die Voraussetzung für jede Unternehmenssteuerung. In den „Grundzügen der Krankenhausbetriebslehre" wurden die Führungsgrößen staatlicher, freigemeinnütziger und erwerbswirtschaftlicher Krankenhäuser bereits beschrieben, so dass hier auf eine Wiederholung verzichtet werden kann.

Aus den Führungsgrößen leiten sich Pläne ab, wie diese erreicht werden können. Management ist eine Handlungswissenschaft, d.h., die betriebliche Führung soll weniger erklärt oder bewertet als vielmehr gestaltet werden. Überall dort, wo es mindestens zwei Handlungsalternativen gibt, müssen Entscheidungen so getroffen werden, dass die betrieblichen Ziele bestmöglich erreicht werden. Planung ist deshalb die Grundlage jeder Entscheidung und der Ausgangspunkt des traditionellen Managements. Durch Planung wird zukünftiges Geschehen geistig vorweggenommen (prospektives Denkhandeln), um möglichst viele Alternativen analysieren und bewerten zu können und um die beste Alternative bestimmen zu können. Allein das betriebliche Werte- und Zielsystem bestimmt hierbei, was „die beste" Alternative ist. Durch intensive Planung können sich anbahnende Umweltveränderungen, Risiken und Chancen erkannt und die Zukunft aktiv gestaltet werden. Ziel des Managements ist es, die Planung derart zu optimieren, dass knappe jetzige und zukünftige Ressourcen bestmöglich eingesetzt werden.

Organisation als Teilfunktion des Managements wird nötig, da manche Aufgaben nicht von einer Person allein erledigt werden können. So ist es unmöglich, dass ein einziger Arzt alle Tätigkeiten einer Krankenhausbehandlung von der Aufnahme über Labor, Operation, Pflege, Mobilisierung, Speiseversorgung bis zur Entlassung alleine ausführt. Vielmehr wird die große Gesamtaufgabe in viele kleine Teiltätigkeiten zerlegt (Arbeitsteilung) und einzelnen Aufgabenträgern (Stellen) zugeordnet. Nur durch die Arbeitsteilung ist es möglich, komplexe und umfangreiche Aufgaben zu erfüllen. In der Regel geht die Arbeitsteilung mit einer Spezialisierung (Artenteilung) einher, die erheblich zur Verbesserung der Fertigkeiten und damit der Effizienz beiträgt.

Der große Nachteil der Aufteilung einer großen Aufgabe auf viele Aufgabenträger besteht allerdings darin, dass es eine Institution geben muss, die dafür sorgt, dass die einzelnen Aufgabenträger tatsächlich die Gesamtaufgabe zusammen erfüllen. Arbeitsteilung verlangt folglich Koordination, verlangt Führung. Dadurch entsteht zusätzlich zur ausführenden Arbeit eine Gruppe von Mitarbeitern, die ausschließlich dafür verantwortlich sind, die operativ

1.1 Abgrenzung und Überblick

Tätigen zu koordinieren. Hieraus ergeben sich Weisungsbefugnisse, Vorgesetzte, Untergebene, Hierarchien und letztlich eine Aufbauorganisation. Arbeitsteilung und Koordination sind somit die beiden Grundelemente der Organisation.

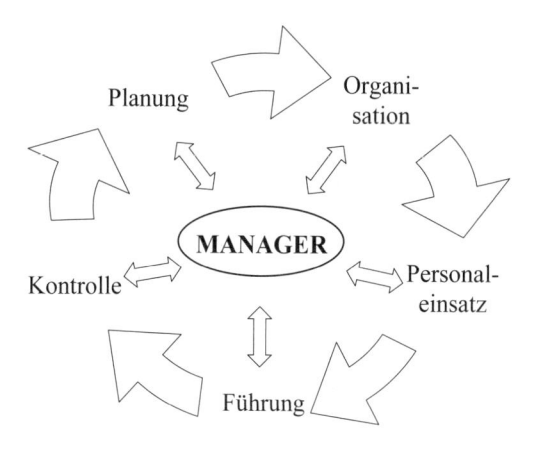

Abb. 1.3 Funktionale Sichtweise des Managements

Sobald die durch die Arbeitsteilung entstandenen vielfältigen Teilaufgaben einzelnen Stellen zugeordnet wurden, müssen diese Stellen mit Mitarbeitern besetzt werden. Die Managementfunktion Personaleinsatz umfasst eine große Fülle von Aktivitäten, deren Ziel stets die quantitative und qualitative Deckung von Personalbedarf und Personalbestand ist: Personalgewinnung, Personalzuweisung am Arbeitsplatz, Personalbeurteilung, Weiterbildung und Entlohnung.

Die Gewinnung von qualifizierten Mitarbeitern ist eine notwendige, jedoch keine hinreichende Voraussetzung für eine gute Betriebsleistung. In einer Arztpraxis, in der niemand angestellt ist, besteht eine Identität von persönlichen Zielen des Arztes und den Praxiszielen. In Krankenhäusern hingegen kann nicht einfach davon ausgegangen werden, dass die Mitarbeiter die Ziele des Unternehmens selbständig verfolgen. Sie werden vielmehr die Erfüllung ihrer eigenen, abweichenden Ziele anstreben. Es ist die Aufgabe des Managements, die Betriebs- und Individualziele zu synchronisieren. Ein Mitarbeiter, der die Betriebsziele erstrebt, soll damit auch gleichzeitig seine eigenen Ziele erreichen. In der Industrie wurde dieses Synchronisationsproblem traditionell durch den Akkordlohn zu lösen gesucht, was aber auch nur zum Teil gelingt. Das Einkommen des Arbeitnehmers stieg proportional zu der Zahl der gefertigten Werkstücke. Je mehr er arbeitete, desto besser war es (in vielen Fällen) für das Unternehmen, da die Fixkosten auf viele Leistungseinheiten aufgeteilt wurden. Gleichzeitig erhielt er einen höheren Lohn. Interessen des Arbeitnehmers und des Arbeitgebers sind integriert. Im Gesundheitswesen können die Interessen des Betriebes und des Personals nur selten durch den Lohn integriert werden. Die Personalführung verlangt hier die Berücksichtigung der Individualität des Menschen, seine Motivationsfähigkeit und seine Interessenlage.

Die Führungsfunktion Kontrolle schließlich umfasst die Messung der Ergebnisse (Ist-Werte), den Vergleich mit den Plandaten (Soll-Ist-Vergleich) sowie die Analyse der Abweichungsursachen. Sie ist die Zwillingsfunktion der Planung. Kontrolle ohne Planung ist unmöglich, da der Soll-Ist-Vergleich die planerische Festlegung des Solls impliziert. Gleichzeitig ist die Planung ohne den Feedback aus der Kontrolle inhaltslos, denn der Planer muss für zukünftige Planungen wissen, ob er seine Ergebnisse bislang erreicht hat bzw. ob seine Planungen realitätsfremd waren.

Die genannten Funktionen werden oftmals als Kreislauf bzw. Zyklus mit klar abgrenzbaren Schritten dargestellt und beschrieben. In diesem idealtypischen Managementprozess folgt der Planung die Implementierung mit den drei Teilbereichen Organisation, Personaleinsatz und Führung. Anschließend erfolgen Kontrolle und Feedback an die Planung. Erst danach beginnt ein neuer Zyklus mit neuer Planung. Für diesen Prozess finden sich Abkürzungen, wie z.B. PIKA (Planung, Implementierung, Kontrolle, Adaption) oder PORK (Planung, Organisation, Realisation, Kontrolle).

In der Realität laufen jedoch alle Managementfunktionen gleichzeitig ab und werden durch die Denkleistung des Managers koordiniert. Eine nachvollziehbare zeitliche Abfolge ist oftmals nicht mehr auszumachen. Abb. 1.3 entspricht deshalb sehr viel stärker der Krankenhausrealität als Abbildung 1.4. Die zeitgleiche Koordination aller fünf Managementfunktionen stellt jedoch auch eine deutlich höhere Anforderung an die Führungskraft: Sie muss alle Teilfunktionen wahrnehmen und koordinieren.

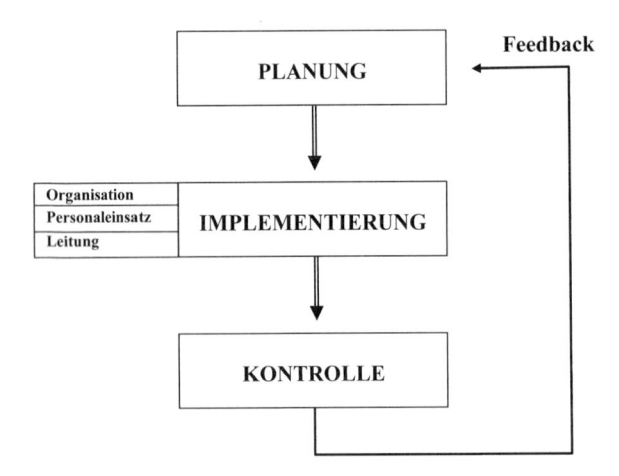

Abb. 1.4 Idealtypischer Managementzyklus

Die fünf Führungsfunktionen sind originäre Aufgaben jedes Managers. Keine Führungskraft kann die letztendliche Verantwortung für diese Funktionen delegieren, auch nicht an eine Personalabteilung. Im Folgenden werden diese Funktionen vertieft dargestellt.

1.2 Planung

Planung ist ein prospektives Denkhandeln in der Form geistiger Vorwegnahme zukünftigen Tathandelns. Im Prinzip ist damit jedes Vorausdenken und vorhersehendes Erleben zukünftiger Ereignisse Planung. Da die Betriebswirtschaftslehre jedoch eine Handlungswissenschaft ist und das Krankenhausmanagement nicht nur antizipieren, sondern gestalten möchte, tritt zur Prospektion meist noch die Auswahl aus Alternativen, d.h. die bewusste Entscheidung.

Planung und Entscheidung sind häufig Ausgangspunkt des Managementzyklus und essenzielle Funktionen jedes Managers. In vielen Krankenhäusern dominiert jedoch die Planung das gesamte Management. Organisation, Personaleinsatz und die Führung werden den Plänen untergeordnet oder gar vernachlässigt, während die Zwillingsfunktion Kontrolle als Regulativ der Planung verstanden wird. Diese Planungsdominanz hat verschiedene Wurzeln. Erstens ist Deutschland überhaupt von einer Planungskultur geprägt. Im wechselwarmen Mitteleuropa war Planung eine Notwendigkeit, um den nächsten Winter zu überleben. Ohne Lagerhaltung als Ausdruck systematischer Planung musste der Bauer zwangsläufig verhungern. So entwickelte sich aus den geografischen Gegebenheiten Mitteleuropas langsam eine Kultur der Planung, die deutlich stärker ausgeprägt ist als beispielsweise in Südeuropa oder gar in tropischen Regionen.

Zweitens wird in vielen Krankenhäusern noch ein eher konservativer Managementstil praktiziert, der stark an die militärischen Wurzeln der Betriebswirtschaftslehre erinnert (man denke nur an die Herkunft von Fachwörtern wie Strategie, Taktik und Befehlskette). Im Gegensatz zu Unternehmen, die seit Jahrzehnten auf Käufermärkten agieren und deshalb den Mitarbeiter als wichtigste Ressource erkannt haben, konnte sich in Krankenhäusern die strikte Planerfüllung noch viel länger halten. Unter vorgehaltener Hand spricht mancher Assistenzarzt von seinem Chef als dem General, manche Krankenhausorganisationen werden gar als paramilitärisch bezeichnet.

Drittens wurden diese Tendenzen durch die Krankenhausfinanzierung verstärkt. Jahrzehntelang war die wichtigste Aufgabe des Krankenhausverwalters die strikte Einhaltung des Jahresbudgets als Finanzplan. Das Überleben der Einrichtung hing vor allem davon ab, ob es gelang, diesen Jahresplan zu erfüllen. Diese Planfokussierung hat Krankenhausmanager bis heute geprägt.

Im Folgenden wollen wir Kernbegriffe der Planungstheorie definieren und einen formalen Planungsprozess diskutieren. Es folgen eine Beschreibung der Entscheidungssituation sowie einige wenige Anmerkungen zur modellgestützten Planung. Das Kapitel schließt mit einem kurzen Überblick über Planungswerkzeuge, wie sie in diesem Buch auch an anderer Stelle verwendet werden.

1.2.1 Planungsprozess

Planung impliziert in der Regel, dass eine Reihe von Alternativen besteht, aus denen diejenige auszuwählen ist, die dem Zielsystem am meisten entspricht. Die Menge von Handlungsalternativen, über die zu einem bestimmten Zeitpunkt entschieden werden soll, wird als Entscheidungsfeld bezeichnet. Es hat eine zeitliche (kurz-, mittel- und langfristige Planung) und eine sachliche Dimension (z.B. Personalplanung, Absatzplanung, Einkaufsplanung). Von langfristiger Planung spricht man, wenn sich der Planungszeitraum soweit in die Zukunft erstreckt, wie überhaupt noch Aussagen getroffen werden können. In der Regel sind dies bei Krankenhäusern mehr als zwei Jahre, manchmal bis zu fünfzig Jahre. Kurzfristige Pläne umfassen meist einen Zeitraum von weniger als sechs Monaten.

Je länger der Planungszeitraum, desto größer ist die Unsicherheit. Sie bezeichnet die Tatsache, dass zukünftige Umweltzustände entweder nicht bekannt sind oder ihre Eintrittswahrscheinlichkeiten nur geschätzt werden können. So kann beispielsweise die zukünftige Nachfrage immer nur geschätzt werden. Eine Punktlandung bleibt Zufall.

Die Unsicherheit langfristiger Entscheidungen ist maßgeblich für die Entstehung des so genannten Planungsdilemmas verantwortlich. Einerseits sollten Pläne möglichst langfristig sein, so dass möglichst viele Alternativen ausgenutzt werden können. Wie Abb. 1.5 zeigt, reduziert sich das Entscheidungsfeld in der Regel erheblich, wenn der Entscheidungszeitpunkt nahe an den Handlungszeitpunkt heranrückt. Gleichzeitig bedeutet eine langfristige Planung jedoch eine große Unsicherheit sowie eine langfristige Ressourcenbindung und damit Inflexibilität. Soll man nun kurzfristig oder langfristig planen? Die Antwort kann nur lauten: beides. Wir entwickeln strategische Pläne und nutzen damit so viele Handlungsalternativen wie möglich. Diese Pläne müssen grob und vage bleiben. Anschließend setzen wir sie in kurzfristige Detailplanungen um. Da die langfristigen Pläne in der Regel das Gesamtunternehmen betreffen und von der obersten Leitung verantwortet werden, bezeichnet man sie manchmal auch als strategische Pläne, während die kurzfristigen, auch auf unterste Hierarchiestufen delegierbaren Pläne operative Pläne genannt werden.

Planung beginnt folglich stets mit der Entwicklung von Alternativen. Sie sollten im ersten Schritt nicht reglementiert sein. Killerphrasen, wie „Das haben wir in unserem Krankenhaus schon immer so gemacht!", „Das geht in einer chirurgischen Station nicht!" oder „Das haben wir noch nie gemacht!" müssen unbedingt vermieden werden. Vielmehr sind Fantasie und Kreativität gefragt. Man kann zeigen, dass jeder Mensch mit diesen Eigenschaften begabt ist. Allerdings gehen sie im Laufe des Lebens immer mehr verloren. Junge Menschen haben deshalb meist mehr Fantasie und sind bessere Ideenquellen als alte Menschen. Berufe mit starren Regeln führen oftmals zu einem Verlust an Kreativität. Auf der anderen Seite ist der „Kuss der Muse" in keiner Weise das Produkt von Faulheit. Vielmehr benötigt die Kreativität die intensive Kenntnis des Systems und das Auseinandersetzen mit dem zu lösenden Problem. Oftmals kommt dann der geniale Einfall, wenn man nicht an dem Problem arbeitet. Ohne vorherige intensive Auseinandersetzung ist jedoch keine Kreativität möglich.

1.2 Planung

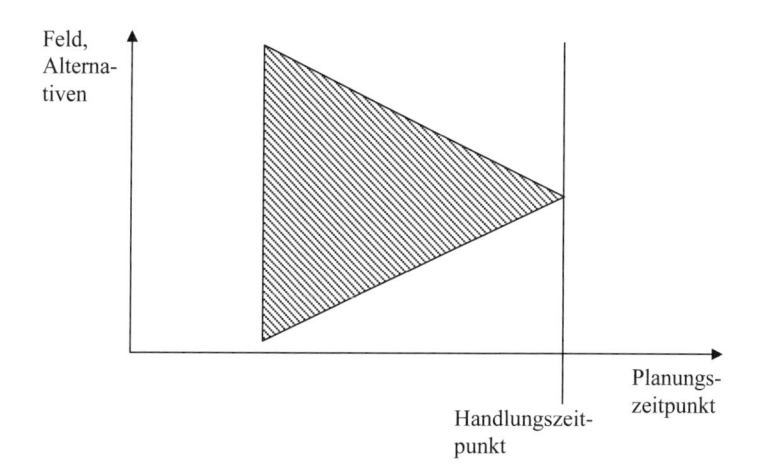

Abb. 1.5   Entscheidungsfeld

Dies hat mehrere Folgen für den Problemlösungsprozess. Erstens ist das Management nicht immer die optimale Quelle für gute Ideen, denn Führungskräfte befassen sich nicht täglich mit den Problemen und sind zu weit entfernt. Zweitens sollten in die kreative Phase unbedingt möglichst viele Mitarbeiter einbezogen werden, die unmittelbar betroffen sind. Sie haben sich bereits damit auseinandergesetzt, und ihre Gedanken arbeiten (auch im Traum!) an diesen Problemen. Ziel der Kreativitätstechniken muss es sein, diese Gedanken zu strukturieren und zu artikulieren. Schließlich sollten gerade Berufsgruppen, die ja eine sehr formale, naturwissenschaftliche Ausbildung durchlaufen haben, bereit sein auf Berufsgruppen zu hören, die sehr viel mehr im assoziativen Denken geschult sind, z.B. Psychologen, Soziologen und Ökonomen.

Tab. 1.1   Kurz-, mittel- und langfristige Pläne

	Kurzfristig	**Mittelfristig**	**Langfristig**
Zeitraum	< 6 Monate	0,5 - 2 Jahre	> 2 Jahre
Präzisionsgrad	sehr hoch	mittel	niedrig
Störungen	kaum	mittel	hoch
Alternativenzahl	gering	mittel	hoch
Anforderungen	gering	mittel	hoch
Bedeutung für Zielerreichung	gering	mittel	hoch
Gewissheit	hoch	mittel	gering
Tragweite	gering	mittel	hoch

Für jede Alternative müssen Daten gesammelt werden, auf deren Grundlage eine Bewertung und die Auswahl der besten Alternative möglich ist. Hierzu erfolgt zuerst eine Wertsystemanalyse. Planung ist unmöglich, wenn das Werte- und Zielsystem nicht bekannt ist. Vor jeder Planung müssen deshalb Ziele, Prioritäten, Posterioritäten und Entscheidungsregeln bei Zielkonflikten genau definiert sein. Es muss für jede der möglichen Alternativen ermittelt werden, inwieweit sie die Betriebsziele positiv oder negativ beeinflusst. Vor weiteren Analysen müssen diejenigen Alternativen ausgeschieden werden, die den gewählten Werten widersprechen. Mögen sie noch so erfolgsversprechend sein, sie können den Filter der Wertsystemanalyse nicht passieren.

Entscheidungsalternativen müssen jedoch nicht nur wertsystemgerecht sein, sondern auch sachgerecht. Deshalb erfolgt als nächster Schritt die Umweltanalyse. Sie beinhaltet eine Bestandsaufnahme und Prognose der relevanten Umweltdaten zur Ermittlung der sich einem Unternehmen eröffnenden Chancen und Risiken in seiner Umwelt. Für jede Alternative wird gefragt, ob sie technisch realisierbar ist, ob sie rechtlich erlaubt ist, ob die Märkte, die Konjunktur und viele ähnliche Parameter des betrieblichen Umsystems diese Entscheidung erlauben. Als Ergebnis erhalten wir die Summe der wertsystem- und umweltkonformen Alternativen. Wahrscheinlich wird ihre Zahl bereits deutlich geringer sein als die ursprüngliche Menge der Alternativen.

Abschließend folgt der Kapazitätsabgleich, d.h. die Bestandsaufnahme und Prognose der Stärken und Schwächen der Unternehmung relativ zur Konkurrenz. Mit ihrer Hilfe wird ermittelt, ob die wertsystem- und umweltkonformen Alternativen für das Unternehmen überhaupt durchführbar sind. Haben wir ausreichend Personal, Investitionsgüter, Materialien, Absatzwege, Managementkapazität? Im Ergebnis bleiben nur wenige Entscheidungsvarianten übrig, aus denen dann diejenige ausgewählt wird, die dem Zielsystem am meisten entspricht.

1.2.2 Entscheidungsproblem

Das Entscheidungsfeld ist die Menge aller möglichen Entscheidungsalternativen, aus denen eine bzw. ein Bündel von Alternativen so auszuwählen ist, dass eine bestimmte Zielfunktion optimiert wird. Die Entscheidungssituation kann unterschiedlich charakterisiert sein. Zuerst kann zwischen mono- und multikriteriellen Entscheidungen unterschieden werden. Die Gewinnmaximierung ist ein einziges Ziel (monokriteriell), während ein System aus Reduktion der Mortalität, Erhöhung der Mitarbeiterzufriedenheit und Beitrag zur öffentlichen Gesundheit zu einer multikriteriellen Zielfunktion führt. Dementsprechend sind kommerzielle Betriebe häufig von eindimensionalen Zielsystemen geprägt, während Nonprofit Organisationen meist multidimensionale Zielsysteme haben.

Weiterhin können Entscheidungen unter Sicherheit oder unter Unsicherheit bezüglich zukünftiger Umweltzustände erfolgen. Es gibt verschiedene Arten von Unsicherheitssituationen. Sind die möglichen Zustände und die Eintrittswahrscheinlichkeiten bekannt, spricht man von einer Risikosituation. Liegen keine Erkenntnisse über die Eintrittswahrscheinlichkeit bekannter Umweltzustände vor, handelt es sich um eine Ungewissheitssituation. Ist ein rational handelnder Dritter für die Unsicherheit verantwortlich, so handelt es sich um eine Spielsituation.

1.2 Planung 11

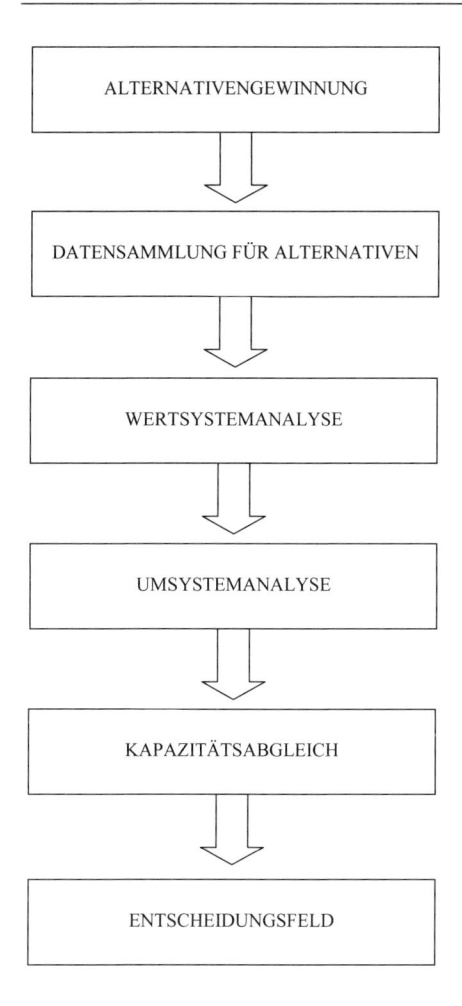

```
┌─────────────────────────────────┐
│   ALTERNATIVENGEWINNUNG         │
└─────────────────────────────────┘
                │
                ▽
┌─────────────────────────────────┐
│   DATENSAMMLUNG FÜR ALTERNATIVEN│
└─────────────────────────────────┘
                │
                ▽
┌─────────────────────────────────┐
│   WERTSYSTEMANALYSE             │
└─────────────────────────────────┘
                │
                ▽
┌─────────────────────────────────┐
│   UMSYSTEMANALYSE               │
└─────────────────────────────────┘
                │
                ▽
┌─────────────────────────────────┐
│   KAPAZITÄTSABGLEICH            │
└─────────────────────────────────┘
                │
                ▽
┌─────────────────────────────────┐
│   ENTSCHEIDUNGSFELD             │
└─────────────────────────────────┘
```

Abb. 1.6   Entwicklung eines Entscheidungsfeldes

Im Krankenhaus kommen alle Varianten vor. Das Verhalten der Konkurrenz ist nicht vollständig vorhersehbar, so dass sich das Krankenhaus in einer Spielsituation befindet. Die so genannte Spieltheorie liefert Ansätze, wie derartige Unsicherheitssituationen überwunden werden können. Die erwartete Fallzahl in DRG j kann mit Hilfe statistischer Methoden aus der Vergangenheit geschätzt werden, wobei man bei ausreichenden Erfahrungen und ohne Trendbruch durchaus von relativ stabilen Wahrscheinlichkeitsverteilungen und einer Risikosituation ausgehen kann. Gerade bei Innovationen liegen oft aber überhaupt keine Schätzungen der Eintrittswahrscheinlichkeiten vor (Ungewissheit), teilweise sind nicht einmal die möglichen Folgen vollständig bekannt.

Schließlich kann noch unterschieden werden, ob die betrachteten Größen Ergebnisse oder Nutzen darstellen. Abb. 1.7 zeigt als Beispiel den Zusammenhang zwischen dem Personaleinsatz und dem Nutzen, den ein Patient der Personaldichte beimisst. Es zeigt sich, dass die lineare Erhöhung des Personaleinsatzes zuerst zu einem überproportionalen Anstieg an wahrgenommener Qualität führt, dann jedoch die Nutzenzuwächse immer stärker abnehmen. Ab dem Maximum fühlt sich der Patient belästigt, so dass sein Nutzen wieder sinkt. Maximiert man allein den Personaleinsatz, so führt dies zu völlig anderen Ergebnissen als die Nutzenmaximierung. In vielen Fällen ist der Nutzen zwar eine monotone, aber keine lineare Funktion des Ergebnisses. So wird beispielsweise ein zusätzlicher Gewinn stets positiv bewertet. Häufig tritt jedoch auch bei kommerziellen Unternehmen ab einer gewissen Schwelle (z.B. in Höhe der Rendite alternativer Geldanlagen) das Gewinnmotiv gegenüber anderen Kriterien (z.B. Einfluss, Prestige, Freizeit) eher in den Hintergrund.

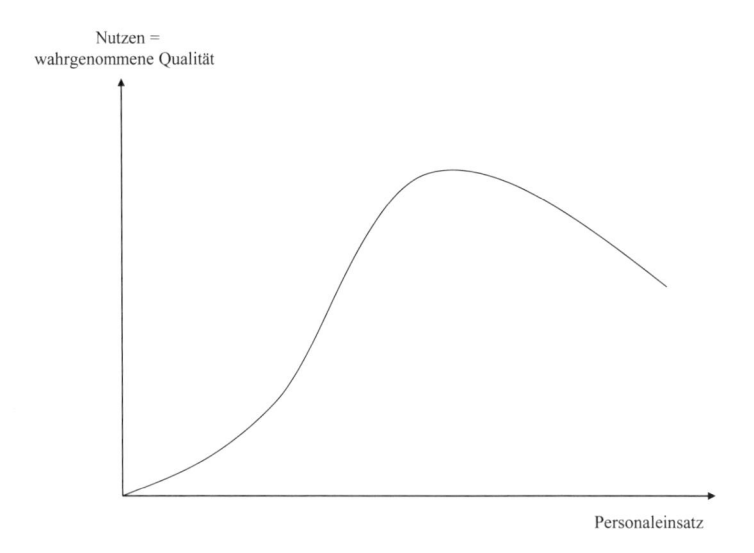

Abb. 1.7   Qualitätsfunktion

Die Entscheidung bei Sicherheit und einem Ziel ist trivial. Es wird lediglich diejenige Alternative gewählt, die das größte (bei Maximierungszielsetzung) oder kleinste (bei Minimierungszielsetzung) Ergebnis bzw. den größten Nutzen liefert. In einer Risikosituation werden Entscheidungsregeln angewandt, die hier nicht vertieft werden können, jedoch zum Handwerkszeug des Krankenhausbetriebswirtes gehören (z.B. Bayes-Regel, σ-Regel, μ-σ-Regel). Für den Fall der Ungewissheit wurden ebenfalls Entscheidungsregeln entwickelt (z.B. Minimax-Regel, Maximax-Regel, Hurwicz-Regel, Savage-Niehans-Regel, Laplace-Regel), die in jedem Lehrbuch der Allgemeinen Betriebswirtschaftslehre nachgelesen werden können.

Die Realität betrieblicher Entscheidungsprozesse im Krankenhaus ist jedoch durch multikriterielle Entscheidungen geprägt. Meist gibt es mehrere Anspruchsgruppen (z.B. Mitarbeiter, Eigentümer, Patienten, Öffentlichkeit), die legitime Anforderungen stellen. Zielneutralität oder -komplementarität sind die Ausnahme, d.h., in der Regel stehen verschiedene Ziele in einem Zielkonflikt. Damit wird es notwendig, die Ziele mit einem geeigneten Verfahren zu

1.2 Planung

fusionieren. Bekannte Verfahren sind die lexikografische Ordnung, Zieldominanz, Zielgewichtung und Goal Programming.

Im Folgenden sollen diese Verfahren an Hand eines Praxisbeispiels erläutert werden. Ausgangspunkt ist die Bestrahlung eines Tumors mit drei konkurrierenden Zielen. Erstens soll die Strahlendosis im Tumor maximal sein. Zweitens soll die Strahlendosis im umliegenden Gewebe minimal sein, und drittens soll die Behandlungsdauer für den Patienten möglichst kurz sein. Die Technik (Einstrahlwinkel, Bestrahlungsdauer, verschiedene Bestrahlungsstärken) erlaubt nicht, dass alle Ziele zugleich vollständig erreicht werden können. Gesucht ist folglich der optimale Kompromiss.

Tab. 1.2   Beispiel konkurrierender Ziele

Ziel	Beschreibung
Z1	Maximale Strahlendosis im Tumorgewebe
Z2	Minimale Strahlendosis im umliegenden Gewebe
Z3	Minimale Behandlungsdauer für den Patienten

Die lexikografische Ordnung bildet eine Zielhierarchie. Sie könnte z.B. Z1>Z3>Z2 lauten. In diesem Fall wird die Bestrahlung so optimiert, dass allein die Strahlendosis im Tumorgewebe maximiert wird. Falls jedoch alternative, d.h. bzgl. Ziel 1 gleich gute Lösungen auftreten, wird anschließend aus der Menge der Z1-optimalen Alternativen die Menge der Alternativen ausgewählt, bei denen die Behandlungsdauer minimal ist. Falls erneut alternative Lösungen auftreten, wird das Verfahren mit Z2 fortgesetzt. Man kann sich leicht vorstellen, dass dieses Verfahren zu einer gefährlichen Verstrahlung des umliegenden Gewebes führen würde.

Die Zieldominanz erklärt ein Ziel zum ausschließlichen Oberziel und transformiert alle weiteren Ziele zu Nebenbedingungen. So könnte beispielsweise in diesem Beispiel die Bestrahlungsintensität des Tumors maximiert werden, jedoch unter der Nebenbedingung, dass das umgebende Gewebe nur eine Strahlendosis bis zu einer Höchstgrenze erhalten darf. Weiterhin könnte die Behandlungsdauer begrenzt werden. Es handelt sich folglich um eine Überführung in ein monokriterielles Verfahren mit weiteren Nebenbedingungen.

Die Zielgewichtung wird häufig vorgenommen. Wie bereits in der „Einführung in die Krankenhausbetriebslehre" diskutiert, beinhaltet bereits die grundlegende Effizienzformel Gewichte w_j und v_i. In der Allgemeinen Betriebswirtschaftslehre genügt meistens eine Gewichtung mit den Markt- bzw. Faktorpreisen, d.h. mit monetären Werten. Die Zielfusion erfolgt folglich durch eine Monetarisierung. Das klassische Verfahren hierzu ist die Kosten-Nutzen-Analyse, bei der sowohl Inputs als auch Outputs ausschließlich in Geld gemessen werden. Im obigen Beispiel dürfte es jedoch kaum praktisch möglich noch ethisch angemessen sein, allein monetäre Werte einzubeziehen.

$$\frac{\sum_{j=1}^{m} w_j * x_j}{\sum_{i=1}^{n} v_i * y_i} \to Max!, \text{ mit}$$

x_j Output j, j=1..m
y_i Input i, i=1..n
w_j Gewicht des Outputs j
v_i Gewicht des Inputs i
m Zahl der Outputfaktoren
n Zahl der Inputfaktoren

Stattdessen können die einzelnen Ziele mit künstlichen Gewichten versehen werden, die von den Entscheidungsträgern angegeben werden. So könnte bei der Entscheidung gelten: „Behandlungsdauer ist nicht so wichtig wie Tumorschädigung", so dass Z3 ein Gewicht von 0,1 bekommt, während Z1 ein Gewicht von 0,7 zugewiesen erhält. Ein derartiges Verfahren verwendet beispielsweise die Stiftung-Warentest, die die einzelnen Kriterien gewichtet (z.B. Prestige des Autos ist doppelt so wichtig wie Benzinverbrauch). Allerdings sind diese Gewichtezuweisungen sehr subjektiv oder gar willkürlich. Letztlich sagen die somit erhaltenen Entscheidungen mehr über die Prioritäten der Entscheider als über die Optimalität der gewählten Alternative aus.

Goal Programming schließlich minimiert die Abweichung von einem als optimal angenommenen Wert. Es handelt sich um ein relativ aufwendiges Verfahren, das in der Krankenhauspraxis selten angewendet wird.

Wo liegt der Goldstandard? Bei strategischen Entscheidungen (einmalig oder selten, große finanzielle und zeitliche Bedeutung, ausreichend Zeit für die Vorbereitung) können diese Verfahren angewandt werden. Bei Routineentscheidungen (wie z.B. die Bestrahlung) dürften jedoch Entscheidungsunterstützungsinstrumente vorteilhafter sein, die auf die Intuition des Entscheiders bauen.

Abb. 1.8 zeigt ein entsprechendes Werkzeug. In einem komplexen Rechenmodell wird zuerst die Menge aller Pareto-optimalen Kombinationen zwischen Tumor- bzw. Umgebungsbestrahlung sowie Bestrahlungsdauer ermittelt. Eine Lösung ist Pareto-optimal, wenn ein Wert einer Zielfunktion nur verbessert werden kann, wenn der Wert einer anderen Zielfunktion verschlechtert wird. Der Entscheider erhält ein grafisches Instrument, mit dessen Hilfe er die für ihn optimale Erreichung ausprobieren kann. Erhöht er den Bestrahlungswert des Tumors, so wird sich dies auf dem Bildschirm auch in einer Erhöhung der Dauer und der Bestrahlung des umliegenden Gewebes äußern. Er kann frei manövrieren, das System lässt jedoch weder unmögliche noch Pareto-suboptimale Lösungen zu. Er sieht sofort, was eine Veränderung für Konsequenzen hat.

1.2 Planung

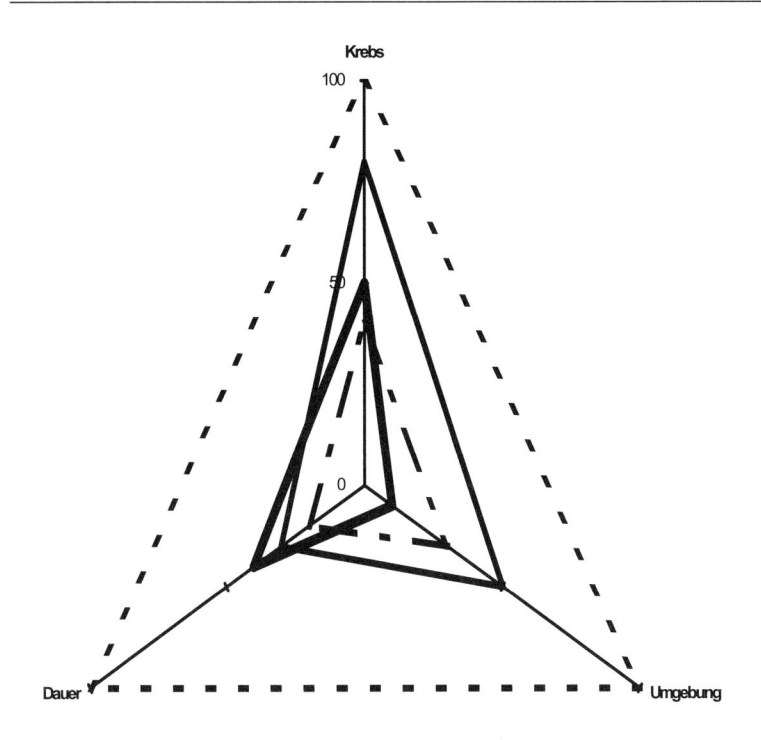

Abb. 1.8 Multikriterielle Entscheidungsunterstützung

Derartige Entscheidungen werden häufig nicht allein, sondern in Gruppen getroffen. Auch hierfür gibt es zahlreiche Entscheidungsregeln (z.B. einfache Mehrheit, absolute Mehrheit, sukzessiver Paarvergleich, Borda-Regel, Approval-Voting), deren Kenntnis für den Krankenhausbetriebswirt hilfreich ist. Man muss sich allerdings dessen bewusst sein, dass formale Entscheidungsprozesse in Gruppen durch informelle Dominanzen geprägt sind. Sie zu erkennen und ihnen vorzubeugen ist weniger ein Problem der Planung als der Führung.

Insgesamt müssen sich die Entscheidungsträger als Individuum oder als Gruppe über vier Gegebenheiten klar werden. Erstens müssen sie für jedes Kriterium bestimmen, welchen Nutzen sie einem bestimmten Ergebnis beimessen (Höhenpräferenz). So ist beispielsweise das Unwohlsein des Patienten in der Regel überproportional zur Bestrahlungsdauer. Zweitens müssen die Ziele bei vielen Verfahren der Zielfusion gewichtet werden (Artenpräferenz). Drittens müssen zukünftige Nutzen mit gegenwärtigen verglichen werden (Zeitpräferenz). So ist die Bestrahlung für den Patienten während der Behandlung negativ, während sie sich langfristig positiv auswirken kann. Diese zukünftige Entwicklung unterliegt allerdings einer Wahrscheinlichkeit, so dass, viertens, der Entscheider seine eigene Risikoeinstellung kennen muss (Risikopräferenz).

Häufig wird das Risiko von Entscheidungen einfach ignoriert. Dies kann durchaus rational sein, wenn die Beschaffung von Informationen über zukünftige Umweltzustände zu teuer, zu langwierig oder zu gefährlich ist. Stochastische Modelle sind zwar in der BWL-Theorie häufig diskutiert worden, sie werden jedoch bislang im Krankenhausbereich kaum angewendet. Einen guten Kompromiss bilden deterministische Instrumente, die das Risiko indirekt berücksichtigen: rollende Planung und die Szenarienrechnung.

Die rollende Planung erstellt zuerst einen Plan für n Zeiteinheiten. Nach a Zeiteinheiten (a<n) wird die Planung erneut aufgerufen und ein neuer Plan für n Zeiteinheiten erstellt. Der neue und der alte Plan haben folglich eine Überlappungszeit von n-a Zeiteinheiten (häufig ist a=1). Der Vorteil der rollenden Planung ist, dass jeweils auf dem aktuellen Stand geplant wird und nicht erst der komplette Zeitraum abgearbeitet werden muss, bevor wieder neu geplant wird.

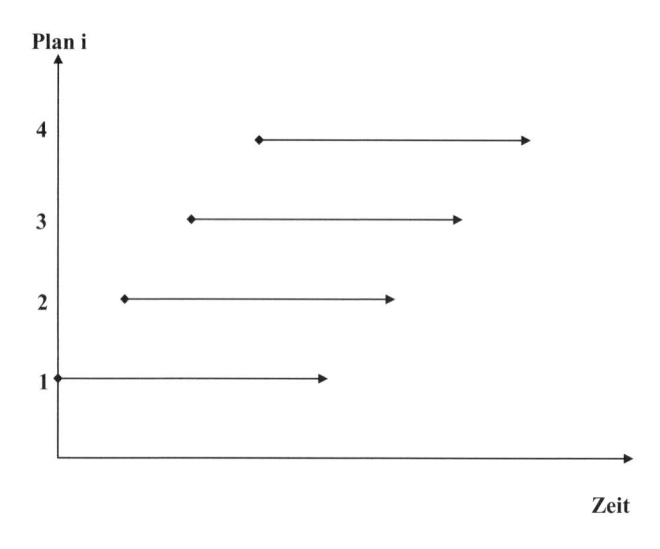

Abb. 1.9   Rollende Planung

Im Gegensatz dazu entwickelt die Szenarientechnik von Anfang an Alternativpläne. Sie geben einerseits Aufschluss über die Auswirkungen unterschiedlicher Entwicklungen, andererseits sind sie als „Schubladenpläne" verwendbar, wenn sich Rahmendaten verändert haben und die ehemals gewählte Alternative nicht mehr optimal ist.

Zusammenfassend können wir festhalten, dass die Unternehmensplanung nicht dem Zufall oder den unteren Abteilungen überlassen werden darf. Sie erfordert einen systematischen Prozess, der Ideen und Alternativen generiert, diese schrittweise sichtet und schließlich aus der Fülle der verbleibenden Alternativen diejenige auswählt, die den Unternehmenszielen am meisten entsprechen. Die Modelle der Entscheidungstheorie sind hierbei je häufiger anzuwenden, je strategischer die Entscheidung ist, da ihre Entwicklung relativ zeitaufwendig ist. Im Allgemeinen kann man die Anwendbarkeit einer Technik einfach an der Existenz von Software ablesen. Wenn es sich für ein kommerzielles Softwareunternehmen rentiert, eine Software für die Lineare Programmierung oder die Netzplantechnik, jedoch nicht für Modelle der Multiattributiven Nutzentheorie (MAUT) zu entwickeln, dann kann man klar schließen, dass letzterer der Routineeinsatz im Betrieb bislang nicht gelungen ist.

1.2.3 Modellgestützte Planung

Betriebliche Entscheidungen übersteigen oftmals die Kapazität des Entscheidungsträgers. Dies hat objektive und subjektive Gründe. Die wichtigsten objektiven Gründe sind die Komplexität und die Dynamik der Entscheidung sowie die Unvollständigkeit der Information. Die Komplexität ergibt sich einerseits aus der großen Anzahl der betroffenen Subsysteme, andererseits aus der hohen Vernetztheit, d.h. aus den Interdependenzen der Teilsysteme. Eine Dekomposition, d.h. ein Zerlegen in Einzelprobleme, ist damit nicht möglich.

Dynamik impliziert eine hohe Veränderung in der Zeit. Man kann zeigen, dass die meisten Menschen nicht in der Lage sind, in selbst verstärkenden Regelkreisen zu denken. Beispielsweise unterschätzen fast alle Menschen exponenzielles Wachstum, weil wir durch unsere Ausbildung stets von Linearität ausgehen. Der Umgang mit nichtlinearen, nichtmonotonen oder gar nichtstetigen Funktionen muss mühsam erlernt werden.

Schließlich ergibt sich ein erhebliches Maß an Unsicherheit aus der Tatsache, dass bei vielen Entscheidungssituationen die notwendigen Informationen entweder gar nicht, oder nicht vollständig bzw. nicht rechtzeitig vorliegen. Dadurch entstehen falsche Hypothesen über die Entwicklung des Umsystems und über Wirkungszusammenhänge.

Diese objektiven Mängel werden durch subjektive Probleme verstärkt. Es existiert bei vielen Entscheidungssituationen ein erheblicher Zeitdruck, der weiterhin häufig zum Übersteuern, d.h. zu übertriebenen Gegenreaktionen bei Planabweichungen führt. Fehlt hierbei noch die Bereitschaft, einmal als falsch erkannte Hypothesen zu verwerfen, so werden leicht falsche Entscheidungen getroffen und beibehalten.

Das Krankenhausmanagement sieht sich mit diesen objektiven Kriterien konfrontiert. Das Krankenhaus ist ein sehr komplexer und dynamischer Betrieb mit zahlreichen inneren und äußeren Interdependenzen. Wir können nicht alle Konsequenzen in ihrer zeitlichen Entwicklung durchschauen – deshalb benötigen wir Hilfe von Planungsmodellen. Modelle können eine fast beliebige Anzahl von Elementen und Relationen berücksichtigen, sie beherrschen Dynamik und Unsicherheit. Sie sind schneller, billiger und ungefährlicher als die Realität und erhöhen Transparenz. Trotzdem werden Planungsmodelle in Krankenhäusern nur sehr zögerlich eingesetzt.

In diesem Buch werden verschiedene Modelle vorgestellt, so dass wir an dieser Stelle auf eine formale Darstellung verzichten können. Es soll hier lediglich eine Strukturierungsmöglichkeit mathematischer Modelle angeboten werden, denen Beispiele zugeordnet sind. Entsprechende Literaturhinweise werden am Ende dieses Kapitels gegeben.

```
                    ┌─────────────────┐
                    │  Mathematische  │
                    │     Modelle     │
                    └────────┬────────┘
         ┌───────────────────┼───────────────────┐
┌────────┴────────┐ ┌────────┴────────┐ ┌────────┴────────┐
│  Optimierungs-  │ │    Prognose-    │ │  Simulations-   │
│     modelle     │ │     modelle     │ │     modelle     │
└────────┬────────┘ └────────┬────────┘ └─────────────────┘
         │                   │
         ├─ Heuristiken      ├─ Statistische
         │                   │  Prognosemodelle
         │                   │
         │                   ├─ Prognostizierende
         └─ Optimierung i.e.S.│  Modelle
                             │
                             └─ Expertenprognose
```

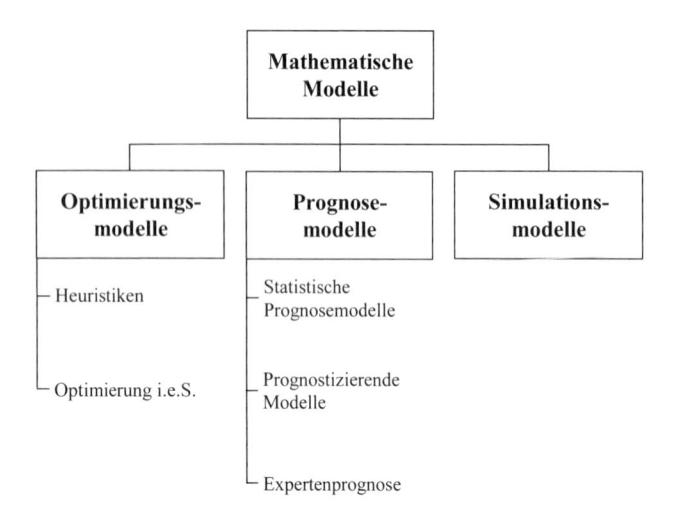

Abb. 1.10   Mathematische Modelle

Optimierungsmodelle suchen eine möglichst gute Lösung aus einer (meist unbegrenzten) Menge von Alternativen. Gibt es einen Algorithmus, der die Auswahl der besten Alternative oder einer Menge gleichguter optimaler Lösungen garantiert, spricht man von Optimierung i.e.S. Typische Beispiele sind die Lineare Programmierung (z.B. Produktionsprogrammplanung, Kapitel 6), die Dynamische Programmierung (z.B. Lagerhaltungsplanung, Kapitel 9), die Infinitesimalrechnung (z.B. Lagerhaltungsplanung, Kapitel 9) und die Spieltheorie (z.B. Gefangenendilemma, Kapitel 3). Falls ein Algorithmus zwar eine Hinwendung zum Optimum festschreibt, jedoch weder die Erreichung des Optimums garantieren noch die Optimumserreichung tatsächlich feststellen kann, spricht man von einer Heuristik. Heuristiken werden immer dann eingesetzt, wenn optimale Verfahren nicht flexibel genug für eine konkrete Anwendung sind. Auch hier seien wieder Beispiele aus der Logistik (z.B. Transportplanung) genannt.

Die statistischen Prognosemodelle (z.B. gleitende Durchschnitte, exponenzielle Glättung, Ökonometrie, neuronale Netze) schreiben Erfahrungen aus der Vergangenheit mit Hilfe von statistischen Verfahren fort. In der Regel stellen sie keine Prognosen über Wirkzusammenhänge auf, während prognostizierende Modelle die Zusammenhänge bis ins Detail analysieren (z.B. Netzplantechnik, Markov-Modelle, System Dynamics). In der Praxis dürften die Unterschiede jedoch irrelevant sein. System Dynamics haben wir für die Prognose epidemiologischer Prozesse (Kapitel 2) verwendet, während die Netzplantechnik bei der Prozessanalyse (Kapitel 6) und der Bauplanung (Kapitel 5) zum Einsatz kommt. Expertenprognosen schließlich schätzen zukünftige Entwicklung auf Grundlage einer systematischen Befragung von Experten. Ein bekanntes Verfahren ist die Delphi-Methode, bei der Experten unabhängig voneinander befragt werden. Anschließend werden die Ergebnisse den Experten wieder zugeleitet, die anschließend ihre Schätzungen revidieren können. Meist konvergiert das Verfahren nach einigen Runden.

Unter Simulation schließlich versteht man das Experimentieren mit realen Systemen oder Modellen. Es erfolgt unter der Zielsetzung des „What-If" bzw. „How-to-Achieve", d.h., Simulation kann ungerichtetes, geradezu neugieriges Experimentieren ebenso bedeuten wie die Suche nach einer möglichst guten Lösung. In der Regel erfordert die Simulation komplexe Computerprogramme und ist sehr aufwendig.

Zusammenfassend können wir festhalten, dass die Planung häufig der Ausgangspunkt des Managements ist. Ihr sollte deshalb viel Aufmerksamkeit gezollt werden. Langfristige Entscheidungen, die manchmal über Jahrzehnte Bindungen schaffen und einen großen Teil der Fixkosten wie (als Folge) der variablen Kosten determinieren, dürfen nicht allein der Intuition, dem Bauch oder der Tradition überlassen sein. Vielmehr benötigen wir eine systematische Planung, die die Schaffung eines breiten Informationspools, die realistische Aussonderung von undurchführbaren Alternativen ebenso impliziert wie die modellhafte Unterstützung der eigentlichen Entscheidung.

Trotz dieses Aufrufs zu mehr systematischer Planung im Krankenhaus muss jedoch auch davor gewarnt werden, die Planung als alles beherrschende Managementfunktion zu sehen. Pläne sind die Voraussetzung für Implementierung, aber ohne Organisation, Personaleinsatz und Führung sind sie sinnlos. Deshalb sind sie nicht Ziel des Managements, sondern Instrument. Pläne müssen dem Gesamtzweck der Unternehmung dienen. Wenn weniger geplant wird, als es für die Erreichung des Existenzgrundes des Unternehmens gut ist, dann sollte möglichst schnell eine Intensivierung und Systematisierung folgen. Wenn mehr geplant wird als für die Funktionserfüllung des Krankenhauses hilfreich ist, dann sollten die Pläne möglichst bald verschlankt werden.

1.3 Organisation

Ähnlich wie man einen institutionellen, prozessoralen und funktionalen Managementbegriff unterscheiden kann, kann auch die Organisation aus verschiedenen Blickwinkeln betrachtet werden. Im ersten Unterkapitel definieren wir Arbeitsteilung und Koordination als grundlegende Funktionen der Organisation (funktionaler Organisationsbegriff). Im zweiten Unterkapitel betrachten wir konkrete Organisationsstrukturen als Maßnahmen zur Zielerreichung (instrumenteller Organisationsbegriff). Schließlich geben wir einen Überblick über verschiedene Abteilungen als Subsysteme des Organisationsgebildes Krankenhaus (institutioneller Organisationsbegriff).

1.3.1 Arbeitsteilung und Koordination

Die Grundelemente der Organisation sind Arbeitsteilung und Koordination. Ein Einpersonenunternehmen besteht nur aus einer Hierarchieebene, so dass es keiner Organisation im hier verwendeten Sinn bedarf. Der Unternehmer operationalisiert seine Oberziele zu operativen Zielen und setzt sie im Leistungserstellungsprozess um.

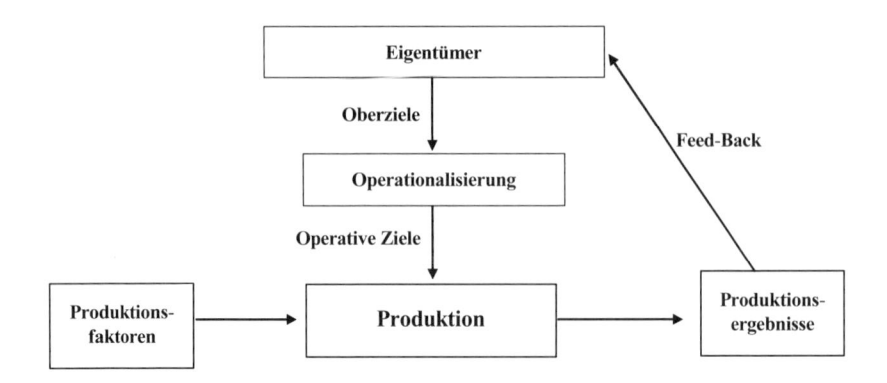

Abb. 1.11   Organisation in Einebenenbetrieben

Sobald die Gesamtaufgabe nicht mehr vom Unternehmer selbst erledigt werden kann, muss diese auf mehrere operativ tätige Mitarbeiter aufgeteilt werden. Diese Arbeitsteilung kann entweder quantitativ oder qualitativ erfolgen. Die rein quantitative Aufteilung gleichartiger Tätigkeitspakete auf unterschiedliche Leistungsträger wird als Mengenteilung bezeichnet, während die Artenteilung eine Spezialisierung von Leistungsträgern auf eine Teiltätigkeit impliziert. Krankenhäuser sind hochgradig arbeitsteilige Organisationen. Die Gesamtaufgabe wird zuerst auf verschiedene Berufsgruppen aufgeteilt, d.h. es erfolgt eine Artenteilung. Danach werden die Teilaufgaben auch innerhalb einer Berufsgruppe verschiedenen (gleich qualifizierten) Mitarbeitern zugeteilt (Mengenteilung), da ein Mitarbeiter allein die große Patientenzahl nicht abarbeiten kann. Der Grad der Mengen- und Artenteilung kann unterschiedlich stark ausgeprägt sein. Die Funktionspflege, bei der jede Pflegekraft im Prinzip nur eine oder wenige Tätigkeiten, diese jedoch an allen Patienten ausführt, ist eine extreme Form der Artenteilung. Sie führt zu Monotonie und Verlust an persönlichem Bezug zwischen Pflegekraft und Patient. Die Bereichs- und Bezugspflege verwirklichen stärker eine Mengenteilung, bei der eine Pflegekraft unterschiedliche Tätigkeiten wahrnimmt, sich jedoch auf einen oder wenige Patienten konzentriert.

Im Prinzip wird bei der Arbeitsteilung die Gesamtaufgabe in sehr viele Einzeltätigkeiten zerlegt, die anschließend so zusammengefasst werden, dass sie von einer fiktiven Person geleistet werden können. Das entstehende Aufgabenbündel wird als Stelle bezeichnet. Allerdings gewährleistet die Stellenbildung noch nicht die Erfüllung der Gesamtaufgabe. Vielmehr müssen die Stellen koordiniert werden. Dadurch entstehen Hierarchien und Ebenen, Vorgesetzte und Untergebene. Erst an dieser Stelle kann dispositive und operative Arbeit unterschieden werden. Die operativ Tätigen müssen durch Koordinationsstellen koordiniert werden, wobei mit zunehmender Unternehmensgröße immer mehr Zwischenschichten eingezogen werden müssen, um auch die Koordinationsstellen wiederum zu koordinieren.

Die Aufgabe der Koordinationsstellen ist es zu garantieren, dass das Gesamtziel des Unternehmens gemäß dessen Zielsystem erreicht wird. Dies kann auf verschiedenen Arten erfolgen. Zum einen können die Vorgesetzten klare Anweisungen an ihre Mitarbeiter geben, die eindeutig zu befolgen sind. Hier bleibt kein Spielraum für eigene Entscheidungen. Häufig

1.3 Organisation

wird die Anweisung durch eine Standardisierung ergänzt. Sie kann sich auf die Arbeitsgänge, Fähigkeiten und Ziele beziehen. Weitere Instrumente sind die Koordination durch Selbstabstimmung sowie die Standardisierung durch Normen (Leitbildentwicklung).

Im Gesundheitswesen finden sich alle Koordinationsmechanismen. Traditionell überwiegen die direkte Überwachung bzw. direkte Anweisung im Einzelfall. Sie erfordern eine hohe Kommunikationsdichte, so dass Wege gesucht werden, häufig auftretende Entscheidungen zur Routine werden zu lassen. Dementsprechend werden Pflegestandards und klinische Behandlungspfade definiert, so dass der Vorgesetzte nur im Ausnahmefall involviert werden muss (Management by Exception). Auch die Medikamentenstandards der Weltgesundheitsorganisation dienen diesem Zweck. Durch die Vereinheitlichung der Aus-, Fort- und Weiterbildung wird ebenfalls die Anweisungshäufigkeit reduziert, da der gut ausgebildete Mitarbeiter zielsystemkonform arbeitet, ohne hierfür direkte Anweisungen zu erhalten. Zum anderen werden im Krankenhaus Ziele formuliert, deren Umsetzung anschließend den Untergebenen überlassen wird (Management by Objectives). Wie sie das Ziel erreichen sollen, wird nicht definiert. Die Ziele sind jedoch konkret, messbar und realistisch. Kontrolliert wird nur die Zielerreichung.

Schließlich können Werte als Spielregeln vorgegeben werden, mit deren Hilfe eine gewisse Synchronisation der Handlungen erfolgt. Werte sind weich und unpräzise, und ihre Erreichung kann nur bedingt kontrolliert werden. Gemeinsame Werte bieten jedoch die Basis für zielsystemkonforme Koordination in allen Situationen, die nicht zur Routine gehören, vorher nicht bekannt sind und deshalb nicht durch Anweisungen und konkrete, messbare Ziele definiert werden können.

Anweisung (inkl. Standards), Ziele und Werte werden in allen Betrieben zur Durchsetzung des Willens der Leitung eingesetzt. Ihre Bedeutung schwankt jedoch erheblich. In vielen Arztpraxen überwiegen die Anweisungen, in einem modernen Krankenhaus die Zielvorgaben und in einem humanitären Projekt, in dem Ärzte Kindern in der Dritten Welt helfen, dürfte das gemeinsame Wertesystem entscheidend sein. In einer dynamischen Umwelt, in der das Top-Management immer weiter von den realen, sich ständig ändernden Umweltbedingungen entfernt ist, muss die Selbstregulation der operativen Ebene gestärkt werden. Veränderungen, Chancen und Risiken müssen schnell erkannt, Entscheidungen müssen schnell getroffen, Abweichungen sofort registriert und analysiert, Gegenmaßnahmen augenblicklich getroffen werden. Dies ist nicht möglich, wenn die Informationen zuerst alle Hierarchiestufen durchlaufen müssen, auf oberster Ebene in Anweisungen oder Ziele umgesetzt werden und anschließend wieder alle Hierarchiestufen nach unten wandern. Das moderne Krankenhaus auf dynamischen Märkten wird deshalb überwiegend mit Werten geführt, die von seinen operativ tätigen Mitarbeitern eigenständig umgesetzt werden.

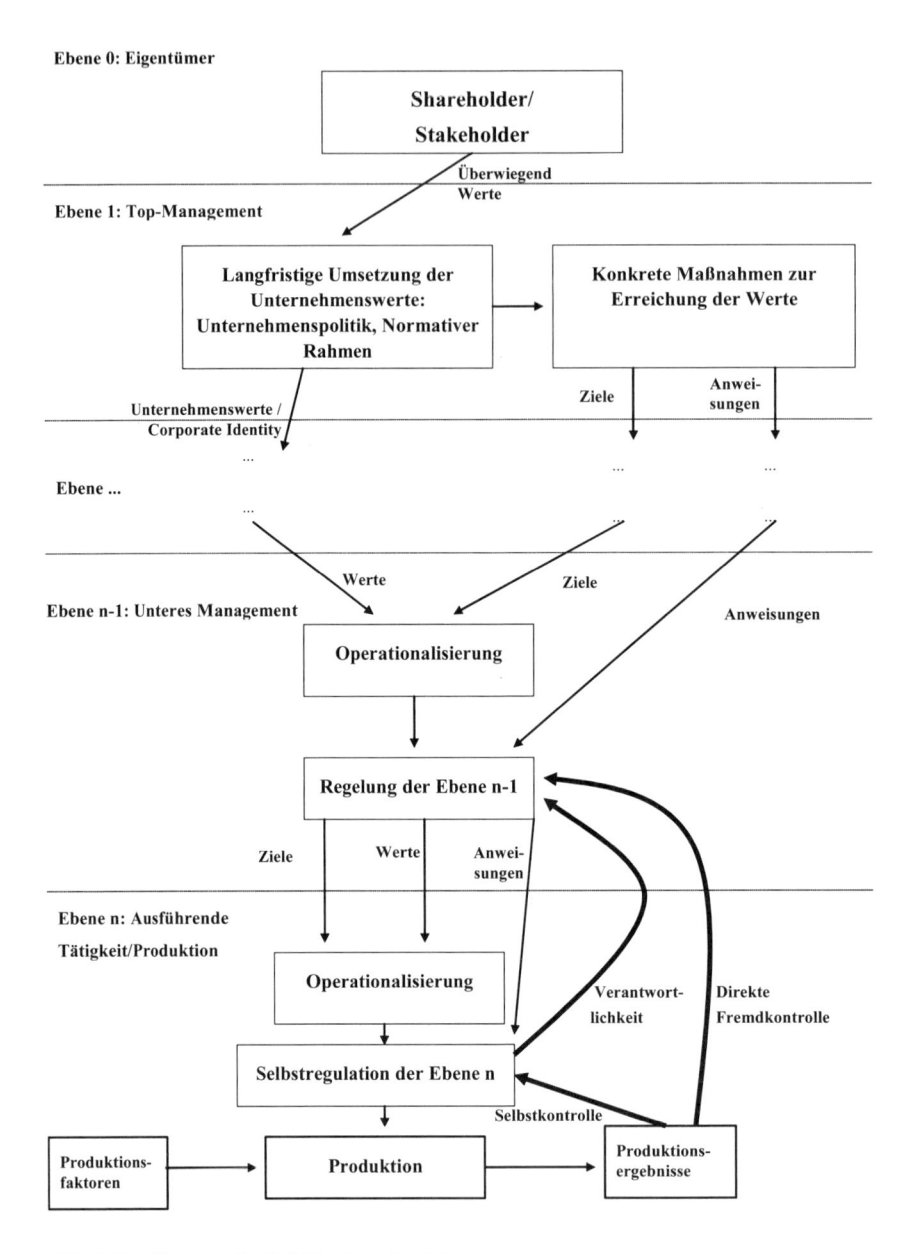

Abb. 1.12   Organisation in Mehrebenenbetrieben

Die Koordination über Werte setzt allerdings voraus, dass die Mitarbeiter der unteren Ebenen das Wertesystem des Unternehmens kennen, es teilen oder zumindest akzeptieren. Gerade bei großen Unternehmen scheitert die Führung durch Werte oftmals daran, dass zu wenige Mitarbeiter gewonnen werden können, die dieses Wertesystem wirklich praktizieren. Dies ist beispielsweise die ständige Klage diakonischer Träger, dass sie nicht genug Christen finden können, die im Pflegedienst die Konsequenzen eines christlichen Menschenbildes leben. In manchen kirchlichen Krankenhäusern in Ostdeutschland sind nicht einmal mehr 30% der Mitarbeiter Mitglied einer christlichen Kirche. Führung durch Werte bedeutet nicht, dass es genügt, wenn die Führungskräfte diese Werte verinnerlicht haben. Gerade auch an der operativen Basis, wo die Selbstregulation erfolgt, müssen Mitarbeiter arbeiten, die die Werte des Unternehmens teilen, sonst muss die Unternehmensleitung auf Ziele und Anweisungen zurückgehen, obwohl sie in einer dynamischen Umwelt deutliche Nachteile haben.

Die Arbeitsteilung und Koordination kann ad hoc oder regelbasiert erfolgen. Im ersten Fall bestehen die Gefahr von Inkonsequenz sowie ein erheblicher Kommunikationsbedarf. Im zweiten Fall kann es zu einer Überregulierung bzw. -institutionalisierung kommen. Die Festlegung und Überprüfung von Regeln der Arbeitsteilung und Koordination ist damit eine wichtige Managementfunktion im Rahmen der Organisation.

1.3.2 Organisationsstrukturen

Aus den verschiedenen Möglichkeiten der Arbeitsteilung und Koordination können verschiedene Typen von Organisationen entwickelt werden. Erfolgt die Arbeitsteilung und die anschließende Zusammenfassung der Stellen primär auf Grundlage der Tätigkeiten und damit der Berufsgruppen, erhält man die klassische Aufbauorganisation eines Krankenhauses, wie sie in Abb. 1.13 dargestellt ist. Die Geschäftsführung besteht entweder aus einem Geschäftsführer (Singulärinstanz) oder einem Komitee (Pluralinstanz), das häufig aus Verwaltungsdirektor, ärztlichem Direktor und Pflegedirektor gebildet wird. Zweifelsohne werden in allen Krankenhäusern mit funktionaler Aufbauorganisation auch andere Kriterien der Arbeitsteilung und Koordination angewandt. Entscheidend für eine Klassifizierung als funktionale Aufbauorganisation ist, dass die Gliederung auf der zweiten Unternehmensebene nach den Funktionen (z.B. Versorgung, Diagnostik, Pflege, Ärztlicher Dienst, Pflegeschule) erfolgt.

Bei einer divisionalen Aufbauorganisation erfolgt die Gliederung auf der zweiten Unternehmensebene nach Objekten, d.h. nach Kliniken oder Fachgebieten. Die Berufsgruppen bzw. Funktionen werden erst in der dritten Ebene aufgespalten. Große Krankenhäuser, die insbesondere auf mehrere Orte verteilt sind, werden häufig so organisiert. Jede Klinik selbst hat eine funktionale Gliederung mit Pflegedienstleitung und ärztlichem Leiter, die Verwaltung ist jedoch meist zentral unter dem Vorstand des Gesamtunternehmens.

Kombiniert man funktionale und divisionale Aufbauorganisation, erhält man eine Matrixorganisation, wie sie Abb. 1.15 darstellt. Durch die Matrix ergibt sich ein Mehrliniensystem, da beispielsweise der Pflegedienstleiter von Klinik B zwei Vorgesetzte hat, den Vorstand Pflegedienst und den Vorstand von Klinik B. Dies kann zu produktiven Spannungen, aber auch zu erheblichen Reibungen führen. Matrixorganisationen sind in der Krankenhausbranche extrem selten. In der Regel findet man sie nur bei Klinikkonzernen.

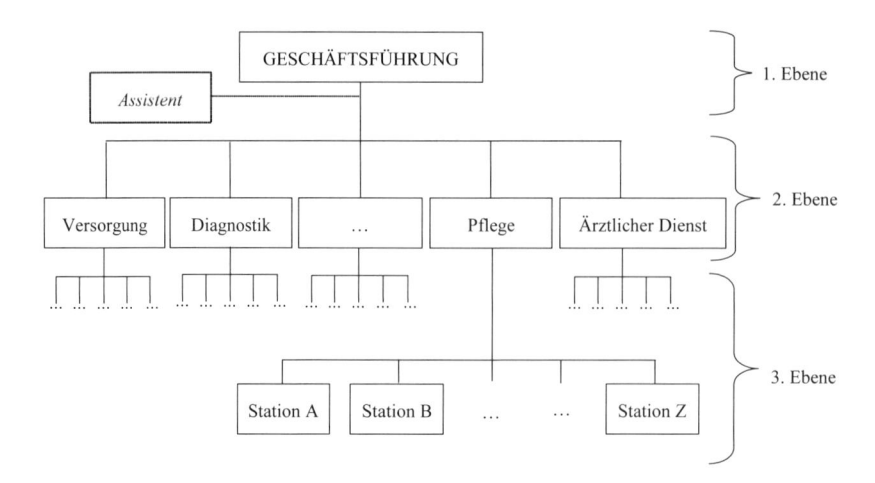

Abb. 1.13   Funktionale Aufbauorganisation

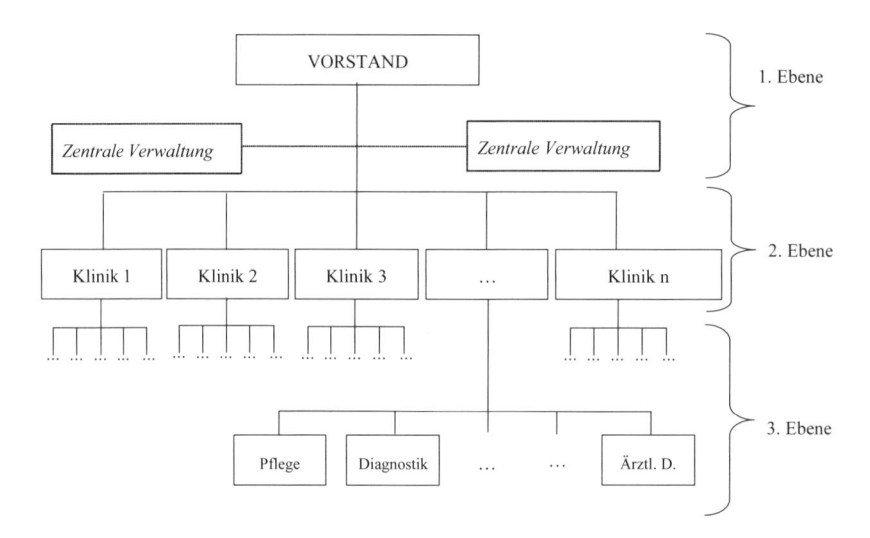

Abb. 1.14   Divisionale Aufbauorganisation

Die Organigramme zeigen die Idealtypen der Aufbauorganisation des Systems Krankenhaus. Das Krankenhaus kann aber selbst als Subsystem eines größeren Systems verstanden oder selbst wiederum in Subsysteme mit eigenen Organisationsformen aufgespalten werden. Betrachtet man das Krankenhaus als Teil einer größeren Organisation (z.B. Klinikkette, städtische Verwaltung, Teil eines Diakoniewerks), so muss eine Abgrenzung zwischen den Managementaufgaben des Krankenhausträgers und der Krankenhausleitung erfolgen. Der Krankenhausträger sollte für die strategische Planung verantwortlich sein, während die Detailpla-

1.3 Organisation

nung und insbesondere die Tagesroutine vollständig an die Krankenhausleitung delegiert werden sollte. Tab. 1.3 zeigt eine mögliche Aufteilung der Bereiche zwischen Krankenhausträger und -leitung. In der Praxis findet sich insbesondere dann eine Bevormundung der Krankenhausleitung durch den Krankenhausträger, wenn der Träger ein Verein ist, in dem Laien mit viel gutem Willen und wenig Fachkenntnis in die täglichen Routinen eingreifen möchten. Beispielsweise kann die Einstellung einer neuen Pflegekraft zum Machtkampf zwischen der Krankenhausleitung und einem Vereinsvorstand führen, der eine bestimmte Person hier platziert haben möchte.

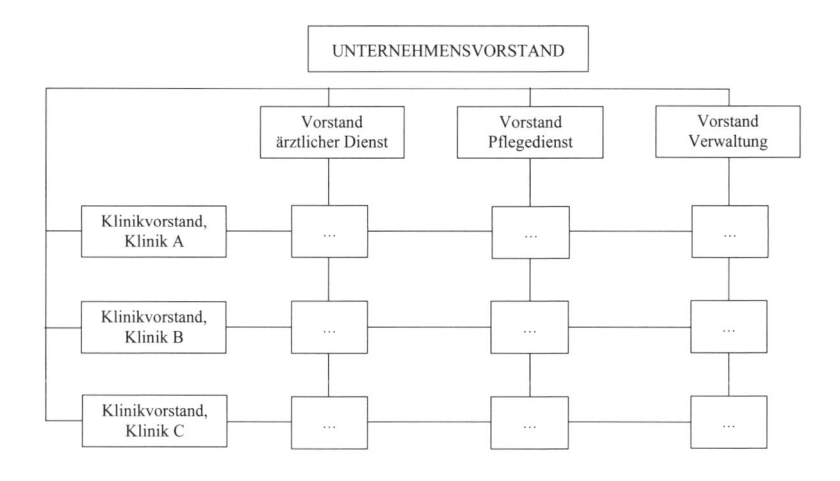

Abb. 1.15   Matrixorganisation

Tab. 1.3   Krankenhausträger und -leitung

	Krankenhausträger	**Krankenhausleitung**
Zielsystem	gemeinsam	
Leistungsprogramm	Fachgebiete	Teilgebiete, Spezialisierungen
Betriebsgröße	Bettenzahl	Bettenzahl je Fachabteilung
Investitionen	abhängig von einer Wertgrenze	
Organisation	Vorstand, Aufsichtsrat, Stiftungsrat, Eigentümer	Plural- und Singularinstanzen
Personal	Auswahl der Krankenhausleitung	Führungsgrundsätze, Anreizsystem, Auswahl der Führungskräfte
Strategie	Standortwahl, Kapitalstruktur, Rechtsform	

Die Krankenhausleitung wurde traditionell häufig durch das Triumvirat von Verwaltungsdirektor, ärztlichem Direktor und Pflegedirektor wahrgenommen. Theoretisch waren sie gleichberechtigte Partner, in der Praxis dominiert jedoch oft der Chefarzt, der die Krankenhausleitung im Nebenamt wahrnahm. Die Herausforderungen der veränderten Krankenhauslandschaft führten dazu, dass immer häufiger Gesellschaften gebildet wurden, bei denen die Geschäftsführung durch einen hauptamtlichen, häufig kaufmännisch gebildeten Geschäftsführer wahrgenommen wurde. Alternativ hierzu haben manche Krankenhäuser eine gemeinsame Geschäftsführung durch zwei oder drei hauptamtliche Vorstände installiert, die entweder völlig gleichberechtigt (Kollegialprinzip) oder unter Führung des Direktors (Direktorialprinzip) entscheiden. Das AG-Modell schließlich sieht einen Krankenhausvorstand vor, der aus verschiedenen Personen und Fachgruppen besteht. Diese aufwendige Struktur ist allerdings nur für große Kliniken bzw. Klinikketten empfehlenswert.

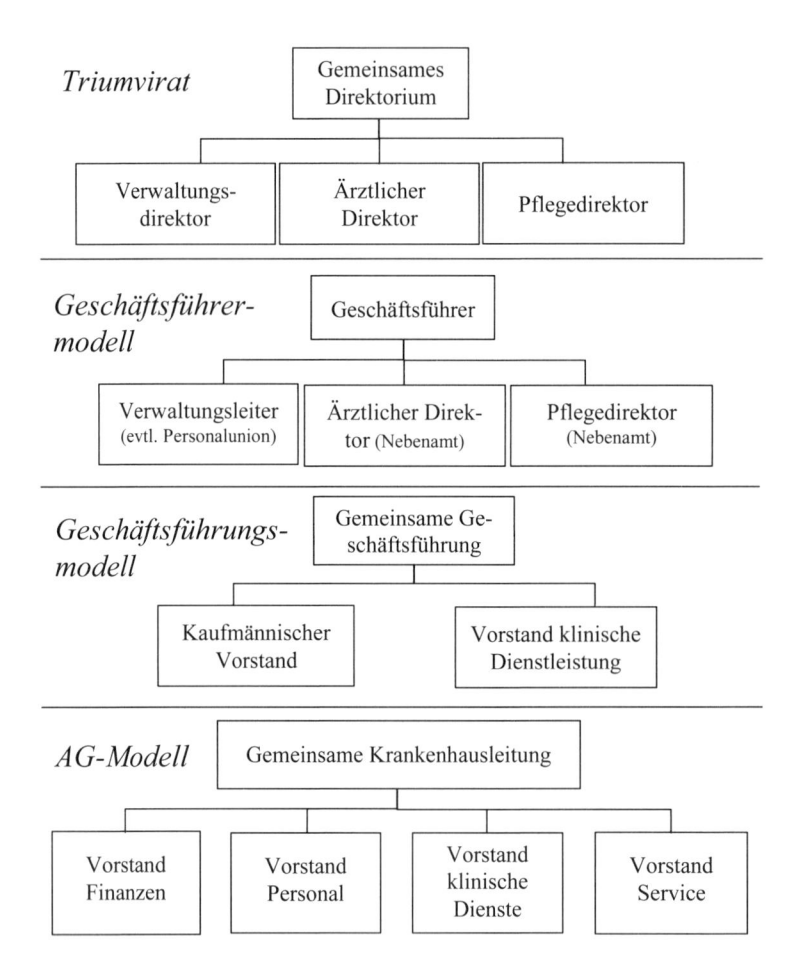

Abb. 1.16   Konstellationen der Krankenhausführung

Versteht man das Krankenhaus selbst als Übersystem, das wiederum aus zahlreichen Teilsystemen besteht, so kann man die Organisationsstruktur der Fachabteilungen und Stationen analysieren. Die Entwicklung der Krankenhausinformationssysteme sowie der Ausbildungsstand der Mitarbeiter erlauben heute, dass zahlreiche Entscheidungen auf unteren Ebenen getroffen werden können. So hat eine Pflegedienstleitung durch das Informationssystem jederzeit Zugriff auf die Leistungs-, Kosten- und Budgetdaten und kann Personalentscheidungen im Rahmen der Zielvorgaben selbständig treffen.

Insgesamt erhält man damit ein sehr komplexes Organisationsgefüge auf unterschiedlichen Ebenen. Der Träger, das Krankenhaus, die Fachabteilung, die Station und das Team können nach ähnlichen Gesichtspunkten und Regeln organisiert werden, so dass das Kleine ein Abbild des Großen wird (fraktale Organisation). Das Krankenhaus wird modularisiert, d.h. in relativ kleine, überschaubare Einheiten aufgeteilt, die selbst als Organisationssystem verstanden werden. Die Vorteile dieser Modularisierung sind eine Reduktion der Komplexität durch die Überschaubarkeit, ein geringerer Abstimmungsbedarf, eine größere Basisnähe, Motivationsvorteile durch Identifikation sowie eine Verbesserung der Erfolgszurechnung und -messung. Besteht darüber hinaus auch eine finanzielle Unabhängigkeit, spricht man von einem Profit Center. Im Zeitalter der DRG-Entgelte sollte die Modularisierung aber nicht mehr nach Fachabteilungen erfolgen, sondern entlang des Geschäftsprozesses, d.h. des Patientenpfades. Es bilden sich selbständige Kompetenzzentren, die eine bestimmte DRG-Gruppe fachübergreifend abdecken und somit sowohl für den Patienten als auch für das Krankenhaus optimale Ergebnisse erzielen. Im Gegensatz zur früher dominierenden Ausrichtung an den Fachdisziplinen, rücken nun Beschwerdebilder oder Organsysteme in den Mittelpunkt. So erfordert beispielsweise ein Spine Center das Zusammenwirken von Orthopäden, Unfallchirurgen, Rehaärzten und sogar Zahnärzten. Ob beispielsweise ein Patient mit einem Rückenleiden vom Rücken oder vom Bauch her operiert oder konservativ behandelt wird, darf nicht von dem Zufall des erstbehandelnden Arztes abhängen, sondern muss interdisziplinär im Kollegenkreis entschieden werden.

Viele Krankenhäuser leiden bis heute an einer streng hierarchischen Organisation, die stärker auf Befehl und Gehorsam als auf Eigenständigkeit und Kreativität setzt. Dies kann historisch begründet werden. Hierzu wollen wir zuerst die Konfigurationen nach Mintzberg darstellen und anschließend einige Beispiele für diese Prägung geben.

Nach Mintzberg gibt es fünf Grundbausteine, aus denen Organisation zusammengesetzt sind. Die Existenz und Ausprägung dieser Elemente determiniert bestimmte Typen oder Konfigurationen von Organisationen. Abb. 1.17 zeigt die Grundbausteine. Ganz oben steht die strategische Spitze (Strategic Apex), d.h. die oberste Führungsebene des Unternehmens. Sie legt die unternehmensweite Strategie fest. Am Fuß der Organisation steht der operative Kern (Operative Core), der für die eigentliche Leistungserstellung (Beschaffung, Produktion, Absatz) sowie den direkten Support (Fuhrpark, Instandhaltung) zuständig ist. Strategic Apex und Operative Core sind durch die mittlere Ebene (Middle Line) verbunden, d.h. eine oder mehrere Ebenen sind zwischen strategischer Spitze und operativem Kern eingezogen, um die Koordination zwischen den Aufgabenträgern des operativen Kerns und den Strategien der Unternehmensleitung zu garantieren.

Die Mittlere Ebene steuert folglich die Strategieimplementierung. Hierzu benötigt Sie eine Technostruktur (Technostructure), deren Hauptaufgabe die Standardisierung von Aktivitäten im Unternehmen (z.B. Prozesse, Ergebnisse, Fähigkeiten) ist. Zur Technostruktur zählen folglich das Qualitätswesen, Controlling, Rechnungswesen und Personalabteilung. Schließlich gibt es noch Hilfsstäbe (Support Staff), die mit ihren Dienstleistungen die anderen Bereiche unterstützten. Beispiele hierfür sind die Rechts- und Steuerabteilung, die PR-Abteilung, Forschung und Entwicklung, die Kantine oder der Kindergarten.

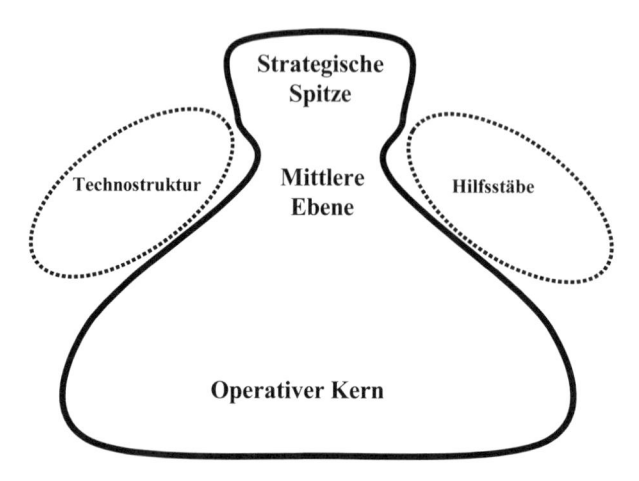

Abb. 1.17   Grundbausteine nach Mintzberg

Je nach Existenz, Ausprägung und Dominanz dieser Grundelemente unterscheidet Mintzberg verschiedene Typen von Organisationen, die in Tab. 1.4 zusammengefasst sind. Bei der Simple Structure dominiert die strategische Spitze, wobei die mittlere Ebene, die Technostruktur und die Hilfsstäbe fehlen oder schwach ausgeprägt sind. Die primäre Methode der Koordination ist die direkte Überwachung. Dieser Typ ist charakteristisch für junge Unternehmen, die von einer einzelnen Person geprägt sind. Meist handelt es sich um einen charismatischen Gründer, der alles fest in seiner Hand hält. Viele Einrichtungen und Vereine des Gesundheits- und Sozialsektors wurden von derartigen Persönlichkeiten gegründet. Im kirchlichen Bereich waren es häufig Pfarrer, die dann als „Hausvater" über den Mitarbeitern standen, diese fest im Griff hatten und zuerst keine weitere Verwaltung benötigten. Häufig sind in diesem Bereich aber auch Missionary Organisations anzutreffen, bei denen die gemeinsame Zielsetzung bzw. Ideologie die Koordination übernimmt. Im Falle von kirchlichen Häusern ist diese Koordination auf Basis eines gemeinsamen (expliziten oder impliziten) Leitbildes häufig mit einer herausragenden Gründerpersönlichkeit kombiniert. Das Diakonissenkrankenhaus des Jahres 1880 benötigte kaum mittleres Management und keine unterstützende Struktur, da die Diakonissen sich absolut mit dem Zielsystem ihres Krankenhauses identifizierten und ihrem Hausvater gehorsam waren.

1.3 Organisation

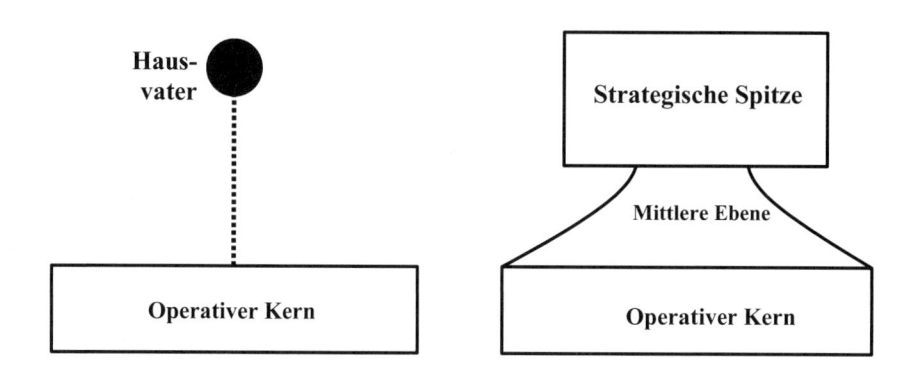

Abb. 1.18   Hausvaterprinzip und Funktionärsorganisation

Wächst die Komplexität eines Krankenhauses auf Grund von Größe und Verflechtungsgrad, so reicht die simple structure meist nicht mehr aus, um den neuen Anforderungen gerecht zu werden. Stück für Stück werden deshalb mittlere Ebene, Technostruktur und Hilfsstäbe dazugebaut. Es entwickeln sich Wasserköpfe oder -bäuche einer ausgeprägten Machine Bureaucracy. Sie entwickeln leicht ein Eigenleben und dominieren schließlich das Unternehmen. Es kann nicht stark genug betont werden, dass medizinisches bzw. kaufmännisches Controlling, Qualitätsmanagement und die Rechtsabteilung nur die eine Aufgabe haben, den Existenzgrund des Unternehmens zu unterstützen bzw. zu sichern, d.h. die Heilung von Patienten. Diese Bereiche haben dienende Funktion, wenn auch in der Praxis ihre Bedeutung durch die Einführung der DRGs stark gestiegen ist.

Im Sozial- und Gesundheitssektor und insbesondere im Nonprofit Bereich kann es auch zur Entwicklung einer Funktionärsorganisation kommen, bei der die strategische Spitze alles dominiert. Der Funktionär ist dabei der Verwalter für eine Funktion, die er übernommen hat. Im Gegensatz zur Simple Structure ist er jedoch nicht notwendigerweise von seiner Aufgabe überzeugt und begeistert.

Krankenhäuser sind häufig von einer älteren Organisationsform geprägt, die stärker auf die Einhaltung der hierarchischen Vorschriften zwischen Unternehmensebenen, Stäben und Funktionen achtet als auf die Aufgabenerfüllung im Sinne einer Befriedigung der Bedürfnisse der Kunden. Die Organisation ist kein Selbstzweck, sondern soll dem eigentlichen Betriebszweck dienen. Ob eine Entscheidung zentral oder dezentral getroffen wird, ob per Anweisung, Zielvorgabe oder Leitbild geführt wird, ob die Einheiten finanziell und rechtlich unabhängig oder abhängig sind, kann nur an Hand der Funktion des Krankenhauses in seinem Umsystem und unter Beachtung seines Zielsystems bewertet werden. Allerdings gibt es schon eine eindeutige Tendenz, dass die Arbeitsleistung von relativ autonomen Einheiten besonders hoch ist, in denen Mitarbeiter tätig sind, die sich mit den Zielen des Unternehmens identifizieren. Hierzu müssen die Ziele bekannt, die Leistungen transparent und der Beitrag des einzelnen geschätzt sein. Weiterhin muss aber eine starke mittlere Ebene garantieren, dass ein Auseinanderdriften des Unternehmens verhindert wird.

Tab. 1.4 Typen nach Mintzberg

Typ	Dominanter Baustein	Steuerung	Beispiel
Simple Structure	Strategische Spitze	Anweisung	Handwerksmeister
Machine Bureaucracy	Technostruktur	Arbeitsstandardisierung	Behörde
Professional Bureaucracy	operativer Kern	Standardisierung von Fertigkeiten, Expertenwissen	Universität
Divisionalized Form	relativ autonome Einheiten	Mittlere Ebene hält Unternehmen zusammen	Siemens
Adhocracy	Übergänge verwischen	wechselseitige Abstimmung	Werbeagenturen
Missionary Organization	Ideologie dominiert Organisation	Leitbild	Tendenzbetriebe
Political Organization	Sie haben weder einen dominanten Baustein noch dominante Koordinationsmechanismen. Es dominiert die Persönlichkeit von Individuen		

In den letzten Jahren wurden viele Unternehmen verschlankt, d.h., es wurden die Technostruktur und die Hilfsstäbe soweit als möglich outgesourct, teilweise wurden sogar Leistungen des operativen Kerns fremdvergeben, soweit es sich nicht um die Kernkompetenz des Unternehmens handelt. Dieses „Lean Management" scheint auf den ersten Blick vielversprechend. Es reduziert Kosten und hilft durch die Konzentration auf die eigene Kompetenz, die Effizienz in den verbleibenden Bereichen zu steigern. Auf der anderen Seite haben wir in diesem Buch stets darauf Wert gelegt, dass die Betriebswirtschaftslehre des Krankenhauses nicht primär eine Frage der Technik, sondern des systemischen Denkens ist. Wir benötigen Führungskräfte, die die Zeit haben, Neues zu denken, Wagnisse einzugehen und Strukturen sowie Problemlösungen zu hinterfragen. Wenn wir durch Leaning die Unternehmensstruktur und -prozesse derart verschlanken, dass für diese Denkprozesse keine Zeit mehr bleibt, berauben wir dem Krankenhaus seine Zukunftschance. Ein Manager, der immer nur im Hamsterrad rennt, ist ein schlechter Kapitän. Er muss die Kapazität haben, seinem Steuermann das Ruder in die Hand zu geben, in die Karte zu schauen und den Kurs neu zu bestimmen. Wurde der Steuermann aber im Rahmen des Lean Management über Bord geworfen, fährt das Schiff zwar mit Volldampf, aber eventuell in die falsche Richtung.

1.3.3 Abteilungen im Krankenhaus

Im Rahmen der Arbeitsteilung wird eine Gesamtaufgabe in sehr viele, aus Zweckmäßigkeitsgründen nicht mehr zu zerlegende Einzeltätigkeiten (z.B. Blutdruckmessen für Frau Huber, Essen austeilen an Frau Meier, Abrechnung von Herrn Dorner erstellen) zerlegt. Diese unüberschaubare Menge an Einzeltätigkeiten wird anschließend derart zusammengefasst, dass Arbeitsbündel entstehen, die gerade noch von einer Person erfüllt werden können (Stelle). Zusätzlich müssen die Einzeltätigkeiten jedoch wiederum koordiniert werden, so dass die Gesamtaufgabe erfüllt wird. Durch diesen Prozess entstehen Hierarchien mit Vorgesetzten und Untergebenen.

1.3 Organisation

Die Anzahl der Mitarbeiter, die von einem Vorgesetzten direkt koordiniert werden können, wird als Kontroll- bzw. Leitungsspanne bezeichnet. Sie hängt stark von der Branche und dem Führungsstil ab, ist jedoch in der Regel nicht größer als 20. Geht man folglich davon aus, dass in einem Krankenhaus die Stellenbildung 1000 Stellen des operativen Kerns ergeben hat, so benötigt man wiederum mindestens 50 Koordinationsstellen. Da die 50 Vorgesetzten wiederum koordiniert werden müssen, benötigt man erneut mindestens 3 Vorgesetzte, um die Gesamtkoordination durchzuführen. Die Zusammenfassung mehrerer Stellen unter einheitlicher Leitung bezeichnet man als Abteilung, eine Koordinationsstelle mit Weisungsbefugnis ist eine Instanz.

Tab. 1.5   Abteilungen im Krankenhaus

	Abteilungen	Schwerpunkte
Fachabteilungen	Innere Medizin	Geriatrie, Kardiologie, Nephrologie, Hämatologie, Onkologie, Endokrinologie
	Pädiatrie	Neonatologie, Neonatalintensiv, Perinatalmedizin, Kinderchirurgie
	Chirurgie	Allgemeinchirurgie, Viszeralchirurgie, Colonchirurgie, Unfall- und Wiederherstellungschirurgie, Gefäßchirurgie, Thoraxchirurgie, Transplantationschirurgie
	Urologie	
	Orthopädie	
	Gynäkologie / Geburtshilfe	
	Hals-, Nasen-, Ohrenheilkunde	
	Augenheilkunde	
	Psychiatrie	
Funktionsabteilungen	Physiotherapie	
	Bewegungsbad	
	Balneotherapie	
	Balneophysikalische Therapie	
	Dialyse	
	Schmerztherapie	
	Eigenblutspende, Blutbank	
	Psychotherapie, Psychoedukation	
	Bestrahlung	
Serviceabteilungen	Patientennahe Bereiche	Pflegestationen, Hygieneberatung, Rundfunk und Fernsehen, Speisenversorgung, Küche, Telefondienste, Transportdienste, Fuhrpark, Hol- und Bringdienste
	Patientenferne Serviceabteilungen	Büro- und Schreibdienste, DV-Dienste, Kopier- und Druckereidienste, Poststelle, Bettenaufbereitung, Entsorgung, Schädlingsbekämpfung, Sterilgutversorgung, Zentralsterilisation, Wäscheversorgung, Wäscherei

Die Organisation besteht folglich aus einer bestimmten Zahl von Abteilungen, und das Krankenhausmanagement (auch der Verwaltungsleiter) tut gut daran, die einzelnen Abteilungen und ihre Managementprobleme zu kennen. Die Querschnittsfunktionen Planung, Organisation, Personaleinsatz, Führung und Kontrolle finden ebenso in den Abteilungen statt wie die betrieblichen Funktionen Einkauf, Produktion und Absatz. Beispielsweise kann sich die OP-Planung zwar ähnlicher Werkzeuge bedienen wie die Planung des Einsatzes von Rettungswagen, aber in die konkrete Ausgestaltung fließen zahlreiche Abteilungsbesonderheiten ein, die erkannt und berücksichtigt werden müssen. Tab. 1.5 gibt einen Überblick über die wichtigsten Abteilungen im Krankenhaus, deren spezifische Managementprobleme hier allerdings in der gebotenen Kürze nicht vertieft werden sollen.

1.4 Personaleinsatz

Das Ergebnis der Organisation ist ein Stellenplan, der sowohl operative als auch dispositive Arbeit umfasst. Die Aufgabe der Managementfunktion Personaleinsatz ist es, diese Stellen sowohl in quantitativer als auch in qualitativer Sicht stets bestmöglich zu besetzen. Der Personaleinsatz umfasst damit alle Phasen des Personalzyklus von der Personalauswahl, der Einarbeitung, der eigentlichen Tätigkeit, der Weiterbildung, der Beförderung bis hin zur Freisetzung des Mitarbeiters. Abb. 1.19 zeigt den Personalzyklus, der selbst wiederum eine Personalplanung, -implementierung und -kontrolle erfordert.

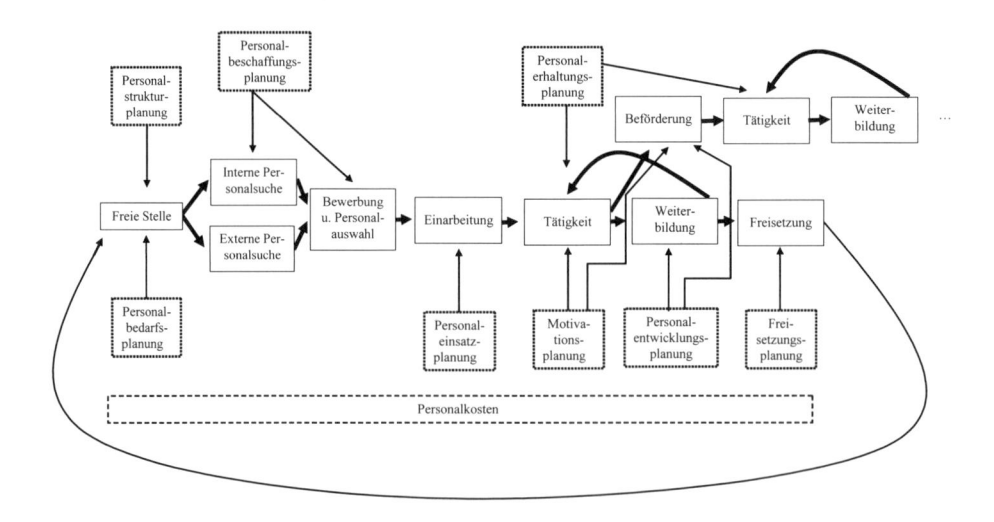

Abb. 1.19   Personalzyklus

Im Folgenden sollen die Phasen in Grundzügen dargestellt werden. Es muss dabei betont werden, dass es sich um ein System handelt, das als Ganzes gesehen und vollständig geplant werden muss. Kein Teil darf isoliert gesehen werden. Wird beispielsweise eine Entlassung (als eine Möglichkeit der Personalfreisetzung) notwendig, so sollte bereits bei der Durchführung der Entlassung daran gedacht werden, dass dieselbe Person einige Jahre später eventuell wieder ein umworbener Mitarbeiter sein könnte. Wurde ein Arzt kurz nach seiner Facharztprüfung unfreundlich auf die Straße gesetzt, wird er als Chefarzt entweder nicht oder von Anfang an mit Vorbehalten in das Krankenhaus zurückkehren. Deshalb muss der Personalzyklus langfristig gesehen werden. Dabei muss betont werden, dass Teilaufgaben des Personaleinsatzes zwar von der Personalabteilung als Servicestelle übernommen werden können, der Personaleinsatz bleibt jedoch eine originäre Aufgabe jeder Führungskraft.

1.4.1 Personalbedarf

Der Brutto-Personalbedarf gibt die Zahl (quantitativ) und das Anforderungsprofil (qualitativ) der Stellen wider, die zur Erfüllung der betrieblichen Aufgaben nötig sind. Der Brutto-Personalbedarf kann mit dem Personalbestand, d.h. mit der Zahl und den Qualifikationsprofilen der Mitarbeiter abgeglichen werden, um den Netto-Personalbedarf als Differenz aus Brutto-Personalbedarf und Personalbestand zu ermitteln. Eine Unterdeckung führt zu einer Personalbeschaffung (quantitative Unterdeckung) bzw. zu einer Personalentwicklung oder einer verbesserten Personalzuweisung (qualitative Unterdeckung). Bei einer Überdeckung besteht die Notwendigkeit einer Personalfreisetzung.

Die Grundlage der Brutto-Personalbedarfsermittlung ist der Stellenplan, d.h. die Zusammenfassung aller Stellen sowie deren organisatorische Eingliederung in die Gesamtunternehmung. Für jede Stelle sollte eine Stellenbeschreibung vorliegen, so dass der qualitative Personalbedarf ermittelt werden kann. Die Stellenbeschreibung umfasst in der Regel eine Aufgabenbeschreibung, eine Anleitung zur zweckmäßigen Aufgabenerfüllung, die Eingliederung der Stelle in das Unternehmen (Über- und Unterordnungsverhältnisse, Informationswege) und das Anforderungsprofil (Körperkraft, handwerkliche Geschicklichkeit, Fachwissen, Fähigkeiten, Problemlösungsfähigkeit, Charaktereigenschaften). Neben dem aktuellen Stellenplan sollte auch ein Stellenentwicklungsplan existieren, aus dem zukünftige Anforderungen ersichtlich sind. Sinnvoll ist es auch, Zielvorgaben über die Personalstruktur (z.B. Frauenanteil, Altersstruktur, Qualifikationsstruktur) der Personalbedarfsplanung zu Grunde zu legen.

Das Personalinformationssystem sollte in der Lage sein, verlässliche Daten über den aktuellen und zukünftigen Personalbestand zu geben. Hierzu gehört auch, geplante Veränderungen zu berücksichtigen, die sich beispielsweise aus Absprachen über frühzeitige Berentung, Weiterbildung oder die Rückkehr aus dem Erziehungsurlaub ergeben. Wichtige Personalkennzahlen (z.B. Fehlzeiten, Personalumschlag) und Unterlagen (z.B. Personalgespräche, systematische Personalbeurteilung) sollten für die Ermittlung des tatsächlichen Personalbestands verwendet werden. Abb. 1.20 zeigt das System der Personalbedarfsermittlung auf.

Im Zentrum der Personalbedarfsermittlung steht folglich die Berechnung der Stellenzahl. Hierzu sind grundsätzlich drei Methoden möglich. Bei der Arbeitsplatzmethode wird eine bestimmte Besetzung einer Kostenstelle als gegeben angenommen. So muss beispielsweise die Pforte 24 Stunden pro Tag besetzt sein. Der Personalbedarf muss nur noch um die entsprechenden Ausfallzeiten (z.B. Urlaub, Krankheit, Fortbildung) erhöht werden.

Anhaltszahlen hingegen ermitteln den Stellenbedarf, indem sie grobe Leistungswerte mit bestimmten Vorgaben multiplizieren. So kann beispielsweise der Stundenbedarf an Reinigungskräften eines Krankenhauses dadurch ermittelt werden, dass die Bodenfläche (qm) durch die Normputzfläche pro Reinigungskraft (z.B. 120 qm pro Stunde) geteilt wird. Meist sind die Anhaltszahlen differenziert, z.B. Putzfläche pro Stunde für Krankenzimmer, Gänge, Funktionszimmer etc. Weitere klassische Anhaltszahlen sind die Pflegekräfte pro belegtem Bett, die Ärzte pro Patient oder die Untersuchungen pro Laborplatz.

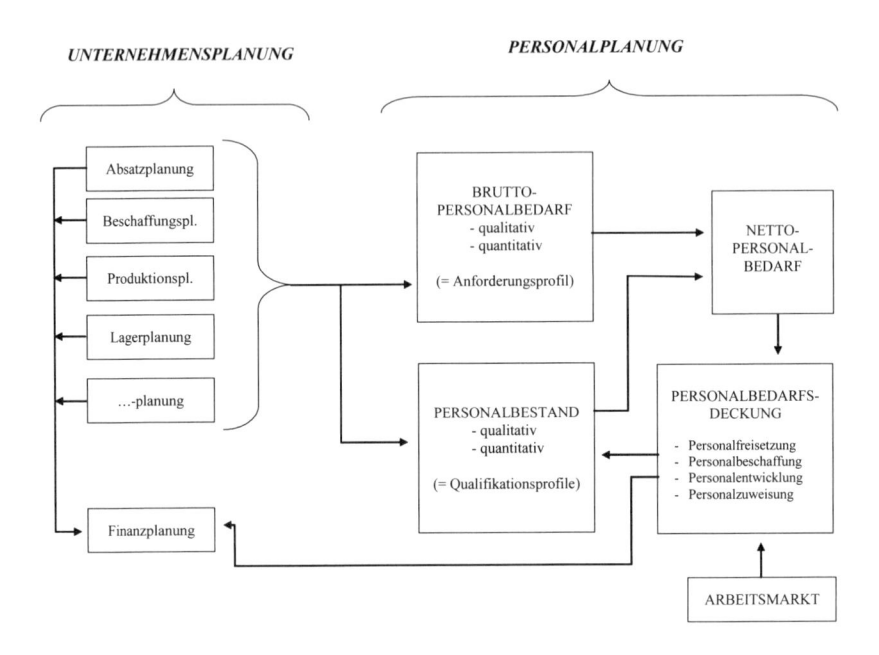

Abb. 1.20   Personalbedarf

Arbeitsplatzmethode und Anhaltszahlen sind sehr grob und damit kein gutes Maß für eine Personalbedarfsplanung. Sinnvoller ist eine leistungsbezogene Personalbedarfsberechnung, bei der die Leistungsanforderung möglichst detailliert ermittelt und in Stellen umgerechnet wird. Ein Beispiel hierfür ist die Pflegepersonalregelung (PPR), wie sie Tab. 1.6 zeigt. Die PPR wurde ursprünglich mit § 13 des Gesundheitsstrukturgesetzes (1.1.1993) verpflichtend für die Pflegesatzverhandlungen eingeführt, jedoch 1997 wieder als Grundlage der Berechung des externen Budgets abgeschafft. Intern wird sie jedoch weiter in vielen Krankenhäusern als Maß der Personalbedarfsermittlung und damit der gerechten Personalzuweisung verwendet.

Wie in Kapitel 5 beschrieben, wird nach PPR jeder Patient täglich einer von neun Pflegekategorien zugeteilt. Der Hilfsbedarf in den Bereichen Körperpflege, Ernährung, Ausscheidung, Bewegung und Lagerung bestimmt die Eingruppierung der Allgemeinen Pflege (A3: häufige, überwiegende Hilfeleistung, A2: Einfache, seltenere Pflege, A1: Alle Patienten, die nicht A2 oder A3 sind). Die Leistungen im Zusammenhang von Operationen, invasiven Maßnahmen, akuten Krankheitsphasen, medikamentöser Versorgung sowie Wund- und Hautbehandlung definieren die Gruppierung der Speziellen Pflege (S3: Häufige Behandlung und Beobachtung, mehrere Leistungen; S2: Regelmäßige Behandlung, mehrere Leistungen; S1: Alle Patienten, die nicht S2 und S3 sind). Jeder Kategorie wird ein Minutenwert täglicher Pflege zugeordnet. Damit ergibt sich ein leistungsgerechter Personalbedarf, in dem jede Fachabteilung ihren spezifischen Stellenbedarf nachweisen kann.

Tab. 1.6 Pflegepersonalregelung

	Allgemeine Pflege A1	**Allgemeine Pflege A2**	**Allgemeine Pflege A3**
Spezielle Pflege S1	52 Minuten pro Patient und Tag	98 Minuten pro Patient und Tag	179 Minuten p. Patient u. Tag
Spezielle Pflege S2	62 Minuten pro Patient und Tag	108 Minuten p. Patient u. Tag	189 Minuten p. Patient u. Tag
Spezielle Pflege S3	88 Minuten pro Patient und Tag	134 Minuten p. Patient u. Tag	215 Minuten p. Patient u. Tag

Die Gesamtpflegezeit einer Abteilung oder Station ergibt sich als Summe der Minutenwerte. Hierzu wird ein Pflegegrundwert von 30 Minuten pro Patient und Tag sowie ein Aufnahmegrundwert von 70 Minuten pro Aufnahme addiert. Dividiert man den sich aus dieser Summe ergebenden Gesamtbedarf an Pflegeminuten durch die durchschnittlichen Arbeitsminuten pro Arbeitskraft, so erhält man die Anzahl benötigter Vollstellen.

Dieses Modell ist grundsätzlich für andere Berufsgruppen übertragbar, wobei unter Umständen die Normminutenwerte im Bench-Marking bzw. Krankenhausbetriebsvergleich ermittelt werden können. In der Krankenhauspraxis muss die Mindestbesetzung berücksichtigt werden, d.h. Mindestkapazität zur Aufrechterhaltung der Leistungsbereitschaft dürften nicht unterschritten werden. Berechnet man beispielsweise einen Bedarf von 0,5 Vollstellen im Labor, muss jedoch Laborleistungen acht Stunden pro Tag verfügbar halten, so kann keine leistungsgerechte Stellenermittlung erfolgen. Weiterhin sind tarifliche Vorschriften bei der Stellenplanung (z.B. maximale Anzahl von Bereitschaftsdiensten pro Mitarbeiter) zu berücksichtigen. In der Realität ist deshalb eine leistungsgerechte Personalbedarfsplanung komplex und wird deshalb von vielen Krankenhausverwaltern als zu aufwendig abgelehnt.

Für die Stellenermittlung muss die Normalarbeitszeit berechnet werden. In Deutschland kann man in der Regel von 250 Sollarbeitstagen pro Jahr ausgehen (52 Samstage, 52 Sonntage, 11 Feiertage). Bei einer tariflichen Arbeitszeit von 40 Stunden pro Woche entspricht dies einer Bruttojahresarbeitszeit von 2000 Stunden. Die Nettojahresarbeitszeit ist die Differenz aus Bruttojahresarbeitszeit und den Ausfällen (durchschnittliche Krankheitstage, durchschnittliche Fortbildung, durchschnittlicher Urlaub, sonstige Ausfallzeiten). Die Ausfallquote schwankt stark zwischen Branchen, Berufs- und Altersgruppen. Sie liegt zwischen 5 und 15% und sollte routinemäßig vom Personalinformationssystem bereitgestellt werden. Da der Frauenanteil bei den Mitarbeitern im Krankenhaus sehr hoch ist, ist der schwangerschaftsbedingte Arbeitsausfall ebenfalls verhältnismäßig groß.

Zusammenfassend können wir festhalten, dass die Personalbedarfsermittlung einen (quantitativen und qualitativen) Stellenplan auf Grundlage der allgemeinen Krankenhausplanung (z.B. Leistungsplanung, Finanzplanung) erstellt. Hierzu werden häufig Anhaltszahlen verwendet, die die Leistungsplanung in den Bruttobedarf in Manntagen, -stunden oder -minuten umrechnen. Aus der Personalabteilung erhält der Personalplaner die Ausfallquote, so dass er den Bedarf an Vollstellen ermitteln kann. Ein Abgleich mit dem Personalbestand unter Berücksichtigung von geplanten Personalzu- und -abgängen ergibt den Nettopersonalbedarf an Vollkräften.

1.4.2 Personalbeschaffung

Freie Stellen können entweder durch Personalversetzung (interne Personalbeschaffung) oder durch Personalrekrutierung (externe Personalbeschaffung) gefüllt werden, wobei die interne Personalbeschaffung häufig das Problem nur verschiebt, da die durch die Versetzung freiwerdende Stelle wiederum extern besetzt werden muss. Nur wenn in der Organisation bei der entsprechenden Qualifikation ein Personalüberhang besteht, führt eine interne Stellenbesetzung nicht zu einer externen Beschaffung.

Eine Personalbeschaffung impliziert die Auswahl einer geeigneten Person auf Grundlage von Informationen. Bei internen Besetzungen liegen diese Informationen teilweise vor (z.B. frühere Einstellungsunterlagen, Personalgespräche, Evaluierungen, Fortbildungen), während sie für externe Bewerber in der Regel vollständig neu erhoben werden müssen. Meist wird ein mehrstufiges Verfahren angewendet. Die erste Auswahl erfolgt auf Grundlage der Bewerbung und insbesondere der Zeugnisse sowie des Lebenslaufs. Sie lassen Rückschlüsse über die Kenntnisse und Fähigkeiten des Kandidaten sowie über seinen bisherigen Werdegang und die erfüllten Aufgaben zu. Ein Rückschluss auf seine Persönlichkeit und Entwicklungsfähigkeit ist schwierig. Deshalb wird ein Teil der Bewerber in der zweiten Phase zu einem Interview eingeladen. Das Interview sollte teilstrukturiert sein, um einerseits die Vergleichbarkeit der Kandidateninterviews zu gewährleisten, andererseits eine ungezwungene Atmosphäre und Offenheit für individuelle Stärken und Schwächen des Kandidaten zu behalten. Bewerbungsanalyse und Interview werden manchmal durch psychologische Tests (Intelligenz-, Eignungs-, Persönlichkeits- und Kreativitätstests) ergänzt, deren Validität allerdings anzweifelbar ist.

Eine besondere Form der Mitarbeiterauswahl ist das Assessment Center, das auch von Klinikketten angewendet wird. Eine Gruppe von Kandidaten erhält eine Arbeitsaufgabe zur gemeinsamen Erledigung und wird während der Aufgabenerfüllung beobachtet. Häufig sind die Aufgaben sehr komplex und umfassend, so dass das Arbeits- und vor allem Sozialverhalten unter Stress beobachtet werden kann. Die Fähigkeit, eigene Ideen zu entwickeln, ist dabei ebenso wichtig wie die Kompetenz, diese in einer Gruppe so zu vertreten, dass eine gute Gruppenlösung entsteht.

Auch bei gewissenhafter Auswahl von Mitarbeitern besteht keine Garantie, dass die richtige Person gewählt wird. Gerade bei Führungspositionen müsste die Sozial- und Persönlichkeitskompetenz ermittelt werden, die jedoch einer objektiven Testung nur schwer zugänglich sind. Selbst wenn man nach einiger Zeit das Auswahlverfahren evaluiert und feststellt, dass der Kandidat sich gut entwickelt hat, impliziert dies nicht automatisch, dass man die richtige Entscheidung getroffen hat. Vielleicht wäre ein anderer Kandidat noch besser gewesen und der ausgewählte Mitarbeiter hat sich nur auf Grund starker Förderung positiv entwickelt (self-fulfilling prophecies).

1.4 Personaleinsatz

Ziel des Auswahlverfahrens ist die Ermittlung des Eignungsprofils als Schnittmenge von Anforderungsprofil und Fähigkeitsprofil. Das Anforderungsprofil beschreibt die Summe der benötigten Fähigkeiten und Kenntnisse einer Stelle und ergibt sich aus dem Stellenplan. Das Fähigkeitsprofil ist die Summe der Fähigkeiten und Kenntnisse des Kandidaten. Wie Abb. 1.21 zeigt, können für einzelne Anforderungs- und Fähigkeitsarten Über- oder Unterqualifikation auftreten. Eine leichte Überforderung kann motivierend sein, während eine Unterforderung zu Langeweile, Desinteresse und frühzeitigem Ausscheiden aus dem Unternehmen führen kann.

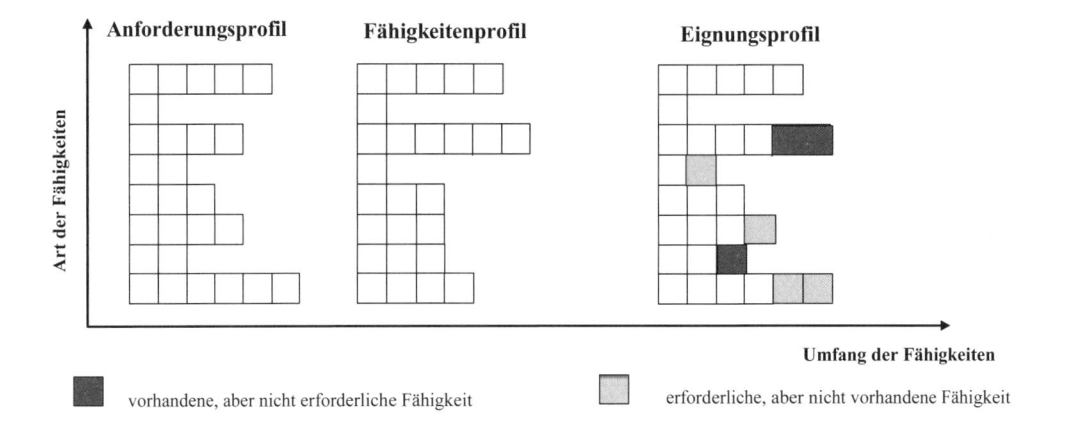

Abb. 1.21   Eignungsprofil

1.4.3   Personalzuweisung

Ein weiteres Problem des Personaleinsatzes ist die Zuweisung von Mitarbeitern auf Schichten. Die Gesamtzahl von Mitarbeitern muss minimiert werden, jedoch muss eine gegebene Mindestbesetzung garantiert sein. Abb. 1.22 zeigt ein einfaches Modell mit acht verschiedenen Tagschichten und einer Nachtschicht. Abb. 1.23 gibt den Bedarf an Mitarbeitern (z.B. auf einer Station) in Abhängigkeit von der Zeit wieder.

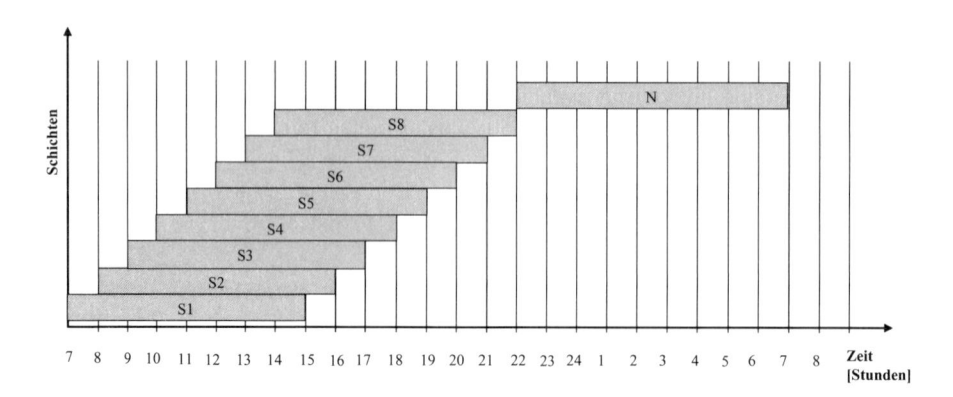

Abb. 1.22   Schichtenmodell

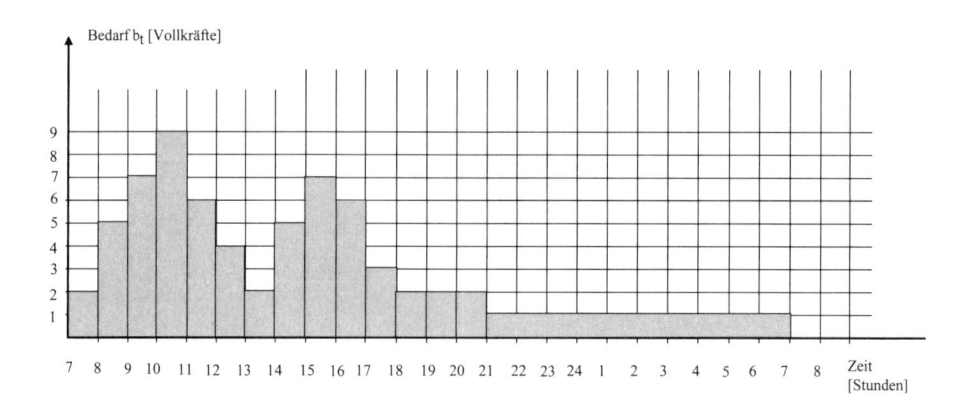

Abb. 1.23   Bedarfsgebirge

Die einfachste Lösung dieses Beispiels wäre, 9 Pflegekräfte in Schicht 1 (Beginn 7 Uhr) und 7 Pflegekräfte in Schicht 8 (Beginn 14 Uhr) einzusetzen. Allerdings hätte man in diesem Fall deutlich mehr Personal (16 Mitarbeiter ohne Nachtschicht) zugewiesen als nötig. Man könnte auch zwei Pflegekräfte um 7 Uhr (Schicht 1) beginnen lassen, drei um 8 Uhr (Schicht 2), zwei um 9 Uhr (Schicht 3) und zwei um 10 Uhr (Schicht 4). Damit ab 16 Uhr auch noch ausreichend Mitarbeiter anwesend wären, müsste man noch zwei Mitarbeiter der Schicht 8 (ab 14 Uhr) zuweisen, so dass insgesamt 11 Mitarbeiter an diesem Tag (ohne Nachtschicht) nötig wären. Letztlich ist die Schichtenbesetzung ein Puzzle, das entweder auf einer Magnetwand oder mit Hilfe von Optimierungsprogrammen im Computer durchgeführt werden kann. Ein Beispiel ist das folgende Lineare Programm:

1.4 Personaleinsatz

x_i Entscheidungsvariable: Zahl der Mitarbeiter von Schicht i,
        $i \in \{S_1,...,S_8, N\}$, *ganzzahlig, positiv*

b_t Konstante: Bedarf an Mitarbeitern in Stunde t bis t+1, t=7,8,...,24,1,2,...,6

$Z = \sum x_i \to Min!$

$x_1 \geq b_7$

$x_1 + x_2 \geq b_8$

$x_1 + x_2 + x_3 \geq b_9$

$x_1 + x_2 + x_3 + x_4 \geq b_{10}$

$x_1 + x_2 + x_3 + x_4 + x_5 \geq b_{11}$

$x_1 + x_2 + x_3 + x_4 + x_5 + x_6 \geq b_{12}$

$x_1 + x_2 + x_3 + x_4 + x_5 + x_6 + x_7 \geq b_{13}$

$x_1 + x_2 + x_3 + x_4 + x_5 + x_6 + x_7 + x_8 \geq b_{14}$

$x_2 + x_3 + x_4 + x_5 + x_6 + x_7 + x_8 \geq b_{15}$

$x_3 + x_4 + x_5 + x_6 + x_7 + x_8 \geq b_{16}$

$x_4 + x_5 + x_6 + x_7 + x_8 \geq b_{17}$

$x_5 + x_6 + x_7 + x_8 \geq b_{18}$

$x_6 + x_7 + x_8 \geq b_{19}$

$x_7 + x_8 \geq b_{20}$

$x_8 \geq b_{21}$

$x_N \geq b_{22}$

Die Lösung dieses LPs zeigt, dass obiger Vorschlag (insgesamt 11 Mitarbeiter) optimal ist, wobei auch noch die Lösung 2 in S1, 3 in S2, 3 in S3, 1 in S4 und 2 in S8 zum gleichen Ergebnis führt. Das Modell kann um Pausenregelungen, geteilte Schichten und bewertete Zielfunktionen (z.B. unterschiedliche Kosten für die Schichten) ergänzt werden. Allerdings können diese Ergänzungen dazu führen, dass die Lösung des LP nur noch mit erheblichem Rechenaufwand ganzzahlig zu halten ist, so eventuell ein Übergang zu Heuristiken (z.B. genetische Algorithmen) notwendig wird.

1.4.4 Personalentwicklung und -erhaltung

Krankenhäuser müssen nicht nur Personal beschaffen und zuweisen, sondern sie müssen auch eine gezielte Personalerhaltungspolitik betreiben, um den Herausforderungen der sich stark verändernden Gesundheitsmärkte gewachsen zu sein. Die Personalerhaltung umfasst die Personalentwicklung, die Personalmotivation sowie die Aus- und Weiterbildung.

Unter Berufsausbildung versteht man allgemein den Erwerb von Kenntnissen und Fähigkeiten, die zur Ausübung des Berufes notwendig sind. Die Weiterbildung strebt hingegen eine Verbesserung der Qualifizierung einer im Beruf stehenden Person an. Sie wird meist durch veränderte Anforderungen notwendig, die sich aus der technologischen, gesamtwirtschaftlichen, organisatorischen, sozialen und demografischen Entwicklung ergeben. Eine Abgrenzung zur Fortbildung soll an dieser Stelle nicht erfolgen, da die Unterscheidung in den einzelnen Berufsgruppen unterschiedlich gehandhabt wird.

Eine besondere Bedeutung kommt der Entwicklung der Führungskräfte im Krankenhaus zu. Mediziner, Pflegekräfte und Betriebswirte haben selten ausreichende Kenntnisse, Fähigkeiten und Potenziale an den Hochschulen erworben, um ein modernes Krankenhaus als Großunternehmen führen zu können. Insbesondere die Schlüsselkompetenzen (soziale Kompetenz, Selbstkompetenz, Methodenkompetenz) bedürfen häufig einer Förderung. Krankenhäuser sollten die Besetzung der Führungspositionen langfristig planen und rechtzeitig Nachwuchsführungskräfte aufbauen. In größeren Klinikketten kann dies im Rahmen von mehrjährigen Trainee bzw. Job Rotation Programmen erfolgen.

Wichtig ist, dass die Weiterbildung systematisch erfolgt, d.h., sie muss planmäßig, spezifisch, methodisch und überwacht sein. Sie sollte die Defizite bei der Erfüllung der derzeitigen Aufgaben ausgleichen helfen, frühzeitig auf neue Aufgaben vorbereiten und insbesondere Nachwuchsführungskräfte in ihrer Entwicklung zur Führungspersönlichkeit begleiten. Dabei kann heute nicht mehr davon ausgegangen werden, dass Weiterbildung ein Wert per se ist, sondern sie muss sowohl für das Krankenhaus als auch den Mitarbeiter lohnend sein. Nur wenn der Mitarbeiter einen Nutzen davon hat, wird er sich auch in einer Weiterbildung anstrengen. Ansonsten sieht er die Seminare als lästige Pflicht oder als eine Form des Urlaubs an. Teilnehmer an Seminaren sind extrinsisch motiviert, wenn die Weiterbildung mit Gehaltsverbesserungen oder Aufstiegschancen verbunden ist. Intrinsisch motiviert werden Seminarteilnehmer, wenn sie merken, dass es um sie persönlich, ihr Leben, ihre Kompetenz, ihren Lebenssinn und ihre soziale Netzwerkfähigkeit geht. In der Regel sind deshalb Führungskräfteseminare, die den Teilnehmern Möglichkeiten existenziellen Lernens und eigener Weiterentwicklung bieten, langfristig wirksamer als Weiterbildungen, die Wissen vermitteln oder „missionieren", selbst wenn letztere mit monetären Anreizen verbunden sind.

Da Management nur auf Grundlage eines geteilten Wertesystems möglich ist, muss die Weiterbildung auch Raum für die Erklärung und Diskussion des betrieblichen Werte- und Zielsystems geben. In kommerziellen Krankenhäusern ist dies meist unproblematisch. Kirchliche Häuser hingegen haben häufig den Anspruch, ihren Mitarbeitern in der Entwicklung eines lebendigen Glaubens zur Seite zu stehen. Der Grat zwischen Vernachlässigung und Missionierung ist allerdings steil, und Manager kirchlicher Krankenhäuser müssen behutsam vorgehen, damit nicht gut gemeinte Seminare und Aktivitäten als machtpolitisches Instrument einer Missionierung missverstanden werden.

Eine besondere Problematik tritt auf, wenn ein Träger mit einer besonderen Corporate Identity eine andere Einrichtung übernimmt und seine eigene Unternehmenskultur transferieren möchte. Hier muss die Fortbildungsveranstaltung besonders gut geplant und durchgeführt sein. Beispielsweise bezeichnete der theologische Leiter einer kirchlichen Einrichtung, die ein säkulares Krankenhaus aufgekauft hatte, den Prozess der Kulturanpassung als „einschwärzen". Die wenigsten Mitarbeiter lassen sich aber „einschwärzen". Es ist legitim, dass der neue Träger durch Seminare die Grundwerte seiner Organisation zu vermitteln sucht, aber es ist auch legitim, wenn Mitarbeiter, die diesen Werten nicht folgen möchten, das Unternehmen verlassen.

Schließlich muss auch die Personalentwicklung dem Effizienzkriterium unterliegen. Ein regelmäßiger Vergleich der Kosten der Maßnahmen mit den Erfolgen ist deshalb selbstverständlich. Die Palette von Weiterbildungsmöglichkeiten ist breit. Rein fachliche Weiterbildungen (Ultraschallkurs, PDL-Kurs, Sprachkurs, EDV-Kurs) lassen sich meist relativ leicht bewerten. Die Vermittlung von Führungswissen (z.B. Projektplanung, Organisationstechniken, Planungsinstrumente) ist ebenfalls kontrollierbar. Die Entwicklung einer Führungspersönlichkeit, die von überragender Wichtigkeit für die Zukunft des Krankenhauses ist, kann jedoch nur selten rational bewertet werden. Deshalb tummeln sich auf diesem Markt auch Anbieter, deren Programme eher an Incentivereisen als an wirkliche Führungsausbildung erinnern. „Meditatives Kühehüten", „Persönlichkeitsförderndes Fallschirmspringen" und „gemeinschaftsbildende Elchjagd" dürften doch höchst selten einen wirklichen Beitrag zur Entwicklung des Krankenhauses haben.

1.4.5 Leistungsbeurteilung

Die Personalentwicklung setzt voraus, dass Kenntnisse, Fähigkeiten und Eignung des Stelleninhabers bekannt sind. Hierzu ist eine systematische Leistungsbeurteilung notwendig. Weiterhin dient sie als Grundlage der Beförderungen und Versetzungen, der Lohn- und Gehaltsdifferenzierungen, der Motivation von Mitarbeitern sowie der Kontrolle der Personalauswahl und Weiterbildung. Sie soll sowohl die Art des Tätigkeitsvollzuges und das Arbeitsergebnis als auch notwendige Persönlichkeitseigenschaften erheben, die oft bei einer Personalauswahl nur unzureichend erkannt werden können.

Entscheidend ist, dass die Personalbeurteilung nicht zufällig erfolgt. Sie sollte formalisiert und systematisch sein. Dies impliziert Regelmäßigkeit, Objektivität bzw. Vergleichbarkeit, Transparenz, Fairness und ein Beschwerderecht. Das Gegenteil ist Willkür, die stark leistungsmindernd wirkt und eine hohe Personalfluktuation induziert. In der Praxis beurteilt meist der direkte Vorgesetzte den Mitarbeiter. Der nächst höhere Vorgesetzte dient als Kontroll- und Beschwerdeinstanz.

Das Personalgespräch als Maßnahme der Personalbeurteilung ist in vielen Krankenhäusern Routine. Häufig ist es mit der Aufstellung von Zielvereinbarungen verbunden, an Hand derer sich der Mitarbeiter beim nächsten Personalgespräch selbst beurteilen kann. Verbindet man ein Personalgespräch mit einer Gehaltseinstufung, so besteht erstens die Gefahr, dass Ziele möglichst nahe und leicht erreichbar gesteckt werden, so dass der Mitarbeiter kein Risiko eingeht. Zweitens kann dies zu Unehrlichkeit bezüglich der eigenen Leistung bzw. des Leistungsvermögens führen, so dass weitere Funktionen des Personalgesprächs (z.B. Auffinden von Weiterbildungsnotwendigkeiten) darunter leiden.

Die Beförderung wird zweifelsohne ebenso auf einer systematischen Personalbeurteilung basieren. Hier muss allerdings beachtet werden, dass die Leistungsbeurteilung vergangenheitsgerichtet ist, d.h., sie beurteilt die derzeitige Arbeit am derzeitigen Arbeitsplatz. Eine Aussage über die Leistungsfähigkeit am neuen (potenziellen) Arbeitsplatz ist auf dieser Grundlage nur bedingt möglich. Befördert man Mitarbeiter allein auf Grundlage der bisherigen Leistung, so kann es zum so genannten Peter-Prinzip kommen. Etwas verkürzt besagt es, dass ein Mitarbeiter solange aufsteigen wird, bis er eine Stufe erreicht hat, in der er inkompetent ist. Damit sind langfristig die meisten Führungspositionen von unfähigen Mitarbeitern besetzt. Das Peter-Prinzip muss natürlich mit einem Augenzwinkern betrachtet werden, aber es sollte durchaus ein Anstoß sein, die Personalbeurteilung und die Beförderungspolitik zu überdenken.

1.4.6 Personalfreisetzung

Wie oben beschrieben, induziert eine negative Differenz aus Personalbedarf und Personalbestand eine Personalfreisetzung. Ältere, synonyme Begriffe hierfür sind Personalabbau, -anpassung, -freistellung und -reduzierung, während der Begriff Entlassung nur einen Teilaspekt ausdrückt. Die Entlassung bedeutet meist eine Freistellung auf den Arbeitsmarkt, während eine Freisetzung auch eine Frühberentung, eine interne Umsetzung oder ein Sabbatical implizieren kann.

Auch bei einer planvollen Personalpolitik kann ein Personalüberhang in bestimmten Qualifikationen nicht immer vermieden werden. Das Umsystem verändert sich ebenso wie die Unternehmensziele bzw. -strategien, so dass eine Personalanpassung notwendig wird. Teilweise wird die Personalfreisetzung aber auch durch den Mitarbeiter selbst induziert. Nimmt seine Leistungsfähigkeit bzw. -bereitschaft stark ab, häufen sich Anzeichen bewussten Fehlverhaltens und zeigt er eine mangelnde Entwicklungsfähigkeit, so ist auch die Entlassung nicht immer vollständig zu vermeiden. Es ist allerdings wichtig zu betonen, dass auch die Entlassung den langfristigen Betriebszielen dienen und die Werte des Unternehmens widerspiegeln sollte. Hat beispielsweise ein Krankenhaus eine bewusste Menschenorientierung als Leitbild gewählt, so muss auch die Entlassung menschenorientiert durchgeführt werden. Der Entlassene bleibt Mensch, und das Wertesystem des Krankenhauses muss sich gerade im Umgang mit Krisensituationen widerspiegeln.

In Unternehmen, die stärker konjunkturabhängig sind als Krankenhäuser, hat es sich bewährt, die betriebsbedingte Kündigung und Entlassung so vorzunehmen, dass der Mitarbeiter ein positives Verhältnis zum Unternehmen behält und somit auch später wieder bereit wäre, für das Unternehmen zu arbeiten, wenn die Konjunktur wieder anzieht. Nur so ist eine stabile Personalausstattung bei schwankender Nachfrage zu gewährleisten. In Krankenhäusern sollte man zumindest darüber nachdenken, mit welchen Maßnahmen der entlassene Mitarbeiter als Werbeträger für das Haus gewonnen werden kann. Hierbei spielt die finanzielle Absicherung des Entlassenen eine wichtige Rolle, aber auch der Umgang mit ihm. Die Freisetzung sollte deshalb bewusst geplant werden, und sie muss von ausgebildeten Führungskräften durchgeführt und dokumentiert werden.

Die Personalfreisetzung und insbesondere die Entlassung stellen häufig einen erheblichen Einschnitt in das Leben des Mitarbeiters dar. Wenige Bereiche der Betriebsführung sind deshalb so stark gesetzlich reglementiert wie dieser. Das Arbeits- und insbesondere Kündigungsrecht sind zwingend zu beachten, können jedoch hier nicht ausgeführt werden. Allerdings muss noch einmal betont werden, dass die Arbeitsgesetze nur Mindestvorschriften sind. Ein Krankenhaus hat eine Sinnverantwortung in der Gesellschaft, und seine Aktivitäten werden von der Allgemeinheit sehr deutlich wahrgenommen. Deshalb wird auch der Umgang mit dem unnötigen, leistungsschwachen oder in Rente gehenden Mitarbeiter verzeichnet. Ein weises Krankenhausmanagement überlegt sehr genau, welche Folgen eine vorschnelle oder unfaire Entlassung haben, und zwar auch dann, wenn dies arbeitsrechtlich möglich wäre.

Zusammenfassend können wir festhalten, dass die Managementfunktion Personaleinsatz die Grundlage der Implementierung der Pläne darstellt. Nur wenn es gelingt, die in der Managementfunktion Organisation entwickelten Pläne dauerhaft mit den bestmöglichen Mitarbeitern zu besetzen, können Krankenhäuser auf den Wettbewerbsmärkten des sich wandelnden Gesundheitswesens überleben. Die Stelleninhaber sind Menschen, die ausgewählt, eingesetzt, entwickelt, bewertet und notfalls freigesetzt werden müssen. Sie sind keine Maschinen, sondern hoch komplexe Leistungsträger mit eigener Würde, eigenem Wertemuster, eigenem Willen und eigenen Bedürfnissen. Deshalb ist der Personaleinsatz nur ein Aspekt des Personalmanagements. Er muss ergänzt werden um die Führung, d.h. die willentliche Veranlassung zum zielsystemkonformen Verhalten.

1.5 Führung

Führung ist der willentliche Beeinflussungsprozess. Wer nicht bereit ist, andere zu beeinflussen, kann keine Führungskraft sein. Und mit Ausnahme von selbst organisierenden, losen Gruppen ohne Arbeitsauftrag (z.B. Cliquen) erfordert jedes menschliche Zusammenleben Führung, da die arbeitsteiligen Prozesse ansonsten zu keiner Erfüllung der Gesamtaufgabe führen. Diese Vorbemerkung ist notwendig, da im Gesundheitssektor noch immer eine gewisse Skepsis gegenüber der Führung und der Führungskraft anzufinden ist. Der Arzt ist in seinem Selbstbild ein Freiberufler, auch wenn er im Krankenhaus arbeitet. Und dieses Selbstbild wendet sich massiv gegen jede Form von Beeinflussung durch andere. Auf der anderen Seite ist Führung im Großbetrieb Krankenhaus notwendig, um die Leistungserstellung zu gewährleisten. Und so entwickelt sich im Vakuum zwischen Führungsnotwendigkeit und Führungsabneigung leicht ein autokratischer Führungsstil, der stärker auf die persönliche Abhängigkeit vom Vorgesetzten ausgerichtet ist als auf die Sachebene der Krankenhausleistung.

Im Folgenden sollen deshalb zuerst einige Grundlagen der Führung diskutiert werden. Ausgehend von Führungsstilen und Machtgrundlagen wird die Persönlichkeit des Führenden in den Mittelpunkt gestellt. Es folgen jeweils Kapitel zur vertikalen und zur horizontalen Führung im Krankenhaus.

1.5.1 Grundlagen

1.5.1.1 Führungsstile und Machtgrundlagen

Die deutschsprachige Betriebswirtschaft hat lange die Planung und Organisation als Grundlage des Managements betont. Die Führung und insbesondere die Führungspersönlichkeit waren ihr suspekt, was sich teilweise aus den negativen deutschen Erfahrungen mit dem

„Führer" ableiten lässt. Anglophone Wissenschaftler haben bereits vor Jahrzehnten Bücher zu „The Leader" oder „Personality and Leadership" geschrieben, als in Deutschland noch das Ideal des jederzeit austauschbaren, allein in der Organisation existierenden und persönlichkeitsneutralen Funktionärs geherrscht hat. Letztendlich ist die deutschsprachige Betriebswirtschaftslehre aber mit diesem Versuch der Loslösung von Führung und Persönlichkeit gescheitert.

Führung, Führungsstile und Persönlichkeit sind zentrale Gesichtspunkte des Managements, deren Grundlagen im Folgenden diskutiert werden sollen. Der Führungsstil beschreibt den Umgang des Vorgesetzen mit seinen Mitarbeitern. Es wurden zahlreiche Varianten des Kontinuums von sklavischer Abhängigkeit bis zum Laisser-faire und dem vollständigen Verwischen der Hierarchien. Tab. 1.7 zeigt beispielhaft die Ausprägungen des diktatorischen, autoritären, konsultativen und partizipativen Führungsstils. Die Führungsstile unterscheiden bezüglich der Einbeziehung der Mitarbeiter bei der Entscheidungsvorbereitung und der eigentlichen Entscheidung, in der Form der Anweisung und der Kritikfähigkeit.

Tab. 1.7   Führungsstile (Beispiel)

Führungsstil	Entscheidungsvorbereitung	Entscheidung	Anweisungen	Vorschläge, Gedanken
Diktatorisch	Vorgesetzter	Vorgesetzter	ohne Erklärung	als Kritik empfunden
Autoritär	Vorgesetzter	Vorgesetzter	mit Erklärung	Gedankenfreiheit
Konsultativ	Untergebene als Informationspool	Vorgesetzter	Überzeugungsarbeit	Gedanken- und Meinungsfreiheit
Partizipativ	Team	Team	nicht nötig	erwünscht

Keiner der genannten Führungsstile ist für alle Situationen und Entscheidungen optimal. Entscheidungen, die nur mit erheblichem Engagement der Mitarbeiter umgesetzt werden können, verlangen einen eher partizipativen Führungsstil, da gemeinsam getroffene Entscheidungen leichter mitgetragen werden. Benötigt eine Führungskraft für eine Entscheidung möglichst viele Informationen, sollte sie zumindest einen konsultativen Stil wählen, da sie alleine nicht alle Informationen erhalten kann. Entscheidungen mit großer Tragweite benötigen in der Regel die Mitwirkung vieler. Muss eine Entscheidung hingegen schnell getroffen werden (z.B. während einer Operation), kann ein autoritärer Führungsstil zumindest in der akuten Notsituation durchaus angebracht sein. Es mag sogar extreme Ausnahmesituationen (z.B. bei militärischen Einsätzen) geben, in denen für kurze Zeit sogar der gedankliche Widerstand gegen die Anweisung des Vorgesetzten gefährlich und damit zu vermeiden ist. Allerdings dürfte ein diktatorischer Führungsstil in deutschen Krankenhäusern keine Grundlage finden, und autoritäre Führungsstile sollten auf wenige, zeitkritische Entscheidungssituationen eingegrenzt bleiben.

Letztlich muss die Führungskraft jedoch unabhängig davon, wer an der Entscheidung mitgewirkt hat, diese Entscheidung durchsetzen. Es stellt sich hierbei die Frage, auf welche Machtgrundlage sie die Entscheidungsdurchsetzung basieren kann. Was veranlasst Mitarbeiter, einem Vorgesetzten zu folgen? Fünf Machtgrundlagen können unterschieden werden. Erstens ist es möglich, Macht durch Belohnung zu erhalten. Mitarbeiter folgen dem Vorgesetzten, weil er sie fördern, besser bezahlen oder privilegieren kann. Die Abhängigkeit des Assistenzarztes vom Chefarzt, der irgendwann maßgeblich für die Zulassung zur Facharztprüfung ist, ist eine derartige Machtgrundlage. Wer immer gehorsam ist, darf z.B. die notwendigen Operationen schnell durchziehen, um sich zur Facharztprüfung anzumelden.

Zweitens kann Macht auf Zwang beruhen. Mitarbeiter sind gehorsam, weil sie Angst vor Entlassung, Versetzung oder Lohnabzug haben. Belohnung und Zwang sind hierbei Spiegelbilder derselben Maßnahme.

Drittens kann Macht auf Legitimation beruhen. Der Untergebene anerkennt die übergeordnete Stellung des Vorgesetzten und dessen Recht, Anweisungen zu erteilen und Entscheidungen zu treffen. Auch diese Machtgrundlage ist im Krankenhaus anzutreffen. Beispielsweise sind bis heute manche Krankenschwestern dem Arzt gegenüber gehorsam, selbst wenn es sich um einen Bereich handelt, in dem sie sich durch ihre Ausbildung besser auskennen als der Arzt. „Es ist halt der Herr Doktor", eine Aussage, die von starker Hierarchiehörigkeit zeugt und noch immer gehört werden kann. Die Bedeutung von Ämtern und Titeln hat zwar abgenommen, ist aber noch nicht völlig verschwunden.

Diese drei traditionellen Machtgrundlagen zielen darauf ab, den Untergebenen einzuschüchtern und zu systemkonformen Verhalten zu zwingen. Sie basieren in erster Linie auf der Organisationsstruktur, nicht auf der Persönlichkeit der Führungskraft. Die vierte Machtgrundlage hingegen ist die Expertenmacht. Der Untergebene anerkennt, dass sein Vorgesetzter größeres Wissen und breitere Erfahrung hat. Dieser Expertisevorsprung kann sich entweder auf die Fach- oder Methodenkompetenz beziehen.

Von manchen älteren Chefärzten und nicht wenigen Pflegedirektoren wird beklagt, dass die jüngeren Kollegen nicht mehr so einfach lenk- und führbar seien wie früher. Tatsächlich verlieren Belohnung und Bedrohung in Zeiten von Ärztemangel und Pflegenotstand ebenso ihr Machtpotenzial wie die Hierarchiegläubigkeit in den letzten 30 Jahren gesamtgesellschaftlich abgenommen hat. Sogar die Fachkompetenz als vierte Machtgrundlage ist heute kein wirklicher Vorsprung der Führungskräfte. Häufig sind Oberärzte den Chefärzten fachlich sogar überlegen, da sie sich vollständig auf die Medizin konzentrieren können, während Chefärzte einen großen Teil ihrer Arbeitszeit der Administration zuwenden müssen. Und nicht selten kennt sich eine 25jährige Pflegekraft mit den modernen Methoden besser aus als die Pflegedirektorin, die seit Jahren keinen Patienten mehr gepflegt hat. Welche Machtgrundlage kann unter diesen Umständen noch die Veranlassung zum zielsystemkonformen Verhalten gewährleisten?

Die fünfte Machtgrundlage ist die Persönlichkeit des Vorgesetzten, d.h., der Vorgesetzte muss immer mehr durch seine Persönlichkeit wirken. Seine Sozialkompetenz (Umgangsformen, Motivation, Wahrnehmung, Wärme) und seine Selbstkompetenz (Selbsteinschätzung, Zeitmanagement, Integrität, Vertrauen) zeichnen ihn als Vorbild aus, so dass sich die Mitarbeiter bereitwillig und ohne Zwang seiner Führung anvertrauen. Damit rückt die Persönlichkeit der Führungskraft ins Zentrum der Führungslehre. Sein Verantwortungsbewusstsein, seine Loyalität, seine Zugewandtheit, sein Fleiß, seine Pünktlichkeit und zahlreiche andere Eigenschaften entscheiden darüber, ob der Mitarbeiter ihn als Vorgesetzten akzeptiert oder nicht.

1.5.1.2 Persönlichkeit und Führung

Die hohe Bedeutung der individuellen Persönlichkeit für die Führung kann beängstigend sein. Zuerst muss vor „Big Man" Theorien gewarnt werden, die davon ausgehen, dass ein angeborenes Charisma der Führung existiere. In der Realität müssen die allermeisten erfolgreichen Führungskräfte erst ihre „Führungs-Kraft" durch harte Arbeit gewinnen. Und es gibt auch Beispiele dafür, dass „geborene Führer" durch falsche Ziele, schlechte Organisationsstrukturen und fehlende Kontrolle unsäglichen Schaden angerichtet haben. Der „Big Man" allein schafft keinen Führungserfolg.

Ein zweiter Argwohn gegenüber dem Persönlichkeitsansatz in der Führung besteht, da Persönlichkeit als etwas geheimes, die Persönlichkeitsrechte betreffendes gilt. Selbstverständlich ist dies korrekt, auf der anderen Seite muss aber auch bedacht werden, dass die Persönlichkeit der Führungs- bzw. Beeinflussungskraft auch die Mitarbeiter intensiv betrifft. Ein Manager, der nicht bereit ist, an seiner Persönlichkeit zu arbeiten, schädigt damit nicht nur sich selbst, sondern vor allem auch seine Mitarbeiter. Wer seine Persönlichkeit nicht lebenslang weiterentwickeln möchte, sollte keine Führungsposition annehmen.

Schließlich erzeugt die Betonung der Persönlichkeit Unbehagen, da wir nicht so genau wissen, wie wir sie entwickeln können. Sach- und Methodenkompetenz kann durch Schulungsprogramme verbessert werden. Aber welche Maßnahmen gibt es zur Entwicklung der Persönlichkeit? An welcher Universität und in welcher Fortbildung kann man dies lernen?

Es besteht eine deutliche Diskrepanz zwischen der klassischen Hochschulausbildung und den zahlreichen Fortbildungsangeboten. Während die Hochschulen die Persönlichkeitsentwicklung der Studierenden fast vollständig aus ihren Einrichtungen verbannt haben, tummeln sich auf den Fortbildungsmärkten die erstaunlichsten Anbieter. Hier ist teilweise Vorsicht geboten, da auch Sekten ihre Arme auf diesen Märkten ausstrecken.

Es kann ein erster Schritt der Annäherung sein, wenn man sich überlegt, welche Eigenschaft einen Vorgesetzen am meisten Vorbild sein lässt: die Integrität. Integrität bedeutet Ganzheit, also das Gegenteil von gespalten oder fraktal (die ganzen Zahlen werden beispielsweise im Englischen als Integers bezeichnet). Als integer bezeichnet man folglich einen Menschen, bei dem Wort und Tat, Überzeugung und Aktion übereinstimmen. Wenn Mitarbeiter sehen, dass der Vorgesetzte nach seinen eigenen Zielvorgaben lebt, dass er von sich nicht weniger verlangt als von den Mitarbeitern, dass er dieselben Belohnungs- und Bestrafungsmaßstäbe an sich selbst anlegt und dass er mit sich selbst im Reinen ist, dann werden sie seinen Anweisungen mit deutlich höherer Wahrscheinlichkeit folgen. Ausbildungsprogramme, die folglich der Entwicklung der Integrität der Führungskraft dienen, sind empfehlenswert, alles andere führt langfristig zu nichts.

Die Übereinstimmung von eigenen Zielvorstellungen und Aktivitäten kann an Hand des grundlegenden Systemmodells diskutiert werden, wie es im Vorwort vorgestellt wurde. Abb. 1.24 zeigt das abgewandelte, stark vereinfachte Modell. Folgende Teilaspekte sollte jede Führungskraft regelmäßig analysieren und die Differenz von Anspruch und Wirklichkeit im Führungsalltag reflektieren:

- **Führungsgrößen**: Welche Ziele habe ich für mein Leben kurz-, mittel- und langfristig? Was ist meine persönliche Vision? Wo möchte ich am Ende meiner beruflichen Laufbahn stehen? Was ist die primäre Aufgabe, die ich mir selbst gestellt habe?
- **Umsystem**: Welche Bedeutung haben Familie, Sozialgefüge, Beruf für mich? Was gibt mir Sinn und Halt in meinem Leben? Welche Werte prägen mein soziales Netz? Welcher selbst gewählte Sinn ist am Ende der Berufslaufbahn (und des Lebens) wirklich erstrebenswert?
- **Inputs**: Wie versorge ich mich als „System"? Körperlich (z.B. Essen, Bewegung, Entspannung), geistig (z.B. Literatur, Fortbildung) und geistlich (Sinn- und Existenzfragen)? Stehen die Anforderungen an mich selbst in einem ausgewogenen Verhältnis zu den Investitionen in mich selbst?
- **Filter**: Was lasse ich an mich heran? Wieviel muss ich an andere weitergeben, und was kann ich mit mir selbst ausmachen?
- **Outputs, Outcome, Impact**: Für wen ist meine Arbeit wirklich wichtig? Welche Bedürfnisse (eigene, Familie, Gesellschaft) stille ich? Sind meine Leistungen (Outputs) wirklich das, was die Bedürfnisse stillt, oder „produziere ich am Markt vorbei"?
- **Steuerungsprozess**: Sind meine Funktionen, Aufgaben und Rollen klar definiert? Habe ich ausreichend technische Unterstützung zum „Selbstmanagement" (z.B. Zeitmanagementsysteme)? Habe ich ein systematisches System zur Selbstkontrolle und -belohnung eingeführt?
- **Feedbacksystem**: Vergleiche ich regelmäßig meine Inputs mit den Outputs, Outcomes und Impacts meines Lebens? Tendiere ich dazu, mich selbst zu bestätigen, oder lasse ich mich in Frage stellen?

Diese stark verkürzten Anregungen zur Selbstanalyse können dazu beitragen, die Entwicklung der eigenen Führungspersönlichkeit systematisch anzugehen. In der Regel bedarf dies einer professionellen Begleitung (Coaching), aber auch dem Mut, Krisen als Reifechancen zu erkennen. Abb. 1.25 zeigt eine idealtypische Entwicklung einer Führungskraft. Ausgangspunkt ist der Schüler, der seinen Vorgesetzten gegenüber sehr loyal ist, aber auch eine gewisse Unselbständigkeit aufweist. Häufig erwartet er von seinen eigenen Mitarbeitern, dass sie ihn in seinem Fortkommen unterstützen. Schüler finden sich in allen Altersgruppen von Managern. Manch ein Schüler entwickelt sich aber auch weiter zu einem Verehrer. Er sucht sein Fortkommen durch ein bedingungsloses Anhängen an den Vorgesetzten, dessen Wort für ihn Gesetz ist. Die Untergebenen sind ihm relativ egal, dafür hängt er an seinem Vorgesetzten. Gelingt ihm eine positive Weiterentwicklung, so wird er zum Revolutionär, der die Vorgesetzten in Frage stellt und (erstmals) eigene Ideen durchzusetzen versucht. Der Verehrer kann sich allerdings auch zu einem frustrierten Untertan entwickeln, der nur noch Dienst nach Vorschrift macht und weder an seinem eigenen Fortkommen noch an der Förderung seiner Mitarbeiter Interesse hat.

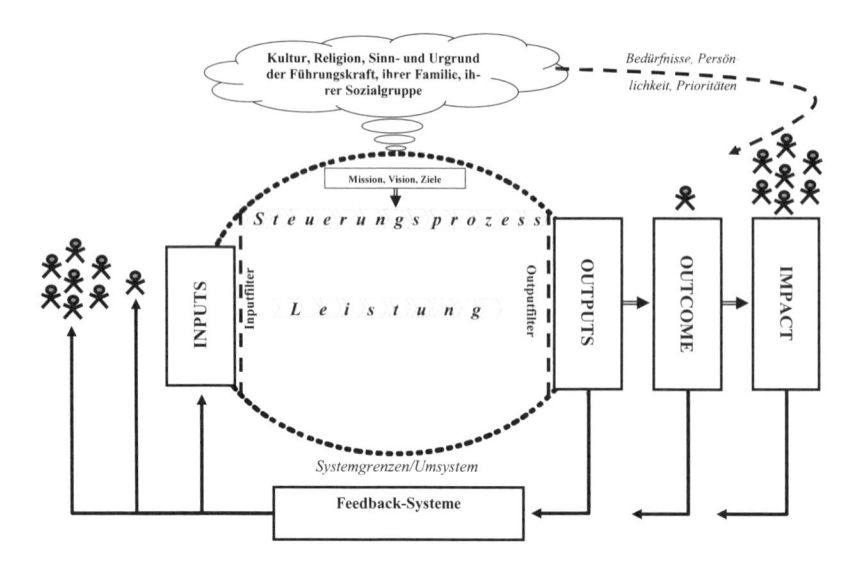

Abb. 1.24   Systemmodell und Persönlichkeit

Gelingt es dem Revolutionär, seine Sturm- und Drangzeit zu überstehen und sich seiner eigenen Revolutionszeit zu erinnern, so wird er für seine Mitarbeiter ein Förderer, der ihnen auf ihrem eigenen Entwicklungsweg weiterhilft. Häufig verlassen Führungskräfte diese Phase aber nicht, sondern werden zu zynischen Alt-Revoluzern. Manchmal ist auch eine Rückentwicklung vom Revolutionär zum devoten Untertan festzustellen.

Der Förderer kann selbst wiederum zu einer weisen Führungspersönlichkeit aufsteigen, oder er degeneriert im Laufe der Jahre zu einem frustrierten und egozentrischen Selbstverwirklicher, der seine Mitarbeiter zwar fördert, doch nur soweit es ihm und seiner Selbstverwirklichung nützt. Manchmal ist auch eine Rückentwicklung zum besserwisserischen Sonderling feststellbar.

Abb. 1.25 deutet auch an, dass der Übergang zu einer höheren Stufe der Führung nicht automatisch erfolgt. Häufig gehen Manager durch Krisen, werden in ihrem Selbstbild, ihrem Sinnbezug und ihrer Selbststeuerung mehrfach erschüttert, bevor sie schließlich zu einer fördernden Führungskraft werden. Der „dienende Leiter" hat erkannt, dass seine primäre Aufgabe als Führungskraft darin besteht, anderen dabei zu helfen, ihre Aufgabe möglichst gut zu erfüllen. Es geht ihm nicht mehr um seine eigene Karriere, sein Einkommen oder sein Prestige, sondern um die Förderung der Mitarbeiter und Kollegen, wobei sich gerade dadurch das eigene Fortkommen quasi als Nebeneffekt einstellt.

Im letzten Kapitel werden wir dissipative Systeme auf einer abstrakteren Ebene analysieren. Als grundsätzliche Aussage können wir vorwegnehmen, dass Systeme im Gleichgewicht eine Beharrungstendenz haben. Entwicklung ist deshalb häufig nur in Krisensituationen möglich. So wie Unternehmen nach Ansicht vieler Autoren Krisen benötigen, um bahnbrechende Innovationen annehmen und umsetzen zu können, so braucht die Persönlichkeit instabile Situationen für ihre Charakterentwicklung, denn nur in diesen Lebensphasen ist man bereit und in der Lage, seine eigene Prägung, seinen Charakter und seine Handlungsweisen grundsätzlich in Frage zu stellen und zu überdenken. Lebenskrisen des Mitarbeiters sind deshalb Chancen für das Unternehmen. Werden Mitarbeiter in labilen Situationen entlassen, so entgeht dem Unternehmen die Chance, dass dieser Mitarbeiter mit Stützung durch die Vorgesetzten diese Krise überwindet und auf eine höhere Persönlichkeits- und Führungsebene gelangt.

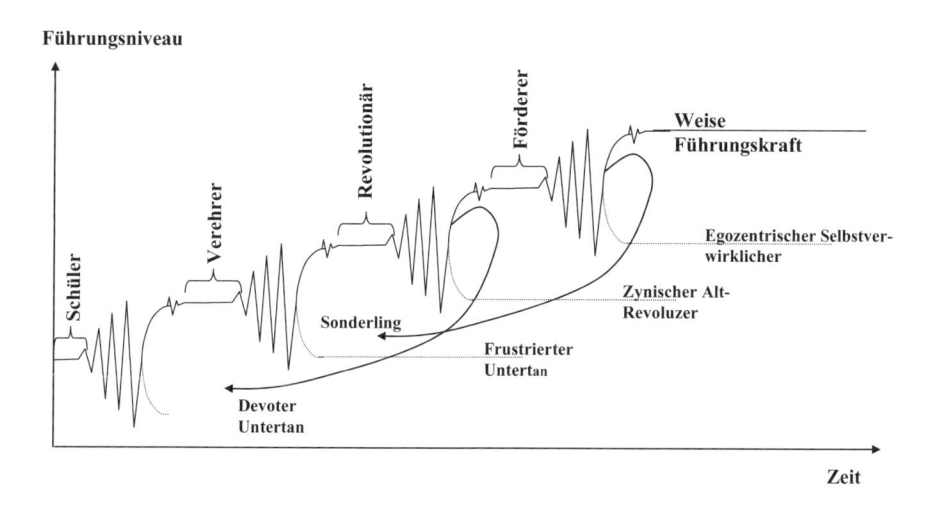

Abb. 1.25   Idealtypische Entwicklung einer Führungskraft

Ist diese Vision von der weisen Führungspersönlichkeit eine Utopie ohne jeglichen Bezug zum Krankenhausalltag? Betrachtet man die Führungskräfte in deutschen Krankenhäusern, so kann man sich des Eindrucks nicht erwehren, dass ein größerer Teil der Führungskräfte auf der Stufe der Schüler, Untertanen und Sonderlinge stehen geblieben ist. Wird dann, z.B. aus finanzieller Not, ein junger Manager zum Geschäftsführer ernannt, so kommt dieser Revolutionär in starken Konflikt mit den bestehenden Strukturen und Persönlichkeiten. Entscheidend an einer Utopie ist nicht, ob sie jemals erreicht werden kann, sondern ob es wert ist, sich in diese Richtung zu bewegen. Wenn Krankenhäuser auf Wettbewerbsmärkten in einem dynamischen und komplexen Umsystem überleben wollen, dann haben sie wohl überhaupt keine andere Wahl, als ihre Führungskräfte auf diesem Entwicklungsweg zu begleiten. Krankenhäuser können es sich einfach nicht mehr leisten, Führungskräfte auf den Sackgassen der Untertanen, Sonderlinge, Revoluzer oder egozentrischen Selbstverwirklicher abzustellen, wo sie schnelle Anpassung und Innovationen ebenso verhindern wie das Fortkommen aufstrebender junger Kollegen. Ein Krankenhaus, das nicht in die Entwicklung seiner Führungskräfte investiert – und zwar nicht nur in die Sachkompetenz, sondern gerade in die Persönlichkeitskompetenz – wird den Herausforderungen der Zukunft nicht gewachsen sein. Dies trifft auf alle Ebenen des Managements und alle Berufsgruppen zu.

1.5.1.3 Persönlichkeitstypologie

Die starke Betonung der Persönlichkeit könnte dazu verführen, die Unterschiede zwischen Persönlichkeiten zu verwischen und die Standardführungspersönlichkeit zu designen. Hiergegen spricht allerdings die Erkenntnis, dass Menschen sehr verschieden sind. Deshalb ist es notwendig, unterschiedliche Persönlichkeitstypologien kurz zu beleuchten.

Die Typologisierung von Führungskräften ist eine häufige Komponente von Führungskräfteseminaren. Die klassische Temperamentenlehre, die Grundformen der Angst nach Riemann, das Enneagramm, der DISG-Persönlichkeitstest, die Insights-Typenlehre und der Myers-Briggs Typenindikator – um nur die bekanntesten zu nennen – versuchen, Persönlichkeitseigenschaften zu strukturieren, um herauszufinden, welche Eigenschaften handlungsleitend sind. Anschließend werden die Führungsstärken und Schwächen der einzelnen Typen diskutiert und Ratschläge gegeben, wie man die eigenen Stärken entwickeln und die Schwächen kompensieren kann.

Gegen die Klassifizierung von Menschen in Typen regt sich allerdings auch Widerstand. Niemand möchte abgestempelt und in eine Schublade geschoben werden. Die Validität und Objektivität der Tests kann bezweifelt werden. Und vor allem sollten derartige Verfahren nicht überbewertet werden. Richtig verstanden helfen sie, die eigenen Prägungen zu verstehen, Stärken und Schwächen zu erkennen und vor allem Verständnis für die Andersartigkeit der Kollegen und Mitarbeiter zu entwickeln. Wenn wir deshalb im Folgenden einige Klassifizierungsverfahren kurz darstellen, so impliziert dies nicht, dass der persönliche Entwicklungsprozess ausschließlich über die Typisierung laufen könnte. Die Klassifizierungsmethoden können aber einen Hinweis auf Weiterentwicklungspotenziale geben.

Abb. 1.26 zeigt die Einteilung von Managern nach zwei Kriterien. Die Ergebnisorientierung beschreibt die Ausrichtung der Führungskraft auf die Ergebnisse des betrieblichen Transformationsprozesses, während die Beziehungsorientierung die Bedeutung des Mitmenschen und der Beziehung zu ihm beschreibt. Das Spektrum reicht von Vorgesetzten, denen sowohl die Ergebnisse als auch ihre Mitmenschen egal sind bis zu Führungskräften, die hohe Leistung fordern, aber auch stark an Beziehungen interessiert sind. Die beispielhaften Bezeichnungen aus Abb. 1.26 stammen von Rieckmann. Rein intuitiv wissen wir, welcher Typ wir sind, welcher wir gerne wären und was wir auf keinen Fall sein möchten. Dadurch ergeben sich Zielabweichungen als Grundlage weiterer Persönlichkeits- und Führungskraftentwicklung.

1.5 Führung

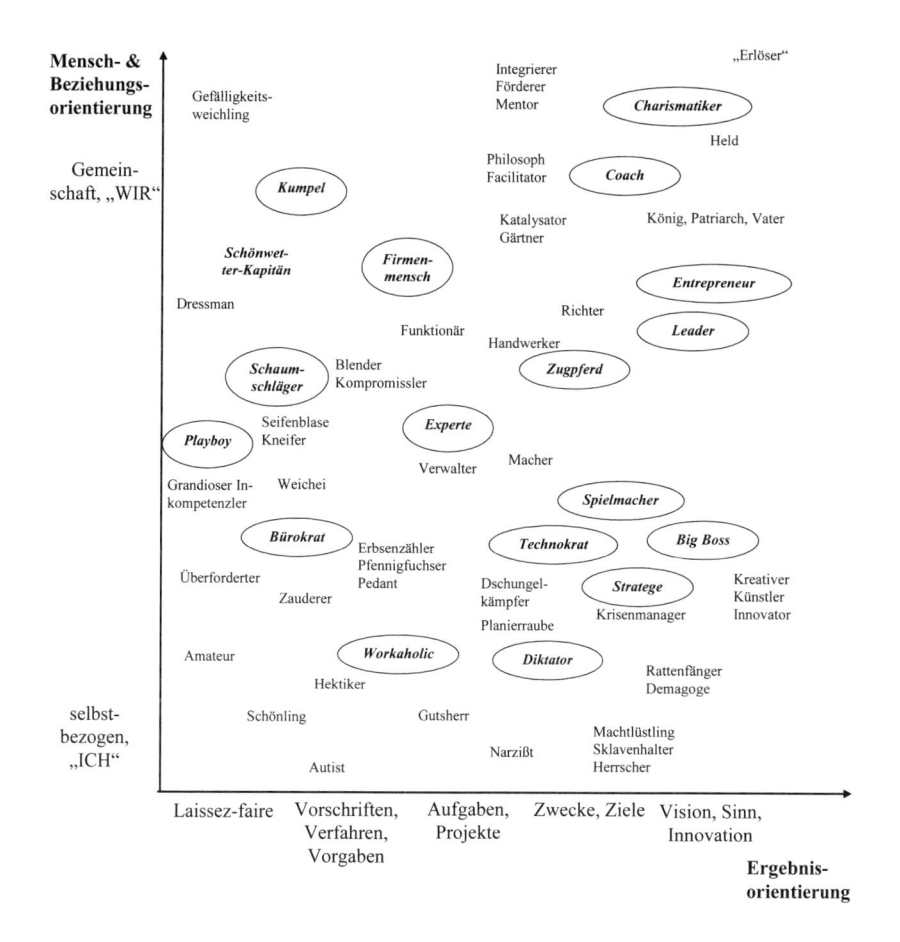

Abb. 1.26 Typenbildung nach Rieckmann

Eine weitere, in der Führungslehre häufiger verwendete Systematisierung stammt von dem Psychotherapeuten Riemann. Er unterscheidet vier Grundformen der Angst, die die Persönlichkeit des Individuums (von leichter Schrulligkeit bis zu Krankheit) prägen. Bei der schizoiden Persönlichkeit überwiegt die Angst vor Nähe. Je nach Intensität der Grundangst kann diese Gruppe von Menschen Unabhängige, Distanzierte, Bindungsscheue, Verschlossene, Einzelgänger, Außenseiter bis hin zu Psychopathen umfassen. Schizoide Persönlichkeiten sind häufig in theoretischen Berufen anzutreffen, z.B. als Mathematiker, Physiker, Laborwissenschaftler und Computerspezialisten. Sie sind schwer zu führen, da sie verbindliche Anforderungen, Rituale und Regeln tendenziell ablehnen. Mediziner dieses Typs sind häufig Laborwissenschaftler, Pathologen oder Rechtsmediziner. Pflegekräfte sind selten diesem Typ zuzuordnen.

Die depressive Persönlichkeit hat die Grundangst, nicht geliebt oder anerkannt zu werden. Hier reicht die Spannweite vom Einfühlsamen, dem Hilfsbereiten, Opferbereiten, Konfliktscheuen und Überforderten bis hin zum krankhaft Depressiven. Menschen dieses Typs sind nach Riemann häufig in helfenden und dienen Berufen tätig, z.B. als fürsorgliche Krankenschwester oder als Sozialpädagoge. Mediziner mit ähnlicher Prägung tendieren zur Psychotherapie oder zur hausärztlichen Tätigkeit. Für sie gilt, dass der Beruf nicht einfach ein „Job" ist, sondern dass er ihnen hilft, ihre Grundangst auszugleichen. Erfahren sie aber Ablehnung im Beruf, so kann dies zu Burn-Out oder auch zu einer Intensivierung ihrer Anstrengungen bis hin zum Helfersyndrom führen. Führungskräfte mit tendenziell depressiver Persönlichkeit tun sich schwer, denn Führung impliziert regelmäßig, dass man sich unbeliebt macht – und genau das können diese Menschen nicht ertragen. Deshalb ist es beispielsweise für viele Pflegekräfte ein schwerer Schlag, wenn sie plötzlich nach ihrem Aufstieg (z.B. zur Stationsleitung oder zur Pflegedienstleitung) nicht mehr voll zum Pflegeteam gehören. Die Distanz macht ihnen Angst.

Die zwanghafte Persönlichkeit hat Angst vor der Vergänglichkeit. Auch hier finden wir ein weites Spektrum vom Ordentlichen bzw. Planer über den Sauberen, Fleißigen und Zuverlässigen bis hin zum Streber, Pedanten und Zwangsneurotiker. Menschen dieses Typs lieben Genauigkeit und klare Regeln. Sie werden häufig Feinhandwerk, Juristen oder Chirurgen. Ein ganz hoher Anteil von Buchhaltern ist ebenfalls hier anzufinden. Sie zeichnen sich durch hohe Sachkenntnis und Perfektion, aber auch durch wenig Eigeninitiative und geringe Flexibilität aus. Werden sie zur Führungskraft, so wollen sie die vollständige Kontrolle bewahren und möglichst nichts delegieren.

Die hysterische Persönlichkeit schließlich zeichnet das genaue Gegenteil aus. Sie hat Angst vor dem Endgültigen. Die Ausprägung erstreckt sich vom Impulsiven, Optimistischen und Mitreißenden über den Risikofreudigen und Unternehmenslustigen bis hin zum Geltungssüchtigen und Hysteriker mit krankhaftem Geltungsbedürfnis und einer großen Selbstbezogenheit. Sie erstreben kontaktfreudige Berufe mit viel Veränderungspotenzial, z.B. als Vertreter, im Hotelgewerbe, Politiker, Funktionäre etc. Sowohl unter Fernsehstars als auch unter Managern ist ein nicht geringer Anteil von hysterischen Persönlichkeiten anzufinden. Sie sind leicht zu begeistern und zu motivieren, aber auch unstet und unzuverlässig. Während der zwanghafte noch verzweifelt versucht, eine feste Regel für eine neue Lösung zu etablieren, hüpft der hysterische Manager bereits zum nächsten und übernächsten Problem, stets auf der Suche nach „dem großen Wurf".

Die schizoide Persönlichkeit stellt einen Gegenpol zur depressiven Persönlichkeit dar, so wie die zwanghafte der hysterischen Persönlichkeit entgegensteht. Abb. 1.27 zeigt, dass sich hieraus vier Konstellationen ableiten lassen, die für das Management von großer Bedeutung sind. Der klassische Manager hat Züge der hysterischen und der depressiven Persönlichkeit. Er möchte Veränderung und ist den Menschen zugewandt. Manche Geschäftsführer von Krankenhäusern finden sich hier. Sein Gegenpol ist der klassische Wissenschaftler, der am liebsten in seinem Labor ganz allein sehr exakte Experimente durchführt. Dieser „Einsiedler" hat eine natürlich Abneigung gegen den „Showman" in der Führungsetage. Treffen beispielsweise in einer Universitätsklinik ein Super-Star Manager und ein Einsiedler-Professor aufeinander, sind Konflikte unausweichlich.

1.5 Führung

```
                    Schizoide Persönlichkeit
                              ▲
              Einsiedler  │  Einzelkämpfer
                              │
   Zwanghafte              │              Hysterische
   Persönlichkeit          │              Persönlichkeit
   ◄─────────────────────┼─────────────────────►
                              │
              Über-Mutter │  Super-Star
                              │
                              ▼
                    Depressive Persönlichkeit
```

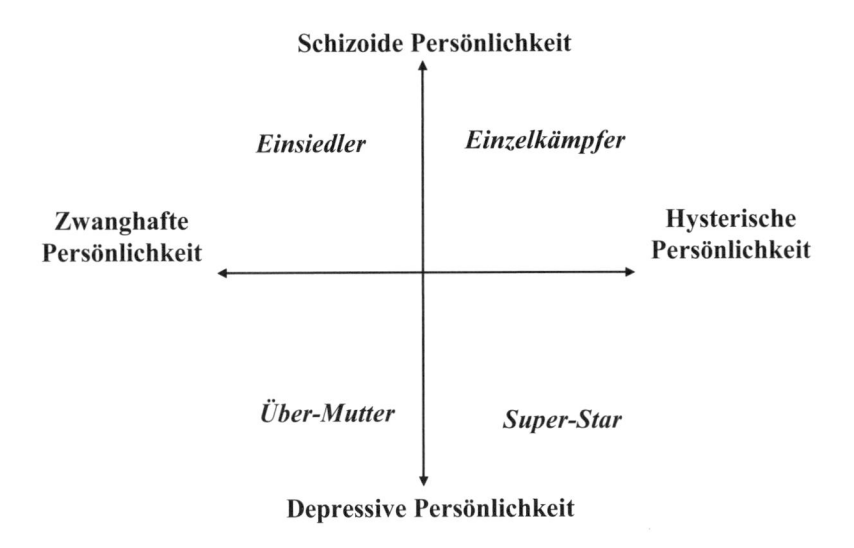

Abb. 1.27   Typenbildung nach Riemann

Es gibt allerdings auch Manager, die eher einer „Über-Mutter" ähneln, die stark menschenorientiert ist, jedoch gleichzeitig alles kontrollieren und möglichst wenig verändern möchte. Auch sie hat natürliche Konfliktpotenziale mit dem Super-Star und dem Einsiedler, vor allem aber mit einer Persönlichkeit, die sowohl Angst vor Nähe als auch vor Konstanz hat („Einzelkämpfer"). Ohne die Schablonen zu weit treiben zu wollen, kann man doch vermuten, dass viele Berufsmanager im Krankenhaus tendenziell ein „Super-Star" sind, viele Pflegedienstleitungen als Führungskraft eher einer „Über-Mutter" gleichen und Ärzte in Führungspositionen häufig Einsiedler oder Einzelkämpfer sind.

Die obigen Zeilen zeigen deutlich auf, dass Typologisierungen nicht ohne Plattheiten und Schubladen auskommen. Dies ist sehr kritisch zu bemerken. Aber trotzdem kann jede Führungskraft mit Hilfe dieser Verfahren die eigene Persönlichkeit mit zwei Zielen analysieren. Erstens zeigt der eigene Standort die Entwicklungskurve auf. Die hysterische Persönlichkeit muss Konstanz gewinnen, die zwanghafte mehr Gelassenheit, die depressive Unabhängigkeit und die schizoide Mut zur Nähe. Persönlichkeitsentwicklung ist schwierig, wenn man nicht zuerst die eigene Person kennt. Zweitens kann die Typologisierung Konfliktfelder mit Mitarbeitern, Kollegen und Vorgesetzten aufzeigen. Kennt man die eigenen Ängste, Stärken, Schwächen und Chancen und entwickelt man ebenfalls ein realistisches Bild von Eigenschaften seines Gegenübers, so können Konflikte erkannt, vermieden oder bereinigt werden. Tab. 1.8 gibt hierzu einige Anregungen.

Tab. 1.8 Konfliktpotenziale unterschiedlicher Persönlichkeitskonstellationen

	Einsiedler	Einzelkämpfer	Über-Mutter	Super-Star
Einsiedler	keine Kooperation, Nebeneinander, Innovationsscheu	Unterdrückung des Einsiedlers	Bemutterung des Einsiedlers, Innovationsfeindlichkeit	Verstärkung der Ängste, Konflikt insb. bei Krisen
Einzelkämpfer		starke Konkurrenz, Aggression	Verstärkung der Ängste, Konflikt	Flippig, unstet, demotivierend
Über-Mutter			Kuschel-Klub, keine Ziel- oder Zukunftsorientierung	Ordnung und Chaos führen zu Depression
Super-Star				Klüngelei, Teamgeist, Flippig, unstet

Diese sehr verkürzte Darstellung muss an dieser Stelle genügen. Die Darstellung der weiteren, oben genannten Verfahren führt letztlich zu keinen neuen Erkenntnissen. Stets erkennt die Führungskraft, wie ihre eigenen Eigenschaften geprägt sind, woraus sich Hilfestellungen für Entwicklung und konkrete Führung ableiten lassen. Es gibt durchaus ernst zu nehmende Autoren, die diesen Modellen jegliche Rationalität absprechen. Sie gehen im Gegensatz dazu davon aus, dass Menschen in bestimmten Organisationen und Situationen Rollen annehmen und sich entsprechend diesen Rollenvorgaben verhalten. Die Rollen, die sie spielen, werden dabei zwischen verschiedenen Settings ständig gewechselt, so dass beispielsweise jemand im Krankenhaus der ruhige, fast ängstliche Kollege sein kann, während er zu Hause höchst dominant auftritt. Die moderne Persönlichkeit hat eine „Patchwork Identity", die eben in unterschiedlichen Lebenssituationen sich unterschiedlich verhält.

Wie häufig liegt die Wahrheit in der Mitte. Die Rolle, die beispielsweise bestimmte Berufsgruppen traditionell im Krankenhaus spielen, gibt einen Rahmen vor, innerhalb deren sich eine gegebene Persönlichkeit entfalten und entwickeln kann. Hat jemand eine dominante Persönlichkeit, wird er die Rolle des Chefarztes anders ausfüllen als eine stetige Persönlichkeit (um die Kennzeichnung des DISG-Persönlichkeitstests zu gebrauchen). Für alle Persönlichkeitstypen gilt aber gleichermaßen die Notwendigkeit, sich selbst zu erkennen, an den Schwächen zu arbeiten und die Stärken so zu entwickeln, dass man auch „aus der Rolle fallen" kann, wenn es dem Betriebszweck dient.

Tab. 1.9 gibt einen Überblick über weitere Typologien. Es sei noch bemerkt, dass das Krankenhaus kein Selbstverwirklichungsverein ist. Wenn wir an dieser Stelle die Persönlichkeitsentwicklung betonen, dann ausschließlich basierend auf der Erkenntnis, dass reife und weise Führungspersönlichkeiten eben die besseren Betriebsergebnisse liefern. Das Effizienzkriterium muss innerhalb des Krankenhauses auf alle Bereiche angewendet werden, auch auf die Persönlichkeitsentwicklung.

1.5 Führung

Tab. 1.9   Weitere Instrumente der Persönlichkeitstypologisierung

Name	Wichtigste Typen	Anwendung im Management
klassische Temperamentenlehre	Choleriker, Phlegmatiker, Melancholiker, Sanguiniker	selten
Enneagramm	Perfektionist, Helfer, Macher, Individualisten, Denker, Mitstreiter, Abenteurer, Kämpfer, Vermittler	im Nonprofit und Sozialsektor häufiger verwendet
DISG-Persönlichkeitstest	Dominant, Initiativ, Stetig, Gewissenhaft	im Nonprofit und kommerziellen Sektor häufig verwendet
Myers-Briggs Typenindikator	16 Typen aus Kombination von „Thinking-Feeling", „Judging-Perceiving", „Extraversion-Intraversion", "Sensing-Intuition"	in USA und im Wissenschaftsbereich häufiger als andere Verfahren

1.5.2   Vertikale und horizontale Führung

Die klassische Führung impliziert, dass der Vorgesetzte seinen Untergebenen auf Machtgrundlage so beeinflusst, dass dieser ein vom Vorgesetzten vorgegebenes Ziel verfolgt. Die vertikale Führung basiert zumindest zum Teil auf einer Hierarchie, auf oben und unten. Es gibt allerdings auch die Situation, dass eine Führung unter Gleichen notwendig ist. In Arbeitsteams beispielsweise bildet sich ebenfalls schnell eine Führung heraus, wenn ein gemeinsames Ergebnis angestrebt wird. Diese Art der Führung ohne Hierarchie wird als horizontale Führung bezeichnet. Ihr verschließen sich die ersten drei genannten Machtgrundlagen (Belohnung, Bestrafung, hierarchische Legitimation), so dass horizontale häufig schwieriger ist als vertikale Führung.

Im Folgenden werden die grundlegenden Motivationstheorien kurz dargestellt und auf die Krankenhaussituation übertragen. Anschließend diskutieren wir das Verhältnis von Vertrauen und Delegation. Es folgen einige Aspekte der horizontalen Führung.

1.5.2.1   Motivationstheorien

Motivation setzt voraus, dass das Verhalten des Menschen grundsätzlich beeinflussbar ist. Diese Beeinflussbarkeit von Menschen untersuchen die Psychologie, die Soziologie und die Pädagogik in ihrem jeweiligen Forschungsgebiet. Die Motivationstheorien dieser Wissenschaften versuchen, die Entstehung, die Ausrichtung, die Stärke und die Dauer einer bestimmten Verhaltensweise auf verhaltensrelevante Motive zurückzuführen. Aus der großen Fülle der Motivationstheorien wollen wir vier explizit herausgreifen und darstellen: Die Modelle von Maslow, von Richards & Greenlaw, von Herzberg sowie von McGregor.

Die wohl bekannteste Motivationstheorie stammt von Abraham Maslow. Er untersuchte die Bedürfnisse des Menschen und gliederte sie in fünf Stufen. Die physiologischen Grundbedürfnisse (Essen, Trinken, Kleidung, Wohnung, Fortpflanzung) können in freien Gesellschaften überwiegend durch Geld gestillt werden. Dies trifft auch auf die Sicherheitsbedürfnisse zu (Vorsorge für zukünftige Notlagen, z.B. Krankheit, Invalidität, Arbeitslosigkeit, Alter), wobei Versicherungen, Kündigungsschutz und Beamtentum Mittel zur Stillung des

Sicherheitsbedürfnisses sind. Auf der dritten Stufe stehen die sozialen Bedürfnisse, d.h. das Streben nach Gemeinschaft und nach befriedigenden Beziehungen. Im Betrieb werden die Beziehungen zu Arbeitskollegen, die Existenz sozialer Einrichtungen und allgemein das Betriebsklima darüber entscheiden, ob die sozialen Bedürfnisse gestillt sind. Es folgen die Wertschätzungs- bzw. Statusbedürfnisse. Maslow postulierte, dass jeder Mensch ein Verlangen nach Selbstachtung, Ansehen und Geltung bei anderen Personen hat. Der Betrieb adressiert diese Bedürfnisse durch Lob, Titel, Aufstieg und Incentives. Die Spitze der Pyramide bildet das Bedürfnis nach Selbstverwirklichung. Maslow versteht darunter den Drang des Menschen, seine Umwelt nach seinen eigenen Zielen zu gestalten, die eigenen Anlagen zu entwickeln und seine Vorstellungen durchzusetzen.

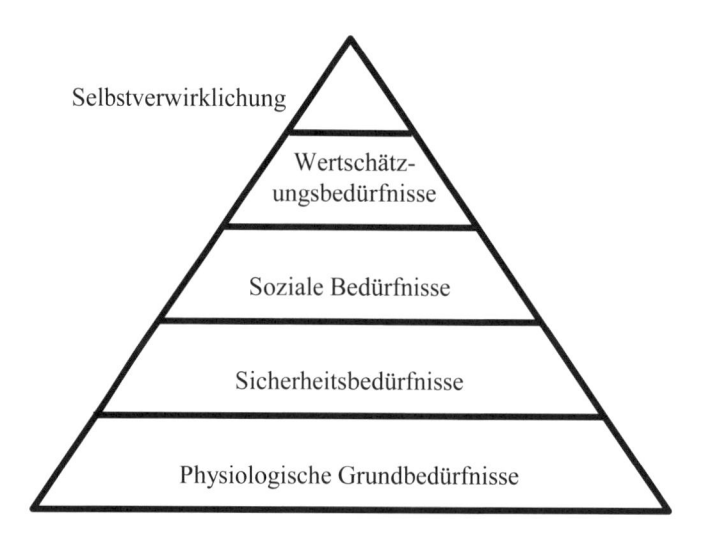

Abb. 1.28   Maslow'sche Motivationspyramide

Maslow geht davon aus, dass jeweils nur das unterste, nicht befriedigte Bedürfnis motivierend wirkt. Sobald es befriedigt ist, verliert es seinen Handlungsanreiz. Leidet ein Mensch beispielsweise heute Hunger, kann ihn der Abschluss einer Rentenversicherung nicht motivieren. Erst wenn seine heutigen Grundbedürfnisse im Wesentlichen befriedigt sind, wendet er sich der Sicherheit für morgen zu. Abb. 1.29 verdeutlicht dies: Immer erst, wenn der obere Behälter voll ist, kann der nächste Behälter gefüllt werden. Motivation wird damit individuell, d.h., die Führungskraft muss stets analysieren, welches Bedürfnis des Mitarbeiters gerade handlungsleitend ist, weil alle niedrigeren Bedürfnisse gestillt sind. Ein Chefarzt beispielsweise kann nur noch geringfügig durch Geld motiviert werden. Er möchte sich selbst verwirklichen, dem Krankenhaus seine Prägung geben, sich einen Namen machen, in Beiräte berufen werden und an den Herausforderungen wachsen. Die Reinigungskraft, die gerade erst aus Siebenbürgen umgesiedelt ist und im selben Krankenhaus ihre erste Stelle in Deutschland hat, braucht hingegen vor allen Dingen Geld, um sich eine neue Existenz aufzubauen. Sie kann monetär motiviert werden.

1.5 Führung

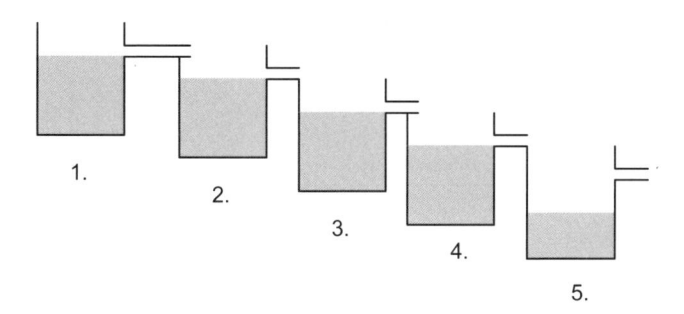

Abb. 1.29   Hierarchie der Bedürfnisse nach Maslow

Das Modell von Maslow wurde häufig kritisiert. Gerade die strenge Hierarchie der Bedürfnisebenen erscheint nicht realistisch. Trotzdem bleibt die Motivationspyramide ein hilfreiches Hinterkopfmodell, da Maslow stark auf die Individualität der Motivation hinweist. Die Führungskraft im Krankenhaus kann keine allumfassende Motivationsstrategie entwickeln, sondern muss für jeden Mitarbeiter individuell überlegen, welches Bedürfnis gerade für ihn handlungsleitend ist. Hierzu ist es notwendig, dass der Vorgesetzte die persönliche Situation, den Persönlichkeitstyp und die statuierten Präferenzen des Mitarbeiters kennt. Ein zugewandter, persönlicher Führungsstil mit intensiven persönlichen Kontakten („Management by Walk-Around") ist hierzu die beste Voraussetzung.

Richards & Greenlaw bauen auf dem Modell von Maslow auf und analysierten die relative Stärke der Bedürfnisse, das Anspruchsniveau, die Intensität der Frustration und die gewählten Bedürfnisstrategien. Sie rücken damit die Persönlichkeitsstruktur des Menschen stärker in den Mittelpunkt, die durch die Kultur und die konstitutionellen Determinanten (z.B. Marktordnung) beeinflusst wird. Die Bedürfnisse des Menschen werden nicht als angeboren, sondern als Ergebnis des Sozialisationsprozesses gesehen.

Die Theorien von Maslow und Richards & Greenlaw sehen alle betrieblichen Maßnahmen als motivationsfördernd, solange nur das jeweils adressierte Bedürfnis gerade handlungsleitend ist. Herzberg untersuchte ausführlich, was Menschen bei ihrer Arbeit befriedigt. Sein Ergebnis ist verblüffend: Es gibt Faktoren, die Zufriedenheit stiften (Motivatoren), und es gibt Faktoren, die Unzufriedenheit stiften (Hygienefaktoren). Entscheidend ist, das Herzberg festgestellt hat, dass Motivatoren und Hygienefaktoren nicht identisch sind. Zufriedenheit ist folglich nicht das Gegenteil von Unzufriedenheit. Eine Maßnahme, die Unzufriedenheit abbaut, baut nicht gleichzeitig Zufriedenheit auf.

Herzberg ermittelte als typische Hygienefaktoren die Personalverwaltung, Urlaubsplanung, Beschwerdewege, Leistungsbeurteilungsverfahren, Status, fachliche Kompetenz des Vorgesetzten, Beziehungen zu Vorgesetzten, Kollegen und Mitarbeitern, Arbeitsplatzverhältnisse, Klima, Licht, Schmutz, Arbeitssicherheit und Entlohnung. Ein lauter und heißer Arbeitsplatz, beispielsweise, macht unzufrieden. Werden Lärm und die Hitze beseitigt, findet der Mitarbeiter dies zwar gut, es wird jedoch lediglich sein Unmut über den Lärm und die Hitze abgebaut, aber keine echte Zufriedenheit aufgebaut. Motivatoren hingegen schaffen Zufriedenheit. Herzberg ermittelt hierfür Leistungs- bzw. Erfolgserlebnisse, Anerkennung für geleistete Arbeit, Sinn in der Arbeit, Verantwortung, Aufstieg und Möglichkeiten zur Persönlichkeitsentfaltung.

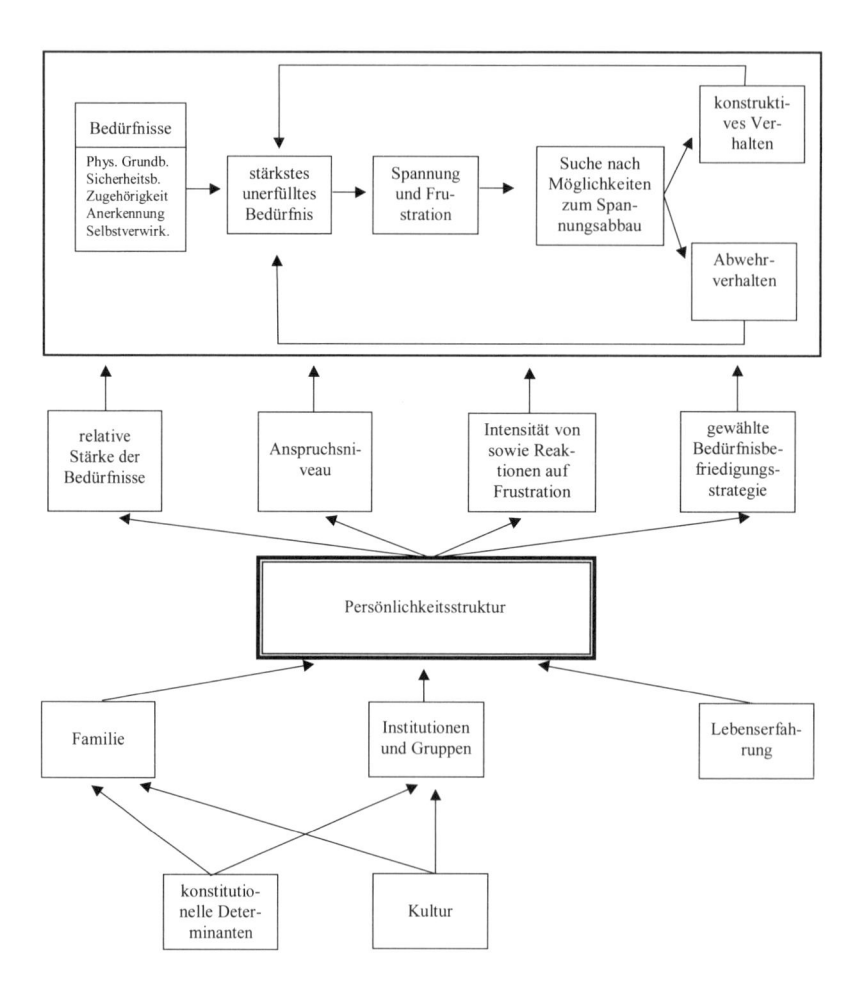

Abb. 1.30   Motivationsmodell von Richards & Greenlaw

Interessant an diesem Ansatz ist erstens, dass die Beseitigung aller Störungen des Betriebsablaufes bzw. der Hygienefaktoren noch nicht zur Befriedigung und damit zur Motivation führt. Mitarbeiter wollen mehr als nur angenehme Verhältnisse. Sie wollen sich einbringen, weiterentwickeln und den Wert ihrer Arbeit sehen. Zweitens kann jedoch niemand wirklich motiviert sein, wenn er noch durch Hygienefaktoren in der Unzufriedenheit gehalten wird. Viele Krankenhausmitarbeiter wollen sich für große Ziele einbringen, ihren Patienten helfen und motivierte Mitarbeiter sein. Wenn ihr Arbeitsplatz jedoch gefährlich und ungesund ist, wenn das Betriebsklima nicht stimmt, der Vorgesetzte tyrannisch ist und die Bezahlung kaum zum Leben langt, kann die intrinsische Motivation nicht richtig wirken.

Führungskräfte in Krankenhäusern müssen deshalb sehr genau analysieren, welche Hygienefaktoren die Motivatoren hindern, wirksam zu werden. Hierbei handelt es sich um ein System aus hintereinander liegenden Sieben. Das Sieb mit der geringsten Durchlässigkeit determiniert die Geschwindigkeit, in der Sand durch das Gesamtsystem rinnt. Es rentiert sich nicht, ein Sieb auszutauschen oder zu verbessern, wenn es nicht der Engpass ist. Ebenso wenig ist es sinnvoll, ein Personalproblem im Krankenhaus anzugehen, wenn es noch weitere, sehr viel dringlichere Schwierigkeiten gibt. Beispielsweise muss man sehr genau analysieren, ob die Unzufriedenheit vieler junger Ärzte mit ihrem Beruf tatsächlich durch die schlechte Bezahlung, die vielen Überstunden, die Nachtdienste, die schlechte Behandlung oder den hohen Verwaltungsaufwand bedingt wird. Es ist sinnlos, die Bezahlung zu erhöhen, wenn das wirkliche Problem z.B. im Zwischenmenschlichen liegt. Kurzfristig wird Geld als Kompensation für ein schlechtes Betriebsklima akzeptiert, nach kurzer Zeit verliert es jedoch seine mildernde Wirkung, da Geld aller Erfahrung nach eben nur kurzfristig ein Motivator, langfristig aber ein Hygienefaktor ist.

Zuletzt sei noch auf die Ergebnisse der Studien von McGregor hingewiesen. Er hat genau genommen keine Motivationstheorie aufgestellt, sondern Menschenbilder von Führungskräften untersucht. Anschließend gruppierte er die Einstellungen der Führungskräfte zu ihren Mitarbeitern in zwei Gruppen und kondensierte zwei konträre Menschenbilder heraus, die er Theorie X und Theorie Y über menschliches Verhalten nannte. Führungskräfte, die Theorie X folgen, gehen implizit davon aus, dass der Durchschnittsmensch eine angeborene Abneigung gegen Arbeit hat und daher versucht, Arbeit zu vermeiden. Er muss deshalb durch Zwang, Kontrolle, Befehle und Strafandrohung dazu gebracht werden, sich für die Erreichung der Unternehmensziele einzusetzen. Er bedarf dringend der Führung durch hierarchisch klar abgesetzte Manager, strebt primär nach Ruhe und Sicherheit und hat wenig Ehrgeiz, sich einzubringen. Wer dieser Theorie folgt, muss Mitarbeiter durch „Zuckerbrot und Peitsche" motivieren, d.h. von außen (extrinsisch).

Die andere Gruppe von Führungskräften (Theorie Y) geht davon aus, dass die meisten Menschen ein natürliches Bedürfnis nach Anstrengung bei körperlicher und geistiger Arbeit haben, d.h. keine angeborene Abneigung gegen Arbeit. Arbeit ist für sie vielmehr ein Mittel zur Selbstverwirklichung. Arbeit wird erst dann zur Strafe, wenn die beeinflussbaren Arbeitsbedingungen nicht stimmen, wenn sie ihren Zielen nicht folgen können und sie fremdbestimmt werden. Dies impliziert, dass die Mitarbeiter die Unternehmensziele freiwillig verfolgen, wenn sie damit gleichzeitig ihren eigenen Nutzen verbinden können (z.B. Selbstverwirklichung, Wachstum). Mitarbeiter suchen Verantwortung, sind kreativ und von innen heraus (intrinsisch) motiviert, so dass es sich rentiert, ihnen zu vertrauen.

McGregor bewertete den ökonomischen Erfolg von Unternehmen, deren Manager Theorie X und Theorie Y folgten. Das Ergebnis war erstaunlich: Die Unternehmen mit dem Menschenbild von Theorie Y waren deutlich erfolgreicher als die Unternehmen mit Theorie X. Das Menschenbild, mit dem Manager an ihre Mitarbeiter herangehen, beeinflusst folglich den unternehmerischen Erfolg.

Hört man sich auf Konferenzen leitender Mitarbeiter in Krankenhäusern um, so staunt man nicht oft über die Allpräsenz der Theorie X. Die Klagen über faule, risikoscheue, innovationsfeindliche, aktenversessene oder geldgierige Krankenhausmitarbeiter wollen nicht abreißen. Diese Klagen mögen berechtigt sein, wenn man ein Krankenhaus neu als Führungskraft übernimmt. Es erstaunt jedoch, dass dieselben Klagen von Führungskräften kommen, die teilweise seit vielen Jahren in diesen Positionen sitzen und ihre Mitarbeiter zum großen Teil selbst eingestellt und aufgebaut haben. Kann es sein, dass dieses negative Menschenbild eine self-fulfilling prophecy ist? Wenn man davon ausgeht, dass Mitarbeiter faul, innovationsfeindlich und ohne Eigenantrieb sind, dann wird man tendenziell diese Mitarbeiter auch nicht fördern, nicht delegieren, extrem eng kontrollieren und bei Fehlern entmutigen. Dadurch entwickeln sich aber häufig erst die genannten Eigenschaften, so dass die Führungskraft einen Selbstbestätigungsfeedback über ihre eigenen Vorurteile empfängt. Es gibt natürlich Ausnahmen, auf die diese Charaktereigenschaften zutreffen, aber die Realität des Krankenhauses dürfte doch von hoch engagierten, begabten, innovativen und zielstrebigen Mitarbeitern geprägt sein. Wenn es gelingt, ihnen Instrumente der Selbstkontrolle, der Weiterentwicklung und der Arbeitsgestaltung an die Hand zu geben, dürfte Motivation im Krankenhaus doch deutlich einfacher sein als in den meisten Betriebstypen. Der Schlüssel hierzu ist allerdings die Delegation, d.h. die Bereitschaft, Entscheidungsbefugnisse an andere abzugeben. Ohne das Vertrauen, dass der Untergebene die Entscheidung ebenso gut treffen, die Arbeit ebenso erfolgreich ausführen und die Kontrolle ebenso ehrlich durchführen wird, sind intrinsische Motivation und begeisterte Mitarbeiter nicht zu haben.

1.5.2.2 Delegation und Vertrauen

Delegation entlastet den Vorgesetzten von weniger wichtigen Entscheidungen, erhöht den Informationspool der Entscheidung, reduziert Filterverluste des Informationsweges und ermöglicht eine basisnahe, schnelle Entscheidungsfindung. Auf der anderen Seite schränkt sie die Handlungsmöglichkeiten des Vorgesetzten ein, da er bis zur ausdrücklichen Rücknahme der Delegation keine Entscheidungsbefugnis mehr hat und trotzdem für Fehlentscheidungen unter ihm verantwortlich ist. Delegation ist deshalb eine Frage des Vertrauens in die Mitarbeiter. Es wird folglich nötig, das Vertrauen als Grundlage der Führung eingehender zu analysieren.

Die neuere betriebswirtschaftliche Forschung zeigt, dass Vertrauen durchaus rational sein kann, denn Vertrauen ist die Basis für Innovationen, d.h., ohne Vertrauen in die Mitarbeiter verlieren Unternehmen den entscheidenden Wettbewerbsvorteil. Die Entwicklung und Adoption von Neuerungen setzt voraus, dass die Mitarbeiter ausreichend Handlungsspielraum haben, um einerseits als Sensoren der Unternehmung für Probleme und Innovationskeimlinge zu dienen, andererseits selbständig Problemlösungen zu entwickeln und ständig zu verbessern. Der Handlungsfreiraum ist essenziell, da Innovationen stets einen individuellen, kreativen Akt der Mitarbeiter erfordern. Diese Kreativität lässt sich nur auf der Basis einer intrinsischen Motivation ohne Zwang und Kontrolle entfalten, extrinsische Motivation hingegen fördert Konformität. Eine informelle Organisationsstruktur mit hohem Delegationsgrad und geringer Kontrolle wirkt deshalb innovationsfördernd.

Der Verzicht auf Kontrolle birgt jedoch auch die Gefahr, dass Mitarbeiter die Freiräume für opportunistisches Verhalten missbrauchen. Eine innovationsfreundliche Unternehmensorganisation setzt folglich das Vertrauen der Unternehmensführung („Vertrauensgeber") in die Mitarbeiter („Vertrauensnehmer") voraus. Vertrauen impliziert stets eine risikoreiche Vorleistung des Vertrauensgebers, d.h., das Vertrauen nimmt mit zunehmender Risikoaversion des Vertrauensgebers ab. Risikoscheue Führungskräfte werden entsprechend auch einen geringeren Delegationsgrad und intensivere Kontrollen praktizieren. Sie reduzieren damit den Freiraum für Eigenmotivation und Innovationsfreude. Der klassische Satz „Vertrauen ist gut, Kontrolle ist besser" zerstört Motivation und Risikobereitschaft.

Das Verhältnis von Führungskraft zu Mitarbeiter kann als Principal-Agent-Beziehung modelliert werden. Der Vorgesetzte (=Prinzipal) geht davon aus, dass der Mitarbeiter (=Agent) nicht das Wohl des Unternehmens, sondern seinen eigenen Nutzen zu maximieren trachtet. Ausgehend von dieser Grundhaltung des Misstrauens ist der Delegationsgrad gering und es werden intensive Kontrollmaßnahmen durchgeführt. Eine Integration des Zielsystems des Agenten (=Mitarbeiter) mit dem Zielsystem des Prinzipals (= Vorgesetzter) ist beispielsweise durch eine Abhängigkeit des Gehalts vom Erfolg des Unternehmens möglich. Aber auch hier sind intensive Kontrollmaßnahmen nötig, um kurzfristige Gewinnmanipulationen zu vermeiden.

Der Stewardship-Theorie liegt ein anderes Menschenbild zu Grunde: Der Haushalter (=Steward) empfindet große Zufriedenheit, wenn er sich kooperativ verhält, sich für ein gemeinsames Ziel einsetzt und mit andere zusammen etwas erreicht. Er wird deshalb intrinsisch motiviert die Ziele seines Krankenhauses verfolgen, ohne dass hierzu Fremdkontrolle nötig ist. Die bestehenden Kontrollinstrumente dienen lediglich der Eigenkontrolle. Damit würde der Vorgesetzte von operativen Aufgaben entlastet und Kontrollkosten sparen. Tab. 1.10 gibt einen Überblick über die beiden Theorieansätze.

Tab. 1.10 Vergleich der Principal-Agency-Theorie und der Stewardship-Theorie

	Principal-Agency-Theorie	**Stewardship-Theorie**
Menschenbild	Homo oeconomicus	Selbstverwirklicher
Verhalten	Selbstsüchtig	Kollektiv
Motivation	Primär Grundbedürfnisse	Primär Selbstverwirklichung
Autoritätsgrundlage	Legitimation, Bestrafung, Belohnung	Expertise, Persönlichkeit
Management Philosophie	Kontrollorientierung	Mitarbeiterorientiert
Kulturdifferenzen	Hoher Individualismus, hohe Machtdistanz	Kollektivismus, niedrige Machtdistanz

Die Entscheidung, einer der beiden Theorien zu folgen, kann als Gefangenendilemma abgebildet werden. Unter der Annahme, dass sowohl der Mitarbeiter als auch der Vorgesetzte risikoavers sind, werden sich beide für das erste Feld (Agency-Agency) entscheiden, d.h., es entsteht ein Nash-Gleichgewicht. Für beide Spieler wäre es irrational, das Feld zu wechseln, da sie ceteris paribus verlieren. Nur der Aufbau gegenseitigen Vertrauens kann dazu führen, dass beide gleichzeitig auf eine Stewardship-Relation überwechseln. Eine risikoreiche Vorleistung ist hierbei unumgänglich. Solange jedoch einer von beiden sich nicht kooperativ verhält, wird der andere auch seine Strategie nicht wechseln.

Tab. 1.11   Vertrauensmatrix

		Mitarbeiter	
		Agency-Relation	Stewardship-Relation
Vorgesetzter	Agency-Relation	Hohe Kontrollkosten, gutes Ergebnis	Hohe Kontrollkosten, Demotivation des intrinsisch motivierten Mitarbeiters
	Stewardship-Relation	Schlechtes Ergebnis, Demotivation des Vorgesetzten	Selbständige und motivierte Mitarbeiter, gutes Ergebnis, geringe Kontrollkosten

Wissenschaftler haben derartige Gefangenendilemma wissenschaftlich untersucht. Sie veranstalteten einen Wettbewerb, um die langfristig optimale Strategie zu ermitteln. Es zeigt sich, dass „Tit for Tat" (Wie du mir, so ich dir) die besten Ergebnisse liefert, die Normstrategie muss lauten, beim ersten Spiel kooperativ zu sein, und anschließend immer genau das zu tun, was der Gegenspieler getan hat. Mit anderen Worten: Wage Vertrauen, denn es zahlt sich auf die Dauer aus, das Risiko der Kooperation einzugehen! Diese Aussage wurde auch für den Fall bestätigt, dass stochastische Störeinflüsse die reinen Strategien durchkreuzen. Vertrauen ist also auch in einer Welt der Zufälle, Unsicherheiten und Eventualitäten eine gute Führungsstrategie.

Dieses ermutigende Ergebnis hat drei Voraussetzungen. Erstens muss das Spiel langfristig angelegt sein, d.h., bei einmaligen Entscheidungen ist Vertrauen nur sehr bedingt angebracht. Seinen Gebrauchtwagen sollte man deshalb besser nicht auf ausschließlicher Vertrauensbasis kaufen, die Personalführung sollte jedoch darauf basieren. Zweitens muss der Vertrauensgeber bereit sein, auch eine kurzfristige Niederlage zu riskieren. Rückschläge müssen hingenommen werden. Und drittens müssen die Spieler bereit sein, schnell zu vergeben. Fehler und unkooperatives Verhalten des anderen dürfen nicht langfristig die Strategiewahl beeinflussen.

Unter diesen Voraussetzungen ist Vertrauen durchaus rational, und Führung durch Vertrauen wird möglich. Die erste Bedingung ist bei Arbeitsverhältnissen in der Regel gegeben. Eine Analyse der letzten beiden Bedingungen zeigt jedoch wiederum, dass Persönlichkeit und Charakter essenziell für die Führung sind. Die Bereitschaft, Vergangenes zu vergessen, Fehler zu entschuldigen und neu anzufangen ist essenziell für effizientes Management. Führungskräfte müssen ihren Mitarbeitern einen Vertrauensvorschuss entgegenbringen. Erst wenn dieses Vertrauen enttäuscht wird, sollten sie Gegenmaßnahmen ergreifen und die Mitarbeiter auf ihr Fehlverhalten hinweisen. Dies kann mit Bestrafung und schärferer Kontrolle einhergehen („Tit for Tat"). Es ist jedoch rational, einen neuen Versuch und Anfang zu wagen und die Mitarbeiter, die selbst aus der Situation gelernt haben, erneut mit Verantwortung zu betrauen.

1.5.2.3 Horizontale Führung

Die Komplexität und Dynamik moderner Krankenhäuser ist durch strenge Hierarchie und Befehlswege nicht mehr zu beherrschen. Entscheidungen müssen auf einer breiten Informationsbasis fußen, müssen schnell getroffen und von allen Beteiligten bereitwillig und effizient umgesetzt werden. Hierzu sind traditionelle Hierarchien nicht geeignet. Immer häufiger erfolgt deshalb die Operationalisierung von Oberzielen sowie die Selbstabstimmung in hierarchiearmen Arbeitsteams. Die verantwortliche Führungskraft kann zwar Teil dieses Teams sein, aber sie nimmt ihre Rolle als gleichgewichtiges Mitglied ein, um den Gruppenprozess und die effiziente Gruppenarbeit nicht durch Formalschranken zu blockieren. Einige Arbeitsteams haben von Anfang an überhaupt keine formalen Hierarchieunterschiede, so z.B. das klassische Triumvirat der Krankenhausleitung oder der Vorstand einer Krankenhaus-AG, bei der der Vorsitzende meist ebenfalls keine intern herausgehobene Position hat.

Die Tatsache, dass keine formalen Hierarchien existieren, impliziert allerdings nicht, dass Teams ohne Führung funktionieren. Das Team führt sich selbst, und einzelne Gruppenmitglieder werden Führungsaufgaben wahrnehmen. Meist bilden sich ein Gruppenleiter, ein Moderator und ein Sekretär heraus, wobei kleine Gruppen auch mit einem informellen Leiter auskommen, der das Team lediglich nach Außen vertritt. Es ist die Aufgabe jedes Gruppenmitglieds, für eine effiziente Arbeitserfüllung zu sorgen.

Die Entwicklung des Teams erfolgt in mehreren Phasen. Kurz nach der Gründung arbeiten Teams meist sehr effizient, d.h. ihr Output ist hoch. Nach dieser „Honeymoonphase" kommt es jedoch zu den ersten Konflikten. Man merkt, dass man die anderen Mitglieder überschätzt hat, dass man sich falsch verstanden hat und sich selbst und den anderen etwas vorgemacht hat. Manche Teams kommen aus dieser Phase nicht heraus und bleiben damit unter der Leistung der Einzelarbeit. Hätte man die Entscheidung einer einzelnen Person gegeben, wären bessere Ergebnisse entstanden. Gelingt es dem Team jedoch, aus dieser Vertrauenskrise zu einem neuen Start mit realistischen Erwartungen zu kommen, so kann das Team deutlich effektiver arbeiten als der Einzelne.

Welche Eigenschaften sind notwendig, damit das Team sich aus der Krise zu einer Effizienzphase durcharbeiten kann? In der Regel ist es das richtige Verhältnis von Vertrauen und Wahrhaftigkeit, das den Erfolg ausmacht. Vertrauen impliziert Tugenden wie Toleranz, Verständnis, Würdigung, Vergebungsbereitschaft, Geduld, Freundlichkeit, Treue und Wärme. Wahrhaftigkeit kann sich in Offenheit, Ehrlichkeit, Authentizität, Streitkultur, ehrlichem Feedback, Korrekturbereitschaft und den Verzicht auf Verdrängung äußern. Letztlich handelt es sich um Tugenden, die nicht innerhalb des Unternehmens geschaffen werden, sondern Ausfluss der individuellen Persönlichkeitsentwicklung sind. Die Mitglieder des Teams müssen sich allerdings darüber bewusst sein, dass sie nur dann zu einem effizienten Team werden, wenn sie diese Eigenschaften bewusst erstreben. Abb. 1.32 zeigt einige idealtypische Konstellationen, die sich aus den Dimensionen Vertrauen und Wahrhaftigkeit ergeben.

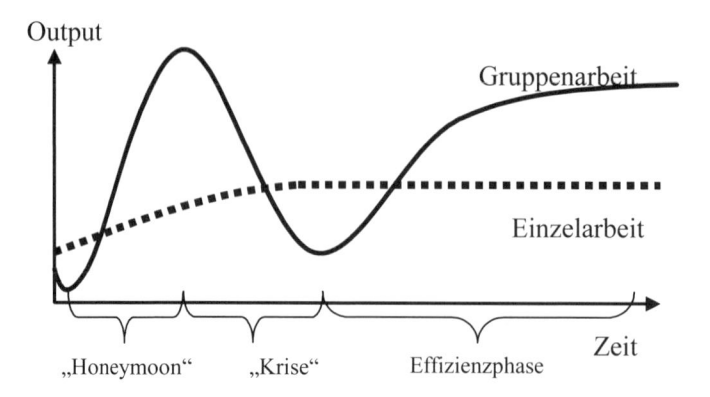

Abb. 1.31   Phasen der Teambildung

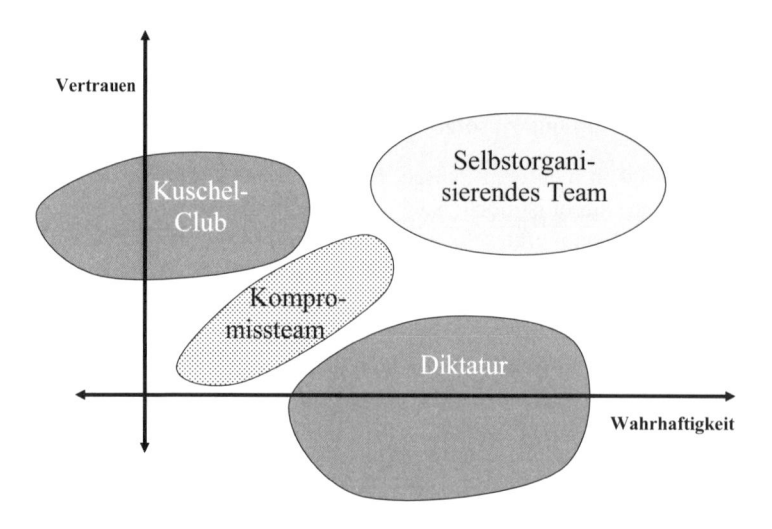

Abb. 1.32   Vertrauen und Wahrhaftigkeit

Es gibt Krankenhäuser, in denen Chefarzt, Pflegedirektor und Verwaltungsdirektor in verletzender Wahrheit miteinander umgehen. Vertrauen, Geborgenheit und Wärme fehlen vollständig. Die Leistungsfähigkeit dieser Teams ist meist gering. Ebenso gibt es Teams (z.B. ein Stationsteam der Pflege), in denen jeder sich wohl fühlt und keiner dem anderen zu nahe kommt. Man lässt sich gelten, ist nett miteinander – aber Kritik und Weiterentwicklung werden ausgeschlossen. Ein Kompromiss muss gefunden werden, der ehrlichen Feedback zulässt, aber gleichzeitig auch eine gute Gruppenatmosphäre ermöglicht. Allerdings verhalten sich diese Kompromissteams häufig wie Stachelschweine, die zwar die Wärme suchen, aber auch vor den Stacheln des anderen Angst haben. Gesucht wäre eine Weiterentwicklung, die sowohl das gegenseitige Vertrauen und Wohlfühlen fördert, als auch die Wahrhaftigkeit und

1.5 Führung

Ehrlichkeit miteinander. Hierzu ist es unabdingbar, dass jedes Teammitglied bereit ist, sich vollständig einzubringen, das gemeinsame Ziel die höchste Priorität hat und jedes Mitglied an seiner eigenen Persönlichkeit arbeitet.

Analysiert man Konflikte im Krankenhaus, so können sie häufig auf fehlendes Vertrauen oder fehlende Ehrlichkeit zurückgeführt werden. Eine Ebene tiefer sollte man deshalb hinterfragen, warum in vielen Krankenhäusern Vertrauen und Wahrhaftigkeit fehlen. Ein Ansatzpunkt zur Beantwortung dieser Frage ist erneut die Unterschiedlichkeit der Persönlichkeit, ein anderer sind die Untugenden und Ängste des Individuums. Ersteres gilt es zu akzeptieren, letzteres muss im Unternehmen geahndet werden, wenn es zur Zielverfehlung führt.

Es wurde bereits erwähnt, dass unterschiedliche Persönlichkeitstypen vorprogrammierte Probleme bei der Zusammenarbeit im Team haben. In Anlehnung an die Typologie nach Riemann kann man hier zwei Dimensionen (Herrschaft, Verhalten) unterscheiden. Teammitglieder können entweder einen Wunsch nach Herrschaft oder nach Unterordnung haben. Gleichzeitig können sie sich entweder aktiv oder passiv verhalten. Abb. 1.33 zeigt, dass sich hieraus vier Grundtypen ergeben.

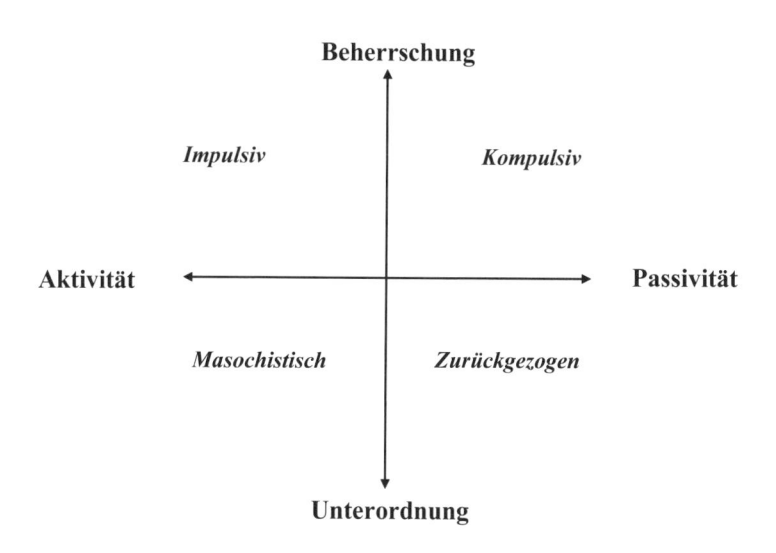

Abb. 1.33   Herrschaft und Aktivität in Gruppen

Der impulsive Typ möchte steuern und ergreift hierzu die Initiative. Häufig handelt es sich um hysterische Persönlichkeiten mit viel Kreativität, aber auch mit Reibungspotenzial in der Gruppe. Der kompulsive Typ beherrscht ebenfalls die Gruppe, aber stärker als Bedenkenträger und Bremser. Häufig handelt es sich um zwanghafte Persönlichkeiten. Der masochistische Typ unterwirft sich gerne der Führung anderer und bedauert im Grunde die Hierarchielosigkeit. Er ist sehr aktiv, eine formale oder informelle Autorität zu unterstützen. Häufig sind depressive Persönlichkeiten hier anzufinden. Schließlich gibt es die großen Schweiger, die lieber die anderen machen lassen und sich selbst raushalten – vielleicht mit einem überlegenen Lächeln die Aktivitäten der anderen begleiten.

Vielredner und Schweiger sowie Kreative und Bewahrende haben in einem selbstorganisierenden Team ihren Platz. Es ist die Aufgabe der Gruppenführung, ihre Potenziale zu entwickeln und für den Gruppenprozess nutzbar zu machen. Der vor Ideen sprühende Hysteriker benötigt dringend den Zwanghaften, der seine Ideenflut bremst, auf das Ziel verweist und kompetent die Ideen umsetzt. Der Depressive ist ein optimaler Zuarbeiter, der wichtige Sachinformationen einbringt und die Gruppenleitung bestmöglich unterstützt, aber er braucht auch Hilfestellung durch die anderen Gruppenmitglieder, damit er seine eigenen Potenziale nicht masochistisch den Meinungen anderer unterordnet, sondern für sie bereitstellt. Alle zusammen müssen die großen Schweiger einbinden und ihre – häufig – brillanten Ideen für die Gruppe nutzen.

Ein Idealteam besteht deshalb aus verschiedensten Persönlichkeiten, die es gelernt haben, nicht ihre eigenen Individualinteressen zu vertreten, sondern gemeinsam das Gruppenziel zu erstreben. Dazu verwenden sie die Fähigkeiten und das Wissen aller Gruppenmitglieder, was eben wiederum Vertrauen und Wahrhaftigkeit erfordert, z.B. das Vertrauen der Zurückgezogenen, dass ihre Ideen ernst genommen werden und die Ehrlichkeit der Impulsiven, dass nicht alles, was sie schnell mal in den Raum geben, auch zielführend ist.

Letztlich erfordert dies jedoch reife Persönlichkeiten, die ihre eigenen Untugenden und Ängste überwunden haben. Selbstsucht – ein Wort, das man früher in Managementlehrbüchern nicht zu schreiben wagte – gefährdet die Zukunft der Krankenhäuser. Der diktatorische Chefarzt, der keine Meinung neben sich gelten lässt, die harmoniesüchtige Pflegedienstleistung, die alle Konflikte unter den Teppich kehrt, und der pedantische Verwaltungsleiter, der stärker an dem korrekten Ausfüllen von Formblättern als an der langfristigen Strategie interessiert ist, mögen zwar platte Übertreibungen sein, Tendenzen dieser Untugenden gibt es jedoch in vielen Krankenhäusern. Egoismus führt zu Herrschsucht, Einschüchterung von Mitarbeitern, Demotivation, Dienst nach Vorschrift und Fluktuation. Ängstlichkeit führt zu Beharrung, Konfliktscheue, Unterdrückung junger Kollegen und Unaufrichtigkeit.

Es liegt weder im Einflussbereich des Krankenhauses noch in den Möglichkeiten eines Gruppenleiters, die Charaktere der Gruppenmitglieder zu ändern. Aber die Organisation kann Rahmenbedingungen schaffen, die das Individuum zur Veränderung nutzen kann. Beispielsweise werden Aufrichtigkeit, Kreativität und Fairness in stabilen, angstfreien Situationen gefördert. Ein Mitarbeiter, der ständig Angst um seinen Arbeitsplatz haben muss, kann keine Kritik an bestehenden Strukturen oder Personen riskieren. Eine gewisse Arbeitsplatzsicherheit ist deshalb – zumindest in Deutschland – eine Voraussetzung für ein selbstorganisierendes Team. Herrschsucht kann sich nur in Organisationsstrukturen entwickeln, die diese Untugend erlauben. Flache Hierarchien, Transparenz der Entscheidungsfindung, Offenheit der Führung auch für das Überspringen von Hierarchien und klare Regeln für den korrekten Umgang mit Mitarbeitern hingegen bändigen diese Eigenschaft rechtzeitig. Letztlich ist jedoch entscheidend, dass alle Mitarbeiter des Krankenhauses immer wieder mit dem Werte- und Zielsystem konfrontiert werden. Konflikte lassen sich meist relativ schnell und einfach lösen, wenn man die Patientenorientierung als obersten Maßstab setzt. Damit lassen sich zwar keine existenziellen Prägungen überwinden, sie werden jedoch in für alle akzeptable

Bahnen gelenkt. Und schließlich sorgen auch regelmäßige Fortbildungen dafür, den „inneren Schweinehund" zu bürsten und für die Organisation hoffähig zu machen.

Zusammenfassend können wir festhalten, dass Führung ein mehrstufiger Prozess ist. Zuerst impliziert Führung einen individuellen Persönlichkeitsprozess, d.h. das Reifen zur Führungspersönlichkeit. Hierzu gehören die Identifikation mit den Werten und Zielen des Unternehmens, die Identifikation mit der Kernaufgabe, die Überwindung bzw. Bändigung von Untugenden sowie die Konsistenz der eigenen Persönlichkeit. Zweitens erfordert Führung in der Regel einen Gruppenprozess. Er ist bei der horizontalen Führung besonders stark ausgeprägt, seine Bedeutung sollte jedoch auch in der klassischen Hierarchie nicht unterschätzt werden. Vorgesetzter und Untergebener müssen in Vertrauen und Wahrhaftigkeit zusammenarbeiten. Wenn der soziale Prozess nicht funktioniert, können trotz exzellenter Individuen, hervorragender Ausstattung und ausreichend finanzielle Mittel keine Betriebsergebnisse erzielt werden. Drittens müssen alle Gruppenprozesse auf die Kernaufgabe der Patientenbehandlung (und der Zukunftssicherung) fokussiert werden. Abteilungen und Teams existieren im Krankenhaus nicht um der netten Gemeinschaft willen, sondern haben ein einziges Ziel, nämlich die Heilung von Patienten. Diese Fokussierung ist nur möglich, wenn alle Mitarbeiter die Hauptaufgabe und die Ziele des Unternehmens kennen, die Entscheidungsfindung transparent ist, Regeln eingehalten werden und integre Führungspersönlichkeiten mit gutem Beispiel vorangehen. Dann kann eine Identifikation mit den Mitgliedern und dem Unternehmen erfolgen.

1.5.3 Führungsethik

Die persönliche Entwicklung der Führungskraft sowie die Notwendigkeit eines fairen, transparenten und zugewandten Führungsstils werden seit einigen Jahren unter dem Begriff „Führungsethik" diskutiert. Führungsethik ist von Unternehmens- und Wirtschaftsethik abzugrenzen. Wirtschaftsethik betrachtet auf der Makroebene Werte und Zielsetzungen menschlichen Handelns in Volkswirtschaften oder ähnlich großen Wirtschaftssystemen. Ziel ist „das gute Leben" für die ganze Gesellschaft. Die Unternehmensethik analysiert auf der Mesoebene Werte und Ziele eines Unternehmens, so wie wir es in dem Band „Grundzüge der Krankenhausbetriebslehre" getan haben. Die Führungsethik entwickelt auf der Mikroebene Ansätze des wertebasierten Handelns von Führungskräften, ist folglich eine viel stärker individuelle Ethik als Unternehmens- und Wirtschaftsethik.

Die meisten Theorien der Unternehmensethik führen zu der Erkenntnis, dass in komplexen und dynamischen Entscheidungssituationen die Notwendigkeit des „guten" Verhaltens des Individuums besteht, d.h., Unternehmensethik erfordert Führungsethik. Der Manager muss sein Verhalten gegenüber Mitarbeitern, Kunden, Lieferanten und der Öffentlichkeit individuell reflektieren und entscheiden, wie er mit diesen Stakeholdern umgehen möchte. Als Manager wird man sich fragen, welchen Anreiz es geben kann, sich moralisch zu verhalten, selbst wenn einem dies mittelfristig selbst schaden kann. Die meisten Ansätze (z.B. korrektiver Ansatz von Steinmann & Löhr; funktionalistischer Ansatz von Homann) führen das ethische Verhalten auf die Vernunft zurück. Sie zeigen auf, dass Fairness, Freundlichkeit, Offenheit und Zugewandtheit auf Dauer zum Unternehmenserfolg beitragen und somit rational sind. Allerdings fragt man sich, ob die Wirtschaftswissenschaft eine Ethik benötigt, die sich ausschließlich auf die Rationalität stützt, wo doch die Ökonomik selbst die Lehre vom rationalen Verhalten bei der Knappheitsüberwindung ist. Es muss mehr geben als nur die Rationalität, was die Führungskraft zu einem Verhalten nach einem bestimmten Wertesystem veranlasst.

Einen Ansatz bieten die Stufen ethischer Entwicklung nach Kohlberg. Auf unterster Ebene steht die Orientierung an Gehorsam und Bestrafung, d.h. die Ausrichtung an Regeln und Autoritäten (Punishment-Obedience). Das „gute" Verhalten wird durch die Angst vor Bestrafung induziert. Auf der zweiten Stufe steht die Ausrichtung an der Belohnung (Personal-Reward). Andere Menschen und ihre Bedürfnisse sind für den Handelnden bei dieser Orientierung nur insoweit von Bedeutung, als diese Personen ihm langfristig nützen können. Auf der dritten Stufe steht die Suche nach Anerkennung über Regeleinhaltung (Good-Boy). Der Handelnde möchte den Erwartungen des Gegenübers entsprechen, da er sich durch ihre Anerkennung wohl fühlt. Die nächste Stufe ist nach Kohlmann eine Gesellschaftsorientierung (Society). Das Individuum unterstützt die Funktionsfähigkeit eines Systems (Gesellschaft, Unternehmen, Familie), da es rational erkannt hat, dass dies ihm selbst nützt.

Die ethische Orientierung erfolgt in den genannten Stufen von außen (Autoritäten, Bestrafung, Belohnung, Anerkennung), wobei das Individuum seine eigenen Vorteile genau abwägt und sich rational für ein bestimmtes Verhalten entscheidet. Ethik wird hierdurch allerdings beliebig, da veränderte Rahmenbedingungen ein völliges Umschwenken des eigenen Verhaltens implizieren können. Ausdruck dieser ethischen Stufen könnte ein Umgang mit den Stakeholdern sein, der stärker von dessen Fähigkeit mir zu schaden als von dessen Wert per se abhängig ist. Beispielsweise kann ein Manager einen wichtigen Mitarbeiter sehr respektvoll behandeln, ihn aber unfair behandeln, sobald er nicht mehr wichtig ist (z.B. bei Krankheit oder nach dessen Berentung).

Kohlberg nennt drei weitere Stufen, bei denen Menschen einen Wert per se erhalten. Sie unterscheiden sich in der Begründung dieser Grundeinstellung. Der Social Contract geht von grundlegenden Werten aus, die nicht zur Disposition stehen dürfen. Das Individuum gelangt ebenfalls durch rationale Abwägung zu dieser Einsicht, da allein auf dieser Grundlage Gesellschaften (inkl. der Wirtschaftssysteme und Betriebe) überlebensfähig sind. Die Haltung ist aber nicht abhängig von der individuellen Situation oder dem Nutzen, den man gerade davon hat. Eine Orientierung am Social Contract würde auch dann die Verfolgung der als rational erkannten Werte verfolgen, wenn dies individuell zum Nachteil wäre.

Die nächste Stufe ist die Orientierung an universellen ethischen Prinzipien (Universal Ethical Principles). Das Individuum erforscht selbständig unterschiedliche universelle Werthaltungen (z.B. Materialismus, Humanismus) und wählt darauf ihr eigenes, dann jedoch fest verbindliches Wertemuster. Manager dieser Haltung haben Prinzipien, die sie auch dann nicht brechen, wenn sie dadurch einen großen Vorteil erlangen könnten. Die Entwicklung der Prinzipien ist allerdings ein lebenslanger Reflektionsprozess, so dass sie durchaus veränderbar sind. Die Variabilität ergibt sich allerdings aus Einsicht in die universelle Überlegenheit der neuen Prinzipien, und nicht auf Grund von individuellen Vorteilen.

1.5 Führung

Auf der letzten Stufe schließlich folgt die Transzendenz. Hier richtet sich das Individuum freiwillig an Prinzipien und Werten aus, die über der irdischen Logik und dem eigenen rationalen Denken stehen. Es handelt sich um die freiwillige, selbst gewählte und reflektierte Annahme dieser Prinzipien, nicht ein blindes Verfolgen religiöser Gebote auf Grund von Angst vor Bestrafung oder Hoffnung auf himmlische Belohnung.

Immer mehr Führungskräfte erleben in ihrem Berufsalltag, dass die ersten vier Stufen der ethischen Entwicklung kein tragfähiges Fundament für ein Sozialsystem, und damit auch nicht für ein Krankenhaus sind. Die Faszination, die Führungsseminare der Benediktiner (z.B. Anselm Grün in Münster Schwarzach) auf Top-Führungskräfte ausüben, hängt wohl auch damit zusammen, dass ein großer Bedarf an verbindlichen Werten besteht, die postmoderne Gesellschaft sich aber gerade durch Unverbindlichkeit auszeichnet. Dabei ist es rational zugänglich, dass beispielsweise die Einhaltung der Zehn Gebote zu einer effizienten Führung beitragen könnte. Würden beispielsweise alle Mitarbeiter eines Krankenhauses das 8. Gebot (Du sollst nicht falsch Zeugnis reden wider deinen Nächsten) in der Auslegung Martin Luthers halten (Wir sollen Gott fürchten und lieben, dass wir unsern Nächsten nicht fälschlich belügen, verraten, afterreden oder bösen Leumund machen, sondern sollen ihn entschuldigen, Gutes von ihm reden und alles zum Besten kehren), so würden viele Gerüchte, Blockaden, Feindschaften und Rechtsstreitigkeiten in Krankenhäusern vermieden. Und auch die Goldene Regel, wie sie sich beispielsweise in der Bibel (Alles, was ihr für euch von den Menschen erwartet, das tut ihnen auch; Mt 7, 12) und bei Kant (Handle nur nach derjenigen Maxime, durch die du zugleich wollen kannst, dass sie allgemeines Gesetz werde; Metaphysik der Sitten) wieder findet, eignet sich als Managementregel, was der Verhaltenscodex des Internet-Auktionshauses eBay (Wir fordern jeden dazu auf, sich anderen gegenüber so zu verhalten, wie er von ihnen behandelt werden möchte) deutlich macht.

Die praktische Umsetzung dieser theoretischen Erkenntnisse ist schwierig. Immer häufiger fehlt die Transzendenz, so dass das eigene Wertesystem leicht ins Wanken geraten kann. Deshalb muss eine individuelle Führungsethik institutionell unterstützt werden. Dies kann durch unterschiedliche Maßnahmen erreicht werden. Erstens kann ein dialogorientierter Führungsstil fest etabliert werden, der stets danach fragt, wie man an der Stelle des eigenen Mitarbeiters behandelt werden möchte. Mitarbeiterrechte und insbesondere Mitspracherechte sind deshalb kein lästiges Übel des Betriebsverfassungsrechts, sondern eine Möglichkeit, Zugewandtheit und Anerkennung der Würde des Mitarbeiters fest im Unternehmen zu etablieren.

Eine weitere Möglichkeit sind so genannte Führungs-Kodizes. Sie sind schriftlich fixierte, freiwillige Selbstverpflichtungen, an die sich Führungskräfte binden. Sie sollten regelmäßig in Erinnerung gerufen werden, wozu die Institution Rahmen und Möglichkeit (z.B. Retraits) schaffen muss. Eine andere Variante ist die regelmäßige Selbstbewertung der Führungskraft bezüglich der Einhaltung ethischer, selbst gewählter Normen. Sie kann z.B. bei Mitarbeitergesprächen von Führungskräften implementiert werden, die nicht nur die Erreichung von traditionellen Betriebszielen, sondern auch von selbst gesteckten Prinzipien und Werten analysieren sollten. Schließlich ist auch das Total Quality Management (z.B. EFQM) eine gute Möglichkeit, Normen und Werte in der Führungspraxis zu vereinbaren und zu evaluieren.

Die Managementfunktion Führung ist in vielerlei Hinsicht die wichtigste und interessanteste. Sie ist höchst relevant für den Betriebserfolg, sichert das Zukunftspotenzial der Mitarbeiter und erfordert Fähigkeiten, die nur wenige von den Universitäten mitbringen. Gleichzeitig ist eine missglückte Führung die Grundlage der meisten Probleme im Krankenhaus. Sie nimmt in diesem Kapitel breiten Raum ein und kann doch nicht erschöpfend sein. Der Leser dieses Buches muss gerade in diesem Bereich noch viel investieren. Einige Hinweise hierzu gibt Kapitel 1.7.

1.6 Kontrolle

Abb. 1.1 zeigt den Regelkreis. Er beginnt mit der Führungsgröße und führt zur Regelgröße. Anschließend erfolgt ein Abgleich von Soll und Ist, so dass eine Adaption der Stellgröße möglich wird. Dieser grundsätzliche Regelkreis wurde in den idealtypischen Managementprozess (Abb. 1.4) übertragen. Hier wurde bereits die Managementfunktion Kontrolle eingeführt. Sie besteht aus mindestens drei Teilen, nämlicher der Ermittlung des Ist, dem Vergleich von Soll und Ist sowie der Analyse und Erklärung der festgestellten Abweichungen. Der gesamte Kontrollzyklus wird ergänzt durch die Bestimmung des Solls im Rahmen der Planung und durch die Berichterstattung.

Der Begriff Kontrolle löst gerade im Gesundheits- und Sozialbereich immer noch beklemmende Gefühle aus. Mitarbeiter wollen nicht kontrolliert und überwacht werden, „Big Brother is Watching You" scheint vielen als Horrorszenario. Aus Sicht der Managementlehre ist Kontrolle grundsätzlich positiv. Erstens stellt die Kontrolle die Grundlage zukünftiger Planungen dar. Ohne Planung (Ermittlung des Soll) ist Kontrolle unmöglich, ohne Kontrolle ist aber auch Planung sinnlos, da Planungsfehler sich fortschreiben. Zweitens ermöglicht die Kontrolle rechtzeitige Anpassungsmaßnahmen der Implementierung, falls die Ist- und Sollgrößen voneinander abweichen. Die Stellgrößen des Systems werden so verändert, dass Abweichungen reduziert werden. Der Feedback-Pfeil darf deshalb nicht nur eine Planadaption implizieren, sondern auch eine ständige Implementierungsadaption. Drittens ermöglicht Kontrolle die Belohnung von Leistung, z.B. in Form von Beförderung oder Gehaltszulagen. Schließlich reduziert die Kontrolle die Folgen von unkorrektem Verhalten. Dies hilft auch dem Mitarbeiter, der erst gar nicht in Versuchung geführt wird.

Der Soll-Ist-Vergleich wird von dem so genannten Kontrollträger durchgeführt. Man spricht von interner Kontrolle, wenn der Träger der Kontrolle dem Unternehmen selbst angehört. Kommt der Träger der Kontrolle von außerhalb des Unternehmens, handelt es sich um externe Kontrolle. Ist der Träger der Kontrolle der Leistungserbringer selbst, spricht man von Eigenkontrolle, ansonsten von Fremdkontrolle. In vielen Fällen erfolgt die Kontrolle ausschließlich durch den Vorgesetzten. Dies muss aber nicht so sein: Viele Studien haben gezeigt, dass der Mitarbeiter Interesse an seinem Leistungsergebnis hat. Er möchte wissen, wie gut er ist, was er noch besser machen kann und wie er zum Erfolg des Unternehmens beigetragen hat. Gerade Ärzte und Pflegekräfte haben ein hohes Interesse am Erfolg ihrer Arbeit. Sie möchten, dass der Patient gesund wird. Deshalb können sie in bestimmten Grenzen auch ihre eigene Leistung selbst kontrollieren, ohne dass die Leitung des Krankenhauses Angst

1.6 Kontrolle

haben muss, dass sie die notwendige Sorgfalt vernachlässigen. Ihre Arbeit wird dadurch auch interessanter (job enrichment), denn sie müssen weit über ihre ausführende Tätigkeit hinaus denken. Überlegenswert ist auch eine Mischung aus Eigen- und Fremdkontrolle, wobei die Kollegen oder geeignete Stabsstellen den direkten Vorgesetzen entlasten können.

```
        Feedback
PLANUNG ←─────────┐
   ║              │
   ▼      Adaption│
IMPLEMENTIERUNG ←─┤
   ║              │
   ▼              │
KONTROLLE ────────┘
```

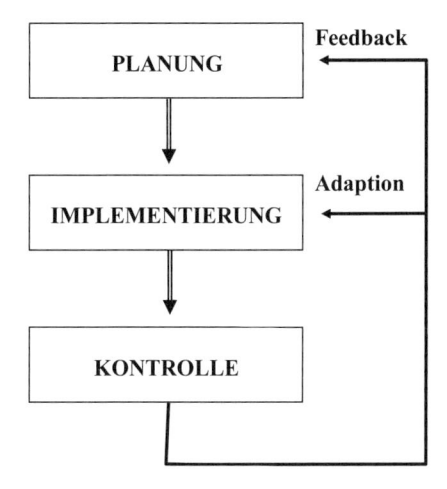

Abb. 1.34   Kontrollprozess

Weiterhin muss die Art und Intensität der Kontrolle bedacht werden. Eine lückenlose Kontrolle vermittelt das Gefühl grenzenloser Überwachung und ist in der Regel unwirtschaftlich. Stichproben werden nur dann als bedrängend empfunden, wenn ihre Erhebung nicht nachvollziehbar ist. Kontrolle muss transparent sein.

Schließlich müssen geeignete Kontrollinstrumente definiert werden. Zahlreiche Maßnahmen, die heute im Rahmen der Qualitätssicherung eingeführt werden, sind letztlich Kontrollinstrumente. Sie dienen jedoch in der Regel der Eigenkontrolle als Grundlage besserer Umsetzung von Zielvorgaben. So können Qualitätszirkel ebenso als Kontrollinstrument verstanden werden wie Stechuhren und Budgetabgleich, aber eben nicht als Knute in der Hand der Hierarchie, sondern als Instrument zur Verbesserung der Leistungsfähigkeit in der Hand motivierter Mitarbeiter.

Wenn Kontrolle richtig angewendet wird, kann sie durchaus motivierend und inspirierend sein. Der Mitarbeiter erhält die Möglichkeit, seine eigene Leistung und seine Entwicklung zu bewerten und seinen Beitrag zum Gesamtunternehmen zu schätzen. Kontrolle von Mitarbeitern, Arbeitsteams, Abteilungen oder Kliniken ist deshalb ein wichtiges Steuerungsinstrument. Die Kontrolle muss allerdings auch das Gesamtunternehmen erfassen. Der Kapitän, der zwar seine Mitarbeiter und Maschinen kontrolliert, aber selbst nie den Kurs bestimmt und nachsteuert, wird sein Ziel nie erreichen.

Die Managementfunktion Kontrolle umfasst deshalb auch ein Bündel von Feedback-Systemen des Gesamtunternehmens. Abb. 1.35 zeigt als vereinfachten Ausschnitt von Abbildung V-1 das Systemmodell mit drei Feedbacks. Das Geschäftsergebnis-Feedback vergleicht die Outputs des Unternehmens mit den Inputs bzw. den eigenen Unternehmenszielen. Fallzahlen, Case Mix, Kosten, Erlöse und Gewinne werden hier ermittelt und mit den Sollvorgaben verglichen, um einen ständigen Feedback über die gegenwärtige Situation des Unternehmens zu haben. Auf Dauer kann das Krankenhaus allerdings nur überleben, wenn es seine Funktion in seinem Umsystem erfüllt. Es muss nicht nur Leistungen erstellen, sondern Menschen heilen, Krankheiten vermeiden und Bedürfnisse von Menschen so stillen, wie es ihren Prioritäten entspricht. Der Existenzgrund des Krankenhauses ist nicht die Erhöhung des Case Mix, sondern die Stillung von Kundenbedürfnissen. Die Messung der Funktionserfüllung ist zwar weicher als die Geschäftsergebnisse, ist jedoch ein unabdingbares Feedback für die Geschäftszukunft. Es gibt zahlreiche Beispiele von Unternehmen, die trotz hervorragender Geschäftsergebnisse nach wenigen Monaten insolvent waren, da sie die Kundenbedürfnisse missachtet und sich somit ihre eigene Geschäftszukunft verbaut haben.

Schließlich müssen jedoch auch die Auswirkungen des Krankenhauses auf die Gesellschaft betrachtet werden. Sie ist nur solange bereit, das Krankenhaus zu finanzieren, wie dieses einen positiven Impact auf die Gesellschaft hat. Die Schließung von Krankenhäusern zeigt deutlich, dass die deutsche Gesellschaft nicht mehr bereit ist, unnötige und unwirtschaftliche Krankenhäuser zu erhalten, die mehr Ressourcen verbrauchen als nötig. Krankenhäuser müssen folglich die „Sinnfrage" stellen.

Bei allen Formen der Kontrolle und Feedbacks sind drei Gefahren immanent. Erstens neigen Menschen dazu, nur solche Abweichungsinformationen wahrzunehmen, die sie positiv bewerten. Negativabweichungen werden häufig ignoriert. Feedbacks werden damit zur Selbstbestätigung. Es ist offensichtlich, dass dies der geradlinigste Weg ist, sich die Geschäftszukunft zu verbauen. Die Krankenhausleitung muss deshalb darauf bedacht sein, möglichst viele Sensoren zu haben, die Veränderungen und Zielabweichungen wahrnehmen und kommunizieren. Ein offener, dialogorientierter Führungsstil mit flachen Hierarchien ist hierzu zweifelsohne besser geeignet als die traditionellen Krankenhausorganisationen.

Zweitens besteht stets die Gefahr, dass Informationen erst sehr spät wahrgenommen werden. Notwendig wäre eine vorausschauende Kontrolle, die Umweltveränderungen bereits vorher antizipiert und entsprechend ihre Implementierungsstrategien adaptiert. Man könnte in diesem Fall nicht von einem Feedback, sondern von einem Feedforward bzw. einer Feedforward-Kontrolle sprechen. Auch für diese Form von Kontrolle ist es unabdingbar, dass alle Mitarbeiter die Sensorenfunktion wahrnehmen und ermutigt werden, ihre Einschätzungen und Erkenntnisse zu kommunizieren.

Drittens gibt es zahlreiche schwache Signale, die gefiltert und verstärkt werden müssen. Die Inputfilter des Unternehmens müssen deshalb ständig überwacht werden, damit das Unternehmen nicht taub für die Signale aus der Umwelt wird. Die Schwierigkeit dabei ist, dass zahlreiche Motive und Intentionen zusammenwirken, die nicht immer allein vom Betriebszweck abgeleitet werden. Ängste, Eigeninteressen, „hidden agendas" etc. blockieren oder verstärken bestimmte Informationen, die das Management dringend benötigt. Kontrolle ist damit letztlich wiederum eine Frage der Führung.

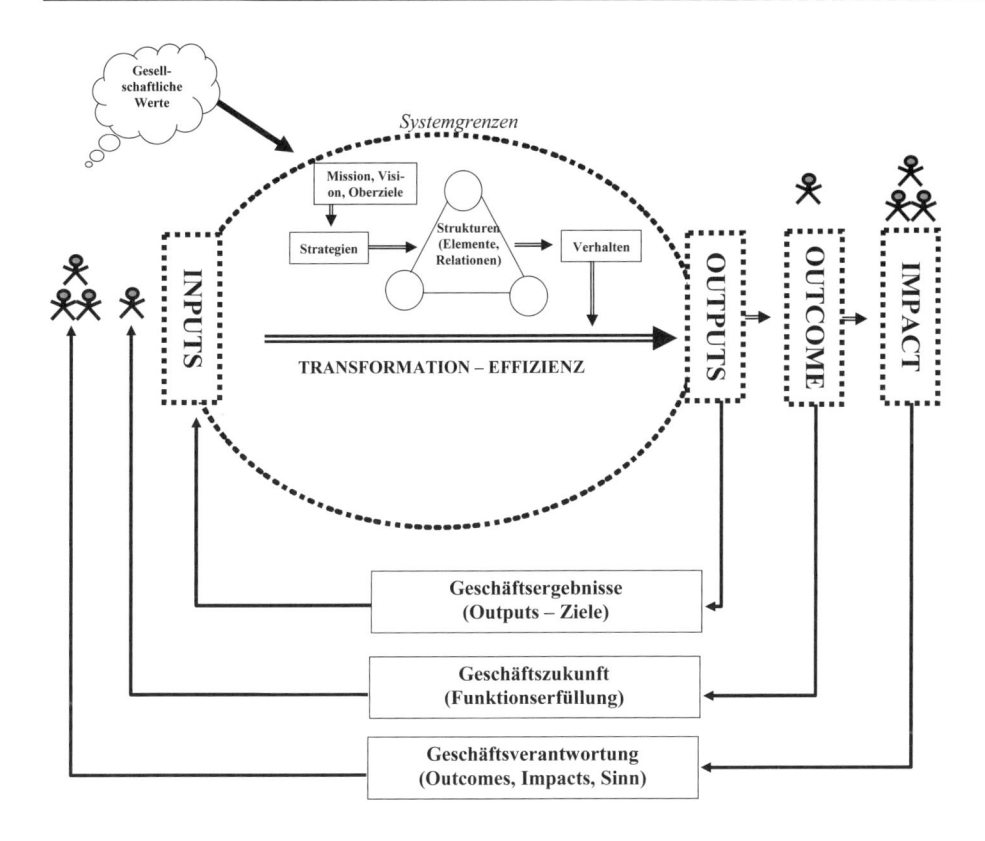

Abb. 1.35   Vollständiges Systemmodell mit Feedbackschleifen

1.7 Managementkonzeptionen

Die fünf Managementfunktionen sind damit vorgestellt und diskutiert. Es bleibt allerdings die Frage, welche dieser Funktionen Ausgangspunkt oder Schwerpunkt des Managements sein sollte. In der Regel dürfte es eine Überforderung sein, alle Funktionen absolut gleichmäßig zu behandeln. Es ist zu überlegen, ob unser Denken stärker vom Plan, von der Organisation, von der Führung oder von der Kontrolle geprägt sein sollte. Schließlich ist zu hinterfragen, ob es praxistaugliche Ansätze gibt, die dem Krankenhausmanagement bei der Konzeption der Krankenhaussteuerung hilft.

Die meisten Krankenhäuser sind bis heute plan- bzw. kontrolldeterminiert, d.h., die Aufstellung und strikte Kontrolle von Plänen wird als die vordringlichste Aufgabe der Manager gesehen. Dies war bislang durchaus rational, da das mit den gesetzlichen Krankenversicherungen ausgehandelte Budget als jährlicher Finanzplan sowie der vereinbarte Case Mix als Leistungsplan alle Krankenhausentscheidungen dominieren. Nur eine möglichst exakte Punktlandung kann den Krankenhauserfolg garantieren, so dass alle anderen betrieblichen

Aktivitäten sich diesem Oberziel unterordnen müssen. Das deutsche Krankenhauswesen nähert sich allerdings schnell einer völlig veränderten Situation. Die Umstellung auf ein pauschaliertes Entgeltsystem nach DRGs, die schrittweise Auflösung der Dualistik sowie die diskutierte Möglichkeit, Preise frei zu vereinbaren, lassen ein Denken vom Absatzmarkt her immer sinnvoller erscheinen. Planung und Kontrolle dürfen in dieser veränderten Situation nicht mehr das Krankenhausmanagement dominieren. Vielmehr muss das Krankenhaus schneller auf Umweltveränderungen und insbesondere auf Kundenbedürfnisse reagieren können.

Das Krankenhauswesen vollzieht damit eine Entwicklung, die in anderen Branchen vor längerer Zeit stattgefunden hat. Ständige Umweltveränderungen führten zunächst dazu, dass das Gewicht vom Plan mit klaren Anweisungen auf die Kontrolle der Ziele verlagert wurde. Als das Umsystem des Unternehmens jedoch noch komplexer und dynamischer wurde, wuchs dem Manager immer häufiger die primäre Aufgabe zu, flexible und reagible Organisationsstrukturen zu schaffen (Organisationsorientierte Unternehmensführung). Auf besonders unbeständigen Märkten (z.B. in der Softwareproduktion) kann dies bis zur ständigen Auflösung der Organisationsstruktur gehen, die sich für jeden Auftrag neu bildet. Diese hohe Flexibilität ist im Grunde nur noch zu bewerkstelligen, wenn der Manager seine Hauptaufgabe darin sieht, Mitarbeiter in ihrer Leistung zu unterstützen (Führungsorientierte Unternehmensführung). Der Manager wird zum Coach, der Vorgesetzte zum Vorgenetzten.

Tab. 1.12   Managementkonzeptionen

Steuerungstyp	Umweltmerkmale	Dominante Führungsfunktion
Plandeterminierte Unternehmenssteuerung	Geringe Komplexität und Dynamik	Primat der Planung
Kontrolldeterminierte Unternehmenssteuerung	Steigende Komplexität und Dynamik	Planung und Kontrolle
Organisationsorientierte Unternehmenssteuerung	Hohe Komplexität und Dynamik	Organisation
Führungsorientierte Unternehmenssteuerung	Extreme Komplexität und Dynamik	Leitung

Auch die Manager von Krankenhäusern verschieben den Schwerpunkt stärker zur Organisation und Führung. Eine vollständige Auflösung der hierarchischen Organisation ähnlich wie z.B. in der Softwareindustrie wird es im Krankenhaus kaum geben. Zwar ist jeder Patient aus produktionstheoretischer Sicht ebenso ein „Einzelstück" wie ein komplexer Softwareauftrag, aber die Ähnlichkeit der Leistungsprozesse innerhalb einer Fallklasse ist doch sehr hoch und wird durch die Entwicklung klinischer Pfade noch verstärkt. Eine stabile Organisationsstruktur stellt auch einen Schutzraum dar, innerhalb dessen sich Mitarbeiter bergen können, deren Persönlichkeit klarer Strukturen bedarf. Die Führung der Mitarbeiter innerhalb dieser Organisationen und insbesondere auf den Behandlungspfaden ist jedoch von größter Bedeutung, da die Mitarbeitermotivation im Dienstleistungsprozess einen erheblichen Anteil am Erfolg hat.

Wie in den „Grundzügen der Krankenhausbetriebslehre" dargestellt, ist die Krankenhausleistung erstens ein Vertrauensgut und zweitens eine kundenpräsenzbedingende Dienstleistung.

1.7 Managementkonzeptionen

Die Vertrauensguteigenschaft besagt, dass der Patient die Leistung des Krankenhauses nicht vollständig bewerten kann. Er wählt das Krankenhaus, bei dem er das Vertrauen hat, dass seinen Bedürfnissen gemäß behandelt wird. Vertrauen ist eine Form des Sozialkapitals und entsteht primär durch menschliche Interaktion. Die meisten Patienten vertrauen nicht einem Gebäude, einer Rechtsform oder Organisationsmaßnahme, sondern anderen Menschen, z.B. dem behandelnden Arzt. Die Führung kann den Mitarbeiter motivieren, vertrauensfördernd zu arbeiten und damit Kundenvertrauen zu generieren.

Zweitens ist der Patient bei der Leistungserstellung anwesend. Bei einem Sachgut zählt allein die Qualität am Ende des Leistungserstellungsprozesses. Ob der Arbeiter im Automobilwerk flucht, rassistische bzw. chauvinistische Äußerungen von sich gibt oder einen unangenehmen Körpergeruch verströmt, stört den Käufer des Kraftfahrzeuges nicht, solange das Auto vollständig funktionstüchtig ist und nicht stinkt. Agiert hingegen eine Pflegekraft während des Pflegeprozesses in der beschriebenen Weise, hat dies eine erhebliche Auswirkung auf die Zufriedenheit des Patienten und damit auf den Heilungsprozess. Der Führung der Mitarbeiter kommt damit eine hohe Bedeutung zu, die auch im Krankenhaus innerhalb relativ fester Organisationsstrukturen eine Führungsorientierung erfordern.

Unternehmensberatungen sind schnell bei der Hand, immer wieder (scheinbar) neue Managementkonzepte zu entwerfen. Häufig kann man sie nach einiger Analyse auf die in diesem Kapitel beschriebenen Grundzusammenhänge des Managements zurückführen. Es ist die Aufgabe des Krankenhausmanagements, die Konzeptionen zu bewerten und zu hinterfragen.

Zwei allgemein anerkannte Konzeptionen des Gesamtunternehmens wurden in den „Grundzügen der Krankenhausbetriebslehre" bereits diskutiert: Marketing und Total Quality Management. Marketing wird oft mit der Funktion der Leistungsverwertung (Absatz) verwechselt. Marketing ist keine Funktion, sondern eine Konzeption der Unternehmensführung, die zur Erreichung der betrieblichen Ziele alle Aktivitäten konsequent auf die Erfordernisse des Absatzmarktes ausrichtet. Die Bedürfnisse des Kunden stehen im Mittelpunkt. Marketing ist damit eine alle betrieblichen Funktionen dominierende Philosophie. Was kaufen wir ein? Wie finanzieren wir? Welche Farbe bekommt unser Neubau? Wie gehe ich mit dem Bürgermeister um? Alle Entscheidungen auf allen Unternehmensebenen und -bereichen werden so getroffen und alle Zielkonflikte so gelöst, wie es für den Kunden optimal ist, denn allein die Kundenzufriedenheit entscheidet über den langfristigen Erfolg des Krankenhauses.

Im nächsten Schritt kann man sich fragen, was der Kunde eigentlich wünscht. Da im Krankenhaus die Leistungsmenge pro Kunde epidemiologisch oder gesetzlich in engen Grenzen fixiert ist, ist für den Kunden die Qualität der Leistung entscheidend. Man kann deshalb auch das Total Quality Management (TQM) als Managementkonzeption anwenden. Beim TQM steht in allen Funktionsbereichen und bei allen Entscheidungen auf allen Ebenen und bei allen Zielkonflikten die Optimierung der Krankenhausqualität im Mittelpunkt. TQM ist damit weit mehr als das traditionelle Qualitätsmanagement, d.h. die Planung, Steuerung und Überwachung der Qualität eines Prozesses bzw. eines Prozessergebnisses. Es ist ein Denkansatz, der jeden Mitarbeiter, aber vor allem jeden Manager ständig prägen sollte; eine mentale Programmierung, die jede Handlung prägt.

Eine weitere Führungskonzeption errang als Lean Management in den 90er Jahren große Popularität. Ursprünglich sprach man nur von schlanker Produktion, d.h. ohne unnötige Schlacken und unprofitable Anhängsel. Ein Vergleich der Produktionsansätze in den USA und in Japan zeigte, dass japanische Unternehmen sich in der Produktion mehr auf das spezialisieren, was sie wirklich können. Diese Kernkompetenz gilt es auszubauen. Alles andere wird fremdbezogen. Outsourcing wurde zu einem wichtigen Unternehmensziel, bis nur noch die Kernprozesse übrig blieben, während die angeschlossenen Dienste und Zulieferungen (Sekundärleistungen) ausgelagert wurden. Lean Management erweiterte die Ziele und Prinzipien der schlanken Produktion auf das gesamte Unternehmen. Man spricht von schlanken Verwaltungen, schlanken Lagern und schlanken Absatzorganisationen. Die Gesamtorganisation besteht aus einem auf die Kernkompetenz reduzierten operativen Kern und einer sehr flachen mittleren Ebene mit geringem Strategic Apex.

Die Grundprinzipien des Lean Managements (Dezentralisation, Lean Production, Simultanisierung und kooperative Leitung) sind durchaus nicht neu. Als Innovation erscheint lediglich die Konsequenz ihrer Umsetzung. Dezentralisierung impliziert, dass Entscheidungskompetenzen möglichst nahe an der operativen Basis liegen sollten. Lean Management fordert deshalb den Abbau der mittleren Führungsebene, größere Kontrollspannen, eine teamorientierte Arbeitsorganisation sowie eine intensive horizontale Kommunikation. Lean Production erschöpft sich nicht in der Reorganisation der eigenen Wertschöpfungskette, sondern fordert vielmehr eine enge, partnerschaftliche Zusammenarbeit mit den Lieferanten und Anbietern (Supply Chain Management), um eine punktgenaue Belieferung (Just in Time) zu garantieren und die Verringerung der eigenen Leistungstiefe nicht zum Risiko werden zu lassen. Als Simultanisierung bezeichnet man die gleichzeitige Bearbeitung von Prozessen, die früher hintereinander (sukzessiv) abliefen. So fordert Lean Management beispielsweise, die Investitionsplanung, Produktionsprogrammplanung und Ablaufplanung möglichst simultan durchzuführen, um die wechselseitigen Interdependenzen berücksichtigen zu können. Dies bedeutet eine Abkehr von der Tayloristischen Arbeitsteilung im Management.

Lean Management boomte, Outsourcing wurde zum Renner, Just in Time zum Standard – bis man feststellte, dass die japanische Produktions- und Führungsideologie nicht auf europäische Verhältnisse übertragbar ist. Sie ist weniger eine Frage der Technik, als der Menschen. Wie schaffen es japanische Zulieferer, trotz des dichten Straßenverkehrs stets auf die Minute pünktlich („just in time") zu sein? Indem sie nachts fahren, ihre Fahrzeuge vor der Anlieferungsstelle parken und auf den Liefertermin im Auto warten. Wie kommt es zu dem gewaltigen Teamgeist, zu der geradezu sklavischen Unterordnung unter die Vorgesetzten und zu der hohen Belastbarkeit? 500 Jahre japanische Kultur, das Erbe der Samurai, Shogun und gottgleichen Kaiser sowie ein übersteigerter Nationalismus und Kolonialismus haben eine Loyalität, Identifikation und Opferbereitschaft entstehen lassen, die dem individualistischen Mitteleuropäer unmöglich ist. Die meisten japanischen Männer sehen ihre Kinder kaum. Sie gehen aus dem Haus, bevor sie aufwachen, und kommen nach Hause, wenn sie bereits im Bett sind. Die spärliche Freizeit verbringen sie im Betrieb, der Urlaubsanspruch wird kaum ausgeschöpft. Leistungsschwäche und vor allem der Gesichtsverlust werden zu Katastrophen, die nicht selten im Selbstmord enden. Das japanische Wort „Karoshi" bedeutet den Tod durch Überarbeitung – ein Phänomen, das so häufig auftritt, dass in allen größeren Städten spezielle „Karoshi-Hotlines" eingerichtet wurden. Dies alles mag ein Wettbewerbsvorteil

1.7 Managementkonzeptionen

für die japanische Sachgüterindustrie auf globalisierten Märkten sein, aber sicherlich keine Vision für das deutsche Krankenhauswesen.

Die Herausforderungen, mit denen sich deutsche Krankenhäuser heute konfrontiert sehen, erfordern motivierte Mitarbeiter, die gerne in ihren Unternehmen arbeiten. Zumindest die Führungskräfte müssen ab und zu etwas Zeit haben, um zu reflektieren, zu hinterfragen, Visionen zu haben und „flippige Ideen" zu wagen. Reduziert man die Organisation auf das absolute Minimum und lastet alle Mitarbeiter zu 100% mit den Tagesroutinen aus, mag dies kurzfristig den Geschäftserfolg erhöhen, reduziert aber die Zukunftsfähigkeit des Unternehmens. Lean Management bringt deshalb sinnvolle Ansätze und Gedanken. Als Gesamtkonzept der Unternehmensführung kann es jedoch in letzter Konsequenz ins Verderben führen.

Eine weitere Konzeption der Unternehmensführung ist die Corporate Identity (CI). Ausgangspunkt dieses Ansatzes ist die Vorstellung, dass in einem Unternehmen eine spezifische Unternehmenskultur existiert, d.h. ein Netzwerk von gelebten Verhaltensmustern und Normen innerhalb einer Unternehmung. Dieses Wertesystem schafft im Unternehmen ein Wir-Bewusstsein, ähnlich wie dies in einer nationalen bzw. ethnischen Kultur geschieht. Die Unternehmenskultur soll von allen Mitgliedern der Organisation geteilt werden, so dass Handlungen und Entscheidungen aller Beteiligten auf der Basis eines einheitlichen Unternehmensbildes getroffen werden. Dieses Unternehmensbild soll als Leitbild explizit ausformuliert sein. Die CI soll alle Funktionen und Entscheidungen auf allen Ebenen und bei allen Zielkonflikten dominieren.

Die gemeinsamen Werte bzw. die gemeinsame Kultur erleichtern die effiziente Führung erheblich, da die Mitarbeiter die Identität des Unternehmens kennen und somit genau wissen, wie sie sich verhalten müssen. Die Corporate Identity äußert sich in Corporate Behaviour, Corporate Communication und Corporate Design. Corporate Behaviour umfasst das einheitliche Verhalten der Mitarbeiter des Unternehmens nach innen und außen (z.B. Preispolitik, Führungsstil, Umgang miteinander, Medienverhalten). Corporate Communication beschreibt eine Kommunikationsstrategie, die durch eine ganzheitliche Betrachtung aller nach innen und außen gerichteten kommunikativen Aktivitäten eines Unternehmens ein klar strukturiertes Vorstellungsbild von der Unternehmung (Corporate Image) in der Öffentlichkeit und bei den Mitarbeitern des Unternehmens erreichen will. Corporate Design fordert ein visuelles Erscheinungsbild eines Unternehmens im Rahmen und zur Unterstützung der von der Corporate Identity vorgegebenen Ziele.

CI ist folglich eine Strategie der Unternehmensführung, die ein bestehendes, gemeinsam getragenes Wertesystem konsequent in allen Unternehmensbereichen in Verhalten, Kommunikation und Erscheinungsbild umsetzt. Krankenhäuser können erheblich davon profitieren, wenn sie ein gemeinsames Wertesystem haben, auf dem sich möglichst alle Mitarbeiter identifizieren können. Gemeinsame Werte prägen gemeinsames Verhalten und einheitliche Kommunikation. Führung wird dadurch einfacher. Doch wie kann dieses gemeinsame Wertesystem erreicht werden?

Zuerst einmal muss ein Wertesystem bekannt sein. Hierzu dient unter anderem das schriftlich formulierte Leitbild eines Unternehmens, das beispielsweise den neu eingestellten Mitarbeitern vermittelt werden muss. Es genügt nicht, eine Seite mit dem Leitbild der ersten Gehaltsabrechnung beizulegen. Neue Mitarbeiter können sich nur mit dem Wertesystem auseinandersetzen, wenn sie es kennen. Sie müssen die Möglichkeit der Nachfrage haben. Auch in den Mitarbeitergesprächen sollte das Leitbild immer wieder angesprochen und diskutiert werden.

Die Ausgestaltung des Leitbildes kann nicht Top-Down erfolgen. Mitarbeiter sind Teil der Unternehmenskultur, so dass sie ein Recht darauf haben, das Leitbild mit zu gestalten. Allerdings liegt die Verantwortung für das Wertesystem eindeutig bei der Unternehmensführung. Der ausschließliche Bottom-Up Entwurf, d.h. die Entwicklung allein durch die operativ tätigen Mitarbeiter, hat zwei Nachteile. Erstens impliziert diese Vorgehensweise, dass bei jeder Neueinstellung der Leitbildprozess von neuem begonnen werden müsste, denn der neue Mitarbeiter bringt neue Werte und Ideen ein. Zweitens muss der Träger das Recht haben, grundlegende Werte einzubringen, über deren Existenz nicht mehr diskutiert werden kann. Dies trifft besonders, aber nicht ausschließlich auf Einrichtungen der freien Wohlfahrtspflege (z.B. der Kirchen) zu. Die Ausgestaltung im Leitbild bedarf der Mitwirkung der Mitarbeiter. Grundlegende Werte selbst hingegen sind verbindlich und müssen vom Träger und den Führungskräften eingebracht werden.

Mitarbeiter werden diese Werte nur dann akzeptieren, wenn sie erleben, dass die Führungskraft diese Werte auch lebt. Damit kann letztlich auch die Corporate Identity auf die Integrität der Führungspersönlichkeit zurückgeführt werden. Ihre Integrität entscheidet, ob es Mitarbeitern leicht fällt, sich mit den Werten und Zielen des Unternehmens zu identifizieren. Ein Vorgesetzter, der diese Integrität lebt, wird auch auf seine Mitarbeiter ausstrahlen. Sie können sich auf ihn identifizieren und werden damit das Wertesystem mittragen. Die Steuerung des Unternehmens wird dadurch effizienter.

Dieser kleine Einblick soll genügen, um aufzuzeigen, dass unterschiedliche Konzeptionen der Unternehmenssteuerung möglich sind. Da auch der Beratungsmarkt Projektlebenszyklen kennt, müssen die Beratungsfirmen regelmäßig einen Relaunch machen, d.h. ein älteres Konzept in neuem Gewand einführen. So hilfreich manche auch nur geringfügige Schwerpunktverlagerung sein kann, so leicht verliert man dadurch doch die wichtigsten Komponenten aus dem Auge: Die Unternehmenssteuerung benötigt ein Ziel, und sie muss planen, wie sie dieses Ziel erreicht. Das wichtigste Ziel bleibt im Krankenhaus die Heilung von Patienten mit Hilfe von guter Qualität. Die Pläne müssen implementiert werden, wobei im Krankenhaus der Personalführung als personelle Interaktion die bedeutendste Rolle zukommt. Schließlich werden Zielabweichungen erkannt und entsprechende Gegenmaßnahmen ergriffen. Management ist damit ein umfassender, komplexer und anstrengender Prozess, Manager wird man nicht durch Ernennung, sondern durch Fleiß und harte Arbeit an sich selbst. Jedes Versprechen, mit einem „Wunderkonzept" diesen Entwicklungsprozess zu umgehen, ist Scharlatanerie. Managementkonzepte können die Persönlichkeits- und Organisationsentwicklung unterstützen, nicht ersetzen.

1.8 Ergebnisse

Die Steuerung von Krankenhäusern ist ein komplexer und vieldimensionaler Prozess. Grundlegend ist, dass das Krankenhaus sein Werte- und Zielsystem kennt und klar statuiert, damit die Steuerungsrichtung bekannt ist. Dieses Werte- und Zielsystem muss im ganzen Krankenhaus bekannt sein, damit Mitarbeiter und Subsysteme zielsystemkonform tätig werden. Die Veranlassung zu diesem zielorientierten Handeln obliegt dem Management.

Jeder Manager hat fünf grundlegende Aufgaben zu erfüllen: Planung, Organisation, Personaleinsatz, Führung und Kontrolle. Planung ist ein prospektives Denkhandeln in Form geistiger Vorwegnahme zukünftigen Tathandelns mit dem Ziel, durch die rechtzeitige Auswahl einer Handlungsalternative eine aus dem Werte- und Zielsystem abgeleitete Zielfunktion zu optimieren. Planung ist damit ein kreativer und systematischer Prozess. Es ist ein Irrglauben, dass Manager Entscheidungen aus dem Bauch heraus treffen. Das, was der Volksmund den „Bauch" nennt, ist in Wirklichkeit eine äußerst komplexe neuronale Vernetzung, die in Jahrzehnten systematischer Entscheidungsfindung und -erfahrung entstanden ist. Nur wenige Naturtalente haben dieses zielsichere „Bauchgefühl" bei Entscheidungen, die meisten müssen durch systematische, anstrengende und häufig modellgestütze Planung erst die Erfahrungen sammeln, auf deren Grundlage sie Entscheidungen intuitiv treffen können. Dabei darf Planung aber nicht auf das Jahresbudget begrenzt werden. Gefragt ist vielmehr ein komplexes System aus strategischer, taktischer und operativer Planung, die alle Sachbereiche und Führungsebenen umfasst.

Die Pläne müssen anschließend im Krankenhausalltag umgesetzt werden. Hierzu ist es häufig notwendig, die sich aus den Plänen ergebende Gesamtaufgabe in viele Teiltätigkeiten aufzuteilen und jeweils eine bestimmte Menge davon Aufgabenträgern zuzuweisen. Anschließend muss jedoch durch Koordination sichergestellt werden, dass die Gesamtaufgabe noch erfüllt wird. Der Prozess der Arbeitsteilung und der Koordination wird als Organisation bezeichnet. Das Ergebnis dieses – wiederum – kreativen und systematischen Aktes ist die Aufbau- bzw. Prozessorganisation. Krankenhäuser sind traditionell stärker von einer berufsgruppenorientierten, funktionalen Organisation geprägt. Die Ausrichtung auf Patientenpfade und Diagnosis Related Groups verlangt hingegen eine stärkere Prozessorientierung.

Ein Ergebnis der Organisation ist die Stellenbildung. Die Managementfunktion Personaleinsatz versucht, diese Stellen mit den hierfür bestmöglich geeigneten Aufgabenträgern zu besetzen. Personalbedarfsplanung, Personalauswahl, Fort- und Weiterbildung sowie Freisetzung sind deshalb Kernaufgaben des Managements. Die Besetzung einer Stelle mit einem Mitarbeiter garantiert jedoch noch nicht, dass dieser auch einen bestmöglichen Beitrag zur Erzielung des Unternehmenszieles leistet. Die Managementfunktion Führung steuert das komplexe System zahlreicher interdependenter Einflussfaktoren, die das zielsystemkonforme Tätigwerden des Mitarbeiters determinieren. Hierzu muss der Mitarbeiter als Individuum, als Gegenüber des Vorgesetzten und als Teil eines Teams betrachtet werden. Individuelle und soziale Kernprozesse müssen systematisch gestaltet werden, so dass mit gegebenen Ressourcen eine bestmögliche Leistung des Mitarbeiters, des Teams und der Abteilung erreicht wird. Der Entwicklung der Persönlichkeit der Führungskraft kommt hierbei zwar eine zentrale Rolle zu, diese Aussage sollte allerdings nicht dazu verleiten, Führung ausschließlich als

Auftrag zur Fortentwicklung des Mitarbeiters zu sehen. Eine betriebswirtschaftliche Führungslehre dient letztlich dem Erreichen des Existenz- und Sinngrundes des Unternehmens, wozu allerdings Annahme, Wohlfühlen, Ansporn, Motivation und Entwicklungsmöglichkeiten des Mitarbeiters Voraussetzungen sind.

Schließlich müssen die Implementierungsergebnisse mit den Plänen verglichen werden, um Planungsfehler aufzudecken und zukünftige Planungen zu verbessern. Darüber hinaus bietet eine rechtzeitige Kontrolle die Möglichkeit, die Implementierung so zu steuern, dass Abweichungen erst gar nicht oder nur in geringem Umfang entstehen. In einem dynamischen Umsystem entwickelt sich Kontrolle deshalb stärker zur ständigen Sensorik schwacher Signale des Umsystems. Vergleichbar ist diese Feedforward-Kontrolle mit dem vorausschauenden Autofahren. Der Fahrer gibt nicht erst Gas, wenn das Auto auf einem Berg langsam wird, sondern er schaltet bereits auf ebener Straße runter, wenn er die Steigung erstmals wahrnimmt. So muss auch das Krankenhausmanagement mit Hilfe aller Mitarbeiter Veränderungen, Risiken und Chancen rechtzeitig erblicken (und manchmal auch erfühlen), um Gegenmaßnahmen zur Vermeidung der Zielabweichung ergreifen zu können, bevor das Problem überhaupt auftritt.

Die Zahl der Lehrbücher zum Management und insbesondere zur Führung ist gewaltig. Die Grundlagen werden in den meisten Lehrbüchern der Allgemeinen Betriebswirtschaftslehre kompakt dargestellt. Hier sind insbesondere die Lehrbücher von Wöhe (Einführung in die Allgemeine Betriebswirtschaftslehre), Domschke & Scholl (Grundlagen der Betriebswirtschaftslehre), Albach (Allgemeine Betriebswirtschaftslehre) sowie Schmalen & Pechtl (Grundlagen und Probleme der Betriebswirtschaft) zu empfehlen. Intensiver beschäftigen sich die allgemeinen Managementlehrbücher mit der Thematik. Neben umfassenden Büchern aus Sicht der Allgemeinen Betriebswirtschaftslehre (z.B. Steinmann & Schreyögg, Management; Berthel, Personalmanagement) gibt es Lehrbücher und Aufgabensammlungen zu Spezialthemen (z.B. Rieckmann, Führungs-Kraft und Management Development; Fleßa, Geistlich Denken – Rational Handeln). Darüber hinaus gibt es sehr viel Literatur, die von Soziologen, Psychologen, Ingenieuren, Mathematikern oder Informatikern verfasst wurde und jeweils ein sehr eigenes Gepräge hat. Hier muss der Leser darauf achten, dass diese Bücher einerseits leicht lesbar, andererseits jedoch den Existenzgrund des Unternehmens fokussieren sollten. Leicht lesbar und zielführend ist z.B. Puch & Westermeyer (Managementkonzepte). Zur Führungs- und Unternehmensethik sind die Veröffentlichungen von Homann & Blome-Drees (Wirtschafts- und Unternehmensethik), von Brink & Tiberius (Ethisches Management) sowie von Schirrmacher (Führen in ethischer Verantwortung) sowie von Kreikebaum (Grundlagen der Unternehmensethik) zu empfehlen.

Die grundlegenden Werke zur Krankenhausbetriebslehre bzw. zum Krankenhausmanagement enthalten ebenfalls Kapitel zum Management (z.B. Eichhorn, Seelos & Schulenburg: Krankenhausmanagement; Trill: Krankenhaus-Management; Haubrock & Schär: Betriebswirtschaft und Management im Krankenhaus). Die Personalführung in Medizinbetrieben beschreibt Seelos. Ein Blick in diese Bücher ist auf jeden Fall empfehlenswert. Grundlegend ist jedoch die Erkenntnis, dass das Management von Krankenhäusern systemisch sein muss, d.h., es muss Werte und Ziele kennen, alle leistungs- und finanzwirtschaftlichen Funktionen einbeziehen, vom Kunden als Existenzgrund des Krankenhauses sowie von der Gesellschaft

1.8 Ergebnisse

als Sinngrund ausgehen und den Mitarbeiter als wichtigste Ressource in einem individuellen und sozialen Prozess fokussieren. Hierzu benötigt es Instrumente, die im nächsten Kapitel diskutiert werden.

Fragen zum Weiterdenken: Die folgenden Fragen sollten einzeln oder in Gruppen diskutiert werden.

1. Informieren Sie sich über weitere Persönlichkeitstypologien! Welche grundlegenden Aussagen können aus allen Modellen gewonnen werden? Worin unterscheiden sich die Modelle?
2. Besorgen Sie sich Krankenhausleitbilder aus dem Internet! Analysieren Sie die Leitbilder!
3. Welchen Führungsstil haben Sie als Mitarbeiter kennen gelernt? Welchen praktizieren Sie selbst?
4. Welchen Zeithorizont hat die Planung in Ihrem Krankenhaus? Welche Möglichkeiten für eine langfristige Planung sehen Sie?
5. Gehen Sie auf die Homepage eines Maximalversorgers und analysieren Sie die Fachabteilungen! Versuchen Sie, ein Organigramm zu entwerfen, das auch patientenferne Bereiche einschließt!
6. Analysieren Sie das Organigramm einer Klinikkette!
7. Diskutieren Sie die Pros und Cons von Höflichkeits- und Anstandsregeln im Betrieb! Impliziert Höflichkeit automatisch strenge Hierarchie?
8. Entwickeln Sie eine Vision für den Führungsstil des „Krankenhauses 2020"!
9. Wo sehen Sie Ihr eigenes ethisches Fundament? Welche Bedeutung hat dies im Umgang mit Ihren Mitarbeitern?

2 Controlling

Controlling ist eine relativ junge Teildisziplin der Betriebswirtschaftslehre. Dementsprechend gibt es zahlreiche Definitionen und Abgrenzungen. In der Praxis ist das Controlling der Instrumentenkasten des Betriebswirtes. Mit Hilfe der Methoden des Controllings werden die fünf Managementfunktionen unterstützt und auf eine quantitative Basis gestellt. Die Ergänzung dieser Funktionen und insbesondere der Betonung der Führungspersönlichkeiten um ein „Tool-Kit" ist nötig, da auch eine integre, reife Persönlichkeit ohne Kenntnisse des Instrumentariums nicht in der Lage ist, ein Unternehmen zu führen. Die Unternehmenssteuerung benötigt Fakten und Zahlen, und das Controlling liefert sie. Deshalb liegt der Schwerpunkt dieses Kapitels auch auf den Methoden.

Darüber hinaus hat sich Controlling jedoch in den letzten Jahren als eine eigenständige Dimension des Unternehmens positioniert, die weit über den Instrumentalcharakter hinausgeht. Controlling wird als die Managementfunktion der Koordination definiert mit einer den fünf genannten Managementfunktionen gleichwertigen Bedeutung. Im folgenden Abschnitt wird diese Funktion erläutert.

2.1 Überblick

2.1.1 Geschichte und Herkunft

Seit der Einführung des Gesundheitsstrukturgesetzes (GSG 1993) ist die Nachfrage nach Krankenhauscontrollern sprunghaft angestiegen. Analysiert man die Stellenanzeigen, so sollen sie ein weites Aufgabenspektrum abdecken, z.B. als Finanzbuchhalter, Kostenrechner, Kodierer, Qualitätsmanager, EDV-Beauftragter, Personalfachmann oder interner Unternehmensberater. Eine eindeutige Hierarchiezuordnung ist nicht nachweisbar, vielmehr finden sich Krankenhauscontroller auf niedrigen Linienstellen ebenso wie auf Stabs- und in Leitungsstellen. Weiterhin wird der Begriff des Controllings auch in anderen Bereichen verwendet. Beispielsweise unterscheidet man das betriebswirtschaftliche Controlling und das Medizincontrolling. Es ist deshalb nötig, eine verbindliche Definition zu suchen, die dem Stand der allgemeinen Controllingforschung ebenso gerecht wird wie den Anforderungen der Krankenhaussteuerung.

Ein Blick in die Literatur der Allgemeinen Betriebswirtschaftslehre ist zuerst wenig hilfreich. Controlling wird hier ebenfalls sehr unterschiedlich definiert. Einige Autoren weisen dem Controlling eine dienende Funktion zu, z.B. in Form der Kostenrechnung. Der Controller ist der Zahlenknecht des Unternehmens, der das Management mit den Fakten versorgen soll. Andere Autoren setzen hingegen Controlling und Unternehmenssteuerung gleich. Controlling bedeutet dann nichts anderes als Planung, Implementierung und Kontrolle mit Hilfe von betriebswirtschaftlichen Instrumenten. Zwar bietet sich diese Definition aus der Übersetzung an (to control = steuern), aber Controlling wird damit eigentlich redundant. In der Praxis findet man oftmals die Definition, „Controlling ist, was ein Controller macht" – und das ist im Krankenhaus häufig vor allem die Vorbereitung der Budgetverhandlungen mit den Krankenkassen. Diese Engführung ist jedoch weder wissenschaftlich befriedigend, noch nützt sie die spezifischen Vorteile des Controllings vollständig für den Krankenhausmanager.

Auf der Suche nach einer Controllingdefinition ist es hilfreich, die Geschichte des Controllings zu verfolgen. Der Begriff wurde erstmals in den 1950er Jahren als eine Art Modewort für die Kostenrechnung verwendet. Aus dieser Zeit stammt der Fehlschluss, Controlling sei identisch mit der Kostenrechnung, und nicht wenige Unternehmen haben ihre Abteilungen für Kostenrechnung einfach in Controllingabteilungen umbenannt, ohne inhaltliche Änderungen vorzunehmen (so wie zahlreiche Unternehmungen aus der Absatzabteilung eine Marketingabteilung gemacht haben, ohne das Proprium des Marketing umgesetzt zu haben). In den 1960er Jahren wurde das Controlling um die Bereiche Berichtswesen und Betriebsstatistik ergänzt, so dass der Controller vollständig zum Datensammler wurde. Der Zahlenknecht des Unternehmens benötigte hierfür die elektronische Datenverarbeitung, die in dieser Zeit in vielen Unternehmen aufgebaut wurde. Folglich hat das Controlling bis heute eine relative Nähe zur EDV, und häufig sind Controller kleinerer Krankenhäuser auch für die Informationssysteme zuständig.

Erst in den 1970er Jahren befasste sich die Wissenschaft intensiver mit dieser Entwicklung der Praxis. Es wurde versucht zu ergründen, worin der Mehrwert einer eigenständigen Disziplin Controlling gegenüber den klassischen Funktionen der Kostenrechnung, des Berichtswesens und der Betriebsstatistik liegt. Man stellte fest, dass Controlling die wichtige Aufgabe der Koordination innerhalb des Unternehmens erfüllt, indem es Informationen für alle wichtigen Entscheidungen bereitstellt. Information wurde in dieser Zeit als zusätzlicher Produktionsfaktor erkannt, mit dessen Hilfe man die Prozesse des Unternehmens synchronisieren konnte. Das Ziel der Information ist die Abstimmung der Beteiligten, d.h. die Koordination. Sie wird heute als das konstitutive Unterscheidungsmerkmal des Controllings von allen anderen Funktionen gesehen. Der Controller arbeitet größtenteils (aber nicht nur) im Rechnungswesen und liefert Informationen. Aber dies ist kein Selbstzweck, sondern dient dem Ziel der Koordination zwischen den Managementfunktionen, den Ebenen des Unternehmens und den einzelnen Plänen. In den 1980er Jahren wurde weiterhin erkannt, dass das Controlling auch der Koordination zwischen den Zeitebenen nützt. Das strategische Controlling wurde als Teil der Unternehmenspolitik gesehen, um langfristige Erfolgspotenziale zu ermitteln, Strategien zu entwickeln und diese mit den kurz- und mittelfristigen Plänen zu koordinieren.

Die Definition des Controllings als Informationslieferant (Zahlenknecht) ist folglich eine Engführung, die den eigentlichen Vorteil des Controllings nicht nützt. Die Identität von Controlling und Unternehmensführung übersieht ebenfalls den Mehrwert der Koordinationsfunktion des Controllings. Die überwiegende Mehrheit der Autoren sieht heute das Proprium des Controllings in der Wahrnehmung der Koordinationsfunktion auf horizontaler, vertikaler, institutioneller und zeitlicher Ebene. Die horizontale Koordination erfolgt zwischen den Managementfunktionen Planung, Organisation, Personaleinsatz, Personalführung und Kontrolle. Die institutionelle Koordination erfolgt zwischen Unternehmensteilen, z.B. zwischen dem Einkauf und der Produktion. Die vertikale Koordination intendiert die Synchronisation der betrieblichen Aktivitäten der Managementebenen, d.h., sie sorgt dafür, dass die Pläne der Unternehmensspitze, der mittleren Ebene und der operativen Basis im Einklang sind. Die zeitliche Koordination schließlich gleicht die lang-, mittel- und kurzfristigen Pläne ab. Aus dieser Sicht ist die Informationswirtschaft ein Zulieferer zum Controlling. Die Bereitstellung von Informationen ist aber nur dann Controlling, wenn sie der Abstimmung von Plänen, Prozessen oder Ergebnissen dient.

In dieser Konzeption erfährt das Krankenhauscontrolling eine Aufwertung gegenüber der Praxis des Zahlenknechtes, da es wie Planung, Organisation, Personalführung, Personalauswahl und Kontrolle eine eigenständige Managementfunktion ist. Koordination bzw. Controlling ist Aufgabe jeder Führungskraft, d.h., die Controllingabteilung stellt lediglich Instrumente für die Wahrnehmung dieser Aufgabe zur Verfügung. Eine Simple Structure, z.B. eine traditionelle Arztpraxis, benötigt kein Controlling in diesem Sinne, da die Koordination der Managementfunktionen und der einzelnen Pläne allein im Kopf des Eigentümers stattfindet. Mehrschichtige Unternehmen, bei denen das Management auf mehrere Personen aufgeteilt ist, benötigen hingegen die Koordination, damit die einzelnen Pläne und Aktivitäten abgestimmt im Sinne der Gesamtzielerreichung sind.

Aus diesem Zusammenhang leitet sich die Verstärkung des Controllings in deutschen Krankenhäusern ab. Erstens werden Krankenhäuser überwiegend von mehreren Personen geleitet (z.B. medizinischer Direktor, Pflegedirektor, Verwaltungsdirektor), so dass eine Koordination zwischen diesen Managern nötig wird. Die Abkehr von der Dominanz des ärztlichen Leiters und die Heterogenität des Führungsteams erfordern eine gemeinsame Sprache zur Abstimmung von Entscheidungen und Prozessen. Diese Sprache liefert das Controlling. Zweitens haben viele Krankenhäuser eine Trägerstruktur, die eine Koordination erfordert. Beispielsweise bringen kirchliche Träger Werte und Ziele ins Krankenhaus ein, die im Alltag teilweise schwierig umzusetzen sind. Die Abstimmung zwischen dem Wertesystem des Trägers und dem täglichen Management der Krankenhausleitung erfolgt durch das Controlling. Drittens ist die durchschnittliche Größe der Krankenhäuser in den letzten Jahren gestiegen, so dass auch die Zahl der potenziellen und realen Relationen sowie der Führungsebenen stark zugenommen hat. Teilweise ging dies einher mit einem größeren Delegationsgrad. Beide Tendenzen erfordern eine erhöhte Koordination. Viertens existieren inzwischen mehrere große Krankenhauskonzerne, zu deren zentraler Leitung ein Konzerncontrolling gehört, welches eng mit dem dezentralen Krankenhauscontrolling zusammenarbeitet. Schwerpunkt bildet dabei die Zuarbeit für das konzernweite Reporting. Schließlich erweiterte sich durch die Einführung der DRGs der Planungshorizont der Krankenhäuser erheblich. Wer hätte vor 20 Jahren sein Leistungsprogramm 7 Jahre vorausgeplant? Das Jahresbudget war die dominante Größe. Die Konversion von 2003 bis 2010 (bei Maximalversorgern) erfordert jedoch einen derartigen Planungshorizont und dementsprechend auch Instrumente der Abstimmung zwischen den Planungszeiträumen.

Zusammenfassend können wir festhalten, dass die Krankenhaussteuerung Instrumente zur Koordination der Pläne und Prozesse benötigt, um in einem arbeitsteiligen System die Erreichung des Unternehmensziels zu gewährleisten. Das Controlling bietet diese Instrumente.

2.1.2 Instrumente

Grundsätzlich müssen Instrumente des strategischen und des operativen Controllings unterschieden werden (vgl. Tab. 2.1). Das strategische Controlling unterstützt die oberste Unternehmensebene in ihrer Aufgabe, zukünftige Erfolgspotenziale zu entwickeln und zu sichern. Hierzu analysiert es die Stärken und Schwächen bzw. Chancen und Risiken, die sich langfristig ergeben. Da zukünftige Entwicklungen stets von großer Ungewissheit begleitet sind, besteht auch leicht die Gefahr, dass Manager aneinander vorbeireden bzw. -planen. Das strategische Controlling koordiniert die Aktivitäten dieser Manager sowie die langfristigen Pläne mit den eher kurzfristigen. Es geht dabei weniger um Detailarbeit oder die Wahrnehmung heute bekannter Aufgaben, als vielmehr um den Aufbau und die Sicherung von Potenzialen in den Bereichen Kundengruppen, Produkte, Personal und sonstige Ressourcen.

Tab. 2.1   Operatives und strategisches Controlling

	Operatives Controlling	**Strategisches Controlling**
Managementebene	untere Managementebene; bereichsbezogenes Denken; Ressortegoismus	oberste Managementebene; unternehmensbezogenes Denken; bereichsübergreifend
Zeithorizont	kurzfristig	langfristig
Orientierung	Wirtschaftlichkeit betrieblicher Prozesse	Erfolgspotenziale
Dimension	Leistungen und Kosten; Ertrag und Aufwand; Ein- und Auszahlung	Chancen und Risiken; Stärken und Schwächen
Inhaltliche Differenzierung	geringe Komplexität und Ungewissheit; viele Details; Administrations- und Dispositionsentscheidungen; durchführungsorientiert; intern orientiert; viele Teilpläne; hohe Verbindlichkeit, starre Systeme; geringer Handlungsspielraum	hohe Komplexität und Ungewissheit; schlecht strukturierte Problemstellungen; strategische Planungs- und Kontrollsysteme; analyse- und entscheidungsorientiert; Unternehmensgesamtmodelle; geringe Verbindlichkeit; breiter Alternativenraum
Ziele, Aufgaben	Erfolg und Liquidität dominierend; Bestands- und Systemwahrung; Erfüllung von Aufgaben	Aufbau und Sicherung von Erfolgspotenzialen durch Investition; geplanter Wandel, Systemveränderung; Innovationen
Organisation	Sparten, Profit- und Cost-Center	Strategische Geschäftseinheiten
Instrumente (Beispiele)	Rechnungswesen	Portfolio-Analyse

Tab. 2.2 gibt einen Überblick über Instrumente des operativen und strategischen Controllings. Die Übersicht zeigt, dass das Controlling der Werkzeugkasten des Betriebswirtes ist, allerdings eben mit dem Ziel der Koordination. Die Tabelle deutet auch an, dass manche Verfahren sich für beide Varianten des Controllings eignen und eine trennscharfe Abgrenzung nicht immer möglich ist. Es wurde deshalb der Ausdruck „eher operativ" bzw. „eher strategisch" gewählt.

2.1 Überblick

Tab. 2.2 Instrumente des operativen und strategischen Controllings (Beispiele)

Instrument	eher operativ	eher strategisch
Rechnungswesen	Planbilanzen, Kosten- und Leistungsrechnung	
Kalkulationsverfahren	Investitionsrechnung für einzelne Betriebsmittel	Investitionsrechnung für das Gesamtunternehmen, Desinvestitionsrechnung
Analyseverfahren	ABC-Analyse	Potenzialanalyse; Stärken- und Schwächen-Analyse; Portfolioanalyse; Abweichungsanalyse; Imageanalyse; Eisenhowermatrix
Optimierungsverfahren	Ablauf- und Wegeoptimierung; Prozesssimulation (Monte-Carlo-Simulation, Wahrscheinlichkeitsrechnung); Produktionsprogrammplanung (Lineare Programmierung)	Methoden der Zielfusion; Entscheidungsbaumverfahren
Lenkungsverfahren	Budgetierung; Leistungsverrechnung; interne Verrechnungspreise, Betriebsstatistik und Kennzahlen	Balanced Scorecard
Prognosetechniken	Gleitende Durchschnitte, Glättung, Regression	Markov-Modelle, System Dynamics Modelle
Informationssystem	Informationsbedarfsanalyse; Informationsbeschaffung; Organisation des Berichtswesens; Dokumentationsstandards	Analyse betrieblicher Sensoren; Umweltanalyse
Moderationstechniken	Metaplan; Rollenspiele; Mind Mapping	
Kreativitätsverfahren	Szenariotechniken; Brainstorming; Brainwriting	

Im Folgenden sollen die wichtigsten Instrumente des operativen Controllings beschrieben werden. Einige Methoden des strategischen Controllings werden im letzten Kapitel dieses Buches folgen, da ihre Konzeption erst auf Grundlage einer ausführlichen Diskussion der Dynamik des Krankenhausbetriebes verständlich ist. Bei der Darstellung der operativen Methoden sollte allerdings stets die Verbindung zu den strategischen Verfahren und die Notwendigkeit einer Koordination des strategischen und des operativen Denkens bedacht werden. So wichtig die Verfahren des operativen Controllings auch sind, so wenig steuern sie das Unternehmen durch raue See in den sicheren Hafen. Das operative Controlling ist wie das Instrumentenbrett des Kapitäns, auf dem er die Funktionsfähigkeit aller Subsysteme seines Schiffes ablesen kann und erfährt, ob die vorgegebene Richtung eingehalten wurde. Ob diese Richtung überhaupt korrekt war, kann nur im strategischen Controlling entschieden werden.

Gemäß der Bedeutung für die Praxis wird zuerst das betriebliche Rechnungswesen als Controllinginstrument diskutiert. Es folgen einige Aspekte der Budgetierung als Koordinationsmethode. Schließlich sollen die Betriebsstatistik und die Kennzahlen diskutiert werden. Wir beginnen mit einer ausführlichen Darstellung des betrieblichen Rechnungswesens, da die meisten der genannten Instrumente des operativen Controllings auf dieser Grundlage aufbauen.

2.2 Rechnungswesen

2.2.1 Buchhaltung und Jahresabschluss als Grundlage

Die Diskussion der Buchhaltung sowie des Jahresabschlusses im Rahmen eines Kapitels zum Controlling erscheint auf den ersten Blick als ein Konzeptionsbruch. Controlling ist ein Steuerungsinstrument des internen Managements, während Buchhaltung und Jahresabschluss Teilgebiete des externen Rechnungswesens darstellen. Das interne Rechnungswesen des Betriebes ist grundsätzlich so zu konzipieren, dass die Unternehmenssteuerung unterstützt wird und unterliegt im Normalfall keinen gesetzlichen Auflagen. Trotzdem beginnen wir dieses Kapitel zum Rechnungswesen als Controllinginstrument mit einem Abschnitt zur Buchhaltung und zum Jahresabschluss. Hierfür gibt es zwei Gründe.

Erstens gibt es nach § 8 der Krankenhausbuchführungsverordnung (KHBV) eine Verpflichtung der Krankenhäuser zu einer Kostenrechnung nach bestimmten Vorgaben. Die Kostenrechnung soll der betriebsinternen Steuerung dienen, die Beurteilung der Wirtschaftlichkeit und Leistungsfähigkeit ermöglichen, die Ermittlung der pflegesatzfähigen Kosten unterstützen und die Erstellung der Leistungs- und Kalkulationsaufstellung als Grundlage der Entgeltverhandlung mit den Krankenkassen gewährleisten. Hierzu muss sie einer detailliert beschriebenen Struktur gemäß Anlage 4 und 5 der KHBV folgen. Die interne Kosten- und Leistungsrechnung des Krankenhauses könnte im Prinzip unabhängig von dieser Vorgabe implementiert werden, jedoch müssten in diesem Fall zwei Rechnungssysteme aufgestellt werden, um den Anforderungen der KHBV und den eigenen Informationsansprüchen zu genügen. Dies wäre ineffizient, so dass in der Regel das interne Rechnungswesen auf den grundlegenden Daten des externen Rechnungswesens gemäß KHBV basiert.

Zweitens basieren fast alle Instrumente des operativen Controllings auf Buchhaltungsdaten. Planbilanzen, Kosten- und Leistungsrechnung, Finanzkennzahlen und Budgets benötigen die Buchhaltung. Wichtig ist allerdings zu betonen, dass die Buchhaltung primär eine vergangenheitsorientierte Ermittlungsfunktion hat, während das Controlling stärker zukunftsorientiert ist, d.h., unter anderem Planungs- und Steuerungsfunktion einnimmt. Die Buchhaltung ist damit eine notwendige Bedingung für ein Controlling, aber ihre Instrumente sind häufig nicht ausreichend für das Controlling. Ein gutes Beispiel ist die Handelsbilanz des Jahresabschlusses. Sie ist eine Gegenüberstellung von Vermögen und Kapital zu einem in der Vergangenheit liegenden Stichtag. Mit Hilfe der Bilanz kann man zwar einen schnellen Überblick über die Vermögens- und Finanzstruktur des Unternehmens zu diesem Zeitpunkt gewinnen, aber man kann in der Regel aus diesen Vergangenheitswerten nur sehr bedingt Steuerungsinformationen für die Zukunft ableiten. Ein Krankenhaus mit Hilfe der Bilanz steuern zu wollen, wäre etwa so effektiv wie ein Auto allein mit dem Blick in den Rückspiegel zu fahren. In beiden Fällen würde der Abgrund nahe sein.

Im Folgenden sollen die gesetzlichen Rahmenbedingungen für Buchhaltung und Jahresabschluss beschrieben werden. Sie ergeben sich insbesondere aus der Krankenhausbuchführungsverordnung (KHBV), aus der Abgrenzungsverordnung (AbgrV) sowie aus dem Handelsgesetzbuch (HGB). Das Unterkapitel schließt mit einem kurzen Ausblick auf den Jahresabschluss nach internationalen Standards (IAS-IFRS).

2.2.1.1 Krankenhausbuchführungsverordnung

Die Verordnung über die Rechnungs- und Buchführungspflichten von Krankenhäusern (KHBV) trat 1978 in Kraft und stellte einen epochalen Wechsel in der Geschichte des Rechnungswesens der Krankenhäuser dar. Erstmals wurden Krankenhäuser zur doppelten Buchhaltung verpflichtet. Vorausgegangen waren die Einführung der dualen Finanzierung durch das Krankenhausfinanzierungsgesetz (KHG 1972) sowie ihre Umsetzung in der Bundespflegesatzverordnung (BPflV 1973). Sie erforderten den buchhalterischen Nachweis der Vorhalte- und Betriebskosten, um eine exakte Berechnung der pflegesatzfähigen Kosten zu ermöglichen.

Der getrennte Ausweis von pflegesatzfähigen und nicht-pflegesatzfähigen Kosten überforderte die meisten Krankenhäuser, die überwiegend noch als Regiebetriebe (städtische Krankenhäuser) oder als Vereine (z.B. kirchliche Krankenhäuser) geführt wurden. In der Regel besaßen sie nur ein kamerales Rechnungswesen, das lediglich Einzahlungen und Auszahlungen aufzeichnete. Mit diesem sehr einfachen Instrument konnten die pflegesatzfähigen Selbstkosten nicht ermittelt werden. Deshalb wurde eine grundsätzliche Neuregelung des Rechnungswesens der Krankenhäuser notwendig und in der Abgrenzungsverordnung bzw. der Krankenhausbuchführungsverordnung 1978 umgesetzt.

Die KHBV von 1978 machte die doppelte Buchführung für alle Krankenhäuser verpflichtend. Mit Hilfe der Buchhaltung sollte die zweckentsprechende Verwendung der staatlichen Fördermittel nachgewiesen und die Übernahme der Daten des Selbstkostenblattes aus der Buchhaltung ermöglicht werden. Kosten und Leistungen sollten transparent sein. Die Veränderung des Handels- und Aktienrechts erforderte eine Anpassung der KHBV (1986/87). In dieser Revision wurden erstmals auch die Teilkostenrechnung und die innerbetriebliche Leistungsverrechnung für Krankenhäuser zugelassen.

Tab. 2.3 gibt die wichtigsten Inhalte der KHBV wieder. Stark vereinfachend kann man sagen, dass das Krankenhaus mit der Einführung der KHBV einen Jahresabschluss nach HGB zu erstellen hat. Dies klingt einfach, stellte jedoch in der Praxis eine Überforderung für viele Krankenhäuser dar. Es dauerte Jahre, bis diese Anforderung und insbesondere die doppelte Buchführung umgesetzt worden waren. Die Einzelvorschriften des §5 betreffen insbesondere verschiedene Bilanzpositionen, die sich auf Grund der dualen Finanzierung ergeben. Sie werden in Kapitel 2.2.1.4 analysiert. Die §§257 und 261 des Handelsgesetzbuches betreffen insbesondere die Aufbewahrungsfristen. Grundsätzlich besteht für alle Krankenhäuser eine Aufbewahrungspflicht für Belege und Dokumente. Buchungsbelege müssen mindestens 10 Jahre gespeichert werden. Mit Ausnahme der Eröffnungsbilanzen und Abschlüsse können Unterlagen allerdings auch als Wiedergabe auf einem Bildträger oder auf anderen Datenträgern aufbewahrt werden.

In den Anlagen zur KHBV findet sich ein ausführlicher Kontenrahmen (Anlage 4) mit detaillierten Zuordnungsvorschriften. Die Klassen 0-8 bilden die Konten der Finanzbuchhaltung. Aus ihnen leiten sich die Bilanz (Anlage 1 zur KHBV) und die Gewinn- und Verlustrechnung ab (Anlage 2 zur KHBV). Sie werden ergänzt durch einen Anlagennachweis (Anlage 3 zur KHBV), wie ihn Abb. 2.1 zeigt. Die Klasse 9 des Kontenrahmens ist für die Kostenstellen (Anlage 5 zur KHBV) vorgesehen.

Tab. 2.3 Inhalt der Krankenhausbuchführungsverordnung

Paragraf	Inhalt
§2 Geschäftsjahr	Das Geschäftsjahr ist das Kalenderjahr.
§3 Buchführung, Inventar	Das Krankenhaus führt seine Bücher nach den Regeln der kaufmännischen doppelten Buchführung; im Übrigen gelten die §§238 und 239 des Handelsgesetzbuchs (Buchführungspflicht). Die Konten sind nach dem Kontenrahmen der Anlage 4 einzurichten. Für das Inventar gelten die §§ 240 und 241 des Handelsgesetzbuchs.
§4 Jahresabschluss	Der Jahresabschluss des Krankenhauses besteht aus der Bilanz, der Gewinn- und Verlustrechnung und dem Anhang einschließlich des Anlagennachweises. Der Jahresabschluss soll innerhalb von vier Monaten nach Ablauf des Geschäftsjahres aufgestellt werden. Ansonsten gilt das HGB.
§5 Einzelvorschriften zum Jahresabschluss	
§6 Aufbewahrung und Vorlegung von Unterlagen	Für die Aufbewahrung von Unterlagen, die Aufbewahrungsfristen und die Vorlegung von Unterlagen gelten die §§257 und 261 des Handelsgesetzbuchs.
§8 Kosten- und Leistungsrechnung	Das Krankenhaus hat eine Kosten- und Leistungsrechnung zu führen
§9 Befreiungsvorschrift	Ein Krankenhaus mit bis zu 100 Betten oder mit nur einer bettenführenden Abteilung kann von den Pflichten nach §8 befreit werden, soweit die mit diesen Pflichten verbundenen Kosten in keinem angemessenen Verhältnis zu dem erreichbaren Nutzen stehen und die in § 8 Satz 1 genannten Zwecke auf andere Weise erreicht werden können.

Der Kontenrahmen entspricht in etwa dem Gemeinschaftskontenrahmen anderer Branchen. Die Kontenklassen 0 und 1 enthalten die Aktivkonten, 2 und 3 die Passivkonten, 4 und 5 die Erträge, 6 und 7 die Aufwendungen. Die Kontenklasse 8 stellt Abschlusskonten zur Verfügung, in der Kontenklasse 9 sind die Kostenstellen aufgeführt. Sie werden in Kapitel 2.2.2.2 ausführlich diskutiert.

Tab. 2.4 Anlagen zur Krankenhausbuchführungsverordnung

Anlagen	Inhalt
Anlage 1	Gliederung der Bilanz
Anlage 2	Gliederung der Gewinn- und Verlustrechnung
Anlage 3	Anlagennachweis
Anlage 4	Kontenrahmen für die Buchführung, Zuordnungsvorschriften zum Kontenrahmen
Anlage 5	Kostenstellenrahmen für die Kosten- und Leistungsrechnung

2.2.1.2 Abgrenzungsverordnung

Die zweite wichtige Grundlage der Krankenhausbuchführung ist die Abgrenzungsverordnung (AbgrV). Sie wurde als „Verordnung über die Abgrenzung und die durchschnittliche Nutzungsdauer von Wirtschaftsgütern in Krankenhäusern" 1978 erlassen und 1986 als „Verordnung über die Abgrenzung der im Pflegesatz nicht zu berücksichtigenden Investitionskosten von den pflegesatzfähigen Kosten der Krankenhäuser" revidiert. Obwohl die Pflegesätze in einem fallpauschalierten Vergütungssystem eine stark reduzierte Bedeutung haben, sind die grundlegenden Abgrenzungen nach wie vor für die Investitionsfinanzierung gültig.

2.2 Rechnungswesen

Nach der AbgrV müssen Anlagegüter, Gebrauchs- und Verbrauchsgüter unterschieden werden. Anlagegüter sind die Wirtschaftsgüter des zum Krankenhaus gehörenden Anlagevermögens. Die Gebrauchsgüter sind Anlagegüter mit einer durchschnittlichen Nutzungsdauer bis zu drei Jahren und damit eine Untergruppe der Anlagegüter (z.B. Dienst- und Schutzkleidung, Wäsche, Textilien, Geschirr, Atembeutel, Narkosemasken, Warmhaltekannen). Verbrauchsgüter hingegen sind alle Wirtschafsgüter, die durch ihre bestimmungsgemäße Verwendung aufgezehrt oder unverwendbar werden (z.B. Einwegspritzen, Reinigungsmittel, Medikamente) bzw. ausschließlich von einem Patienten genutzt werden und üblicherweise bei ihm verbleiben, auch wenn sie längerfristig verwendet werden können (z.B. Prothesen). Weiterhin zählen wiederbeschaffte, abnutzbare und bewegliche Anlagegüter als Verbrauchsgüter, wenn die Anschaffungs- oder Herstellungskosten für das einzelne Anlagegut ohne Umsatzsteuer 51 € nicht übersteigen (z.B. Mehrwegspritzen, Schrupper).

Bilanzpositionen BII Sachanlagen	Entwicklung der Anschaffungswerte					Entwicklung der Abschreibungen						Restbuchwerte [€]
	Anfangsbestand [€]	Zugang [€]	Umbuchungen [€]	Abgang [€]	Endbestand [€]	Anfangsbestand [€]	Abschreibungen des Geschäftsjahres [€]	Umbuchungen [€]	Zuschreibungen [€]	Entnahme für Abgänge [€]	Endstand [€]	
1	2	3	4	5	6	7	8	9	10	11	12	13
1. Grundstücke und grundstücksgleiche Rechte mit Betriebsbauten einschließlich der Betriebsbauten auf fremden Grundstücken												
2. Grundstücke und grundsgleiche Rechte mit Wohnbauten einschließlich der Wohnbauten auf fremden Grundstücken												
3. Grundstücke und grundstücksgleiche Rechte ohne Bauten												
4. technische Anlagen												
5. Einrichtungen und Ausstattungen												
6. geleistete Anzahlungen und Anlagen im Bau												

Abb. 2.1 Anlagennachweis

Die Unterscheidung ist für die duale Finanzierung von großer Bedeutung. Pflegesatzfähig sind alle Verbrauchsgüter, Gebrauchsgüter sowie unter Umständen die Instandhaltung. Ein Gebrauchsgut mit einem Anschaffungs- oder Herstellwert von weniger als 410 € netto (d.h. ohne Umsatzsteuer) gilt als niederwertig. Dementsprechend können die gesamten Anschaffungs- oder Herstellkosten im Jahr der Anschaffung als Kosten geltend gemacht werden. Liegt der Wert über dieser Marke, so muss eine Abschreibung über die Nutzungsdauer erfolgen. Pflegesatzfähig sind somit nur die Abschreibungen. Die Kosten der Errichtung und Erstausstattung von Krankenhäusern (mit Ausnahme der Kosten der Verbrauchsgüter), die Kosten der Ergänzung von Anlagegütern, soweit diese über die übliche Anpassung der vorhandenen Anlagegüter an die medizinische und technische Entwicklung wesentlich hinausgeht sowie die Kosten der Wiederbeschaffung von Anlagegütern mit einer durchschnittlichen Nutzungsdauer von mehr als drei Jahren sind nicht pflegesatzfähig.

In der Praxis ist die Abgrenzung zwischen pflegesatzfähig und nicht pflegesatzfähig überholt. Die meisten Bundesländer haben sich aus der dualen Finanzierung de facto zurückgezogen, so dass die Krankenkassen Teile der nicht pflegesatzfähigen Kosten übernehmen. Die Einführung der DRGs hat – mit Ausnahme der Psychiatrie und einiger weniger Spezialbereiche – die Pflegesätze abgelöst. Die Grundsätzliche Unterscheidung in Anlagegüter, Gebrauchs- und Verbrauchsgüter blieb allerdings erhalten.

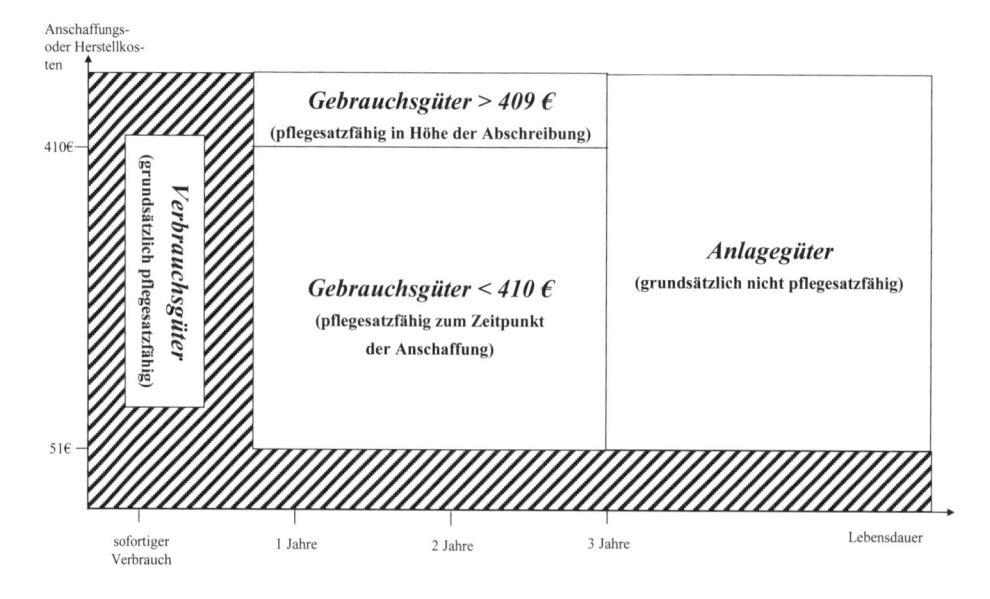

Abb. 2.2 Anlage-, Gebrauchs- und Verbrauchsgüter; Pflegesatzfähigkeit bei laufendem Krankenhaus

2.2.1.3 Bilanz und GuV des Krankenhauses

Die Bilanz ist eine stichtagsbezogene und wertmäßige Gegenüberstellung der Bestandsgrößen Vermögen und Schulden eines Betriebes. Sie dient primär der Dokumentation und Information für das Management, die Kapitalgeber, das Finanzamt oder die sonstige Öffentlichkeit. Als Planungs- und Steuerungsinstrument ist sie wenig geeignet, da sie eine vergangenheitsbezogene Stichtagsrechnung ist. Trotzdem ist sie für das Controlling wichtig, da sie – zumindest nach der dem Handelsgesetzbuch überwiegend zu Grunde liegenden statischen Bilanztheorie – Ausgangs- und Endpunkt der Buchhaltung ist. Bilanztypen, die einen unmittelbareren Steuerungsbezug haben (z.B. Planbilanz, Bewegungsbilanz) basieren ebenfalls auf der stichtagsbezogenen Beständebilanz.

Im Folgenden werden stark verkürzt einige Grundlagen der Bilanztheorie diskutiert. Es folgt eine Diskussion des Jahresabschlusses der Krankenhäuser auf Grundlage des Krankenhausfinanzierungsgesetzes und des Handelsgesetzbuches. Das Kapitel schließt mit einem kurzen Ausblick auf den Jahresabschluss nach internationalen Standards. Der Exkurs zur Bilanztheorie ist notwendig, um überhaupt den Unterschied zwischen dem traditionellen Abschluss deutscher Krankenhäuser und den Herausforderungen durch internationale Abschlüsse verstehen zu können. Der Schwerpunkt liegt jedoch auf der Krankenhausbilanz nach HGB/KHG und den darin enthaltenen Sonderposten.

Grundlagen

Formale Bilanztheorien intendieren eine Erklärung des Wesens der Bilanz, während materielle Bilanztheorien die Höhe der Bewertung der Bilanzpositionen fokussieren. In der formalen Bilanztheorie gibt es zwei grundsätzlich unterschiedliche Vorstellungen davon, was eine Beständebilanz ist. Aus Sicht der statischen Bilanztheorie ist die Bilanz die Gegenüberstellung von Vermögen und Kapital. Die Aktivseite der Bilanz umfasst die Vermögensgegenstände gegliedert nach der Liquidität, d.h. der Nähe zum Zeitpunkt der natürlichen Geldwerdung. Die Passivseite zeigt auf, woher das Kapital des Unternehmens kommt. Sie ist nach der Fristigkeit sortiert.

Das Gewinn- und Verlustkonto (GuV) ist aus Sicht der statischen Bilanztheorie ein Hilfs- oder Unterkonto. Es bilanziert die Veränderung des Eigenkapitals und stellt eine Verbindung zwischen zwei Beständebilanzen her. Anstatt alle Eigenkapitaländerungen direkt auf diesem Konto zu buchen, werden Aufwand (Kapitalverzehr) und Ertrag (Kapitalersatz) in der GuV gesammelt und saldiert. Der Gewinn als Eigenkapitalzuwachs und der Verlust als Eigenkapitalvernichtung sind auf die Bilanz ausgerichtet.

Der Zweck der Bilanz nach statischer Vorstellung besteht folglich im Ausweis von Kapital und Vermögen. Sie sollen nach dem Prinzip der kaufmännischen Vorsicht bewertet werden, d.h., nicht realisierte Erträge dürfen nicht berücksichtigt werden, während alle möglichen Inanspruchnahmen des Kapitals passiviert werden müssen. Oberstes Ziel ist hierbei der Gläubigerschutz, so dass Risiken nicht in die Zukunft übertragen werden dürfen, sondern zum Zeitpunkt ihres Bekanntwerdens gebucht werden müssen.

Während für die statische Bilanztheorie die Beständebilanz folglich Ausgangs- und Zielpunkt der Buchhaltung ist, fokussiert die dynamische Bilanztheorie die Gewinn- und Verlustrechnung. Die Bilanz erscheint lediglich als ein Unter- oder Hilfskonto der GuV, die alle noch nicht erfolgswirksam gewordenen Werte aufnimmt. Vermögensgegenstände, die zwar zu Auszahlungen bzw. Ausgaben, aber noch nicht zu Aufwendungen geführt haben, werden dort „geparkt", bis sie erfolgswirksam werden und damit dem eigentlichen Ziel der Buchhaltung, nämlich der Erfolgsermittlung in der GuV, als Abschreibungen oder Verbräuche zugeführt werden. Genau genommen gehört damit die Bilanz nicht zur Buchhaltung, sondern ist lediglich ein Statement aller Aufwendungen und Erträge, die in der laufenden Periode noch nicht angefallen sind.

Das primäre Ziel einer Bilanz und GuV nach dynamischer Bilanztheorie ist nicht der Schutz der Gläubiger, sondern die ehrliche Darstellung der Unternehmenssituation für mögliche Investoren. Die kaufmännische Vorsicht spielt dabei eine deutlich geringere Rolle.

Bis vor wenigen Jahren hätte man die unterschiedlichen Bilanzauffassungen in einem Lehrbuch der Krankenhaussteuerung getrost vernachlässigen können. Die Einführung der internationalen Rechnungslegung in Deutschland verlangt jedoch eine stärker theoriebasierte Würdigung. Immer mehr Krankenhäuser erstellen ihren Abschluss nach den International Accounting Standards (IAS) bzw. den International Financial Reporting Standards (IFRS). Diese anglophonen Systeme basieren auf der dynamischen Bilanztheorie. Ein Krankenhaus, das diese Abschlüsse einführen möchte, muss sich darüber im Klaren sein, dass es sich um eine fundamental unterschiedliche Bilanzkonzeption handelt und nicht nur um ein paar Umstellungen der Bilanzpositionen.

Die materielle Bilanztheorie versucht, Wertvorgaben für einzelne Bilanzpositionen zu begründen. Sie unterscheidet Wertansätze nach dem Gegenstand der Bewertung (z.B. Einzelwert, Gesamtwert, Teilwert), nach dem Bewertungsmaßstab (Substanzwert, Ertragswert, Nutzwert), nach der Objektivität (Verkehrswert, subjektiver Wert), nach der Herkunft des Wertes (Schätzwert, Anschaffungswert, Verkaufswert, Liquidationswert) sowie nach dem Zeitpunkt der Bewertung (Vergangenheitswert, Gegenwartswert, Zukunftswert). Auch hier unterscheidet sich die deutsche Tradition des Handelsgesetzbuches von den anglophonen Standards. Während nach dem HGB von den Anschaffungs- oder Herstellkosten auszugehen ist (nominelle Bilanztheorie), lassen IAS/IFRS unter Umständen eine Bilanzierung des Wiederbeschaffungswertes zu (organische Bilanztheorie). Das Inflation Accounting vermeidet einen inflationsbedingten Substanzverlust, in dem es einen zukünftigen, höheren Wert als die Anschaffungs- bzw. Herstellkosten ansetzt. Gelten nach dem HGB für Umlaufvermögen das strenge und für Anlagevermögen das gemilderte Niederstwertprinzip, so sind nach IAS/IFRS unter Umständen sogar Zuschreibungen zu Bilanzpositionen möglich.

Jahresabschluss nach HGB

Der größte Teil der deutschen Krankenhäuser erstellt seinen Jahresabschluss nach dem Handelsgesetzbuch. Wie bereits oben beschrieben, verweist die Krankenhausbuchführungsverordnung im Wesentlichen auf das HGB. Tab. 2.5 gibt einen Überblick über die wichtigsten Vorschriften des HGBs, die für Krankenhäuser relevant sind.

Die Gewinn- und Verlustrechnung kann dem Gesamtkostenverfahren (§ 275 Abs. 2) oder dem Umsatzkostenverfahren (§ 275 Abs. 3) folgen. Beim Gesamtkostenverfahren werden von den Gesamterträgen einer Periode die Gesamtaufwendungen abgezogen, die zur Erstellung dieser Leistungen nötig waren. Leistungen, die zwar erzeugt, aber noch nicht verkauft sind, werden zu den Gesamterträgen in Höhe ihrer Herstellkosten gerechnet. Die Gliederung erfolgt nach Aufwandsarten (z.B. Personalkosten, Materialkosten, etc.).

Beim Umsatzkostenverfahren werden von den Gesamterlösen der verkauften Leistungen die Aufwendungen abgezogen, die benötigt wurden, um sie zu erzeugen. Produkte auf Lager werden folglich nicht berücksichtigt. Die Gliederung erfolgt nach Funktionsbereichen (z.B. Stationen, Verwaltung, etc.).

Das Gesamtkostenverfahren ist das traditionelle Verfahren in Deutschland, während in der anglophonen Welt das Umsatzkostenverfahren dominiert. Beide Verfahren sind allerdings auch nach IAS/IFRS zulässig. Lediglich das amerikanische US-GAAP verbietet das Gesamtkostenverfahren.

Tab. 2.5 Relevante Vorschriften des HGB

	Inhalt		Inhalt
§ 238	Buchführungspflicht	§ 249	Rückstellungen
§ 239	Führung der Handelsbücher	§ 250	Rechnungsabgrenzungsposten
§ 240	Inventar	§ 251	Haftungsverhältnisse
§ 241	Inventurvereinfachungsverfahren	§ 252	Allgemeine Bewertungsgrundsätze
§ 242	Pflicht zur Aufstellung einer Bilanz	§ 253	Wertansätze der Vermögensgegenstände und Schulden
§ 243	Aufstellungsgrundsatz, insb. Grundsätze ordnungsmäßiger Buchführung	§ 254	Steuerrechtliche Abschreibungen
§ 244	Sprache, Währungseinheit	§ 255	Anschaffungs- und Herstellungskosten
§ 245	Unterzeichnung, Unterschrift	§ 256	Bewertungsvereinfachungsverfahren
§ 246	Vollständigkeit, Verrechnungsverbot	§ 266	Gliederung der Bilanz (Kapitalgesellschaften)
§ 247	Inhalt der Bilanz	§ 275	Gliederung der GuV (Kapitalgesellschaften)
§ 248	Bilanzierungsverbote		

Tab. 2.6 und Tab. 2.7 geben einen Überblick über eine Krankenhausbilanz gemäß Anlage 1 der Krankenhausbuchführungsverordnung. Tab. 2.8 zeigt die entsprechende GuV nach Anlage 2. Es handelt sich um eine Bilanz nach § 266 HGB bzw. eine GuV nach § 275 Abs. 2 (Gesamtkostenverfahren) HGB, die um Sonderposten nach KHG ergänzt wurden. Diese Sonderposten sind primär die Konsequenz der dualen Finanzierung, die 1972 mit dem Krankenhausfinanzierungsgesetz eingeführt wurde. Im Folgenden wird vorausgesetzt, dass die HGB-Positionen bekannt sind, so dass lediglich krankenhausspezifische Positionen diskutiert werden. Dies sind insbesondere Erlöse, unfertige Erzeugnisse, Sonderposten aus Zuweisungen und Zuschüssen der öffentlichen Hand, Ausgleichsposten aus Darlehensförderung und Ausgleichsposten für Eigenmittelförderung.

Erlöse: Im Prinzip müsste ein Krankenhaus fünf Erlöskonten pro DRG einführen, d.h. jeweils ein Konto für Erlöse der Normallieger, für Abschläge der Kurzlieger, für Zuschläge der Langlieger, für Abschläge bei vorzeitiger Verlegung sowie für Abschläge bei Aufnahmeverlegung. Häufig existiert nur ein Erlöskonto in der Hauptbuchhaltung, und die Aufgliederung erfolgt in der Nebenbuchhaltung. Allerdings sind nach wie vor manche Finanzbuchhaltungssysteme hiermit überfordert.

Tab. 2.6   Aktivseite der Krankenhausbilanz nach Anlage 1 der KHBV (vereinfachte, gekürzte Form)

Aktivseite

A. Ausstehende Einlagen auf das gezeichnete/festgesetzte Kapital

B. Anlagevermögen

　I. Immaterielle Vermögensgegenstände und dafür geleistete Anzahlungen

　II. Sachanlagen:

　　1. Grundstücke und grundstücksgleiche Rechte mit Betriebsbauten
　　2. Grundstücke und grundstücksgleiche Rechte mit Wohnbauten
　　3. Grundstücke und grundstücksgleiche Rechte ohne Bauten
　　4. technische Anlagen
　　5. Einrichtungen und Ausstattungen
　　6. geleistete Anzahlungen und Anlagen im Bau

　III. Finanzanlagen:

　　1. Anteile an verbundenen Unternehmen
　　2. Ausleihungen an verbundene Unternehmen
　　3. Beteiligungen
　　4. Ausleihungen an Unternehmen, mit denen ein Beteiligungsverhältnis besteht
　　5. Wertpapiere des Anlagevermögens
　　6. sonstige Finanzanlagen, davon bei Gesellschaftern bzw. dem Krankenhausträger

C. Umlaufvermögen

　I. Vorräte:

　　1. Roh-, Hilfs- und Betriebsstoffe
　　2. unfertige Erzeugnisse, unfertige Leistungen
　　3. fertige Erzeugnisse und Waren
　　4. geleistete Anzahlungen

　II. Forderungen und sonstige Vermögensgegenstände:

　　1. Forderungen aus Lieferungen und Leistungen
　　2. Forderungen an Gesellschafter bzw. den Krankenhausträger
　　3. Forderungen nach dem Krankenhausfinanzierungsrecht
　　4. Forderungen gegen verbundene Unternehmen
　　5. Forderungen gegen Unternehmen, mit denen ein Beteiligungsverhältnis besteht
　　6. sonstige Vermögensgegenstände

　III. Wertpapiere des Umlaufvermögens

　IV. Schecks, Kassenbestand, Bundesbank- und Postgiroguthaben, Guthaben bei Kreditinstituten

D. Ausgleichsposten nach dem KHG

　I. Ausgleichsposten aus Darlehensförderung

　II. Ausgleichsposten für Eigenmittelförderung

E. Rechnungsabgrenzungsposten

F. Nicht durch Eigenkapital gedeckter Fehlbetrag

Tab. 2.7   Passivseite der Krankenhausbilanz nach Anlage 1 der KHBV (vereinfachte, gekürzte Form)

Passivseite
A. Eigenkapital
    I. Gezeichnetes/festgesetztes Kapital
    II. Kapitalrücklagen
    III. Gewinnrücklagen
    IV. Gewinnvortrag/Verlustvortrag
    V. Jahresüberschuss/Jahresfehlbetrag

B. Sonderposten aus Zuwendungen zur Finanzierung des Sachanlagevermögens:
    I. Sonderposten aus Fördermitteln nach dem KHG
    II. Sonderposten aus Zuweisungen und Zuschüssen der öffentlichen Hand
    III. Sonderposten aus Zuwendungen Dritter

C. Rückstellungen
    I. Rückstellungen für Pensionen und ähnliche Verpflichtungen
    II. Steuerrückstellungen
    III. sonstige Rückstellungen

D. Verbindlichkeiten
    I. Verbindlichkeiten gegenüber Kreditinstituten
        davon gefördert nach dem KHG
    II. erhaltene Anzahlungen
    III. Verbindlichkeiten aus Lieferungen und Leistungen
    IV. Verbindlichkeiten aus der Annahme gezogener Wechsel und der Ausstellung eigener Wechsel
    V. Verbindlichkeiten gegenüber Gesellschaftern bzw. dem Krankenhausträger
    VI. Verbindlichkeiten nach dem Krankenhausfinanzierungsrecht
    VII. Verbindlichkeiten aus sonstigen Zuwendungen zur Finanzierung des Anlagevermögens
    VIII. Verbindlichkeiten gegenüber verbundenen Unternehmen
    IX. Verbindlichkeiten gegenüber Unternehmen, mit denen ein Beteiligungsverhältnis besteht
    X. sonstige Verbindlichkeiten

E. Ausgleichsposten aus Darlehensförderung
F. Rechnungsabgrenzungsposten

Tab. 2.8   GuV eines Krankenhauses nach Anlage 2 der KHBV (vereinfachte, gekürzte Form)

1. Erlöse aus Krankenhausleistungen
2. Erlöse aus Wahlleistungen
3. Erlöse aus ambulanten Leistungen des Krankenhauses
4. Nutzungsentgelte der Ärzte
5. Erhöhung oder Verminderung des Bestandes an fertigen und unfertigen Erzeugnissen/unfertigen Leistungen
6. Andere aktivierte Eigenleistungen
7. Zuweisungen und Zuschüsse der öffentlichen Hand, soweit nicht unter Nr. 11
8. Sonstige betriebliche Erträge
9. Personalaufwand
    9. a) Löhne und Gehälter
    9. b) Soziale Abgaben und Aufwendungen für Altersversorgung und für Unterstützung
10. Materialaufwand
    10. a) Aufwendungen für Roh-, Hilfs- und Betriebsstoffe
    10. b) Aufwendungen für bezogene Leistungen

= **Zwischenergebnis I** (1+2+3+4+5+6+7-9-10)

11. Erträge aus Zuwendungen zur Finanzierung von Investitionen
12. Erträge aus der Einstellung von Ausgleichsposten aus Darlehensförderung und für Eigenmittelförderung
13. Erträge aus der Auflösung von Sonderposten/Verbindlichkeiten nach dem KHG und auf Grund sonstiger Zuwendungen zur Finanzierung des Anlagevermögens
14. Erträge aus der Auflösung des Ausgleichspostens für Darlehensförderung
15. Aufwendungen aus der Zuführung zu Sonderposten/Verbindlichkeiten nach dem KHG und auf Grund sonstiger Zuwendungen zur Finanzierung des Anlagevermögens
16. Aufwendungen aus der Zuführung zu Ausgleichsposten aus Darlehensförderung
17. Aufwendungen für die nach dem KHG geförderte Nutzung von Anlagegegenständen
18. Aufwendungen für nach dem KHG geförderte, nicht aktivierungsfähige Maßnahmen
19. Aufwendungen aus der Auflösung der Ausgleichsposten aus Darlehensförderung und für Eigenmittelförderung
20. Abschreibungen
    20. a) auf immaterielle Vermögensgegenstände des Anlagevermögens und Sachanlagen sowie auf aktivierte Aufwendungen für die Ingangsetzung und Erweiterung des Geschäftsbetriebes
    20. b) auf Vermögensgegenstände des Umlaufvermögens, soweit diese die im Krankenhaus üblichen Abschreibungen überschreiten
21. Sonstige betriebliche Aufwendungen

= **Zwischenergebnis II** (Zwischenergebnis I + 11+12+13+14-15-16-17-18-19-20-21)

22. Erträge aus Beteiligungen
23. Erträge aus anderen Wertpapieren und aus Ausleihungen des Finanzanlagevermögens
24. Sonstige Zinsen und ähnliche Erträge
25. Abschreibungen auf Finanzanlagen und auf Wertpapiere des Umlaufvermögens
26. Zinsen und ähnliche Aufwendungen

27.**Ergebnis der gewöhnlichen Geschäftstätigkeit** (Zwischenergebnis II + 22+23+24-25-26)

28. Außerordentliche Erträge
29. Außerordentliche Aufwendungen

30. **Außerordentliches Ergebnis** (28-29)

31. Steuern

32. **Jahresüberschuss/Jahresfehlbetrag** (27+30-31)

Unfertige Waren: Dienstleistungen sind nicht lagerbar, d.h., Produktion und Absatz fallen zeitlich und räumlich zusammen. Damit sind prinzipiell fertige und unfertige Waren ausge-

2.2 Rechnungswesen

schlossen. In der Praxis werden jedoch Patienten, die mit Fallpauschalen berechnet werden und über den Bilanzstichtag im Krankenhaus liegen (Überlieger), wie unfertige Waren betrachtet und als unfertige Leistungen bezeichnet. Die Einführung einer entsprechenden Bilanz- bzw. GuV-Position ist notwendig, um eine periodengerechte Abrechnung zu gewährleisten. Die Kosten der Leistungen, die für diesen Patienten in der alten Periode angefallen sind, sollen den entsprechenden Erlösen gegenübergestellt werden, auch wenn diese Erlöse erst in der neuen Periode zahlungswirksam werden. Das folgende Beispiel illustriert dies für den (einfacheren) Fall eines Überliegers vor der Einführung der DRGs.

- Aufnahme: 21.12.02
- Entlassung: 10.1.02
- Operation: 23.12.02
- Pflegesatz im alten Jahr: 250 € pro Tag
- Pflegesatz im neuen Jahr: 280 € pro Tag
- Fallpauschale: 5.000 €
- OP-Sonderentgelt: 2.000 €
- Normaufenthaltsdauer: 20 Tage

Falls der Patient vollständig über Pflegesätze abgerechnet wurde, hatte das Krankenhaus im alten Jahr einen Erlös in Höhe von 2.500 € und im neuen Jahr von 2.800 €, da die entgeltrelevante Leistung der einzelne Pflegetag war. Hatte der Patient hingegen eine Diagnose, die über Fallpauschalen entgolten wurde, so war die entgeltrelevante Leistung die Entlassung. Dadurch entstand auch erst am Entlassungstag eine Forderung bzw. Einnahme. Im alten Jahr waren jedoch die Kosten für die Operation sowie für 10 Pflegetage angefallen, die für eine periodengerechte Abgrenzung als Erlös berechnet werden müssen. Hierzu wird zuerst das OP-Sonderentgelt von der Fallpauschale abgezogen, um das Entgelt für die nicht-operative Leistung zu erhalten (5.000 € - 2.000 € = 3.000 €). Dieser Betrag wird durch die Normaufenthaltsdauer geteilt, um die durchschnittlichen Erlöse für nicht-operative Leistungen pro Pflegetag zu erhalten (3.000 € / 20 d = 150 €/d). Damit hatte das Krankenhaus einen theoretischen Erlös im alten Jahr in Höhe der Summe aus Sonderentgelt und anteiligen Pflegeerlösen (2.000 € + 10 d · 150 €/d = 3.500 €) sowie im neuen Jahr in Höhe der anteiligen Pflegeerlöse (10 d · 150 €/d = 1.500 €). Die theoretischen Erlöse des alten Jahres werden als Erträge gebucht und gleichzeitig als unfertige Erzeugnisse aktiviert. Damit ergeben sich die Buchungssätze (die Kontennummern beziehen sich auf den Kontenplan nach Anlage 4 der KHBV):

31.12.: 106 Unfertige Erzeugnisse
   an 551 Bestandsveränderung der unfertigen Leistungen 3500 €
10.1. 12 Forderungen aus Lieferungen und Leistungen 5000 €
   an 106 Unfertige Erzeugnisse 3500 € und
     40 Erlöse aus Krankenhausleistungen 1500 €

Das G-DRG-System hat den Nachteil, dass kein Sonderentgelt für die Hauptleistung ausgewiesen wird. Das Krankenhaus muss deshalb individuell kalkulieren, welche Kosten im alten Jahr für einen Fall angefallen sind. Hierbei gilt, dass Einzelkosten grundsätzlich aktivierungspflichtig sind, während bei Material- und Fertigungsgemeinkosten sowie Verwaltungskosten ein Aktivierungswahlrecht besteht. Alle zukünftigen Kosten dürfen nicht aktiviert werden (Realisierungsprinzip). Die Berechnung der Kosten des alten Jahres kann vereinfachend auch auf Grundlage der Kalkulationsdaten des InEK erfolgen. Die Buchungssätze entsprechen den obigen.

Sonderposten aus Zuwendungen zur Finanzierung des Sachanlagevermögens: Die duale Finanzierung stellt die Buchhaltung vor das Problem, einerseits alle Erträge und Aufwendungen korrekt und periodengerecht aufzuzeichnen, andererseits aber die staatlichen Förderleistungen erfolgsneutral auszuweisen. Dies erfordert die Schaffung von Sonderposten, die sich sowohl in der Bilanz als auch in der GuV zeigen. Der gesamte Förderungsprozess besteht aus folgenden Schritten:

- Antrag auf Fördermittel
- Eingang des Bewilligungsbescheides
- Eingang der Fördermittel
- Erwerb von Anlagevermögen
- Nutzung und Abschreibungen (über mehrere Jahre verteilt)

Der Antrag auf Fördermittel ist buchungstechnisch irrelevant. Der Bewilligungsbescheid hingegen impliziert eine Forderung gegenüber dem Staat und gleichzeitig eine Verpflichtung, das Geld zweckgemäß zu verwenden. Sollte das Geld nicht gemäß dem Bewilligungsbescheid verwendet werden, muss es an das Ministerium zurückgezahlt werden. Darüber hinaus stellt der Eingang des Bescheides einen Ertrag dar, der allerdings erfolgsneutral sein muss. Dementsprechend muss ein gleich hoher Aufwand gebucht werden. Damit ergibt sich für einen Bescheid vom 12. Januar 2004 in Höhe von 500.000 € folgende Buchung:

> 12.1.2004: 150 Forderungen nach KHG
> *an* 460 Erträge aus Fördermitteln nach dem KHG 500.000 €
> 12.1.2004: 752 Zuführungen der Fördermittel nach dem KHG zu Sonderposten oder Verbindlichkeiten
> *an* 350 Verbindlichkeiten nach dem KHG 500.000 €

Der Eingang der Fördermittel auf dem Bankkonto des Krankenhauses am 7.2. wird wie folgt verbucht:

> 7.2.2004: 13 Bank
> *an* 150 Forderungen nach KHG 500.000 €

Der zweckgemäße Erwerb des Anlagegegenstandes erfolgt am 30.4.2004. Dadurch entfällt die Verbindlichkeit gegenüber dem Land. Um Erfolgsneutralität zu gewährleisten, wird in derselben Höhe ein Passivkonto „Sonderposten auf Fördermitteln nach dem KHG" gebildet.

> 30.4.2004: 07 Einrichtungen und Ausstattungen
> *an* 13 Bank 500.000 €
> 30.4.2004: 350 Verbindlichkeiten nach dem KHG
> *an* 22 Sonderposten aus Fördermitteln nach dem KHG 500.000 €

Der Sonderposten ist eine Mischform von Eigen- und Fremdkapital. Bei zweckgemäßer, Verwendung des Anlageguts steht das Kapital unbegrenzt zur Verfügung. Sollte das Anlagegut allerdings vorzeitig verkauft werden, ist der entsprechende Betrag an das fördernde Ministerium zurückzuzahlen. Es handelt sich um langfristiges Kapital, für das keine Zinsen

2.2 Rechnungswesen

oder Gewinnausschüttungen fällig werden. Bei zweckgemäßer Verwendung ist das geförderte Anlagegut ein Geschenk.

Das Anlagegut wird während der geplanten Nutzungsdauer abgeschrieben. In der klassischen Buchhaltung geht man davon aus, dass diese Abschreibungen Aufwand darstellen und dementsprechend den Gewinn bzw. das Eigenkapital reduzieren. Bei öffentlich geförderten Krankenhäusern wurde das Investitionsgut jedoch geschenkt, d.h., der Werteverlust darf nicht gewinnmindernd sein, sondern Geschenkwert mindernd und damit erfolgsneutral. Dementsprechend muss nicht nur das Anlagegut abgeschrieben werden, sondern es muss auch noch der Sonderposten betragsgleich reduziert werden, so dass ein Gegenposten in der Gewinn- und Verlustrechnung entsteht (Annahme: lineare Abschreibung auf 10 Jahre).

31.12.2004: 761 Abschreibungen auf Sachanlagen
    an 07 Einrichtungen und Ausstattungen 50.000 €
31.12.2004: 22 Sonderposten aus Fördermitteln nach dem KHG
    an 490 Erträge aus der Auflösung von Sonderposten aus Fördermitteln nach dem KGH 50.000 €

Damit ist gewährleistet, dass jedes Jahr Erträge und Aufwendungen vollständig erfasst werden, die GuV jedoch weder einen Gewinn noch einen Verlust ausweist, der auf Fördermittel nach dem KHG zurückzuführen ist. Die folgenden Konten dokumentieren dieses Beispiel noch einmal.

		07 Einrichtungen und Ausstattungen					
30.4.2004	13	Anschaffung	500.000	31.12.2004	761	Abschreibung	50.000

		13 Bank					
7.2.2004	150	Zahlungseingang	500.000	30.4.2004	13	Anschaffung	500.000

		150 Forderungen nach dem KHG					
12.1.04	150	Bewilligung	500.000	7.2.204	13	Zahlungseingang	500.000

		22 Sonderposten aus Fördermitteln nach dem KHG					
31.12.2004	490	Abschreibung	50.000	30.4.2004	350	Anschaffung	500.000

350 Verbindlichkeiten nach dem KHG

30.4.2004	22	Anschaffung	500.000	12.1.2004	752	Bewilligung	500.000

460 Erträge aus Fördermitteln nach dem KHG

31.12.2004		GuV	500.000	12.1.2004	150	Bewilligung	500.000

490 Erträge aus der Auflösung von Sonderposten aus Fördermitteln nach dem KHG

31.12.2004		GuV	50.000	31.12.2004	22	Abschreibung	50.000

752 Zuführung der Fördermitteln nach dem KHG zu Sonderposten oder Verbindlichkeiten

12.1.2004	350	Bewilligung	500.000	31.12.2004		GuV	500.000

761 Abschreibungen auf Sachanlagen

31.12.2004	07	Abschreibung	50.000	31.12.2004		GuV	50.000

Gewinn- und Verlustkonto 2004

...	...	...	...
Zuführung der Fördermitteln nach dem KHG zu Sonderposten	500.000	Erträge aus Fördermitteln nach dem KHG	500.000
Abschreibungen auf Sachanlagen	50.000	Erträge aus der Auflösung von Sonderposten aus Fördermitteln nach dem KHG	50.000
...	...	...	...

Ausgleichsposten: Die Ausgleichsposten der Krankenhausbilanz sind reine Bilanzierungshilfen, die durch die Einführung des KHG 1972 notwendig wurden. Sie werden für Anlagegegenstände gebildet, die vor 1972 durch das Krankenhaus durch Eigenmittel oder Darlehen angeschafft wurden. Da diese Gebäude und Anlagen abgeschrieben werden, jedoch kein Sonderposten auf der Passivseite der Krankenhausbilanz gebildet wurde und deshalb auch nicht erfolgsneutralisierend abgeschrieben werden kann, besteht das Problem, dass Anlagegüter Aufwand in Höhe der Abschreibungen verursachen würden, was in der Logik der dualen Finanzierung nicht möglich ist.

2.2 Rechnungswesen

Die Lösung dieses Problems besteht in der Entwicklung des Ausgleichspostens nach dem KHG zur Neutralisierung der Abschreibungen von Anlagevermögen, das vor Inkrafttreten des KHG finanziert wurde. Das folgende Beispiel (zur Vereinfachung in Euro bewertet) soll zur Illustration der Entstehung des Ausgleichspostens für Eigenmittelförderung dienen.

- Anschaffung: Kauf eines Gebäudes aus Eigenmitteln für 500.000 € zum 1.1.1970
- Abschreibung: linear auf 40 Jahre, d.h. 12.500 € pro Jahr
- Buchwert am 1.1.2006: 50.000 €
- Angefallene Abschreibungen (1.1.1970-31.12.2005): 450.000 €

Die Abschreibungen auf das Gebäude werden wie gewohnt gebucht. Unter Umständen kann das Aufwandskonto 761 weiter unterteilt werden, so dass ein Konto 7613 „Abschreibungen auf geförderte Einrichtungen, die mit Eigenmitteln finanziert wurden" entsteht.

> 31.12.2006: 761 Abschreibungen auf Sachanlagen
> *an* 011 Betriebsbauten 12.500 €

Diese Buchung muss nun durch Zuführung zu den Ausgleichsposten für Eigenmittelförderung neutralisiert werden.

> 31.12.2006: 181 Ausgleichsposten für Eigenmittelförderung
> *an* 481 Erträge aus der Einstellung von Ausgleichsposten für Eigenmittelförderung 12.500 €

Das Aktivkonto Ausgleichsposten für Eigenmittelförderung wächst über die Abschreibungsperiode an, bis es den ursprünglichen Wert des Anlagegegenstandes erreicht hat. Es bleibt als Bilanzierungshilfe unbegrenzt bestehen, so dass Krankenhausbilanzen hier Werte für Gegenstände aufzeigen, die es schon lange nicht mehr gibt.

Wurde das Anlagevermögen vor Einführung des KHG angeschafft und über Darlehen finanziert, so hat der Staat meist die Übernahme der jährlichen Tilgung zugesagt. Auch in diesem Fall muss eine Ausgleichsrücklage gebildet werden, um die Erfolgsneutralität der Abschreibungen zu gewährleisten. Da der Tilgungszeitraum jedoch von den Abschreibungszeiträumen abweichen kann, erfordert die Bildung des Ausgleichspostens aus Darlehensförderung eine Unterscheidung in aktive und passive Ausgleichsposten. Im Folgenden wird der Fall dargestellt, dass Abschreibung und Zinskosten höher sind als die Tilgung, die der Staat übernimmt. Folgendes Beispiel sei zur Illustration gewählt:

- Fremdkapitalzins für das Darlehen im Jahr 2006: 1.000 €, fällig 15.6.2006
- Tilgung für das Darlehen im Jahr 2006: 20.000 €, fällig 15.6.2006
- Refinanzierung der Tilgung durch den Staat am 1.10.2006: 21.000 €
- Abschreibung für das Anlagegut im Jahr 2006: 25.000 €

Damit ergeben sich folgende Buchungen:

> 15.6.2006: 34 Verbindlichkeiten gegenüber Kreditinstituten
> *an* 13 Bank 20.000 €
> 15.6.2006: 740 Zinsen oder ähnliche Aufwendungen für Betriebsmittelkredite
> *an* 13 Bank 1.000 €
> 1.10.2006: 13 Bank
> *an* 481 Erträge aus der Einstellung von Ausgleichsposten aus Darlehensförderung 21.000 €
> 31.12.2006: 761 Abschreibungen auf Sachanlagen
> *an* 011 Betriebsbauten 25.000 €

Damit ergibt sich auf der GuV ein Ertrag in Höhe von 21.000 € (Darlehensförderung) sowie ein Aufwand in Höhe von 26.000 € (Abschreibung + Fremdkapitalzinsen). Die Differenz in Höhe von 5.000 € muss durch die Zuführung zum Ausgleichsposten aus Darlehensförderung neutralisiert werden.

> 31.12.2006: 180 Ausgleichsposten aus Darlehensförderung
> *an* 481 Erträge aus der Einstellung von Ausgleichsposten aus Darlehensförderung 5.000 €

Ist die Summe aus zu zahlenden Fremdkapitalzinsen und Abschreibungen höher als die Darlehensförderung des Staates, muss ein Aktivposten (Konto 180) gebildet werden, ansonsten ein Passivposten (Konto 240).

Am Ende der Abschreibungs- bzw. Tilgungsperiode (je nachdem, welche Periode kürzer ist) wird der Ausgleichsposten jeweils in der Höhe aufgelöst, die eine Erfolgsneutralität gewährleistet. Ist beispielsweise die Abschreibungsperiode kürzer als die Tilgungsperiode, so hat sich in der Regel ein Aktivposten gebildet. Nach Ende der Abschreibungsperiode stehen der Darlehensförderung keine Abschreibungen und Fremdkapitalzinsen gegenüber, so dass nun ein Ertrag durch einen zusätzlichen Aufwand neutralisiert werden muss.

> 31.12.2007: 750 Aufwendungen für die Auflösung von Ausgleichsposten aus Darlehensförderung
> *an* 180 Ausgleichsposten aus Darlehensförderung 21.000 €

Bis zum Ende der Tilgungsperiode ist der Sonderposten vollständig aufgelöst.

Zusammenfassend können wir festhalten, dass die Buchhaltung sowie der Jahresabschluss nach der Krankenhausbuchführungsverordnung grundlegend auf dem Handelsgesetzbuch basieren. Sie werden ergänzt um Sonderposten, die sich primär aus der dualen Finanzierung ergeben. Das kaufmännische Controlling kann damit auf einen reichen Datenpool zugreifen, den es zu nutzen gilt.

Jahresabschluss nach IAS/IFRS

Es soll noch erwähnt werden, dass es Krankenhäuser gibt, die ihren Abschluss nicht nach HGB, sondern nach internationalen Rechnungslegungsvorschriften erstellen. Die zunehmende Verwendung der internationalen Standards leitet sich aus dem Bedürfnis nach internationaler Vergleichbarkeit der Rechnungslegung in einer globalisierten Wirtschaft her. Der am meisten verwendete Standard ist hierbei der Abschluss nach IAS/IFRS.

Im Jahr 1973 wurde das International Accounting Standards Committee (IASC) in Großbritannien als privatrechtlicher Verein nationaler Verbände von Rechnungslegern und Wirtschaftsprüfern mit Sitz in London gegründet. In der Folge gab das IASC Verlautbarungen als International Accounting Standards (IAS) heraus. Im Jahr 2000 beauftragt die Europäische Union das IASC mit der Fortentwicklung von Rechnungslegungsvorschriften, die EU-weit gelten sollten. Der IASC wurde hierzu umstrukturiert und in den International Accounting Standards Board (IASB) umbenannt. Er gibt die International Financial Reporting Standards (IFRS) als Rechnungslegungsstandards seit 2003 heraus.

Das IAS/IFRS-Regelwerk ist dreistufig aufgebaut. Auf der ersten Stufe werden allgemeine Fragestellungen in den IAS 1-41 bzw. IFRS 1 erörtert, z.B. die Gliederung der Bilanz und GuV. Auf der zweiten Stufe erfolgt die Auslegung der IAS / IFRS durch das International Financial Reporting Interpretations Committee. Auf der dritten Stufe existiert ein Rahmen, innerhalb dessen Ziele und Anforderungen der Rechnungslegung beschrieben sowie die Elemente der Rechnungslegung (insbesondere Aktiva, Passiva, Erträge und Aufwendungen) definiert werden. Tab. 2.9 gibt eine (verkürzte) IAS/IFRS-Bilanz wieder.

Tab. 2.9   Bilanz nach IAS 1.68 (vereinfachte Form)

Aktiva	**Passiva**
A. Langfristige Vermögenswerte	A. Eigenkapital
1. Eingezahltes Kapital und Rücklagen	1. Eingezahltes Kapital und Rücklagen
2. Minderheitsanteile	2. Minderheitsanteile
3. Langfristige Schulden	B. Langfristige Schulden
4. Langfristige Finanzschulden	1. Langfristige Finanzschulden
5. Langfristige Rückstellungen	2. Langfristige Rückstellungen
6. Latente Steuern	3. Latente Steuern
B. Kurzfristige Vermögenswerte	C. Kurzfristige Schulden
1. Kurzfristige Finanzschulden	1. Kurzfristige Finanzschulden
2. Verbindlichkeiten sonst. Lief. u. Leist.	2. Verbindlichkeiten sonst. Lief. u. Leist.
3. Kurzfristige Rückstellungen	3. Kurzfristige Rückstellungen
4. Steuerverbindlichkeiten	4. Steuerverbindlichkeiten
5. Liquide Mittel	

Der primäre Unterschied zwischen einer Bilanz nach HGB und nach IAS/IFRS liegt in den Adressaten. Das HGB fokussiert den Schutz der Gläubiger durch Kapitalerhaltung. Die kaufmännische Vorsicht äußert sich in einer tendenziellen Unterbewertung der Aktiva (Schaffung stiller Reserven) und einer Überbewertung der Schulden. IAS/IFRS erstreben hingegen eine bestmögliche Information für den Investor, der als anonymer Teilnehmer des Kapitalmarktes gesehen wird. Ziel ist die „fair presentation", also die wahrheitsgemäße und realistische Darstellung des Unternehmens inklusive aller Chancen, deren Bewertung nicht durch übermäßige Vorsicht und Risikovorsorge eingeschränkt werden sollte. Dadurch ergibt sich in der IAS/IFRS-Bilanz die Tendenz eines höheren Eigenkapitalausweises durch die Verhinderung der Bildung von stillen Reserven und durch eine im Vergleich zum HGB frühere Gewinnrealisierung. Dies soll an Hand von Beispielen erläutert werden:

- Derivativer Firmenwert: Ein Firmenwert, der sich beim Erwerb eines Unternehmens als Differenz zwischen Kaufpreis und Substanzwert ergibt, muss nach § 255 Abs. 4 HGB entweder sofort oder innerhalb von 4 Jahren komplett abgeschrieben werden. Nach IAS/IFRS hingegen besteht eine Aktivierungspflicht. Eine Abschreibung ist nur bei Wertminderung zulässig.
- Anlagevermögen: Nach IAS/IFRS muss der Zeitwert eines Anlagegegenstandes als Fair Value angesetzt werden, und zwar auch dann, wenn er über den Anschaffungs- bzw. Herstellkosten liegt. Nach HGB stellen die Anschaffungs- und Herstellkosten eine strikte Obergrenze des Vermögensansatzes (gemildertes Niederstwertprinzip) dar.
- Nicht realisierte Gewinne: Der Ausweis von Gewinnen, die wahrscheinlich, aber noch nicht realisiert sind, ist nach IAS/IFRS unter Umständen Pflicht, während er nach dem HGB verboten ist.
- Rückstellungen: Schuldrückstellungen sind Rechtsverpflichtung gegenüber Dritten, die der Sache nach bekannt sind, deren Höhe und Eintrittszeit jedoch unsicher ist. Ein typisches Beispiel hierfür sind Garantieleistungen, zu denen das Unternehmen verpflichtet ist, deren Höhe und zeitlicher Anfall es jedoch nicht voraussagen kann. Aufwandsrückstellungen hingegen stellen eine Selbstverpflichtung des Unternehmens dar, z.B. den Beschluss der Unternehmensleitung zur Durchführung von Instandhaltungsmaßnahmen im darauf folgenden Jahr. Höhe und Eintritt sind deshalb geplant. In der Handelsbilanz sind sowohl Schuld- als auch Aufwandsrückstellungen zulässig. Ihre Bemessung ist ein Instrument der Bilanzpolitik. Nach IAS/IFRS sind Schuldrückstellungen erlaubt, jedoch keine Aufwandsrückstellungen. Hier entspricht IAS/IFRS den Vorschriften des deutschen Steuerrechts mehr als das HGB, da auch in der Steuerbilanz lediglich Instandhaltungsrückstellungen für Maßnahmen erlaubt sind, die innerhalb von 3 Monaten abgeschlossen sind.

Der Anwendungsbereich von IAS/IFRS im deutschen Krankenhauswesen ist noch gering. Grundsätzlich sind Tochtergesellschaften internationaler Unternehmen und kapitalmarktorientierte Konzerne verpflichtet, nach IAS/IFRS abzuschließen, wobei nach dem Bilanzrechtsreformgesetz 2004 eine Übergangsfrist bis 2007 gewährt wurde. Andere Unternehmen, haben unter Umständen ein Wahlrecht, d.h., größere Unternehmen, die sich für den Börsengang vorbereiten, können bereits nach IAS/IFRS abschließen. Da es in Deutschland kaum Krankenhäuser als Tochtergesellschaften internationaler Unternehmen gibt und der überwiegende Anteil noch nicht an der Börse notiert ist, ist IAS/IFRS bislang nur für wenige Klinikketten relevant. Es ist allerdings zu erwarten, dass die Bedeutung internationaler Standards steigen wird. Zweifelsohne erfordert der Umstieg von der HGB- zur IAS/IFRS-Bilanz eine ausführliche Beratung durch einen spezialisierten Steuerberater. Unter Umständen müssen große Teile des Anlagevermögens von Wirtschaftsprüfern neu bewertet werden. Der Aufwand erscheint für die meisten Krankenhäuser als relativ groß – und die Umstellung von statischer auf dynamische Bilanztheorie ist eben nicht nur eine Veränderung von Wertansätzen, sondern vom grundsätzlichen Denkansatz des externen Rechnungswesens. Man kann hier von einem epochalen Wandel sprechen.

Abschließend soll noch erwähnt werden, dass international viele Krankenhäuser ihre Abschlüsse nach den US-amerikanischen Rechnungslegungsvorschriften (United States Generally Accepted Accounting Principles; US-GAAP) erstellen. Dieses System ist stärker einzelfallbezogen als IAS/IFRS und für alle Unternehmen Pflicht, die in den USA börsennotiert sind. Derzeit gibt es kein deutsches Krankenhaus, das nach US-GAAP abschließt.

In einem Lehrbuch zur Unternehmenssteuerung können die Details der Buchführung sowie des Jahresabschlusses nur insoweit dargestellt werden, als sie der Unternehmenssteuerung dienen. Sie bilden die Grundlage für die meisten operativen Steuerungsinstrumente, die im Folgenden zu besprechen sind. Hierzu zählen insbesondere die Kosten- und Leistungsrechnung, die Budgetierung und die Betriebsstatistik.

2.2.2 Kosten- und Leistungsrechnung

Die Kosten- und Leistungsrechnung (KLR) stellt das Rückgrad des operativen Controllings dar. Sie bietet eine gemeinsame Sprache (Geldeinheiten pro Planungseinheit), die die Koordination der Pläne und Prozesse erheblich erleichtert. Da der finanzwirtschaftliche Funktionskreis ein Spiegel des leistungswirtschaftlichen Funktionskreises ist, sind fast alle betrieblichen Aktivitäten mit Hilfe von Informationen der KLR darstellbar, so dass sie ein umfassendes und relativ leicht verständliches Bindeglied zwischen allen zeitlichen, sachlichen, hierarchischen und persönlichen Teilsystemen bildet. Das operative Controlling ist – wie vorhin dargestellt – viel mehr als nur die Kosten- und Leistungsrechnung, aber die KLR ist das wichtigste Instrument des Controllings. Wenn auch im Krankenhaus einige Besonderheiten und Schwierigkeiten bei der Anwendung der klassischen KLR auftreten, so ist trotzdem die Fähigkeit, eine Kosten- und Leistungsrechnung aufzubauen und dadurch die Koordination der Unternehmenspläne und -prozesse zu unterstützen, die wichtigste Aufgabe des Krankenhauscontrollers.

Im Folgenden werden zuerst die Grundlagen der KLR kurz zusammengefasst, wobei die Ausführungen davon ausgehen, dass beim Leser Basiskenntnisse des internen Rechnungswesens vorliegen. Am Ende dieses Kapitels werden einige Vorschläge gegeben, wo diese nachzulesen sind. Anschließend werden die wichtigsten Methoden der KLR in ihrer Bedeutung als Steuerungsinstrument für das Krankenhaus dargestellt. Das Unterkapitel schließt mit einem kurzen Überblick über die Methodik der DRG-Kalkulation.

2.2.2.1 Grundlagen

Die Kosten- und Leistungsrechnung dient als Steuerungsinstrument der Planung und Kontrolle betrieblicher Aktivitäten. Als Planungsinstrument unterstützt sie operative Entscheidungen durch die Prognose von Kosten und Leistungen, während sie als Kontrollinstrument Kosten- und Leistungsschätzungen überprüft und somit eine Kontrolle der Wirtschaftlichkeit des Unternehmens ermöglicht. Für beide Aufgaben ist die Erfassung aller Kosten und Leistungen, die Verteilung auf Kostenstellen sowie die Zurechnung auf Kostenträger eine unabdingbare Voraussetzung. Tab. 2.10 fasst die wichtigsten Grundbegriffe der KLR zusammen.

Die Kosten- und Leistungsrechnung analysiert folglich nur gewöhnliche, betriebsbedingte Kosten und Leistungen. Außergewöhnliche (z.B. Brand im Krankenhaus, Jubiläum, etc.), periodenfremde (Prozesskosten aus dem letzten Jahr) oder nicht den Betriebszweck betreffende Veränderungen des Nettovermögens (z.B. außergewöhnliche Schenkung) werden nicht oder nur nach Überarbeitung berücksichtigt. Allein schon aus diesem Wesensmerkmal leitet sich ein Unterschied zur Gewinn- und Verlustrechung ab, die auf Aufwand und Ertrag basiert. Die KLR kann deshalb auch in der grundlegenden Rechnung nicht einfach die Daten der Buchhaltung unreflektiert übernehmen.

Tab. 2.10   Grundbegriffe der Kosten- und Leistungsrechnung

Begriff	Inhalt
Einzahlung	Erhöhung des Zahlungsmittelbestandes (Kasse, Bank, Scheck)
Einnahme	Erhöhung des Nettogeldvermögens (Zugänge zu Kasse, Bank, Scheck, kurzfristige Forderungen; Abgänge von kurzfristigen Verbindlichkeiten)
Ertrag	Erhöhung des Nettobetriebsvermögens
Leistung	Betriebsbedingte Erhöhung des Nettobetriebsvermögens
Erlös	unscharfer Begriff (z.B. pagatorischer vs. wertmäßiger Erlösbegriff; Opportunitätserlös)
Auszahlung	Reduktion des Zahlungsmittelbestandes (Kasse, Bank, Scheck)
Ausgabe	Reduktion des Nettogeldvermögens (Abgänge von Kasse, Bank, Scheck, kurzfristige Forderungen; Zugängen zu kurzfristigen Verbindlichkeiten)
Aufwand	Reduktion des Nettobetriebsvermögens
Kosten	Betriebsbedingte Reduktion des Nettobetriebsvermögens
Grundkosten	Kosten, denen exakt ein (Zweck-) Aufwand entspricht
Zusatzkosten	Kosten, denen kein Aufwand entspricht (insb. kalkulatorische Kosten)
neutrale Erträge	Erträge, denen keine Leistungen entsprechen (betriebsfremde und außerordentliche Erträge)
neutrale Aufwendungen	Aufwendungen, denen keine Kosten entsprechen (betriebsfremde und außerordentliche Aufwendungen)
Zahlungssaldo	Differenz aus Einzahlungen und Auszahlungen
Finanzsaldo	Differenz aus Einnahmen und Ausgaben
Gesamterfolg	Differenz aus Erträgen und Aufwendungen
Betriebsergebnis	Differenz aus Leistungen und Kosten
Neutrales Ergebnis	Differenz aus neutralen Erträgen und neutralen Aufwendungen
Kostenart	Kategorisierung der Kosten nach ihrer „Natur", z.B. Personalkosten, Materialkosten
Kostenstelle	Ein nach räumlichen, funktionellen oder verrechnungstechnischen Aspekten abgegrenzter Teil einer Organisation, in dem Kosten anfallen
Kostenträger	Bezugsobjekt oder -subjekt, dem Kosten zugerechnet werden. In der Regel die Endleistung
Gesamtkosten	Summe aller Kosten (einer Periode, eines Produktionsprozesses, etc.)
Stückkosten	Kosten pro Leistungseinheit (i.d.R. pro Outputeinheit)
Fixkosten	Kosten, die bei einer Veränderung der Bezugsgröße (i.d.R. Outputmenge) in einem bestimmten Zeitraum konstant bleiben
Variable Kosten	Kosten, die bei einer Änderung der betrachteten Bezugsgröße (i.d.R. Outputmenge) steigen oder (sehr selten) fallen
Sprungfixe Kosten	Kosten, die innerhalb eines bestimmten Intervalls konstant sind, aber zwischen Intervallen auf ein anderes Niveau steigen oder fallen
Einzelkosten	Kosten, die einem Kostenträger direkt zurechenbar sind
Gemeinkosten	Kosten, die einem Kostenträger nicht direkt zugerechnet werden können
Unechte Gemeinkosten	Kosten, die theoretisch als Einzelkosten erfassbar und einem Kostenträger zurechenbar sind, jedoch aus Gründen der Wirtschaftlichkeit nicht einzeln erfasst, sondern pauschal zugeschlüsselt werden

Elemente von Kostenrechnungssystemen

Abb. 2.3 gibt einen Überblick über die grundlegende Systematik, die (fast) allen Kostenrechnungssystemen zu Grunde liegt. Ausgangspunkt sind in der Regel die Aufwandskonten der Finanzbuchhaltung (z.B. Löhne und Gehälter, Lebensmittel, Medizinischer Bedarf, Wirtschaftsbedarf, Verwaltungsbedarf, Instandhaltung, Versicherungen, Zinsaufwand, Abschreibungen). Diese werden ergänzt durch die Dokumentation der Gebäude, Anlagen und Ausstattungen (Anlagenkartei), durch Inventur und Lagerbuchhaltung (Einkäufe, Lagerentnahmen diverser Läger) sowie die – meist von der Finanzbuchhaltung unabhängige – Lohn- und Gehaltsabrechnung.

Im zweiten Schritt werden die Kosten dahingehend unterschieden, ob sie direkt für eine Leistung anfallen (z.B. Implantat für einen Patienten), oder ob sie für mehrere Leistungen gemeinsam anfallen (z.B. Lohn des Pförtners). Erstere werden als Einzelkosten direkt den Kostenträgern (i.d.R. dem Patienten) zugerechnet, während letztere als Gemeinkosten ganz oder teilweise zugeschlüsselt werden. Hierzu erfolgt im dritten Schritt eine Zurechnung der Gemeinkosten auf die Organisationseinheiten (z.B. Station, Funktionsplätze, Küche, etc.), an denen sie anfallen (Kostenstellen). Hierbei ist eine verursachergerechte Zurechnung zu erstreben, d.h., je mehr Kosten eine Kostenstelle verursacht, desto mehr Kosten sollte sie auch zugeschlüsselt bekommen. Das Ergebnis sind meist Kalkulations- bzw. Zuschlagssätze, mit denen Gemeinkostenanteile den Kostenstellen und -trägern zugeteilt werden können. Der letzte Schritt ist die Kalkulation der Gesamtkosten eines Kostenträgers.

Unabhängig von ihren Unterschieden bestehen (fast) alle Kostenrechnungssysteme folglich aus einer Kostenarten-, einer Kostenstellen- und einer Kostenträgerrechnung. Die Kostenartenrechnung dient der systematischen Erfassung aller Kosten, die bei der Erstellung der Leistungen entstehen. Die Gliederung der Kostenarten im Krankenhaus ergibt sich aus Anlage 4 KHBV (Klassen 6 und 7), d.h., sie ist prinzipiell identisch mit der Gliederung der Aufwandskonten des Kontenrahmens der Buchhaltung (Tab. 2.11).

Es ist sinnvoll, bereits in der Kostenartenrechnung zwischen fixen und variablen bzw. Gemein- und Einzelkosten zu unterscheiden. Tab. 2.12 zeigt, dass Kostenverhalten und -zurechnung nicht identisch sind. Zwar ist der größte Teil der Gemeinkosten mengenunabhängig, aber es gibt auch Kosten, die durchaus mit der Leistungsmenge ansteigen und trotzdem als Gemeinkosten behandelt werden. Hierzu gehören insbesondere die meisten unechten Gemeinkosten, wie beispielsweise günstige Medikamente (z.B. Aspirin), deren Verbrauchsdokumentation und kostenmäßige Zurechnung auf einen Patienten sich nicht rentiert. Die meisten Einzelkosten steigen mit einer Mengenausweitung, aber es gibt auch fixe Einzelkosten, z.B. Spezialinstrumente, die nur für eine bestimmte Operation benötigt werden. Einige modernere Verfahren der Kostenrechnung basieren auf der Unterscheidung zwischen fixen und variablen Kosten. Im Sachgüterbereich ist dies sicherlich zielführend. Im Krankenhaus muss im Einzelfall sehr genau analysiert werden, ob nicht eine Unterscheidung zwischen Gemein- und Einzelkosten zielführender ist.

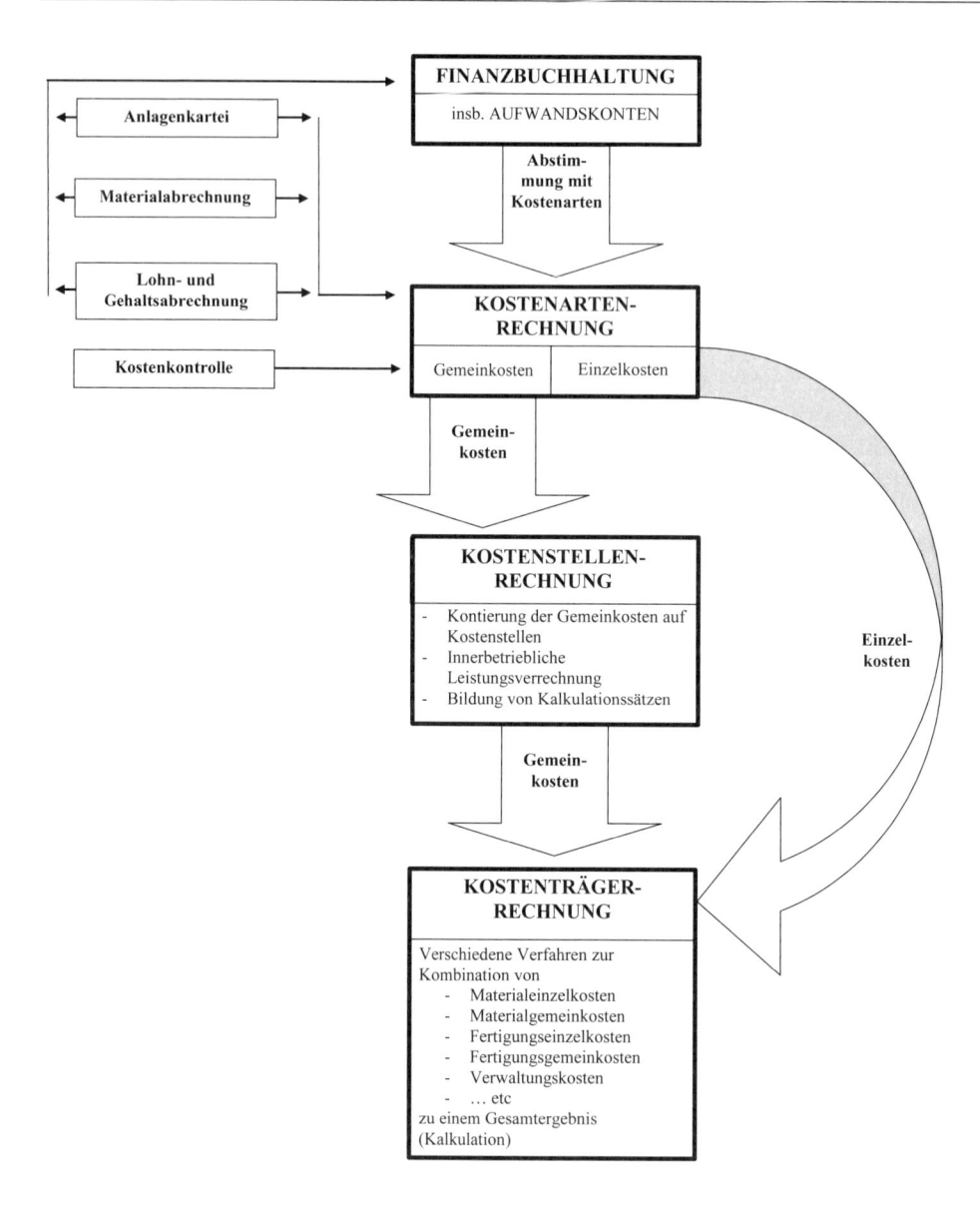

Abb. 2.3   Grundlegende Systematik der Kostenrechnung

Die Kostenstellenrechnung verfolgt zwei Ziele. Zum einen ermöglicht sie die Überwachung der Wirtschaftlichkeit einer Kostenstelle. Hierfür ist jeweils ein Kostenstellenverantwortlicher zu benennen, wobei darauf zu achten ist, dass er nur für diejenigen Kosten verantwortlich sein kann, die er selbst verursacht (direkte Kosten), und nicht für diejenigen Kosten, die ihm zugeschlüsselt werden (indirekte Kosten).

Tab. 2.11   Aufwandskontenrahmen nach Anlage 4 KHBV (vereinfachte Darstellung)

Nr.	Inhalt		
60	Löhne und Gehälter		
		6000	Ärztlicher Dienst
		6001	Pflegedienst
		...	...
		6011	Sonstiges Personal
		6012	Nicht zurechenbare Personalkosten
61	Gesetzliche Sozialabgaben (Aufteilung wie 6000–6012)		
62	Aufwendungen für Altersversorgung (Aufteilung wie 6000–6012)		
63	Aufwendungen für Beihilfen und Unterstützungen (Aufteilung wie 6000–6012)		
64	Sonstige Personalaufwendungen (Aufteilung wie 6000–6012)		
65	Lebensmittel und bezogene Leistungen		
		650	Lebensmittel
		651	Bezogene Leistungen
66	Medizinischer Bedarf		
		6600	Arzneimittel (außer Implantate und Dialysebedarf)
		6601	Kosten der Lieferapotheke
		...	...
		6617	Sonstiger medizinischer Bedarf
		6618	Honorare für nicht im Krankenhaus angestellte Ärzte
67	Wasser, Energie, Brennstoffe		
68	Wirtschaftsbedarf		
69	Verwaltungsbedarf		
70	Aufwendungen für zentrale Dienstleistungen		
71	Wiederbeschaffte Gebrauchsgüter (soweit Festwerte gebildet wurden)		
72	Instandhaltung		
73	Steuern, Abgaben, Versicherungen		
74	Zinsen und ähnliche Aufwendungen		
75	Auflösung von Ausgleichsposten und Zuführungen der Fördermittel nach dem KHG zu Sonderposten oder Verbindlichkeiten		
		750	Auflösung des Ausgleichspostens aus Darlehensförderung
		751	Auflösung des Ausgleichspostens für Eigenmittelförderung
		752	Zuführungen der Fördermittel nach dem KHG zu Sonderposten oder Verbindlichkeiten
		753	Zuführung zu Ausgleichsposten aus Darlehensförderung
		754	Zuführung von Zuweisungen oder Zuschüssen der öffentlichen Hand zu Sonderposten oder Verbindlichkeiten
		755	Zuführung der Nutzungsentgelte aus anteiligen Abschreibungen medizinisch-technischer Großgeräte zu Verbindlichkeiten nach dem KHG
76	Abschreibungen		
		760	Abschreibungen auf immaterielle Vermögensgegenstände
		761	Abschreibungen auf Sachanlagen
		7610	Abschreibungen auf wiederbeschaffte Gebrauchsgüter
		762	Abschreibungen auf Finanzanlagen und auf Wertpapiere des Umlaufvermögens
		763	Abschreibungen auf Forderungen
		764	Abschreibungen auf sonstige Vermögensgegenstände
		765	Abschreibungen auf Vermögensgegenstände des Umlaufvermögens, soweit diese die im Krankenhaus üblichen Abschreibungen überschreiten
77	Aufwendungen für die Nutzung von Anlagegütern nach § 9 Abs. 2 Nr. 1 KHG		
78	Sonstige ordentliche Aufwendungen		
79	Übrige Aufwendungen		

Zum anderen dient die Kostenstellenrechnung der Entwicklung von Zuschlagssätzen für die Verrechnung von Gemeinkosten auf die Kostenträger. Hierzu müssen Vor- und Endkostenstellen unterschieden werden. Eine Endkostenstelle erstellt ihre Leistung am Kostenträger (i.d.R. am Patienten), während eine Vorkostenstelle ein Zulieferer für die Endkostenstellen und/oder weitere Vorkostenstellen ist. Typische Vorkostenstellen im Krankenhaus sind die Verwaltung, das Facility Management, das Labor, die Pathologie etc., während die Fachabteilungen die eigentlichen Endkostenstellen sind. Betrachtet man eine Leistungseinheit einer Funktionsstelle (z.B. eine Operation, ein Röntgenbild), so stellt diese Funktionsstelle eine Endkostenstelle dar. Ist hingegen der Patient der eigentliche Kostenträger, so ist allein die Fachabteilung Endkostenstelle, während die Funktionsabteilungen Vorkostenstellen sind.

Tab. 2.12   Zurechenbarkeit und Reagibilität

	Gemeinkosten	Einzelkosten
Fixe Kosten	Gehalt des Pförtners	Spezialinstrument
Variable Kosten	Energiekosten, einfache Verbrauchsmaterialien	Implantat, Nahrung, Medikamente

Ziel der Kostenstellenrechnung ist es folglich, die Kosten der Vorkostenstellen den Endkostenstellen verursachergerecht zuzuweisen. Die Gesamtkosten der Endkostenstellen setzen sich dann aus denjenigen Kosten, die genau an dieser Stelle entstanden sind (direkte Kosten), und denjenigen Kosten zusammen, die an anderen Kostenstellen angefallen sind, jedoch durch die Inanspruchnahme durch die Endkostenstelle verursacht wurden (indirekte Kosten). Indirekte Kosten werden entweder auf Grundlage der gemessenen Leistung (z.B. Zahl und Art der Laborleistungen, Zahl und Art der Röntgenbilder) oder einer Umlage (z.B. Gehaltskosten des Pförtners) verrechnet. Schließlich kann man die Gesamtkosten einer Endkostenstelle ins Verhältnis zu den Leistungseinheiten dieser Stelle setzen, um die Gemeinkosten pro Leistungseinheit zu ermitteln. Der Umfang und die Art der Verrechnung der Gemeinkosten unterscheiden sich allerdings erheblich zwischen den Kostenrechnungsverfahren.

Tab. 2.13 zeigt den Kostenstellenrahmen nach Anlage 5 der KHBV (verkürzt).

Das grundlegende Problem der Kostenstellenrechnung ist die Aufteilung der Kostenarten auf verschiedene Organisationseinheiten des Betriebs. Teilweise erfordert dies eine umfangreiche Dokumentation. Arbeitet beispielsweise ein Arzt einen bestimmten Anteil der Arbeitszeit auf der Station für Unfallchirurgie, in der Ambulanz, im Rettungsdienst, in der Fortbildung und auf der Intensivstation, so muss mit genauer Zeitaufschreibung ein Zeitschlüssel gefunden werden, nach dem seine Gehaltskosten diesen Kostenstellen zugeordnet werden. Hinzu kommt, dass es in vielen Krankenhäusern inzwischen interdisziplinäre Stationen gibt. Hier kann es sinnvoll sein, zusätzliche Kostenstellen für jede Fachabteilung einzurichten, auf denen dann die Kosten separat erfasst werden, die nicht von allen Disziplinen gleichermaßen verursacht werden.

Bei einigen Kosten (z.B. bei Heizkosten) wäre eine Erfassung der Kosten zwar technisch möglich, der Aufwand hierfür wäre jedoch zu groß, so dass eine pauschale Schlüsselung nach Hilfsgrößen oder Erfahrungswerten (z.B. nach Kubikmeter Rauminhalt anstatt nach echtem Verbrauch) erfolgt. In einigen Fällen ist die Leistung einer Vorkostenstelle für die Endkostenstelle überhaupt nicht erfassbar (z.B. Arbeitsleistung des Pförtners für einzelne Stationen), so dass man plausible, aber in keiner Weise faktenbasierte Schlüssel (z.B. Pflegetage) verwenden muss. Wie bereits erwähnt, verzichten deshalb einige Kostenrechnungssysteme vollständig auf die Schlüsselung von Fix- bzw. Gemeinkosten.

Es soll noch erwähnt werden, dass im DRG-Zeitalter auch der Fall auftreten kann, dass nicht Kosten von Vor- auf Endkostenstellen verrechnet werden, sondern dass Erlöse, die den Fachabteilungen für die Behandlung eines Patienten zugerechnet werden, von diesen auf die leistungserbringenden Vorkostenstellen verrechnet werden. Diese Form der innerbetrieblichen Erlösverrechnung hat allerdings dieselben Probleme wie die Kostenstellenrechnung.

Die Kostenträgerrechnung dient der Zurechnung der in der Kostenartenrechnung erfassten und in der Kostenstellenrechnung auf Endkostenstellen weiter gewälzten Kosten auf Kostenträger des Betriebs, d.h., der durch die Erstellung eines Kostenträgers ausgelöste Werteverzehr an Produktionsfaktoren soll kalkuliert werden. Wie bereits erwähnt, ist im Krankenhaus der Patient der primäre Kostenträger. Im Einzellfall kann man auch noch den Pflegetag als Kostenträger definieren, insbesondere wenn noch eine Abrechnung nach Pflegetagen erfolgt. Es sei darauf hingewiesen, dass die Krankenkassen ebenfalls manchmal als Kostenträger bezeichnet werden, wobei diese Begriffsverwendung dem Finanzierungsrecht, aber nicht der Kostenrechnungstheorie entspricht. Hier soll ausschließlich die betriebliche Leistung als Kostenträger verstanden werden, welche den Güter- und Dienstleistungsverzehr ausgelöst hat. Dies ist der Patient. Bereits erwähnt wurde, dass innerbetrieblich auch Vorleistungen (z.B. Röntgenbild, Laborleistung, etc.) als Kostenträger (Zwischenkostenträger) gesehen werden können. In diesem Fall definiert man eine Funktionsstelle anstatt des ganzen Krankenhauses als zu betrachtendes System. Soweit nicht explizit anders dargestellt, geht dieses Lehrbuch von dem Endkostenträger Patient bzw. Fall aus.

Die Kostenträgerrechnung kann unter zwei Zielsetzungen erfolgen. Zum einen können die Kosten einer einzelnen Leistungseinheit ermittelt werden (Kostenträgerstückrechnung, Kalkulation), zum anderen die Kosten einer Kostenträgerart während eines Abrechnungszeitraums (Kostenträgerzeitrechnung). Werden beispielsweise die Kosten aller Appendektomien im Jahr 2007 ermittelt, handelt es sich um eine Kostenträgerzeitrechnung. Wird hingegen analysiert, was die Appendektomie von Frau Frieda Müller gekostet hat, liegt eine (Nach-) Kalkulation vor. Beide Varianten können ex-post und ex-ante erfolgen.

Tab. 2.13 Kostenstellenrahmen nach Anlage 5 KHBV (vereinfachte Darstellung)

Nr.	Inhalt	
90	Gemeinsame Kostenstellen	
	900	Gebäude einschließlich Grundstück und Außenanlagen
	901	Leitung und Verwaltung des Krankenhauses
	902	Werkstätten
	903	Nebenbetriebe
	904	Personaleinrichtungen (für den Betrieb des Krankenhauses unerlässlich)
	905	Aus-, Fort- und Weiterbildung
	906	Sozialdienst, Patientenbetreuung
91	Versorgungseinrichtungen	
	910	Speisenversorgung
	911	Wäscheversorgung
	912	Zentraler Reinigungsdienst
	913	Versorgung mit Energie, Wasser, Brennstoffen
	914	Innerbetriebliche Transporte
	917	Apotheke/Arzneimittelausgabestelle (ohne Herstellung)
	918	Zentrale Sterilisation
92	Medizinische Institutionen	
	920	Röntgendiagnostik und -therapie
	921	Nukleardiagnostik und -therapie
	922	Laboratorien
	923	Funktionsdiagnostik
	924	Sonstige diagnostische Einrichtungen
	925	Anästhesie, OP-Einrichtungen und Kreißzimmer
	926	Physikalische Therapie
	927	Sonstige therapeutische Einrichtungen
	928	Pathologie
	929	Ambulanzen
93–95	Pflegefachbereiche – Normalpflege	
	930	Allgemeine Kostenstelle
	931	Allgemeine Innere Medizin
	932	Geriatrie
	933	Kardiologie
	934	…
	957	Radiologie
	958	Dermatologie und Venerologie
	959	Zahn- und Kieferheilkunde, Mund- und Kieferchirurgie
96	Pflegefachbereiche – abweichende Pflegeintensität	
	960	Allgemeine Kostenstelle
	961	Intensivüberwachung
	962	Intensivbehandlung
	964	Intensivmedizin
	965	Minimalpflege
	966	Nachsorge
	967	Halbstationäre Leistungen – Tageskliniken
	968	Halbstationäre Leistungen – Nachtkliniken
	969	Chronisch- und Langzeitkranke
97	Sonstige Einrichtungen	
	970	Personaleinrichtungen (für den Betrieb des Krankenhauses nicht unerlässlich)
	971	Ausbildung
	972	Forschung und Lehre
98	Ausgliederungen	
	980	Ambulanzen
	981	Hilfs- und Nebenbetriebe

Die Kostenträgerrechnung ist der Endpunkt der gesamten Kostenrechnung. Dementsprechend umfangreich sind die Anforderungen an sie:

- Ermittlung von Selbstkosten: Ein Krankenhaus muss in der Lage sein, seine Selbstkosten als Grundlage der Angebotspreise zu ermitteln. Beispielsweise kann es auf Grundlage der Kostenträgerzeitrechnung einer Krankenkasse ein Angebot für eine nicht im DRG-Katalog stehende Komplexleistung unterbreiten.
- Ermittlung von Preisuntergrenzen: Wenn die Selbstkosten nicht gedeckt werden können, so muss das Krankenhaus ermitteln können, bis zu welchem Betrag es wenigstens die variablen bzw. Einzelkosten decken kann.
- Nachkalkulation von Fallpauschalen: Pro Fall und pro DRG muss ermittelt werden, ob sich in der vergangenen Periode die Leistung rentiert hat. Nur so ist es möglich, das optimale Leistungsprogramm zu bestimmen. Wiederum ist in der Regel eine Kostenträgerzeitrechnung ausreichend.
- Nachkalkulation einzelner Patienten: Für einen einzelnen Patienten wird der Ressourcenverbrauch erfasst und monetär bewertet. Dadurch können Kostenabweichungen (inhomogene Kostenstruktur) erkannt und Risikofaktoren für abweichende Kosten analysiert werden. Dies erfordert eine Kostenträgerstückrechnung.
- Ermittlung interner Verrechnungspreise: Der Bezug von Vorleistungen sollte den Endkostenstellen als Preis verrechnet werden. Die Ermittlung der Preise für Zwischenkostenträger (z.B. Röntgenbild, Laborleistung, etc.) erfordert eine detaillierte Kostenrechnung in den Vorkostenstellen.
- Planungs- und Kontrollrechnung: Der Vergleich von Ist- und Sollkosten eines Kostenträgers ermöglicht die Verbesserung zukünftiger Planungen, die Veränderung der Implementierung, die Analyse der Kostenverursacher sowie eine intensivere Steuerung der Betriebsprozesse.
- Kurzfristige Erfolgsrechnung: Der Abgleich von Leistungen und Kosten ermöglicht die Ermittlung der kurzfristigen Vorteilhaftigkeit der Erstellung einer bestimmten Leistung. Allerdings darf dieses Ergebnis nicht überinterpretiert werden, da es erstens kurzfristig ist und zweitens nur im Zusammenspiel mit dem gesamten Leistungsportfolio betrachtet werden darf. Beispielsweise kann die kurzfristige Erfolgsrechnung der Neonatologie die Schließung dieser Station nahe legen. Gleichzeitig kann ihre Existenz jedoch ein Hauptgrund für die gute Auslastung der Geburtshilfe sein.

Wie wir später zeigen werden, sind die gängigen Kalkulationsverfahren (Restwertverfahren, Schlüsselungsverfahren, Maschinenstundensatzrechnung, Äquivalenzziffernkalkulation, Divisionskalkulation, Zuschlagskalkulation) nur in Einzelfällen sinnvoll im Krankenhaus einsetzbar. Die klassische Kostenrechnung, die insbesondere im Handel und in der Industrie entwickelt wurde, ist nur bedingt geeignet, die Krankenhaussteuerung zu unterstützen. Deshalb ist es notwendig, die Typen von Kostenrechnungssystemen zu unterscheiden und dasjenige System auszuwählen, das die Koordination im Krankenhaus bestmöglich unterstützt.

Typologie von Kostenrechnungssystemen

Ein erstes Typologisierungskriterium ist der Zeitbezug. Kostenrechnungssysteme können Ist-, Plan- und Sollgrößen erfassen. Istkosten sind vergangenheitsorientiert und ergeben sich als Produkt der Istmenge mit den Istpreisen und der Istbeschäftigung. So könnte eine Nachkalkulation ergeben, dass im letzten Jahr 100 Patienten auf der Stroke Unit behandelt wurden. Im Durchschnitt wurden 1,2 CTs pro Patient benötigt, und die Kosten pro CT lagen bei 150 €. Damit wären die Istkosten 18.000 € (1,2 · 150 € · 100). Die Plankosten sind ausschließlich zukunftsorientiert und das Produkt aus Planmenge, Planpreis und Planbeschäftigung. So ging man bei der Planung davon aus, dass pro Schlaganfallpatient nur ein CT notwendig wäre, der Preis sollte bei 160 € liegen, und die Zahl der Patienten wurde mit 80 kalkuliert. Damit lagen die Plankosten bei 12.800 € (1,0 · 160 € · 80). Die Sollkosten hingegen geben den Ressourcenverbrauch an, der sich bei der Istbeschäftigung eingestellt hätte, wenn die Planpreise und -mengen erreicht worden wären. In diesem Fall liegen sie bei 16.000 € (1,0 · 160 € ·100).

Das kleine Beispiel legt nahe, dass die Differenz zwischen Planpreis und Istpreis (160 € vs. 150) auf die erhöhte Stückzahl (80 vs. 100) zurückzuführen ist. Die Veränderung der Kosten mit der Auslastung hängt wiederum von der Kostenstruktur, d.h. vom Anteil der fixen und variablen Kosten ab. Dementsprechend gibt es auch innerhalb der Plankostenrechnung (und eingeschränkt auch der Sollkostenrechnung) noch die Unterscheidung in starre und flexible Systeme. Starre Systeme trennen nicht nach fixen und variablen Kosten (bzw. Gemein- und Einzelkosten), während variable Plankostenrechnungssysteme diese Kategorien getrennt in die Berechnung der Plankosten einbeziehen. Im Rahmen dieses Buches werden wir die interne Budgetierung als Methode der Plankostenrechnung diskutieren und auf starre und flexible Budgets eingehen.

Die zweite Unterscheidung betrifft die Zurechnung der Gemeinkosten auf die Kostenträger. Bei Systemen der Vollkostenrechnung erfolgt eine ausnahmslose Zuschlüsselung aller Kosten auf die Kostenträger, während Teilkostenrechnungssysteme dies in unterschiedlichem Maß ablehnen. Die klassische Kostenrechnung sowie die Prozesskostenrechnung sind Varianten auf Vollkostenbasis, die wir im Folgenden analysieren werden. Direct Costing und Deckungsbeitragsrechnung sind bekannte Methoden der Teilkostenrechnung. Wichtig ist hierbei, dass keines der Verfahren per se besser oder korrekter ist. Eine Kostenrechnung ist keine Globalwahrheit, sondern kann immer nur Antworten auf ganz konkrete Fragen geben. Wenn die Frage lautet, wie hoch die Durchschnittskosten eines bestimmten Kostenträgers in der letzten Periode waren und ob die Erlöse die Kosten gedeckt haben, ist die klassische Vollkostenrechnung das richtige Verfahren. Fragt man hingegen, ob man in Zukunft diese Leistung noch anbieten soll, so führt die Schlüsselung aller Gemeinkosten auf die Kostenträger zu der Annahme, dass die somit ermittelten Gesamtkosten dieses Kostenträgers wegfallen würden, wenn man ihn aus dem Angebotsportfolio nimmt. Da ein großer Teil der Gesamtkosten jedoch Fixkosten sind, trügt dieses Bild. Hier ist die Teilkostenrechnung überlegen.

Es gibt in der Theorie noch eine große Anzahl von Typologisierungsmöglichkeiten und Spezialsystemen, die jedoch in der Krankenhauspraxis bislang kaum eine Rolle spielen (z.B. Target Costing; Produktlebenszyklusrechnung, ...). Relevanter für die Praxis ist die Präzision der Kostenerfassung und -verrechnung. Der Detailliertheitsgrad der Kostenarten determiniert die Exaktheit der Ergebnisse der Kostenrechnung. Werden beispielsweise alle Personalkosten in einer Kostenart gesammelt, ist eine verursachergerechte Zuordnung der Personalkosten auf eine Kostenstelle nicht mehr möglich, weil beispielsweise die Kosten des Pförtners und der Stationsschwester gleich behandelt werden. Weiterhin müssen alle Aufwendungen vor der Überführung in die Kostenrechnung einzeln überprüft werden. In der Praxis existiert jedoch bei vielen Aufwandsarten ein Automatismus, so dass Aufwendungen mit Kosten gleichgesetzt werden. Grundsätzlich gilt auch im Rechnungswesen der Leitspruch aus der Datenverarbeitung: „Schrott rein – Schrott raus". Auch ein noch so ausgefeiltes Kostenrechnungssystem kann die ungenaue Erfassung der Aufwendungen und die unreflektierte Übernahme in die Kostenrechnung nicht kompensieren.

Die Bildung von Kostenarten und Kostenstellen erfordert ebenfalls erhebliche Mühe. Kostenstellen und -träger sollten möglichst klar definiert und ausreichend detailliert beschrieben sein, so dass eine exakte Zuordnung der Kosten erfolgen kann. Gibt es zu wenige Kostenstellen, so ist eine verursachergerechte Zuordnung in der Regel nicht möglich. Falls man beispielsweise eine Vorkostenstelle „Unterstützende Dienste" als Überbegriff für Reinigung, Wäscherei, Hygiene, Logistik, Material, Verwaltung etc. definiert und nicht mehr untergliedert, kann man die Gemeinkosten nur dann verursachergerecht den Endkostenstellen zuordnen, wenn sie alle dieselbe Struktur der Leistungsanforderung haben. Davon ist aber nicht auszugehen. Man könnte auf der anderen Seite die Zahl der Kostenstellen extrem hoch ansetzen und im Prinzip für jeden Arbeitsplatz eine eigene Kostenstelle definieren (z.B. im Labor, Kostenplatzrechnung). Allerdings würde dies so unübersichtlich, dass kaum eine Entscheidungsunterstützung hieraus abzuleiten wäre.

Es ist hilfreich, den Kostenstellenplan der KHBV als Leitfaden zu nehmen und gegebenenfalls nach eigenen Bedürfnissen zu erweitern. Als Kostenträger sollte in der Regel jede DRG definiert werden, ergänzt um sonstige, nicht nach DRGs abgerechnete Leistungen, d.h. Pflegetage der Psychiatrie, Leistungen für Zusatzentgelte etc.

Zusammenfassend können wir festhalten, dass die klassische Vollkostenrechnung, die Prozesskostenrechnung sowie insbesondere die Deckungsbeitragsrechnung die wichtigsten Verfahren der Krankenhauskostenrechnung sind. Modernere Verfahren benötigten meist eine Datenpräzision, die leider nur in wenigen Fällen vorliegt. Dies stellt hohe Anforderungen an die Dokumentation der Ressourcenverbräuche und Leistungen, die im Folgenden kurz diskutiert werden.

Dokumentation

Das Grundproblem der Dokumentation im Krankenhaus besteht darin, dass Leistungen und Ressourcenverbräuche entweder nicht ausreichend erfasst werden oder die Dokumente nicht auswertbar sind. Häufig ist das erste Problem geringer als das zweite. Gut auswertbar für die Kosten- und Leistungsrechnung sind die Dokumente der Finanz-, Anlagen-, Material- sowie Lohn- und Gehaltsbuchhaltung. Ausreichend erfasst, jedoch meist nur mit erheblichem Aufwand auswertbar sind die Patientenakten, die OP-, Labor- und Röntgen-Berichte sowie Entlassungs- bzw. Verlegungsbriefe. Die fehlende Auswertbarkeit beruht häufig noch auf einer papierbasierten Dokumentation (oftmals noch handschriftlich, d.h. nicht maschinell lesbar), auf Systeminkompatibilitäten (z.B. von Labor- und Krankenhausinformationssystemen) und der großen Datenmenge, die ohne entsprechende Technologie (z.B. Data Warehousing) eine Auswertung erschwert.

Einige wichtige Ressourcenverbräuche werden derzeit nur in wenigen Krankenhäusern überhaupt erfasst. Die Zeitverbräuche und die Häufigkeit einer Tätigkeit finden sich selten in den Akten, so dass eine Nachkalkulation eines einzelnen Patienten in der Regel scheitert. Stattdessen arbeitet man häufig mit Schätz- und Durchschnittswerten. Tätigkeiten werden zwar registriert, aber Wiederholungen oder Fehlversuche werden nicht erfasst, obwohl gerade sie häufig zu Kosten führen. Ideal wäre ein System, das elektronisch die Anwesenheit des Personals beim Patienten erfasst und dessen individuellem Kostenkonto zuschreibt. Dies wäre beispielsweise durch Scannersysteme oder auch durch geeignete Sender in der Kleidung des Personals möglich. Denkbare wäre auch eine Kombination mit Spracherkennung. Eine zeitraubende Eingabe der Tätigkeiten und Arbeitsdauern am Krankenbett dürfte vom Personal kaum zu leisten sein. Besonders schwierig ist die Zeiterfassung, wenn mehrere Produktionsfaktoren gleichzeitig benötigt werden. Beispielsweise nimmt eine Chefarztvisite in der Regel mehrere Mitarbeiter in Anspruch, ihre Zahl wird aber kaum registriert.

Die Folgen der fehlenden oder unzureichenden Dokumentation für die Kostenrechnung sind weit reichend. Die Aufwandserfassung ist noch relativ vollständig, aber die Überführung der Aufwendungen in Kosten und insbesondere die Berechnung der kalkulatorischen Kosten ist unzureichend. Die Kostenstellenrechnung erfordert eine Zurechnung der Kosten auf die Kostenstellen nach bestimmten Schlüsseln. Diese (z.B. Arbeitszeit und Materialverbrauch pro Kostenstelle) liegen jedoch nur als Schätzungen vor, so dass die Zurechnung noch unpräziser wird, als sie ohnehin systemimmanent ist.

Die Kostenträgerzeitrechnung erfordert ebenfalls eine Schlüsselung. Hierfür müssen die einzelnen Leistungen genau definiert und erfasst werden. Häufig ist eine grundlegende Zurechnung mit Erfahrungsregeln möglich. Eine Kostenträgerstückrechnung ist hingegen meist weder ex-post noch ex-ante ohne zusätzliche Erhebungen möglich. Verwendet man in einem ohnedies relativ groben Verfahren (insbesondere der klassischen Vollkostenrechnung) auch noch Schätzwerte für die wichtigsten Schlüssel, so liefert die Kalkulation Ergebnisse, die keinerlei Entscheidungsrelevanz haben.

Nach diesem Überblick über die grundlegende Systematik der Kosten- und Leistungsrechnung sowie der allgemeinen Probleme, sollen im Folgenden die drei gängigsten Verfahren kurz dargestellt werden. Wir beginnen mit der klassischen Vollkostenrechnung, die noch immer das Denken der meisten Krankenhausmanager prägt.

2.2.2.2 Klassische Vollkostenrechnung

Die klassische Vollkostenrechnung folgt dem oben dargestellten Schema der Kostenarten-, Kostenstellen- und Kostenträgerrechnung. In der Kostenartenrechnung wird auch erfasst, ob es sich um Kostenträger- oder Kostenträgereinzelkosten handelt. Im Prinzip werden für jede Aufwandsbuchung drei Kategorien erfasst: Kostenart, Kostenstelle und Kostenträger. Dementsprechend ist auch eine Auswertung nach Kostenarten, -stellen und -trägern möglich. Die Ermittlung der Kostenart und der Organisationseinheit, an der sie angefallen sind, ist in der Regel unproblematisch. Schwierig zu behandeln sind die Kosten, die nicht eindeutig einem Patienten zuordenbar sind, d.h. die Kostenträgergemeinkosten. Bei der klassischen Vollkostenrechnung werden diese Gemeinkosten zuerst den Kostenstellen zugeordnet, an denen sie direkt angefallen sind. Anschließend werden sie so weiterverrechnet, dass nur noch die Endkostenstellen mit Kosten belastet werden. Hier endet die Kostenstellenrechnung. Schließlich werden im Rahmen der Kostenträgerrechnung diese Gemeinkosten der Endkostenstellen den Kostenträgern proportional zu einer Maßeinheit (i.d.R. den Kostenträgereinzelkosten) zugeschlagen.

Charakteristisch für die klassische Vollkostenrechnung ist, dass die Gemeinkosten erstens vollständig auf die Kostenstellen und -träger umgelegt werden. Zweitens erfolgt der Zuschlag relativ pauschal auf Grundlage einer oder ganz weniger Maßgröße(n). Bei der Teilkostenrechnung, die wir später noch diskutieren werden, fehlt die Zuschlüsselung der Gemeinkosten über die Kostenstellen auf die Kostenträger. Bei der Prozesskostenrechnung werden zwar Gemeinkosten geschlüsselt, aber die Zuschlüsselung von Kosten auf die Kostenträger erfolgt sehr detailliert mit unterschiedlichen Maßeinheiten (z.B. Schnitt-Naht-Zeit, Einzelkosten, Patientenzahl, etc.).

Die Kostenstellenrechnung innerhalb der klassischen Vollkostenrechnung dient der Zuweisung der Kosten der Vorkostenstellen auf die Endkostenstellen mit Hilfe eines Betriebsabrechnungsbogens (BAB). Kosten, die direkt an einer Kostenstelle anfallen, werden als direkte Kosten, Kosten, die von anderen Kostenstellen verrechnet wurden, als indirekte Kosten bezeichnet. Abb. 2.4 zeigt schematisch das Vorgehen des BAB. Im ersten Schritt werden jeweils Kostenarten für die einzelnen Kostenstellen erfasst. Kostenträgereinzelkosten werden direkt den Kostenträgern zugeschrieben, während Kostenträgergemeinkosten im BAB der Kostenstelle zugerechnet werden. Im zweiten Schritt erfolgt die Umlage der direkten Kosten pro Vorkostenstelle auf die Endkostenstellen. Hierbei sind verschiedene Verfahren möglich, wobei das so genannte Stufenleiterverfahren am häufigsten angewendet wird (vgl. Tab. 2.14). Das Ergebnis ist eine Kostensumme pro Endkostenstelle. Sie besteht aus den direkten Kosten der Endkostenstelle und den indirekten Kosten, d.h., den Kosten, die aus den Vorkostenstellen auf die Endkostenstellen weitergewälzt wurden.

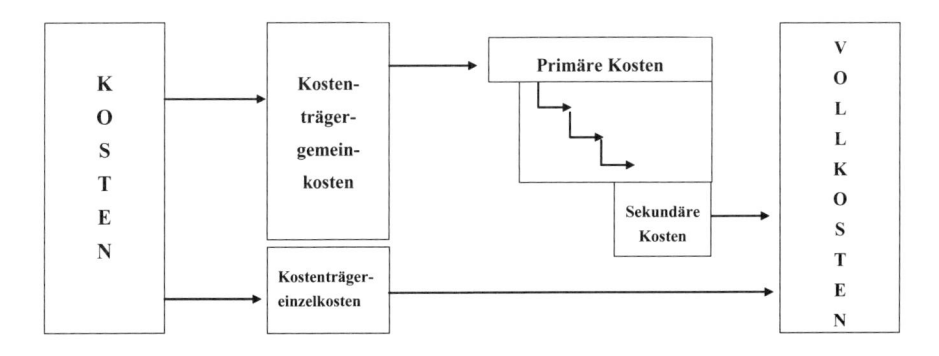

Abb. 2.4 Systematik des Betriebsabrechnungsbogens

Im Anschluss an die Ermittlung der Kostenträgergemeinkosten pro Endkostenstelle werden Zuschlagssätze kalkuliert. Einfach ist dies, wenn pro Endkostenstelle nur eine Leistungsart erzeugt wird. In diesem Fall werden die Kosten der Endkostenstelle gemäß BAB durch die Leistungseinheiten geteilt, so dass ein Zuschlagssatz pro Leistung entsteht, der in Geldeinheiten gemessen werden kann. In einem Altenheim mit drei Pflegestufen auf getrennten Stationen ist dies möglich. Im Krankenhaus dürfte jedoch in der Regel auf jeder Endkostenstelle eine größere Anzahl unterschiedlicher DRGs zu behandeln sein, so dass zuerst eine Leistungseinheit ermittelt werden muss, auf die sich der Zuschlagssatz bezieht. Das klassische Verfahren – aus der Industrie kommend – verwendet hier die Einzelkosten, d.h., die klassische Vollkostenrechnung ermittelt das Verhältnis von Kostenträgereinzel- und Kostenträgergemeinkosten pro Endkostenstelle. Dies ist eines der Hauptprobleme, die später noch zu kritisieren sein werden.

Tab. 2.14   Betriebsabrechnungsbogen (vereinfachtes Beispiel)

	Gesamtkosten	Heizwerk	Reinigung	Station A	Station B	Station C
Personalkosten	100.000	5.000	10.000	25.000	40.000	20.000
Materialien	50.000	30.000	1.000	10.000	5.000	4.000
Abschreibungen	10.000	4.000	0	3.000	2.000	1.000
Primäre Kosten	160.000	39.000	11.000	38.000	47.000	25.000
Umlage (Sekundäre Kosten)		– 39.000				
			5.000	14.000	12.000	8.000
			– 16.000			
				10.000	4.000	2.000
Gesamtkosten	160.000	0	0	62.000	63.000	35.000

Das grundlegende Problem des BAB (sowie der LKA) ist die Bestimmung von verursachungsgerechten Schlüsseln, so dass beispielsweise die Kosten des Heizwerks so auf alle anderen Abteilungen übertragen werden, wie es dem Verbrauch an Heizenergie entspricht. Typische Schlüssel im Krankenhaus sind die Zahl der Aufnahmen (z.B. für die Schlüsselung der Kosten der interdisziplinären Aufnahmestation auf die Hauptabteilungen), die Zahl der Pflegetage (z.B. für die Schlüsselung der Verwaltungsgemeinkosten auf die Hauptabteilungen), der Verbrauch (z.B. Röntgenanforderungen, Laboranforderungen, Küche, etc.), die Bodenfläche (z.B. Reinigungsdienste), der Rauminhalt (z.B. Heizkosten), andere Kosten (z.B. Schlüsselung der Wartungskosten proportional zu Abschreibungen) oder die exakte Erfassung mit Hilfe von technischen Aufzeichnungsgeräten (z.B. Wasseruhr). Tab. 2.15 zeigt eine Möglichkeit, diese Schlüssel zu kategorisieren. Allerdings muss betont werden, dass auch bei einem gut durchdachten System die Schlüsselung trotzdem eine Faustregel bleibt. Es gibt keine exakte Schlüsselung – sie ist stets zu einem gewissen Teil willkürlich und nicht verursachergerecht.

2.2 Rechnungswesen

Tab. 2.15 Schlüsselung (Beispiele)

	Bestandsgrößen	**Bewegungsgrößen**
Mengenschlüssel	Putzfläche [m^2], Rauminhalt [m^3]	z.B. Fallzahlen, Pflegetage, Case Mix, EBM-Punkte, GOÄ-Punkte
Wertschlüssel	Wiederbeschaffungswert [€], Buchwert [€], Abschreibung [€]	z.B. Materialeinzelkosten [€]

In der Praxis ist die Wahl der Schlüssel nicht dem Controller überlassen, sondern von den Verfahrensvorschriften für die Entgeltverhandlungen vorgegeben. Die Leistungs- und Kalkulationsaufstellung, die bis zur Einführung der DRGs zwingend für die Entgeltverhandlungen vorgeschrieben war und seither für Krankenhäuser noch relevant ist, die nicht vollständig nach dem neuen Entgeltsystem arbeiten (z.B. Krankenhäuser mit Psychiatrie), ist im Grunde nichts anderes als ein nach starren Vorgaben aufzustellender Betriebsabrechnungsbogen. Mit Hilfe der LKA sollten erstens Kosten, die nicht vom Pflegesatz getragen wurden, ausgegliedert werden. Zweitens sollten die Selbstkosten pro Endkostenstelle (Abteilung) ermittelt werden, und drittens mussten die Kosten pro Leistungseinheit (Basispflegesatz, Abteilungspflegesatz) berechnet werden. Im Gegensatz zum BAB, der als Instrument des internen Rechnungswesens allein der Zweckmäßigkeit für die Unternehmenssteuerung unterliegt, wurde das Kalkulationsverfahren der LKA durch die Krankenkassen determiniert. Das prinzipielle Vorgehen ist jedoch identisch, und die von der LKA geforderten Schlüssel werden meist auch für einen internen BAB verwendet.

Im Folgenden werden wir beispielhaft die Schlüssel für OP und Anästhesie, sonstige Medizinische Institutionen, Konsile und Intensivmedizin vorstellen. Die Schlüsselung der OP-Kosten auf die Endkostenstellen erfolgt grundsätzlich auf Grundlage anonymisierter, abteilungsbezogener Operationsstatistiken. Die Personaleinsatzzeiten werden (inklusive der Rüstzeiten) in exakten OP- und Anästhesieprotokollen erfasst und den Fachabteilungen als Personalkosten verrechnet. Sachkosten, soweit sie keine Kostenträgereinzelkosten (z.B. Implantat) sind, werden möglichst abteilungsspezifisch erfasst und dementsprechend verrechnet. Soweit dies nicht möglich ist, erfolgt die Schlüsselung der allgemeinen OP-Kosten auf Grundlage der Fallzahlen.

Die sonstigen medizinischen Institutionen gemäß Kostenstelle 92 (Röntgendiagnostik und -therapie, Nukleardiagnostik und -therapie, Laboratorien, Funktionsdiagnostik, Sonstige diagnostische Einrichtungen, Kreißzimmer, Physikalische Therapie, sonstige therapeutische Einrichtungen, Pathologie und Ambulanzen) erstellen ebenfalls Vorleistungen für die Hauptabteilungen. Als Schlüssel könnten die GOÄ-Ziffern verwendet werden. Die Gebührenordnung für Ärzte (GOÄ) gibt für jede Leistung (z.B. Torax-Röntgenbild) Punkte vor, die das relative Kostenverhältnis widerspiegeln sollen. Die Schlüsselung auf die Hauptabteilungen erfolgt anteilig, d.h., Hauptabteilung i erhält einen Kostenanteil gemäß dem Quotienten aus der Summe der Punkte der Hauptabteilung i und der Summe der Punkte aller Hauptabteilungen.

Eine genauere Aufschreibung erfolgt in der Regel bei Konsilen. Hier werden die Minuten, die ein Fachkollege aus einer anderen Abteilung beratend tätig wird, aufgeschrieben. Anschließend erfolgt eine Verrechnung zwischen den Abteilungen. Da Ärzte unterschiedlicher

Fachabteilungen gegenseitig Unterstützung leisten, wäre theoretisch eine gegenseitige Verrechnung im Betriebsabrechnungsbogen (Gleichungsmethode) notwendig. In der Praxis vernachlässigt man jedoch häufig die Konsile der Abteilung, die weniger beratend tätig war.

Auch die Intensivmedizin ist eine Vorkostenstelle, da in der Regel allein die Hauptabteilung die Endleistung erstellt und abrechnet. Für eine verursachergerechte Zurechnung der Intensivkosten auf die Hauptabteilungen müssen die Leistungen nach Beatmung, Überwachung und Behandlung getrennt werden. Wo möglich, sollten die Arzt- und Pflegekosten nach Minuten pro Patient und Tag sowie die Sachkosten möglichst direkt auf den einzelnen Patienten verrechnet werden. Ansonsten erfolgt eine Schlüsselung proportional zur Aufenthaltsdauer auf der Intensivstation.

Der letzte Schritt der klassischen Vollkostenrechnung ist die Kostenträgerrechnung auf Basis einer Zuschlagskalkulation. Hierbei werden in der Grundform die Gemeinkosten mit Hilfe der in der Kostenstellenrechnung ermittelten Zuschlagssätze auf die Einzelkosten aufgeschlagen, um die Selbstkosten zu ermitteln. Evtl. kann ein Gewinnzuschlag zur Ermittlung des Angebotspreises erfolgen. Tab. 2.16 zeigt als Beispiel die Kalkulation des Verkaufspreises einer 0,5 l Blutkonserve nach der einfachen Zuschlagskalkulation, wenn diese an einen anderen Abnehmer verkauft werden soll. Das Beispiel geht von folgenden Annahmen aus:

- Pauschale für Spender: 20 €
- Arbeitszeit Personal: 0,5 h á 40 €
- Materialverbrauch: 5 €
- Gemeinkostenzuschlag: 50%
- Gewinnzuschlag: 10%

Der Gemeinkostenzuschlag ergibt sich aus dem Betriebsabrechnungsbogen der letzten Periode, d.h., die Gemeinkosten betrugen 50% der Einzelkosten. Der Gewinnzuschlag ist fiktiv.

Tab. 2.16 Einfache Zuschlagskalkulation

Einzelkosten	Pauschale für Spender	20 €	
	Arbeitszeit Personal	20 €	
	Materialverbrauch	5 €	45 €
+ Gemeinkostenzuschlag	50% von 45 €		22,50 €
= Selbstkostenpreis			67,50 €
+ Gewinnzuschlag	10% von 67,50 €		6,75 €
= Verkaufspreis			74,25 €

Es ist nicht zufällig, dass hier ein Beispiel aus dem Sachgüterbereich gewählt wurde: die Produktion einer Blutkonserve. Dienstleistungen sind sehr viel komplizierter und erfordern auch in der klassischen Vollkostenrechnung eine differenziertere Vorgehensweise. Das folgende Beispiel der Ermittlung der Selbstkosten einer Gallensteinoperation illustriert dies. Wiederum wurden die Zuschläge auf Grundlage des Betriebsabrechnungsbogens der letzten Periode ermittelt. Allerdings erfolgt der Zuschlag auf Basis unterschiedlicher Einzelkosten, so dass ein sehr viel genaueres Ergebnis zu erwarten ist. Die folgenden Daten liegen dem Beispiel aus Tab. 2.17 zu Grunde:

2.2 Rechnungswesen

- Chefarzt: 90 Minuten á 400 € pro Stunde
- Assistenzärzte: zusammen 350 Minuten á 120 € pro Stunde
- Anästhesist: 120 Minuten á 300 €/Stunde
- Pflegepersonal: zusammen 550 Minuten á 45 €/Stunde
- OP-Zeit: 90 Minuten, interne Leistungsverrechnung mit 250 €/Stunde
- OP-Materialien: 180 €
- Materialgemeinkosten: 50%
- Personalgemeinkosten: 10% der Personaleinzelkosten
- Risikozuschlag: 10% der Gesamtsumme

Tab. 2.17 Differenzierte Zuschlagskalkulation

Personalkosten	Personaleinzelkosten	Chefarzt		600,00 €	
		Assistenzärzte		700,00 €	
		Anästhesie		600,00 €	
		Pflegepersonal		412,50 €	2.312,50 €
	Personalgemeinkosten	10%			231,25 €	2.543,75 €
Materialkosten	Materialeinzelkosten			180,00 €	
	Materialgemeinkosten	50%		90,00 €	270,00 €
OP-Kosten					375,00 €
Zwischensumme					3.188,75 €
Risikozuschlag		10%			318,88 €
Selbstkosten					3.507,63 €

Abb. 2.5 zeigt das Vorgehen der klassischen Vollkostenrechnung noch einmal schematisch an Hand der Kalkulation der Fallpauschale „Hüftendoprothese". Als Kostenträgereinzelkosten fallen überwiegend die Kosten des Implantats und teure Medikamente an. Der überwiegende Anteil der Kosten sind Gemeinkosten und wird den Kostenstellen zugewiesen. Die Kosten der Vorkostenstellen werden schrittweise auf die Endkostenstellen überwälzt, wobei beispielsweise die Kosten des Operationssaals proportional zur Schnitt-Nahtzeit oder zur Schnitt-Nahtzeit zuzüglich der Rüstzeiten zugeteilt werden. Aus der Summe der direkten und indirekten Kosten der orthopädischen Station ergeben sich die Kostenstellenkosten, die ins Verhältnis zu den Einzelkosten, der Patientenzahl oder der Patiententage gesetzt werden. Schließlich werden die Kostenträgereinzelkosten und die zugeschlüsselten Gemeinkosten zu den Gesamtkosten der DRG summiert.

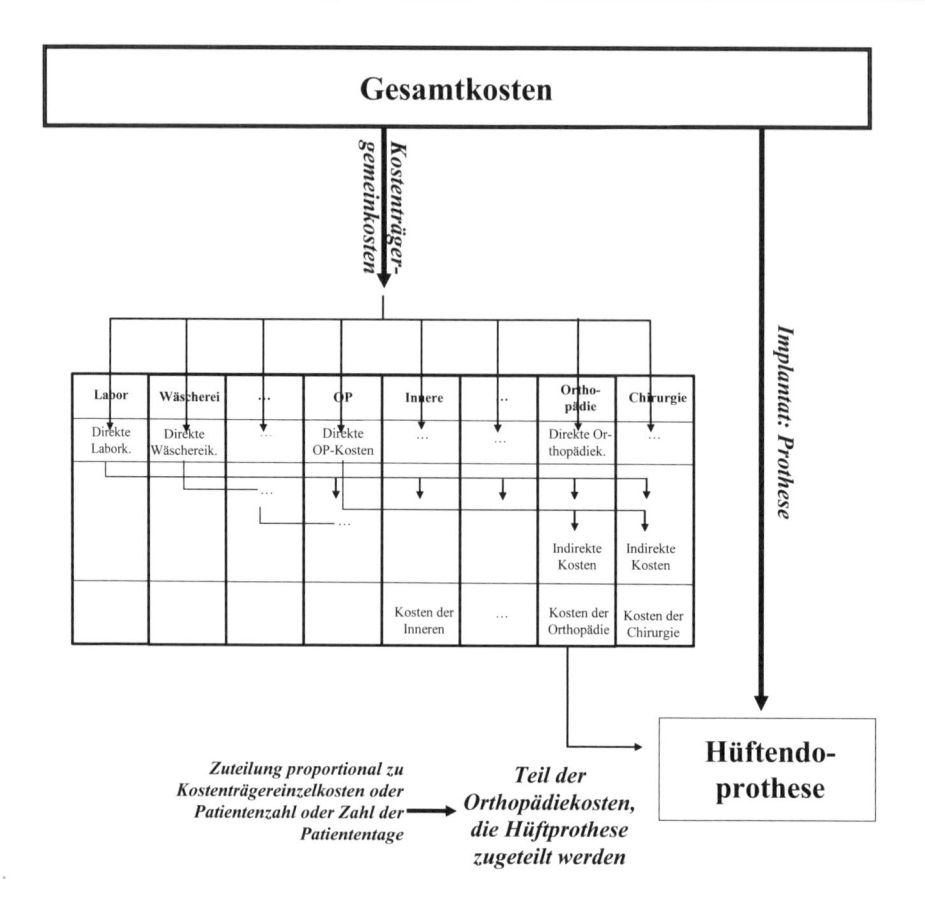

Abb. 2.5 Kalkulation der Fallkosten einer Hüftendoprothese

Auf den ersten Blick wirkt die differenzierte Zuschlagskalkulation so, als ob sie exakte Daten ermitteln könnte. In Wirklichkeit jedoch sind die Ergebnisse dieser Kalkulation bestenfalls vergangenheitsorientierte Schätzungen mit großer Unsicherheit, die kaum für zukünftige Entscheidungen zu verwenden sind. Erstens beruhen die Zuschlagssätze der klassischen Vollkostenrechnung auf Vergangenheitswerten aus dem BAB. Wenn sich die Auslastung in der Planperiode gegenüber der Periode des BAB ändert, müssen sich auch die Zuschlagssätze verändern. Dies ist vor allem darauf zurückzuführen, dass die klassische Vollkostenrechnung keine Unterscheidung zwischen fixen und variablen Kosten vornimmt. Alle Kosten werden proportionalisiert, d.h. den Einzelkosten ohne Berücksichtigung der Kostenstruktur zugeschlagen. Steigt die Auslastung an, so führt dies normalerweise zu einer Überschätzung der zuzuschlagenden Gemeinkosten, sinken sie, führt dies unter Umständen zu einer zu geringen Belastung der Kalkulationsobjekte mit Gemeinkosten.

Zweitens ist die Zuschlüsselung der indirekten Kosten subjektiv. Wie bereits dargelegt, bleibt auch bei sorgfältigem Vorgehen ein hohes Maß an Subjektivität oder sogar Beliebigkeit, welcher Schlüssel verwandt wird. Drittens berücksichtigt das Stufenleiterverfahren als

Standardverfahren des Betriebsabrechnungsbogens keine gegenseitigen Abhängigkeiten. Das Gleichungsverfahren, das diese Interdependenzen einbeziehen kann, wird in der Krankenhauspraxis nicht verwendet. Viertens bezieht sich der Zuschlagssatz auf den Durchschnittsfall einer Endkostenstelle, jedoch nicht auf den einzelnen Kostenträger. Die klassische Vollkostenrechnung eignet sich folglich nur für eine Kostenträgerzeitrechnung, jedoch nicht für eine Kostenträgerstückrechnung.

Schließlich ist noch zu beachten, dass im Krankenhaus die Gemeinkosten in der Regel deutlich höher sind als die Kostenträgereinzelkosten. Dies unterscheidet das Krankenhaus grundlegend von der Industrie oder dem Handel, für die dieses Kostenrechnungsverfahren entwickelt wurde. Im Handel beispielsweise, liegen die Materialeinzelkosten bei bis zu 90% der Gesamtkosten, die Materialgemeinkosten bei bis zu 5%. Folglich sind die sonstigen Gemeinkosten unter Umständen nur noch 5% der Gesamtkosten. Im Krankenhaus hingegen sind bis zu 95% der Gesamtkosten sonstige Gemeinkosten. Die Berechnung eines Gemeinkostensatzes auf dieser Basis würde zu Sätzen von mehreren hundert Prozent führen. Der Schätzfehler ist bei großen, pauschalen Zuschlägen deutlich größer, so dass bei Dienstleistungen von diesem einfachen Verfahren abzuraten ist.

Aus diesen Schwachstellen ergibt sich die Wertung, dass die klassische Vollkostenrechnung im Krankenhaus ein halbwegs geeignetes Verfahren für eine vergangenheitsorientierte Analyse ist, jedoch keine Entscheidungsunterstützung bietet. Beispielsweise können Entscheidungen über das optimale Leistungsprogramm niemals auf diesem Verfahren beruhen. Würden z.B. die Selbstkosten einer DRG nach der klassischen Vollkostenrechnung geringer sein als das Entgelt, so würde dies den Verdacht nahe legen, dass das Krankenhaus seinen Gewinn erhöhen (oder seinen Verlust reduzieren) würde, wenn es diese DRG aus dem Leistungsprogramm nimmt. Dies ist jedoch ein Trugschluss, da der größte Teil der auf diese DRG zugeschlüsselten Gemeinkosten (z.B. Verwaltung, Gebäude, Anlagen) auch anfallen würde, wenn diese DRG aus dem Leistungsportfolio gestrichen würde. Im nächsten BAB würden damit – ceteris paribus – die Gemeinkostenzuschläge für alle anderen DRGs steigen.

Die Schwächen der klassischen Vollkostenrechnung können auf zwei Wegen überwunden werden. Erstens kann der Behandlungsprozess in seine Teilprozesse zerlegt werden, die dann einzeln zu kalkulieren sind. Der Vorteil besteht darin, dass in jedem Teilprozess eine deutlich genauere Zurechnung der Kosten erfolgen kann und insbesondere Teile der Kosten, die nach dem BAB des Gesamtunternehmens als Gemeinkosten behandelt werden müssen, in einem Teilprozess als Einzelkosten behandelt werden können. Diese Zielsetzung verfolgt die Prozesskostenrechnung, die wir im Folgenden diskutieren werden. Zweitens kann von Anfang an eine Trennung in fixe und variable Kostenbestandteile erfolgen, so dass eine genauere Kostenermittlung bei veränderter Auslastung ermöglicht wird. Diesen Weg verfolgt im Prinzip die Deckungsbeitragsrechnung, die im Anschluss an die Prozesskostenrechnung diskutiert wird.

2.2.2.3 Prozesskostenrechnung

Die Prozesskostenrechnung (Activity Based Costing, Vorgangskalkulation, Cost Driver Accounting) ist ein Verfahren der Vollkostenrechnung, das durch den starken Anstieg der

Gemeinkosten sowie die zunehmende Prozessorientierung insbesondere im Dienstleistungssektor notwendig wurde. Sie intendiert eine möglichst genaue Ermittlung der Kosten eines Behandlungsprozesses durch eine detaillierte Abbildung der Unternehmensprozesse sowie die Bestimmung derjenigen Größen, die für die Höhe der Kosten verantwortlich sind (Kostentreiber). Durch die detaillierte Analyse der Teilprozesse werden eine deutlich verursachergerechtere Kostenzuteilung sowie eine erhöhte Kostentransparenz möglich. Die globale Schlüsselung von indirekten Kosten in den Endkostenstellen wird stark reduziert.

Als Voraussetzung für die Prozesskostenrechnung müssen die Prozesse bekannt und möglichst gut strukturiert sein. Hierzu wird der Gesamtprozess in Prozessbereiche (z.B. Aufnahme, Diagnostik, Pflege, Therapie, Entlassung), Hauptprozesse (z.B. Verwaltungsaufnahme und medizinisch-pflegerische Aufnahme) und Teilprozesse (z.B. Anlage des Krankenblattes, Anamnese) gegliedert. Die Abfolge kann durch ein Flussdiagramm oder einen Netzplan dargestellt werden (vgl. Einführung in die Krankenhausbetriebslehre, Kapitel 6).

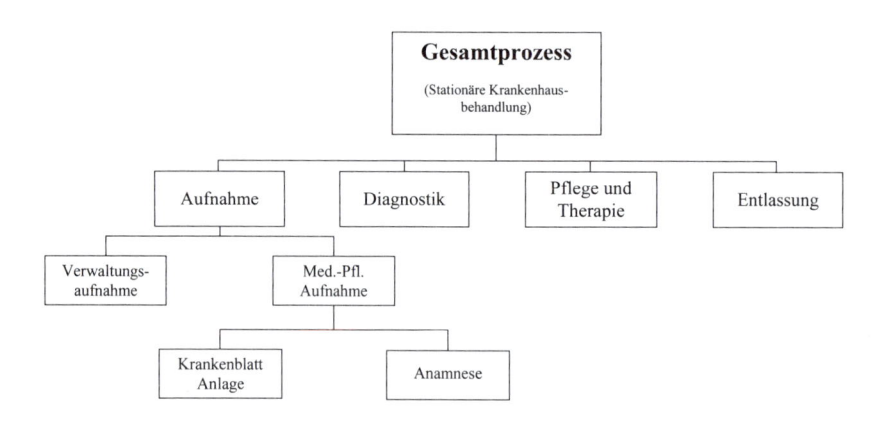

Abb. 2.6 Prozesshierarchie

Die Prozesskostenrechnung eignet sich für mehrmalige Prozesse, d.h., die Kosten reiner Einzelfertigungen mit völlig unterschiedlichen Teilprozessen und Prozessfolgen können nicht mit Hilfe der Prozesskostenrechnung kalkuliert werden. Im Krankenhaus folgen die meisten Patienten einer bestimmten DRG einem relativ ähnlichen Behandlungsprozess, und zwar auch dann, wenn sich ihr Krankheitsbild individuell unterschiedlich darstellt. Die Prozesskostenrechnung ist damit ein geeignetes Verfahren für die Kalkulation der Fallkosten. Darüber hinaus ist es möglich, einen Behandlungspfad mit Verzweigungen und Abfragen zu definieren und diese alternativen Teilprozesse in der Prozesskostenrechnung zu berücksichtigen.

Eine weitere Voraussetzung der Prozesskostenrechnung ist die Leistungsmengeninduzierung. Dies bedeutet, dass die Kosten eines Prozesses zumindest zum Teil von der Quantität des Kostentreibers abhängig sein müssen. Im Krankenhaus gibt es in der Regel für jeden Prozess eine klar zu benennende Größe, die die Kosten maßgeblich verursacht. Beispielsweise kön-

2.2 Rechnungswesen

nen Kosten mit der Fallzahl, der Fallschwere, der Dringlichkeit, der Aufenthaltsdauer, der Gerätenutzungszeit, der Anästhesiologiezeit oder der Schnitt-Naht-Zeit variieren.

Klassische Kostenrechnung	Prozesskostenrechnung
Kostenarten ↓	Kostenarten ↓
Kostenstellen ↓	Kostenstellen ↓
	Teilprozesse ↓
	Hauptprozesse ↓
Kostenträger	Kostenträger

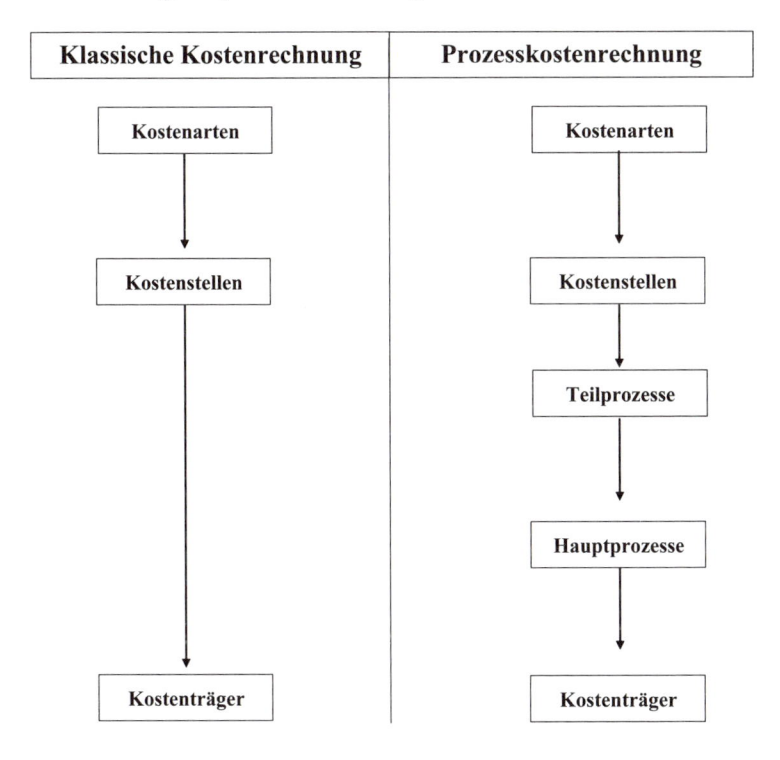

Abb. 2.7   Klassische Vollkostenrechnung und Prozesskostenrechnung

Abb. 2.7 zeigt, dass die Prozesskostenrechnung im Grunde eine Verfeinerung der klassischen Vollkostenrechnung ist. Die grundsätzliche Abfolge bleibt erhalten, wird jedoch präzisiert. Die Kostenartenrechnung ist bei beiden Verfahren im Wesentlichen identisch. Auch die Kostenstellenrechnung unterscheidet sich im ersten Schritt nicht, d.h., die Kostenträgergemeinkosten werden den Kostenstellen als direkte Kosten zugewiesen. Anschließend erfolgt jedoch die Aufgliederung in Teilprozesse und die Aufteilung der Kostenstellenkosten auf die einzelnen Teilprozesse in dieser Kostenstelle. Soweit möglich wird für jeden Teilprozess ein primärer Einflussfaktor (Kostentreiber) bestimmt, dessen Quantität in einem direkten und möglichst linearen Zusammenhang zur Kostenhöhe stehen soll. Für einige Teilprozesse (z.B. Stationsleitung) wird man keinen Kostentreiber bestimmen können, da ihre Kosten nicht prozessmengenabhängig sind. Sie werden als leistungsmengenneutrale (lmn) Kosten bezeichnet. Sind die Kosten hingegen von der Höhe eines Kostentreibers abhängig, spricht man von leistungsmengeninduzierten (lmi) Kosten. Das Ergebnis dieses Schrittes sind Prozesskostensätze, d.h. die Kosten pro Teilprozess. Sie enthalten sowohl die leistungsmengeninduzierten Kosten als auch einen Anteil an den leistungsmengenneutralen Kosten dieser Kostenstelle. Die Kosten des Gesamtprozesses errechnen sich als Summe der Kosten der Teilprozesse.

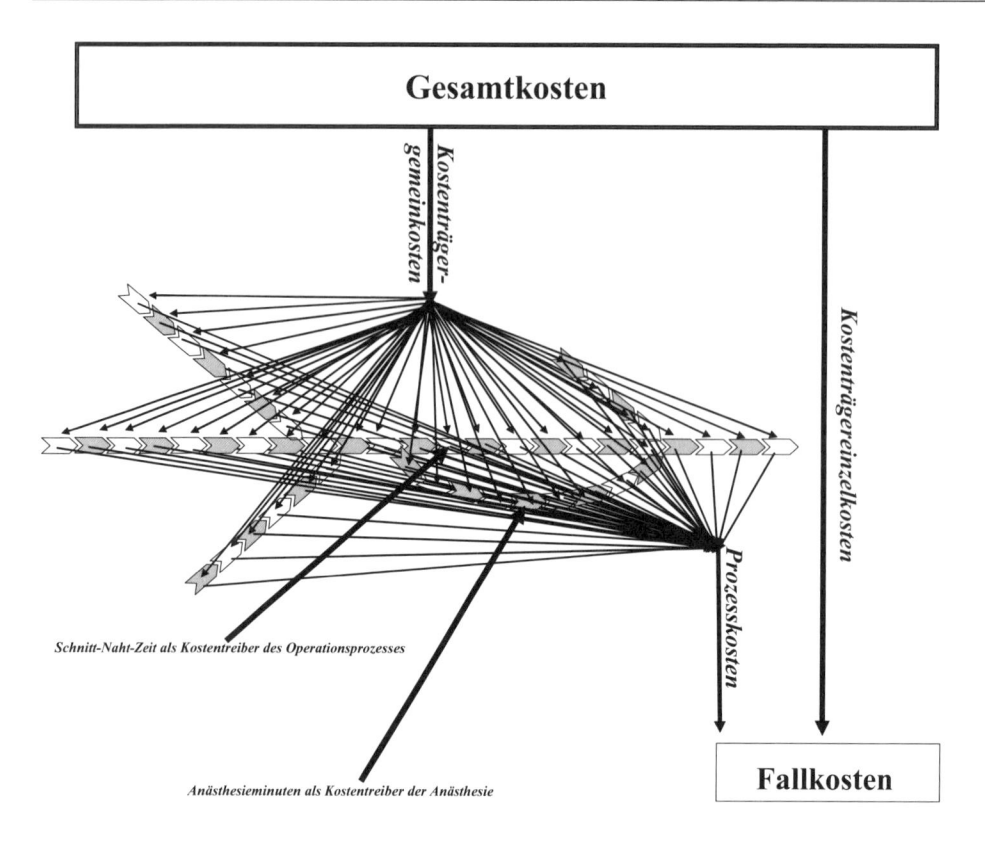

Abb. 2.8 Schematische Darstellung der Prozesskostenrechnung

Prozesse und Kostenstellen sind häufig, aber nicht immer identisch. Erstens können in einer Kostenstelle mehrere Hauptprozesse parallel verlaufen. In diesem Fall ist es besonders wichtig, darauf zu achten, dass die Kostentreiber beider Prozesse häufig nicht identisch sind. Beispielsweise laufen in der Kostenstelle Operationseinheit die Prozesse der Anästhesie und der Operation teilweise parallel, wobei die Schnitt-Naht-Zeit als Kostentreiber der Operation und die Anästhesiologiezeit als Kostentreiber der Anästhesie nicht übereinstimmen oder proportional sind. Zweitens können Prozesse und insbesondere Prozessbereiche kostenstellenübergreifend verlaufen. Der Prozessbereich Aufnahme z.B. erstreckt sich auf die Verwaltung und die Hauptabteilung.

Die Prozesskostenrechnung ist in der Regel als Vollkostenrechnung konzipiert, d.h., sie schlüsselt ebenfalls Gemeinkosten zu. Die detaillierte Aufgliederung in Teilprozesse, die exakte Erfassung der Teilprozesskosten, die rationale Bestimmung der teilprozessspezifischen Kostentreiber und die exakte Bestimmung der Prozesskostensätze ermöglichen jedoch eine verursachergerechtere Zuschlüsselung von Gemeinkosten in den Teilprozessen als in der klassischen Vollkostenrechnung.

2.2 Rechnungswesen

Die Ermittlung der Prozesskostensätze erfordert zuerst die Trennung in leistungsmengeninduzierte und leistungsmengenneutrale Teilprozesse. Bei leistungsmengenneutralen (lmn) Teilprozessen fallen die Tätigkeiten und Kosten unabhängig vom Leistungsvolumen an. Typische Beispiele hierfür sind die Aktivitäten und Kosten der Führung (z.B. Stationsleitung). Bei leistungsmengeninduzierten (lmi) Teilprozessen hingegen besteht eine Korrelation zwischen der Leistungsmenge und den Kosten bzw. Tätigkeiten. Vereinfachend wird in der Regel ein proportionaler Zusammenhang von Leistungsmenge und Kosten vermutet. Beispielsweise kann man davon ausgehen, dass die Kosten des Operateurs umso höher sind, je länger er an dem Patienten arbeitet (Schnitt-Naht-Zeit).

Entscheidend für die Qualität der Prozesskostenrechnung ist die Festlegung derjenigen Maßgrößen (Kostentreiber), die einen möglichst hohen Anteil der Kosten erklären und für die die Annahme des linearen Zusammenhangs von Kosten und Menge bestmöglich gilt. Bei einigen Prozessen ist die Bestimmung der Kostentreiber einfach. Beispielsweise dürfte bei den Teilprozessen des Prozessbereiches Aufnahme in der Regel die Anzahl der aufgenommenen Patienten der Kostentreiber sein. In der Operationseinheit hingegen konkurrieren verschiedene Maße miteinander. Man kann zeigen, dass die Kosten einer Operation mit der Operationslänge ebenso steigen wie mit dem Schweregrad (ASA-Stufen I-V) und der Dringlichkeitsstufe (elektiv, geplant, dringlich, Notfall). Im Prinzip könnte man natürlich ein multifaktorielles Modell der Kostenbeeinflussung definieren und die Konstanten ökonometrisch bestimmen, z.B.

$$C_i = \alpha \cdot L_i + \beta \cdot S_i + \gamma \cdot D_i \text{ mit}$$

C_i Kosten von Fall i
α, β, γ Gewichte der Einflussfaktoren
L_i Zeitverbrauch von Fall i
S_i Schweregrad von Fall i
D_i Dringlichkeit von Fall i

In der Praxis muss man jedoch eine einfache Maßgröße wählen. Meist ist dies der Zeitverbrauch, wobei Abb. 2.9 zeigt, dass auch hier eine klare Definition der zeitlichen Maßgröße notwendig ist. Da das Verhältnis der Zeiten bei unterschiedlichen Operationen nicht konstant ist (z.B. die Vorbereitungszeit eines Patienten bei einem vierstündigen Eingriff nicht viermal so groß ist wie bei einem einstündigen), hängt die Zuschlüsselung der Kosten von der Wahl der richtigen Größe ab.

```
Präsenzbeginn Anästhesiepflege  •─────────────────────────────────────────•
Präsenzbeginn Anästhesiearzt        •───────────────────────────────────•
Begin der Narkose                       •───────────────────────────•
Freigabe durch den Anästhesisten            •───────────────────•
Schnitt                                         •───────────•
Naht
Ende der Maßnahmen
Ende der Narkose
Präsenzende Anästhesiearzt
Präsenzende Anästhesiepflege
```

Schnitt-Naht-Zeit

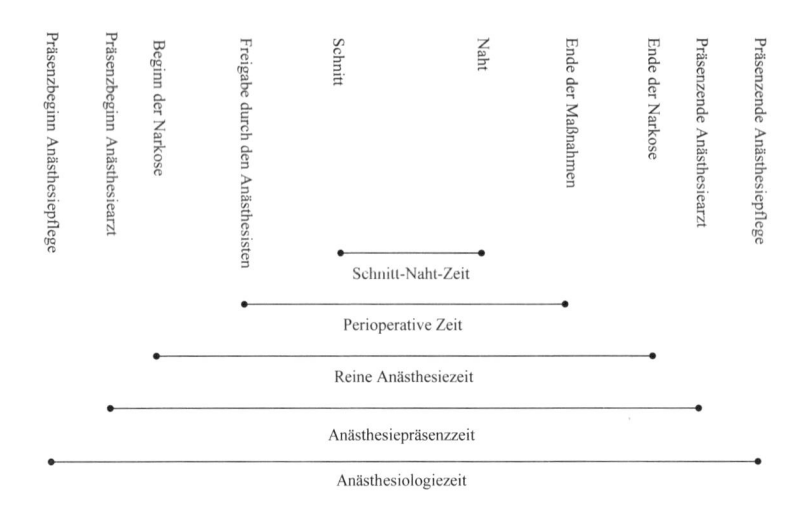

Perioperative Zeit

Reine Anästhesiezeit

Anästhesiepräsenzzeit

Anästhesiologiezeit

Abb. 2.9 Alternative Maßgrößen des Zeitverbrauchs in der Operationseinheit

Hat man die richtige Maßgröße gewählt, muss der Prozesskostensatz ermittelt werden. Dieser ergibt sich als Quotient aus leistungsmengeninduzierten Prozesskosten und der Quantität des Kostentreibers. Man sollte pro Teilprozess einen Prozesskostensatz ermitteln. Falls die Kostentreiber gleich sind (z.B. bei der Aufnahme), können sie zu einem Hauptprozesskostensatz zusammengefasst werden. Tab. 2.18 zeigt am Beispiel einer Pflegestation die Ermittlung der Gesamtkostensätze. Zuerst werden alle Teilprozesse dieser Kostenstelle in Spalte 1 erfasst. Im zweiten Schritt wird analysiert, ob es sich um einen leistungsmengeninduzierten oder -neutralen Teilprozess handelt (Spalte 2). In diesem Fall geht man davon aus, dass die Kosten der Stationsführung unabhängig davon anfallen, wie viele Patienten auf der Station gepflegt werden. Bei allen anderen Teilprozessen können Kostentreiber zugeordnet werden.

Tab. 2.18 Ermittlung der Prozesskostensätze (Beispiel: Pflegestation)

Teilprozess	Charakteristik	Kostentreiber	Menge	Prozesskosten	Prozesskostensatz	Umlage	Gesamtkostensatz
Pflegeanamnese	lmi	Aufnahmen	20	2000 €	100 €	25 €	125 €
Patient waschen	lmi	gewaschene Patienten	15	450 €	30 €	33,33 €	63,33 €
Bettenmachen	lmi	Anzahl Patienten	30	600 €	20 €	16,67 €	36,67 €
Essen austeilen	lmi	Anzahl Patienten	30	200 €	6,67 €	16,67 €	23,33 €
Stationsführung	lmn	-	-	2000 €			

Für jeden Teilprozess werden die Prozesskosten (Spalte 5) ermittelt, indem die Gesamtkosten der Kostenstelle nach Aufzeichnungen (z.B. Zeitaufzeichnungen) oder Schätzungen auf die Teilprozesse aufgeteilt werden. Die Division der Prozesskosten durch die Quantität der Kostentreiber (Spalte 4) ergibt den Prozesskostensatz, d.h. die Kosten pro Tätigkeit. Abschließend erfolgt dann die Umlage der leistungsmengenneutralen Kosten auf die leistungsmengeninduzierten Teilprozesse. In diesem einfachen Beispiel geht man davon aus, dass die Stationsleitung ihre Leistung für alle Teilprozesse gleichermaßen bringt, so dass jeweils 500 € pro Teilprozess anfallen. Damit ergeben sich die Umlagen (Spalte 7) durch Division der 500 € durch die Menge der Spalte 4 (z.B. 500 € / 20 Anamnesen =25 €/Anamnese). Die Gesamtkosten pro Teilprozess berechnen sich folglich als Summe des Prozesskostensatzes und der Umlage.

Die Prozesskostenrechnung wirkt in diesem kleinen Beispiel recht einfach und exakt. In Wirklichkeit überfordert sie häufig die Dokumentationssysteme des Krankenhauses. Die Aufteilung der Kostenstellenkosten auf die Teilprozesse der Kostenstelle muss auf verlässlichen und relevanten Statistiken beruhen. In der Operationseinheit werden meist die Personalminuten detailliert erfasst und den Kostentreibern zugerechnet (z.B. Operateurminuten für eine Operation nach OPS). Alle weiteren Kosten werden jedoch proportional zu den Personalkosten angenommen. In allen anderen Bereichen gibt es meist nicht einmal eine verlässliche Zeitaufschreibung, so dass hier die Prozesskostenrechnung auf Schätzungen beruhen muss. Hier gilt jedoch wiederum das Prinzip „Garbage in – garbage out", so dass ein detailliertes und komplexes Verfahren wie die Prozesskostenrechnung unter Umständen keine besseren Ergebnisse liefert als die klassische Vollkostenrechnung, wenn die notwendige Dokumentation der Leistungen und Ressourcenverbräuche unterbleibt.

Weiterhin umgeht auch die Prozesskostenrechnung nicht das grundsätzliche Problem einer Schlüsselung von Gemeinkosten. Die leistungsmengenneutralen Kosten werden den Prozesskostensätzen zugeschlagen. Damit ergeben sich wiederum zwei Probleme. Erstens berücksichtigt dieses Verfahren keine Veränderungen der Auslastung. Und zweitens können erhebliche Unschärfen auftreten, insbesondere wenn die Umlage ein Mehrfaches des Prozesskostensatzes ausmacht. In obigem Beispiel gibt der Kalkulationsweg der Prozesskosten „Essen austeilen" eine Exaktheit vor, die er nicht halten kann, da fast zwei Drittel der Gesamtkosten dieses Teilprozesses aus der Umlage herrühren.

Schließlich ist auch die Prozesskostenrechnung prinzipiell eine ex-post Betrachtung. Sobald die Nachfrage bzw. Auslastung von den Vergangenheitswerten abweicht, führt auch die Prozesskostenrechnung zu systematischen Fehleinschätzungen. Eine Entscheidungsunterstützung (z.B. für die Zusammenstellung des Fallklassenprogramms oder für die Integration mit anderen Leistungsanbietern) ist auf dieser Basis nicht möglich. Gesucht sind deshalb Kostenrechnungsverfahren, die die Gemeinkosten nicht mehr zuschlüsseln, sondern getrennt erfassen und in geeigneter Weise berücksichtigen. Die Methoden der Teilkostenrechnung wurden mit dieser Zielsetzung entwickelt. Die bekannteste Variante wird im nächsten Abschnitt diskutiert.

2.2.2.4 Deckungsbeitragsrechnung

Die Systeme der Teilkostenrechnung grenzen sich von der Vollkostenrechnung dadurch ab, dass die Gemeinkosten nicht mehr bzw. nicht mehr vollständig auf die Kostenträger zugerechnet werden. Einzelkosten werden dem Kostenträger vollständig zugerechnet, während Gemeinkosten meist als Block dem Gesamtunternehmen bzw. dem Teil des Unternehmens, an dem sie tatsächlich anfallen, zugeordnet werden. Dies erfordert eine Dokumentation der Eigenschaft als Einzel- oder Gemeinkosten bereits bei der Kostenartenrechnung. Zur Vereinfachung wird in der Praxis meist nur zwischen fixen und variablen Kosten unterschieden, obwohl keine Identität von Gemein- und Fixkosten bzw. von Einzel- und variablen Kosten besteht. Die bekanntesten Verfahren sind die relative Einzelkostenrechnung, die Fixkostendeckungsrechnung, die Grenzplankostenrechnung, das Direct Costing sowie die Deckungsbeitragsrechnung. Für das Krankenhaus ist insbesondere das letztgenannte Verfahren relevant, wobei das Direct Costing als Vorstufe angesehen werden kann und deshalb kurz diskutiert wird.

Direct Costing

Direct Costing wird auch als einstufige Deckungsbeitragsrechnung bezeichnet. Ziel ist die Ermittlung des Deckungsbeitrags eines Produkts, d.h. des Beitrags, den dieses Produkt zur Deckung des Fixkostenblocks leistet. Hierzu werden von den Erlösen des Produkts die variablen Kosten abgezogen, die Differenz ist der Deckungsbeitrag. Wie Abb. 2.10 zeigt, wird ein linearer Kostenverlauf (Fixkostenblock und konstante variable Kosten) angenommen. Die Fixkosten werden nicht auf die einzelnen Leistungseinheiten zugeschlüsselt, sondern von der Summe der Deckungsbeiträge je Produkt (Gesamtdeckungsbeitrag) abgezogen. Diese Differenz wird als kalkulatorischer Periodenerfolg bezeichnet.

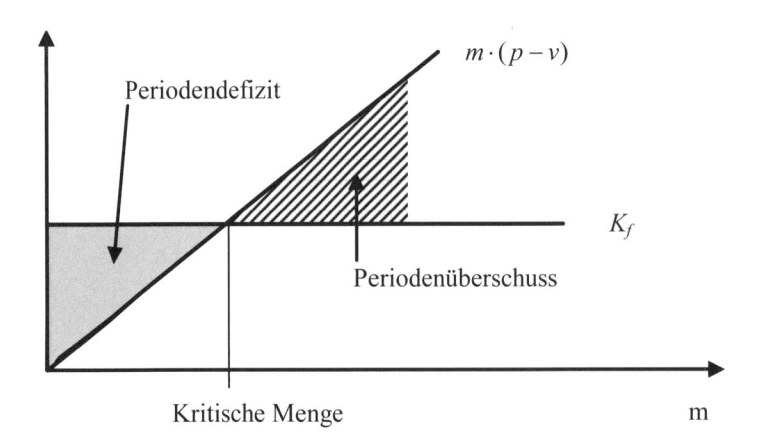

Abb. 2.10 Direct Costing im Einproduktunternehmen

Im Einproduktbetrieb kann die kritische Menge als einfacher Break-Even-Point errechnet werden. Im Mehrproduktunternehmen bietet sich die tabellarische Abbildung an. Tab. 2.19 zeigt dies am Beispiel eines Pflegeheims mit drei Pflegestufen.

2.2 Rechnungswesen

$$K_f = m^* \cdot (p - v) \Leftrightarrow m^* = \frac{K_f}{p - v}, \text{ mit}$$

K_f	Fixkosten
p	Verkaufspreis
v	variable Kosten
m	Menge
m^*	kritische Menge
$p-v$	Deckungsbeitrag

Tab. 2.19 *Direct Costing im Altenheim [€]*

	Pflegestufe I (5000 Pflegetage)	Pflegestufe II (5800 Pflegetage)	Pflegestufe III (2400 Pflegetage)
Erlöse	500.000	700.000	400.000
- variable Kosten	300.000	650.000	500.000
= Deckungsbeitrag	200.000	50.000	-100.000
- Fixkosten		240.000	
Periodenerfolg		-90.000	

Direct Costing ist ein sehr einfaches Verfahren, das für viele betriebliche Entscheidungen sehr hilfreich ist. Da die Proportionalisierung der Fixkosten entfällt, trägt dieses Verfahren der Realität Rechnung, dass Fixkosten mittelfristig nicht veränderbar sind. Tab. 2.20 zeigt obiges Beispiel für den Fall einer Zuschlüsselung der fixen Kosten im Verhältnis zu den Pflegetagen.

Tab. 2.20 *Vollkostenrechnung im Altenheim [€]*

	Pflegestufe I (5000 Pflegetage)	Pflegestufe II (5800 Pflegetage)	Pflegestufe III (2400 Pflegetage)
Erlöse	500.000	700.000	400.000
- variable Kosten	300.000	650.000	500.000
- Fixkostenanteil (5000:5800:2400)	90.909	105.455	43.636
Periodenerfolg pro Pflegestufe	109.091	-55.455	-143.636

Die Vollkostenrechnung in diesem Beispiel legt nahe, Pflegestufen II und III zu schließen und nur noch Pflegestufe I zu betreiben. Allerdings wäre dies ein Trugschluss, denn die Fixkosten in Höhe von 240.000 € würden auch dann voll anfallen, wenn die Pflegestufen II und III geschlossen würden. Die Vollkostenrechnung kann keine Antwort auf die Frage geben, welches Leistungsprogramm das Altenheim anbieten soll. Direct Costing hingegen stellt klar, dass sowohl Pflegestufe I als auch Pflegestufe II positive Deckungsbeiträge erwirtschaften, so dass es sich rentiert, auch Pflegestufe II weiterhin zu betreiben. Wird hingegen Pflegestufe III geschlossen, so würde sich bei Konstanz der Fixkosten der Periodenerfolg um

100.000 € erhöhen, d.h., das Unternehmen kommt in den positiven Bereich (10.000 € Überschuss).

Das obige Beispiel zeigt allerdings auch, dass die einstufige Deckungsbeitragsrechnung (Direct Costing) stark vereinfacht. Bleiben die Fixkosten wirklich konstant, wenn eine ganze Abteilung geschlossen wird? Meistens gibt es Fixkosten, die der Abteilung zuzurechnen sind. Damit wird das Verfahren mehrstufig, d.h., es müssen Fixkosten der Abteilung und Fixkosten des Gesamtunternehmens unterschieden werden. Bewusst wurde hier kein Beispiel aus dem Krankenhaus verwendet, denn der mehrstufige Krankenhausbetrieb erfordert ein viel differenziertes Vorgehen als es Direct Costing erlaubt.

Trotzdem kann auch im Krankenhaus Direct Costing Verwendung finden. Beispielsweise können Lagerbestände mit ihren Teilkosten (variablen Kosten) statt der Vollkosten bewertet werden, so dass die Proportionalität der Materialkosten bei Mengenschwankungen gewahrt bleibt. Eine andere Möglichkeit, Direct Costing sinnvoll einzusetzen, ist die Berechnung von Preisuntergrenzen. Beispielsweise könnte ein Krankenhaus fragen, bis zu welchem Entgelt der relevanten DRG eine Leistung gerade noch möglich ist. Nehmen wir hierzu an, ein Krankenhaus möchte aus Gründen der Tradition und seines Zielsystems die Neonatologie weiterhin betreiben. Die Station weist aber nach der Vollkostenrechnung inklusive der Zuschlüsselung der Krankenhausgemeinkosten Defizite aus. Es stellt sich die Frage, bis zu welchem Entgelt das Krankenhaus in der Lage ist, diese Station zu betreiben. Die theoretische Antwort ist simpel. Solange die additionalen Kosten der Station (Personal, Heizung, variable Kosten) gerade noch gedeckt werden, sollte die Station aufrechterhalten werden, da die Gemeinkosten des Krankenhauses ohnehin anfallen. In der Praxis ist die Berechnung dieses Schwellenwertes allerdings nicht so einfach. Hinzu kommt, dass die Plan-Krankenhäuser einen staatlichen Versorgungsauftrag haben, der die Fachabteilungen und damit auch das dazugehörige Leistungsspektrum vorgibt. Dadurch lassen sich einzelne Therapien, auch wenn sie nicht kostendeckend erbracht werden können, nicht einfach einstellen bzw. ersetzen.

Eine weitere Anwendung des Direct Costing ist die Ermittlung von Erfolgspotenzialen. Beispielsweise setzt die Erstellung einer BCG-Matrix voraus, dass die Deckungsbeiträge bekannt sind. Meist haben Stars hohe Erlöse, benötigen aber auch große Investitionen, um auf den wachsenden Märkten die führende Stellung zu halten. Damit ist der Deckungsbeitrag der Stars in der Regel gering. Cash Cows hingegen haben noch immer relativ hohe Erlöse, während die Investitionen in dieses auslaufende Produkt gering sind. Die Fixkosten sind längst gedeckt, und somit kann diese Leistungsgruppe Deckungsbeiträge erwirtschaften, um in die Fragezeichen zu investieren. Die Verwendung der Vollkosten inkl. der Fixkostenschlüsselung kann hier zu falschen Interpretationen führen.

Schließlich kann der grundsätzliche Gedanke des Direct Costing zu einer evidenzbasierten Make-or-Buy Entscheidung verwendet werden. Hierzu dient das Beispiel, das in Tab. 2.21 zusammengefasst ist. Ein Krankenhaus überlegt, ob es Infusionen selbst herstellen oder von einer Apotheke beziehen soll. Der Einkaufspreis der 0,5 l Flasche liegt derzeit bei 4 €. Falls man sich für die Eigenproduktion entscheidet, fallen Kosten für das Gebäude (20.000 € pro Jahr), den Mitarbeiter (20.000 € pro Jahr), die Apparatur (10.000 € pro Jahr) und zusätzliche Kosten pro Flasche (Zusatzstoffe, Wasser, Strom, etc., 1 € pro 0,5 l Flasche) an.

2.2 Rechnungswesen

Tab. 2.21 *Make-or-Buy Entscheidung*

Einkaufspreis		4 € pro 0,5 l Flasche
Fixkosten der Eigenproduktion	• Gebäudekosten: 400.000 €, abzuschreiben auf 20 Jahre • Gerätekosten: 100.000 €, abzuschreiben auf 10 Jahre • Personalkosten (50%-Stelle): 20.000 € pro Jahr	50.000 € pro Jahr
Variable Kosten der Eigenproduktion		1 € pro 0,5 Flasche

Für die Entscheidung, eine Infusionseinheit aufzubauen, sind diese Kosten vollständig relevant. Damit ergibt sich:

$$K_f + v \cdot m^* = m^* \cdot p \Leftrightarrow m^* = \frac{K_f}{p-v} \Leftrightarrow m^* = \frac{50.000}{4-1} = 16.667 \text{, mit}$$

K_f Fixkosten der Eigenproduktion
p Einkaufspreis bei Fremdbezug
v variable Kosten der Eigenproduktion
m Menge
m^* kritische Menge

Das Krankenhaus muss folglich mindestens einen jährlichen Bedarf von 16.667 Flaschen haben, damit sich die Eigenproduktion lohnt. Interessant ist die Analyse, wenn die Einheit bereits existiert und das Krankenhausmanagement fragt, bis zu welchem Einkaufspreis die Eigenfertigung beibehalten werden sollte. Hierzu müssen die Fixkosten daraufhin analysiert werden, ob sie für diese Entscheidung relevant sind. Tatsächlich fallen die Gebäude- und Gerätekosten auch dann an, wenn die Einheit geschlossen wird, so dass lediglich die Personalkosten entscheidungsrelevant sind. Damit ergibt sich die neue kritische Menge bei einem Einkaufspreis von 4 € als

$$m^* = \frac{K_f}{p-v} \Leftrightarrow m^* = \frac{10.000}{4-1} = 3.333$$

Wurde die Einheit bereits installiert, kann der Verbrauch auf 3.333 Flaschen pro Jahr sinken, und trotzdem lohnt es sich noch, die Einheit weiter zu betreiben. Abb. 2.11 zeigt, dass der Break-Even-Point in Abhängigkeit vom Einkaufspreis dargestellt werden kann.

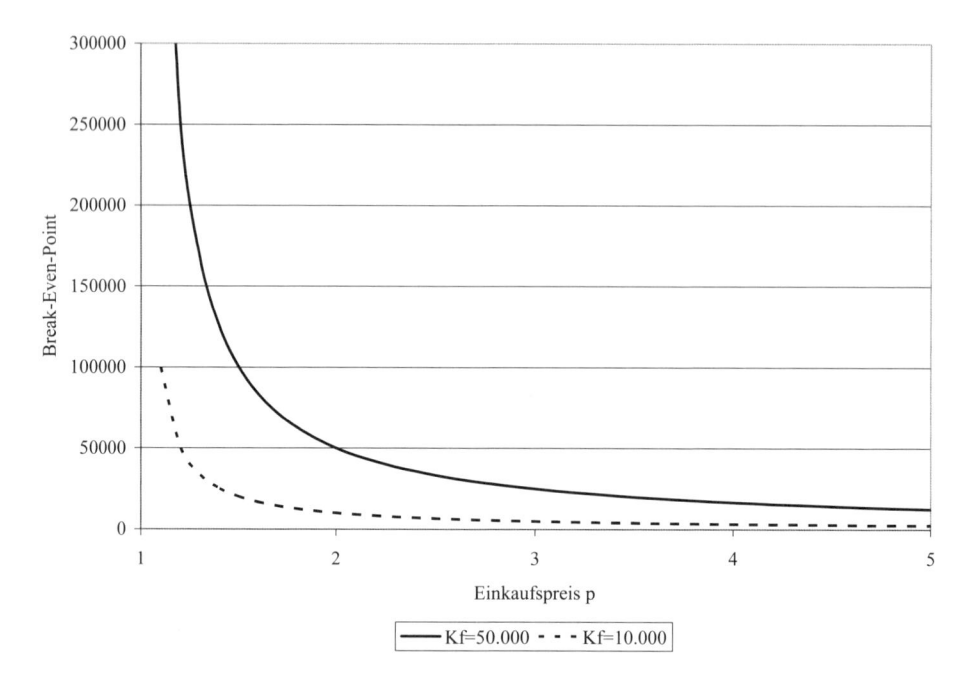

Abb. 2.11 Break-Even-Point in Abhängigkeit vom Einkaufspreis p

Das neue Denken, in das uns das Direct Costing leitet, stellt immer die Frage: „Welche Kosten sind überhaupt für eine Entscheidung relevant?". Häufig sind dies allein die variablen Kosten, da die Fixkosten sowieso anfallen. Wie bereits dargestellt, gibt es aber auch Teile der Fixkosten, die durchaus einem Produkt, einer Abteilung oder einem anderen Subsystem des Unternehmens zugeordnet werden können, so dass eine mehrstufige Deckungsbeitragsrechnung notwendig wird.

Mehrstufige Deckungsbeitragsrechnung

Die mehrstufige Deckungsbeitragsrechnung ist eine Weiterentwicklung des Direct Costing, bei der die Fixkosten nicht mehr pauschal für das ganze Unternehmen erfasst, sondern spezifisch für Produkte, Produktgruppen und Abteilungen dokumentiert werden. Damit ergibt sich eine Fixkostenhierarchie mit mehreren Fixkostenschichten. Beispielsweise stellt das Gehalt des Pförtners Fixkosten für das ganze Krankenhaus dar, während das Gehalt der Stationsleitung Fixkosten für die jeweilige Station sind und den Patienten dieser Station zugerechnet werden kann. Wird die Station aufgelöst, fallen diese Fixkosten nicht mehr an. Weiterhin gibt es Fixkosten, die einer Gruppe von DRGs zugeordnet werden können, z.B. ein spezielles chirurgisches Instrument, das nur für eine Hauptgruppe (MDC) verwendet wird. Theoretisch kann es sogar Fixkosten für eine einzelne DRG geben. Die mehrstufige Deckungsbeitragsrechnung ist eine Teilkostenrechnung, d.h., es erfolgt keine Schlüsselung der Fixkosten auf

2.2 Rechnungswesen

die Kalkulationsobjekte. Aber die Fixkostenschichtung erlaubt die Zuordnung der Fixkosten nach ihrer Verursachung.

Tab. 2.22 zeigt das Beispiel einer mehrstufigen Deckungsbeitragsrechnung in einem Krankenhaus mit zwei Hauptabteilungen und fünf DRGs. Für jede DRG werden von den Nettoerlösen die variablen Kosten abgezogen, so wie dies beim Direct Costing durchgeführt wurde. Das Ergebnis ist der Deckungsbeitrag I. Von ihm werden die Fixkosten abgezogen, die ausschließlich für diese Therapie anfallen (z.B. Gehalt des Diabetesberaters, der ausschließlich für Diabetiker zuständig ist). Die Ergebnisse (DB II) werden jeweils für die Abteilungen zusammengefasst. Von ihnen werden diejenigen Fixkosten abgezogen, die für eine ganze Abteilung anfallen, z.B. die Kosten der Gebäude, der Geräte sowie des fixen Personals. Damit ergibt sich ein DB III pro Abteilung. Schließlich wird von der Summe der Abteilungsdeckungsbeiträge der Fixkostenblock abgezogen, der nur dem Unternehmen als Ganzes zurechenbar ist (z.B. Management). Damit ergibt sich der Betriebserfolg.

Tab. 2.22 Mehrstufige Deckungsbeitragsrechnung

	Abteilung Chirurgie		**Abteilung Innerer Medizin**		
	Bypass	**Appendektomien**	**Diabetes**	**Rheuma**	**Herzinfarkte**
Nettoerlöse	2.000.000	4.000.000	1.000.000	1.500.000	3.000.000
- variable Kosten	400.000	250.000	100.000	300.000	100.000
= **DB I**	1.600.000	3.750.000	900.000	1.200.000	2.900.000
- Diagnosefixkosten	200.000	100.000	0	0	200.000
= **DB II**	1.400.000	3.650.000	900.000	1.200.000	2.700.000
- Abteilungsfixkosten	2.500.000		2.800.000		
= **DB III**	2.550.000		2.000.000		
- Unternehmensfixkosten	4.500.000				
= **Betriebsergebnis**	50.000				

Das Problem der Deckungsbeitragsrechnung besteht in der Praxis darin, dass die Abteilungsleiter meist keine ausreichenden betriebswirtschaftlichen Kenntnisse haben, um diese Rechnung zu interpretieren. Ein positiver Deckungsbeitrag könnte als „gutes Ergebnis" interpretiert werden – und zwar auch dann, wenn das Unternehmen insgesamt kein positives Betriebsergebnis erzielt. Der Abteilungsleiter wird zufrieden sein, solange der Deckungsbeitrag seiner Abteilung überhaupt noch positiv ist. Deshalb erfolgt in der Praxis häufiger eine Zuschlüsselung der Gemeinkosten auf die Abteilungen als eine Deckungsbeitragsrechnung. Sie ist zwar nicht verursachergerecht, verführt jedoch den Abteilungsleiter nicht dazu, mit einem geringen positiven Deckungsbeitrag zufrieden zu sein.

Die mehrstufige Deckungsbeitragsrechnung liegt dem Modell der optimalen Leistungsprogrammplanung zu Grunde, das im ersten Band skizziert wurde. Hierzu wird obige Deckungsbeitragsrechnung für ein Krankenhaus mit n DRGs und b Abteilungen verallgemeinert (Tab. 2.23).

Tab. 2.23 Verallgemeinertes Modell der mehrstufigen Deckungsbeitragsrechnung im Krankenhaus

	DRG 1	DRG 2	DRG 3	DRG ..	DRG n-2	DRG n-1	DRG n
Erlöse	$x_1 \cdot d_1$	$x_2 \cdot d_2$	$x_3 \cdot d_3$	...	$x_{n-2} \cdot d_{n-2}$	$x_{n-1} \cdot d_{n-1}$	$x_n \cdot d_n$
- Direkte Kosten	$x_1 \cdot a_1$	$x_2 \cdot a_2$	$x_3 \cdot a_3$	...	$x_{n-2} \cdot a_{n-2}$	$x_{n-1} \cdot a_{n-1}$	$x_n \cdot a_n$
= DB I	$x_1 \cdot (d_1 - a_1)$	$x_2 \cdot (d_2 - a_2)$	$x_3 \cdot (d_3 - a_3)$	...	$x_{n-2} \cdot (d_{n-2} - a_{n-2})$	$x_{n-1} \cdot (d_{n-1} - a_{n-1})$	$x_n \cdot (d_n - a_n)$
- DRG-fixe Kosten	FD_1	FD_2	FD_3	...	FD_{n-2}	FD_{n-1}	FD_n
= DB II	$x_1 \cdot (d_1 - a_1) - FD_1$	$x_2 \cdot (d_2 - a_2) - FD_2$	$x_3 \cdot (d_3 - a_3) - FD_3$	...	$x_{n-2} \cdot (d_{n-2} - a_{n-2}) - FD_{n-2}$	$x_{n-1} \cdot (d_{n-1} - a_{n-1}) - FD_{n-1}$	$x_n \cdot (d_n - a_n) - FD_n$
- Abteilungskosten		FA_1		...		FA_b	
= DB III	$x_1 \cdot (d_1 - a_1) - FD_1 +$ $x_2 \cdot (d_2 - a_2) - FD_2 - FA_1$			...	$x_{n-2} \cdot (d_{n-2} - a_{n-2}) - FD_{n-2} + x_{n-1} \cdot (d_{n-1} - a_{n-1}) - FD_{n-1} + x_n \cdot (d_n - a_n) - FD_n - FA_b$		
- Krankenhausfix-kosten				FK			
= Betriebsergebnis	$\sum_{j=1}^{n}(d_j - a_j) \cdot x_j - \sum_{j=1}^{n} FD_j - \sum_{p=1}^{b} FA_p - FK$						

mit

x_j	Anzahl der behandelten Patienten in DRG j, j=1..n; ganzzahlig
d_j	Entgelt für DRG j; j=1..n
a_j	Direkte Kosten für einen Fall in DRG j; j=1..n
n	Zahl der DRGs
b	Zahl der Abteilungen
R_p	Menge aller DRGs, die in Abteilung p behandelt werden; p=1..b
FD_j	DRG-spezifische Fixkosten, j=1..n
FA_p	Abteilungsfixkosten von Abteilung p, p=1..b
FK	Krankenhausfixkosten

Für eine Optimierung müssen Kapazitätsrestriktionen (z.B. Zahl der verfügbaren Pflegekräfte, OP-Kapazität) und Mindestmengen berücksichtigt werden. Weiterhin ist zu beachten, dass die Kapazitäten zusätzliche Kosten verursachen. Damit kann das Betriebsergebnis mit folgendem LP maximiert werden:

$$\sum_{j=1}^{n} c_{ij} x_j \leq k_i \cdot K_i \quad \text{für} \quad i = 1..m$$

$$x_j \leq M \cdot \beta_j \quad \text{für} \quad j = 1..n$$

$$x_j \geq mm_j \cdot \beta_j \quad \text{für} \quad j = 1..n$$

2.2 Rechnungswesen

$$\sum_{j \in R_p} x_j \leq M \cdot D_p \quad \textit{für } p = 1..b$$

$$\sum_{j=1}^{n} x_j \leq M \cdot D_{total}$$

Zielfunktion:

$$Z = \sum_{j=1}^{n}(d_j - a_j) \cdot x_j - \sum_{j=1}^{n} FD_j \cdot \beta_j - \sum_{p=1}^{b} FA_p \cdot D_p - FK \cdot D_{total} - \sum_{i=1}^{m} w_i \cdot K_i \rightarrow Max!$$

mit

Strukturvariablen:

x_j	Anzahl der behandelten Patienten in DRG j, j=1..n; ganzzahlig
K_i	Einheiten von Ressource i, i=1..m
β_j	$= \begin{cases} 1 & \textit{falls DRG j im Leistungsprogramm} \\ 0 & \textit{sonst} \end{cases}$, j=1..n
D_p	$= \begin{cases} 1 & \textit{falls Abteilung p eröffnet} \\ 0 & \textit{sonst} \end{cases}$, p=1..b
D_{total}	$= \begin{cases} 1 & \textit{falls Krankenhaus eröffnet} \\ 0 & \textit{sonst} \end{cases}$

Konstanten:

k_i	Kapazität pro Einheit der Ressource i, i=1..m
c_{ij}	Verbrauch der Ressource i einer Einheit der DRG j, j=1..n; i=1..m
d_j	Entgelt für DRG j; j=1..n
a_j	Direkte Kosten für einen Fall in DRG j; j=1..n
n	Zahl der DRGs
mm_j	Mindestmengenanforderung an DRG j; j=1..n
M	$M \in \mathbb{N}, \textit{mit } M > \sum_{j=1}^{n} x_j$
b	Zahl der Abteilungen
R_p	Menge aller DRGs, die in Abteilung p behandelt werden; p=1..b
FD_j	DRG-spezifische Fixkosten, j=1..n
FA_p	Abteilungsfixkosten von Abteilung p, p=1..b
FK	Krankenhausfixkosten
w_i	Kosten einer Einheit von Ressource i; i=1..m

Tab. 2.24 und Tab. 2.25 zeigen die Ausgangsdaten für ein stark vereinfachtes Beispiel. Wenn man annimmt, dass DRG 1 und 2 in Abteilung 1 und DRG 3, 4 und 5 in Abteilung 2 behan-

delt werden, ergibt sich die Deckungsbeitragsrechnung, wie sie Tab. 2.26 zeigt. Wenn das Krankenhaus 100 Patienten der DRG1, 150 der DRG 2, 100 der DRG 3, 50 der DRG 4 und 81 der DRG 5 behandelt, erleidet es einen Verlust in Höhe von 78.000 €.

Tab. 2.24   Leistungsprogrammplanung: Erlöse und direkte Kosten des Ausgangsbeispiels

DRG	Fallzahl	Erlöse pro Patient [€]	Direkte Kosten pro Patient [€]
1	100	3000	500
2	150	4000	200
3	100	5000	100
4	50	2500	1500
5	81	3000	1000

Tab. 2.25   Leistungsprogrammplanung: Fixkostenstruktur des Ausgangsbeispiels

	Station 1	Station 2	Krankenhausfixkosten
Fixkosten	500.000	800.000	300.000

Tab. 2.26   Deckungsbeitragsrechnung: Ausgangsbeispiel

	DRG 1	DRG 2	DRG 3	DRG 4	DRG 5
Erlöse	300.000	600.000	500.000	125.000	243.000
- Direkte Kosten	50.000	30.000	10.000	75.000	81.000
= Deckungsbeitrag I	250.000	570.000	490.000	50.000	162.000
- Stationskosten		500.000			800.000
= Deckungsbeitrag II		320.000			-98.000
- Krankenhausfixkosten			300.000		
= Betriebsergebnis			-78.000		

Die Optimierung dieses Problems der Leistungsprogrammplanung führt zu dem Ergebnis, dass das Krankenhaus 544 Fälle der DRG 1 und 228 Fälle der DRG 2 behandeln sollte, d.h., Abteilung 2 wird geschlossen. Dadurch ergibt sich ein Betriebsergebnis in Höhe von 1.426.400 €. Tab. 2.27 zeigt die entsprechende Deckungsbeitragsrechnung.

Tab. 2.27   Deckungsbeitragsrechnung: Optimum

	DRG 1	DRG 2	DRG 3	DRG 4	DRG 5
Erlöse	1.632.000	912.000	0	0	0
- Direkte Kosten	272.000	45.600	0	0	0
= Deckungsbeitrag I	1.360.000	866.400	0	0	0
- Stationskosten		500.000			0
= Deckungsbeitrag II		1.726.400			0
- Krankenhausfixkosten			300.000		
= Betriebsergebnis			1.426.400		

Ausschließlich eine Teilkostenrechnung kann die Frage beantworten, auf welche DRGs sich ein Krankenhaus spezialisieren sollte. Eine Zuschlüsselung von Kosten führt hier grundsätzlich zu falschen Ergebnissen. Auf der anderen Seite ist für die Kalkulation von Pflegesätzen (z.B. in der Psychiatrie), für die Berechnung der Durchschnittskosten für das InEK und auch für die interne Leistungsverrechnung die Vollkostenrechnung unabdingbar. Voll- und Teilkostenrechnung sind deshalb keine Widersprüche, sondern sich ergänzende Verfahren mit hoher praktischer Bedeutung für den Krankenhausmanager. Entscheidend ist, dass ein bestimmtes Verfahren gewählt wird, wenn diese Methodik eine sinnvolle Antwort auf eine bestimmte Fragestellung erwarten lässt. Dies ist im Einzelfall zu prüfen.

2.2.2.5 DRG-Kalkulation

Das Institut für das Entgeltsystem im Krankenhaus (InEK) hat im so genannten DRG-Kalkulationshandbuch Regeln festgelegt, nach denen die Fallkosten kalkuliert werden müssen. Das InEK ist unter anderem für die Bestimmung der bundesweiten Relativgewichte auf Basis realer Fallkosten verantwortlich. Hierzu bildet es den Durchschnitt der Fallkosten einer DRG derjenigen Krankenhäuser, die Daten hierzu an das InEK abliefern. Da die Kalkulation sehr viele Spielräume (z.B. der Zuschlüsselung von Gemeinkosten) lässt, legt das InEK einen Kalkulationsstandard fest, der im DRG-Kalkulationshandbuch fixiert ist.

Die Fallkostenkalkulation nach diesem System basiert auf einer Vollkostenrechnung. Ziel ist die vollständige Erfassung (100%-Ansatz) aller Istkosten des letzten Jahres. Die Kosten sollten aus dem testierten Jahresabschluss ableitbar sein. Daraus ergibt sich, dass die Relativgewichte des InEK meist auf Daten des vorletzten Jahres beruhen. Veränderungen der Kostenstruktur können so nur verspätet einbezogen werden.

Abb. 2.12 gibt einen Überblick über die Systematik der Fallkostenberechnung gemäß DRG-Kalkulationshandbuch. Die folgenden Ausführungen sind unter der Maßgabe zu sehen, dass dieses Buch Minimalanforderungen aufstellt. Prinzipiell kann ein Krankenhaus ein detaillierteres Verfahren einsetzen. Häufig sind die Kostenrechnungssysteme der Krankenhäuser allerdings schon bei der Erfüllung der Mindestanforderungen überfordert.

Die Abbildung zeigt, dass die Kalkulation der Fallkosten gemäß DRG-Kalkulationshandbuch im Prinzip eine klassische Vollkostenrechnung mit hoher Detailgenauigkeit ist. Die prinzipielle Abfolge (Kostenarten-, Kostenstellen- und Kostenträgerrechnung) bleibt erhalten. Im ersten Schritt müssen die Aufwandskonten bereinigt (Cleaning) werden. Hierzu werden die Summen- und Saldenlisten der Finanzbuchhaltung analysiert. Weiterhin werden die Beträge der Kostenarten- und Kostenstellenrechnung verglichen. Wurde beispielsweise bei einer Buchung keine Kostenstelle angegeben, so muss dies nachgeholt werden.

Im zweiten Schritt werden die außerordentlichen und periodenfremden Aufwendungen aussortiert. Die Fallkosten einer DRG sollen nur Zweckaufwand der entsprechenden Periode umfassen. Außergewöhnliche Ereignisse (z.B. Brandschäden, finanzielle Folgen von Streiks etc.) sollen ebenso wenig in die Kostenberechnung einbezogen werden wie Aufwendungen, die für Leistungen anderer Geschäftsjahre angefallen sind.

Im dritten Schritt werden von diesen Aufwendungen diejenigen abgezogen, die ex definitione für die Berechnung der Fallkosten einer DRG nicht relevant sind. Dies sind insbesondere die Vorhaltekosten, die nicht den DRGs zuzurechnen sind, da sie im Rahmen der dualen Finanzierung über die Länder refinanziert werden. Das Ergebnis dieses Prozesses sind die

DRG-relevanten Aufwandsarten. Sie entsprechen in etwa den pflegesatzfähigen Kosten nach Bundespflegesatzverordnung, wie sie vor Einführung des DRG-Systems in der Leistungs- und Kalkulationsaufstellung ausgewiesen wurden.

Als letzter Schritt der Kostenartenrechnung erfolgt die Teilung der DRG-relevanten Aufwendungen in Gemein- und Einzelkosten. Einzelkosten werden wie gewöhnlich direkt den einzelnen DRGs zugeordnet, während die Gemeinkosten in der Kostenstellen- und Kostenträgerrechnung schrittweise verteilt werden.

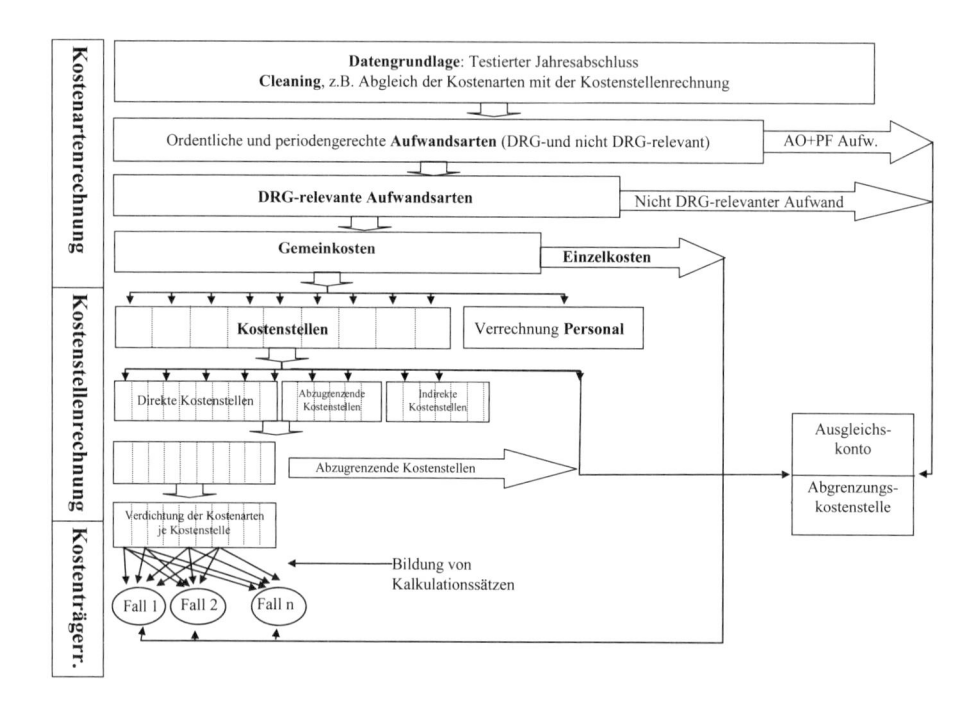

Abb. 2.12   Fallkostenkalkulation nach DRG-Kalkulationshandbuch (Überblick)

Im vierten Schritt erfolgt die Zuteilung der Gemeinkosten auf die Kostenstellen. Als direkte Kostenstellen definiert das DRG-Kalkulationshandbuch diejenigen Kostenstellen, die Leistungen direkt am Patienten erbringen. Dies sind die Hauptabteilungen sowie die Untersuchungs- und Behandlungsbereiche. Indirekte Kostenstellen hingegen erbringen keine Leistung am Patienten. Sie können wiederum in Kostenstellen der medizinischen Infrastruktur (z.B. Apotheke, Bettenaufbereitung, Zentralsterilisation) und Kostenstellen der nicht-medizinischen Infrastruktur (z.B. Wirtschafts- und Versorgungsbereiche) unterschieden werden.

Im fünften Schritt erfolgt eine Schlüsselung der Kosten aller indirekten Kostenstellen auf die direkten Kostenstellen, wobei eine innerbetriebliche Leistungsverrechnung, ein Umlagever-

2.2 Rechnungswesen

fahren und ein Mischverfahren möglich sind. Das DRG-Kalkulationshandbuch gibt detaillierte Schlüssel für die Kostenzurechnung vor, die später exemplarisch dargestellt werden. Im Anschluss an die Kostenverrechnung werden die Kostenarten zu Kostenartengruppen zusammengefasst (Tab. 2.28).

Die meisten direkten Kostenstellen sind DRG-relevant, da in diesen Abteilungen überwiegend Patienten behandelt werden, die über DRGs abgerechnet werden. Es gibt allerdings Kostenstellen, die keine oder nur teilweise DRG-relevante Leistungen erbringen. Sie werden als abzugrenzende Kostenstellen bezeichnet. Ein typisches Beispiel ist die Ambulanz des Krankenhauses, die nach EBM abrechnet. Es ist nicht möglich, die Kosten der Ambulanz bereits zu Beginn der Kostenartenrechnung vollständig auszugliedern. Beispielsweise werden die Kosten des zentralen Heizwerkes des Krankenhauses anteilig der Ambulanz zugeschlagen, d.h., sie können erst nach der Kostenzuschlüsselung vollständig abgegrenzt werden.

Tab. 2.28 Kostenartengruppen nach DRG-Kalkulationshandbuch

Kostenartengruppe	Beschreibung
1	Personalkosten ärztlicher Dienst
2	Personalkosten Pflegedienst
3	Personalkosten des Funktionsdienstes und des medizinisch-technischen Dienstes
4a	Sachkosten für Arzneimittel
4b	Sachkosten für Arzneimittel (Einzelkosten / Istverbrauch)
5	Sachkosten für Implantate und Transplantate
6a	Sachkosten des medizinischen Bedarfs (ohne Arzneimittel, Implantate und Transplantate)
6b	Sachkosten des medizinischen Bedarfs (Einzelkosten/Istverbrauch; ohne Arzneimittel, Implantate und Transplantate)
7	Personal- und Sachkosten der medizinischen Infrastruktur
8	Personal- und Sachkosten der nicht-medizinischen Infrastruktur

Tab. 2.29 Kostenstellengruppen nach DRG-Kalkulationshandbuch

Kostenstellengruppe	Beschreibung
1	Normalstation
2	Intensivstation
3	Dialyseabteilung
4	OP-Abteilung
5	Anästhesie
6	Kreißsaal
7	Kardiologische Diagnostik/Therapie
8	Endoskopische Diagnostik/Therapie
9	Radiologie
10	Laboratorien
11	Übrige diagnostische und therapeutische Bereiche
12	Basiskostenstelle

Das Ergebnis ist eine Matrix, in der die DRG-relevanten Kostenartengruppen pro direkte Kostenstelle (Tab. 2.29) ausgewiesen sind, z.B. Materialkosten der Chirurgie. Sie werden als letzter Schritt nach vom DRG-Kalkulationshandbuch vorgegebenen Regeln den einzelnen DRGs zugeteilt.

Das DRG-Kalkulationshandbuch enthält eine große Fülle von Details und alternativen Vorgehensweisen, auf die wir hier nicht eingehen können. Einige zentrale Aspekte sollen jedoch betont werden: die Personalkostenverrechnung, die Behandlung der Einzelkosten, die Alternativen der Kostenstellenrechnung, die Schlüsselung der indirekten Kosten sowie die Ermittlung von Zuschlagssätzen.

- Personalkostenverrechnung: Die Kosten für eindeutig zuweisbares Personal, d.h. für Mitarbeiter, die nur für eine Kostenstelle tätig sind, werden auf die jeweilige Kostenstelle verbucht. Personalkosten von Mitarbeitern, die Leistungen in mehreren Kostenstellen erbringen, werden meist auf Sammelkostenstellen erfasst. Die Kalkulation der Fallkosten erfordert eine faire Verteilung dieser Kosten auf die einzelnen Kostenstellen. Als Schlüssel können unterschiedliche Maßgrößen verwendet werden, z.B. eine mitarbeiterbezogene Zeiterfassung (wie viele Minuten arbeitet ein Mitarbeiter in einer Kostenstelle), eine Normzeit (z.B. 3 Arztbriefe pro Stunde) oder Schätzungen. Das pauschal gebuchte Personal wird somit den Kostenstellen möglichst exakt zugewiesen. Da die Personalkosten der größte Anteil der Gemeinkosten sind, sollte hier hoher Wert auf Präzision gelegt werden. Das DRG-Kalkulationshandbuch lässt allerdings viele Freiräume unterschiedlicher Personalkostenzurechnung. Die Wahl des Verfahrens hat erheblichen Einfluss auf die Kostenzuschlüsselung und damit auf das Kalkulationsergebnis.
- Einzelkostenverrechnung: Einzelkosten werden den DRGs im Rahmen der Kostenträgerrechnung zugeordnet. Hochwertige Werkstoffe, für die der Aufwand einer Einzelkostenerfassung lohnt, sind Implantate, Transplantate, Gefäßprothesen, Herzschrittmacher, Defibrillatoren, Knochenzement, Knochenersatzstoffe, Herz- und Röntgenkatheter, Blutprodukte, Kontrastmittel, Zytostatika, Immunsuppressiva, Antibiotika und aufwendige Fremdleistungen. Alle anderen Werkstoffe werden als unechte Gemeinkosten auf der Kostenstelle gesammelt.
- Alternativen der Kostenstellenrechnung: Das DRG-Kalkulationshandbuch sieht als Alternativen der Kostenstellenrechnung eine innerbetriebliche Leistungsverrechnung, ein vereinfachtes Umlageverfahren und ein Mischverfahren vor. Bei der innerbetrieblichen Leistungsverrechnung erfolgt eine vollständige Zuschlüsselung aller Kosten an Hand verursachungsgerechter Schlüssel. Als Instrument dient eine Variante des Betriebsabrechnungsbogens. Beim vereinfachten Umlageverfahren werden alle Kosten der nicht medizinischen Infrastruktur auf einer Basiskostenstelle gesammelt. Sie werden summarisch auf die Behandlungsfälle an Hand von Pflegetagen verteilt. Die Kosten der medizinischen Infrastruktur hingegen werden an Hand verursachungsgerechter Schlüssel zugeordnet. Beim Mischverfahren wird die verursachergerechte Kostenverrechnung aller Kosten wie bei der innerbetrieblichen Leistungsverrechnung versucht. Wenn jedoch für die Kosten der nicht-medizinischen Infrastruktur keine sinnvollen Schlüssel gefunden werden können, werden diese Kosten auf die Behandlungsfälle an Hand von Pflegetagen verteilt.

- Schlüsselung der indirekten Kosten: Die Wahl der Schlüssel ist entscheidend für die Genauigkeit der Kalkulation. Das DRG-Kalkulationshandbuch gibt eine Reihe von Schlüsseln wieder, mit deren Hilfe die Kostenarten auf die Kostenstellen verteilt werden sollen. Tab. 2.30 zeigt einige Beispiele.

Tab. 2.30   Beispiele für Schlüssel nach DRG-Kalkulationshandbuch

Kostenart	Schlüssel
Pflegedienst	Pflegetage
Sozialdienst	betreute Patienten
Bettenaufbereitung	Fallzahl
Patiententransport	Pflegetage
Apothekengemeinkosten	Arzneimittelkosten
Zentralsterilisation	Anzahl Siebe
Operationsbereich	Schnitt-Naht-Zeit
Gebäudekosten	Nutzfläche
Krankenhausverwaltung	Vollkräfte
Werkstätten	Werkstattdienstleistungen
Personaleinrichtungen	Vollkräfte
Speisenversorgung	Beköstigungstage
Wäscheversorgung	Wäscheverbrauch
Reinigungsdienst	Bodenflächen

- Ermittlung von Kalkulationssätzen für fallbezogene Leistungen: Für jede direkte Kostenstelle wird ermittelt, welche Gemeinkosten pro Nutzungseinheit anfallen. Hierzu kann die Summe aus direkten und indirekten Kosten durch die ungewichteten Nutzungseinheiten (z.B. Zahl der Geburten im Kreißsaal) dividiert werden. Alternativ kann eine Gewichtung der Leistung mit GOÄ-Ziffern erfolgen. Dabei muss darauf geachtet werden, dass die Kostensumme, die ausschließlich DRG-relevante Kosten enthält, auch nur durch DRG-relevante Leistungen dividiert wird. Typische Beispiele für Kalkulationssätze sind die Kosten pro PPR-Minute in der Pflege, die Kosten pro Minute der Schnitt-Nahtzeit im OP und die Kosten pro GOÄ-Punkt im Labor. **Fehler! Verweisquelle konnte nicht gefunden werden.** gibt Anlage 5 zum DRG-Kalkulationshandbuch wieder. Die Tabelle enthält die Matrix der Kostenartengruppen und Kostenstellengruppen. Für jedes Feld ist mindestens eine Maßgröße angegeben, mit deren Hilfe die Ermittlung der Kalkulationssätze erfolgen soll. Meist wird eine Alternative für den Fall angegeben, dass das Dokumentationssystem keine präzise Bestimmung der Kostenverursachung erlaubt.

Tab. 2.31 Übersicht der für die Kostenträgerrechnung benötigten Daten (DRG-Kalkulationshandbuch)

Anlage 5	Personalkosten ärztlicher Dienst	Personalkosten Pflegedienst	Personalkosten med.-techn. Dienst/Funktionsdienst	Sachkosten Arzneimittel		Sachkosten Implantate/ Transplantate	Sachkosten übriger medizinischer Bedarf		Personal- und Sachkosten med. Infrastruktur	Personal- und Sachkosten nicht med. Infrastruktur
	1	2	3	4a	4b	5	6a	6b	7	8
Normalstation	Pflegetage	PPR-Minuten	Pflegetage	PPR-Minuten	Ist-Verbrauch Einzelkostenzuordnung	nicht relevant	PPR-Minuten	Ist-Verbrauch Einzelkostenzuordnung	Pflegetage	Pflegetage
Intensivstation	1. Gewichtete Intensivstunden 2. Intensivstunden	1. Gewichtete Intensivstunden 2. Intensivstunden	1. Gewichtete Intensivstunden 2. Intensivstunden	1. Gewichtete Intensivstunden 2. Intensivstunden	Ist-Verbrauch Einzelkostenzuordnung	Ist-Verbrauch Einzelkostenzuordnung	1. Gewichtete Intensivstunden 2. Intensivstunden	Ist-Verbrauch Einzelkostenzuordnung	Intensivstunden	Intensivstunden
Dialyseabteilung	1. Gewichtete Dialysen 2. Pflegetage Dialyseleistung	1. Gewichtete Dialysen 2. Pflegetage Dialyseleistung	1. Gewichtete Dialysen 2. Pflegetage Dialyseleistung	1. Gewichtete Dialysen 2. Pflegetage Dialyseleistung	Ist-Verbrauch Einzelkostenzuordnung	nicht relevant	1. Gewichtete Dialysen 2. Pflegetage Dialyseleistung	Ist-Verbrauch Einzelkostenzuordnung	1. Gewichtete Dialysen 2. Pflegetage Dialyseleistung	1. Gewichtete Dialysen 2. Pflegetage Dialyseleistung
OP-Bereich	Schnitt-Naht-Zeit mit GZF und Rüstzeit	nicht relevant	Schnitt-Naht-Zeit/ HLM-Zeit[3] mit GZF und Rüstzeit	Schnitt-Naht-Zeit mit Rüstzeit	Ist-Verbrauch Einzelkostenzuordnung	Ist-Verbrauch Einzelkostenzuordnung	Schnitt-Naht-Zeit mit Rüstzeit	Ist-Verbrauch Einzelkostenzuordnung	Schnitt-Naht-Zeit mit Rüstzeit	Schnitt-Naht-Zeit mit Rüstzeit
Anästhesie	Anästhesiologiezeit mit GZF[4]	nicht relevant	Anästhesiologiezeit	Anästhesiologiezeit	Ist-Verbrauch Einzelkostenzuordnung	nicht relevant	Anästhesiologiezeit	Ist-Verbrauch Einzelkostenzuordnung	Anästhesiologiezeit	Anästhesiologiezeit
Kreißsaal	1. Aufenthaltszeit Patientin im Kreißsaal 2. Anzahl Geburten	nicht relevant	1. Aufenthaltszeit Patientin im Kreißsaal 2. Anzahl Geburten	1. Aufenthaltszeit Patientin im Kreißsaal 2. Anzahl Geburten	Ist-Verbrauch Einzelkostenzuordnung	nicht relevant	1. Aufenthaltszeit Patientin im Kreißsaal 2. Anzahl Geburten	Ist-Verbrauch Einzelkostenzuordnung	1. Aufenthaltszeit Patientin im Kreißsaal 2. Anzahl Geburten	1. Aufenthaltszeit Patientin im Kreißsaal 2. Anzahl Geburten

[3] HLM: Herz-Lungen-Maschine.

[4] Der Gleichzeitigkeitsfaktor (GZF) gibt an, wie viele Personen gleichzeitig eine Tätigkeit verrichten. Beträgt beispielsweise die Schnitt-Naht-Zeit 60 Minuten und der Operateur wird während dieser Zeit 30 Minuten durch einen zweiten Arzt unterstützt, so ergibt sich ein GZF von 1,5 (=(60+30)/60).

2.2 Rechnungswesen

Tab. 2.32 Übersicht der für die Kostenträgerrechnung benötigten Daten (DRG-Kalkulationshandbuch), Fortsetzung

Anlage 5	Personalkosten ärztlicher Dienst	Personalkosten Pflegedienst	Personalkosten med.-techn. Dienst/ Funktionsdienst	Sachkosten Arzneimittel		Sachkosten Implantate/ Transplantate	Sachkosten übriger medizinischer Bedarf		Personal- und Sachkosten med. Infrastruktur	Personal- und Sachkosten nicht med. Infrastruktur
	1	2	3	4a	4b	5	6a	6b	7	8
Kardiologische Diagnostik/ Therapie	1. Eingriffszeit 2. Punkte lt. Leistungskatalog	nicht relevant	1. Eingriffszeit 2. Punkte lt. Leistungskatalog	1. Eingriffszeit 2. Punkte lt. Leistungskatalog	Ist-Verbrauch Einzelkostenzuordnung	Ist-Verbrauch Einzelkostenzuordnung	1. Eingriffszeit 2. Punkte lt. Leistungskatalog	Ist-Verbrauch Einzelkostenzuordnung	1. Eingriffszeit 2. Punkte lt. Leistungskatalog	1. Eingriffszeit 2. Punkte lt. Leistungskatalog
Endoskopische Diagnostik/ Therapie	1. Eingriffszeit 2. Punkte lt. Leistungskatalog	nicht relevant	1. Eingriffszeit 2. Punkte lt. Leistungskatalog	1. Eingriffszeit 2. Punkte lt. Leistungskatalog	Ist-Verbrauch Einzelkostenzuordnung	Ist-Verbrauch Einzelkostenzuordnung	1. Eingriffszeit 2. Punkte lt. Leistungskatalog	Ist-Verbrauch Einzelkostenzuordnung	1. Eingriffszeit 2. Punkte lt. Leistungskatalog	1. Eingriffszeit 2. Punkte lt. Leistungskatalog
Radiologie	Punkte lt. Leistungskatalog	nicht relevant	Punkte lt. Leistungskatalog	Punkte lt. Leistungskatalog	Ist-Verbrauch Einzelkostenzuordnung	Ist-Verbrauch Einzelkostenzuordnung	Punkte lt. Leistungskatalog	Ist-Verbrauch Einzelkostenzuordnung	Punkte lt. Leistungskatalog	Punkte lt. Leistungskatalog
Laboratorien	Punkte lt. Leistungskatalog	nicht relevant	Punkte lt. Leistungskatalog	Punkte lt. Leistungskatalog	Ist-Verbrauch Einzelkostenzuordnung	nicht relevant	Punkte lt. Leistungskatalog	Ist-Verbrauch Einzelkostenzuordnung	Punkte lt. Leistungskatalog	Punkte lt. Leistungskatalog
Übrige diagnostische und therapeut. Bereiche	1. Eingriffszeit 2. Punkte lt. Leistungskatalog	1. Eingriffszeit 2. Punkte lt. Leistungskatalog	1. Eingriffszeit 2. Punkte lt. Leistungskatalog	1. Eingriffszeit 2. Punkte lt. Leistungskatalog	Ist-Verbrauch Einzelkostenzuordnung	Ist-Verbrauch Einzelkostenzuordnung	1. Eingriffszeit 2. Punkte lt. Leistungskatalog	Ist-Verbrauch Einzelkostenzuordnung	1. Eingriffszeit 2. Punkte lt. Leistungskatalog	1. Eingriffszeit 2. Punkte lt. Leistungskatalog
Basiskostenstelle	nicht relevant	nicht relevant	nicht relevant	nicht relevant		nicht relevant	nicht relevant		nicht relevant	nicht relevant

Tab. 2.33   Matrix der durchschnittlichen Kosten für die DRG E77C [€]

Kostenbereich	Personalkosten:			Sachkosten:			Pers.- u. Sachkosten:				Summe
	Ärztl. Dienst	Pflegedienst	med./techn. Dienst	Arzneimittel	Implantate/Transplantate	Übriger med. Bedarf	med. Infrastruktur		nicht med. Infrastruktur		
	1	2	3	4a	4b	5	6a	6b	7	8	
01. Normalstation	280,60	694,20	61,90	65,90	4,40	0,00	55,00	5,70	105,90	336,50	1.610,00
02. Intensivstation	7,20	18,10	1,00	2,50	0,10	0,00	2,50	0,10	1,70	5,70	38,80
04. OP-Bereich	0,20	0,00	0,20	0,00	0,00	0,00	0,20	0,00	0,10	0,10	0,80
05. Anästhesie	0,40	0,00	0,30	0,00	0,00	0,00	0,10	0,00	0,00	0,10	0,90
07. Kardiologische Diagnostik/Therapie	1,50	0,00	1,60	0,10	0,00	0,00	0,70	0,10	0,30	0,70	5,00
08. Endoskopische Diagnostik/Therapie	5,40	0,00	5,70	0,30	0,00	0,10	2,10	0,10	1,70	2,30	17,70
09. Radiologie	16,80	0,00	25,90	0,40	0,00	0,30	11,20	2,40	9,40	11,70	78,20
10. Laboratorien	7,80	0,00	51,70	3,40	1,50	0,00	37,60	5,50	4,60	14,80	127,00
11. Übrige diagnostische und therapeutische Bereiche	26,70	1,70	52,40	0,80	0,10	0,00	5,70	0,90	6,20	18,50	112,90
12. Basiskostenstelle	0,00	0,00	0,00	0,00	0,00	0,00	0,00	0,00	0,00	314,50	314,50
Summe:	346,60	714,10	200,60	73,40	6,10	0,40	115,10	14,80	129,90	704,90	2305,80

Abschließend erfolgt die Ermittlung der Fallkosten, in dem die Ressourcenverbräuche (z.B. Pflegeminuten) mit den jeweiligen Kostensätzen (z.B. Kosten pro PPR-Minute) multipliziert werden. Die Summe der Gemeinkosten und -einzelkosten ergibt die Gesamtkosten.

Das DRG-Kalkulationshandbuch stellt Standards der Kalkulation auf, um eine verlässliche Datengrundlage für die Berechnung der Relativgewichte durch das InEK zu haben. Da dieses Verfahren auf Basis der Vollkostenrechnung arbeitet, ist es auch mit den Problemen dieses Kostenrechnungssystems belastet. Die Schlüsselung auf Kostenstellen ist kaum verursachergerecht zu gestalten, so dass von einer präzisen Berechnung nicht ausgegangen werden kann. Das Handbuch lässt viele Alternativen offen, so dass die Ergebnisse der Krankenhäuser kaum verglichen werden können. Eine Aussage über Kostenverhalten bei veränderter Fallzahl ist auf Grundlage dieses Systems ebenfalls nicht möglich.

Die Bedeutung der Teilnahme an der DRG-Kalkulation ist wichtig, da Krankenhäuser hiermit Einfluss auf die Relativgewichte nehmen können. Beispielsweise führte der geringe Anteil von Universitätskrankenhäusern unter den Datenlieferanten in den ersten Jahren dazu, dass kostenintensive Ausreißer kaum berücksichtigt wurden. Weiterhin können die Daten des InEK hilfreich sein, um die eigene Kostensituation zu beurteilen. **Fehler! Verweisquelle konnte nicht gefunden werden.** zeigt beispielsweise die Matrix der durchschnittlichen Kosten für die DRG E77C gemäß DRG-Browser 2004/6. Abweichungen hiervon können Hinweise auf Effizienzspielräume bieten. Aber weder das Kalkulationsverfahren noch seine Ergebnisse dürfen überinterpretiert werden. Sie erlauben methodisch so viele Freiräume, dass die Daten unterschiedlicher Krankenhäuser kaum vergleichbar sind. Obwohl viele Berater Analysen auf Basis der veröffentlichten InEK-Kalkulationsdaten anbieten, sind sie als Steuerungs- bzw. Controllinginstrument tendenziell ungeeignet.

Zusammenfassend können wir festhalten, dass die Kosten- und Leistungsrechnung dem Krankenhausmanagement wichtige Instrumente der Koordination bietet. Das interne Rechnungswesen ist deshalb für viele auch der Inbegriff des Controllings. Entscheidend ist bei allen Instrumenten, dass sie nicht wahllos eingesetzt werden, sondern zielgerichtet Antworten auf konkrete Fragen suchen. Grundlage ist hierfür die Buchhaltung. Sie liefert nicht nur Daten für das interne Rechnungswesen, sondern unterstützt auch weitere Instrumente des Controllings, insbesondere die Budgetierung.

2.3 Budgetierung

Ein Budget ist ein Finanzplan, d.h. die Gegenüberstellung der geplanten Zugänge und Abhänge finanzieller Mittel in einer Periode. Da der finanzwirtschaftliche Funktionskreis das Spiegelbild des leistungswirtschaftlichen Funktionskreises ist, spiegelt der Finanzplan die Sachpläne des Unternehmens wider. Budgetierung ist damit nur eine andere Ausdrucksform des realen Planungsprozesses im Unternehmen.

Budgets können unterschiedliche Sach- und Zeitbezüge haben. Im Bankensektor kann eine stundenweise Planung von Einzahlungen und Auszahlungen sinnvoll sein, um die ständige

Liquidität zu garantieren. In der Regel umspannen Budgets jedoch Monate bis wenige Jahre, wobei im Krankenhauswesen das Jahresbudget dominiert. Budgets können sich auf das gesamte Krankenhaus, Fachabteilungen oder Projekte erstrecken, wobei Teilbudgets zu einem Masterbudget zusammengefasst werden sollten. Das Masterbudget erfüllt die Aufgabe der Koordination zwischen den Teilbudgets, so wie die untergeordneten Finanzpläne die Aktivitäten der Fachabteilungen oder Projekte koordinieren. Budgetierung ist damit ein Koordinations- bzw. Controllinginstrument.

In der Allgemeinen Betriebswirtschaftslehre ist das Budget ausschließlich eine Methode der internen Steuerung. Im Krankenhaus jedoch wird der Begriff doppelsinnig verwendet. Das externe Budget ist der Entgeltbetrag, der dem Krankenhaus als Ergebnis der Entgeltverhandlung für eine Periode (in der Regel ein Jahr) zur Verfügung steht. Genau genommen handelt es sich also bei der externen Budgetierung nicht um einen Controllingprozess, sondern um einen Aspekt der Finanzierung. Interne Budgets hingegen koordinieren die Finanzströme der Abteilungen und entsprechen der traditionellen Budgetierungsvorstellung der Allgemeinen BWL.

2.3.1 Externe Budgetierung

Die Entgeltverhandlung und das daraus resultierende externe Budget sind essenziell für den wirtschaftlichen Erfolg eines Krankenhauses. Auch wenn es dem wissenschaftlichen Anspruch des Controllings als Koordinierungsinstrument widerspricht, ist die Bereitstellung der notwendigen Informationen für die externe Budgetierung die Hauptaufgabe vieler Krankenhauscontroller in der Praxis. Sie werden zum Zahlenknecht, der die Aufstellung der Entgelte und Budgetberechnung (AEB) erarbeitet, die Krankenhausleitung mit harten Fakten in der Verhandlung mit den Krankenkassen unterstützt und sehr genau auf die Einhaltung des externen Budgets achtet.

Für die Entgeltverhandlungen werden vor allem die Leistungsdaten des Krankenhauses benötigt. Darüber hinaus muss das Krankenhauscontrolling die Entgeltverhandlungen noch mit weiteren Berechnungen unterstützen. Zum einen müssen die Selbstkosten der Leistungen nachgewiesen werden, für die (noch) keine Fallpauschalen fixiert sind. Hierzu muss ein Kostennachweis vorgelegt werden. Weiterhin verlangen die Krankenkassen häufig einen Nachweis wirtschaftlichen Handelns, der mit Hilfe von Kostenanalysen geführt wird.

Im Zeitraum zwischen den Budgetverhandlungen überwacht das Krankenhauscontrolling die Einhaltung der Vorgaben des Budgets und gibt den Entscheidungsträgern Entscheidungsunterstützung, wie sie die dem Budget zu Grunde liegenden Sachziele erreichen. Die Budgetüberwachung und Erfolgssteuerung erfordern einen ständigen Vergleich der Kosten und Erlöse des Krankenhauses. Die Erlöse ergeben sich – etwas vereinfacht – als Produkt des Case Mix und des Basisfallwertes. Da der Basisfallwert extern gegeben ist, sind im DRG-Zeitalter der Case Mix und die Kosten die entscheidenden Steuerungsgrößen, die der Krankenhauscontroller planen und überwachen muss.

2.3 Budgetierung

$$B = l \cdot CM = l \cdot \sum_{i=1}^{n} CW_i, \text{ wobei}$$

B	Budget
l	Basisfallwert
CM	Case Mix
CW_i	Bewertungsrelation von Fall i
n	Zahl der Fälle im Krankenhaus in einer Periode

Die Bewertungsrelation eines Falles ist im Fallpauschalenkatalog ausgewiesen, wobei bei Über- und Unterschreitung einer oberen bzw. unteren Grenzverweildauer Zu- bzw. Abschläge anfallen. Abb. 2.13 zeigt die Höhe des Relativgewichts eines Falles in Abhängigkeit von seiner Verweildauer.

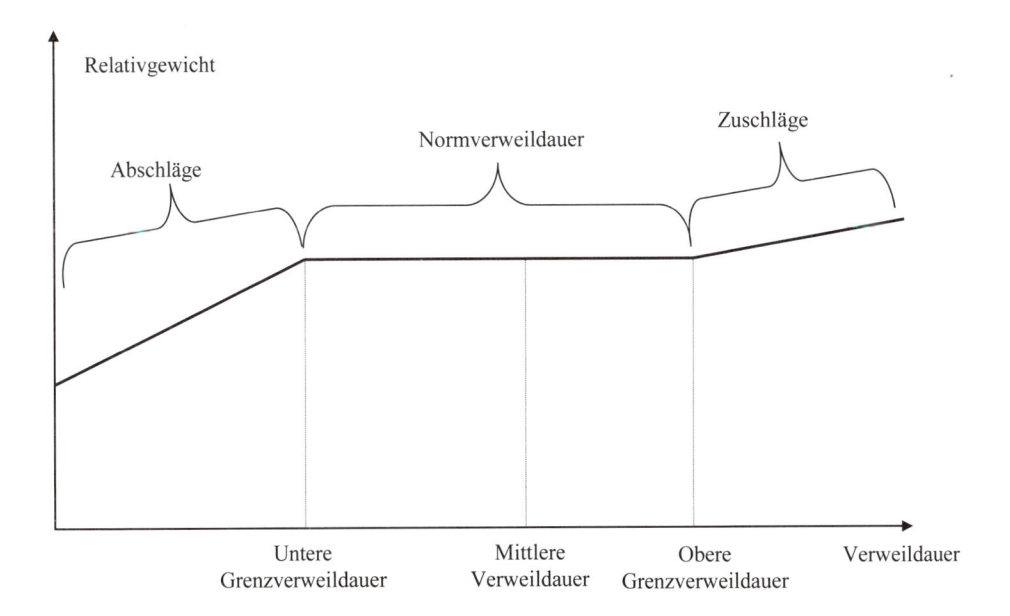

Abb. 2.13   Entgelt in Abhängigkeit von der Verweildauer

Das Krankenhauscontrolling überwacht, dass der Case Mix als Summe der Relativgewichte erreicht wird und unterstützt die Ärzte bei ihren Entscheidungen. Beispielsweise sollte das Controlling Informationen über den optimalen Entlassungszeitpunkt geben. Betrachtet man allein die Fallerlöse pro Tag, so ist eine möglichst frühzeitige Entlassung anzuraten, häufig noch vor Erreichen der unteren Grenzverweildauer. Es müssen allerdings auch die Kosten berücksichtigt werden. Häufig ist eine schnelle Heilung kostenintensiver als eine Heilung innerhalb der Normalverweildauer. Betriebswirtschaftlich optimal ist deshalb eine Entlassung zu dem Zeitpunkt, an dem die Differenz aus Kosten- und Erlöskurve maximal ist.

Das Institut für das Entgeltsystem im Krankenhaus (InEK) kalkuliert die Bewertungsrelation so, dass das durchschnittliche Krankenhaus mit durchschnittlicher Plankostenkurve bei der mittleren Verweildauer exakt seine Kosten deckt. Das Deckungsbeitragsmaximum liegt bei der unteren Grenzverweildauer. Abb. 2.14 zeigt die Erlös- und Plankostenkurven nach InEK. Durch diese Festlegung besteht ein Anreiz für das Krankenhaus, die Verweildauer auf die untere Grenzverweildauer zu senken, es existiert jedoch keine Begründung für eine Unterschreitung dieses Wertes.

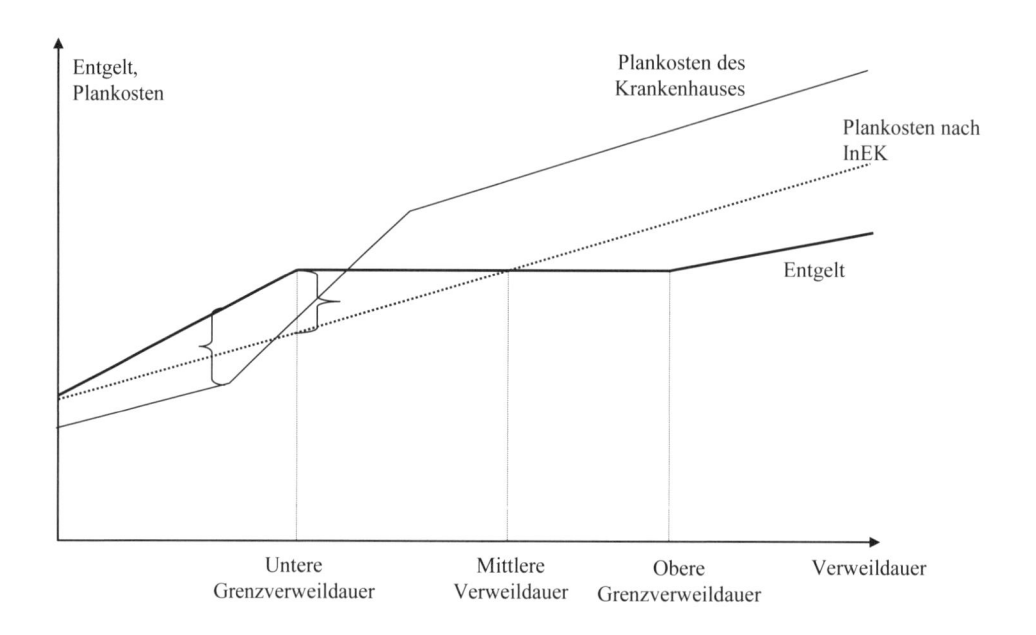

Abb. 2.14 Entgelt und Kosten in Abhängigkeit von der Verweildauer

Abb. 2.14 zeigt weiterhin, dass die individuelle Verweildauerentscheidung von dieser Regel abweichen kann, wenn die Plankostenkurve anders verläuft als dies vom InEK angenommen wird. Eine Entscheidung über die Verweildauer und damit über den Case Mix ist deshalb von der Kenntnis der Plankostenkurve abhängig. Ihre Ermittlung ist eine wichtige Aufgabe des Krankenhauscontrollings. Hierzu muss der Controller die Kostenstruktur (Fixkosten und variable Kosten) und die Reagibilität auf Auslastungsschwankungen (linearer, progressiver, degressiver oder S-förmiger Kostenverlauf) kennen.

Schwierig ist hierbei die Behandlung der Opportunitätskosten. Bei voller Kapazitätsauslastung des Krankenhauses impliziert eine Aufnahme stets auch Opportunitätskosten in Höhe der entgangenen Erlöse durch die notwendige Abweisung eines anderen Patienten. Ist jedoch die Nachfrage geringer als die Kapazität, entstehen keine Opportunitätskosten. Tab. 2.34 gibt ein Beispiel hierfür.

2.3 Budgetierung

Wird der Patient am sechsten Tag entlassen, so erhält das Krankenhaus ein Entgelt in Höhe von 3.000 €. Wird er hingegen am fünften Tag entlassen, so beträgt das Entgelt 2.600 €. Dem stehen in diesem Beispiel variable Kosten von 2.100 € (=350 €/d · 6 d) bzw. 1.750 € (=350 €/d · 5 d) entgegen. Falls eine unbegrenzte Zahl von Patienten verfügbar und das Krankenhaus voll ausgelastet ist, impliziert die Entlassung am sechsten Tag gegenüber der Entlassung am fünften Tag einen Erlösausfall von 500 €, weil das Bett erneut belegt werden kann. Der Patient sollte folglich am fünften Tag entlassen werden. Besteht jedoch keine Möglichkeit, das Bett wieder zu belegen, so sollte der Patient erst am sechsten Tag entlassen werden, weil die 400 € des vermiedenen Abschlags höher sind als die zusätzlichen Kosten in Höhe von 350 €.

Tab. 2.34 Opportunitätskosten und Auslastung (Beispiel)

DRG-Entgelt	3000 €
Untere Grenzverweildauer	5 Tage
Abschlag für Unterschreitung	400 € pro Tag
Ist-Verweildauer	6 Tage
Variable Kosten	350 € pro Tag

Das Krankenhauscontrolling muss folglich die Plankosten ermitteln, die Kostenverläufe überwachen, Aufnahme- und Entlassungshilfen in Abhängigkeit von der jeweiligen Auslastung geben und die Entscheidungen bzgl. der Überweisung an andere Einrichtungen unterstützen. Die leider immer noch in der Praxis anzutreffende ausschließliche Ausrichtung an den maximalen Erlösen führt zu keinen rationalen Entscheidungen. Vielmehr müssen auch die Kosten, inklusive der Opportunitätskosten berücksichtigt werden.

Ein weiteres Ziel des Krankenhauscontrollings, das aus der Überwachung des externen Budgets hervorgeht, ist die Mengen- und Gewichtssteuerung des ganzen Krankenhauses. Überschreitet ein Krankenhaus den vereinbarten Case Mix, so muss es am Jahresende einen Teil der Entgelte zurückerstatten. Beispielsweise zahlt ein Krankenhaus für jeden über dem Plan erbrachten Case Mix Punkt 65% an die Krankenkassen zurück und behält 35%. Auf der anderen Seite erhält das Krankenhaus für Minderleistungen, d.h. für eine Leistungsmenge unterhalb des Planansatzes, einen Ausgleich. Bislang beträgt dieser Ausgleich für nicht erbrachte Leistungen 40%. Mit dem GKV-WSG 2007 ist eine Reduktion auf 20% vorgesehen.

Abb. 2.15 zeigt die Erlöskurven. Das Krankenhaus erhält für geleistete Case Mix Punkte ein Entgelt, das jedoch nur eine Abschlagszahlung darstellt. Falls es – theoretisch – überhaupt keine Leistung erstellt und damit keine Abschlagszahlung bekommt, erhält es wenigstens noch 40% des ursprünglich ausgehandelten Budgets. Für den realistischen Fall, dass die Plankostenkurve einen Fixkostenanteil von über 40% aufweist, impliziert dieses System einen Anreiz zum Erreichen des vereinbarten Case Mix. Überschreitet hingegen das Krankenhaus den budgetierten Case Mix, so kann es trotz der Rückzahlung einen Gewinn machen, wenn sein Fixkostenanteil über 65% liegt. Tendenziell hat ein Krankenhaus deshalb einen Anreiz zur Leistungsmengenausweitung.

Entgelt, Kosten

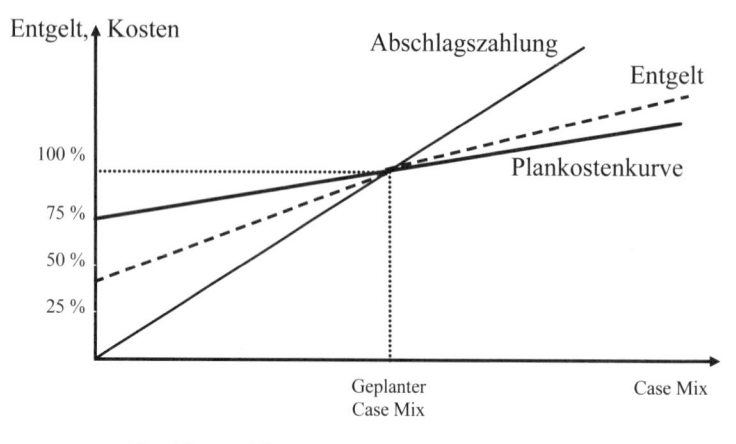

Abb. 2.15 Ausgleichszahlungen

Tab. 2.35 zeigt ein Zahlenbeispiel für die entsprechenden Ausgleiche. Wir gehen von einem vereinbarten Case Mix von 5.000 und einem Basisfallwert von 4.000 € aus. Damit ergibt sich ein Budget von 20.000.000 €. Bis zum Periodenende wurde ein Case Mix von 5.500 geleistet, was einer Abschlagszahlung von 22.000.000 € entspricht. Von den 2.000.000 € oberhalb des Budgets darf das Krankenhaus allerdings nur 35% (700.000 €) behalten. Die Differenz in Höhe von 1.300.000 € muss es zurückbezahlen, das endgültige Entgelt beträgt 20.700.000 €. Ceteris paribus führt ein Case Mix von 4.500 zu einer Abschlagszahlung von 18.000.000 €. Von der Differenz (20.000.000 € - 18.000.000 € = 2.000.000 €) erhält das Krankenhaus 40%, d.h. 800.000 €. Das endgültige Entgelt beträgt 18.800.000 €.

Tab. 2.35 Ausgleichszahlungen (Beispiel)

	Plan
Budget	20.000.000 €
Geplanter Case Mix	5.000
Fixkosten	14.000.000 €
variable Kosten bei Planauslastung	6.000.000 €

Die Kostenanalyse ergibt, dass bei Planauslastung Kosten in Höhe von 20.000.000 € anfallen, wovon 14.000.000 € Fixkosten sind. Damit betragen die variablen Kosten 1.200 € pro Case Mix Punkt. Bei einer Mehr- bzw. Minderleistung von 10% (Case Mix von 5.500 bzw. 4.500) ergeben sich damit Plankosten von 20.600.000 € (=14.000.000 € + 5.500·1.200€) bzw. 19.400.000 € (=14.000.000 € + 4.500·1.200 €) und somit ein Überschuss von 100.000 € im Falle der Mehrleistung bzw. ein Defizit von 600.000 € im Fall der Minderleistung.

Ein Krankenhaus hat deshalb in der Regel ein Interesse, einen möglichst hohen Case Mix zu erreichen. Da man davon ausgeht, dass eine Mengenausweitung zu einer Reduktion der Stückkosten und (über Lerneffekte) zu einem Anstieg der Qualität führt, ist dies auch politisch intendiert. Die leistungsschwächeren Häuser sollen langfristig zugunsten der größeren Häuser abgebaut werden. Für das einzelne Haus ist allerdings nicht nur die Fallzahl, sondern vor allem die Fallschwere für den Case Mix relevant. Damit eröffnen sich Steuerungsmöglichkeiten, die eines professionellen Controllings bedürfen.

Zusammenfassend können wir festhalten, dass das Krankenhauscontrolling essenzielle Informationen für die Entgeltverhandlungen mit den Krankenkassen bereitstellt. Darüber hinaus muss es die Einhaltung des Budgets überwachen. Hierzu muss es die Plankostenkurve schätzen (insbesondere das Kostenverhalten bzw. die Reagibilität auf Auslastungsschwankungen), die Erlös- bzw. Kostenentwicklung überwachen, den leitenden Ärzte Information geben, welche Fallgruppen verstärkt zu behandeln sind, damit der geplante Case Mix erreicht wird, und die Entwicklung des Case Mix ständig überwachen und prognostizieren. Wichtige Instrumente hierfür sind die internen Budgets, die im folgenden Abschnitt diskutiert werden.

2.3.2 Interne Budgetierung

Die interne Budgetierung dient primär der Koordinierung betrieblichen Aktivitäten. Sie umfasst den Gesamtmanagementkomplex der Entwicklung, Durchführung und Kontrolle des Budgets. Wie Abb. 2.16 zeigt, folgt die interne Budgetierung dem klassischen Managementzyklus und ist damit ein alle Funktionen des Managements umfassendes Instrument der Planung, Implementierung und Kontrolle betrieblicher Aktivitäten.

Mit Hilfe von internen Budgets werden unterschiedliche Pläne und Dimensionen koordiniert. Dies beinhaltet erstens eine Abstimmung zwischen den Plänen der Abteilungen, z.B. bzgl. der Leistungsmengen, den Kapazitätsanforderungen, den Verrechnungspreisen und den Erlösanteilen. Plant beispielsweise die chirurgische Fachabteilung a Patienten einer bestimmten DRG und die Operationsabteilung nur b Patienten derselben DRG, so wird diese Diskrepanz bei dem Abgleich der Budgets auffallen. Zweitens erfolgt durch interne Budgets eine Synchronisation der kurz-, mittel- und langfristigen Pläne. Operative, taktische und strategische Budgets müssen konsistent aufgestellt sein, d.h. auseinander hervorgehen. Schließlich erlauben die internen Budgets den Managern eine schnelle und klar verständliche Sprache, mit der sie ihre unterschiedlichen Aktionsfelder (z.B. medizinischer und kaufmännischer Vorstand) aufeinander beziehen können. Ein professionell erstelltes internes Budget ist so etwas wie eine allgemein verständliche Landkarte, nach der sich alle weiteren Aktivitäten richten können.

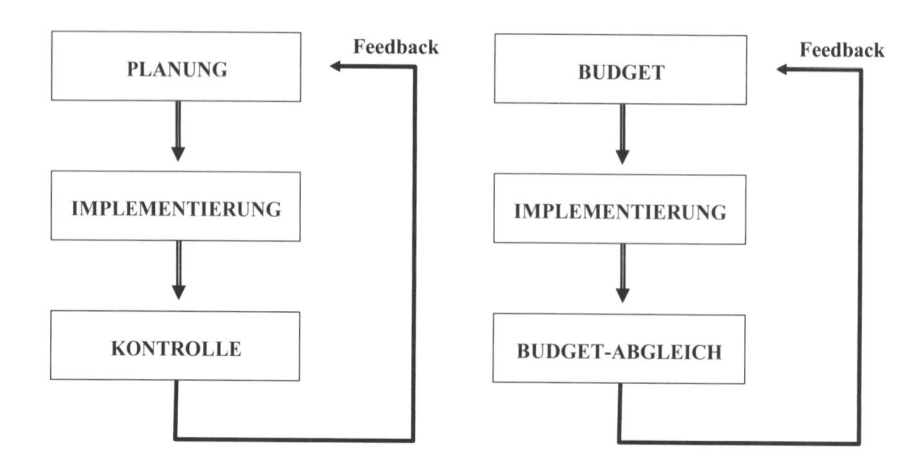

Abb. 2.16 Interne Budgetierung

Interne Budgets können Top-Down, Bottom-Up oder im Gegenstromverfahren aufgestellt werden. Beim Top-Down Verfahren erfolgt die Vorgabe des Gesamtbudgets durch die Unternehmensleitung. Der Controller gliedert dieses Budget auf die einzelnen Subsysteme auf, häufig unter Hilfestellung der Abteilungsleiter. Da das Krankenhaus häufig von der Zielvorgabe des externen Budgets aus denkt und aus ihr alle internen Budgets ableitet, werden interne Budgets auch häufig Top-Down entwickelt.

Beim Bottom-Up Verfahren entwickeln die Abteilungsleiter die Abteilungsbudgets, wobei sie sich selbständig untereinander abstimmen. Die Unterstützung des Controllers beschränkt sich in dieser Phase auf wenige fachliche Hilfestellungen. Anschließend fasst der Controller die einzelnen Abteilungsbudgets zu einem Gesamtbudget zusammen. Der Nachteil dieses partizipativen Verfahrens besteht darin, dass die Synchronisation der Abteilungsbudgets mit dem externen Budget sowie mit den strategischen Plänen der Unternehmensleitung nicht gewährleistet ist.

Das Gegenstromverfahren kombiniert beide Verfahren, um ihre jeweiligen Schwächen zu überwinden. Die Budgetentwicklung erfolgt als Regelkreis, bei dem die einzelnen Ebenen (Gesamtunternehmen, Abteilungen) mehrfach durchlaufen werden, bis vollständig koordinierte Abteilungs- und Gesamtbudgets entstanden sind. Der Nachteil ist ein größerer Zeit- und Koordinationsbedarf. Beispielsweise könnten folgenden Schritte (mehrfach) gegangen werden:

- Schritt 1: Top-Down-Ansatz: Die Unternehmensleitung entwickelt einen Vorschlag für das Gesamtbudget sowie Grobentwürfe der Abteilungsbudgets.
- Schritt 2: Buttom-Up-Ansatz: Aufbauend auf diesen Vorschlägen entwickeln die Abteilungen ihre Abteilungsbudgets.
- Schritt 3: Koordination: Der Controller vergleicht die Abteilungsbudgets untereinander und mit dem Gesamtbudget. Er entwickelt einen Vorschlag für koordinierte Budgets.
- Schritt 4: Feedback: Der Controller informiert die Abteilungsleiter über veränderte Budgets.

- Schritt 5: Iterativer Prozess: Die Abteilungen entwickeln konsolidierte Abteilungsbudgets auf Grundlage des Ergebnisses von Schritt 4. Die Schritte 3 bis 5 werden wiederholt.
- Schritt 6: Abbruch: Sobald alle Gesamt- und Abteilungsbudgets vollständig konsolidiert sind, bricht das Verfahren ab.

Bei der Aufstellung von internen Budgets sollten so genannte Budgetgrundsätze berücksichtigt werden. Erstens sollte für jedes Budget ein Budgetverantwortlicher bestimmt werden. Da Budgets oftmals für Kostenstellen (z.B. Abteilungen) aufgestellt werden, ist eine Identität von Kostenstellen- und Budgetverantwortlichen häufig sinnvoll. Zweitens sollten Budgets stets unter Einbeziehung möglichst vieler Beteiligter entwickelt werden (partizipative Entwicklung). Dadurch werden ein breiter Informationspool, eine geradlinige Durchsetzung und eine automatische Koordination der Teilpläne garantiert. Drittens sollte in Budgets ein getrennter Ausweis von beeinflussbaren und nicht-beeinflussbaren Kosten erfolgen. Dadurch erhält der Budgetverantwortliche einen Überblick über alle relevanten Finanzströme seines Budgetbereichs, kann jedoch klar unterscheiden, für welche Ströme er verantwortlich gemacht werden kann. Gemeinkostenzuschlüsselungen innerhalb von Budgets sind problematisch, insbesondere wenn man nicht erkennen kann, wie man sie beeinflussen kann. Viertens sollten Budgets so gestaltet werden, dass sie motivierend wirken. Sie stellen Ziele dar, die einen Ansporn für tägliches Handeln bilden. Sind diese Zielvorgaben von Anfang an unerreichbar, demotivieren Budgets. Schließlich sollten die Zielvorgaben der Budgets möglichst frühzeitig mit den realen Ergebnissen der Budgetimplementierung verglichen werden, um einen Feedback für die laufende Umsetzung in der noch verbleibenden Budgetrestlaufzeit zu gewährleisten. Vergleicht man Soll und Ist erst am Ende des Budgetzeitraums, ist ein Eingreifen nicht mehr möglich. Als Instrument hierfür dient der Budgetabgleich, der im Krankenhaus in der Regel monatlich erfolgen sollte.

Tab. 2.36 gibt ein stark vereinfachtes Beispiel für einen Budgetabgleich. Die Soll-Ausgaben für März 2007 werden den Ist-Ausgaben für März 2007 gegenübergestellt. Die absolute Abweichung gibt einen Hinweis darauf, wo die tatsächlichen Ausgaben über den geplanten Ausgaben lagen. In den weiteren Perioden müssen hier Einsparungen erfolgen, da sonst der Planansatz am Jahresende nicht erreicht werden kann. Dies setzt allerdings voraus, dass das Soll dieses Monats nicht einfach 1/12 des Jahreswertes ist. Vielmehr müssen monatliche Schwankungen der Nachfrage, des Personalbestandes und der Kosten (z.B. Weihnachtsgeld, Urlaubsgeld) etc. in der Budgetberechnung pro Monat berücksichtigt werden. Die relative Abweichung zeigt die Größe des Planungsfehlers.

Tab. 2.36 Budgetabgleich

	Budget März 2007 [€]	**Ist März 2007 [€]**	Abweichung	
			Absolut [€]	Relativ [%]
Personal	633.600	680.753	47.153	7,44%
Sachmittel	414.805	482.333	67.528	16,28%
Innerbetriebliche Leistungsverrechnung	15.426	15.287	-139	-0,90%
Instandhaltung	39.800	39.775	-25	-0,06%
Gesamt	1.103.631	1.218.148	114.517	10,38%

Das interne Budget ist ein wichtiges Instrument zur Koordination und Steuerung des Krankenhausbetriebes. Relativ einfach ist die Budgeterstellung für Hauptabteilungen, wenn sie kaum Dienstleistungen anderer Abteilungen beziehen. Hier können die Erlöse für die behandelten Fälle als Summe der DRG-Entgelte direkt der Abteilung gutgeschrieben werden. Gleichzeitig können die Kosten, die überwiegend direkt in dieser Abteilung anfallen, hier berücksichtigt werden. Sobald jedoch vorgelagerte Kostenstellen Dienste für die Hauptabteilung erbringen, müssen Kosten und / oder Erlöse zwischen Abteilungen verrechnet werden.

Kosten fallen an einer bestimmten Kostenstelle an und werden dort auch budgetmäßig berücksichtigt. Die Erlöse hingegen werden der Hauptabteilung gutgeschrieben, aus der der Patient entlassen wird. Erlöse und Kosten desselben Behandlungsfalles fallen damit an unterschiedlichen Stellen an und müssen für eine verursachergerechte Zurechnung aufeinander bezogen werden, d.h., mit Hilfe geeigneter Verfahren müssen die zuliefernden Haupt- und Nebenprozesse einen Teil der Erlöse und die Hauptabteilungen einen Teil der Kosten der vorgelagerten Abteilungen erhalten.

Hierzu stehen grundsätzlich zwei Möglichkeiten zur Verfügung: Erlössplitting und innerbetriebliche Leistungsverrechnung. Beim Erlössplitting wird ein verursachergerechter Anteil des Erlöses auf die zuliefernde Abteilung übertragen. Hierzu sind geeignete Schlüssel zu definieren, nach denen der Gesamterlös verteilt wird. Die Schlüssel können entweder selbst ermittelt oder aus der InEK-Kostentabelle für die entsprechende DRG übernommen werden. Erlössplitting eignet sich insbesondere für Fälle, die gemeinsam von zwei Hauptabteilungen betreut wurden.

Bei der innerbetrieblichen Leistungsverrechnung geht man genau den umgedrehten Weg. Die Vorleistungen werden jeweils als Kostenträger verstanden, dessen Stückkosten ermittelt und anschließend der Hauptkostenstelle in Rechnung gestellt werden (Verrechnungspreise). Die innerbetriebliche Leistungsverrechnung erfordert deshalb eine detaillierte Kostenrechnung, die die Kosten pro Leistungseinheit möglichst exakt kalkuliert. Häufig werden pauschale Verrechnungspreise (z.B. Kosten pro durchschnittlichem Röntgenbild, Kosten pro durchschnittlichem Konsil, Laborkosten pro Anforderung bzw. Patient) ermittelt, die jedoch keine wirklich verursachergerechte Verrechnung der angefallenen Kosten auf die Hauptkostenstellen erlaubt. Diese Durchschnittsbetrachtung würde beispielsweise vernachlässigen, dass die Zahl der angeforderten Laborleistungen pro Fall in der inneren Medizin doppelt so hoch ist wie in der Chirurgie und fast siebenmal so hoch wie in der Hals-Nasen-Ohren-Heilkunde. Ebenso unterscheiden sich die Anforderungen und Kosten pro Leistung zwischen den einzelnen DRGs. Beispielsweise ist ein MRT der Hand weniger ressourcenintensiv als ein MRT des Brustraums.

Angemessener ist die Ermittlung eines differenzierten, krankenhausspezifischen Verrechnungspreises, z.B. als Kosten pro Schnitt-Nahtzeit Minute, Kosten pro Konsilminute oder Kosten pro GOÄ-Punkt. Mit Hilfe exakter Aufzeichnung können anschließend die Anforderungen der Hauptabteilung mit Kosten bewertet und diesen in Rechnung gestellt werden. Dieses Vorgehen eignet sich sowohl ex-post (Verrechnungspreis = Ist-Kosten / Ist-Auslastung) im Rahmen der Erfolgsrechnung als auch ex-ante (Verrechnungspreis = Plan-Kosten / Plan-Auslastung) im Rahmen der Budgetierung.

2.3 Budgetierung

Verrechnungspreise können fest sein oder variabel auf Auslastungsschwankungen reagieren, und dementsprechend gibt es starre und flexible interne Budgets. Abb. 2.17 zeigt, dass ein starres Budget einer Zulieferabteilung unabhängig von der Leistungsmenge fixiert ist. Es entspricht den Plankosten bei Planauslastung, und der Verrechnungspreis ergibt sich als Quotient aus Budget und Planauslastung. Der Vorteil besteht in der großen Einfachheit und der guten Planbarkeit. Der Nachteil ist eine Ungerechtigkeit im Falle einer Abweichung von der Planleistung. Für die Zulieferabteilung impliziert eine geringere Abnahme einen Verlust, während eine Mengenüberschreitung impliziert, dass die Hauptabteilung höhere Preise an die Zulieferabteilung bezahlen muss, als dies durch die Kosten gerechtfertigt ist.

Alternativ hierzu kann ein flexibles Budget eingeführt werden, bei dem sich das Budget mit der Leistungsmenge nach Vorgabe der Plankostenkurve ändert. Die höhere Leistungsgerechtigkeit wird mit dem Nachteil einer schlechteren Planungsgrundlage und einem erheblichen Aufwand für die Schätzung der Plankostenkurve bezahlt. Für die Leitung der Zulieferabteilung ist dies höchst unbefriedigend, da sie nie ex-ante bestimmten kann, welche Preise sie für ihre Leistungen erhält. Das Budget enthält eine Formel, keinen Wert. Auf der anderen Seite besteht bei diesem Verfahren ein Anreiz für effizientes Handeln, da die Zulieferabteilung nur Überschüsse erwirtschaften kann, wenn die Istkostenkurve unterhalb der Plankostenkurve bleibt.

Die Überwachung des externen Budgets und die Aufstellung und Kontrolle der internen Budgets sind wichtige Aufgaben des Krankenhauscontrollings. Sie hängen unmittelbar mit der Kosten- und Leistungsrechnung zusammen, haben jedoch weniger den ex-post Charakter, sondern stellen primär Planungsrechnungen der Finanzströme dar. Darüber hinaus benötigt die Koordination und Steuerung der Krankenhausprozesse jedoch auch Leistungsstatistiken, die nicht auf monetäre Werte zurückführbar sind. Sie werden im nächsten Kapitel diskutiert.

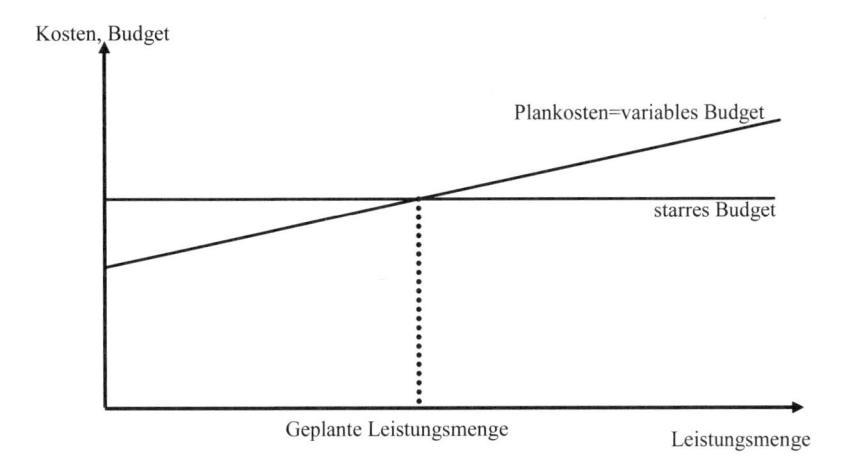

Abb. 2.17 Starres und variables internes Budget

2.4 Betriebsstatistik

Die Betriebsstatistik dient der Bereitstellung von Kennzahlen für die Koordination und Steuerung des Unternehmens. Als Kennzahl bezeichnet man allgemein eine Messgröße, die in stark verdichteter Form und auf eine relativ einfache Weise über einen betrieblichen Tatbestand informiert. Absolute Kennzahlen sind Summen, Mittelwerte (arithmetisches Mittel, Modus, Median) und Abweichungen (Differenzen, absolute Abweichung vom Mittelwert, Standardabweichung, Varianz, standardisierter Abweichungskoeffizient). Verhältniskennzahlen hingegen bilden einen Quotienten zwischen zwei Messgrößen (z.B. Belegungsgrad, Personalumschlag, Fallkosten etc.).

Kennzahlen müssen verschiedenen Anforderungen genügen. Erstens soll die in ihnen enthaltene Information zur Lösung einer gestellten Aufgabe geeignet sein (Zweckeignung), wobei so viel Information wie nötig, aber so wenig wie möglich für die Problemlösung zur Verfügung gestellt werden sollte. Der Information Overload ist unter Umständen schlimmer als eine Unterinformation, da das Krankenhausmanagement in der Fülle der Informationen das Betriebsziel aus den Augen verlieren könnte. Kennzahlen haben dieselbe Funktion wie die Instrumente des Cockpits in einem Flugzeug, und die Erfahrung zeigt, dass zu viele Instrumente und Informationen den Piloten überfordern. Zweitens müssen Kennzahlen möglichst genau sein. Sie müssen gut mit der Realität übereinstimmen und sehr präzise Informationen (Bezeichnung, Abgrenzung, Bewertung im Zeitverlauf) geben. Drittens müssen sie aktuell sein, d.h., der zeitliche Abstand zwischen frühest möglicher Ermittlung und dem zu Grunde liegenden Bezugszeitpunkt bzw. -zeitraum sollte gering sein. Drittens unterliegen auch Kennzahlen dem ökonomischen Effizienzanspruch, d.h., die Kosten für die Beschaffung und der Nutzen aus der Verwertung der Information sollten in einem guten Verhältnis stehen.

Tab. 2.37 zeigt einige Beispiele für Kennzahlen. Jede Kennzahl kann als Ist-, Plan- und Entwicklungsstatistik des Gesamtkrankenhauses oder einer Untereinheit (z.B. Abteilung) ausgewiesen werden. Besondere Bedeutung kommt heute dem Medizincontrolling zu, dessen primäre Aufgabe die Bereitstellung von Leistungsinformationen für die Koordination und Steuerung des Krankenhauses ist. Hierzu analysiert es ständig das Diagnose- und Leistungsspektrum und liefert zeitnahe Informationen über die Entwicklung des Case Mix' und des Case Mix Index', um am Periodenende den geplanten Case Mix zu erreichen. Weiterhin analysiert das Medizincontrolling kontinuierlich die Belegung bzw. die Fehlbelegung. Hierbei ist es auch Ansprechpartner externer Stellen, wie z.B. des Medizinischen Dienstes der Krankenkassen.

Da die Leistungsstatistiken essenziell für die Entgeltverhandlungen sind, wirkt das Medizincontrolling ebenso bei diesen Verhandlungen mit wie das kaufmännische Controlling. Da der geplante Case Mix das eigentliche Verhandlungsobjekt ist, muss das Medizincontrolling insbesondere den Nachweis der Fall- bzw. Schwereentwicklung führen. Die Verhandler der Krankenkassen lassen sich mit medizinischen Argumenten oftmals mehr beeinflussen als mit ökonomischen. Weiterhin hat das Medizincontrolling oftmals wichtige Funktionen im Qualitätsmanagement und in der innerbetrieblichen Fort- und Weiterbildung, z.B. zur Kodierung.

2.4 Betriebsstatistik

Tab. 2.37 Kennzahlen

Teilgebiet der Betriebsstatistik	Kennzahlen
Medizincontrolling	Fallzahlen, Top-10-DRG (Fallzahlen), DRG-bezogene Verweildauer, Case Mix, Über- bzw. Unterschreiter der Grenzverweildauer, Case Mix Index, Infektionsraten, Mortalitätsraten, Wiederaufnahmerate
Finanzcontrolling	Erlöse, ABC-Analyse der DRGs, Fallkosten (Durchschnitt, untere / obere Grenzverweildauer), Budgetabweichungen, Aufwand, Erfolg, Budget, Selbstkosten, Bilanz- bzw. GuV-Kennzahlen (z.B. Liquiditätsgrade, Verschuldungsgrad, Working Capital)
Materialcontrolling	Umschlagsdauer, Umschlagshäufigkeit, Durchschnittlicher Lagerbestand, Top-10-Artikel, ABC-Analyse
Personalcontrolling	Mitarbeiterzahl und -struktur, Fehlstundenstatistik, Fluktuation, Arbeitsstunden pro Case Mix, Anteil spezifischer Personalgruppen an Gesamtmitarbeiterzahl, Anteil spezifischer Personalgruppen an Gesamtpersonalkosten, Fortbildungen
Investitions- und Anlagencontrolling	Anlagenintensität (Anlagevermögen zu Bilanzsumme, Anlagekosten zu Umsatz), Auslastungsgrad, Durchschnittliches Lebensalter, Wartungsintensität
Akademisches Controlling	Anmeldung von Patenten, Zahl der Promotionen, Habilitationen, Publikationen (gewichtet mit Impact-Faktoren), Lehrintensität, akademische Abschlüsse, Weiterbildungsabschlüsse, Lehrevaluationen, Rankings

Im hier dargestellten Controllingverständnis ist die Kodierung eine operative Aufgabe und stellt keine Koordinationsfunktion dar. Trotzdem untersteht die DRG-Kodierung häufig dem Medizincontrolling, da die regelgerechte Kodierung die Grundlage fast aller Informationen des Medizincontrollings ist. Allerdings erschöpft sich die Aufgabe des Controllings eben nicht in der Zahlensammlung bzw. (stichprobenhaften) Überprüfung der Regelhaftigkeit, sondern das Medizincontrolling setzte die Leistungsstatistiken so ein, dass die Pläne von Abteilungen und Gesamtunternehmen, von kurz-, mittel- und langfristigen Zeiträumen sowie von einzelnen Führungskräften auf einer realistischen, gemeinsamen Datengrundlage aufbauen und damit koordiniert sind.

Betrachtet man das Medizincontrolling in deutschen Krankenhäusern, so kann man keine einheitliche organisatorische Einbindung feststellen. In Kleinstkrankenhäusern ist das Medizincontrolling entweder nicht als eigenständige Einheit existent oder outgesourct. In größeren Häusern kann es als Teil des Finanzcontrollings, als Stab oder dezentral in den Abteilungen eingegliedert sein. Das Medizincontrolling als Teil des Finanzcontrolling bietet den Vorteil, dass die natürliche Nähe zum kaufmännischen Controlling unterstützt und damit die enge Zusammenarbeit gefördert wird. Der Nachteil besteht darin, dass unter Umständen die Eigenständigkeit verloren geht.

Als eigenständige Stabsabteilung kann das Medizincontrolling entweder dem medizinischen oder dem kaufmännischen Direktor zugeordnet sein. Der Vorteil der Zuordnung zum medizinischen Direktor besteht darin, dass die professionelle Verbundenheit des medizinischen Leiters und seines Controllers eine gemeinsame Sprache und schnelle Entscheidungen ermöglichen. Dadurch werden Empfehlungen des Medizincontrollers gut verstanden und schnell umgesetzt. Auf der anderen Seite besteht die Gefahr, dass die Medizinerdominanz verstärkt wird, so dass sich andere wichtige Berufsgruppen ausgegrenzt fühlen könnten. Die Angliederung der Stabsabteilung am kaufmännischen Direktor ermöglicht eine gute Koordination zwischen medizinischem und kaufmännischem Sachgebiet und eine rundum informierte Betriebssteuerung. Auf der anderen Seite kann die Zuordnung des wesensfremden Stabes aber auch zu einer Überforderung und Schwächung des Medizincontrollings führen. In einigen Krankenhäusern ist die Stabsabteilung dem kaufmännischen und dem medizinischen Direktor unterstellt. Dies führt zu einer Doppelloyalität und kann unter Umständen zu einem „Sitzen zwischen den Stühlen" führen.

In großen Krankenhäusern ist das Medizincontrolling manchmal dezentral in den relativ eigenständigen Abteilungen angesiedelt. Damit kann der jeweilige Medizincontroller das Spezifikum der Abteilung wahren und hat hohe Kompetenz und Anerkennung innerhalb dieser Fachdisziplin. Auf der anderen Seite ist mit dieser Lösung eine Gesamtsteuerung des Krankenhauses nur möglich, wenn wiederum erhebliche Anstrengungen zur Koordination der Controllingabteilungen investiert werden. Es ist fraglich, ob dies effizient ist.

Medizincontroller ist ein eigenständiger Beruf, der sich seit etwa 15 Jahren entwickelt und durch die Einführung der DRGs hohe Bedeutung gewonnen hat. Häufig sind Ärzte Medizincontroller, die sich in diesem Bereich fortgebildet haben. Ob auch andere Akademiker (z.B. Betriebswirte, Pflegemanager) und Nichtakademiker diese Aufgabe ausfüllen können, ist in der Praxis umstritten. Wahrscheinlich ist weniger die fachliche Kompetenz das Praxisproblem, als vielmehr die Anerkennung innerhalb der Ärzteschaft. Ein promovierter Mediziner als Controller hat bislang sowohl in den Entgeltverhandlungen als auch innerbetrieblich bei seinen Berufskollegen weit größeres Gewicht als ein gleich kompetenter Controller mit anderem beruflichen Hintergrund. Es bleibt abzuwarten, ob sich dies in Zukunft verändern wird.

Kaufmännisches und medizinisches Controlling haben gemeinsam, dass im Zeitalter der elektronischen Datenspeicherung große Datenmengen zur Verfügung stehen, die auch in einer sehr großen Fülle von Kennzahlen ausgedrückt werden können. Das Controlling muss deshalb Kennzahlensysteme generieren, die die Fülle der Kennzahlen systematisch ordnen, relativieren und zu einem sinnvollen Gesamtergebnis zusammenführen. Ein Kennzahlensystem ist eine geordnete Gesamtheit von Kennzahlen, die in sachlich sinnvoller Beziehung zueinander stehen, sich gegenseitig ergänzen und als Gesamtheit dem Zweck dienen, den Betrachtungsgegenstand möglichst ausgewogen und vollständig zu erfassen. Kennzahlensysteme sollten mehrschichtig aufgebaut sein, so dass ein Zugriff auf tiefere Datenschichten möglich ist.

Ein Beispiel hierfür ist der klassische ROI-Treiberbaum von Du-Pont, der in der Literatur kommerzieller Unternehmen häufig zitiert wird (Abb. 2.18). Die Rentabilität (Return on Investment, ROI) wird hierbei Schritt für Schritt auf ihre Einflussfaktoren zurückgeführt. Abb. 2.19 zeigt eine Übertragung des Treiberbaums auf ein Krankenhaus. Der Baum stellt gleichzeitig eine Übersicht über Steuerungsinstrumente des Krankenhauscontrollings dar..

2.4 Betriebsstatistik

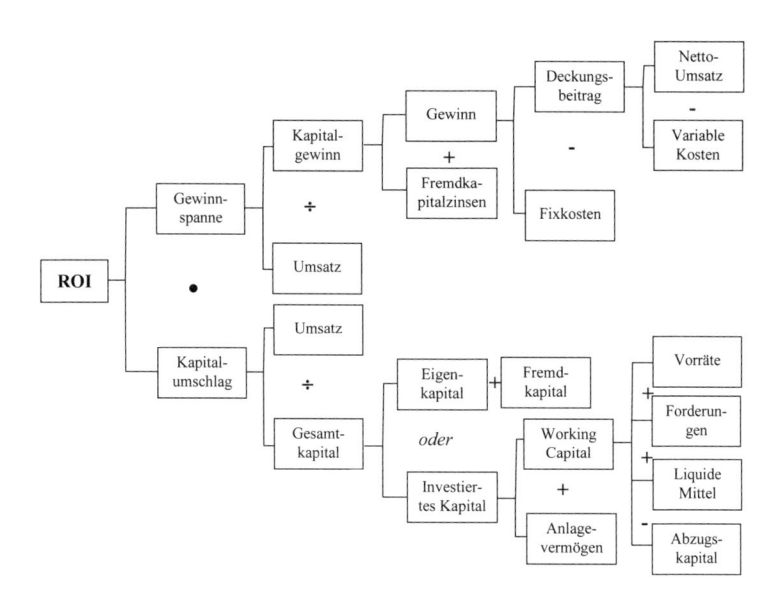

Abb. 2.18   ROI-Treiberbaum von Du-Pont (vereinfachte Darstellung)

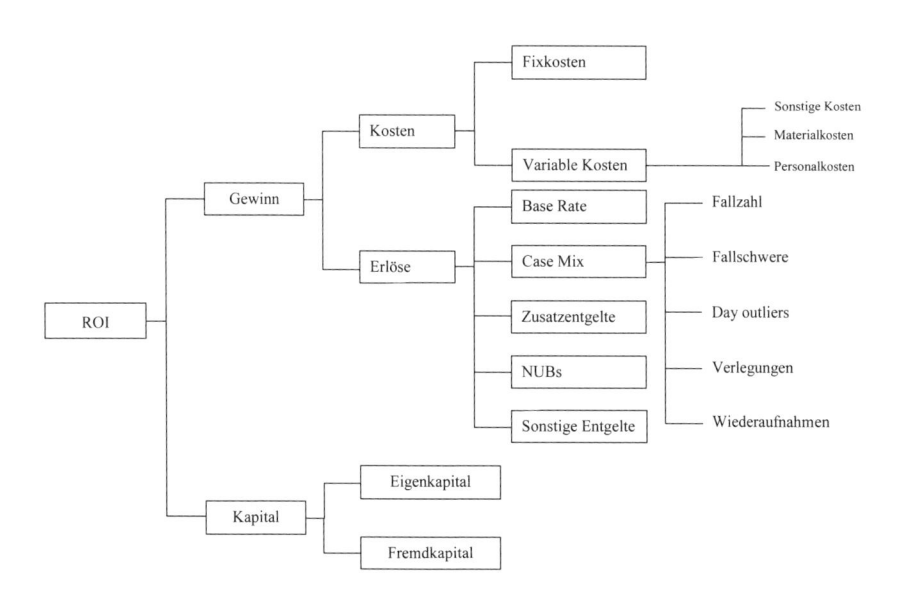

Abb. 2.19   ROI-Treiberbaum eines Krankenhauses

Die Analyse der zeitlichen Entwicklung eines Krankenhauses (z.B. Entwicklung des Case Mix über mehrere Jahre) sowie innerbetriebliche (z.B. zwischen Abteilungen) und zwischenbetriebliche Vergleiche (Betriebsvergleich) erfolgen meist auf Grundlage von Kennzahlen. Gerade dem Betriebsvergleich kommt hier eine immer größere Bedeutung zu. Der Vergleich kann mit dem Durchschnitt oder dem Klassenbesten (Bench-Marking) erfolgen. Da die Outputs eines Krankenhauses unterschiedliche Dimensionen haben (z.B. Fallzahl, Case Mix, Mortalität, Qualität, Zufriedenheit), die nicht miteinander verrechenbar sind, erfordert der Betriebsvergleich entweder die Reduktion auf eine Kennzahl (z.B. Fallkosten) oder den Einsatz mathematischer Methoden, z.B. der Data Envelopment Analysis (DEA).

DEA ist eine Methode des Bench-Marking, d.h., bei DEA wird durch einen Vergleich der jeweils Klassenbeste ermittelt. Ziel der Analyse ist die Ermittlung der Effizienzhüllkurve, die sich aus den Krankenhäusern zusammensetzt, die keine Ressourcen verschwenden. DEA ermittelt dabei stets eine relative Effizienz, d.h. die Effizienz eines Krankenhauses (Decision Making Unit, DMU) im Verhältnis zu den anderen Krankenhäusern. Das folgende mathematische Programm zeigt das Vorgehen. m Inputs und s Outputs von Krankenhaus o werden gewichtet. Das Gewicht v_i wird jedem Input i und das Gewicht u_r jedem Output r zugewiesen. Das Effizienzmaß h_o des Krankenhauses o wird durch die Wahl der Gewichte maximiert. Als Nebenbedingung berücksichtigt das Modell, dass für jedes der n Krankenhäuser eine Effizienz von maximal eins erreicht werden kann.

$$h_o = \frac{\sum_{r=1}^{s} u_r y_{ro}}{\sum_{i=1}^{m} v_i x_{io}}$$

$$\frac{\sum_{r=1}^{s} u_r y_{rj}}{\sum_{i=1}^{m} v_i x_{ij}} \leq 1 \text{ für } j = 0, 1, ..., n$$

$$Z = h_o \rightarrow Max!$$

mit

	h_o	Effizienzwert von Krankenhaus o
	u_r	Gewicht des Outputs r von Krankenhaus o, r = 1..s
	v_i	Gewicht des Inputs i von Krankenhaus o, i = 1..m
	s	Anzahl der Outputs
	m	Anzahl der Inputs
	y_{ro}	Ausprägung des Outputs r von Krankenhaus o, r = 1..s
	y_{rj}	Ausprägung des Outputs r von Krankenhaus j, r = 1..s; j = 0, 1..n
	n	Anzahl der Krankenhäuser
	x_{io}	Ausprägung des Inputs i von Krankenhaus o, i = 1..m
	x_{ij}	Ausprägung des Inputs i von Krankenhaus j, i = 1..m; j = 0, 1..n

2.4 Betriebsstatistik

Das mathematische Programm ermittelt folglich die Gewichte u_r und v_i derart, dass sie für das Krankenhaus o optimal sind, wobei kein Krankenhaus eine höhere Effizienz als eins erhalten kann. Damit wird derjenige Output als besonders wichtig definiert, der Krankenhaus o besonders effizient erscheinen lässt.

Die DEA-Software berechnet für jedes Krankenhaus, das am Benchmarking teilnimmt, die optimalen Input- und Outputgewichte. Hierfür sind n Lineare Programme zu lösen. Als Ergebnis erhält man für jedes Krankenhaus einen Effizienzwert zwischen null und eins.

Mit den gegebenen Kriterien gelten diejenigen Krankenhäuser als effizient, die einen Effizienzwert von eins erhalten. Die Menge der effizienten Krankenhäuser bildet die Effizienzhüllkurve. Wie Abb. 2.20 für den trivialen Fall eines Inputs und eines Outputs exemplarisch zeigt, können verschiedene Annahmen für die Effizienzhüllkurve getroffen werden. Falls man annimmt, dass die Produktion konstante Skalenerträge aufweist, ist allein Krankenhaus 2 effizient. Bei ihm ist das Verhältnis von Output zu Input maximal. Falls man jedoch voraussetzt, dass die Skalenerträge nicht abnehmen sollen, jedoch zunehmen können, sind die Krankenhäuser 1 und 2 optimal. Im Falle nicht-zunehmender Skalenerträge sind die Krankenhäuser 2, 5 und 7 effizient. Die größte Anzahl von effizienten Krankenhäusern ergibt ein Modell mit variablen Skalenerträgen (Krankenhäuser 1, 2, 5, 7).

Die Effizienzhüllkurve stellt für die nicht-effizienten Krankenhäuser den Vergleichswert bzw. den Benchmark dar. So erkennt man an der Abbildung, dass Krankenhaus 5 den gleichen Input verbraucht wie Krankenhaus 4, jedoch einen deutlich höheren Output generiert. Ebenso haben die Krankenhäuser 2 und 6 einen gleich hohen Output, obwohl Krankenhaus 6 einen mehrfachen Ressourcenverbrauch aufweist. Krankenhaus 4 sollte sich deshalb an Krankenhaus 5 orientieren, während Krankenhaus 6 von Krankenhaus 2 lernen kann.

Das obige Beispiel mit einem Input und einem Output ist trivial, da die Lösung hier ohne mathematisches Programm abgelesen werden kann. In der Realität gibt es jedoch zahlreiche Inputs und Outputs eines Krankenhauses, so dass die grafische Veranschaulichung versagt. Solange die Zahl der am Benchmarking teilnehmenden Krankenhäuser groß genug ist, ist mit Hilfe von DEA jedoch auch im multidimensionalen Fall eine sinnvolle Effizienz- und Benchmark-Aussage möglich. Damit können Ineffizienzen aufgezeigt und Decision Making Units erkannt werden, die bei ähnlichen Inputs bzw. Outputs bessere Effizienzergebnisse erzielen.

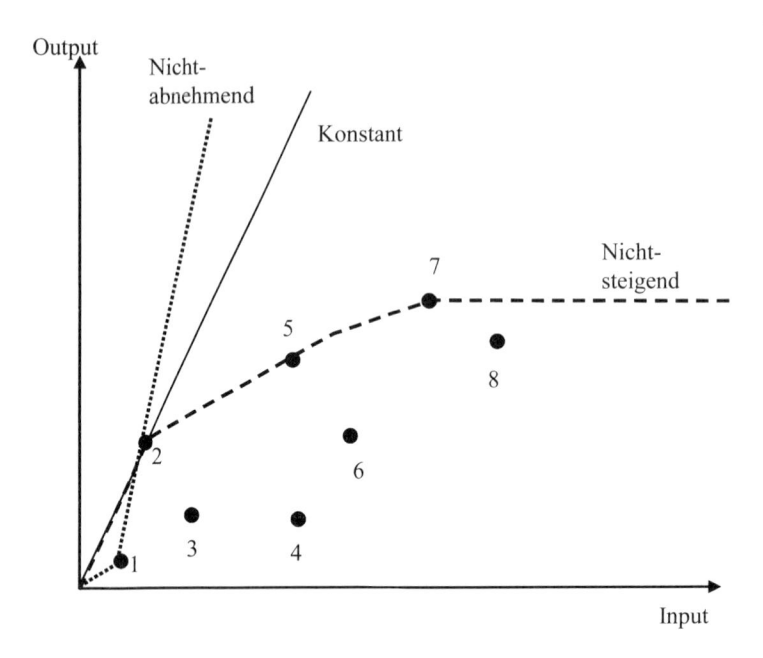

Abb. 2.20 Prinzip der Data Envelopment Analysis

2.5 Ergebnisse

Die große Fülle von Instrumenten und Kennzahlen des Krankenhauscontrollings ist typisch für die Koordination von Großbetrieben. Die Führung der Krankenhäuser benötigt Daten, um faktenbasiert entscheiden und steuern zu können. Die einzelnen Pläne, Abteilungen und Manager müssen koordiniert werden, wofür wir klar definierte Standards, akzeptierte Maßgrößen und leicht verständliche Formate benötigen. Das Controlling liefert diese Fakten und stellt damit die Sprache des Unternehmens zur Verfügung. Damit ist Controlling auch der Zahlenknecht des Unternehmens, aber eben gleichzeitig viel mehr: Controlling ist das Koordinierungsinstrument, ohne das ein Großbetrieb nicht gesteuert werden kann.

In diesem Kapitel wurde das strategische Controlling ausgeklammert, obwohl es sich an einigen Stellen durchaus angeboten hätte, die Methoden des operativen Controllings zu strategischen Instrumenten weiterzuentwickeln. Beispielsweise können Kennzahlensysteme als Instrumente der operativen Steuerung in eine Balanced Scorecard als Methodik des strategischen Managements überführt werden. Dies soll jedoch erst im letzten Kapital dieses Buches erfolgen.

Innerhalb des operativen Controllings spielt das interne Rechnungswesen traditionell die größte Rolle. Die Kosten der Leistungserstellung müssen geplant, erfasst und analysiert werden, um den Betriebserfolg zu ermitteln, Entscheidungen vorzubereiten und Einsparungspotenziale zu ermitteln. Andere Gebiete des Controllings bauen auf diesen Daten auf, z.B. die Budgetierung. Einige Aspekte des Controllings konnten hier nicht vertieft werden, obwohl sie ebenfalls von großer Bedeutung sind, z.B. das Personal- und Investitionscontrolling. Die Übertragung des Controllinggedankens auf diese Funktionen dürfte jedoch dem Leser nach dieser Lektüre leicht fallen.

Die Literatur zum Controlling ist ausgesprochen umfangreich. Die Grundzüge des Rechnungswesens können in fast allen Lehrbüchern zur Allgemeinen Betriebswirtschaftslehre nachgelesen werden. Gute Lehrbücher speziell zum Controlling sind von Grob et al. (Controlling), Eisele (Technik des betrieblichen Rechnungswesens), Schweitzer & Küpper (Systeme der Kosten- und Erlösrechnung), Macha (Grundlagen der Kosten- und Leistungsrechnung) und Lohmann, Enke & Körnert (Kosten- und Leistungsrechnung). Speziell auf das Krankenhaus gehen Koch (Betriebswirtschaftliches Kosten- und Leistungscontrolling in Krankenhaus und Pflege; Betriebswirtschaftliche Kosten- und Leistungsrechnung), Keun & Prott (Einführung in die Krankenhaus-Kostenrechnung), Hentze & Kehres (Kosten- und Leistungsrechnung in Krankenhäusern; Buchführung und Jahresabschluss in Krankenhäusern), Kuntz (Krankenhauscontrolling in der Praxis), Klockhaus (Kosten- und Leistungsrechnung im Krankenhaus; Finanz- und Erfolgsplanung im Krankenhaus) sowie Schirmer (Krankenhaus-Controlling) ein. Einen umfassenden Überblick über die Kostenanalyse im internationalen Gesundheitswesen geben Mogyorosy & Smith (2005).

Anstatt der **Fragen zum Weiterdenken** sollen hier zur Vertiefung vier Fallstudien folgen. Im Rahmen dieses Lehrbuches ist die Behandlung einer komplexen, der Krankenhausrealität auch nur annähernd gerecht werdenden Fallstudie nicht möglich. Die folgenden Aufgaben sind deshalb nicht geeignet, als Musterlösungen für Krankenhäuser zu dienen. Stattdessen sind sie Gedankenanregungen, um prinzipielle Herangehensweisen zu vertiefen.

Fallstudie zur Kostenartenrechnung

Das evangelische Krankenhaus St. Lukas gründete im Jahr 2002 ein Informations- und Beratungszentrum, das bis heute überwiegend ältere Patienten betreut, die nach einem Krankenhausaufenthalt nicht mehr bzw. nicht direkt in die eigene Häuslichkeit zurückkehren können. Diplom-Pflegewirtin Petra Müller leitet die Einrichtung. Sie wird von Sozialpädagogen auf Honorarbasis sowie Karin Humme als Sekretärin unterstützt. Im Jahr 2004 wurde eine warme Mahlzeit angeboten, dieser Service wurde jedoch auf Grund von geringer Nachfrage nach einem Jahr beendet. Die Zahl der Kundenkontakte stieg stetig (4331, 5278, 5401, 5593, 5999 Kontakte). Tab. 2.38 zeigt die Entwicklung der Kosten seit Gründung, Tab. 2.39 die Investitionen.

Tab. 2.38 Entwicklung der Kosten des Informations- und Beratungszentrums St. Lukas [€]

Kostengruppe	Konto	2002	2003	2004	2005	2006
Löhne / Gehälter	Petra Müller	80.000	80.000	82.000	83.000	87.000
	Karin Humme			28.000	29.000	32.000
Sozialabgaben	Petra Müller	9.000	10.000	11.000	11.000	13.000
	Karin Humme			3.000	3.200	3.500
Honorare		27.000	38.000	5.000	7.000	9.000
Praktikanten		3.500	2.800	9.500	12.000	2.000
Materialien	Lebensmittel	2.800	3.000	17.000	4.500	8.000
	Wasser, Strom	1.500	1.700	3.500	2.000	2.100
	Verwaltung	12.000	2.500	2.900	2.800	2.100
Niederwertige Investitionsgüter		17.000	2.300	7.300	1.300	2.100
Instandhaltung		500	700	1.300	2.500	4.500
Abschreibungen						
Versicherungen		750	750	800	800	800
Fremdkapitalzinsen		3.800	4.200	0	0	0

Tab. 2.39 Investitionen des Informations- und Beratungszentrums St. Lukas

Anschaffungsgegenstand	Anschaffungskosten [€]	Anschaffungsperiode	Abschreibungsdauer
Gebäuderenovierung	70.000	2002	10
Personenkraftfahrzeug	45.000	2002	5
Küchenausstattung	8.000	2003	10

Aufgaben:

1. Berechnen Sie die Gesamtkosten der einzelnen Jahre! Gehen Sie von einer linearen Abschreibung aus.
2. Diskutieren Sie die Entwicklung der einzelnen Kostenarten!
3. Berechnen Sie die Kosten pro Kontakt. Was sagt diese Maßzahl aus?
4. Beurteilen Sie die Kostenentwicklung und beraten Sie das Informations- und Beratungszentrum!

Fallstudie zur Kostenstellenrechnung

Das städtische Krankenhaus Oberbourg hat drei Fachabteilungen (Innere Medizin, Chirurgie, Geburtshilfe). Zusätzlich gibt es ein Labor, eine Radiologie und eine Operationsabteilung. An zentralen Diensten bestehen derzeit noch eine Wäscherei, die Küche, die zentrale Kohleheizung und die Verwaltung, inkl. der Pforte. Tab. 2.40 gibt die Leistungsdaten wieder, Tab. 2.41 die Kostendaten.

2.5 Ergebnisse

Tab. 2.40   Grunddaten des Kleinkrankenhauses Oberbourg

Kostenstelle	Fläche [qm]	Leistung	Auslastung	Mitarbeiter
Wäscherei	150	-	-	10
Küche	250	-	-	10
Verwaltung	100	-	-	30
Heizung	100	12.000 kWh für Wäscherei, 35.000 kWh für die Küche 10.000 kWh für die Verwaltung 8.000 kWh für das Labor 9.000 kWh für die Radiologie 24.000 kWh für die Operationsabteilung 70.000 kWh für die Chirurgie 85.000 kWh für die Innere Medizin 43.000 kWh für die Geburtshilfe	-	4
Labor	100	80.000 Befunde für Chirurgie 180.000 Befunde für Innere Medizin 40.000 Befunde für Geburtshilfe		5
Radiologie	120	800 Aufnahmen für Chirurgie 300 Aufnahmen für Innere 100 Aufnahmen für Geburtshilfe		3
Operationsabteilung	300	3000 Operationen, ausschließlich für Chirurgie		6
Chirurgie	900	80 Betten, 3100 Fälle	85%	110
Innere Medizin	1100	120 Betten, 3270 Fälle	70%	190
Geburtshilfe	500	40 Betten, 3580 Fälle	90%	60

Tab. 2.41   Kosten des Kleinkrankenhauses Oberbourg [`000 €]

Kostenstelle	Wäscherei	Küche	Verwaltung	Heizung	Labor	Radiologie	Operationsabteilung	Chirurge	Innere Medizin	Geburtshilfe
Personalkosten	220	230	800	90	125	80	210	450	380	620
Medikamente								372	613	92
Medizinischer Bedarf					450	200	150	13,5	8,2	17,3
Lebensmittel		680								
Wasser, Strom, Telefon etc..	15	23	20	15	25	22	25	40	60	18
Kohle				27						
Wartung	25	15	10	30	15	25	30	35	45	15

Aufgaben:

1. Berechnen Sie mit einem sinnvollen Verfahren unter Verwendung selbst gewählter Schlüssel die Kostenstellenkosten der Hauptabteilung!

2. Berechnen Sie die Vollkosten pro Fall auf den drei Stationen! Diskutieren Sie die Aussagekraft dieser Statistik!

Fallstudie zur Kostenträgerrechnung

Tab. 2.42 zeigt die Kosten der Operationsabteilung eines Krankenhauses. Ein Teil der Mitarbeiter arbeitet auch in anderen Abteilungen, z.B. auf der Intensivmedizin. Die Spalte „Bruttopersonalkosten gemäß Lohnbuchhaltung" gibt die Jahreskosten des Mitarbeiters an, nicht die Kosten der Zeit in der Operationsabteilung.

Aus den Aufzeichnungen ist bekannt, dass die Ein- und Ausleitung pro Patient annähernd dieselbe Zeit in Anspruch nehmen (im Durchschnitt 60 Minuten), während die Anästhesiologie- und die Schnitt-Naht-Zeit sich erheblich unterscheiden. Insgesamt wurde im letzten Jahr für 620 Operationen eine Anästhesiologiezeit von 96.000 Minuten und die Schnitt-Naht-Zeit von 80.000 Minuten geleistet. Aufzeichnungen über die Benutzung der Verbrauchsmaterialien liegen nicht vor. Die OP-Leitung geht allerdings davon aus, dass die Kosten proportional zur Schnitt-Naht-Zeit sind.

Tab. 2.42 Kosten einer Operationsabteilung

	Anteilig tätig in der Operationsabteilung gemäß Arbeitsvertrag	Bruttopersonalkosten gemäß Lohnbuchhaltung [€]	Kosten gemäß Eingangsrechnung [€]	Kosten gemäß innerbetrieblicher Leistungsverrechnung [€]
OP-Leitung	100%	40.000		
Anästhesiepfleger A	100%	35.000		
Anästhesiepfleger B	100%	30.000		
Anästhesist A	80%	55.000		
Anästhesist B	40%	45.000		
Operationspfleger A	100%	35.000		
Operationspfleger B	100%	33.000		
Operationspfleger C	50%	33.000		
Chefarzt Chirurgie	30%	120.000		
Oberarzt Chirurgie	50%	55.000		
Assistenzarzt A	50%	35.000		
Assistenzarzt B	60%	35.000		
Reinigungskosten			37.000	
Implantate			112.000	
Verbrauchsmaterial			85.000	
Indirekte Kosten				120.000

Aufgabe:

Bestimmen Sie nach einem selbst gewählten Verfahren die Kosten einer Operation, bei der ein Implantat im Wert von 500 € verwendet wurde! Die Schnitt-Naht-Zeit betrug 120 Minuten, die Anästhesiologiezeit 160 Minuten.

2.5 Ergebnisse

Fallstudie zur Data Envelopment Analysis

Laden Sie die kostenlose DEA-Software EMS aus dem Netz (http://www.wiso.uni-dortmund.de/lsfg/or/scheel/ems/) und berechnen Sie, welche der folgenden Krankenhäuser relativ effizient sind! Experimentieren Sie mit verschiedenen Annahmen über die Skalenelastizität und mit verschiedenen Kombinationen von Input- und Outputfaktoren. Welches Effizienzmaß halten sie für geeignet für einen Krankenhausbetriebsvergleich? Wie würden Sie den Betriebsvergleich vornehmen, wenn es sich um Krankenhäuser einer Klinikkette handelt? Wie unterscheiden sich kurz- und langfristige Perspektive?

Tab. 2.43 Leistungsdaten des DEA-Fallbeispiels

Kranken-haus	Fallzahl	Pflege-tage	Case Mix	Umsatz [€]	EFQM-Score	Patienten-zufrieden-heit	Mit-arbeiter	Gesamtkosten [€]	Betten-zahl
A	7.756	62.050	6.903	27.612.250	650	73%	400	27.415.000	200
B	10.098	90.885	11.108	44.432.667	690	69%	690	47.679.750	300
C	9.457	104.025	9.882	39.529.500	620	58%	912	47.894.250	380
D	17.338	138.700	17.164	68.656.500	750	67%	1.080	65.836.000	400
E	10.342	77.563	8.790	35.161.667	650	75%	700	34.317.500	250
F	13.907	109.865	11.543	46.171.114	630	69%	1.015	46.751.250	350
G	13.557	142.350	13.558	54.233.994	852	81%	1.500	62.970.000	500
H	10.361	96.360	10.361	41.445.161	612	70%	600	45.708.000	300
I	7.143	66.430	6.357	25.429.118	673	72%	380	22.594.600	200

3 Logistik

3.1 Einleitung

Im ersten Kapitel wurde das Personalmanagement als Kernaufgabe der Krankenhaussteuerung beschrieben. Da Krankenhäuser personalintensive Dienstleistungsbetriebe sind, ist das zielsystemkonforme Verhalten der Mitarbeiter von höchster Bedeutung für die Erreichung der Betriebsziele. Diese grundsätzliche Aussage sollte jedoch nicht die Bedeutung der Steuerung materieller und informationeller Flüsse in Frage stellen. Betriebsmittel und Werkstoffe müssen beschafft, gelagert, transportiert und entsorgt werden. Die Steuerung dieser Flüsse ist die Aufgabe der Logistik. Sie umfasst weiterhin die Standortplanung sowie den Transport von Mitarbeitern und Personal innerhalb und außerhalb des Krankenhauses. Die Bereitstellung der entscheidungsrelevanten Informationen kann selbst als Informationslogistik und damit als Dimension der Logistik verstanden werden. Es bietet sich jedoch an, der Informationswirtschaft angesichts ihrer hohen Bedeutung für die Krankenhaussteuerung ein eigenes Kapitel zu widmen.

Die Logistik ist von ihrem Wesen her nicht wertschöpfend. Vielmehr dienen logistische Prozesse der Raum- und Zeitüberbrückung sowie der Veränderung von Anordnungen. Der Erfolg logistischer Konzepte in Krankenhäusern liegt daher in der Ressourcenschonung. Eine erfolgreiche Krankenhauslogistik ermöglicht eine gute medizinische Versorgung unter minimaler Ressourcenbelastung für nicht wertschöpfende, d.h. für den Heilungsprozess nicht direkt relevante Aktivitäten. Durch moderne Planungsverfahren lassen sich so die Interessen der verschiedenen Stakeholder des Krankenhauses berücksichtigen.

Logistische Planungsverfahren stützen sich oftmals auf Techniken aus der Mathematik (Operations Research). Die Logistik dürfte das Teilgebiet der Krankenhausbetriebslehre mit dem größten mathematischen Anspruch sein. Im Rahmen eines Lehrbuches zur Krankenhaussteuerung können die entsprechenden Verfahren nicht vollständig dargestellt werden. Vielmehr werden zunächst einige grundlegenden Begriffe definiert. Im Anschluss wird auf die Aufgabe, die Prinzipien sowie die Bedeutung der Logistik eingegangen. In der Praxis kommt hierbei der Lagerlogistik die größte Bedeutung zu, so dass ihr ein eigener Abschnitt gewidmet ist.

3.1.1 Definitionen

Zunächst sollen die Wurzeln und die Entwicklung des Begriffs Logistik näher betrachtet werden. Das Wort Logistik entstammt zum einen dem griechischen Wort logos (Verstand,

Rechenkunst) und zum anderen dem germanisch-französischen Wortstamm loger (versorgen, unterstützen). Die Entwicklung des Begriffs war zunächst militärisch geprägt. Der französische General Jomini (1779-1869) schuf mit dem maréchal de logis innerhalb des napoleonischen Heersystems eine Position von zentraler logistischer Bedeutung. Anfangs wurde die ausreichende Versorgung der Truppen adressiert, später erweiterte sich der Begriff auf die Planung des Transport- und Verkehrswesens der Militäreinheiten.

Seit mehr als 40 Jahren dient der Begriff Logistik der Beschreibung komplexer Waren- und Informationsströme. Aus heutiger Sicht sind Logistikprozesse oder -leistungen im engeren Sinne Transport, Umschlag (Be- und Entladung, Ein- und Auslagerung), Lagerung und Kommissionierung (Auftragszusammenstellung). Diese Prozesse lassen sich als Raumüberbrückung (Transport), Zeitüberbrückung (Lagerung) und Veränderung der Anordnung (Kommissionierung) von Objekten charakterisieren. Zu Logistikprozessen oder -leistungen im weiteren Sinne werden Produktion, Beschaffung und Service gezählt.

Bei logistischen Objekten unterscheidet man zwischen Sachgütern (materiell), Personen (materiell) sowie Informationen (immateriell). Sachgüter lassen sich weiter in Handelswaren, Lebensmittel, Konsumgüter, Rohstoffe, Vor- oder Halbfertigprodukte, Fertigwaren, Produktions- und Betriebsmittel sowie Abfallstoffe aufgliedern. Personen können Mitarbeiter, Patienten oder Besucher sein. Informationen werden durch Aufträge, Statusmeldungen und Berichte generiert und beispielsweise via Telefon, Fax oder Informationssysteme übermittelt. Abhängig von den Logistikobjekten unterscheidet man Güterlogistik, Personenlogistik und Informations- & Kommunikationslogistik.

Ein logistisches System dient der Durchführung logistischer Prozesse, hat die Struktur eines Netzwerkes und besteht aus einer Anzahl von Quellen und Senken, die durch Transportbedingungen und Einrichtungen miteinander verbunden sind. Prozesse bilden im logistischen System somit einen Fluss (Warenfluss, Informationsfluss). Quellen (Lieferanten oder Auslieferstellen) stellen hierbei Objekte zur Verfügung, während Senken (Anlieferstellen) eine Nachfrage nach Objekten haben. Man könnte beispielsweise in einem Krankenhaus eine Station als Quelle betrachten, die als Objekte zu untersuchende Patienten zur Verfügung stellt. Eine Senke könnte in diesem Fall eine radiologische Funktionsstelle sein, die Patienten untersucht und nachfragt. Quellen können selbst wieder Senken für andere Quellen sein. Im betrachteten Beispiel könnte die Station als Quelle für die Radiologie gleichzeitig als Senke Patienten aus der Quelle Ambulanz oder Notaufnahme erwarten.

Ein anderes Beispiel aus dem Alltag stellt das Recycling von Leergut dar. Der Krankenhauskiosk (Senke) bestellt Getränke in Flaschen bei einem Getränkelieferanten (Quelle). Dieser selbst ist im Recyclingprozess aber gleichzeitig Senke für die Anlieferung beziehungsweise das Zurückbringen des Leerguts. Logistische Systeme aus Quellen und Senken stellen folglich häufig komplexe Regelkreise dar, die intuitiv nur noch unvollständig erfassbar sind.

3.1 Einleitung

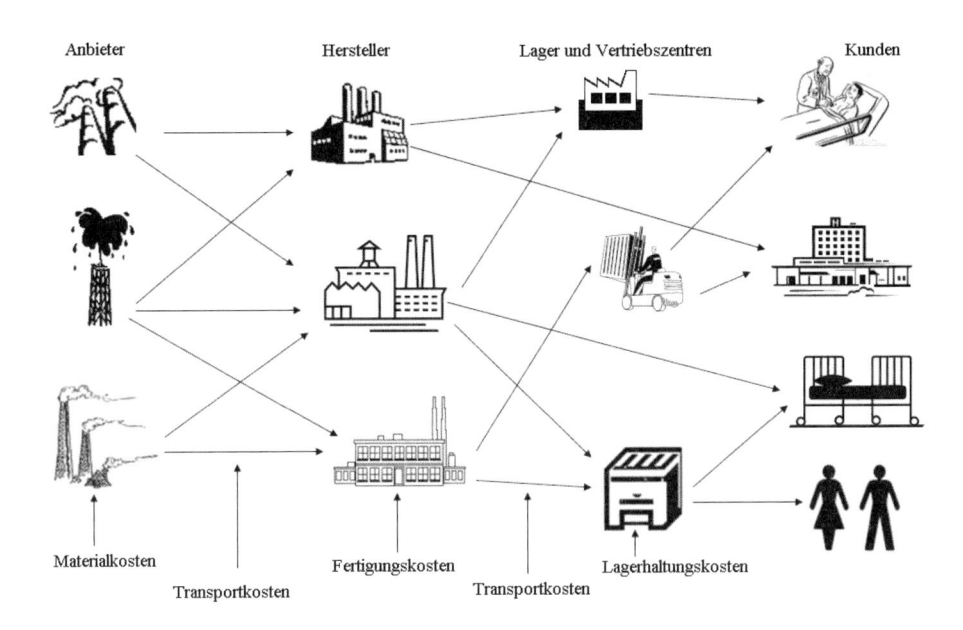

Abb. 3.1 Logistisches System
Quelle: Simchi-Levi, Kaminsky & Simchi-Levi (2003)

In Einrichtungen werden Objekte produziert, verarbeitet, gelagert und umgeschlagen. Beispiele im Krankenhaus sind die Radiologie, der OP, die Bettenaufbereitung etc. Auf Transportverbindungen werden Waren zwischen Einrichtungen entlang fester Strecken transportiert, z.B. der Weg von der Station zum OP.

Mit den eingeführten Begriffen lässt sich folgende Definition des Logistik-Managements in Anlehnung an das Council of Logistics Management formulieren: Logistik-Management ist der Prozess der Planung, Realisierung und Kontrolle des effizienten Fließens und Lagerns von Waren und Personen sowie der damit zusammenhängenden Informationen vom Liefer- zum Empfangsort entsprechend den Anforderungen der Kunden.

Logistik-Management übertragen auf den Krankenhausbereich bedeutet, dass der Patienten-, Material- und Informationsfluss durch ein Krankenhaus sowie der konkrete Aufenthalt eines Patienten in einer Klinik effizient geplant, realisiert und kontrolliert werden muss. Reibungslose und zeitlich gestraffte Abläufe stellen für ein Krankenhaus im DRG-System einen der wichtigsten Wettbewerbsfaktoren dar. Das Ziel der Deckungsbeitragsmaximierung impliziert in der Regel das Ziel der Minimierung der Aufenthaltsdauer des Patienten. Dies kann unter anderem durch eine Reduktion der Wartezeiten zwischen den einzelnen Prozessschritten – beispielsweise zwischen Untersuchungen und Operationen – erreicht werden. Die Reduktion unnötiger Wartezeiten hat einen großen Einfluss auf die Patientenzufriedenheit.

3.1.2 Aufgabe der Logistik

Aus diesen Ausführungen ergibt sich die Aufgabe der Logistik als die Versorgung der Kunden mit dem richtigen Produkt, am richtigen Ort und zur richtigen Zeit unter gleichzeitiger Optimierung eines vorgegebenen Steuerungskriteriums (z.B. Minimierung der Gesamtkosten; Maximierung des Deckungsbeitrags) sowie unter Berücksichtigung gegebener Anforderungen (z.B. Servicegrad) und Beschränkungen (z.B. Budget).

Übertragen auf den Transportdienst in einem Krankenhaus bedeutet die Erfüllung der logistischen Aufgabe, den richtigen Patienten rechtzeitig zur richtigen Funktionsstelle beziehungsweise Station zu befördern. Hierbei sollen beispielsweise die zurechenbaren Kostenanteile für den Patienten minimiert werden, wobei die Wartezeit des Patienten unter einer festgelegten Grenze bleiben und das Budget für den Transportdienst nicht überschritten werden soll.

Die Kernaufgabe der Logistik wird häufig als die 3 Rs der Logistik bezeichnet: das richtige Produkt, zur richtigen Zeit, am richtigen Ort. Die Erweiterung dazu stellen die 6 Rs dar. Hinzu kommen: in der richtigen Menge, in der richtigen Qualität, zu den richtigen Kosten.

Die Ausrichtung der Logistik kann strategisch oder operativ sein. In der strategischen Logistik beschäftigt man sich mit der Planung und Realisierung von logistischen Systemen. Die operative Logistik hat die Steuerung und Kontrolle des Fließens und Lagerns von Waren (und Informationen) als Aufgabe. Bei der operativen Logistik unterscheidet man häufig noch zwischen mittelfristig (taktisch) und kurzfristig. Eine genauere Auflistung der Aufgaben innerhalb der strategischen und operativen Logistik zeigt Abb. 3.2.

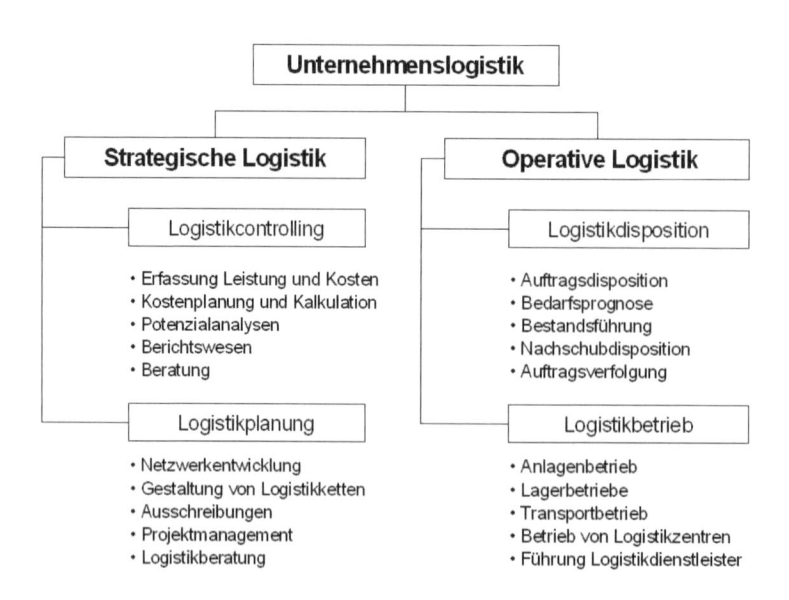

```
                        Unternehmenslogistik
                        ┌──────────┴──────────┐
                Strategische Logistik    Operative Logistik
                        │                        │
                Logistikcontrolling        Logistikdisposition
                • Erfassung Leistung       • Auftragsdisposition
                  und Kosten               • Bedarfsprognose
                • Kostenplanung und        • Bestandsführung
                  Kalkulation              • Nachschubdisposition
                • Potenzialanalysen        • Auftragsverfolgung
                • Berichtswesen
                • Beratung

                Logistikplanung            Logistikbetrieb
                • Netzwerkentwicklung      • Anlagenbetrieb
                • Gestaltung von           • Lagerbetriebe
                  Logistikketten           • Transportbetrieb
                • Ausschreibungen          • Betrieb von Logistikzentren
                • Projektmanagement        • Führung Logistikdienstleister
                • Logistikberatung
```

Abb. 3.2   Aufgaben innerhalb der strategischen und operativen Logistik
Quelle: Gudehus (2004)

3.1.3 Prinzipien und Merkmale der Logistik

Im Folgenden sollen wesentliche Merkmale und Prinzipien der Logistik erläutert werden, um dem Leser die Denkansätze der Logistik näher zu bringen.

Informationen kommt im Rahmen der Logistik eine besondere Bedeutung zu. Sie sind per se Logistikobjekte, aber vor allem sind sie wesentliche Voraussetzung für die Auslösung und Steuerung anderer logistischer Prozesse. Weiterhin ist die ganzheitliche Sicht, d.h. die gleichzeitige Betrachtung vieler Prozesse als Gesamtfluss und ihre Abstimmung im Hinblick auf die Gesamtziele, ein wesentliches Merkmal logistischen Denkens. Darüber hinaus besitzt die Logistik ein interdisziplinäres Wesen. Sie nutzt und verbindet das Wissen von verschiedenen Disziplinen, insbesondere Wirtschafts- und Ingenieurswissenschaften sowie Mathematik und Informatik. Hieraus ergibt sich in natürlicher Weise die Rolle des Logistikers als Generalisten.

Logistiksysteme werden üblicherweise nach ihrer wirtschaftlichen Sicht auf ein logistisches System unterschieden:

- Makrologistisches System – gesamtwirtschaftliche Sicht. Hier werden z.B. Verkehrssysteme einer Region oder gar einer Volkswirtschaft betrachtet.
- Mikrologistisches System – einzelwirtschaftliche Sicht. Hier ist der Betrachtungsgegenstand das logistische System eines Unternehmens.
- Metalogistisches System – unternehmensübergreifende Sicht. Betrachtungsgegenstand ist hier die Kooperation von Unternehmen und deren logistische Systeme.

In der Vergangenheit konzentrierte sich die Logistik auf mikrologistische Systeme. In der letzten Zeit findet ein Übergang zur Betrachtung von metalogistischen Systemen statt. Zentral ist hierbei der Begriff der Supply Chain. Er bedeutet wörtlich Prozess- oder Wertschöpfungskette und ist ein komplexes, unternehmensübergreifendes interlogistisches System, das die Vorgänge und Funktionen der Beschaffung, Produktion, Verarbeitung, Lagerung und Distribution von Objekten umfasst. Die Supply Chain beschreibt Flüsse, Umwandlungen und Einsätze von Material, Gütern und Ressourcen, ihre auslösenden, steuernden und kontrollierenden Auftrags- und Informationsströme und alle dafür notwendigen Strukturen mit dem Ziel der Erfüllung der Kundennachfragen.

Vom aktuellen Stand der Gegebenheiten – und auch in näherer Zukunft – lässt sich die Krankenhauslogistik als eine Variante der Unternehmenslogistik auffassen. Eine wirkliche Krankenhaus Supply Chain ist noch in weiter Ferne, wobei die Integration der Leistungsanbieter (vgl. Kapitel 5) als Variante des Supply Chain Managements verstanden werden kann.

Die Unternehmenslogistik lässt sich in verschiedene Disziplinen unterteilen. Die Beschaffungslogistik dient der Sicherstellung einer mengen-, termin- und qualitätsgerechten Materialversorgung, wohingegen die Produktionslogistik für Planung, Steuerung und Kontrolle des Güterflusses zwischen Wareneingang, Fertigung und Versand verantwortlich ist. Der Term Materiallogistik ist ein Oberbegriff für Beschaffungslogistik und Produktionslogistik von Vorprodukten. Als Distributionslogistik bezeichnet man Planung und Steuerung der Verteilung der Endprodukte an die Abnehmer, und die Entsorgungslogistik umfasst die Aufgaben und Prozesse der Abfallentsorgung in allen Stationen der Logistikkette. Schließlich befasst sich die Transport- oder Verkehrslogistik mit der reinen Beförderung von Gütern, Personen oder Informationen. Abb. 3.3 macht die Verbindung dieser Teilbereiche untereinander nochmals deutlich.

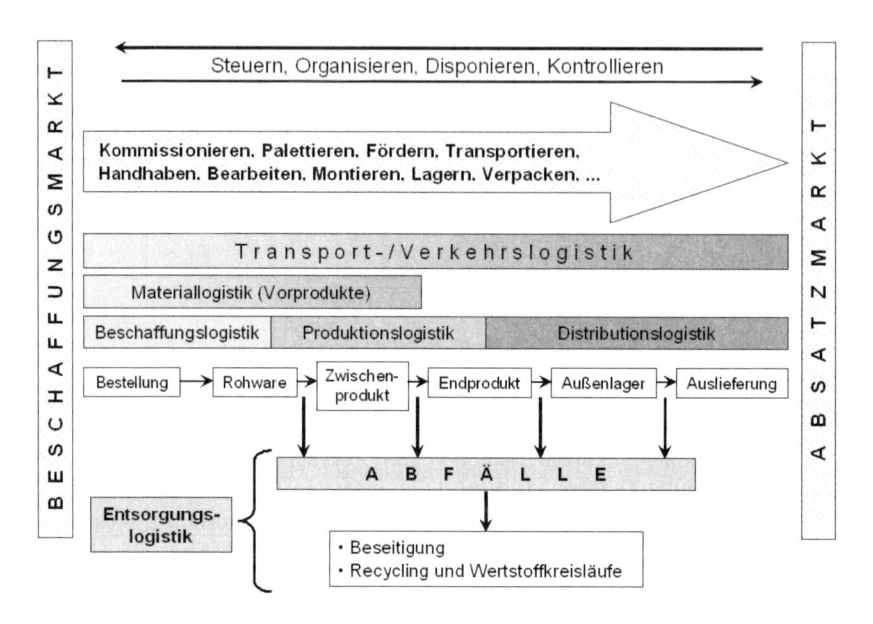

Abb. 3.3 Teilbereiche der Unternehmenslogistik

Quelle: Arnold et al. (2004)

Übertragen auf die Krankenhauslogistik lassen sich folgende Parallelen ziehen: Im Rahmen der Beschaffungslogistik beschafft ein Krankenhaus Material (z.B. Medikamente), medizinische Hilfsmittel (z.B. Spritzen) und Betriebsmittel (z.B. Computer-Tomographen, Röntgengeräte). Die Produktionslogistik ist im Krankenhaus für Planung, Steuerung und Kontrolle des Patientenflusses zwischen Aufnahme in die Klinik, Behandlung und Entlassung verantwortlich. Die Materiallogistik als Oberbegriff für Beschaffungslogistik und Produktionslogistik umfasst im Klinikbereich beispielsweise krankenhausinterne Transporte von Befunden, Blutkonserven oder medizinischen Bedarfsmitteln. Die Distributionslogistik beinhaltet die Planung und Steuerung der Entlassung von Patienten sowie angegliederte Prozesse wie z.B. die Beobachtung und Erfassung freiwerdender Bettenkapazitäten. Die Entsorgungslogistik umfasst im Krankenhaus das Sammeln, Transportieren, Lagern – gegebenenfalls unter krankenhausinterner oder -externer Vorbehandlung – und Beseitigen von Abfallprodukten. Hierbei ist besonders darauf zu achten, dass die Gefahr der Übertragung von Krankheitserregern ausgeschlossen ist. Die Transport- oder Verkehrslogistik befasst sich mit der reinen Beförderung von Gütern (z.B. Essens- beziehungsweise Wäscheservice, Betten), Personen (Begleitservice zu Fuß, via Rollstuhl, Bett, Ambulanz etc.) oder Informationen.

Ergänzend sollte man sich ein Bild über die patientenbezogene Sichtweise im Krankenhaus machen. Logistik im Krankenhaus kann einen Patienten direkt betreffen, beispielsweise in Form von Patiententransporten, sie kann aber auch für den Patienten selbst nicht direkt ersichtlich sein, ihn aber dennoch betreffen, z.B. administrative Aufgaben oder der Wäscheservice. Hierbei kann zusätzlich die Relevanz für die primäre Leistungserstellung in die Sichtweise mit einbezogen werden. Ein Patiententransport oder die Beschaffung medizinischen Sachbedarfs ist für die primäre Leitungserstellung am Patienten als relevanter einzustufen, als die Abfallentsorgung oder die Beschaffung von Büroausstattung. In Abb. 3.4 ist dieser Sachverhalt etwas ausführlicher dargestellt.

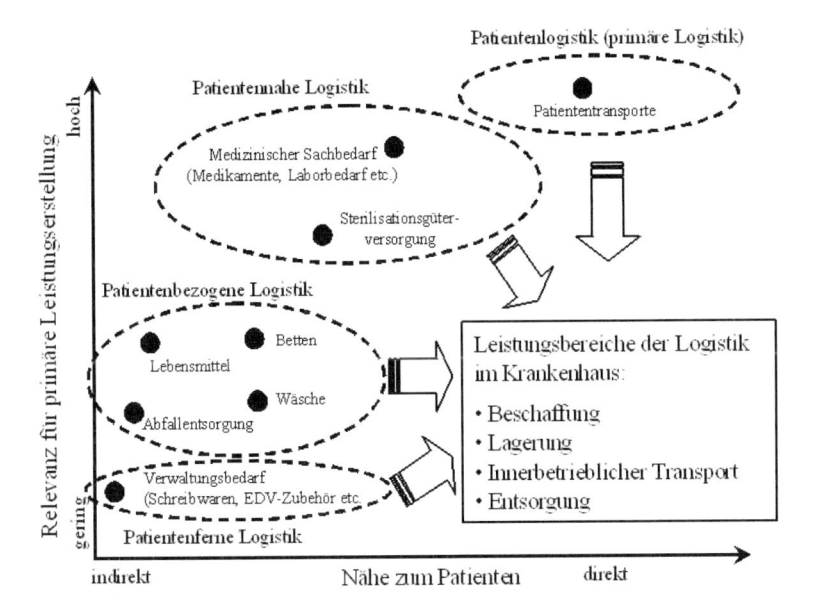

Abb. 3.4   Patientenbezogene Sichtweise im Krankenhaus

3.2 Bereiche der operativen Krankenhauslogistik

Die strategische Krankenhauslogistik ist ein Teilgebiet des strategischen Managements, das im Rahmen dieser Einführung vernachlässigt werden soll. Die Grundprinzipien, insbesondere die Ausrichtung an den Kundenbedürfnissen, werden im 5. Kapitel aufgegriffen, jedoch nicht explizit für die Standortwahl entfaltet. An dieser Stelle wollen wir lediglich drei Bereiche der operativen Krankenhauslogistik darstellen, die von besonderer Praxisrelevanz sind: die OP-Planung, der Patiententransport sowie die Terminplanung.

3.2.1 OP-Planung

In vielen Akutkrankenhäusern ist der OP-Bereich sowohl der Hauptkostentreiber als auch die größte Einnahmequelle. In dieser Organisationseinheit werden häufig unter interdisziplinärem und hoch qualifiziertem Mitarbeitereinsatz die Leistungen mit den höchsten Erlösen erbracht. Jedoch verursacht dieser Bereich sehr hohe Personal- und Sachkosten. Die Bedeutung des OP-Bereichs ist quantitativ, qualitativ und finanziell sehr hoch. Im Jahr 2005 wurden 12,1 Millionen operative Eingriffe vorgenommen, d.h., der Krankenhausaufenthalt implizierte bei etwa 71% aller vollstationären Patienten einen operativen Eingriff. Die optimale Versorgung dieses Bereiches mit Waren sowie der bestmögliche Transport von Patienten (und Mitarbeitern) sind folglich von entscheidender Bedeutung für die wirtschaftliche Sicherung eines Krankenhauses.

Quantitative Planungsmethoden können dazu beitragen, die Effizienz im OP-Bereich zu steigern und Kosten zu senken. Durch eine zielgerichtete und effiziente OP-Planung kann ein wesentlicher Beitrag zur Erhöhung der Wirtschaftlichkeit eines Krankenhauses bei gleichzeitiger Gewährleistung einer hohen Dienstleistungsqualität erbracht werden. Beispiele hierfür sind die Personaleinsatzplanung, Reihenfolgeplanung der Patienten, Kapazitätsvorhalteplanung für Notfälle sowie die Just-In-Time Lieferung von Implantaten und anderen teuren Materialien. In Kapitel 6.4.1 der Einführung in die Krankenhausbetriebslehre wurde ein Beispiel dafür gegeben, wie durch eine einfache Veränderung der Reihenfolge der Operationen eine deutlich bessere Auslastung der Kapazitäten sowie eine erhebliche Reduktion möglicher Überstunden erreicht werden kann. Ein Beispiel für eine LP-gestützte Personaleinsatzplanung wurde in diesem Buch in Kapitel 1.4.3 dargestellt.

3.2.2 Patiententransporte

Im Rahmen ihres Krankenhausaufenthaltes besuchen und durchlaufen Patienten verschiedene diagnostische, therapeutische oder behandelnde Einrichtungen. In großen Krankenhäusern kommt meist einem Krankentransportdienst die Aufgabe zu, die Patienten zwischen diesen Einrichtungen und Stationen zu transportieren. Dies kann als Schiebetransport mittels Rollstühlen, fahrbaren Betten oder Liegen, als Begleitservice zu Fuß oder als Fahrtransport mit einer Ambulanz erfolgen. In Kliniken mit einer Größenordnung von 1000 Betten werden häufig mehr als 250 Patiententransporte pro Tag durchgeführt, wobei ein Großteil dieser Transporte während Stoßzeiten am Vormittag abzuwickeln ist.

Obwohl die effiziente Organisation von Patiententransporten starke Auswirkungen auf die Planung aller nachgelagerten Organisationseinheiten (wie beispielsweise den OP-Bereich) hat, wird sie im Klinikalltag häufig vernachlässigt. Wenn ein Patient nicht rechtzeitig zu einer Operation erscheint, werden wertvolle Ressourcen verschwendet und Leerlauf verursacht. Darüber hinaus wird die ursprüngliche Terminplanung hinfällig und im ungünstigsten Fall ein Dominoeffekt verursacht: Da der Patient nicht pünktlich zu seinem Termin erschien, müssen nachfolgende Termine verschoben werden, was wiederum Wartezeiten für diese Patienten bedeutet und deren Unzufriedenheit steigert. Somit wirkt sich der auf den ersten

Blick einfache und unkomplizierte Prozess der Patiententransporte sowohl auf die Qualität der Patientenversorgung als auch auf die Kosten eines Krankenhauses aus.

Die Abwicklung von Transportaufträgen findet häufig manuell über eine zentrale Leitstelle statt, deren organisatorische Ausgestaltung jedoch von Klinik zu Klinik stark variieren kann. Da – anders als in der Industrie – Computerunterstützung im Klinikbereich erst in den letzten Jahren stark an Bedeutung gewonnen hat, ist es nicht unüblich, dass eine Transportleitstelle nur mit einem Telefon ausgestattet ist, um die Aufträge entgegenzunehmen.

Das grundsätzliche Vorgehen ist wie folgt: Die Leitstelle fügt in Echtzeit eingehende Transportaufträge in bereits vorhandene Routen ein und legt den Zeitplan durch Uhrzeiten, wann die einzelnen Punkte der Route anzufahren sind, fest. Dieses Vorgehen impliziert, dass Routing und Zeitplanung ständig Veränderungen unterworfen sind. Steht ein Patient nicht oder nicht rechtzeitig am Abholort bereit, so kommt es ebenso zu Verspätungen wie für den Fall, dass auf dem Transport Verzögerungen eintreten. In jedem Fall muss die Zeit- und Routenplanung regelmäßig aktualisiert werden und behält nur temporäre Gültigkeit.

Das zu Grunde liegende Problem kann als dynamisches Dial-a-Ride Problem betrachtet werden, jedoch gestaltet es sich bedingt durch krankenhausspezifische Anforderungen wesentlich komplizierter. Hierzu zählen z.B. die Prioritätenvergabe bei Aufträgen, die Notwendigkeit der Anwesenheit von medizinischem Fachpersonal oder spezieller medizinischer Ausstattung während des Transports, Fahrzeuge verschiedener Bautypen oder spezielle Anforderungen für infektiöse Quarantänepatienten. Diese Nebenbedingungen verkomplizieren die Erstellung oder Modifikation von Transportrouten und -plänen. Da eine detaillierte Betrachtung dieses Problems den Rahmen sprengen würde, sei an dieser Stelle lediglich auf die Literaturangaben im Abschnitt 3.4 verwiesen.

3.2.3 Terminplanung

Die Terminplanung kommt im Klinikalltag bereits direkt nach Aufnahme eines Patienten im Krankenhaus zum Tragen. Termine müssen für sämtliche Untersuchungen fixiert werden, für Patiententransporte, für die Vorbereitung der Patienten zu Operationen und für die operativen Eingriffe selber. Zur Gewährleistung einer hohen Termintreue auch für unmittelbar an einen eingeplanten Termin anschließende Untersuchungen und Termine ist eine zielgerichtete terminliche Koordinierung der einzelnen Prozesse im Krankenhaus dringend erforderlich. Somit ist die Terminplanung eine logistische Komponente im Krankenhausbereich, die großes Optimierungspotenzial birgt.

Die Aufgaben der Terminplanung in einem Krankenhaus gestalten sich für die verschiedenen Beteiligten unterschiedlich. So hat die einen Termin anfordernde Station unter anderem die Aufgaben, einen Termin bei einer Funktionsstelle für den Patienten zu fixieren und einen Krankentransport für den Patienten zu bestellen. Dem Transportdienst wiederum obliegen die Aufgaben, die Transportaufträge an das Personal zuzuweisen, die einzelnen Routen zu planen und die Touren zeitlich festzulegen. Die Funktionsstelle muss zur Terminvergabe die voraussichtliche Untersuchungsdauer möglichst genau abschätzen, Beginn und Ende terminieren und ggf. einen Rücktransport für den Patienten anfordern.

Bedingt durch unterschiedliche Zielsetzung der Beteiligten am Prozess der Terminplanung können Zielkonflikte (z.B. zwischen der Maximierung der Ressourcenauslastung von Geräten bzw. Personal und der Minimierung der Wartezeit für Patienten) resultieren. Eine gute Terminplanung sollte darüber hinaus noch weitere Ziele wie die Minimierung von Überstunden, Entzerrung von Stoßzeiten beispielsweise bei der Transportanforderung für Patienten oder Verkürzung der Warteliste für Untersuchungen berücksichtigen.

3.3 Lagerlogistik und Lagerbestandsmanagement

Allen drei genannten Bereichen liegen Prozesse der Lagerlogistik zu Grunde. Beispielsweise impliziert ein modernes OP-Management die zeitnahe Verfügbarkeit von Materialien (z.B. Implantate, Siebe etc.), der Patiententransport die Bereitstellung von Fahrzeugen (z.B. Rollstuhl) und die Terminplanung die simultane Beschaffung der für den Termin notwendigen Roh-, Hilfs- und Betriebsstoffe. Die Lagerlogistik ist folglich ein Schwerpunkt der Krankenhauslogistik, der im Folgenden vertieft werden soll. Hierzu werden zuerst die strukturellen Gegebenheiten der Lagerlogistik im Krankenhaus diskutiert, anschließend gehen wir auf die Grundlagen des Bestandsmanagements ein.

3.3.1 Lagerlogistik

Lagern ist das Aufbewahren und Bereithalten der Bestände einer Anzahl von Artikeln. Weiterhin definiert die VDI Richtlinie 2411 das Lagern als geplantes Liegen des Arbeitsgegenstandes im Materialfluss. Die Lagerlogistik umfasst die Bereiche Warenannahme, Lagerung (Lagerhaltung im engeren Sinne), Bestandsführung sowie Kommissionierung und Warenausgabe.

Bei der Organisation der Lagerhaltung ist grundsätzlich zwischen zentraler und dezentraler Lagerhaltung sowie ein- und mehrstufiger Lagerhaltung zu unterscheiden. Bei der zentralen Lagerhaltung werden alle zur Leistungserstellung benötigten Produkte an einem zentralen Ort – dem Zentrallager – aufbewahrt. Dezentrale Lagerhaltung liegt vor, wenn Artikel an mehreren Orten im Unternehmen bevorratet werden. Dezentrale Lager sind häufig in Krankenhäusern in Pavillonbauweise vorzufinden, wenn sich in den einzelnen Gebäuden oder Gebäudekomplexen jeweils ein Lager befindet, von dem aus die in dem jeweiligen Gebäude beziehungsweise Gebäudekomplexen untergebrachten Bedarfsstellen versorgt werden. Sind dezentrale Lager unmittelbar an eine Bedarfstelle gebunden, so spricht man von einem Bedarfsstellenlager oder Handlager.

Aus der Kombination verschiedener Lagertypen ergibt sich die Stufigkeit eines Lagersystems für ein Krankenhaus. Einstufige Lagerhaltung liegt vor, wenn zwischen Anlieferung und Verbrauch der Artikel nur eine Lagerstufe liegt. Von mehrstufiger Lagerhaltung spricht man hingegen, wenn die zur Leistungserstellung benötigten Artikel von der Anlieferung bis zum Verbrauch mehrere Lagerstufen (z.B. Zentrallager und Bedarfsstellenlager) durchlaufen.

3.3 Lagerlogistik und Lagerbestandsmanagement

Daraus ergeben sich die in Abb. 3.5 dargestellten grundsätzlichen Möglichkeiten der Organisation der Lagerhaltung im Krankenhaus.

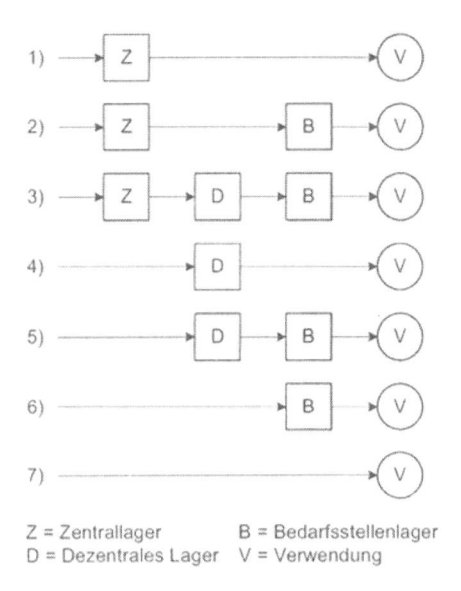

```
1) ──▶[ Z ]──────────────▶( V )
2) ──▶[ Z ]──────▶[ B ]──▶( V )
3) ──▶[ Z ]─▶[ D ]─▶[ B ]─▶( V )
4) ─────────▶[ D ]────────▶( V )
5) ─────────▶[ D ]─▶[ B ]─▶( V )
6) ──────────────▶[ B ]──▶( V )
7) ──────────────────────▶( V )
```

Z = Zentrallager   B = Bedarfsstellenlager
D = Dezentrales Lager V = Verwendung

Abb. 3.5 Möglichkeiten der Lagerorganisation im Krankenhaus
Quelle: Siepermann (2004)

Eine rein zentrale Lagerhaltung hat mehrere Vorteile. Erstens gewährleistet sie eine bessere Übersicht über den Artikelbestand durch die Möglichkeit der Nutzung moderner EDV-Systeme sowie die professionelle und zeitnahe Erfassung der Zu- und Abgänge und die damit verbundene Vermeidung beziehungsweise Verminderung von Schwund und Verfall. Zweitens ermöglicht sie niedrigere Bestände (auf Grund niedrigerer Sicherheitsbestände im Zentrallager im Vergleich zur Summe der Sicherheitsbestände in verschiedenen dezentralen Lagern) und eine geringere Zahl von Bestellvorgängen durch Bündelungseffekte (Verbundbestellung) mit der Folge geringerer Lagerhaltungskosten. Drittens ergibt sich aus der zentralen Lagerung die Möglichkeit der Nutzung automatisierter Lager-, Transport- und Handhabungstechniken, die eine rationelle Flächen- beziehungsweise Raumnutzung und die Entlastung der Lagermitarbeiter von schweren körperlichen und/oder gesundheitsgefährdenden Tätigkeiten ermöglichen. Viertens impliziert sie eine Reduzierung der Belastung des Personals der Bedarfsstellen mit logistischen Tätigkeiten, und fünftens erlaubt eine zentrale Lagerung die Nutzung von Synergieeffekten durch eine Zentralisierung der Abläufe.

Diesen Vorteilen stehen verschiedene Nachteile gegenüber. Erstens erhöht eine rein zentrale Lagerhaltung die Transportstrecken zwischen Lager- und Verbrauchsort. Zweitens ergeben sich dadurch längere Zugriffszeiten, und drittens implizieren dezentrale Läger eine vergleichsweise geringe Transparenz bzgl. des tatsächlich verfügbaren Materials. Die Vorteile von rein zentraler und rein dezentraler Lagerhaltung lassen sich durch zweistufige Lagersysteme miteinander verbinden. Sie bestehen entweder aus einem Zentrallager und dezentralen Lagern auf den Stationen und in den Funktionsbereichen (als bedarfsstellengebundene Handlager oder bedarfsstellenungebundene Lager zur Versorgung mehrerer Bedarfsstellen) oder aus mehreren größeren dezentralen Lagern (im engeren Sinne) und Handlagern auf den Stationen und in den Funktionsbereichen. Allerdings ist die Einrichtung einer zusätzlichen Lagerstufe immer mit einer Unterbrechung des Materialflusses und der Einplanung zusätzlicher Sicherheiten in Form von Beständen verbunden.

Die Organisation der Lagerhaltung ist in hohem Maße von den strukturellen Rahmenbedingungen eines Krankenhauses abhängig, insbesondere von der Größe (Bettenzahl) und der Bauform (Anzahl und räumliche Anordnung der Gebäude) der Klinik. So verfügen kleine und mittlere Krankenhäuser, die in der Regel in einem einzigen Gebäude untergebracht sind, im Allgemeinen über ein Zentrallager und je ein Bedarfsstellenlager auf den Stationen und in den Funktionsbereichen, während größere, häufig in Pavillonbauweise gebaute oder sogar über verschiedene Standorte verstreute Krankenhäuser statt eines Zentrallagers oft mehrere dezentrale Lager unterhalten, z.B. ein Lager pro Standort. In Großkliniken schließlich existieren zum Teil alle drei Lagerformen (Zentrallager, dezentrale Lager im engeren Sinne und Bedarfsstellenlager).

Die Anzahl der Lagerstufen, die ein Artikel durchläuft, kann von Artikel(gruppe) zu Artikel(gruppe) unterschiedlich sein. Dabei hängt der Grad der Zentralisierung der Lagerhaltung eines Artikels primär von der Anzahl der Bedarfsstellen ab, in denen der entsprechende Artikel benötigt wird. Wird ein Artikel von mehreren Stellen benötigt, so bietet sich eine zentrale Lagerhaltung an.

Von der Organisation der Lagerhaltung hängt die Organisation der Warenannahme ab. So ist eine zentrale Lagerhaltung normalerweise mit einem zentralen Wareneingang verbunden, während die Warenannahme bei dezentraler Lagerhaltung sowohl zentral (an einem zentralen Wareneingang) als auch dezentral an den einzelnen Lagerorten erfolgen kann. Eine dezentrale Warenannahme erfordert allerdings eine sehr gute Ortskenntnis der Lieferanten und einen funktionierenden Informationsaustausch zwischen den verschiedenen Annahmestellen.

3.3.2 Lagerbestandsmanagement

3.3.2.1 Grundlagen

Die Aufgabe des Lagerbestandsmanagements (Inventory Management) ist die Festlegung von Bestellmengen und -zeitpunkten für definierte Bedarfspunkte logistischer Systeme, um deren mengen- und termingerechte Versorgung mit Materialien und Erzeugnissen sicherzustellen. Da die Lagerung zumindest Opportunitätskosten in Form von Zinskosten der Kapitalbindung impliziert, ist ein möglichst geringer Lagerbestand anzustreben, wobei noch weitere Ziele (insbesondere die Verfügbarkeit) zu beachten sind.

Die Problemstellung spiegelt sich in folgendem Beispiel wider: Ein Krankenhaus verbraucht jedes Jahr 100.000 Mullbinden eines bestimmten Typs. Der Lieferant verlangt 250 Euro pro

Anlieferungsvorgang. Gleichzeitig kostet die Lagerung jeder Binde 1 Euro pro Jahr an Zinsen und Verwaltungskosten. Das Krankenhaus könnte – unter Vernachlässigung einer Lagerkapazitätsrestriktion – einmal jährlich alle Binden bestellen. Im Jahresdurchschnitt würden 50.000 Mullbinden eingelagert sein, d.h., die Lagerkosten würden 50.000 Euro betragen. Gleichzeitig würden 250 Euro Beschaffungskosten anfallen, so dass die gesamten Lagerhaltungskosten 50.250 Euro betragen würden. Alternativ könnte das Krankenhaus täglich den Tagesbedarf von 274 Mullbinden bestellen. Damit würden keine Lagerkosten anfallen, wohl aber 365 mal die Beschaffungskosten (365·250 Euro = 91.250 Euro). Ein kluger Krankenhauslogistiker würde hingegen 14 mal jeweils 7071 Binden beschaffen, so dass die Beschaffungskosten 3.536 Euro und die Lagerkosten ebenfalls 3.536 Euro betragen. Im Vergleich zu 50.000 Euro bzw. 91.250 Euro sind die Lagerhaltungskosten von 7.071 Euro sehr gering, d.h., durch eine intelligente Beschaffungspolitik lassen sich bei konstanter Qualität erhebliche Kosten einsparen.

Die optimale Beschaffungs- und Lagerhaltungspolitik muss zusätzlich zur optimalen Bestellmenge auch weitere Parameter berücksichtigen. Erstens ergibt sich aus der Bestellmenge der Bestellzyklus, d.h. die Zeit zwischen zwei aufeinander folgenden Bestellungen. Zweitens muss die Wiederbeschaffungs- bzw. Vorlaufzeit einbezogen werden. Sie ist definiert als die Zeit zwischen der Aufgabe einer Bestellung und der Anlieferung der Ware. Drittens muss ein Sicherheitsbestand berechnet werden. Er dient als Schwankungsreserve zur Sicherung der Lieferfähigkeit während der Wiederbeschaffungszeit sowie in Zeiten hoher, unerwarteter Bedarfsschwankungen, die im Falle von Epidemien und Katastrophen auftreten können. Viertens gehört zu einer optimalen Bestellpolitik auch die Ermittlung des Meldebestandes, d.h. des Lagerbestandes, bei dem eine neue Bestellung aufgegeben wird. Der entsprechende Zeitpunkt wird Bestellpunkt genannt. In Fällen, in denen eine Nachlieferung zugelassen wird (d.h. nicht bei besonders wichtigen Materialien), müssen – fünftens – die Fehlmengen bestimmt werden. Sie sind definiert als Warenmengen, die bei Eingang einer Bestellung nicht unmittelbar aus dem Lagerbestand gedeckt werden können, jedoch nachgeliefert werden können.

Die genannten Größen müssen so bestimmt werden, dass eine Zielfunktion optimiert wird. In der Regel wird die Minimierung der gesamten Lagerhaltungskosten als Ziel gewählt. Sie umfassen die Beschaffungskosten, die Lagerkosten sowie die Fehlbestandskosten. Die Beschaffungskosten (Bestellkosten, Nachschubkosten) fallen bei der Beschaffung (oder Produktion) von Waren an. Sie bestehen in der Regel aus einem fixen Kostenanteil, der unabhängig von der Warenmenge ist, und einem variablen, mengenabhängigen Teil. Sie enthalten insbesondere die Auftragskosten für die Bearbeitung der Bestellung, den Beschaffungspreis für Kauf oder Herstellung der Produkte, die Transportkosten sowie die Kosten für das Aus- und Einlagern der Waren. Die Lagerkosten (Lagerbestandskosten) fallen bei der Lagerung von Produkten über einen gewissen Zeitraum hinweg an. Berücksichtigt werden Opportunitäts- oder Kapitalkosten für das durch die Bestände gebundene Kapital, das ansonsten anderweitig investiert werden könnte, sowie die Kosten des Lagers. Da kurzfristig der Beschaffungspreis sowie die Lagerverwaltung nicht entscheidungsrelevant sind, werden in der Praxis häufig die Lagerkosten auf Basis des Kapitalzinssatzes und die Beschaffungskosten auf Basis der Auftragskosten sowie der Transportkosten festgesetzt.

Weitere Kosten, die jedoch in dem hier zu diskutierenden einfachem Modell kaum von Bedeutung sind, sind die Kosten des laufenden Lagerbetriebs (Abschreibungen, Löhne), die Fehlmengenkosten (Vertrauensverlust der Kunden, Reduktion des Servicegrades, Konventionalstrafen für die verspätete Lieferung) sowie der Wertverlust von Waren (z.B. durch Verfall). Es gibt Optimierungsmodelle, die derartige zusätzliche Kosten berücksichtigen. Sie können jedoch im Rahmen dieser Einführung nicht diskutiert werden.

Abhängig von unterschiedlichen Parametern können verschiedene Modelle des Bestandsmanagements klassifiziert werden. Bei deterministischen Modellen werden Nachfragen, Kosten und Vorlaufzeiten für den gesamten Planungshorizont als bekannt vorausgesetzt. Das Hauptaugenmerk liegt auf einer Balancierung der verschiedenen Kosten. Bei stochastischen Modellen unterliegen Nachfragen, Kosten und Vorlaufzeiten Ungewissheiten. Oftmals können nicht immer alle Kundennachfragen erfüllt werden. Dies führt zur Auferlegung von Minimalanforderungen an den Servicegrad. Weiterhin können die Lagerhaltungsmodelle nach der Anzahl betrachteter Lager differenziert werden. Für einzelne Lager können in der Regel optimale Bestandsmanagement-Strategien entwickelt werden. Die simultane Betrachtung mehrerer Lager führt jedoch schnell zu sehr komplexen Problemen, die nur noch simulativ auf Basis von Heuristiken gelöst werden können.

Eine weitere Unterscheidung der Lagerhaltungsmodelle teilt diese in diskrete und kontinuierliche Modelle ein. Bei diskreten Modellen ist der Planungshorizont in einzelne diskrete Perioden unterteilt, d.h., Kundennachfragen, Kosten etc. liegen für jede Periode einzeln vor. Bei kontinuierlichen Modellen hingegen betrachtet man einen kontinuierlichen, in der Regel unendlichen Zeithorizont. Kundennachfragen, Kosten etc. sind als Funktionen über die Zeit gegeben. Diskrete Modelle entsprechen tendenziell eher der Realität, sind jedoch in der Praxis sehr schwer rechenbar. Weitere Unterscheidungen betreffen die Bestandsprüfung (periodisch versus kontinuierlich), die Anzahl der Produkte (Einprodukt- und Mehrproduktmodelle, Verbundbestellungen) sowie die Kostenverläufe (variable versus fixe Bestellkosten) und die Bestandsauffüllung (sofortige versus allmähliche).

Aus der großen Zahl möglicher Lagerhaltungsmodelle wollen wir im Folgenden ein einfaches Modell diskutieren, das als Harris-Andler-Modell (Economic Order Quantity, EOQ) bekannt ist. Es handelt sich um ein deterministisches, kontinuierliches Modell mit durchgehender Bestandsüberprüfung, einem Produkt und Lager sowie fixen Bestellmengen. Fehlmengen sind nicht erlaubt, die Wiederbeschaffungszeit ist Null und Bestände werden sofort aufgefüllt.

3.3.2.2 Modell von Harris & Andler

Das Modell definiert die folgenden Variablen:

D	konstante Nachfrage [Stück pro Zeiteinheit]
K	Beschaffungskosten [Geldeinheiten pro Bestellung]
h	Lagerbestandskosten [Geldeinheiten pro Mengen- und Zeiteinheit]
Q	Bestellmenge [Stück pro Bestellung]
$C(Q)$	Lagerhaltungskosten [Geldeinheiten]
T	Bestellzyklus: Zeit zwischen zwei aufeinander folgenden Bestellungen [Zeiteinheiten]

3.3 Lagerlogistik und Lagerbestandsmanagement

$I(t)$ Lagerbestand zum Zeitpunkt t [Stück]
I_{max} Maximaler Lagerbestand [Stück]
I_{avg} Durchschnittlicher Lagerbestand [Stück pro Zeiteinheit]

Abb. 3.6 zeigt den Lagerbestand I(t) als Funktion über die Zeit t. Zu bestimmen sind die Parameter Q und T, d.h., wie viel soll bestellt werden und in welchen Zeitabständen soll bestellt werden? Es gilt $Q = D\,T$ und $I_{max} =\cdot Q$.

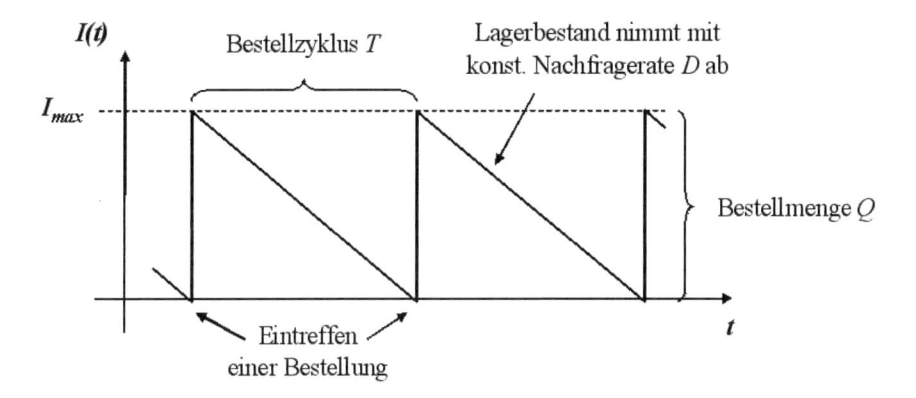

Abb. 3.6 Lagerbestand als Funktion der Zeit

Der durchschnittliche Lagerbestand errechnet sich damit als $I_{avg} = Q/2$ (vgl. Abb. 3.7)

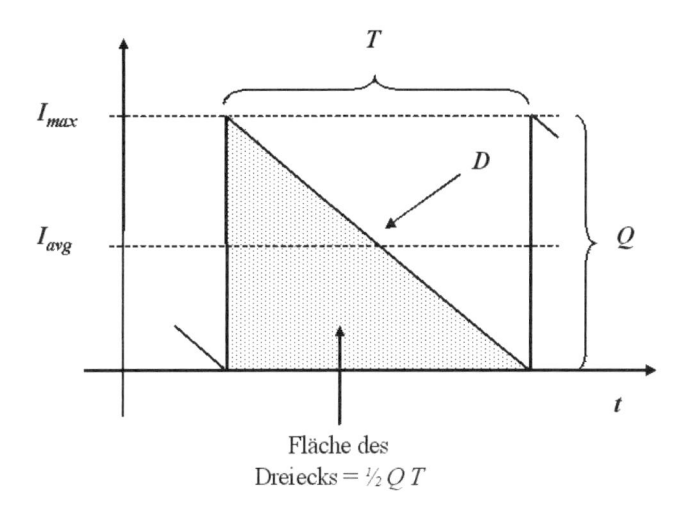

Abb. 3.7 Grafische Bestimmung des durchschnittlichen Lagerbestands

Die Gesamtkosten errechnen sich als Summe der Bestell- und der Lagerbestandskosten, d.h.

$$C(Q) = \frac{1}{T}\{\text{Kosten pro Bestellzyklus}\} = \frac{1}{T}\left(K + \frac{h}{2}QT\right)$$

$$= \frac{K}{T} + h\frac{Q}{2} = \frac{KD}{Q} + h\frac{Q}{2}$$

Als nächstes bestimmen wir das Q^*, das die Kostenfunktion $C(Q)$ minimiert. Es gilt: $C(Q)$ ist stetig differenzierbar und konvex. Hierzu setzen wir die erste Ableitung gleich Null und lösen nach Q auf:

$$0 = \frac{\partial C(Q)}{\partial Q} = -\frac{KD}{Q^2} + \frac{h}{2} \quad \Rightarrow \quad Q^* = \sqrt{\frac{2KD}{h}}$$

Ein kostenminimales Q^* wird als Economic Order Quantity (EOQ) bezeichnet. Wie Abb. 3.8 zeigt, balanciert eine kostenminimale Bestellmenge Q^* die Lagerbestandskosten pro Zeiteinheit mit den Auftragskosten pro Zeiteinheit.

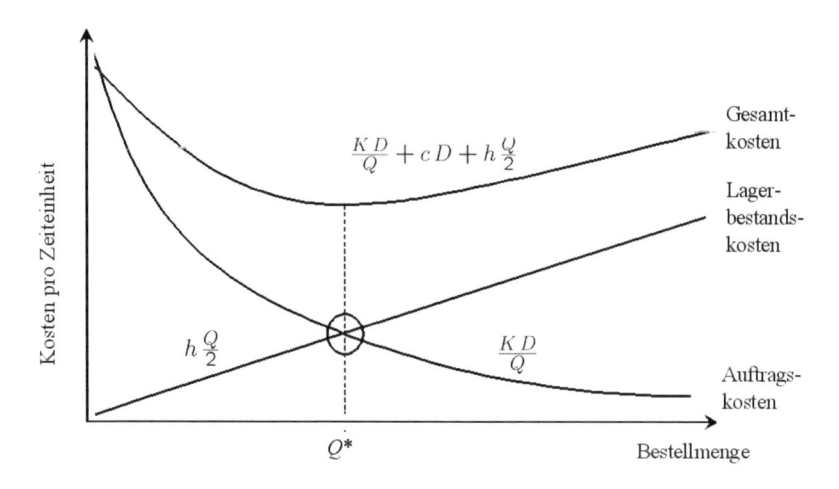

Abb. 3.8 Balance zwischen Lagerkosten und Bestellkosten

Q^* ist gleich dem Schnittpunkt der beiden Kostenfunktionen. Mit Q^* ergeben sich der optimale Bestellzyklus $T^* = \frac{Q^*}{D} = \sqrt{\frac{2K}{hD}}$ sowie die Kosten pro Zeiteinheit

$$C(Q^*) = \frac{KD}{Q^*} + h\frac{Q^*}{2} = \sqrt{\frac{KDh}{2}} + \sqrt{\frac{KDh}{2}} = \sqrt{2KDh}.$$

3.4 Ergebnisse

Die optimale Bestellmenge Q^* und der optimale Bestellzyklus T^* folgen einem intuitiven Verhalten. Vergrößern sich die Lagerbestandskosten pro Mengen- und Zeiteinheit h, so werden Q^* und T^* kleiner, d.h., man bestellt häufiger und in kleineren Mengen. Für ein kleineres h verhält es sich genau umgekehrt. Vergrößern sich jedoch im umgekehrten Fall die Auftragskosten pro Bestellung K, so werden auch Q^* und T^* größer, d.h., man bestellt seltener und in größeren Mengen. Für ein kleineres K verhält es sich wiederum genau umgekehrt.

Zur Verdeutlichung soll das Economic Order Quantity-Modell an dem obigen Beispiel dargestellt werden. Die Aufgabenstellung definiert die folgenden Konstanten:

D	100.000	[Mullbinden pro Jahr]
K	250	[Euro pro Bestellung]
h	1	[Euro pro Stück und Jahr]

Gesucht sind die optimale Bestellmenge Q^* sowie der optimale Bestellzyklus T^*, d.h.,

$$Q^* = \sqrt{\frac{2KD}{h}} = \sqrt{\frac{2 \cdot 250 \cdot 100.000}{1}} \approx 7.071 \text{ Stück bzw. } T^* = \frac{Q^*}{D} = \frac{7.071}{100.000} \approx 14,14 \text{ Jahre.}$$

Das Krankenhaus sollte alle 26 Tage ungefähr 7.071 Mullbinden bestellen. Damit ergeben sich die gesamten Lagerhaltungskosten als $C(Q^*) = \sqrt{2KDh} = \sqrt{2 \cdot 250 \cdot 100.000 \cdot 1} = 7.071,07\,€$.

Das Modell von Harris & Andler findet in der Praxis der Lagerhaltung breite Anwendung. Dies liegt zum einen daran, dass es sehr einfach zu verstehen und zu berechnen ist. Insbesondere kann man sich die Eigenschaft dieses Modells zu Nutze machen, dass im Optimum die Lager- und die Beschaffungskosten gleich hoch sind (z.B. Verfahren der gleitenden Losgröße; Kostenabgleichsverfahren). Wichtiger erscheint jedoch, dass das Ergebnis relativ robust ist. Mit Hilfe von Sensitivitätsanalysen kann man zeigen, dass das Optimum auch auf größere Veränderungen von D, K und h nur gering reagiert. Das Modell stellt folglich auch dann eine gute Entscheidungsgrundlage dar, wenn die Parameter nicht exakt zu bestimmen sind.

3.4 Ergebnisse

Die Logistik stellt ein wichtiges Instrument des Krankenhausmanagements dar. Materialien, Geräte, Mitarbeiter und Patienten müssen zur richtigen Zeit am richtigen Ort sein, damit der Produktionsprozess zielsystemkonform erfolgen kann. In der Regel bedient sich die Logistik hierzu mathematischer Modelle, die hier nur erwähnt werden können. Die Bestellpolitik und Lagerhaltung, der innerbetriebliche Transport, die Reihenfolge in Funktionsabteilungen und auch die Terminvergabe werden heute mit Optimierungsmethoden geplant, die häufig in Softwarepaketen eingebunden sind.

Das Modell von Harris & Andler basiert auf der Infinitesimalrechnung. Die Erweiterung auf eine diskrete Nachfrage ist mit Hilfe des Modells von Wagner-Whitin möglich, einem Ansatz der Dynamischen Programmierung. Dieselbe Problemstellung kann mit Modellen der

Linearen Programmierung gelöst werden, wobei das LP eine höhere Komplexität mit Fehlmengen, Mehrproduktlägern und Verbundbestellungen erlaubt. Stochastische Lagerhaltungsmodelle werden meist mit Hilfe der Simulation und entsprechenden Heuristiken gelöst. Der Trend geht hierbei zu so genannten Meta-Heuristiken (z.B. Simulated Annealing, Evolutorische Algorithmen), die globale Optima in vieldimensionalen Lösungsräumen suchen. Sie werden auch für Reihenfolge- und Tourenplanungsprobleme angewandt.

Die Literatur zur Logistik ist umfangreich. Der Klassiker ist noch immer das dreibändige Werk von Domschke (Logistik). Neuere Lehrbücher stammen von Arnold et al. (Handbuch Logistik), Gudehus (Logistik) und Simchi-Levi, Kaminsky & Simchi-Levi (Designing & Managing the Supply Chain). Spezielle Lehrbücher für die Logistik im Krankenhaus liegen von Siepermann (Stand und Entwicklungstendenzen der Krankenhauslogistik in Deutschland), Christiansen (Logistik-Controlling im Krankenhaus), Falk & Da-Cruz (Balanced Scorecard in der Krankenhausbeschaffung), Fischer (Best Practice im Beschaffungsmanagement im Krankenhaus), Vogelsang (Dienstleisterkonzepte für die Versorgungslogistik von Krankenhäusern), Wibbeling & Kuhn (Zielorientierte und wirtschaftliche Gestaltung der krankenhausinternen Materialversorgung) sowie Harneit (Modellierung der Krankenhauslogistik für die Versorgung mit Medicalprodukten) vor. Hilfreich ist hier allerdings auch ein Blick in die wissenschaftlichen Zeitschriften, z.B. das Journal of Health Care Management Science bzw. das Supply Chain Forum. Die Arbeitsgruppe Health Care Management der Gesellschaft für Operations Research (GOR) beschäftigt sich seit 30 Jahren mit mathematischen Planungsmethoden im Gesundheitswesen. Die Krankenhauslogistik nimmt auf den Tagungen einen immer größeren Raum ein, so dass auch ein Blick auf die Homepage dieser Arbeitsgruppe hilfreich sein kann (http://www.gor-hcm.de/htdocs/index.html).

Fragen zum Weiterdenken: Die folgenden Fragen sollten einzeln oder in Gruppen diskutiert werden.

1. Diskutieren Sie wesentliche Unterschiede zwischen Controlling und Logistik!
2. In einem Krankenhaus hat sich folgendes Vorgehen zum Reinigen der Stationsbetten eingespielt: Montag morgen werden alle benutzten Betten abgeholt und zur Bettenzentrale gebracht. Nachmittags werden dann die gereinigten Betten wieder auf Station gebracht. Überlegen Sie, wie man das logistische Vorgehen verbessern kann!
3. Wer sollte aus logistischer Sicht einen Krankentransport zu einer Funktionsstelle anfordern? Der zuständige Arzt, die zuständige Bettenstation, die Funktionsstelle oder die Verwaltung? Versuchen Sie Vor- und Nachteile aufzulisten!
4. Welche Aspekte beeinflussen Lagerhaltungsstrategien in Krankenhäusern und wodurch unterscheiden sich diese Strategien von Anwendungen im industriellen Umfeld?
5. Tab. 3.1 zeigt die Nachfrage nach einem bestimmten Artikel. Der Bestellkostensatz beträgt 100 Euro, der Lagerkostensatz 1 Euro pro Periode. Ermitteln Sie in einem Verfahren Ihrer Wahl die optimale Bestellstrategie!

3.4 Ergebnisse

Tab. 3.1 Lagerhaltungsbeispiel

Periode	1	2	3	4	5
Nachfrage [Stück]	50	80	30	40	20

6. Als Assistent der Geschäftsführung eines Krankenhauses stellen Sie fest, dass die Stationen grundsätzlich sehr hohe Lagermengen an Textilien haben. Gleichzeitig treten immer wieder Engpässe in der Textilversorgung auf. Sie haben den Eindruck, dass die Stationsleitungen diese Textilien horten und geheim halten wollen. Was könnte die Ursache für dieses Verhalten sein? Was könnte man dagegen tun?

4 Informationswirtschaft

Die Steuerung eines Krankenhauses basiert auf Informationen. Ihre Bereitstellung in der richtigen Quantität und Qualität am richtigen Ort, zur richtigen Zeit und in der richtigen Mischung ist die Aufgabe der Informationswirtschaft. Sie unterliegt – wie alle anderen Bereiche des Betriebes – dem ökonomischen Prinzip, d.h., die Informationswirtschaft muss ausreichende Informationen bereitstellen, um eine möglichst gute Entscheidungsqualität zu gewährleisten. Auf der anderen Seite darf sie nicht zu viele Informationen generieren, da dieser Prozess selbst mit Kosten verbunden ist und eine Verbesserung der Informationsgrundlage meist zu überproportionalen Kostenzuwächsen führt. Eine Informationsquantität und -qualität, die über das für eine Entscheidung notwendige hinausreicht, entspricht einer Ressourcenverschwendung. Darüber hinaus kann sie zu einer Informationsüberflutung der Entscheidungsträger und damit zu Entscheidungsfehlern führen.

In einer arbeitsteiligen Organisation wie dem Krankenhaus erfordert die Informationswirtschaft nicht nur die Generierung und Speicherung von Information, sondern auch die Transferierung von einer Organisationseinheit zu einer anderen, d.h., die Kommunikation ist ein essenzieller Bestandteil der Informationswirtschaft. Hierbei ist entscheidend, dass der Austausch von Information prinzipiell unabhängig vom Medium ist. Ein Krankenhaus in Afrika ohne elektronische Datenverarbeitung hat deshalb ebenso Kommunikationsbedarfe wie ein Klinikum in Deutschland mit einer elektronischen Datenverarbeitung. Auch in modernen Krankenhäusern basiert ein großer Teil der Kommunikation auf verbalem oder schriftlichem Austausch unabhängig von den elektronischen Medien, und selbst das modernste EDV-gestützte Krankenhausinformationssystem ist stets nur Teil des gesamten Informations- und Kommunikationsnetzes. Der Leser sollte diesen Grundzusammenhang im Gedächtnis behalten und nicht den Fehler begehen, Informationswirtschaft mit elektronischer Datenverarbeitung gleichzusetzen.

Das folgende Kapitel ist bewusst schlank gehalten, da für die Unternehmenssteuerung grundlegende Kenntnisse der Informationswirtschaft genügen. Die technische Umsetzung kann den Fachkräften überlassen bleiben, und ihre Diskussion würde den Rahmen eines Lehrbuches zur Krankenhaussteuerung sprengen. Ziel dieses Kapitels ist die wertschätzende Wahrnehmung der Bedeutung der Informationswirtschaft für das moderne Krankenhaus sowie die Indienstnahme derselben für das Krankenhausmanagement. Noch immer werden viele medizinische, pflegerische und kaufmännische Entscheidungen im Krankenhaus von Einzelpersonen auf Grundlage von Intuition und Tradition getroffen, und zwar ohne eine entsprechende Informationsbasis. Eine effiziente und zielsystemgerichtete Krankenhaussteuerung muss evidenzbasiert sein, d.h., sie muss auf Fakten beruhen. Aus Sicht des Managements ist die

Informationswirtschaft deshalb primär keine technische Aufgabe, sondern ein Element des Entscheidungssystems.

Im ersten Abschnitt werden einige Grundlagen der Kommunikation diskutiert. Anschließend gehen wir auf die Anforderungen eines Krankenhausinformationssystems ein. Das Kapitel schließt mit der Diskussion einiger Innovationen der Informationswirtschaft.

4.1 Grundlagen

Informationen sind für die Krankenhausführung nur relevant, wenn sie eine konkrete Frage des verantwortlichen Entscheidungsträgers beantworten. Die richtige Information an der falschen Stelle ist genauso wenig hilfreich wie die falsche Information an der richtigen Stelle. Stark vereinfacht können deshalb der Informationswirtschaft zwei Hauptaufgaben zugeordnet werden. Sie muss erstens die korrekte Antwort auf eine konkrete Frage aus dem Datenpool des Krankenhauses generieren (Datenverarbeitung). Zweitens muss sie diese Information an den Entscheidungsträger kommunizieren. Simplifizierend kann deshalb die Informationswirtschaft in die Bereiche Informationsgenerierung und Kommunikation aufgeteilt werden. Weitere Aufgaben, wie z.B. die Mitarbeiter- und Patienteninformation, basieren auf denselben Prinzipien, sollen jedoch hier nicht weiter vertieft werden.

Die Datenverarbeitung generiert Informationen aus Daten. Häufig werden die Begriffe Daten und Information als identisch angesehen. Für die Unternehmenssteuerung ist es jedoch hilfreich, Daten als die formalisierte Darstellung von Sachverhalten (Fakten, Konzepte, Vorstellungen, Anweisungen) zu definieren, während die Information als Antwort auf eine konkrete Frage und damit als die Basis für Entscheidungen verstanden wird. Die Aufgabe der Datenverarbeitung – im Gehirn des Individuums, im Arbeitsprozess eines Teams oder auch durch eine EDV – ist folglich die Transformation von Daten in Informationen bzw. die Generierung von Antworten aus bestehenden Sachverhalten (vgl. Abb. 4.1). Für den Entscheidungsprozess ist diese Unterscheidung wichtig, da eine Entscheidung nicht auf großen Datenmengen, sondern auf ganz konkreten Antworten auf eine spezifische Fragestellung beruhen muss. Der Ausschluss von bestimmten Daten, die Analyse und die Präsentation in verständlicher Form sind Aufgaben des Informationssystems als Instrument zur Entscheidungsvorbereitung. Datenpools bzw. -banken können diese Aufgabe nicht erfüllen. Es bedarf stets der Verarbeitung durch Menschen oder Maschinen.

Kommunikation kann als das (wechselseitige) Übermitteln von Daten oder Informationen definiert werden. Wichtig ist, dass diese Daten oder Informationen für den Sender und Empfänger einen festgelegten Bedeutungsinhalt haben. Kommunikation ist die Basis effektiven Managements und grundsätzlich unabhängig von der technischen Kommunikation zu betrachten. Das Krankenhaus als präsenzbedingender Dienstleistungsbetrieb konstituiert ein intensives Kommunikationsnetzwerk, da insbesondere die interpersonelle Kommunikation zwischen Mitarbeitern und Patienten von großer Bedeutung für das Leistungsergebnis ist. Die Aufnahme, die Pflege, die meisten Arzt-Patienten-Kontakte, die Entlassungsgespräche und die Patientenübergabe dominieren als Kommunikationsprozesse den Berufsalltag. Aber

4.1 Grundlagen

auch die Führung ist überwiegend ein Kommunikationsprozess, da sowohl die Delegation als auch die Verantwortlichkeit als konstituierende Elemente eines arbeitsteiligen Prozesses (vgl. Kapitel 1.3.1) Informationsaustausch erfordern. Dienstanweisungen, Reports, Mitarbeitergespräche und sogar Entlassungen sind Kommunikationsprozesse.

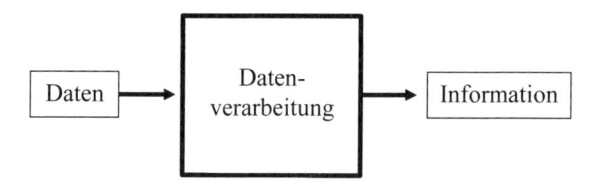

Abb. 4.1   Information und Daten

Abb. 4.2 zeigt ein einfaches Sender-Empfänger-Modell der Kommunikation. Die erfolgreiche Übertragung einer Information von einem Sender zu einem Empfänger erfordert eine regelgerechte Kodierung der Information, die Übermittlung durch den Übertragungskanal sowie die korrekte Dekodierung. Das einfache Modell zeigt, dass zahlreiche Störquellen auftreten können und insbesondere unterschiedliche Interpretationsmuster bei Sender und Empfänger die Kommunikation erschweren. In der elektronischen Datenverarbeitung werden hierfür Standards (Protokolle) definiert. Bei der interpersonellen Kommunikation verhindern bewusste oder unbewusste Assoziationen häufig die erfolgreiche Kommunikation und damit die zielsystemkonforme Steuerung des Unternehmens.

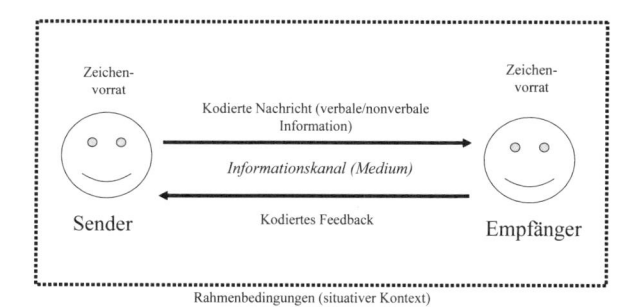

Abb. 4.2   Sender-Empfänger-Modell

Eine Möglichkeit, die Fehler bei der Kodierung/Dekodierung zu analysieren, bietet das Modell von Schulz von Thun. Nach Schulz von Thun hat jede Nachricht vier Aspekte. Der Sach-Aspekt umschreibt den formalen bzw. sachlichen Inhalt der Nachricht. Zusätzlich hat jedoch jede Nachricht einen zusätzlichen Inhalt durch die Beziehung, in der Sender und Empfänger zueinander stehen (Beziehungs-Aspekt). Weiterhin sagt die Nachricht etwas über die Ziele und Motive des Senders aus (Ausdrucks/Selbstoffenbarungsaspekt) und stellt häufig auch jenseits der Sachebene einen Appell dar (Appell-Aspekt). So kann der einfache Sachaspekt „Der Patient ist schwer krank" von der Schwesternschülerin auch als herbe Kritik verstanden werden („Ich habe Ihnen schon tausendmal gesagt, Sie sollen sich mit schwer kranken Patienten mehr Mühe geben! Sie sind einfach unfähig!"), wenn die Vertrauensbeziehung zur Ausbilderin gestört ist. Derselbe Satz kann Ausdruck tiefer Resignation („Warum bekommen wir immer die schlimmsten Patienten?") oder ein Appel sein („Kümmern Sie sich besonders gut um ihn!"). In der technischen Kommunikation sind die Kodierregeln vorher genau festgelegt. In der menschlichen Kommunikation bedarf es großer Erfahrung und Sensibilität, die vier Aspekte zu trennen und zu bewerten.

Unterschiedliche Persönlichkeitstypen (vgl. Kapitel 1.5.1.3) tendieren zu abweichenden Kommunikationsstilen und zu divergierenden Kodierungen/Dekodierungen. Tab. 4.1 zeigt in Ergänzung zu Tab. 1.8 Kommunikationsbarrieren zwischen unterschiedlichen Persönlichkeitskonstellationen. Der Einsiedler als Kombination der schizoiden und zwanghaften Persönlichkeit kommuniziert tendenziell wenig. Bei ihm überwiegt der Sach-Aspekt, d.h., er tendiert zu sehr formaler, möglichst schriftlicher, präziser Kommunikation und zieht sich bei eloquenten Partnern zurück.

Der Einzelkämpfer ist eine Kombination aus hysterischem und schizoidem Persönlichkeitstyp. Seine Nachrichten sind für den Empfänger schwer zu verstehen, da er einen sehr eigenwilligen Kommunikationsstil pflegt und sich kaum an Normen und Standards halten will. Seine Kommunikation ist ebenfalls relativ eingeschränkt, er tritt jedoch tendenziell aggressiv und durchsetzungsstark auf. Sein überwiegender Kommunikationsstil sind die Anweisung und der Befehl mit hohem Appell-Aspekt. Schriftliche Kommunikation widerspricht ihm, da er sich nicht gerne auf Inhalte festlegen lässt.

Die Über-Mutter ist tendenziell dem zwanghaften und depressiven Persönlichkeitstyp zuzuordnen. Kommunikation entspricht ihrem Wesen, denn sie baut Nähe und Zuneigung über Austausch auf. Sie spricht leise und ist bemüht, den anderen zu verstehen bzw. verstanden zu werden (hoher Beziehungs-Aspekt). Das Ziel der Kommunikation ist allerdings weniger die Erfüllung der Arbeitsaufgabe als der Aufbau einer guten Beziehung. Trifft sie auf dominante, zielorientierte Kommunikationspartner, fühlt sie sich leicht unverstanden.

Der Superstar hingegen – als Kombination der hysterischen und depressiven Persönlichkeit – kommuniziert zur Selbstdarstellung. Er ist zwar auch an einer guten Beziehung interessiert, möchte den Partner aber auch von seinen Ideen und Inspirationen überzeugen, notfalls in Grund und Boden reden. Häufig offenbaren Superstars in ihrer Kommunikation viel über sich selbst.

Für jede Kommunikation gilt der Grundsatz, dass Sender und Empfänger für die korrekte Übertragung der Nachricht verantwortlich sind. Kommunikationsfehler sind nie nur das Versagen eines Partners. Vielmehr muss der Sender dem Empfänger auch die Kodierregeln mitliefern, d.h. Hintergründe und Assoziationen vermitteln. Gleichzeitig muss der Empfänger dem Sender die Interpretation der empfangenen Signale als Feedback geben, damit eine Konsistenzüberprüfung stattfinden kann. Kommunikationstrainer üben diese positive Kommunikation. Angesichts der Tatsache, dass ein großer Teil der Führungsprobleme in Krankenhäusern kommunikationsbedingt ist, müsste Kommunikationstraining eigentlich auf dem Ausbildungsplan jeder Führungskraft stehen.

Tab. 4.1 Kommunikationsbarrieren unterschiedlicher Persönlichkeitskonstellationen

	Einsiedler	Einzelkämpfer	Über-Mutter	Super-Star
Einsiedler	sehr geringe Kommunikation; sehr formal, überwiegend schriftlich	relativ eingeschränkte Kommunikation; Einsiedler schottet ab; Einzelkämpfer dominiert	Einsiedler zieht sich vor zu viel Nähe zurück und reduziert Kommunikation; Über-Mutter reagiert mit noch mehr Kommunikation	Stark asymmetrische Kommunikation; Einsiedler wird völlig überfordert; Super-Star entbehrt Plattform
Einzelkämpfer		Konkurrenz und Aggression in der Kommunikation; geringes gegenseitiges Verstehen	Über-Mutter versteht Einzelkämpfer nicht; reagiert nicht auf seine Appelle; Einzelkämpfer wird aggressiver	Unstete, ergebnislose Diskussionen; Einzelkämpfer wird aggressiver; Super-Star steigert Redefluss
Über-Mutter			Ausgiebige, freundschaftliche Kommunikation über alle Themen, häufig nicht zielorientiert	Ausgiebige Kommunikation; Super-Star drängt auf Zukunftsorientierung; Über-Mutter fühlt sich überfordert und kommuniziert noch empathischer
Super-Star				Unstete, aber inspirierende Kommunikation; häufig Zukunftsthemen; evtl. Konkurrenz um Plattform

4.2 Krankenhausinformationssystem

Die Steuerung der Informations- und Kommunikationsprozesse im Krankenhaus erfordert eine systematische und planvolle Vorgehensweise, d.h. den Aufbau eines umfassenden Informationssystems. Das Krankenhausinformationssystem (KIS) – manuell oder EDV-gestützt – umfasst alle Elemente, Relationen und Prozesse, die der Speicherung, Verarbeitung und Bereitstellung von Informationen im Krankenhaus dienen. Seine Bedeutung ist in den letzten Jahren stetig gestiegen. Erstens ist das KIS ein wichtiger Qualitätsfaktor. Der hohe Informationsbedarf bei Entscheidungen im Krankenhaus (z.B. Therapieentscheidung, Budgetverhandlungen, Personalauswahl) sowie die hohe Arbeitsteilung der Prozesse (Abteilungen, Berufsgruppen, externe Partner) erfordern einen dichten Informationsaustausch, um eine möglichst gute Patientenversorgung und die wirtschaftliche Stabilität zu gewährleisten. Sowohl der reine Dokumentationsbedarf (Arztbriefe, Laborbefunde, Radiologiebefunde,

Patientenakten etc.) als auch der Entscheidungsbedarf (klinische Pfade, evidenzbasierte Medizin, Standards) sind in den letzten Jahren stetig angewachsen. Dadurch wird das KIS immer mehr zu einem Kostenfaktor. Obwohl in Deutschland im internationalen Vergleich relativ wenig in die Krankenhausinformationswirtschaft investiert wird, gehen die Ausgaben allein für die EDV bei den meisten Krankenhäusern in die Millionen – Beträge, die meist nicht durch verbesserte Information eingespart werden. Häufig führt der Einsatz eines modernen KIS zu einer deutlichen Verbesserung der Informationslage, aber nicht zu einer unmittelbaren Kostenreduktion. Hingegen kann die Qualitätssteigerung durch eine bessere Information einen wichtigen Wettbewerbsfaktor darstellen, da die Patienten den leitliniengerechten, störungsfreien Fluss der Behandlung erleben und schätzen und somit leichter zu Werbern und Wiederkäufern werden.

Die Ziele eines Krankenhausinformationssystems werden in der Literatur sehr hoch gesteckt. Sie sollen eine adäquate Unterstützung von Funktionen zur Verarbeitung von Daten, Informationen und Wissen für die Patientenversorgung, die Verwaltung, das Qualitätsmanagement, die Forschung sowie die Aus-, Weiter- und Fortbildung leisten, um jederzeit aktuelle Informationen über Patienten, Krankheiten, Medikamente, Diagnose- und Therapieverfahren, Qualität und Kosten verfügbar zu machen. Weiterhin sollen sie die Erfüllung gesetzlicher Regelungen (z.B. Dokumentationspflichten) gewährleisten und die Führung dabei unterstützen, auf allen Ebenen die Wirtschaftlichkeit der Prozesse zu verbessern. Es ist offensichtlich, dass nur ein systematisches Informationsmanagement in Form einer integrierten elektronischen Datenverarbeitung diesen Ansprüchen gerecht werden kann. Die heute noch anzutreffenden Insellösungen mit inkompatiblen Systemen (z.B. Buchhaltung, Patientenabrechnung, Laborsysteme, Patientenakte etc.) können die Unternehmenssteuerung nur unzureichend und zu hohen Kosten unterstützen. Vielmehr muss das KIS möglichst vollständig und systematisch alle Subsysteme der betrieblichen Informationswirtschaft umfassen:

- Teilinformationssysteme, z.B. Laborinformationssystem, Patienteninformationssystem
- Unternehmensfunktionen, z.B. OP, Abrechnung,
- Aktivitäten, z.B. Entlassung, Warenannahme
- Geschäftsprozesse, z.B. Behandlung einer bestimmten Diagnose
- Applikationssysteme, z.B. Textverarbeitung, Kalkulation, Bildverarbeitung
- Physische Datenverarbeitungssysteme (Hardware)

Die Entwicklung eines KIS erfordert in der Regel externe Unterstützung. Insbesondere ist von einer – immer noch anzutreffenden – Eigenentwicklung der Software abzuraten. Die umfassenden Ansprüche an die Funktionalität, Verlässlichkeit, Kompatibilität, Integration, Datenqualität, Datenschutz, Softwarequalität (ISO 9126: Funktionalität, Zuverlässigkeit, Bedienbarkeit, Effizienz, Wartungsfreundlichkeit, Übertragbarkeit), Softwareergonomie (ISO 9241) und Effizienz des Gesamtsystems können nur mit einer standardisierten und umfangreich validierten Branchensoftware erreicht werden. Eine Adaption an die eigenen Vorstellungen und Besonderheiten ist selbstverständlich notwendig, wobei die Flexibilität der Software ein Entscheidungskriterium darstellt. Häufig besteht die Aufgabe des Krankenhausmanagements darin, den gewünschten Inhalt und die geforderte Funktionalität des Subsystems des KIS zu definieren, während die technische Umsetzung anschließend überwie-

4.2 Krankenhausinformationssystem

gend in den Händen einer externen Firma liegt. Der Krankenhausmanager muss deshalb kein Ingenieur, wohl aber kommunikationsfähig mit EDV-Experten sein.

Tab. 4.2 und Tab. 4.3 zeigen einige Beispiele für Funktionen im Krankenhaus, die im Rahmen eines KIS zu integrieren sind. Die Integration erstreckt sich hierbei sowohl auf die Daten (keine redundante Datenhaltung), auf den Zugriff, die Präsentation und den Kontext der Anwendungen. Im Prinzip sollte jeder Mitarbeiter von jedem Arbeitsplatz mit derselben Maske auf denselben Datensatz zugreifen können, ohne jeweils eine neue Software erlernen zu müssen. Dies ist effizient nur durch eine EDV-Lösung aus einer Hand mit einer einheitlichen zentralen Datenbank zu gewährleisten (vgl. Abb. 4.3) und beim Aufbau neuer Krankenhäuser umzusetzen. In der Regel dürften jedoch mehrere bestehende Kommunikationssysteme parallel existieren, die zu integrieren sind. Hierzu stellen die EDV-Berater entsprechende Tools zur Verfügung, so dass die Kommunikation über Schnittstellen bzw. Kommunikationsserver gewährleistet ist.

Wir können an dieser Stelle nicht auf die Entwicklung von Krankenhausinformationssystemen und die heute üblichen Meta-Modelle (z.B. funktionale, technische, organisatorische, Daten- und Geschäftsprozess-Metamodelle) eingehen. In der Regel stellt das KIS für den Krankenhausmanager ein Instrument dar, dessen er sich vertrauensvoll bedient, ohne die technischen und organisatorischen Hintergründe zu kennen. Wird ein Krankenhausbetriebswirt mit der Entwicklung oder Verbesserung eines KIS beauftragt, muss er selbstverständlich weit tiefere Kenntnisse erwerben, als dies für die in diesem Buch verfolgte Befähigung zur Krankenhaussteuerung notwendig ist.

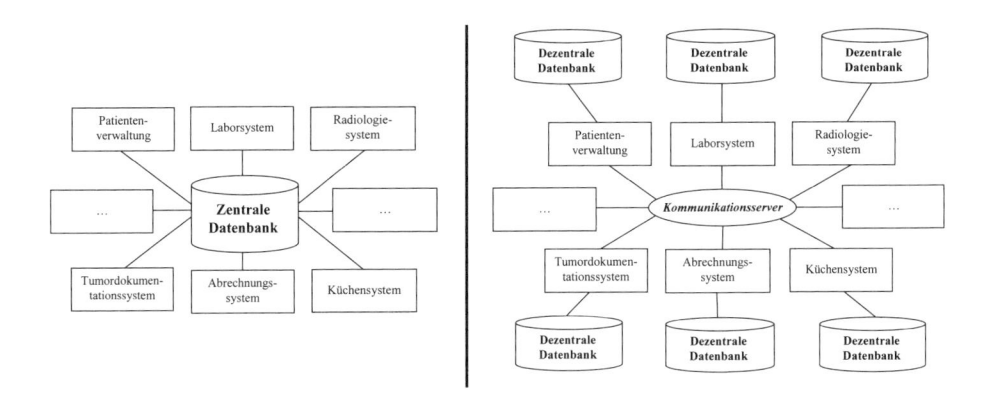

Abb. 4.3 Zentrale und dezentrale Datenbankensysteme

Tab. 4.2 Funktionen im Krankenhaus

Funktion		Ziel	Subfunktionen
Patientenaufnahme		Dokumentation und Verteilung der administrativen Patientendaten sowie eindeutige Identifikation und Zuordnung der Patientendaten	• Terminplanung • Korrekte und eindeutige Identifikation und Zuordnung der Patientendaten • Administrative Aufnahme (Name, Adresse, Geburtsdatum, Versichertenstatus, Konfession, etc.) • Klinische Aufnahme (medizinische und pflegerische Anamnese) • Informationen für die Verwaltung (Welche Betten sind frei/belegt? Wo liegt welcher Patient?)
Planung und Organisation der Patientenbehandlung		Effiziente Planung und Organisation zur reibungslosen Durchführung der Patientenbehandlung	• Präsentation von Information und Wissen über Patienten, Leitlinien etc. • Entscheidungsfindung und Patienteninformation (diagnostische und therapeutische Maßnahmen; wissensbasierte Systeme; Konsile, Telemedizin; Dokumentation der Maßnahmen; Dokumentation der Einwilligung des Patienten) • Planung der Patientenversorgung (Planung und Festlegung der Prozesse)
Leistungsanforderung und Befundkommunikation		Annahme und Durchführung einer Leistungsanforderung und die Befundübermittlung	• Vorbereitung der Leistungsanforderung • Termin- und Prozedurplanung (z.B. Blutabnahme, OP-Belegung, Röntgenbelegung) • Übermittlung der Leistungsanforderung • Übermittlung der Befunde (Eindeutige Zuordnung zum Patienten; Markierung kritischer Werte)
Durchführung diagn. und therap. Maßnahmen		Bereitstellung der Ressourcen zur Durchführung der diagnostischen und therapeutischen Maßnahmen	• Personalzuweisung • Raumplanung • Planung mobiler Geräte • etc.
Klinische Dokumentation		Dokumentation aller klinisch relevanten Patientendaten so komplett, korrekt und schnell wie möglich	• Pflegedokumentation, Pflegeprozesse (Pflegeplanung, Dokumentation der Prozeduren, Evaluation, Berichtschreibung, aber auch Pflegekurven) • Medizinische Dokumentation (Dokumentation medizinisch relevanter Einzelbeobachtungen und -feststellungen; üblicherweise auf den Patienten oder den Behandlungsfall bezogen und in einer Patientenakte gehalten; umfasst u. a. Patientendaten, anamnestische Beobachtungen und Feststellungen, Befunde, diagnostische und therapeutische Maßnahmen, Angaben zu Diagnosen und Therapie sowie den Behandlungsverlauf)
Administrative Dokumentation und Abrechnung		Dokumentation der Prozeduren als Basis für die Abrechnung	• Abrechnung (GKV, Privatpatienten) • Basis for Controlling (finanzielle Analysen, interne Budget-Festlegung, etc.) • Einhaltung gesetzlicher Dokumentationspflichten (z.B. für Budgetverhandlungen; häufig standardisierte Dokumentation an Hand von Diagnoseschlüsseln; abgeleitet aus klinischer Dokumentation)

Tab. 4.3   Funktionen im Krankenhaus (Forts.)

Funktion	Ziel	Subfunktionen
Patientenentlassung und Überweisung	Durchführung der stationären und administrativen Entlassung und evtl. Überweisung	• Erfüllung gesetzlicher Dokumentationspflichten • Entlassungsarztbrief • Übermittlung der Befunde an die weiterbehandelnden Personen und Einrichtungen
Verwaltung der Patientenakten	Erstellung und Aufbewahrung der Dokumente und der Patientenakten, so dass die in ihnen enthaltenen Informationen und Daten schnell wieder gefunden werden können	• Erstellung und Speichern von klinischen Dokumenten • Verwaltung spezieller Dokumentationen und klinischer Register (Dokumentation fürs Qualitätsmanagement, Tumorregister) • Diagnose und Prozedurkodierung • Analyse der Patientenakten (Verfügbarkeit; einheitliche Inhaltsstruktur; Datenschutz, Datensicherheit) • Archivierung der Patientenakten (Bereitstellung von Archivräumen, Gewährleistung einer 10- bis 30-jährigen Aufbewahrungsfrist) • Verwaltung der Patientenakten (Organisation der Ausleihe und Rückgabe der Patientenakten)
Arbeitsorganisation und Ressourcenplanung	Organisation und Einteilung der verschiedenen Ressourcen	• Planung und Zuweisung der Ressourcen (Koordination und Kommunikation von Personal, Material, Medikamenten, Betten, Werkzeugen) • Verwaltung von Material und Medikamenten • Verwaltung der medizinischen Werkzeuge: OP-Saal, CT, MRT, etc. • Allgemeine Arbeitsorganisation (Arbeitslisten, Terminplaner, Pinwand, Erinnerungszettel etc.) • Unterstützung Bürokommunikation (Telefon, E-Mail) • Unterstützung der allgemeine Informationsverarbeitung (Berichtschreibung, statistische Auswertungen)
Krankenhausverwaltung	Organisation der Patientenversorgung und Kontrolle der finanzielle Lage des Krankenhauses	• Qualitätsmanagement • EDV-Unterstützung zur Gewährleistung einer optimalen Patientenversorgung • Steuerung und Finanzmanagement • Managementinformationssystem • EDV-gestützte Finanzplanung • Buchhaltung / Controlling • EDV-gestützte Investitionsplanung • Personal Management • Allgemeine statistische Analyse

4.3   Innovationen der Informationswirtschaft

Die steigenden Informationsbedarfe der medizinischen und pflegerischen Leistungserbringer im Krankenhaus, aber auch die Forderungen der Politik, der Krankenkassen und der Patienten haben zu einer rasanten Entwicklung der Informationswirtschaft im Gesundheitswesen geführt. Immer mehr Daten werden gespeichert und ausgetauscht und stehen für Entscheidungen zur Verfügung. Von besonderer Bedeutung für die Entwicklung der Krankenhausbetriebslehre dürften die elektronische Patientenakte und die Telematik sein, die im Folgenden diskutiert werden.

4.3.1 Elektronische Patientenakte

Eine Patientenakte ist eine Sammlung aller Informationen, die im Zusammenhang mit der medizinischen Versorgung eines individuellen Patienten erstellt werden. Überwiegend synonym werden die Begriffe Krankenakte, Patienten- bzw. Krankenblatt, Patienten- bzw. Krankengeschichte sowie Patienten- bzw. Krankenunterlagen verwendet. Entscheidend ist, dass sich die in der Patientenakte enthaltenen Informationen auf die Behandlung eines individuellen Patienten beziehen. Da der Leistungserbringer mit der Patientenakte seine Dokumentationspflicht erfüllt und Erfahrungen gezeigt haben, dass Patienten ihre Akte häufig verlieren oder vergessen, war in der Vergangenheit die Mehrfachvorhaltung der Patientenakte bei jedem Leistungsersteller (niedergelassener Arzt, Physiotherapeut, Pflegedienst, Akutkrankenhaus, Rehakrankenhaus etc.) notwendig. Es ist offensichtlich, dass dies zu Redundanzen, aber auch zu Fehl- und Unterinformation bei einer institutionenübergreifenden Behandlung führt.

Die Patientenakte erstreckt sich über alle Behandlungszusammenhänge und umfasst den Stammdatensatz (Name, Geburtstag, Anschrift), administrative Daten (Versicherung, Versicherungsnummer, Fallnummer), Informationen zu Diagnose und Therapie (Anamnese, Maßnahmen, Krankheitsverlauf, pflegerische Dokumentation) und die Entlassungsunterlagen. Sie unterstützt die Patientenversorgung, gewährleistet eine regelgerechte Dokumentation der patientennahen Tätigkeiten, erleichtert die Kommunikation (z.B. während der Übergabe) und gibt dem administrativen Bereich wichtige Informationen (z.B. für die DRG-Gruppierung). Darüber hinaus ist sie eine notwendige Datensammlung für die Forschung sowie die Aus- und Weiterbildung.

Nach dem Medium unterscheidet man konventionelle und elektronische Patientenakten. Letztere werden nach dem Umfang ihrer Digitalisierung sowie nach ihrer Institutionenbindung in automatisierte Krankenakten (automated medical record), digitalisierte Krankenakten (computerized medical record), elektronische Krankenakten mit Datenmanagement (electronic medical record), einrichtungsübergreifende elektronische Patientenakten (electronic patient record) und elektronische Gesundheitsakten (e-health record) unterschieden.

Eine konventionelle Patientenakte ist eine Sammlung medizinischer und medizinisch relevanter Informationen zu einem Patienten, die auf konventionellen Datenträgern (in der Regel Papier) gespeichert sind. Die Papierakte hat erhebliche Nachteile. Erstens werden die Akten meist handschriftlich geführt und sind deshalb häufig unleserlich. Zweitens führt die Papierakte dazu, dass medizinische Informationen über einen Patienten über mehrere Versorgungseinrichtungen und Abteilungen verteilt sind und deshalb zu Mehrfacherfassungen führen sowie den behandelnden Personen nicht immer rechtzeitig zur Verfügung stehen. Drittens können konventionelle Akten sehr umfangreich und unübersichtlich werden. Dadurch können Informationen verloren gehen oder zumindest kurzfristig nicht auffindbar sein. Viertens sind die Sortierung und Analysen der Akten sehr aufwendig. Damit wird deutlich, dass die konventionelle Patientenakte nur bedingt als Entscheidungsunterstützungsinstrument verwendet werden kann.

Auf der anderen Seite hat die konventionelle Patientenakte klare Vorteile, die sie bis vor wenigen Jahren als überlegen gegenüber elektronischen Varianten erscheinen ließen. Die Papierakte kann ohne Aufwand überall mitgenommen werden. Mit einer gewissen Systematik kann sie leicht durchgeblättert werden. Weiterhin können verschiedenartige Daten unabhängig von ihrem Format (z.B. Text, Zahlen, Abbildungen, Bilder, Tonband, Video) abgelegt werden, was im Krankenhausbetrieb mit unterschiedlichsten Berufsgruppen und Funktionen ein großer Vorteil ist.

Die konventionelle Akte wird in einem konventionellen Archiv aufbewahrt. Auch Papieroriginale, Röntgenfilmoriginale und sonstige Originale (z.B. histologische Schnitte, Herzkatheterfilme) werden hier abgelegt und für einen Wiederzugriff gespeichert. Der Vorteil konventioneller Archive besteht darin, dass die Originaldokumente beweisfähig sind (z.B. die Unterschrift auf der Patienteneinwilligung). Dieser Vorteil wird mit schwerwiegenden Nachteilen erkauft. Erstens sind falsch einsortierte Akten in einem konventionellen Archiv kaum mehr auffindbar. Zweitens haben diese Archive einen enormen Platzbedarf. Zum Teil wurden deshalb Originale auf Mikrofilme übertragen, die weniger Platz benötigen. Drittens benötigen sie hohe personelle Ressourcen für die Verwaltung und insbesondere für die hohen Such- und Wegezeiten. Sie haben viertens meist nur begrenzte Öffnungszeiten und sind deshalb kaum für die Entscheidungsunterstützung im Notfall geeignet. Schließlich sind alle Formen von konventionellen Akten und Archiven für die Anwendung in der Telemedizin ungeeignet.

Die elektronische Patientenakte (EPA) hingegen ist eine Sammlung medizinischer und medizinisch relevanter Informationen zu einem Patienten, die auf digitalen Datenträgern gespeichert sind. Die Nachteile der konventionellen Akten entsprechen den Vorteilen der EPA, d.h., elektronische Akten sind leserlicher, besser verfügbar (sogar von mehreren Benutzern an verschiedenen Orten zeitgleich), reduzieren die unkontrollierte Mehrfachhaltung medizinischer Informationen, können leichter gegliedert, sortiert, aufbereitet und adäquat präsentiert werden, enthalten weniger Fehler (aktueller und vollständiger) und brauchen weniger Speicherplatz. Die Nachteile, die in den letzten Jahren systematisch reduziert wurden, waren die geringe Bedienungsintuition, der hohe Schulungsaufwand, die hohen Investitionskosten für ausfallsichere Lösungen, die Problematik der Sicherstellung des Urkundencharakters sowie die hohen Anforderungen an den Datenschutz. Im Grunde sind heute alle Anfangsprobleme der EPA gelöst – mit einer Ausnahme: die Papierakte kann immer und überall verwendet werden. Man kann sie an allen Orten spontan und ohne weitere Geräte studieren, während die EPA eine gewisse Planung des Arbeitsablaufes erfordert. Die Einführung der EPA muss deshalb stets mit einer Reorganisation der Geschäftsprozesse einhergehen.

Eine elektronische Patientenakte erfordert in der Regel eine elektronische Archivierung, d.h. eine langfristige Speicherung von Dokumenten und Daten auf digitalen Dokumenten- und Datenträgern. Damit wird eine rechnerbasierte Ablage, Suche, Verwaltung und Wiederbeschaffung von Dokumenten und Daten ermöglicht. Im Gegensatz zu der früher häufig anzutreffenden Mikroverfilmung bleibt der schnelle Zugriff bei einer digitalen Speicherung gewährleistet. Elektronische Archive haben damit deutlich kürzere Such- und Zugriffszeiten als

Papier- oder Filmarchive. Weitere Vorteile sind der geringere Raumbedarf, der zeitgleiche Zugriff auf die Patientenakte durch mehrere Personen auch von entfernten Orten, die multiple Verwendung der Patientenakte (z.B. für die Patientenversorgung und klinisch-wissenschaftliche Forschung), eine höhere Konsistenz durch eine zentrale Datenhaltung sowie eine relativ einfache Sicherung durch eine fast unbegrenzte Kopierfähigkeit. Neben den hohen Investitionskosten dürften die häufigen Technologiewechsel ein schwerwiegendes Problem für digitale Archive darstellen. Patientendaten müssen bis zu 30 Jahre aufbewahrt werden. Schreibt man die Entwicklung der Speichermedien der letzten 30 Jahre fort (Lochkarte, Magnetband, Diskette, CD, DVD), so ist damit zu rechnen, dass innerhalb der Aufbewahrungsfrist mehrfach alle Datensätze vollständig auf ein neues Medium übertragen werden müssen.

Der Speicher- und Archivierungsbedarf der elektronischen Patientenakten steigt parallel zu der Stufe. Die Stufen eins bis drei (automatisierte Krankenakte; digitalisierte Krankenakte; elektronische Krankenakte mit Datenmanagement) entsprechen institutionenbezogenen elektronischen Patientenakten, d.h., es müssen nur Krankenhausdaten gespeichert werden. Für Stufe eins genügt eine konventionelle Archivierung, während die Stufen zwei und drei eine elektronische Archivierung der Krankenhausdaten erfordern. Die Stufen vier und fünf (einrichtungsübergreifende elektronische Patientenakte; elektronische Gesundheitsakte) sind instititonenübergreifend definiert, d.h., es müssen auch Daten aus anderen Einrichtungen elektronisch gespeichert werden.

Die automatisierte Krankenakte (niedrigste Stufe der EPA) stellt das Bindeglied zwischen der konventionellen und der vollständig elektronischen Akte dar. Da ein Teil der Daten bereits digital vorliegt, werden sie automatisch auf Papier ausgedruckt und in der papierbasierten Patientenakte abgeheftet. Typische Daten, die digital anfallen, jedoch für die automatisierte Patientenakte ausgedruckt werden müssen, sind die Patientenstammdaten der Chipkarte, die Laborergebnisse und die Datensätze des Computer-Tomographen. Sie werden elektronisch kommuniziert, jedoch letztlich ausgedruckt und in die Papierakte eingeordnet. Die Archivierung erfolgt konventionell.

Die digitalisierte Krankenakte (Stufe 2) kennt keine Papierakte mehr. Elektronisch vorliegende Informationen werden automatisch in die elektronische Krankenakte übernommen, während konventionell erstellte Dokumente vor ihrer Ablage in der digitalisierten Krankenakte zunächst eingescannt werden. Die digitalisierte Krankenakte erfordert eine elektronische Archivierung. Der Nachteil der digitalisierten Krankenakte besteht primär darin, dass die eingescannten Dokumente nur bedingt die Such- und Indexfunktionen der Informationssysteme unterstützen.

Im Laufe der Zeit wird der Anteil der konventionellen Dokumente immer weiter zurückgehen, bis ausschließlich rechnerbasierte Daten vorliegen. Dann ist das Ziel einer elektronischen Krankenakte mit Datenmanagement (Stufe 3) erreicht. Sie ermöglicht eine vollständige Verknüpfung aller Datensätze der Patientenakte sowie eine Zusammenführung mit Datensätzen anderer Informationssysteme (z.B. Managementinformationssystem, Leitlinieninformationssystem), so dass eine aktive Entscheidungsunterstützung möglich wird. Die Anforderungen sind allerdings hoch. Die elektronische Krankenakte mit Datenmanagement benötigt ein einrichtungsweites System zur eindeutigen Identifikation von Informationen zu einem

Patienten, eine technische Infrastruktur, die einheitliche Formate, Strukturen, Klassifikationen und Schnittstellen umfasst sowie eine Sicherheitsinfrastruktur zu Erfüllung der Anforderungen des Datenschutzes.

Ein zentrales Element der Stufe 3 ist das Bildarchivierungs- und -kommunikationssystem (Picture Archiving and Communication Systems, PACS), mit dessen Hilfe Röntgenaufnahmen, Filme (z.B. OP-Aufnahmen), Tonaufzeichnungen (z.B. Sprechproben der Logopädie) und andere Dokumente gespeichert und präsentiert werden. Das PACS hält eine große Instrumentenvielfalt von Zugriffsmöglichkeiten bereit, die von der reinen Bildbetrachtungssoftware bis zur Image Enhancement (Bildbearbeitung, 3-D-Effekt, Glättung) reichen. Ohne PACS ist die elektronische Patientenakte letztlich wirkungslos, und die uneingeschränkte Verfügbarkeit des PACS ist für viele Ärzte und Pflegekräfte das Entscheidungskriterium zur Beurteilung der EPA.

Die Stufen 4 und 5 erweitern das Leistungsspektrum der elektronischen Gesundheitsakte auf weitere Leistungserbringer. Die einrichtungsübergreifende elektronische Patientenakte (Stufe 4) stellt eine Sammlung medizinischer und medizinisch relevanter Informationen zu einem Patienten dar, die aus mehreren eigenständigen medizinischen Versorgungseinrichtungen an verschiedenen Orten stammen und auf einem digitalen Datenträger gespeichert sind. Die Daten sind für alle Berechtigten unabhängig von ihrer Einrichtung verfügbar, so dass ein möglichst vollständiges Bild vom Gesundheitszustand des Patienten und dem institutionenübergreifenden Behandlungsprozess entsteht. Der niedergelassene Arzt kann damit auf die Krankenhausdaten zugreifen, und das Krankenhaus hat die vollständige Einsicht in alle Voruntersuchungen beim Hausarzt. Dadurch werden die Entscheidungsqualität erhöht, Mehrfachuntersuchungen vermieden, Datenredundanz reduziert und Kosten gesenkt.

Die Speicherung der Daten kann grundsätzlich in verschiedener Form erfolgen. Erstens wäre es möglich, alle Daten auf einer persönlichen Gesundheitskarte zu speichern, die der Patient bei sich führt. In der Realität dürfte allerdings die Datenmenge (insb. von PACS-Dokumenten) so groß sein, dass die Gesundheitskarte lediglich die Stammdaten sowie den Zugriffscode für andere Datenserver beinhalten kann. Zweitens wäre eine dezentrale Datenhaltung denkbar, d.h., die virtuelle Patientenakte besteht aus mehreren verteilten, lokalen elektronischen Patientenakten, die durch einen Kommunikationsserver logisch zu einer gemeinsamen elektronischen Patientenakte integriert werden. In diesem Fall blieben die lokalen Patientenakten weiterhin unter Kontrolle der jeweiligen Einrichtung. Allerdings setzt dieses Verfahren eine hohe Standardisierung der Patientenakten bei den Leistungsanbietern voraus.

Drittens wäre es möglich, die Daten vollständig auf einem externen Server abzulegen, auf den alle Leistungsanbieter zugreifen können, wenn sie vom Patienten hierfür berechtigt werden. Die Vorteile für die Datenintegration, Reduktion der Redundanz, Auswertbarkeit für Entscheidungen und Forschungen etc. liegen auf der Hand. Allerdings stellt diese Variante auch erhebliche technische, organisatorische und rechtliche Anforderungen. Zuerst muss eine einheitliche, unverwechselbare Patienten- und Leistungserbringeridentifikation vereinbart werden. Das Vokabular muss standardisiert sein. Es muss sichergestellt sein, dass alle Anbieter stets dieselbe Version mit demselben Format haben. Weiterhin stellt eine derart umfassende Datensammlung eine große Gefahr der Verletzung des Datenschutzes bzw. der Datensicherheit dar. Obwohl die Gesundheitskarte bereits seit längerem geplant wird, ist ihre vollständige Umsetzung bislang noch nicht zufriedenstellend. Hier bleibt Forschungsbedarf.

Die letzte Stufe (elektronische Gesundheitsakte) schließlich erweitert das Konzept der einrichtungsübergreifenden elektronischen Patientenakte um weitere gesundheitsrelevante Informationen. Sie enthält den vollständigen medizinischen Datensatz sowie zusätzlich Wellness-, Ernährungs- und andere gesundheitsbezogene Informationen. Sie könnte beispielsweise auch – mit einer entsprechenden Zugriffsbegrenzung – in einem Hotel abgegeben werden, um den individuellen Speiseplan, das Fitnessprogramm und die Saunatemperatur auszuwählen. Diese Personal Health Record ist allerdings derzeit nicht in Aussicht. Ob sie wünschenswert wäre, bleibt zu diskutieren.

Aus Sicht der Krankenhaussteuerung stellt die Digitalisierung der Patientenakte einen wichtigen Schritt zu einer Evidenzbasierung des Managements dar. Aus papierbasierten Akten können viele Informationen nur unter großen Mühen extrahiert werden. Die relativ einfache Anfrage, welcher Anteil der Patienten nach einer bestimmten Operation einen Katheder benötigt und dadurch eine Blaseninfektion erleidet, ist auf Grundlage der Papierakte nur mit umständlichem und relativ unpräzisem Suchen zu beantworten. Eine vollständig digitalisierte Patientenakte kann das Ergebnis in wenigen Sekunden liefern, falls die Software entsprechende Fragen zulässt. Für eine Krankenhaussteuerung unter den Bedingungen der DRGs ist die Analyse der Häufigkeit und Ursachen von Verweildauerverlängerungen (z.B. durch eine Blaseninfektion) von großer Wichtigkeit. Diese Innovation stellt damit dem Management Informationen zur Verfügung, die es in zielsystemkonforme Steuerung übersetzen muss.

4.3.2 Telematik

Eine weitere Innovation mit großer Bedeutung für die Krankenhaussteuerung ist die Telematik. Dieses Kunstwort aus *Tele*kommunikation (= nicht-physischer Transport von Nachrichten über Distanzen) und Infor*matik* beschreibt die Informationsverknüpfung von mindestens zwei EDV-Systemen mit Hilfe eines Telekommunikationssystems sowie einer speziellen Datenverarbeitung. Die wichtigsten Anwendungsgebiete sind E-Commerce, E-Learning und Telemedizin. Alle drei Gebiete finden im Gesundheitswesen immer mehr Verbreitung.

Unter E-Learning versteht man den Einsatz elektronischer Medien für Lehre und Lernen, meist in Form des so genannten Computer-Based-Learning (CBL). Die Anwendungen reichen von CD-ROMs als Datensammlung und Lernprogrammen bis zum Teleteaching, bei dem der Dozent an einem anderen Ort sitzt und über Videokonferenz, Telefon, Funk, E-Mail und Chat-Room unterrichtet. E-Learning ist heute als Komponente der Fort- und Weiterbildung weit verbreitet.

E-Commerce bietet Möglichkeiten, Beschaffungskosten zu reduzieren. Die Spanne reicht von der elektronischen Anfrage, dem Produktvergleich, der papierlosen Bestellung bis hin zur automatischen Zahlung. Anfang des neuen Jahrtausends setzte man große Hoffnungen in die elektronische Beschaffung. Langsam erkennt man jedoch, dass die persönliche Vertrauensbeziehung von Lieferant und Abnehmer durchaus ein Sozialkapital darstellt, das nicht vollständig durch elektronische Lösungen ersetzt werden kann.

4.3 Innovationen der Informationswirtschaft

Der Schwerpunkt der Telematik im Gesundheitswesen liegt allerdings auf der Telemedizin, d.h. auf der Erbringung von Gesundheitsdienstleistungen durch Berufstätige im Gesundheitswesen unter Verwendung von Informations- und Kommunikationstechnologien, insbesondere für die Diagnose und Therapie von Krankheiten. Telematik setzt regelmäßig voraus, dass die Dienstleistungseigenschaft der Einheit von Ort, Zeit und Handlung derart aufgehoben wird, dass ein Teil des Produktionsprozesses an einem anderen Ort stattfindet. Die telemedizinischen Instrumente müssen dafür sorgen, dass trotz dieser Einschränkung die Ergebnisqualität mindestens gleich bleibt.

Beispiele für Telemedizin sind die Telebefundung eines Röntgenbildes und das Einholen einer Zweitmeinung zu einer während einer OP aufgetretenen Komplikation. Schon in den 1960er Jahren wurden hierfür analoge Videoübertragungen organisiert, deren Bildauflösung jedoch noch keine vergleichbare Ergebnisqualität des Produktionsprozesses gewährleisten konnte. Die technologische Entwicklung ermöglicht heute jedoch eine digitale Übertragung ohne Auflösungsverlust, so dass der arbeitsteilige Dienstleistungsprozess ohne Einheit von Ort und Handlung möglich wird.

Es gibt mehrere Gründe, die Krankenhäuser zu einer telemedizinischen Zusammenarbeit veranlassen. Erstens ermöglicht die Telemedizin eine ortsunabhängige Versorgungsqualität, da Experten auch für Regionen zugänglich werden, deren Bevölkerungsdichte keine Vorhaltung dieser Kapazität erlauben würde. In dünn besiedelten Regionen kann die Versorgungssicherheit nur durch relativ kleine Krankenhäuser gewährleistet werden, deren Fallzahl beispielsweise keinen eigenen Radiologen rechtfertigt. In diesem Fall kann die Teleradiologie einen qualitativ gleichwertigen Ersatz darstellen.

Darüber hinaus kann die Telemedizin die Ergebnisqualität auch in Regionen erhöhen, die nicht unterversorgt sind. Die Möglichkeit, ohne hohen Aufwand eine Zweitmeinung einzuholen, kann die Dienstleistungsqualität verbessern. Weiterhin kann das Krankenhaus durch Telemedizin auf Patientendaten von anderen Leistungsanbietern zugreifen und damit Mehrfachuntersuchungen und Fehleinschätzungen vermeiden. Dies ist insbesondere dann ein Vorteil, wenn noch keine elektronischen Patientenakten der Stufen 4 oder 5 eingeführt sind. Schließlich kann die verteilte Leistungserbringung im Rahmen der Telemedizin erhebliche Kosteneinsparungen bei gleicher Qualität bringen, insbesondere wenn damit Nacht- und Wochenendbereitschaften reduziert werden können.

Eine vertiefte Darstellung, insbesondere der technologischen Voraussetzungen, kann an dieser Stelle nicht erfolgen. Technisch ist heute sehr viel möglich, es bedarf lediglich der Fantasie, neue Anwendungsmöglichkeiten zu finden. Beispiele wie das Telemonitoring (Fernüberwachung und Fernbetreuung von Patienten in der Häuslichkeit), Telekonsultation (Beratung mit Fachkollegen), Telepathologie (Fernbefundung pathologischen Materials), Telechirurgie (Operationsdurchführung durch ferngesteuerte Roboter) und die Telemedizin in der Luftfahrt (Fernbefundung diagnostischer Daten während eines Fluges) zeigen, dass viele Varianten bestehen. Sie stellen eine zweifache Chance dar. Einerseits sind sie für größere oder spezialisierte Krankenhäuser eine Einnahmequelle, da ihre Leistungen dem Leistungsanforderer in Rechnung gestellt werden können. Andererseits sind sie für kleinere Krankenhäuser in dünn besiedelten Regionen eine Möglichkeit, ihren Versorgungsauftrag und ihre Existenzsicherung in Einklang zu bringen.

Die Entscheidung, welches Segment des Leistungsspektrums bzw. welcher Teilprozess mit welchem Partner in welcher Form der Telemedizin abgewickelt werden soll, kann mit anderen Formen des Outsourcings verglichen werden. Dies lässt sich am Beispiel eines Computer-Tomographen aufzeigen. Grundsätzlich gilt, dass ein CT nur betrieben werden darf, wenn ein Facharzt (Radiologe) die Befundung garantiert. Damit muss das Krankenhaus zuerst entscheiden, ob es einen eigenen Facharzt vorhält (Eigenfertigung) oder die Befundung durch einen Radiologen außerhalb des Krankenhauses (Fremdbezug) durchführen lässt. Im Falle des Fremdbezugs gibt es wieder verschiedene Möglichkeiten. Erstens besteht die Möglichkeit, das Gerät selbst anzuschaffen und zu betreiben. In diesem Fall genügt es, wenn eine medizinisch-technische Radiologieassistentin (MRTA) und ein Arzt mit Strahlenschutzausbildung vor Ort sind. Die Befundung erfolgt beim Vertragspartner, wobei andere Krankenhäuser und niedergelassene Radiologen in Frage kommen.

Zweitens könnte das Krankenhaus eine Komplettlösung vom Partner annehmen, d.h., das CT und die MRTA werden vom Betreiber gestellt, der auch die Befundung durchführt. Das Krankenhaus muss lediglich einen Arzt mit Strahlenschutzausbildung vorhalten, der jedoch überwiegend in anderen Bereichen tätig ist. Drittens besteht noch die Möglichkeit, die Leistung vollständig outzusourcen und den Patienten zum niedergelassenen Radiologen oder in ein anderes Krankenhaus für das CT zu bringen.

In allen Fällen müssen die Investitions- und laufenden Kosten, die Erlöse und die Dienstleistungsqualität betrachtet werden. Patienten dürften Transporte insbesondere in weiter entfernt liegende Einrichtungen negativ bewerten. Entscheidend für die Qualität ist auch die Existenz eines Ausfallkonzepts, d.h. die Vorsorge für den Fall des Ausfalls der Kommunikationswege oder des Befundungspartners.

Dieses Beispiel soll genügen, um aufzuzeigen, dass die ökonomische Bewertung der Telemedizin eine anspruchsvolle Aufgabe ist. Die Krankenhaussteuerung benötigt hierfür dringend Informationen, die nur teilweise vom Controlling bereitgestellt werden können. Als strategische Entscheidung fließen auch weitere, weiche Faktoren in die Entscheidungsfindung ein, mit denen wir uns im 5. Kapitel auseinandersetzen werden.

Zweifelsohne gibt es noch eine Reihe von Innovationen der Informationswirtschaft, die Chancen und Risiken für Krankenhäuser bergen. Die Entwicklung der Automatisierung der Materialwirtschaft, des Datenträgeraustausches sowie der wissensbasierten Diagnose- und Therapieunterstützung (Expertensysteme) müssen beobachtet und bewertet werden. An dieser Stelle und im Rahmen eines Bandes zur Krankenhaussteuerung müssen die wenigen Hinweise zur Informationswirtschaft als Instrument der Entscheidungsvorbereitung der Krankenhausführung genügen.

4.4 Ergebnisse

Lehrbücher zur Informationswirtschaft im Krankenhaus fokussieren häufig EDV-technische Aspekte. Dies hat seine Rechtfertigung, da moderne Krankenhausinformationssysteme computergestützt sein müssen, um ihre vielfältigen Aufgaben zu erfüllen. Eine verlässliche EDV ist ebenso eine Voraussetzung für ein funktionsfähiges Krankenhaus wie ein funktionsfähiger Fahrstuhl oder eine Warmwasserversorgung.

Auf der anderen Seite erstreckt sich die Kommunikation im Krankenhaus nicht auf die Schnittstelle von Mensch und Computer. Vielmehr verlaufen noch heute die meisten Kommunikationsprozesse interpersonell, zwischen Menschen mit Gefühlen, Assoziationen, Ambitionen und Ängsten. Die systematische und planvolle Gestaltung dieser Prozesse ist ebenso Aufgabe der Informationswirtschaft wie die Bereitstellung eines PACS. Darüber hinaus hat die Informationswirtschaft eine Zulieferfunktion für Entscheidungsprozesse. Die primäre und langfristige Aufgabe des Managements ist deshalb nicht Durchführung von EDV-Projekten, sondern die Nutzung der Informationsbasis für die Unternehmenssteuerung. Da die Entscheidungsfindung jedoch immer mehr faktenbasiert sein muss, um unter Wettbewerbsbedingungen die Zukunftsfähigkeit des Krankenhauses zu garantieren, erlangt die Informationswirtschaft eine hohe Bedeutung, aber eben nicht als Ziel des Managements, sondern als Instrument.

Diese Positionierung der Informationswirtschaft innerhalb des Gesamtsystems der Betriebswirtschaftslehre muss jedoch noch einmal relativiert werden. Wie das Beispiel der Patientenakte gezeigt hat, entwickelt sich die Informationswirtschaft von einem internen Instrument der Entscheidungsunterstützung des Managements hin zu einem Aspekt der Produktpolitik. Die Verfügbarkeit von Information wird zu einer Qualitätsdimension, und die Anwendung moderner Informationstechniken (z.B. Telemedizin, wissensbasierte Systeme) stellt Leistungen mit einem eigenen Wert dar. In diesem Fall tritt die Informationswirtschaft aus ihrer Zuliefererrolle heraus und wird ein Instrument der Sicherung des Existenzgrundes des Unternehmens.

Aus der großen Zahl der Bücher zur Krankenhausinformatik seien hier nur einige neuere erwähnt. Bärwolff, Victor & Hüsgen haben ein umfassendes Lehrbuch zu diesem Thema vorgelegt (Handbuch IT-Systeme in der Medizin). Ebenfalls empfehlenswert sind das Buch von Ammenwerth & Haux (IT-Projektmanagement in Krankenhaus und Gesundheitswesen) sowie die Bücher von Trill (Krankenhaus-Software im Überblick; Informationstechnologie im Krankenhaus). Die Innovationen der Krankenhausinformationswirtschaft werden von Haas (Gesundheitstelematik; Medizinische Informationssysteme und elektronische Krankenakten), Klusen & Meusch (Gesundheitstelematik) sowie Jähn & Nagel (e-Health) dargestellt. Alle Buchempfehlungen, die an dieser Stelle gegeben werden können, veralten allerdings sehr schnell, denn die Informationstechnologie ist höchst dynamisch. Der Leser wird deshalb gut beraten sein, im Internet die neueren Veröffentlichungen zu suchen.

Zu Informations- und Kommunikationsprozessen finden sich grundlegende Abhandlungen in den meisten Managementlehrbüchern, z.B. bei Steinmann & Schreyögg (Management). Krankenhausorientierte Ansätze liefern Stubenvoll (Kommunikation im Krankenhaus) und Sisignano (Kommunikationsmanagement im Krankenhaus). Eine umfassende, theoriebasierte Kommunikationslehre im Krankenhaus, die Praktiker und Wissenschaftler gleichermaßen befriedigt, liegt meines Erachtens nach noch nicht vor.

Fragen zum Weiterdenken: Die folgenden Fragen sollten einzeln oder in Gruppen diskutiert werden.

1. Zeigen Sie systematisch den Datenbedarf eines Arztes bei einer Operationsentscheidung auf! Auf welche Datensätze kann er zurückgreifen? Entwickeln Sie einen Vorschlag für das Datenmanagement!
2. Entwickeln Sie ein Konzept zur telematischen Betreuung von adipositären Kindern! Sehen Sie im Telemonitoring ein Zukunftsfeld für Krankenhäuser?
3. Informieren Sie sich über technische Anforderungen der Telemedizin! Welche Bandbreiten sind nötig, wie schätzen Sie die Kosten ein?
4. Erstellen Sie eine Liste gängiger Krankenhausinformationssysteme! Was sind die Vor- und Nachteile einer Branchensoftware?
5. Erinnern Sie sich an einen schwerwiegenden Konflikt in Ihrem Krankenhaus! Welchen Anteil hatten Kommunikationsdefizite? An welcher Stelle trat ein Kommunikationsproblem auf? Wie könnte ihm in Zukunft vorgebeugt werden?

5 Strategische Steuerung

Mit dem Wissen aus den ersten vier Kapiteln dieses Buches müsste es möglich sein, die täglichen Aufgaben der Krankenhaussteuerung zu meistern. Das System ist bekannt, die Instrumente sind verinnerlicht und die Adaption an den eigenen Krankenhausbetrieb kann beginnen. Trotz dieses vorübergehenden Erfolgsgefühls bleibt allerdings das Risiko, dass die Krankenhausleitung zwar alles richtig, aber nicht das Richtige machen könnte. Tab. 5.1 zeigt, dass es drei Möglichkeiten gibt, in der Krankenhausführung zu versagen. Bislang haben wir uns überwiegend mit der operativen Perspektive, d.h. mit der richtigen Steuerungsmethode beschäftigt. Lediglich in den Grundzügen der Krankenhausbetriebslehre wurde das Zielsystem eines Krankenhauses als Komponente der strategischen Perspektive aufgegriffen. Vernachlässigt man jedoch die strategische Ausrichtung eines Unternehmens, so besteht die Gefahr, zwar methodisch kompetent mit großen Schritten voranzuschreiten, aber in die falsche Richtung. Die strategische Steuerung muss deshalb zwingend zu der operativen Perspektive hinzutreten, damit das richtige Problem mit den richtigen Instrumenten gelöst wird und der Unternehmenserfolg sich langfristig einstellt.

Tab. 5.1 Operatives und strategisches Management

		Strategische Perspektive	
		das richtige Problem lösen	das falsche Problem lösen
Operative Perspektive	richtige Methodik	das richtige Problem mit der richtigen Methodik lösen	das falsche Problem mit der richtigen Methodik lösen
	falsche Methodik	das richtige Problem mit einer falschen Methodik angehen	das falsche Problem mit einer falschen Methodik angehen

Die Gefahr, höchst kompetent und engagiert auf dem falschen Weg zu sein, hat in den letzten Jahren zugenommen. Selten war das Gesundheitswesen so starken Veränderungen ausgesetzt, die fundamentale Entscheidungen fordern. Bei jeder Entscheidung kann man entweder das machen, was man besonders gut kann, oder eben das, was in der Situation richtig ist. Beide Alternativen können sich unterscheiden, so dass bereits manches Unternehmen höchst kompetent und motiviert in die Insolvenz ging. Eine ständige Überwachung der Umweltveränderungen, die Bewertung dieser Veränderungen auf Grundlage des eigenen Wertesystems, die Generierung von langfristigen Alternativen und die Entscheidung über den besten Weg werden deshalb zentrale Aufgaben der Krankenhausführung. Ein Krankenhausmanager, der voll und ganz mit der täglichen Unternehmenssteuerung absorbiert ist, wird dieses Unternehmen langfristig schädigen. Jeder Manager benötigt von Zeit zu Zeit Freiräume, um seine wichtigste Aufgabe zu erfüllen: die Vision und Mission des Hauses zu definieren und Strategien zu entwickeln, wie man sie erreichen kann. Hierzu muss er das betriebliche Werte- und

Zielsystem internalisiert haben, da beispielsweise die Unterscheidung zwischen erwerbswirtschaftlichen und Nonprofit Krankenhäusern für die Strategie eine große Rolle spielt.

Das letzte Kapitel dieses Lehrbuches ergänzt folglich die operative Krankenhaussteuerung um die strategische Perspektive. Es spannt – wie die Matrix andeutet – eine weitere Dimension betrieblichen Handelns auf, ohne das operative Management zu diskreditieren. Die Strategie bedarf der operativen Umsetzung, so wie die operative Steuerung ziellos ohne Strategie ist. Gleich einem Menschen, der nur gut sehen kann, wenn er weder kurz- noch weitsichtig ist, benötigt das Krankenhaus den Fokus auf den reibungslosen Ablauf der heutigen Prozesse ebenso wie Analyse der langfristigen Umweltveränderungen und der Chancen und Risiken, die sich daraus ergeben.

Strategisches Management erweitert auch das Denken des Managers. Deshalb ergänzt das vorliegende Kapitel auch den systemtheoretischen Ansatz, den wir bislang verfolgt haben, um die dynamische Systemtheorie. Aus ihr leiten sich die wichtigsten Komponenten der strategischen Krankenhaussteuerung (Geschäftsfeld- und Zielgruppenpolitik; Personalpolitik; Autonomiepolitik) ab.

5.1 Theoretische Grundlagen

Der erste Band (Grundzüge der Krankenhausbetriebslehre) basierte auf der statischen Systemtheorie. Elemente, Funktionen und Relationen des Krankenhauses wurden definiert. In den ersten vier Kapiteln des vorliegenden Bandes wurde die Unternehmenssteuerung ergänzt, wobei sich das Regelkreismodell ebenfalls aus der statischen Systemtheorie ableitet. Für eine Strategielehre ist eine Erweiterung des Systemmodells um die Veränderungen des Umsystems sowie die möglichen Reaktionen des Systems notwendig. Da die Dynamik des Umsystems in den letzten Jahren kontinuierlich zugenommen hat und große Anforderungen an die Krankenhausleitung stellt, werden wir diesen Theorieaspekt im folgenden Abschnitt ausführlich diskutieren, bevor wir uns wieder den stärker praktischen Fragen der Unternehmenssteuerung zuwenden können. Die Lektüre dieses Unterkapitels erfordert etwas Geduld, denn wir bewegen uns auf der Metaebene der Wissenschaften. Aber der Erkenntnisgewinn lohnt die Investition in die neue Denkstruktur.

5.1.1 Theorie dissipativer Systeme

Ein Krankenhaus ist ein offenes, äußerst komplexes und stochastisches System, dessen Systembezüge nicht mehr vollständig erfasst und beschrieben werden können. Jedes offene System hat eine Beharrungstendenz, d.h., es erstrebt selbständig die Aufrechterhaltung der Systemstruktur in einem Gleichgewicht. Dieser Steady State soll ausschließlich durch die Veränderung der Stellgrößen bewahrt werden. Systeme mit dieser Tendenz zur Gleichgewichtsaufrechterhaltung werden als homöostatische Systeme bezeichnet. Sie können in einem stabilen Umsystem ausgesprochen langlebig sein. Hierzu wählen die Akteure des Systems die Stellgrößen so, dass das Ergebnis des Prozesses (Regelgröße) dem Systemziel (Füh-

5.1 Theoretische Grundlagen

rungsgröße) entspricht. Im Systemprozess kann es jedoch auf Grund von endogenen und exogenen Störgrößen zu Abweichungen zwischen der Führungsgröße und der Regelgröße kommen. Die Systemsteuerung wird folglich versuchen, die Stellgröße so zu verändern, dass die Identität von Regelgröße und Führungsgröße in Zukunft gewährleistet wird, so wie dies im Regelkreismodell (vgl. Abb. 1.1) symbolisiert ist.

Oberste Maxime eines homöostatischen Systems ist die Strukturerhaltung, d.h., endogene und exogene Störgrößen sollen lediglich zu einer Veränderung der Stellgrößen führen, während die grundsätzliche Struktur des Transformationsprozesses unverändert bleiben soll. Falls die Störungen zu groß werden, als dass sie durch eine Veränderung der Stellgrößen aufgefangen werden könnten, tendieren diese Systeme dazu, die Führungsgröße an die Regelgröße anzupassen. Ist beispielsweise der Systemzweck die Produktion einer sozialen Dienstleistung, so kann die Quantität und Qualität dieser Leistungserstellung eingeschränkt werden, wenn die Nachfrage zurückgeht (exogene Störvariable). Solange das Umsystem jedoch relativ stabil ist, besteht für ein funktionsfähiges System kaum die Notwendigkeit einer Adaption von Führungs- oder Stellgrößen. Soziale Systeme können beispielsweise über Generationen in einem stabilen homöostatischen System verharren, ohne ihr Wertesystem (Führungsgrößen) oder ihre Rituale (Stellgrößen) zu verändern.

Wenn die exogenen Störgrößen so stark werden, dass sie weder durch eine interne Veränderung des Transformationsprozesses (Stellgrößen) noch durch akzeptable Variationen der Führungsgrößen aufgefangen werden können, führt Homöostasie in den sicheren Tod, da sie es nicht erlaubt, die akkumulierten Folgen des notwendigen Wandels auf einmal zu bewältigen. Das System muss sich entweder weiterentwickeln, oder es hört auf zu existieren.

Wirtschaftliche Systeme sind in der Regel ständig solchen Veränderungen ausgesetzt. Ihre komplette Struktur, Funktion und Existenz werden fortwährend in Frage gestellt. Statische Systeme, die primär auf den Erhalt ihrer Systemstruktur bedacht sind, werden in einem dynamischen Umsystem nicht existieren können. Dissipative Systeme können sogar unter massiven Veränderungen ihrer Struktur und Funktion überleben, weil sie es schaffen, externe Energieströme für ihre Zwecke zu nutzen, so dass sie ständig einem Wandlungsprozess unterworfen sein können. Sie tendieren nicht dazu, die veralteten Strukturen und Funktionen zu erhalten, sondern reagieren auf Veränderungen des Umsystems mit einer Expansion über ihre ursprüngliche Kapazität hinaus. Der jeweilige Systemzustand wird auch als Systemregime bezeichnet. Abb. 5.1 zeigt die Entwicklung.

Am Anfang der Betrachtung befindet sich das System im alten, eingeschwungenen Gleichgewicht. Es erfüllt seine Funktion in seiner Umwelt und kann kleinere interne und externe Veränderungen problemlos durch sein Regelungssystem absorbieren. Diese Phase wird als synchrones Systemregime bezeichnet. In der diachronischen Phase werden neue Anforderungen an das System gestellt, die es mit seiner derzeitigen Struktur und Kapazität nicht mehr erfüllen kann. Die auslösende Störung (Perturbation) ist in der Regel eine Veränderung des ökonomischen, sozialen, rechtlichen, demografischen oder epidemiologischen Umsystems, die sich selbst wiederum oftmals auf eine Innovation zurückführen lässt. Das System gerät in Schwierigkeiten (Fluktuationen), die bis zu einem Punkt anwachsen, ab dem die Rückkehr in den ursprünglichen Status nicht mehr möglich ist. An diesem Bifurkationspunkt sind verschiedene Entwicklungen gleich wahrscheinlich. Falls die Entwicklung nicht künstlich unterbrochen wird, setzt sie fort, und das Systemregime erreicht einen neuen stabilen Zustand, ein neues synchrones Systemregime.

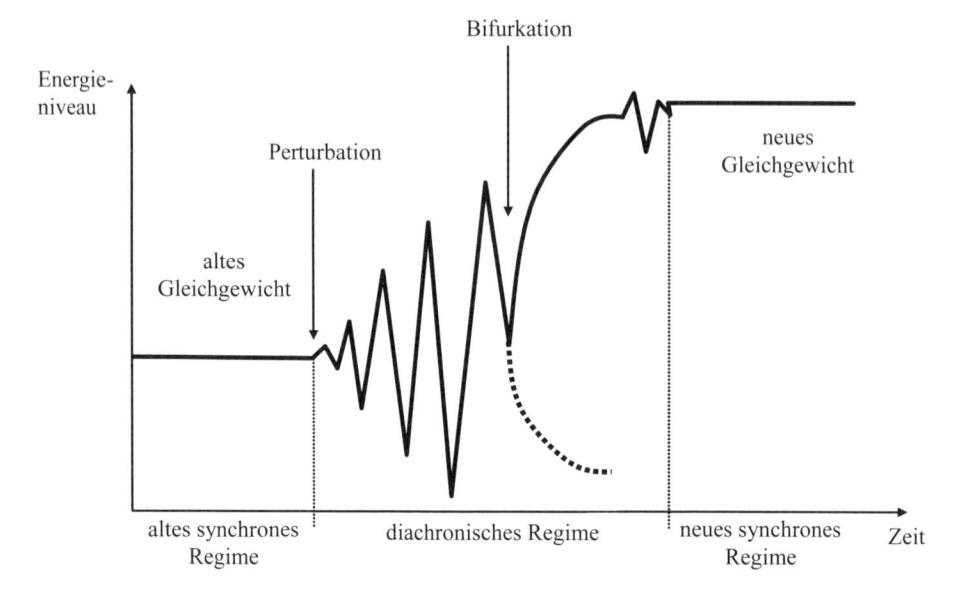

Abb. 5.1   Transformation in ein neues Systemregime

Die Entwicklung zu einem höheren Systemregime impliziert eine Struktur- und Funktionsveränderung. Damit ist es jedoch unausweichlich, dass formale Elemente der existierenden Struktur aus dem alten Systemregime stammen und die Stabilisierung des neuen Systems erschweren. Gleichzeitig bewahrt diese veraltete Formalstruktur die Konzepte des alten Systemregimes, so dass eine Rückkehr zum alten System möglich wird, wenn das neue Regime blockiert wird. Die Rückkehr zu einem alten Steady State erfolgt selten auf demselben Weg wie die Hinentwicklung. Dieser Unterschied wird als Hysterese bezeichnet.

Veränderungen des Umsystems werden zuerst von der Mikrostruktur (z.B. Pflegepersonal, Stationsarzt, Kunde) wahrgenommen. Nur wenn diese Perturbationen stark genug sind, dass die Mikrostruktur sie nicht absorbieren kann, werden sie an die Makrostruktur weitergeben (z.B. Gesamtkrankenhaus). Die Makrostruktur umfasst das ganze System einschließlich der Regelungen, Finanzierungsmechanismen etc. Auch die Makrostruktur versucht, Veränderungen möglichst lange zu vermeiden und reagiert erst, wenn der Druck zu stark wird. Zwischen beiden Ebenen ist die Mesostruktur angesiedelt. Eine stabile Mesostruktur fängt zahlreiche Störungen auf, so dass die Makrostruktur nicht sofort auf Störungen der Mikrostruktur reagieren muss. Bei Systemen mit einer schwach ausgeprägten Mesostruktur führen auch schwächere Perturbationen zu Veränderungen der Makrostruktur.

5.1 Theoretische Grundlagen

Der Aufbau der Strukturen sowie die ständige Veränderung benötigen einen ständigen Energieinput. Folglich sind dissipative Systeme auf Dauer nur überlebensfähig, wenn sie einen ständigen Energiezufluss aufweisen. Ökologische Systeme beispielsweise basieren auf der Lichtenergie der Sonne. Soziale Systeme hingegen können als Energiequelle die Kreativität des Menschen nutzen, durch die sie auf veränderte Umsysteme mit neuen Ideen und Lösungen reagieren. Innovationen werden damit zur Grundlage des Überlebens von offenen Systemen, ihre Evolution im Sinne einer Selbsttransformation im Zeitverlauf als Existenzvoraussetzung. Entscheidend ist hierbei, dass es evolutorische Sprünge gibt, d.h. diskontinuierliche Veränderungen der Systemstruktur, die durch homöostatische Anpassungen nicht erklärt werden können.

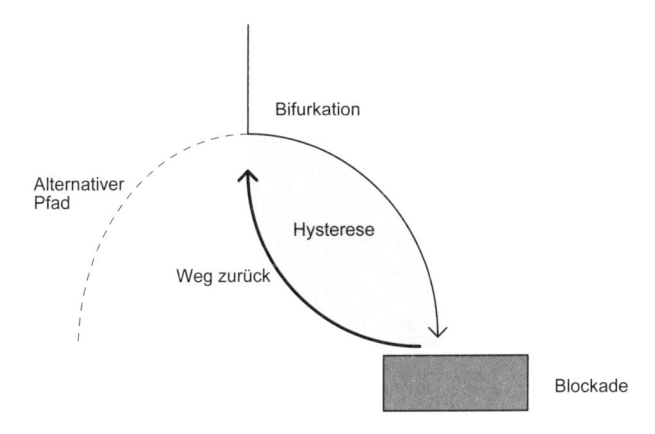

Abb. 5.2   Hysterese

Eine hinreichende Bedingung für eine evolutorische Wirtschaft ist die Erzeugung und Ausbreitung von Neuerungen. Die Neuigkeit (Invention) kann sich sowohl auf neue Produkte als auch auf Verfahren beziehen. Sie entsteht durch die Kreativität des Menschen, motiviert durch Neugierde und Unzufriedenheit mit den derzeitigen Systemzuständen. Sobald sie von einer größeren Zahl von Menschen angewandt wird, bezeichnet man sie als Innovation.

Die Bedeutung der Innovation für wirtschaftliche Prozesse wurde früh erkannt. Schumpeter (1912) führte den endogen, in der Wirtschaft erzeugten Wandel auf die Innovationstätigkeit dynamischer Unternehmer zurück, die gegebene und bekannte Inventionen real machen und durchsetzen. Im Wettbewerb werden nur Inventionen übernommen, die entweder in keiner Konkurrenz zu dem bestehenden System stehen oder ein besseres Ergebnis liefern. Die erste Variante führt zu einer Erweiterungsinnovation, d.h. zu einer Bereicherung des Repertoires der Menschen um bisher noch nie da gewesene Dinge. Ist die Innovation eine bessere Lösung für alte Aufgaben, spricht man von einer verdrängenden Innovation.

Innovationen erlauben das Überleben dissipativer Systeme in einem dynamischen Umsystem, da sie die Anpassung an veränderte Lebenssituationen ermöglichen. Gleichzeitig sind sie selbst die Quelle der größten Perturbationen. Jede Innovation erschüttert bestehende

Systeme, führt zu Selektionsdruck und fordert letztlich Opfer. Physikalische oder biologische Systeme tendieren zur Selbstorganisation. Soziale Systeme hingegen versuchen in der Regel, die negativen Folgen der Neuerung durch Systemeingriffe zu reduzieren. Sie schirmen sich künstlich von Perturbationen ab und verhindern dadurch Innovationen. Damit schneidet sich das System jedoch gleichzeitig von der Energiequelle ab, von der es lebt. Der Energiedurchlauf wird auf ein Minimum reduziert, die Dissipation erlischt fast völlig. Dadurch wird das dissipative System künstlich in ein homöostatisches System überführt, es wird meta-stabil.

Ein meta-stabiles System kann zwar ohne größere Energiezufuhren lange überleben, es wird jedoch zusammenbrechen, sobald die stabilisierende Kraft nicht mehr ausreicht, um die Perturbationen abzuschirmen. Da eine langsame Anpassung durch die Metastabilität nicht möglich war, sind solche Metamorphosen von meta-stabilen Systemen in neue, angepasste Systemregime in der Regel sehr schmerzhaft oder gar unmöglich.

Die Durchsetzung einer Innovation muss folglich gegen den Widerstand des bisherigen Systemregimes erfolgen. In den meisten Fällen wird eine Innovation von der flexiblen Mikrostruktur aufgefangen werden, ohne dass die Makrostruktur sich verändern muss (Mikroinnovation). Makroinnovationen hingegen sind so grundlegend, dass weder die Mikro- noch die Mesostruktur sie absorbieren können. Da sie die komplette Existenz des Gesamtsystems in Frage stellen, versucht das Makrosystem ihre Diffusion zu verhindern. Abb. 5.3 zeigt den Verlauf einer Diffusion mit und ohne Widerstand.

Die schwierigste Situation für die Mikrostruktur tritt dann ein, wenn sie die Perturbationen nicht mehr abfangen kann, gleichzeitig jedoch die notwendigen Anpassungen von der Makrostruktur verhindert werden. Dieser meta-stabile Zustand, der durch eine künstlich aufrecht erhaltene Makrostruktur bei gleichzeitig fehlender Mesostruktur gekennzeichnet wird, führt letztlich zur Auflösung der Mikrostruktur.

Die Perturbation wird in der Regel nicht durch die Invention, sondern durch den Durchbruch eines Innovationskeimlings ausgelöst. Ein Innovationskeimling ist eine Innovation, die in kleinen Nischen entwickelt und adoptiert wurde, jedoch noch auf die breite Anwendung wartet. Wird beispielsweise eine Innovation zu früh eingeführt, d.h. in einem stabilen alten Systemregime, so kann sie sich kaum ausbreiten. Der Selektionsmechanismus führt dazu, dass die alte, bekannte und damit auch mit geringeren Transaktionskosten und weniger Risiko verbundene Problemlösung beibehalten wird. Die Innovation kann jedoch in wenigen Nischen persistieren, bis zur völligen Reifung weiterentwickelt werden und unter Umständen für lange Zeit als Innovationskeimling verharren. Wird das alte Systemregime instabil, steht dieser Innovationskeimling für die Diffusion bereit. So konnten viele Innovationen, die ursprünglich vom bestehenden Systemregime unterdrückt wurden, großen Einfluss auf die diachronische Phase und das neue Systemregime gewinnen.

Zusammenfassend können vier Phasen der Anpassung an Veränderungen des Umsystems unterschieden werden:

- Perzeption der Krise: Die Kapazität des Systems ist den gestiegenen Anforderungen nicht mehr gewachsen. Engpässe werden insbesondere in der Mikrostruktur wahrgenommen.

5.1 Theoretische Grundlagen

- Lösungssuche: Neuartige Lösungen werden gesucht und getestet. Sie stehen als Innovationskeimlinge für die breite Anwendung bereit.
- Meta-stabile Phase: Die potenziellen Adoptoren beseitigen Engpässe durch geringfügige Veränderungen der alten Systemstruktur. Fluktuationen und Innovationen werden unterdrückt.
- Evolutorischer Sprung: Der Druck des Umsystems auf das alte Systemregime wird so groß, dass das bestehende System nicht mehr stabilisiert werden kann. Es entwickelt sich ein neues Systemregime. Die Innovationskeimlinge bestimmen die Richtung, in der sich das System am Bifurkationspunkt entwickelt.

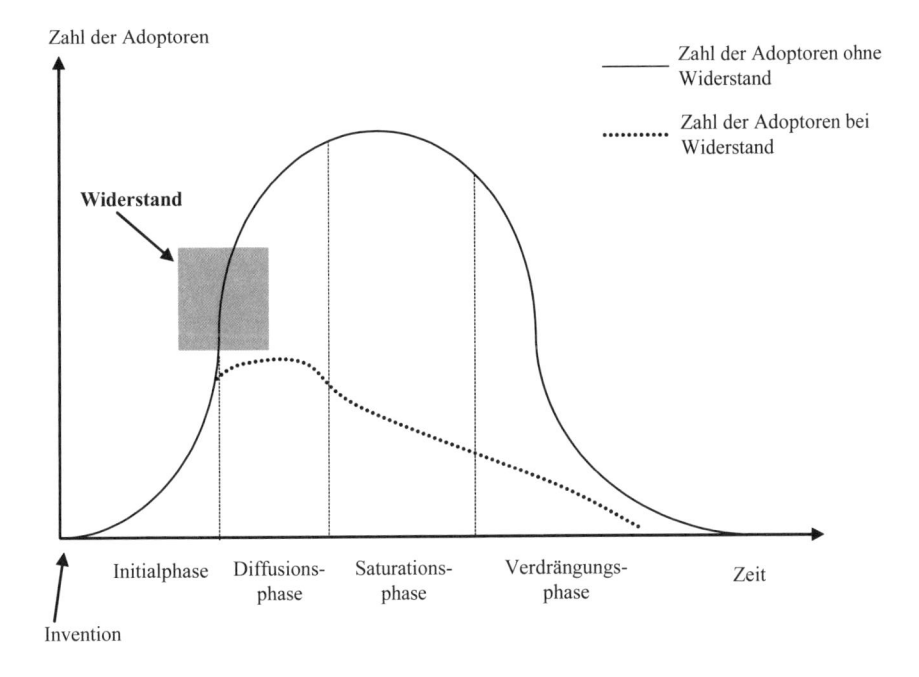

Abb. 5.3 Innovationsphasen mit und ohne Widerstand

Die Phasenabfolge kann an Hand der Entwicklung des Krankenhausfinanzierungssystems in Deutschland veranschaulicht werden. Stark vereinfachend können vier Phasen unterschieden werden. Bis 1936 existierte eine freie Krankenhausfinanzierung auf monistischer Basis mit Pflegesätzen. Die Krankenkassen schlossen ohne staatlichen Einfluss Verträge mit den Krankenhäusern ab. Die Entgelte sollten alle Kosten decken. Das System funktionierte über Jahrzehnte hinweg sehr gut. Allerdings entwickelte sich die Medizin rasch, so dass immer schwierigere und teurere Diagnostik und Therapie in Krankenhäusern möglich wurde. Während das Krankenhaus im 19. Jahrhundert primär für die ärmere Bevölkerung arbeitete und die Reichen sich zu Hause von ihrem Arzt versorgen ließen, führte die Entwicklung der medizinischen Wissenschaft zum Krankenhaus als Inbegriff für Medizin. Die Krankenkassen konnten die ständig steigenden Kosten der Krankenhäuser nur noch schwerlich finanzieren.

Die Nationalsozialisten griffen schließlich 1936 in den Krankenhausmarkt ein und verfügten einen Preisstopp. Dieser war zweifelsohne auch ein Element der Kriegsvorbereitung, da stabile Preise – ohne Rücksicht auf die wirtschaftlichen Folgen – auch auf anderen Märkten diktiert wurden. Die unmittelbare Konsequenz war eine Unterfinanzierung der Krankenhäuser, der sich in einem Investitionsstau äußerte.

1948 versuchte man die Rückkehr zum alten Systemregime. Die Preisfreigabeverordnung (26.6.1948) sollte die staatliche Regulierung aufheben und die Unterfinanzierung beseitigen. Allerdings war diese Rückbewegung auf ein früheres Systemregime nicht möglich. Vielmehr musste bereits am 18.12.1948 eine Pflegesatzordnung eingeführt werden, d.h. die Phase der staatlichen Regulierung stabilisiert werden. In den ersten Nachkriegsjahren entwickelte sich das Krankenhauswesen positiv. Allerdings zeichnete sich in den 1960er Jahren eine erneute Finanzkrise ab. Die Pflegesätze waren nicht ausreichend, um die steigenden Anforderungen, die aus medizinischem Fortschritt und steigenden Ansprüchen der Bevölkerung resultierten, zu finanzieren. Dadurch ergab sich ein erheblicher Investitionsstau, der zu Unzufriedenheit in der Bevölkerung und bei den Krankenhausbetreibern führte. Als Lösung bot sich die Einführung der dualen Finanzierung (1972) an. Diese Innovation führte zu einem neuen Steady State und zu einer starken Verbesserung der Krankenhausqualität in Deutschland. Zu diesem Zeitpunkt wäre durchaus eine Rückkehr zur freien Krankenhausfinanzierung denkbar gewesen. Allerdings wäre dies zu dieser Zeit sozialpolitisch kaum durchsetzbar gewesen.

Die Verknappung öffentlicher Finanzen und die Erkenntnis der Ineffizienz des Pflegesatzsystems führten schließlich zu einer schrittweisen Umstellung auf Fallpauschalen ab 1993. Es gab allerdings damals auch Befürworter einer Rückkehr zur monistischen Finanzierung vor 1972. Sie konnten sich jedoch noch nicht durchsetzen. Derzeit dürfte das Krankenhaussystem in Deutschland den Bifurkationspunkt überwunden haben, von einem neuen Gleichgewicht kann jedoch noch nicht gesprochen werden. Vielmehr sind zahlreiche Adaptionen notwendig, um das neue System beherrschbar zu machen.

Staatliche Eingriffe, duale Finanzierung und Fallpauschalen sind Innovationen, die in ihrer Zeit jeweils die gesamte Systemstruktur in Frage gestellt haben. Hinzu kommen noch eine Reihe von Innovationen und Krisen, die diese Veränderungen begleitet haben, z.B. die Veränderung der Trägerstruktur. Auffällig ist, dass der zeitliche Abstand zwischen diesen Makroinnovationen abgenommen hat. Die Dynamik des Gesundheitswesens steigt, und dies stellt erhebliche Anforderungen an das Krankenhausmanagement.

5.1 Theoretische Grundlagen

Synchrone Phase I:
Freie Krankenhausfinanzierung

Perturbation: Medizinischer Fortschritt und Diktatur

Synchrone Phase II: Staatlich regulierte, monistische Krankenhausfinanzierung auf Basis von Pflegesätzen

Perturbation: Medizinischer Fortschritt und wachsende Ansprüche der Bevölkerung

Synchrone Phase III: Staatlich regulierte, duale Krankenhausfinanzierung auf Basis von Pflegesätzen

Perturbation: Sinkende Fähigkeit und Bereitschaft staatlicher Finanzierung, Erkenntnis der Ineffizienz

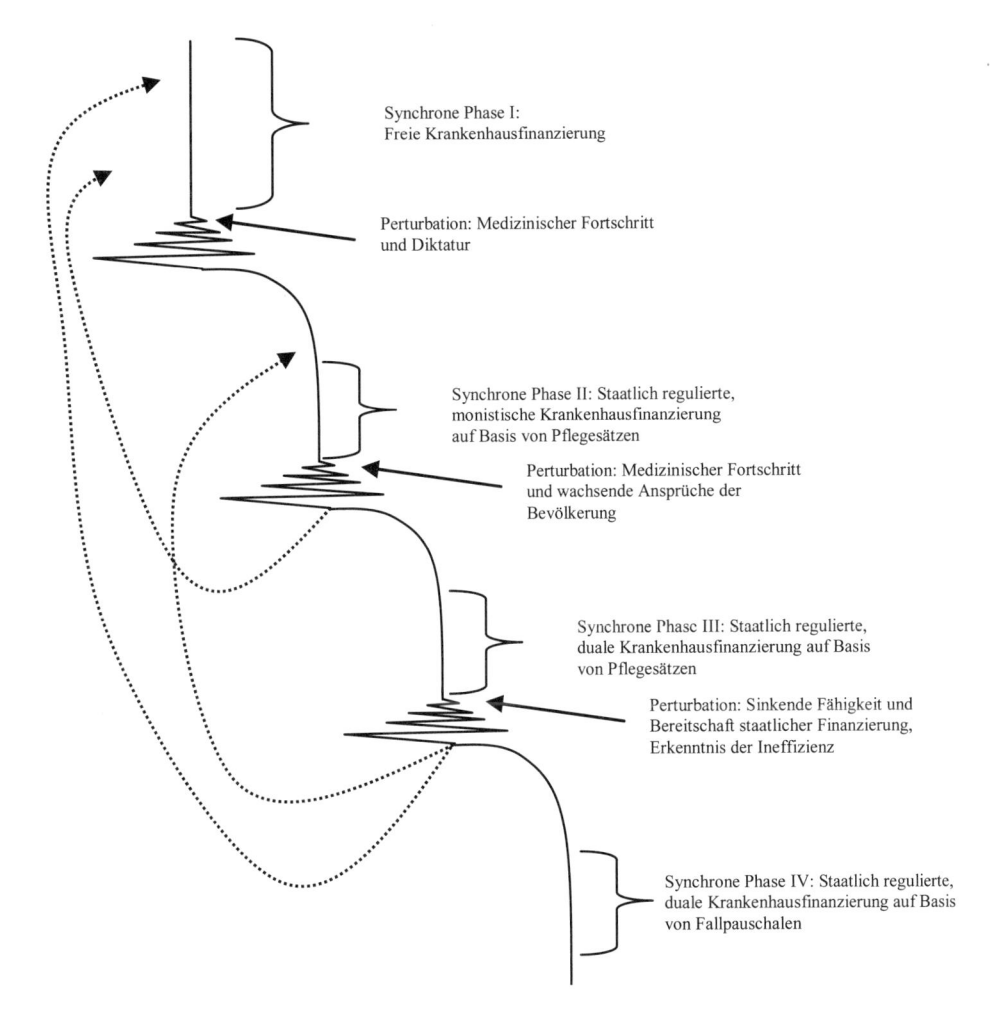

Synchrone Phase IV: Staatlich regulierte, duale Krankenhausfinanzierung auf Basis von Fallpauschalen

Abb. 5.4 Phasensystem der Krankenhausfinanzierung

In einer Phase, in der die meisten Krankenhäuser noch überhaupt nicht absehen können, wie sie die Konvergenzphase bestehen sollen, zeichnen sich schon wieder erhebliche Veränderungen am Horizont ab. Erstens ist die Rückkehr zur monistischen Finanzierung wieder stärker im Gespräch. Die Einführung des Gesundheitsfonds ermöglicht es dem Staat, ohne Bruch mit der Bismarck'schen Tradition die Gelder, die bislang als Investitionsmittel an die Krankenhäuser flossen, in Zukunft an die Krankenversicherungen zu geben. Damit werden eine Monistik und ein echtes Preissystem im Krankenhauswesen denkbar. Zweitens ziehen sich immer mehr Bundesländer aus der Krankenhausfinanzierung zurück und erhoffen sich durch Privatisierung oder Private-Public-Partnership (PPP) eine innovative Krankenhausfinanzierung. Drittens ist die Einführung eines deutschlandweiten Basisfallwertes in der Diskussion. Dies würde für Krankenhäuser in den alten Bundesländern eine chronische Unterfinanzierung implizieren. Viertens werden die Sektorengrenzen immer mehr aufgelöst, so dass das Krankenhaus in Feldern aktiv werden muss, die nicht zu seiner klassischen Kernkompetenz gehören. Fünftens wird die demografische Alterung der Bevölkerung erhebliche Auswirkungen auf die Krankenhauslandschaft haben. Und schließlich ist mittelfristig eine tief greifende Änderung des Gemeinnützigkeitsrechts zu erwarten.

Wir können folglich festhalten, dass die Dynamik und Komplexität des Krankenhauswesens in den letzten Jahren massiv gestiegen sind und voraussichtlich noch zunehmen werden. Die Komplexität resultiert aus der Zahl der strukturverschiedenen Elemente in einem System, aus der Zahl der relevanten Umsysteme und der Zahl der tatsächlich existierenden Relationen zwischen den Elementen bzw. zwischen System und Umsystem. Die Dynamik ist Ausdruck für die Schnelligkeit des Entstehens neuer bzw. andersartiger Elemente, für die Schnelligkeit des Auftretens neuer Relationen sowie für die Vorhersagbarkeit der Veränderungen in der Zeit. Rieckmann sieht in diesen beiden Begriffen den Schlüssel zum Verständnis des strategischen Managements. Als Maß von Dynamik und Komplexität bildet er das Kunstwort Dynaxity.

Abb. 5.5 zeigt vier Zonen der Dynaxity. In der ersten Zone sind Komplexität und Dynamik gering. Die überwiegende Organisationsform ist das Eigentümerunternehmen mit klaren Hierarchien. Der Eigentümer trifft alle Entscheidungen, kontrolliert alle Prozesse bzw. Ergebnisse persönlich und motiviert seine Mitarbeiter extrinsisch. Die Mitarbeiter sind als Untergebene lediglich Ausführende. In der Terminologie von Mintzberg handelt es sich um eine Simple Structure.

Nimmt die Komplexität zu (was über kürzere Zeiträume stets mit einer erhöhten Dynamik verbunden ist), so kann diese Organisationsform nicht mehr genügen, um die großen, multifunktionalen Unternehmen zu steuern. In der Zone II sind deshalb mehrgliedrige Organisationen anzutreffen, bei denen meist eine Trennung von Eigentum und Management erfolgt. Die Motivation erfolgt noch immer überwiegend vertikal und wird von starker Kontrolle begleitet. Delegation wird in großen Unternehmen notwendig, jedoch bleibt eine strenge Hierarchie bestehen. Nach Mintzberg überwiegen Technokratie, Funktionärsorganisation oder Bürokratie.

Steigen Komplexität und Dynamik weiter, so sind die klassischen Organisationen mit ihren langen Befehlswegen, strengen Hierarchien und zentralisierten Entscheidungen nicht mehr in der Lage, Umweltveränderungen frühzeitig aufzunehmen und sich schnell genug anzupassen. Für derartige Umweltsituationen in Zone III werden Netzwerke benötigt, die ein institutionelles Gedächtnis entwickeln, um auf vorhandene Erfahrungen zurückgreifen zu können. Gleichzeitig müssen sie jedoch auf intrinsisch motivierte Mitarbeiter bauen, die als Sensoren für Dynamik und Komplexität tätig werden und selbständig Systemanpassungen vornehmen. In diesen Netzwerken konstituieren sich selbstorganisierende Teams, in denen keine hierarchische Führung mehr möglich ist. Führung wird zum Coaching, Leitung zum unterstützenden Dienst. Steigt die Dynaxity noch weiter an, sind auch derartige Netzwerke überfordert. Das System wird chaotisch (Zone IV).

5.1 Theoretische Grundlagen

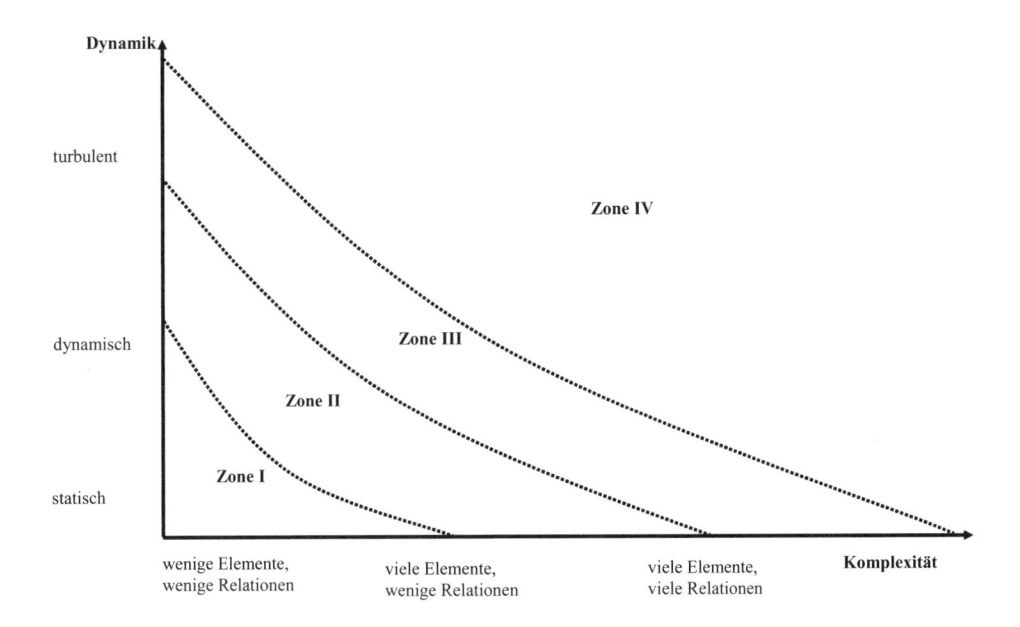

Abb. 5.5 Dynaxity Zonen

Definiert man die Dynamik als Ableitung der Komplexität nach der Zeit, so lassen sich die Zonen auch als Entwicklungspfade von Systemregimen verstehen. In einem System der Zone I verändert sich das Systemregime nur sehr selten, d.h., die synchrone Phase dauert mindestens eine Generation. In der Zone II sind die synchronen Phasen kürzer als in Zone I, aber sie sind lange genug, um eine vollständige Stabilisierung (Freezing) zu erlauben. Stabile Metastrukturen können aufgebaut werden, feste Organisationsformen, Regeln und Hierarchien sind sinnvoll, da die Anforderungen des Umsystems über Jahre oder Jahrzehnte konstant sind. In der Zone III sind die synchronen Phasen so kurz, dass kein Einschwingen in einen Steady State möglich ist. Statt einem Freezing der Organisationsstruktur erfolgt am Ende eines diachronischen Systems eine neue Perturbation. Somit sind keine festen Regeln möglich, vielmehr werden Ad-hoc-Entscheidungen und Strukturen nötig. Entscheidungen müssen auf der Mikrostruktur basisnah getroffen werden, benötigen allerdings auch eine extrem hohe Informationsdichte, so dass Netzwerke der Mikrostrukturen ohne Hierarchien an Bedeutung gewinnen. Steigen Dynamik und Komplexität weiter, entwickelt sich ein chaotisches System, bei dem weder die Phasen noch die Entwicklungsrichtung mehr erkenntlich sind. Neue Perturbationen erschüttern das System, bevor eine Metastruktur aufgebaut werden kann.

Betrachtet man die Entwicklung des Krankenhauswesens in Deutschland, so kann man eine Entwicklung von Zone I zu Zone III feststellen. Vom Ende des zweiten Weltkriegs bis zur Einführung des Krankenhausfinanzierungsgesetzes 1972 war das System in einer Zone geringer Veränderungen und relativ überschaubarer Strukturen. Die zunehmende Größe der Häuser und die Veränderungen der Krankenhausfinanzierung brachten ab 1972 Organisationsformen hervor, die den klassischen Bürokratien entsprechen. Die hohe Dynaxity, die die Einführung der DRGs in Deutschland hervorruft, überfordert diese Organisationstypen jedoch. Immer häufiger werden Krankenhäuser umorganisiert, um kleinere und dynamischere Einheiten bilden zu können. Beispielsweise kann die Einrichtung von interdisziplinären Zentren (z.B. Spine Center, Gefäßzentrum etc.) mit der Auflösung klassischer Hierarchien als Versuch interpretiert werden, der zunehmenden Interdependenz und damit Komplexität zu begegnen.

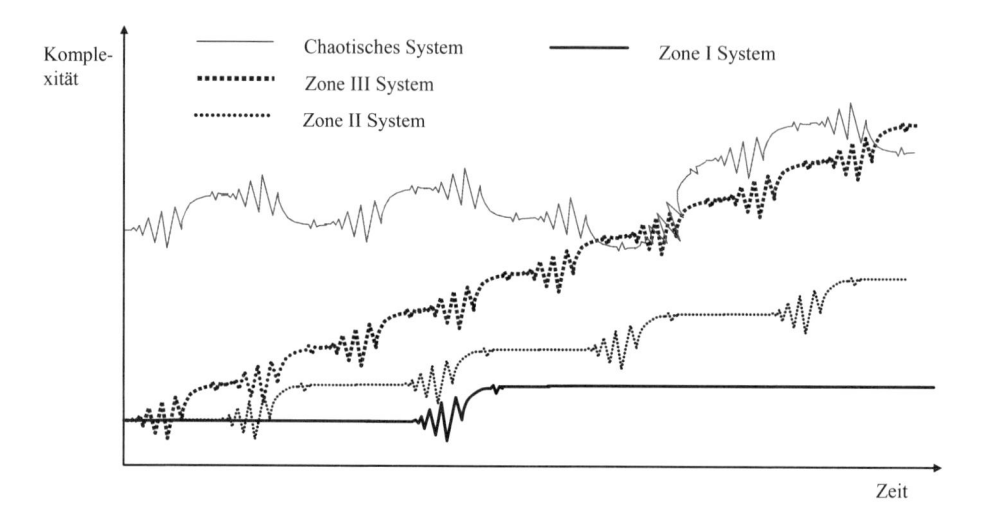

Abb. 5.6 Dynaxity und Systemregime

Zusammenfassend können wir festhalten, dass die Zeit langjähriger Stabilität im Krankenhauswesen vorüber ist. Änderungen des Finanzierungssystems, Unternehmenskooperationen, demografische Veränderungen und andere Herausforderungen erfordern Antworten der Krankenhausleitung, die sie nicht geben kann, wenn sie bereits vollkommen im täglichen, operativen Geschäft gebunden ist. Gefragt sind vielmehr Innovationen, d.h. tief greifende Neuerungen, mit denen die langfristigen Ziele des Krankenhauses auch in stark veränderten Umsystemen erreicht werden können. Der Innovationstheorie, d.h. der Generierung von Neuerungen, der Übernahme von Inventionen von außerhalb des Unternehmens sowie der Adaption an die eigenen Anforderungen, kommt deshalb innerhalb des strategischen Managements eine zentrale Rolle zu. Sie wird im folgenden Abschnitt vertieft.

5.1.2 Innovationstheorie

Ausgangspunkt jedes Innovationsprozesses ist eine Invention, d.h. eine irgendwie geartete Neuerung. Ihre Generierung ist ein kreativer Akt, der aber auch Strukturen erfordert. Man kann davon ausgehen, dass jeder Mensch kreativ ist. Allerdings ist die Kreativität sowohl

5.1 Theoretische Grundlagen

genetisch als auch durch Erziehung und Alter unterschiedlich ausgeprägt. Der hysterische Persönlichkeitstyp (vgl. Kapitel 1.5.1.3) ist tendenziell eher ein Ideengenerator als der zwanghafte Typ. Der junge Mensch hat eine stärkere Tendenz, bekannte Bahnen zu verlassen als der ältere. Derjenige, der viele Jahre erlebt hat, dass seine Ideen verworfen oder sogar sanktioniert wurden, verliert die Kraft zu neuen Ideen stärker als derjenige, dessen Ideen aufgenommen und erfolgreich umgesetzt wurden.

Dabei ist der Kuss der Muse nicht das Ergebnis von Faulheit, sondern von intensiver Beschäftigung mit einem Problem und bestehenden Systemlösungen. Die menschliche Neugierde sowie die Unzufriedenheit mit bestehenden Lösungen führen zu einem Prozess der Ideengenerierung, der systematisch unterstützt werden muss. Der große Wurf erfolgt tatsächlich oftmals in einem Augenblick, in dem man sich gerade nicht intensiv mit dem Problem beschäftigt, verlangt jedoch zwingend die vorausgehende Bearbeitung des Themas. Die Invention hat folglich stets zwei Voraussetzungen: intensive Problemlösungsarbeit und kreative Pausen. Damit ist die Unternehmensführung gefordert, Unzufriedenheit aufzunehmen, Probleme zu artikulieren, Probleme zu bearbeiten und auch Freiräume für Muse und Kreativität zu schaffen. Ein Manager, der immerzu beschäftigt ist und niemals die Füße hochlegt und nachdenkt, ist in der Regel kein Stratege und wird nur einen geringen Beitrag zum Überleben seines Unternehmens leisten.

Schließlich entwickeln sich viele Innovationen in den ersten Jahren in Nischen, bis sie als Innovationskeimlinge zur Verfügung stehen. Die Early Knowers, wie sie in der Literatur genannt werden, haben ein Problem erkannt und eine Lösung gefunden, allerdings ist das alte Systemregime noch zu stabil, als dass die Mehrheit der Anwender bereit wäre, die Kosten einer Systemumstellung einzugehen. Deshalb überleben viele gute Ideen zuerst in Nischen, wo sie reifen und durch kreative Modifikationen soweit gebracht werden, dass sie ihre Kinderkrankheiten überwinden. Wenn dann das bestehende Systemregime fragil wird, stehen sie als eine realistische Alternative zur bestehenden Technologie zur Verfügung, d.h., sie sind ein Innovationskeimling.

Als Beispiel sei hier wiederum die Krankenhausfinanzierung nach Diagnosis Related Groups zu nennen. Das System der Patientenklassifikation wurde von Fetter an der Yale Universität Ende der 60er Jahre entwickelt. Es diente primär nicht der Finanzierung oder Entgeltabrechnung, sondern war ein für wissenschaftliche Zwecke ausgerichtetes Klassifikationssystem. Es wäre in doppelter Hinsicht zu früh gewesen, es für die Entgeltung der Krankenhäuser einzusetzen. Erstens war es noch nicht ausgereift, und zweitens waren die meisten Krankenhäuser, Krankenversicherungen und staatlichen Organisationen mit der Entgeltung auf Basis von Einzelleistungen relativ zufrieden. Erst 1983 wurde das DRG-System von der Health Care Financing Administration in den USA verpflichtend für diejenigen Krankenhäuser vorgeschrieben, die Leistungen gegenüber staatlichen Medicare und Medicaid Programmen abrechnen wollten. Bis zu diesem Zeitpunkt war das DRG-System ausgereift und stand als Innovationskeimling zur Verfügung. Von diesem Moment an begann der Adoptionsprozess, der bis heute weltweit andauert.

Zentral für die Entstehung einer kreativen Invention sind die Unzufriedenheit mit der bisherigen Lösung sowie eine gewisse Neugierde. Sie ist angeboren und wird (im Spiel) entfaltet, braucht aber auch einen stabilen Rahmen, damit die Neugierde nicht von Furcht überdeckt wird. Abb. 5.7 zeigt, dass sowohl Neugierde als auch Furcht mit steigender Fremdheit zunehmen. Im Normalfall überwiegt zuerst die Neugierde, so dass neue Lösungen gesucht, gefunden, ausprobiert und umgesetzt werden. Steigt die Intensität des Neuen jedoch weiter an, so wird die Furcht überwiegen. Das Individuum wird auf diese Überforderung mit Aggression, Flucht oder innerer Kündigung reagieren. Auf keinen Fall wird sich Kreativität Bahn brechen.

Wichtig für die Entstehung einer Invention sind folglich die Kreativität des Menschen sowie stabile Rahmenbedingungen, innerhalb deren sich Novität nicht in Furcht, sondern in Inspiration äußert. Ein entspanntes Umfeld, Sicherheit des Arbeitsplatzes, stabile Beziehungen und verlässliche Führung sind deshalb Voraussetzungen für Inventionen sowie für die Reifung als Innovationskeimling.

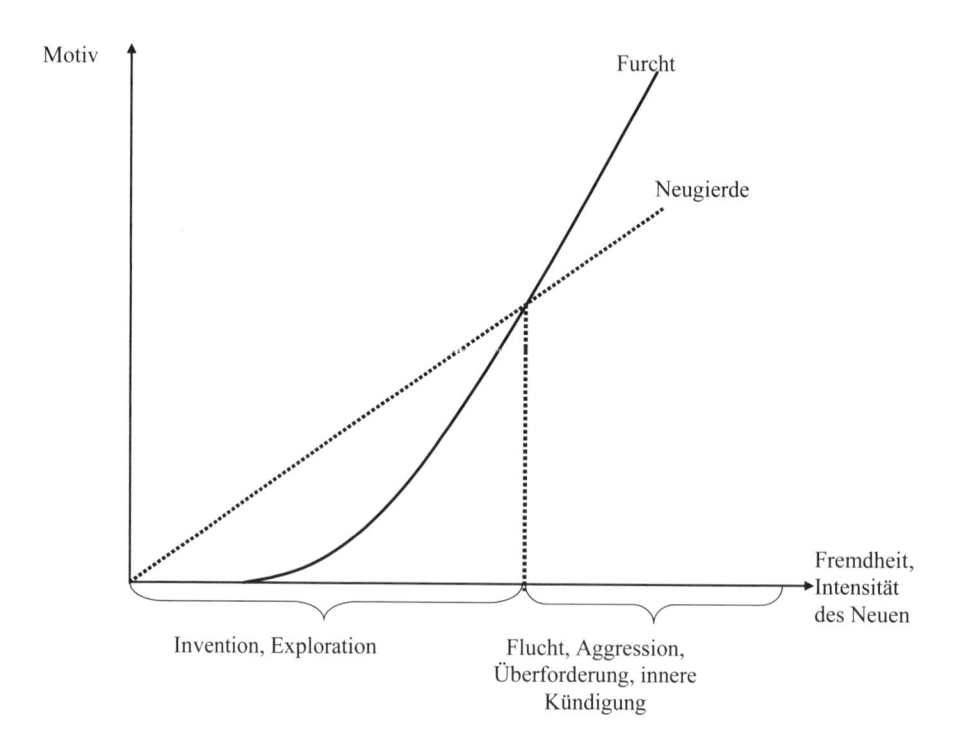

Abb. 5.7 Furcht und Neugierde

Die Umsetzung der Invention bzw. des Innovationskeimlings als Standardlösung ist ein komplexer, mehrstufiger Prozess, der zahlreiche Barrieren überwinden muss. Neben der Ungewissheit ist dies insbesondere die ständige Behinderung durch Widerstände der Betroffenen und Beteiligten. Entscheidend für die Innovationsadoption ist die Existenz bestimmter Schlüsselpersonen, die mit ihren Kenntnissen und/oder ihrer institutionellen Macht die Übernahme der Neuerung im Betrieb propagieren. Hierzu sind verschiedene Modelle diskutiert worden, das bekannteste dürfte das Promotorenmodell sein. Es geht davon aus, dass mindestens zwei verschiedene Schlüsselpersonen existieren. Der Fachpromotor überwindet die Barriere des Nicht-Wissens durch sein Fachwissen, während der Machtpromotor durch seine Position in der Unternehmenshierarchie dazu beiträgt, die Barriere des Nicht-Wollens zu überwinden. Dieses Konzept wird von verschiedenen Autoren um einen Prozesspromotor erweitert, der administrative Barrieren bei der Einführung der Innovation in der Organisation überwindet. Darüber hinaus erfordert die Übernahme von Ideen und Konzeptionen von anderen Betrieben oder Programmen eine zwischenbetriebliche Kooperation. Diese Aufgabe kann nicht immer von den Macht-, Fach- oder Prozesspromotoren übernommen werden, weshalb zusätzlich die Existenz von Beziehungspromotoren als Grundlage erfolgreicher Innovationsadoption gefordert wird.

Die Adoption eines Innovationskeimlings hängt folglich primär von der Existenz und Funktionsfähigkeit der Schlüsselpersonen ab. Sie rekrutieren sich aus den Stakeholdern einer Organisation. Ihre wichtige Rolle bei der Innovationsadoption macht es notwendig, zunächst einmal zu klären, welche Stakeholder bei diesem Prozess beteiligt sind und welches Eigeninteresse sie verfolgen. Anschließend ist zu analysieren, ob überhaupt die Notwendigkeit einer Veränderung besteht. Jede Neuerung bedeutet Kosten, Risiko und Unannehmlichkeit. Folglich muss die Funktionalität des Systemregimes untersucht werden. In einem synchronen System im Steady-State-Gleichgewicht ist die Wahrscheinlichkeit, Machtpromotoren für die Implementierung einer neuen Idee zu finden, relativ gering. Aber auch in einer diachronischen Phase wird die Systemsteuerung zuerst versuchen, das alte Regime zu erhalten. Zuerst werden Ausgleichsmechanismen innerhalb der gegebenen Struktur gesucht, bevor insbesondere Makroinnovationen angenommen werden. Dies kann zur Metastabilität führen. Wie oben dargestellt, ist der Adoptionsdruck umso stärker, je tief greifender die Krise ist, d.h., bei geringem Leidensdruck werden Neuerungen eher abgelehnt.

Hier kann die systemtheoretische Begründung für das Modell der idealtypischen Entwicklung einer Führungskraft aus Kapitel 1.5.1.2 folgen. Auch das Individuum ist nicht bereit, bestehende Strukturen, die sich in der Vergangenheit als nützlich erwiesen haben, zur Disposition zu stellen, es sei denn, die Krise der Persönlichkeit wird schmerzlich wahrgenommen. Menschen in Krisen sind bereit, eigene Prägungen und Verhaltensmuster zu hinterfragen, wenn sie in Lebenskrisen stehen und zutiefst erschüttert sind. Deshalb enthält das idealtypische Modell der Persönlichkeitsentwicklung diachronische Systemregime als Grundlage der Reifung.

Allerdings führt nicht jede Krise des Individuums wie jedes anderen Systems zu einer Evolution. Auch wenn die Systemmängel schmerzlich wahrgenommen werden, muss dies nicht unmittelbar zur Adoption der Neuerung führen. Komplexe Makroinnovationen haben nur dann eine Chance sich durchzusetzen, wenn der Krisendruck extrem groß ist, da die Bereitschaft, eine Neuerung anzunehmen, mit ihrer Komplexität fällt. Innovationskeimlinge von Makroinnovationen werden deshalb oftmals erst am Bifurkationspunkt wahrgenommen und stellen dann ein neues – für viele überraschendes – Paradigma dar. Die Komplexität der Entscheidungssituation muss vor allem durch den Fachpromotor überwunden werden.

Von großer Bedeutung sind auch die Kosten der Innovationsadoption. Neben den direkten Kosten, die durch den Aufbau neuer Strukturen (z.B. Kauf von Betriebsmitteln) entstehen, sind die indirekten Kosten der Transitionsphase zu berücksichtigen. Während der Umstellungsphase kann die Leistung der Organisation geringer sein als unter Beibehaltung des alten Systemregimes. Diese Kosten sind insbesondere dann hoch, wenn die Einführung suboptimal erfolgt. Hier kommt dem Prozesspromotor eine entscheidende Rolle zu, der durch seine Organisationskenntnisse eine schnelle Rückkehr in eine synchrone Phase ermöglichen kann. Ohne ihn scheitert die Implementierung einer hervorragenden Neuerung an administrativen Problemen.

Entscheidend für das Verständnis der Innovationsadoption ist auch die individuelle Innovationsneigung der Promotoren und Entscheidungsträger. Die Bereitschaft, das Wagnis einer Neuerung einzugehen, hängt dabei von kulturellen Werten wie z.B. der Zeitpräferenz oder der Risikobereitschaft ab. In Unternehmenskulturen mit hoher Gegenwartsorientierung und hoher Risikoaversion wird die suboptimale derzeitige Problemlösung einer besseren, aber ungewissen zukünftigen Variante vorgezogen. Innovationen mit Präventionsfunktion sind deshalb grundsätzlich schwer durchzusetzen.

Die Innovationsneigung der Fach-, Prozess- und Beziehungspromotoren wird aber auch stark vom Führungsstil einer Unternehmung beeinflusst. Bei einem autoritären Führungsstil mag es zwar einen Machtpromotor geben, agile und enthusiastische Fach-, Prozess- und Beziehungspromotoren können sich jedoch nicht entwickeln, da ihnen jegliche Entscheidungsbefugnis fehlt. Vertrauen als Grundlage jeder Innovation fehlt in diesen Organisationen. Abb. 5.8 fasst diese Ausführungen zu einem Modell der Innovationsadoption zusammen.

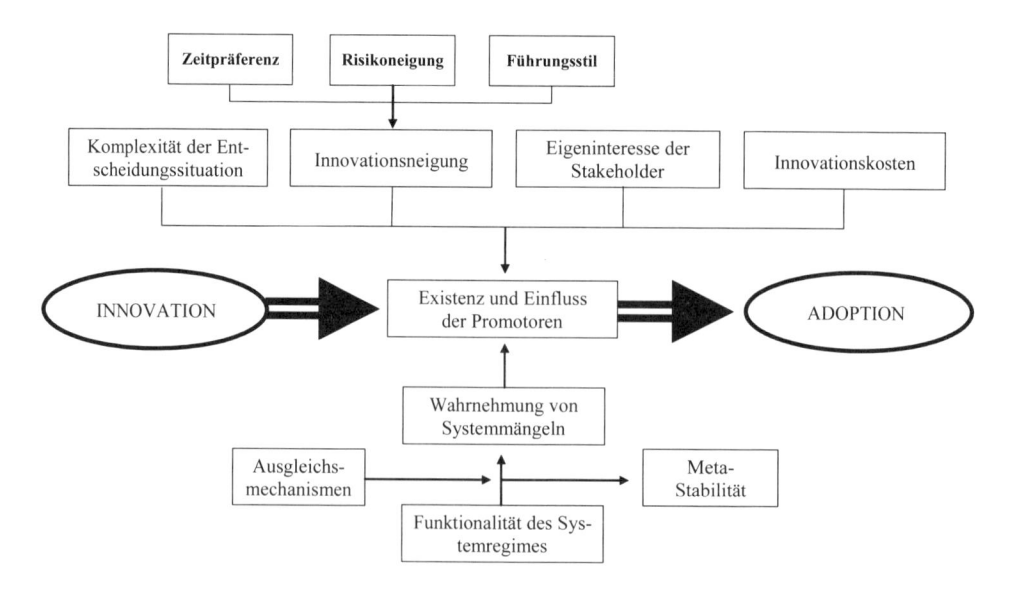

Abb. 5.8 Modell der Innovationsadoption

Betrachtet man einige Innovationen, die in den letzten Jahren in Krankenhäusern eingeführt wurden, so kann man in Übereinstimmung mit der Innovationstheorie feststellen, dass manche Innovationen besonders leicht aufgenommen wurden, während andere Neuerungen auf starken Widerstand stoßen. Beispielsweise ist die Einführung einer Kostenträgerrechnung, eines Prozessmanagements oder einer EDV-gestützten Dienstplanung relativ unproblematisch verlaufen. Die wichtigsten Stakeholder waren von der Notwendigkeit zu überzeugen, weil die Mängel der bisherigen Problemlösungen nach der Einführung eines DRG-Systems offensichtlich waren. Die Änderungen waren wenig komplex und überschaubar, weil sie keine grundsätzliche Anfrage an das Selbstverständnis des Krankenhauses stellten. Die Risiken und Kosten waren kalkulierbar und die Erfolge relativ schnell zu erreichen.

Die seit 20 Jahren intendierte und im GKV-Modernisierungsgesetz (2004) auch finanziell geförderte Öffnung des Krankenhauses für die ambulante Versorgung wurde hingegen bislang nur zögerlich aufgenommen. Hier liegt eine echte Makroinnovation vor, die das Selbstverständnis und die Jahrzehnte alten Strukturen innerhalb und außerhalb der Krankenhäuser erschüttert. Viele Krankenhausärzte sehen diese Entwicklung genauso negativ wie die Kassenärztlichen Vereinigungen. Zum Teil werden die Nachteile der strengen Sektorengrenzen sogar verharmlost, so dass man lieber das bestehende System stabilisiert als ein neues Systemregime anstrebt. Zweifelsohne sind die Folgen eines sektorübergreifenden Umbaus des Gesundheitswesens noch überhaupt nicht zu überblicken. Sie sind komplex und werden erst in vielen Jahren sichtbar sein. Es ist noch nicht zu berechnen, welche monetären und politischen Kosten während der Transition anfallen werden und wer letztlich gestärkt oder geschwächt aus diesem Prozess hervorgehen wird. Entscheidungsträger mit hoher Zeitpräferenz und Risikoaversion werden deshalb die Integration ablehnen.

Auf der anderen Seite bieten diese Entwicklungen auch große Chancen für die Early Knowers. Die Entwicklung von Krankenhausketten, von Markennamen, von Franchisingsystemen, von Telemedizin, von Medizinischen Versorgungszentren, Health Maintenance Organisations usw. bietet Räume, innerhalb deren sich Krankenhäuser ganz neu gegenüber ihrer Konkurrenz positionieren können. Die Generierung von Neuerungen, die Annahme im Unternehmen sowie die Anpassung an die eigenen Strukturen und Ziele dürfen deshalb nicht dem Zufall überlassen werden, sondern erfordern eine von der ganzen Krankenhausführung getragene Innovationspolitik.

5.1.3 Innovationspolitik

Das obige Modell der Innovationsadoption (Abb. 5.8) enthält eine Reihe von Faktoren, die die Entwicklung und Annahme von Neuerungen im Unternehmen beeinflussen. Im Folgenden werden diese Komponenten noch einmal aufgegriffen und ausführlicher dargestellt. Es sollen Ansatzpunkte aufgezeigt werden, wie die Krankenhausführung die Innovationsfähigkeit ihres Unternehmens beeinflussen kann.

5.1.3.1 Stakeholder

Ausgangspunkt für die Entwicklung einer Strategie sind die Stakeholder des Unternehmens, die Inventionen generieren sowie Innovationen fördern oder blockieren. Allgemein versteht man unter einem Stakeholder jede Gruppe oder jedes Individuum, das entweder die Organisationsziele beeinflussen kann oder von ihnen beeinflusst wird. Interne Stakeholder sind insbesondere die Eigentümer, das Management sowie die Mitarbeiter. Externe Stakeholder sind die Fremdkapitalgeber, die Lieferanten, die Kunden und die gesamte Öffentlichkeit. Primäre Stakeholder haben einen eindeutigen und offensichtlichen Einfluss auf die Unternehmenstätigkeit, während sekundäre Stakeholder nur einen indirekten Anspruch und Einfluss haben.

Die Mitarbeiter eines Krankenhauses sind die wichtigste Gruppe der internen Stakeholder. Ihre Innovationsneigung ist individuell sehr unterschiedlich. Nach der in Kapitel 1.5.1.3 diskutierten Persönlichkeitstypologie von Riemann kann man schließen, dass Menschen mit einer eher depressiven bzw. zwanghaften Persönlichkeit tendenziell innovationsfeindlich sind, während insbesondere hysterische Persönlichkeiten jede Neuerung begeistert aufnehmen und Stabilität als bedrohlich wahrnehmen. Schon Riemann zeigte auf, dass die Berufswahl stark von der Persönlichkeit beeinflusst wird. Eine zwanghafte Persönlichkeit ist bei Buchhaltern und Labormitarbeitern tendenziell häufiger vertreten, während Menschen mit depressiven Zügen eher zu helfenden Berufen neigen, z.B. als Pädagogen, Sozialpädagogen, Psychologen, Pfarrer und Pflegekräfte. Manager hingegen sind häufig hysterische Persönlichkeiten. Wie bereits oben diskutiert, ist diese Beschreibung keine Wertung und stellt auch keinen unmittelbaren Nachteil für ein Unternehmen dar, da alle Persönlichkeitstypen – so lange sie nicht krankhaft auftreten – ihren Beitrag zur Entwicklung des Unternehmens leisten können.

Arbeiten jedoch in einem Krankenhaus überwiegend zwanghafte und depressive Persönlichkeiten, so kann dies zu einer geringen Fähigkeit führen, neue Ideen zu generieren und diese in neue Leistungen umzusetzen. In der Vergangenheit führte die Erstarrung, die aus dieser Konstellation entstehen kann, häufig dazu, dass der Träger einen dynamischen (hysterischen) Manager als Geschäftsführer einsetzte, um durch neue Ideen das Überleben des Krankenhauses zu sichern. Dies führte einerseits zu einer Akzeleration der Innovationsadoption, löste andererseits jedoch erhebliche Spannungen im Unternehmen aus.

Entscheidend dürfte hier die Kommunikationspolitik sein. Die Mitarbeiter sind häufig mehr als die Eigentümer (z.B. Vereinsmitglieder) und meist auch mehr als das Management (Arbeitsplatzmobilität gehört für Topmanager zum Beruf!) an der Zukunftssicherung des Unternehmens interessiert. Muss das Krankenhaus Insolvenz anmelden, weil seine veralteten Dienstleistungen nicht mehr nachgefragt werden oder weil sie einfach nicht kostendeckend produziert werden, sind die Mitarbeiter im Gegensatz zu den Eigentümern und Managern meist existenziell betroffen. Die Kommunikationspolitik muss dazu beitragen, dass Mitarbeiter intrinsisch motiviert werden, als Innovationspromotoren tätig zu werden.

Als externe Stakeholder sind primär die Kunden zu nennen. Sowohl aus leistungswirtschaftlicher als auch aus ethischer Sicht sollte die Erfüllung ihrer Bedürfnisse im Mittelpunkt allen Handelns des Krankenhauses stehen. Entscheidend ist hierbei, ob und wie es gelingt, dass die

5.1 Theoretische Grundlagen

Kunden ihre Wünsche artikulieren und diese auch vom Unternehmen wahrgenommen werden. Kundenbefragungen und Beschwerdemanagement sind deshalb von größter Bedeutung für das Innovationsmanagement. Erst wenn die Unternehmensleitung weiß, was Kunden als verbesserungswürdig erachten und welche Leistungen sie sich wirklich wünschen, kann sie Innovationen zur Beseitigung der Mängel anstreben. Beschwerden, Patientenvertretungen und öffentlicher Diskurs über die Qualität der Leistungen sind folglich wichtige Elemente der Innovationspolitik. Da die Kunden selbst betroffen sind, sind sie wahrscheinlich mehr als die Eigentümer oder die Öffentlichkeit an Innovationen interessiert.

Die Eigentümer von Krankenhäusern können Privatpersonen mit Erwerbsabsicht, Privatpersonen und Personengruppen ohne Erwerbsabsicht (z.B. Verein) sowie juristische Personen (z.B. Religionsgemeinschaft, Kommune) sein. Die Innovationsbereitschaft der Eigentümer von erwerbswirtschaftlichen Unternehmen ist relativ groß, da in einer dynamischen Wirtschaft nur dasjenige Unternehmen Gewinne abwerfen bzw. seinen Shareholder Value erhöhen kann, das entweder bessere Leistungen anbietet oder bessere Produktionstechnologien einsetzt. Produkt- und Verfahrensinnovation sind damit der Schlüssel zu wirtschaftlichem Erfolg.

Die Innovationsbereitschaft der Eigentümer von Nonprofit Organisationen ist hingegen tendenziell geringer, da das Gewinnmotiv fehlt. Vereinsmitglieder haben oftmals den Wunsch, Gutes zu tun, Einfluss zu nehmen oder Lebenssinn zu finden. Dies ist mittelfristig auch dann möglich, wenn das Unternehmen nicht innovativ ist. Auch die öffentlichen und pseudoöffentlichen Träger sind nicht immer innovationsfreundlich. Der Umbau der Trägerstruktur kann damit eine Verbesserung der Innovationsbereitschaft implizieren, ohne dass dadurch automatisch eine Privatisierung eingeleitet werden muss. Auch ein Rechtsformwechsel kann bereits die Innovationsneigung der Eigentümer erhöhen. Beispielsweise führt die Wandlung eines Vereinskrankenhauses zu einer gemeinnützigen Gesellschaft mit beschränkter Haftung (gGmbH) bzw. zu einer gemeinnützigen Aktiengesellschaft (gAG) dazu, dass die bisherigen Vereinsmitglieder Gesellschafter bzw. Aktionäre mit Kapitalbeteiligung werden. Damit würde zu den oben genannten Motiven zumindest das Streben der Kapitalerhaltung kommen, die mittel- und langfristig nur über innovative Leistungen und Produktionstechnologien möglich ist.

Diese Analyse der wichtigsten Stakeholder zeigt, dass Nächstenliebe und soziales Engagement allein keine Garantie für Innovationen sind. Wenn Nonprofit Krankenhäuser in einer diachronischen Phase überleben wollen, müssen sie von den erwerbswirtschaftlichen Unternehmen lernen, wie man Inventionen erzeugt und Innovationen adoptiert. Und wenn die erwerbswirtschaftlichen Unternehmen strategische Vorteile erzielen möchten, müssen sie Kunden und Mitarbeiter als Stakeholder mit einem Wert per se respektieren. Es ist nicht bewiesen, dass eine hohe Mitarbeiterzufriedenheit eine notwendige und hinreichende Voraussetzung für gute operative Arbeit ist. Auf der strategischen Ebene steht jedoch außer Frage, dass nur zufriedene Mitarbeiter und Kunden gute Innovationspromotoren sind. Fühlen sie sich ausgenutzt oder degradiert, können sie nicht als Fühler für Neuerungen tätig werden.

Oftmals gehen Fach- und Machtpromotoren davon aus, dass ihr Wissen bzw. ihre hierarchische Stellung ausreicht, um Innovationen zu adoptieren und zur Reife zu bringen. Es zeigt sich jedoch, dass die organisatorische Umsetzung in einer konkreten Situation ohne administrative Kompetenz unmöglich ist. Hierfür werden Prozesspromotoren benötigt, die als Projektmanager die Umstrukturierungsprozesse steuern. Hier besteht dringender Beratungsbedarf. Der von außen kommende Prozesspromotor kann wichtige Anregungen geben, so dass teure Fehler bei der Einführung einer Neuerung vermieden werden.

5.1.3.2 Wahrnehmung von Systemmängeln

Die Initiative zur Adoption einer Innovation geht in der Regel von einem oder mehreren Fachpromotoren aus. Die Suche nach Machtpromotoren bleibt erfolglos, solange sich das Systemregime in einer synchronen Phase befindet, d.h. keine Engpässe auftreten. Die Wahrnehmung von Systemmängeln durch die Führung ist folglich eine Grundvoraussetzung für die Adoption einer Innovation.

Die empirische Innovationsforschung hat in zahlreichen Studien nachgewiesen, dass Unternehmen in einer Krisensituation innovationsbereiter sind. Einige Autoren schließen daraus, dass Unternehmen überhaupt nur in Krisenzeiten bereit sind, Vertrautes zu verlassen und Neues zu wagen. Sie argumentieren, dass ein System das Risiko einer Innovation in einer Krisenzeit leichter akzeptiert, weil die gegenwärtige Situation auch schlechte Zukunftsaussichten hat. Folglich sind Zeiten ohne Krisen relativ innovationsfeindlich. Manche gute Idee hat keine Chance, adoptiert zu werden, wenn sie in einer synchronen Phase entwickelt wird. Vielleicht schlummern sie jedoch in den Köpfen von Mitarbeitern, in den Akten oder in kleinen Nischen des Unternehmens weiter und warten darauf, als Innovationskeimling verpflanzt zu werden.

Eine Krise kann systemtheoretisch als letzte Phase des diachronischen Systems verstanden werden, deren Höhepunkt die Bifurkation darstellt. Objektiv stellt jede Perturbation, die die bestehende Struktur existenziell bedroht, eine Krise dar. Subjektiv muss sie jedoch nicht unmittelbar als Krise empfunden werden, da andere Ausgleichsmechanismen gefunden werden, um den Leidensdruck zu reduzieren, d.h., eine Krise existiert erst dann, wenn die Entscheidungsträger wahrnehmen, dass eine Krise existiert, die das Unternehmen beschädigen könnte, wenn nicht agiert wird.

In einer Marktwirtschaft kann die Krise eines gewinnorientierten Unternehmens stets an den Gewinnen bzw. Verlusten abgelesen werden. Der Wettbewerb sorgt dafür, dass Innovationen schnell adoptiert werden, da die Unternehmen sonst ihre Fixkosten nicht mehr decken können (submarginale Anbieter) und langfristig aus dem Markt ausscheiden. Wird hingegen ein künstlicher Schutzraum geschaffen, so muss dieser Maßstab versagen. Nonprofit Organisationen und staatliche Krankenhäuser sind gefährdet, Krisen erst spät wahrzunehmen, weil der Leidensdruck bei den wichtigsten Stakeholdern erst entsteht, wenn das Unternehmen kurz vor der Auflösung steht und es eigentlich schon zu spät ist.

Besonders gefährdet sind hierbei Unternehmen, die sich überwiegend aus Spenden oder Stiftungserlösen finanzieren. Sie haben ein Fixeinkommen, das nicht unmittelbar von der Befriedigung der Kundenbedürfnisse abhängt. Einerseits hat dies erhebliche Vorteile und darf auf keinen Fall grundsätzlich abgelehnt werden. Überall dort, wo die Finanzierung über den Absatzmarkt keine ausreichende Leistungsmenge und -qualität gewährleistet, sind derar-

5.1 Theoretische Grundlagen

tige Fixeinkommen notwendig, um eine ausreichende Versorgung der Zielgruppen zu gewährleisten. Auf der anderen Seite kann ein hohes Fixeinkommen dazu führen, dass Unzufriedenheitssymbole der Nachfrager ignoriert werden. Im Extremfall nehmen Unternehmensführung und Eigentümer die Kundenbedürfnisse gar nicht mehr wahr und blicken allein auf die Befriedigung der Bedürfnisse der Spender und Stifter.

Das Ergebnis wäre eine künstliche Stabilität, eine Metastabilität, die jegliche Anpassung an veränderte Kundenbedürfnisse verhindert. Abb. 5.9 zeigt ein derartiges meta-stabiles System als Regelkreis.

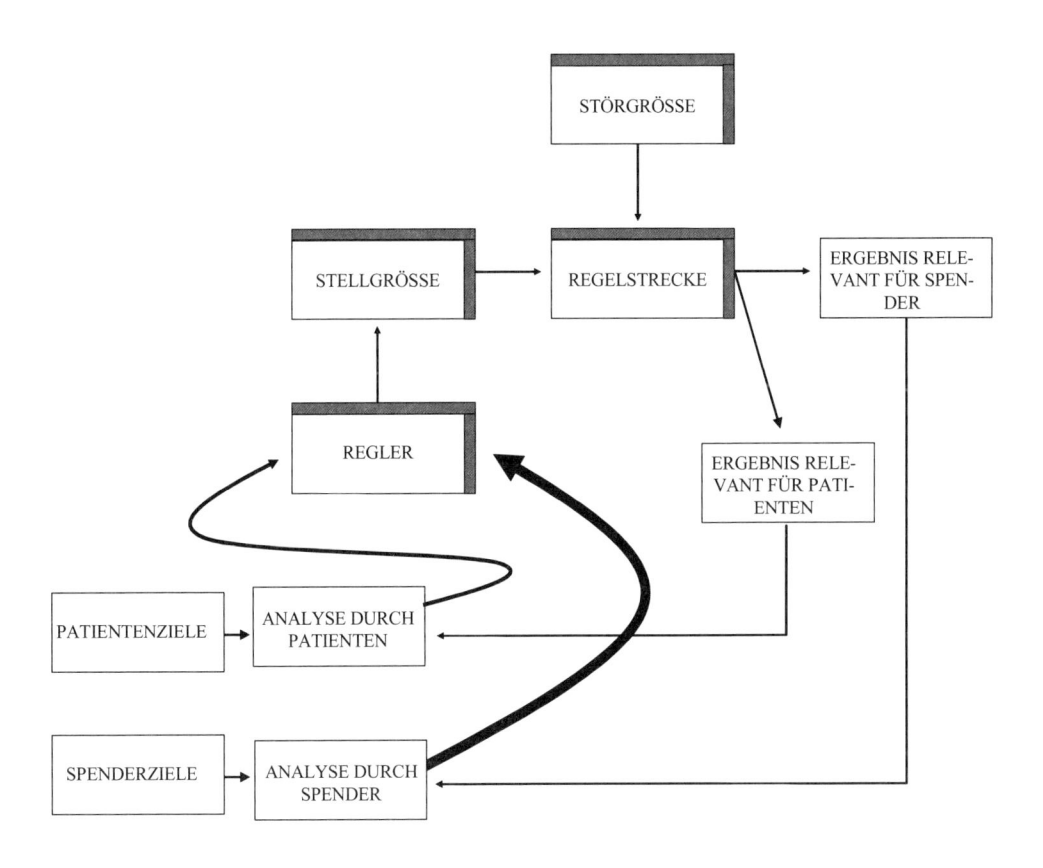

Abb. 5.9 Regelkreis bei Metastabilität

In Deutschland dürfte dies bei Krankenhäusern relativ selten sein. In Entwicklungsländern gibt es jedoch durchaus Krankenhäuser, deren originäre Zielgruppe als Kunden kaum mehr eine Rolle spielt, sondern der überwiegende Teil der Finanzierung aus Auslandsspenden gedeckt ist. Diese Hospitäler stehen in der Gefahr, Entscheidungen primär an den Bedürfnissen der Spender, aber nicht an den Wünschen der eigenen Zielgruppe auszurichten. Da sich die Krise eines Sektors primär an der Basis, aber nicht im Spendenfluss äußert, wird die zunehmende Fluktuation nicht wahrgenommen. Das Systemregime hat längst eine diachronische Phase erreicht, die Systemlenkung fühlt aber noch immer den positiven Feedback der Spender, denn die Spenden fließen noch immer.

5.1.3.3 Innovationsneigung

Die grundsätzliche Bereitschaft, alte Systemstrukturen aufzugeben und durch Neuerungen zu ersetzen, wird als Innovationsneigung bezeichnet. Die wichtigsten Determinanten der Innovationsneigung eines Individuums sind die individuelle Zeitpräferenz und die Risikoaversion. Handelt es sich um eine Organisation, so muss zusätzlich der Führungsstil betrachtet werden, den wir jedoch wegen seiner Wichtigkeit in einem eigenen Kapital behandeln werden.

Die Zeitpräferenzrate ist ein Maß der systematischen Bevorzugung des Gegenwartskonsums gegenüber dem zukünftigen Konsum. Eine hohe Zeitpräferenz ist gleichbedeutend mit einer hohen Gegenwartsorientierung. Sie nimmt in zweifacher Weise Einfluss auf die Innovationsadoption. Zum einen selektiert sie, welche Innovationen angenommen werden. Es zeigt sich, dass bei einer hohen positiven Zeitpräferenzrate überwiegend Innovationen mit einem schnellen Eintritt des zusätzlichen Nutzens gewählt werden. Innovationen, die die Prävention fördern, können sich bei einer hohen Zeitpräferenz nicht durchsetzen. Darüber hinaus determiniert die Zeitpräferenzrate die Diffusionszeit, also den Zeitraum zwischen der Invention und der Marktdurchdringung. Die Diffusionsgeschwindigkeit steigt mit zunehmender Zeitpräferenz. Eine unendliche Zeitpräferenz verhindert jegliche Innovationsadoption.

Die Bereitschaft der Stakeholder, Produkt- und Verfahrensinnovationen als Fach-, Macht-, Prozess- oder Beziehungspromotor anzunehmen und zu unterstützen, wird folglich desto größer sein, je geringer die individuelle Zeitpräferenzrate ist. Gleichzeitig werden Krankenhäuser, in denen primär kurzfristig gedacht wird, sehr lange Zeiträume benötigen, bis sie die bestehende Systemlösung aufgeben. Abb. 5.10 zeigt die Marktdurchdringung in Abhängigkeit von der Zeit für unterschiedliche Zeitpräferenzraten (ρ_1, ρ_2).

Erwerbswirtschaftliche Unternehmen stehen in der Gefahr, das Gewinnmotiv zu stark zu betonen und damit einer kurzfristigen Gewinnsteigerung zu Lasten der langfristigen Potenziale anzuhängen. Neue Manager wollen schnelle Erfolge sehen. Innovationen brauchen Zeit, sie sind Investitionen in die Zukunft, und sie stehen in einem Widerspruch zu kurzfristigen Gewinnen. Das Konzept des Shareholder-Value überwindet deshalb die kurzfristige Gewinnorientierung und maximiert den langfristigen Unternehmenswert. Allerdings spielt auch hier wiederum die Zeitpräferenz in Form des Diskontierungssatzes eine gewichtige Rolle. Eine hohe Zeitpräferenz impliziert, dass bei der Berechnung des Shareholder Value zukünftige Erträge relativ gering bewertet werden. Dementsprechend führt eine hohe Zeitpräferenzrate auch im System des Shareholder Value zu einer geringen Investitionsneigung. Erwerbswirtschaftliche Unternehmen müssen folglich bewusst an einer langfristigen Betrachtung ihres Unternehmens arbeiten. Die Eigentümer müssen den Berufsmanagern langfristige Perspektiven geben und die Schaffung von Zukunftspotenzialen mindestens so stark bewerten wie die Ausschüttung von Gewinnen.

5.1 Theoretische Grundlagen

Die Nonprofit Organisationen des Krankenhauswesens stehen ebenfalls in der Gefahr, übermäßig gegenwartsorientiert zu sein. Innovationen erfordern einen Investitionsvorgang. Und Investition bedeutet grundsätzlich einen Konsumverzicht in der Gegenwart. Damit muss ein Ausgleich zwischen den berechtigten Interessen der Stakeholder heute und der Stakeholder der nächsten Generation gefunden werden. In einem offenen Diskurs müssen die Werte und Ziele des Unternehmens diskutiert werden. Dies erfordert nicht nur eine Allokation von Ressourcen auf verschiedene Zielgruppen, sondern auch auf unterschiedliche Zeiträume. Mitarbeiter müssen sich darüber im Klaren sein, dass sie nur dann ihre zukünftigen Kunden befriedigen können, wenn sie hierfür nicht nur innovativ sind, sondern heute bewusst Verzicht üben. Hierzu ist Schulung erforderlich – für Eigentümer und Mitarbeiter.

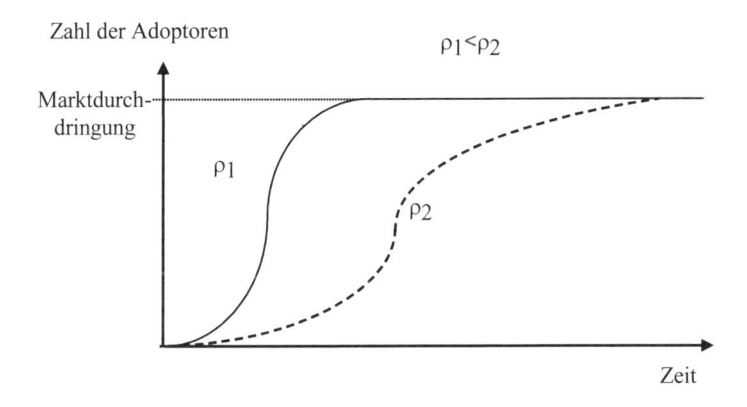

Abb. 5.10 Diffusionszeit

Als weitere Determinante der Innovationsneigung wurde die Risikoneigung herausgearbeitet. Die Adoption einer Innovation impliziert stets, dass zwischen einer etablierten und einer unbekannten und damit ungewissen Problemlösung entschieden werden muss. Die bisherige Lösung ist in der Regel ausreichend erprobt, so dass ihr Nutzen mit Gewissheit angegeben werden kann. Der Nutzen der Neuerung ist jedoch eine Zufallsgröße und hat folglich eine Streuung. Je größer die Risikoscheu der Entscheider ist, desto stärker werden sie die Streuung gewichten und desto geringer wird demnach ihre Innovationsbereitschaft sein. Hierbei ist zu beachten, dass die Entscheidung über die Einführung einer Innovation in der Regel einmalig ist und die Wahrscheinlichkeiten, mit der unterschiedlichen Umweltzustände als Konsequenz der verschiedenen Alternativen eintreten, nur subjektiv geschätzt werden können.

Die Entscheidung über die Annahme der Innovation wird sowohl von der Schätzung der Eintrittswahrscheinlichkeiten der Umweltzustände als auch von der persönlichen Risikobereitschaft beeinflusst. Je höher die Erfolgswahrscheinlichkeit und je höher die Risikoneigung ist, desto eher wird eine Innovation adoptiert. Damit kommt der Informationsgewinnung zur Überwindung der Unsicherheit eine große Rolle zu. Unternehmen müssen die Entscheidung über die Einführung einer Neuerung sehr gut vorbereiten, so dass das Risiko überschaubar bleibt. Weiterhin müssen Unternehmen an der Risikofreude ihrer Entscheider arbeiten. Risikoneigung ist zumindest teilweise erlernt. Je mehr positive Erfahrungen ein Mensch im Laufe seines Lebens mit den Ergebnissen einer Unsicherheitssituation macht, desto eher wird er sich in Zukunft risikofreudig verhalten.

Hier liegt eine wichtige Aufgabe der Personalführung. Mitarbeiter müssen den Raum erhalten, innovativ zu sein. Wichtiger jedoch ist, dass sie bei Fehlschlägen keine schweren Sanktionen erleiden dürfen. Das Scheitern einer Innovation ist ein normaler Vorgang. Wer als Mitarbeiter erfahren hat, dass dieser Fehlschlag jedoch zu einer persönlichen Tragödie wird, wird kaum mehr bereit sein, größere Risiken einzugehen. Eine Führungsphilosophie, die Fehler als Quelle des Lernens erkennt, ist deshalb eine gute Voraussetzung für eine hohe Innovationsneigung der Mitarbeiter.

5.1.3.4 Innovationskosten

Die Transition von einem synchronen Systemregime in ein neues synchrones Regime auf höherem Niveau verursacht unterschiedliche Kosten. Zum einen muss eine neue Struktur aufgebaut werden, da die alte Formale vermutlich nicht zur neuen Funktionalen passt. Diese direkten Kosten der Transition können reduziert werden, wenn während der diachronischen Phase eine Reduktion des Systemoutputs akzeptiert wird. Im Krankenhauswesen würde dies zu einer Verschlechterung der Versorgung der Patienten führen. Diese Kosten seien als Disruptionskosten bezeichnet. Darüber hinaus kann während einer Übergangsperiode die Kapazität des Managements eines Systems in so hohem Maße durch die Transition beansprucht sein, dass Entscheidungsfehler auftreten bzw. sonstige Chancen nicht wahrgenommen werden. Diese Kosten seien als Opportunitätskosten bezeichnet. Schließlich entstehen noch politische Kosten, da die Innovationsadoption negative Auswirkung auf die Erreichung weiterer Ziele der Systemsteuerung haben kann. Abb. 5.11 zeigt die Entwicklung der Transitionskosten.

Im alten Systemregime sind die Kosten relativ hoch. Zum Zeitpunkt T1 wird eine neue Technologie adoptiert. Allerdings fallen hierfür erhebliche Kosten an. Gleichzeitig muss die alte Systemlösung beibehalten werden, bis die Innovation voll einsatzfähig ist. Dies kann z.B. bei einem Krankenhausneubau bedeuten, dass das alte Haus weiter betrieben wird, während das neue gebaut wird. Selbst wenn die Innovation schon relativ schnell einsatzbereit ist, so sind doch die Kosten während der Einschwingphase relativ hoch. Erst zum Zeitpunkt T2 – bei Makroinnovationen kann dies nach Jahren sein – hat man wieder das alte Kostenniveau erreicht. Die Darstellung unterstellt, dass die alte Systemlösung für bestimmte Nischen noch aufrechterhalten wird, jedoch auf sehr niedrigem Niveau. Zum Zeitpunkt T3 entfaltet die Innovation ihre volle Wirkung. Innovation bedeutet folglich immer einen Investitionsprozess und damit immer einen Verzicht.

Diese erheblichen Umstellungskosten dürften für Entscheidungsträger mit einer starken Gegenwartsorientierung zur unüberwindlichen Barriere werden, so dass sie eine Umstrukturierung ablehnen werden. Wiederum ist die klare Prognose der monetären und nicht-monetären Kosten von großer Bedeutung für die Bereitschaft, dieses Risiko überhaupt einzugehen. Die schwerwiegenden Perturbationen, die derzeit das Krankenhauswesen Deutschlands erschüttern, verlangen zwingend die Einführung von Innovationen. Man sollte sich aber nicht darüber täuschen, dass dies einen Investitionsprozess darstellt, der auch Opfer kostet.

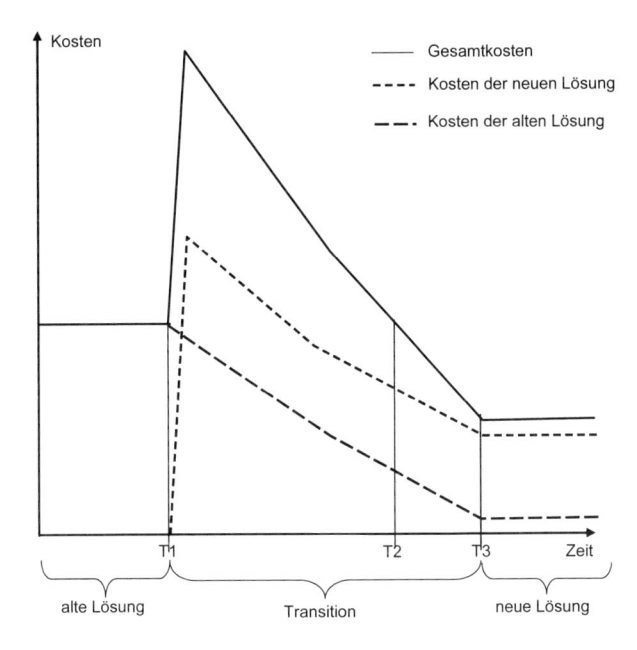

Abb. 5.11   Transitionskosten (schematische Darstellung)

5.1.3.5   Komplexität

Schon früh wurde erkannt, dass Innovationen, die leicht zu verstehen und anzuwenden sind, bereitwilliger angenommen werden als komplexe Neuerungen. Die Komplexität der Innovation resultiert aus der Zahl der betroffenen Subsysteme sowie aus den Interdependenzen mit anderen Systemen. Eine ergänzende Innovation, die die bestehenden Systemlösungen kaum berührt, kann deshalb leichter aufgenommen werden als eine verdrängende Innovation, die unmittelbar auf verschiedene andere Systemstrukturen einwirkt. Eine Mikroinnovation wird eher adoptiert als eine Makroinnovation, da sie nicht alle Teile eines Systems betrifft.

Die Aufnahme neuer bzw. die Aufgabe alter Geschäftsfelder sind Makroinnovationen. Ihre Umsetzung ist deshalb schwierig und komplex, und die Unternehmensführung muss Maßnahmen ergreifen, um die Komplexität zu reduzieren. Zuerst erfordert die Reduktion der Komplexität eine klare Definition der Prioritäten und der sich daraus ergebenden Posterioritäten. Unternehmensethik ist damit kein Luxus, sondern eine Bedingung für professionelles Innovationsmanagement.

Eine klare Prioritätensetzung führt dazu, dass bestimmte Teilsysteme und Interdependenzen einer komplexen Makroinnovation vernachlässigt werden können, weil sie entweder irrelevant sind oder aber durch andere Teilsysteme ausreichend abgedeckt sind. Trotzdem bleibt eine relativ komplexe Entscheidungssituation. Die Komplexität wird dadurch verstärkt, dass die Ursache-Wirkungszusammenhänge im Gesundheitswesen nicht monoton oder gar linear sind. Der Versuch, goldene Regeln zu definieren, muss in der Dynaxity Zone III scheitern. Managemententscheidungen sind stets von zahlreichen, interdependenten Faktoren beeinflusst. Monokausale und lineare Denkmodelle sind deshalb nicht in der Lage, ihre Komplexität zu fassen.

Viele Menschen tendieren zu einem linearen Denken, obwohl die meisten realen Prozesse nicht-linear, häufig sogar nicht-monoton sind. Denken in komplexen Systemen muss deshalb trainiert werden. Weder Wirtschaftswissenschaftler noch Pflegemanager oder Mediziner haben den Umgang mit dynamischen Systemen in ihren Grundausbildungen ausreichend erlernt. Hier ist die Unternehmensführung gefordert, entsprechende Schulungen anzubieten.

Zusammenfassend können wir festhalten, dass Krankenhäuser zahlreiche Ansatzpunkte zur Beeinflussung ihrer Innovationsfähigkeit haben. Abb. 5.12 fasst diese Parameter noch einmal zusammen. Die Geschäftsfeld-, Leistungs-, Personal- und Autonomiepolitik muss diese Parameter kennen und so festlegen, dass eine hohe Innovationskraft entsteht. Darüber hinaus muss jedoch der Übergang von einem Systemregime in ein anderes aktiv gestaltet werden. Dies erfordert ein Change Management, d.h. ein Management des Wandels.

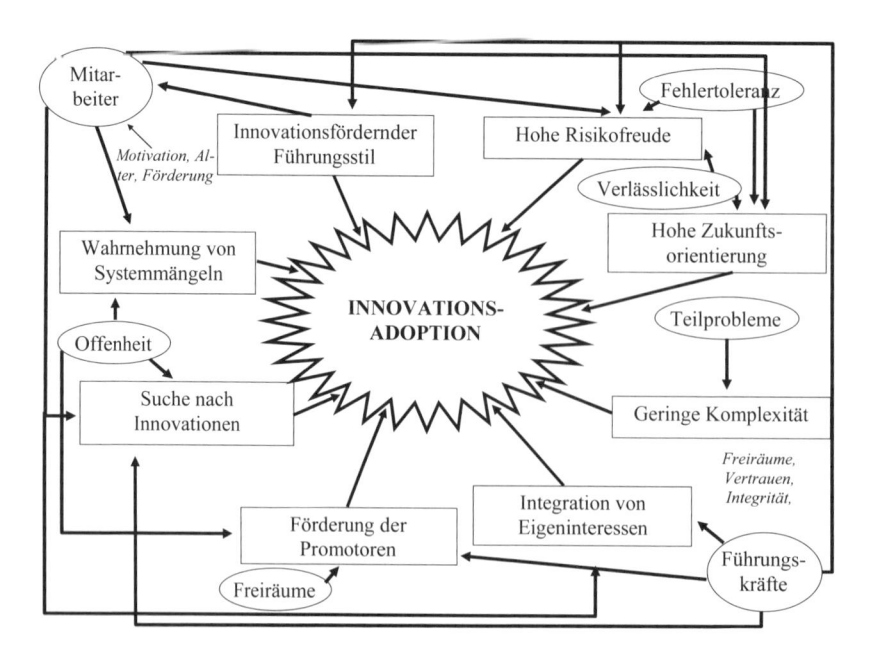

Abb. 5.12   Determinanten der Innovationsadoption

5.1.4 Management von Veränderungsprozessen

Geschäftsfelder, Leistungsportfolios, Organisationsformen, Strukturen, Rechtsformen, Personalkonzepte und Controllingsysteme, die in der Vergangenheit angemessen waren, können in einer veränderten Situation nicht mehr geeignet sein, die Unternehmenszukunft zu garantieren. Eine innovative Unternehmenspolitik erfordert deshalb nicht nur die Schaffung eines Innovationsklimas, sondern auch die Anpassung bestehender Strukturen an die neue Systemlösung, d.h. die aktive Gestaltung des Übergangs. Häufig werden derartige Anpassungen beim Übergang von einer Lebensphase eines Krankenhauses in eine andere notwendig.

Tab. 5.2 gibt einen Überblick über die Lebensphasen eines Unternehmens. Der reguläre Zyklus beginnt mit der Gründung eines Unternehmens und endet mit seiner freiwilligen Liquidation. Regelmäßig ist dies mit Unternehmenswachstum und einer Kapitalerhöhung verbunden. Andere Lebensphasen werden hingegen nicht von allen Unternehmen durchlaufen. Beispiele hierfür sind die Veränderung der Rechtsform (Umwandlung), der Zusammenschluss mit anderen Unternehmen, eine Unternehmenskrise sowie die mögliche Wiederherstellung des betrieblichen Gleichgewichts (Sanierung). Schließlich können Unternehmen insolvent werden, d.h., sie können ihre Zahlungsverpflichtungen nicht mehr erfüllen. Dies kann zur zwangsmäßigen Auflösung des Unternehmens führen.

Tab. 5.2 Lebensphasen

Reguläre Lebensphasen	Irreguläre Lebensphasen
Gründung	Umwandlung
Wachstum	Unternehmenszusammenschlüsse
Kapitalerhöhung	Krise
Liquidation	Sanierung
	Insolvenz

Die Entwicklung eines Unternehmens ist folglich ein Lebensprozess, der durch Ereignisse (Gründung, Liquidation, Umwandlung, Zusammenschluss, Insolvenz) oder Zustände (Wachstumsphase, Krisenphase, Erholungsphase, Sanierungsphase etc.) beschrieben werden kann. Der Übergang von einem Zustand in einen anderen stellt in der Regel eine diachronische Phase dar und erfordert betriebliche Entscheidungen, z.B. zur Eigentümerstruktur, Rechtsform und Finanzierung. Die Veränderung darf nicht zufällig erfolgen, sondern muss geplant und strukturiert werden. Hierzu dient das Change Management.

Change Management ist ein facettenreicher Begriff. Im weiteren Sinne umfasst es das gesamte Management von Transitionsprozessen bzw. Phasenübergängen. Hierzu gehören die Planung, Implementierung und Kontrolle aller Veränderungen, die zur Umsetzung von neuen Strategien, Strukturen, Systemen, Prozessen oder Verhaltensweisen in einer Organisation notwendig sind. Change Management kann so umfassend mit dem Management diachronischer Phasen gleichgesetzt werden und umfasst die Finanzierung der Lebensabschnitte, eine innovationsförderliche Personalpolitik in Transitionsphasen, die Förderung der lernenden Organisation sowie die Geschäftsfeld- und Leistungspolitik in Transitionsprozessen. Im engeren Sinne wird das Change Management allerdings häufig auf ein Coaching leitender Mitarbeiter während eines Veränderungsprozesses reduziert.

Change Management im weiteren Sinne besteht aus den Phasen Unfreezing, Moving und Freezing. In der ersten Phase des Veränderungsprozesses werden bestehende Strukturen aufgebrochen. Die Voraussetzung hierfür sind – wie oben diskutiert – die Perzeption einer Veränderungsnotwendigkeit sowie die Bereitschaft, Strukturen zu ändern. Ziel des Change Managements in dieser Phase ist eine Stärkung der nach Veränderung strebenden Kräfte sowie die Schaffung eines Veränderungsbewusstseins in der Unternehmensführung und bei den Mitarbeitern.

In der zweiten Phase erfolgt die eigentliche Veränderung (Moving). Mit Hilfe von Kreativitätstechniken werden neue Lösungen generiert. Sowohl strukturelle Neuerungen als auch Verhaltensänderungen werden ausprobiert. In der Regel handelt es sich um eine Problemlösung in Regelkreisen, d.h., der große Wurf gelingt selten auf einmal. Vielmehr werden Teilprobleme gelöst, Teillösungen aneinander angepasst und erneut zur Disposition gestellt.

In der letzten Phase erfolgt die erneute Stabilisierung der Organisation (Freezing). Die gefundenen Problemlösungen werden implementiert und der Veränderungsprozesses zu einem vorläufigen Abschluss gebracht.

Betrachten wir als Beispiel ein katholisches Krankenhaus, das bislang von Ordensschwestern geführt wurde. Auf Grund von Nachwuchsmangel müssen sich die Schwestern zurückziehen und übergeben das Haus in weltliche Hände. Dies hat tief greifende Folgen für die Organisation und Struktur des Hauses. Zuerst einmal ist zu prüfen, ob die Rechtsform beibehalten werden kann. Orden sind häufig in der Rechtsform einer Körperschaft des öffentlichen Rechts, so dass auch das Krankenhaus als Teil des Ordens in diesem besonderen Schutzraum steht.

Weiterhin ist die Aufbauorganisation zu verändern. Bislang waren Ordensschwestern auf allen wichtigen Managementpositionen aktiv. Ihre Koordination erfolgte ordensintern und wenig transparent. Die Oberin war gleichzeitig die Krankenhausmanagerin. Der neue Träger wird beispielsweise einen Geschäftsführer einsetzen. Entscheidungen können nun demokratischer und transparenter getroffen werden, Dezentralisierung ist unter Umständen leichter möglich. Auf der anderen Seite ist die Koordination der Führungskräfte deutlich schwieriger, da sie nicht mehr zum gleichen Orden gehören. Ein Controller wird hier dringend benötigt.

Schließlich besteht die Gefahr, dass sich die Corporate Identity, d.h. die gewünschte geistliche Ausrichtung des Krankenhauses, mit dem Weggang der Schwestern verändert. Wenn die Beibehaltung des christlichen Propriums weiterhin gewünscht ist, so kann dies nicht mehr der schlichten Präsenz der Ordensleute überlassen werden, sondern muss planvoll gesteuert und gefördert werden.

Das Beispiel zeigt, dass beim Management von Veränderungsprozessen strategisches und operatives Management ergänzende Dimensionen sind. Tab. 5.3 stellt das operative und das strategische Management gegenüber. Beide Teilsysteme müssen synchronisiert ablaufen, da weder ein operatives Management ohne die Strategie noch ein strategisches Management ohne Umsetzung einen hohen Zielerreichungsgrad gewährleisten. Mission, Vision, Strategie,

5.1 Theoretische Grundlagen

Taktik und Operation bilden eine Einheit, bei der sich ein Element konsistent aus dem anderen ergibt. Um das Bild des Vorwortes aufzugreifen: Der Kapitän muss wissen, ob er ein Passagier-, Fracht- oder Postschiff fährt (Mission). Er muss den Hafen kennen, den er auf dieser Fahrt ansteuert (Vision). Er muss die Route vom Ausgangs- in den Zielhafen berechnen (Strategie) und die richtige Durchfahrt durch eine Meerenge (Taktik) wählen. Und er muss auch die Untiefen der nächsten Meter erkennen und vermeiden (operatives Management). Deshalb sind operatives und strategisches Management keine Gegensätze, sondern Komponenten eines umfassenden, systemischen Managements.

Tab. 5.3 Operatives und strategisches Management

	Operatives Management	**Strategisches Management**
Managementebene	Untere Managementebene, bereichsbezogenes Denken, Ressortegoismus	Oberste Managementebene, unternehmensbezogenes Denken, bereichsübergreifend
Zeithorizont	Kurzfristig	Langfristig
Orientierung	Wirtschaftlichkeit betrieblicher Prozesse	Erfolgspotenziale
Dimension	Leistungen/Kosten, Ertrag/Aufwand, Ein/Auszahlung	Chancen/Risiken, Stärken/Schwächen
Inhaltliche Differenzierung	Komplexität und Ungewissheit reduziert, viele Details, Administrations- und Dispositionsentscheide, durchführungsorientiert, intern orientiert, viele Teilpläne, hohe Verbindlichkeit, starre Systeme, geringer Handlungsspielraum	Hohe Komplexität und Ungewissheit, schlecht strukturierte Problemstellungen, strategische Planungs- und Kontrollsysteme, Analyse- und entscheidungsorientierte Unternehmensgesamtmodelle, geringe Verbindlichkeit, Flexibilität, breiter Alternativenraum
Ziele, Aufgaben	Erfolg und Liquidität dominierend, Bestands- und Systemwahrung, Erfüllung von Aufgaben	Aufbau und Sicherung von Erfolgspotenzialen durch Investition; geplanter Wandel, Systemveränderung; neue Aufgaben suchen
Organisation	Sparten, Profit- und Cost-Center	Strategische Geschäftseinheiten
Instrumente	Rechnungswesen	Portfolio-Analyse; Szenario-Technik

Das Beispiel zeigt weiterhin, dass Innovationen sowie Change Management einen Lernprozess erfordern. Die Generierung, Adoption und Adaption von Innovationen setzen voraus, dass individuelle, kollektive und organisationale Lernprozess stattfinden. In der Dynaxity Zone I genügt in der Regel das einmalige individuelle Lernen in der Form der Aneignung technisch-funktionaler Fähigkeiten zu Beginn des Arbeitslebens. Anschließend genügt meist die Übung und Verfeinerung der grundlegend gleichen Techniken.

In der Dynaxity Zone II muss dieses individuelle Lernen bereits mehrfach im Leben erfolgen. Am Ende jeder diachronischen Phase erfolgt eine Reflektion der Erfahrungen durch das Individuum. Es ermittelt, welche Fähigkeiten für das neue Systemregime notwendig sind und vergleicht sie mit seinem Fähigkeitsbestand. Daraus ergibt sich der Lernbedarf grundsätzlich neuer, d.h. nicht nur weiterentwickelter Fähigkeiten. Neben diesem individuellen Lernen wird in der Zone II jedoch auch ein kollektives Lernen notwendig, d.h., die Gruppe analysiert gemeinschaftlich, ob der Umgang mit Neuerungen zielführend war und welche Lehren sie als Kollektiv aus den Erfahrungen der diachronischen Phase ziehen können.

Die Dynaxity Zone III erfordert eine ständige Anpassung des Individuums an Neuerungen und damit ein ständiges Lernen. Das Individuum muss den Lernstoff auf Grundlage des eigenen Zielsystems selektieren, da es nicht mehr in der Lage ist, sich alle Neuerungen vollständig anzueignen. Damit wird eine ständige Reflektion der eigenen Werte sowie der Zielerreichung notwendig. Auch die Gruppe muss ständig gemeinschaftlich Lernen. Hierzu gehört die Analyse, wie sie mit den stetigen Veränderungen umgehen, welche Gruppenwerte sie haben und wie sich die Gruppenkohäsion entwickelt.

Individual- und Gruppenlernen werden jedoch in einer Phase hoher Dynamik nicht genügen, um das Unternehmen durch Veränderungsprozesse zu steuern. Da die Dynamik auch mit hoher Fluktuation der Mitarbeiter und einer ständig veränderten Gruppenzusammensetzung einhergeht, muss das Unternehmen dafür sorgen, dass die Organisation selbst lernt (Organisational Learning, OL). Hierzu gehört die Festlegung der verbindlichen Regeln des Lernprozesses, die Institutionalisierung und Dokumentation des Lernens, die Messung des Lernerfolgs und insbesondere die Etablierung eines institutionellen Gedächtnisses.

Abb. 5.13 zeigt, dass das Lernen auf unterschiedlichen Ebenen stattfinden kann. Die traditionelle Ausbildung (Schule, Studium) stellt lediglich eine Grundlage für das lebenslange Lernen dar. Sie adressiert in der Regel ausschließlich das Individuum und vermittelt Fachwissen und Lerntechniken. Eine Reflektion auf Grundlage der eigenen Werte, Ziele und Überzeugungen findet meist nicht statt, obwohl dies in einer dynamischen Wirtschaft äußerst notwendig wäre. Andere Lernprozesse, z.B. die Persönlichkeitsentwicklung und die Organisationsentwicklung, sprechen stärker das Kollektiv und die höheren Reflektionsebenen an. Ein Lernen auf der Metaebene, das die ganze Organisation umfasst, ist jedoch selten. Hier besteht erheblicher Forschungsbedarf, gerade für das Management von Krankenhäusern in turbulenten Zeiten, in denen die Rahmenbedingungen sich ständig wandeln, neue Technologien und Versorgungsformen stetig entstehen und die Mitarbeiterbindung abnimmt.

Die Steuerung und Gestaltung der Lernprozesse ist eine Querschnittsaufgabe des Topmanagements, die alle in Tab. 5.3 aufgelisteten Elemente des strategischen Managements umfasst. Grundlage ist die Geschäftsfeld- und Leistungspolitik, d.h. die Festlegung, welchen Zielgruppen langfristig welche Leistungen auf welchen Märkten angeboten werden sollen. Aufgabe der Strategie ist es darüber hinaus, die betrieblichen Potenziale bereitzustellen, die für die Positionierung im Wettbewerb auf diesen Märkten notwendig sind. Im Krankenhaus kommt hier insbesondere der Personalpolitik die größte Bedeutung zu. Schließlich muss festgelegt werden, ob diese Märkte alleine oder in Kooperation mit anderen Anbietern (Strategische Autonomie, Kooperationspolitik) bearbeitet werden bzw. welche Wettbewerbspolitik (Qualitätsführerschaft, Preisführerschaft, Nischenanbieter) das Unternehmen verfolgt.

Im Folgenden werden einige Aspekte praxisorientiert aufgegriffen, die von besonderer Bedeutung für das strategische Management von Krankenhäusern sind. Zuerst wird die Geschäftsfeld- und Leistungspolitik diskutiert, da die Bedürfnisse der Kunden und ihre Nachfrage der Ausgangspunkt allen betrieblichen Handelns und damit auch der Strategie sind. Anschließend wird die Personalpolitik dargestellt, weil die Mitarbeiter der wichtigste Potenzialfaktor sind. Es folgt ein Exkurs zu einem Veränderungsprozess, der derzeit häufig bei Krankenhäusern anzutreffen ist: die Umwandlung. Abschließend wird die betriebliche Autonomiepolitik diskutiert. Gerade die Integration von Krankenhäusern und anderen Leistungsanbietern des Gesundheitswesens stellt derzeit eine Makroinnovation dar.

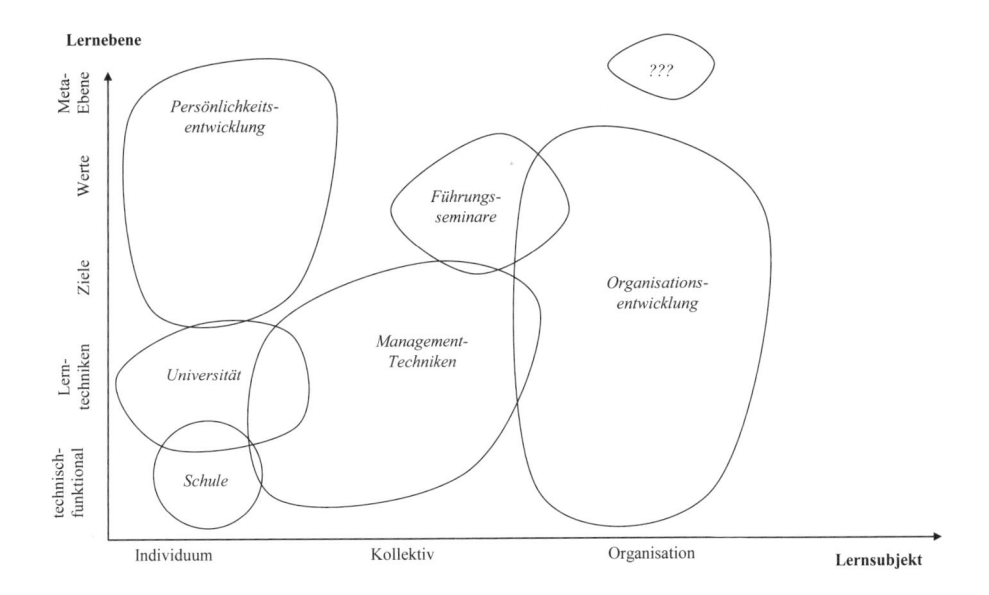

Abb. 5.13   Lernsubjekte und -ebenen

5.2   Geschäftsfeld- und Leistungspolitik

5.2.1   Grundlagen

Die Geschäftsfeldpolitik legt langfristig die Märkte fest, auf denen ein Unternehmen tätig sein möchte, während die Leistungspolitik die Produkte definiert, die auf den Märkten angeboten werden. Das traditionelle Geschäftsfeld des Krankenhauses ist die Behandlung von Patienten mit akuten Krankheiten, die einer stationären Aufnahme bedürfen. Angrenzende Geschäftsfelder sind die Behandlung von Langzeitkranken, die stationäre Rehabilitation und das ambulante Operieren. Weniger nah sind Geschäftsfelder wie die ambulante Rehabilitation und die ambulante Altenpflege. Sehr weit vom traditionellen Geschäftsfeld entfernen sich Krankenhäuser, die ihre Einrichtungen der Sporttherapie als Fitnessstudio, ihre Krankenhausküche als Cateringservice und ihre Hörsäle als Versammlungsräume vermarkten.

Hinter jedem Geschäftsfeld steht eine Zielgruppe mit spezifischen Bedürfnissen, wobei jeder Bedarf ein ganzes Bündel von Bedürfnissen repräsentieren kann. Abb. 5.14 illustriert diesen Zusammenhang für m Bedürfnisse und n Bedarfe. Auf den Teilmärkten werden Leistungen für Kundengruppen angeboten, deren Bedürfnisse sich in Nachfrage artikulieren und durch die Leistungen befriedigt werden. Die Entscheidung, welche Bedürfnisse mit welchen Gütern auf welchen Märkten befriedigt werden, ist die Hauptaufgabe des strategischen Marketings.

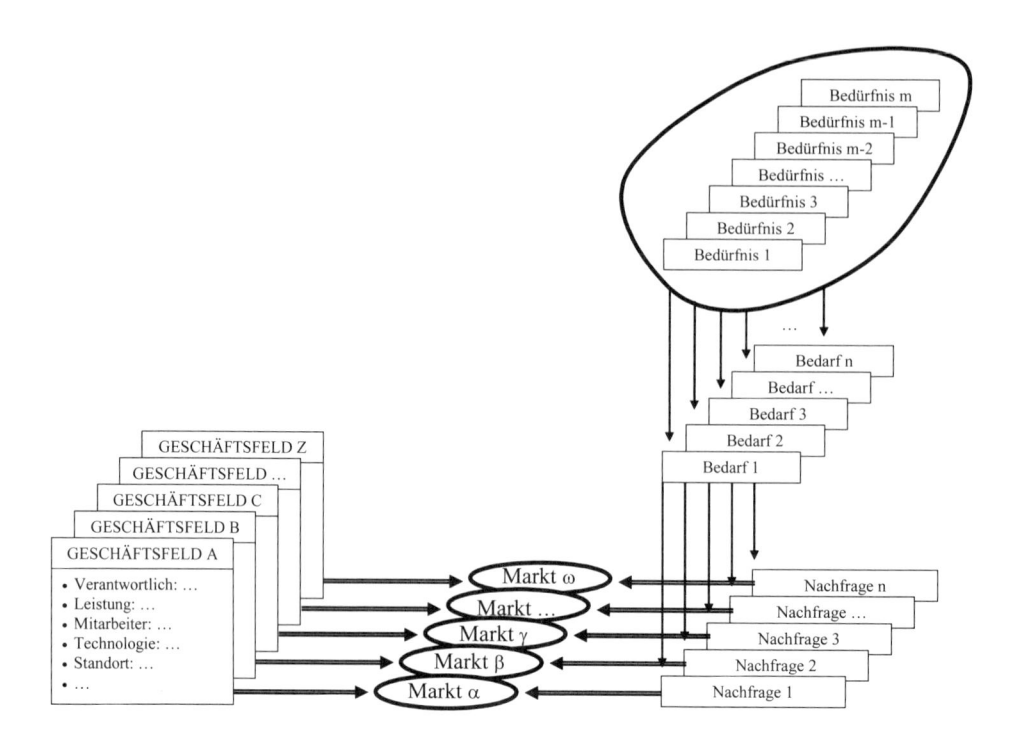

Abb. 5.14   Geschäftsfeldpolitik

Tab. 5.4 zeigt vier mögliche Markt-Produkt-Konstellationen. Verbleibt ein Krankenhaus mit den bereits bestehenden Leistungen auf den bereits bearbeiteten Märkten, so wird dieses Unternehmen alle Anstrengungen darauf wenden müssen, um den bestehenden Markt mit den bestehenden Produkten noch intensiver zu bearbeiten (Marktdurchdringung). Die Leistung wird optimiert, die Prozesse werden verbessert und die Kunden noch mehr umworben, d.h., Verfahrensinnovationen werden umgesetzt.

Alternativ könnte ein Krankenhaus sich auf die Suche nach neuen Nachfragern bzw. Märkten machen, die die bereits existierende Leistung nachfragen (Marktentwicklung). Die Nutzung bestehender Krankenhausleistungen für den ambulanten Sektor ist eine derartige Marktentwicklung. Andere Beispiele geben Krankenhäuser, die Präventionsleistungen für selbst zahlende Urlauber anbieten (z.B. Herzcheck). Weiterhin können andere Zielgruppen erschlossen werden. So gibt es in Deutschland ein kirchliches Krankenhaus, das ursprünglich für die Versorgung rückkehrender Missionare mit entsprechenden Tropenkrankheiten gegründet wurde. Heute stellen Mitarbeiter von internationalen Unternehmen der freien Wirtschaft sowie Touristen den größten Teil der Patienten der Tropenmedizin, da Geschäftsreisende und Urlauber weit häufiger in die Tropen reisen als Missionare. Dieselbe Leistung wird einer völlig neuen Zielpopulation angeboten.

Tab. 5.4 Markt-Produkt-Konstellationen

		Produkt	
		Altes Produkt	**Neues Produkt**
Markt	**Alter Markt**	Marktdurchdringung	Produktentwicklung
	Neuer Markt	Marktentwicklung	Diversifikation

In der Dynaxity Zone III dürften allerdings Marktdurchdringung und -entwicklung nicht genügen, um die ständigen Störungen aufzufangen. Stattdessen müssen neue Produktinnovationen entwickelt werden. Wenn ein Krankenhaus eine neue Leistung für denselben Markt bzw. dieselbe Zielgruppe anbietet, spricht man von Produktentwicklung. Die Produktinnovation muss einen Zusatznutzen für die Käufer haben, so dass sie dieses neue Produkt nicht nur dem alten, sondern vor allem auch den Konkurrenzprodukten vorziehen. Die Entwicklung der minimalinvasiven Chirurgie ist zweifelsohne solch eine Produktentwicklung. Die Zielgruppen mit ihren Krankheiten und Bedürfnissen bleiben erhalten, während die Art, wie ihre Bedürfnisse befriedigt werden, sich verändert.

Als Diversifikation bezeichnet man schließlich den Sprung in eine völlig neue Welt: neue Produkte werden für neue Märkte angeboten. Übernimmt beispielsweise ein Krankenhaus eine Einrichtung des Betreuten Wohnens, so handelt es sich um eine völlig neue Leistung, die die Bedürfnisse nach langfristiger Sicherheit deckt, die das Krankenhaus bislang nicht befriedigt hat.

Die Wahl der Geschäftsfelder sowie die Zusammenstellung des Leistungsportfolios macht nur Sinn auf Wettbewerbsmärkten. So lange das Prinzip der Selbstkostendeckung die Krankenhausfinanzierung dominierte und die Leistungen der Krankenhäuser vollständig durch den Versorgungsauftrag festgelegt wurden, war eine Geschäftsfeld- und Leistungspolitik sinnlos. Heute hingegen stehen die meisten Krankenhäuser im Wettbewerb, und müssen dementsprechend auch ihre Geschäftsfelder und Leistungen strategisch planen, um auf den sich wandelnden Gesundheitsmärkten bestehen zu können.

Auf anderen Märkten (z.B. Konsumgütermärkte, Investitionsgütermärkte) gibt es drei Strategien der Wettbewerbspolitik. Unternehmen können dieselben Produkte auf den bestehenden Märkten anbieten. Dies ist langfristig jedoch nur möglich, wenn man billiger produziert als alle anderen Konkurrenten. Diese Unternehmen streben folglich eine Preisführerschaft an, was meist nur durch Verfahrensinnovationen langfristig möglich ist. Im Gesundheitswesen mit seinen überwiegend regulierten Preisen ist eine Preisführerschaft weder möglich noch erstrebenswert. Der „Krankenhaus-Aldi" kann nicht das Ziel einer modernen Krankenhausführung sein.

Als weitere Wettbewerbsstrategie bietet sich die Suche nach einer Nische an, in der man eine ganz spezielle Kundengruppe mit Leistungen befriedigt, die sonst niemand anbietet. Auch im Krankenhauswesen kann es derartige Nischen geben. Beispielsweise dürften die Krankenhäuser für traditionelle chinesische Medizin ihre Nische gefunden haben, innerhalb derer sie relativ gut arbeiten können. Für die meisten Häuser, die die Akutversorgung der Bevölkerung sicherstellen sollen, ist jedoch der generelle Rückzug in die Nische ausgeschlossen. Sie können ihr Leistungsprogramm mit einigen Nischen komplettieren, jedoch sich nicht vollständig darauf zurückziehen.

Damit bleibt als wichtigste Strategie der Wettbewerbspolitik des Krankenhauses die Qualitätsführerschaft. Krankenhäuser müssen neue, innovative Dienstleistungen entwickeln, die dem Kunden einen Vorteil gegenüber der Konkurrenz bieten. Dieser Vorteil kann nur in einer höheren Qualität im weiteren Sinne bestehen, d.h., die Qualität impliziert nicht nur eine höhere Behandlungsqualität, sondern auch einen allgemein verbesserten Service, höhere Erreichbarkeit, Bequemlichkeit etc. Dies ist allerdings nur zu erreichen, wenn das Krankenhaus ständig auf der Suche nach neuen, noch besseren Leistungen ist. Qualitätsmanagement wird damit zum Instrument der Innovationspolitik.

Im Zentrum der Geschäftsfeld- und Leistungspolitik in einer dynamischen und komplexen Umwelt steht folglich die neue, qualitativ hochwerte Dienstleistung mit einem eindeutigen Vorteil für den Patienten. Über die Zukunftsfähigkeit eines Krankenhauses entscheidet seine Fähigkeit, neue Leistungen zu generieren, zu adoptieren und zu adaptieren. Deshalb sollen im Folgenden einige Instrumente der Geschäftsfeld- und Leistungspolitik analysiert werden.

5.2.2 Instrumente

Das strategisches Controlling ist ein Kernbaustein des Führungskonzeptes Controlling. Es stellt der Betriebsführung Instrumente zur Verfügung, um die Unternehmensexistenz zu sichern. Im Kern stehen dabei die systematische Erschließung bestehender und die Schaffung neuer Erfolgspotenziale in einer dynamischen und komplexen Umwelt. Im Vergleich zum operativen Controlling treten die Funktionen des Zahlenknechts und der Koordination etwas in den Hintergrund, da strategische Entscheidungen häufig auf weicheren Faktoren beruhen als operative.

Typische Instrumente des strategischen Controllings sind die strategische GAP-Analyse, die Portfolio-Analyse, die Lebenszyklus-Analyse, die SWOT-Analyse und die Balanced Scorecard. Die GAP-Analyse identifiziert die Lücke zwischen Sollvorgabe und der voraussichtlichen Entwicklung des Basisgeschäfts und stellt diese grafisch dar. Abb. 5.15 zeigt als Beispiel den Verlauf des Case Mix eines Krankenhauses. Der Soll-Verlauf stellt die Entwicklung dar, die notwendig ist, um am Ende der Konvergenzphase kostendeckend zu arbeiten. Der Ist-Verlauf hingegen beschreibt die voraussichtliche Entwicklung, wenn keine grundlegende Änderung des Leistungsspektrums eintritt. Auf dieser Grundlage können Strategien zur Schließung der Lücke entworfen werden.

Die SWOT-Analyse stellt die Stärken (Strength) und Schwächen (Weakness) des Unternehmens den Chancen (Opportunities) und Gefahren (Threats) der Umwelt gegenüber. Sie hilft bei der Systematisierung der Handlungsfelder des Unternehmens. Tab. 5.5 zeigt eine Matrix für die SWOT-Analyse des Leistungsprogramms eines Krankenhauses.

Sowohl die GAP- als auch die SWOT-Analyse eignen sich zur Untersuchung der Geschäftsfeld- und Leistungspolitik. In der Regel werden diese Analysen in eine Lebenszyklus- und Portfoliopolitik münden, so wie sie grundlegend in Kapitel 7.1.2.1 der Grundzüge der Kran-

5.2 Geschäftsfeld- und Leistungspolitik 245

kenhausbetriebslehre diskutiert wurden. Im Folgenden werden diese Instrumente vertieft und erweitert. Darüber hinaus kann die Geschäftsfeld- und Leistungspolitik als wichtige Dimension einer Balanced Scorecard angesehen werden. Dies ist der Grund, dieses moderne Instrument in diesem Kapitel vorzustellen.

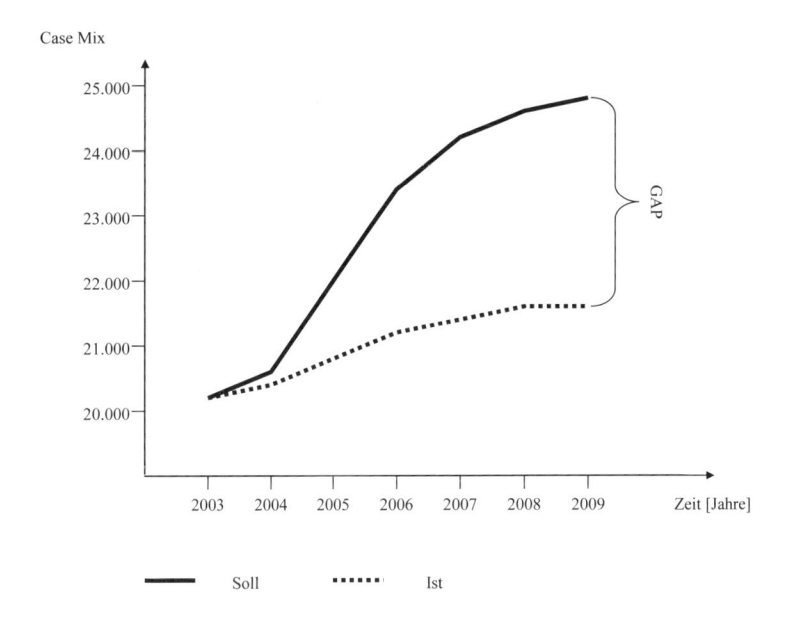

Abb. 5.15 GAP-Analyse

Tab. 5.5 SWOT-Analyse

		Interne Analyse	
		Stärken	**Schwächen**
Externe Analyse	**Chancen**	Auswahl neuer Leistungen, die sich aus den Stärken des Unternehmens ergeben	Eliminierung der Schwächen, um neue Märkte zu erschließen
	Gefahren	Nutzung der Stärken des Unternehmens, um drohende Marktveränderungen abzuwenden bzw. Märkte zu gestalten	Verteidigungen entwickeln, um vorhandene Leistungsschwächen nicht zu grundlegenden Bedrohungen werden zu lassen

5.2.2.1 Portfolio- und Lebenszyklusanalyse

Abb. 5.16 zeigt (als Wiederholung) den idealtypischen Lebenszyklus eines Produktes. Nach der Markteinführung und der Überwindung erster Schwierigkeiten kommt das Produkt zur Marktreife und setzt sich schrittweise durch. In diesem Prozess verdrängt es die bisherige Standardlösung bis der Markt gesättigt ist. Der Verfall setzt ein, wenn eine neue Innovation auftritt, denn „das Bessere ist des Guten Tod". Wenn es dem Unternehmen gelingt, rechtzeitig selbst Innovationen nachzuschieben, kann es einen hohen Marktanteil erhalten.

Im Gesundheitswesen sind die Lebenszyklen relativ lang und die Nachfrager sind teilweise auf die Akutversorgung im Einzugsgebiet angewiesen, selbst wenn diese eine veraltete Technologie verwenden. Allerdings haben sich der Krankenhausmarkt und das Nachfrageverhalten in den letzten Jahren stark gewandelt. Patienten sind bereit, für geplante Krankenhausaufenthalte längere Strecken zu akzeptieren, wenn das Krankenhaus ihrer Wahl ihren Anforderungen entspricht. Die angebotenen Leistungen entscheiden darüber, welches Haus der Patient wählt. In einigen Bereichen gibt es sogar Modewellen, die durchaus dem Lebenszyklus im Konsumgüterbereich gleichen. Beispielsweise ist die Geburtshilfe derartigen Wellen ausgesetzt. So war vor einigen Jahren die Wassergeburt stark nachgefragt, während diese Mode jetzt bereits wieder rückläufig ist.

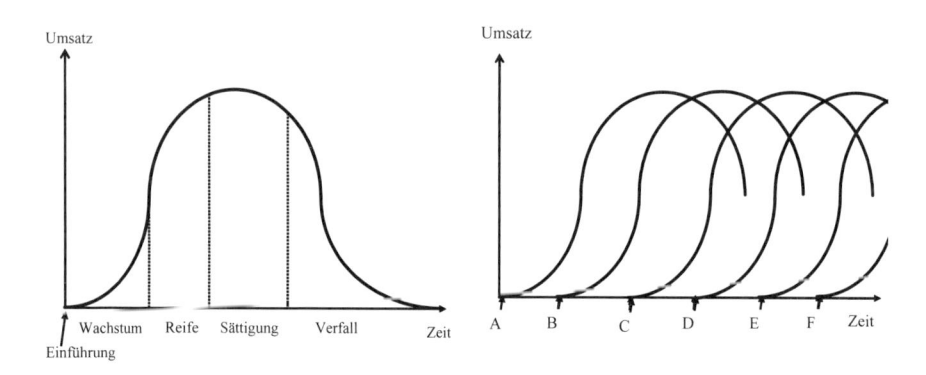

Abb. 5.16 Produktlebenszyklus

Aus der Lebenszyklusanalyse leitet sich die Portfolio-Matrix ab, wie sie von der Boston Consulting Group als BCG-Matrix (Abb. 5.17) eingeführt wurde. Nach der BCG-Matrix ergeben sich vier Felder. Ist ein Unternehmen auf einem schrumpfenden oder stagnierenden Markt tätig, selbst jedoch völlig unbedeutend in diesem Leistungsfeld, so ist das entsprechende Güterbündel ein „armer Hund". Handelt es sich um einen Wachstumsmarkt und ist die eigene Position im Verhältnis zur Konkurrenz bescheiden, so müssen „Fragezeichen" gesetzt werden. Hat das Unternehmen auf einem Wachstumsmarkt hohe Marktanteile, so handelt es sich um „Stars". Schließlich gibt es „Cash Cows". Die Märkte stagnieren, aber das Unternehmen kann auf Grund seiner starken Position die Kunden „melken", bis die Cash Cow geschlachtet ist.

Die BCG-Matrix ist dynamisch. Am Anfang steht meist ein Fragezeichen, d.h. ein neues Produkt mit geringem Marktanteil und hoher Unsicherheit. Die Einführung eines neuen Produktes rentiert sich nur auf einem wachsenden Markt. Eine Chance für das neue Produkt existiert nur, wenn es einen komparativen Vorteil gegenüber der bisherigen Standardlösung der Konkurrenz bietet. In der Regel bedeutet dies im Gesundheitswesen, dass ein Qualitäts-

5.2 Geschäftsfeld- und Leistungspolitik

vorteil vorliegen muss, d.h., dass das Krankenhaus durch die neue Leistung die Qualitätsführerschaft übernimmt.

Das neue Produkt benötigt erhebliche Investitionen, um sich auf dem Markt durchzusetzen. Wenn dies gelingt, so mutiert das Fragezeichen zu einem Star. Hier hat das Produkt die Marktsättigung erreicht und ist selbst zur Standardlösung geworden. Allerdings ist die Konkurrenz auf diesen Märkten hart, so dass die Cash Flows dieser Produkte auch in sie selbst reinvestiert werden müssen.

Kommt es zur Marktsättigung oder zur -schrumpfung, impliziert dies nicht, dass das Produkt sofort vom Markt genommen werden muss. Vielmehr kann es gemolken werden, bis es nicht mehr vermarktbar ist. Da das Unternehmen eine ausgereifte Technologie besitzt und sich die Investitions- und Entwicklungskosten längst amortisiert haben, kann es nun sehr günstig produzieren und die Preisführerschaft übernehmen. Hier werden Cash Flows erzeugt, um die Fragezeichen zu finanzieren.

Arme Hunde sollten in der Logik der BCG-Matrix sofort aufgegeben werden. Eine Produktgenerierung bzw. -erhaltung für einen schrumpfenden Markt wäre – zumindest für einen kommerziellen Anbieter – irrational.

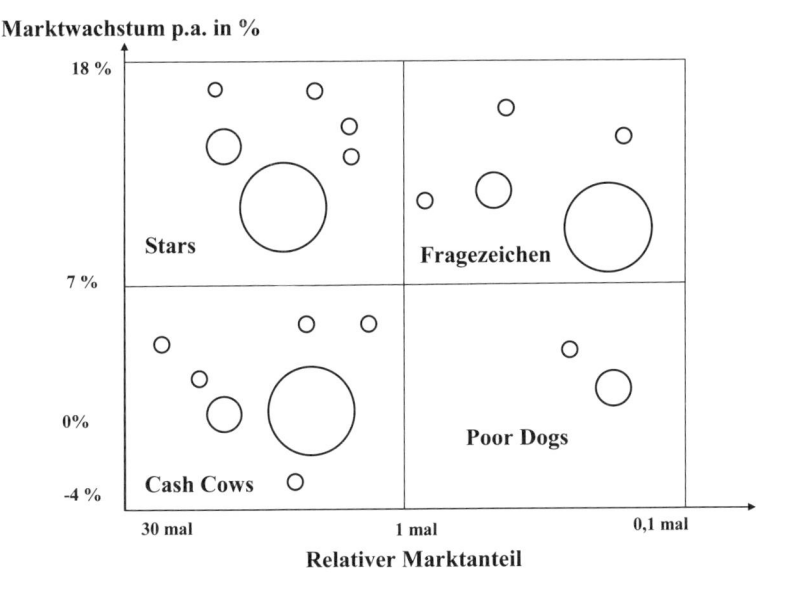

Abb. 5.17 BCG-Matrix

Die klassische Portfoliodarstellung wird im Folgenden in zweifacher Hinsicht erweitert. Erstens wird dargestellt, in wie weit diese Matrix auf Nonprofit Organisationen übertragbar ist. Zweitens werden einige Beispiele für eine Anwendung im Krankenhauswesen diskutiert.

Das grundlegende Problem der Nonprofit Krankenhäuser mit der BCG-Matrix ist der Umgang mit Geschäftssparten, die zwar aus betriebswirtschaftlicher Sicht sofort aufgegeben werden sollten, jedoch auf Grundlage ihres Auftrages unbedingt beibehalten werden müssen. Abb. 5.18 zeigt ein Beispiel für eine mögliche Portfolio-Analyse eines karitativen Anbieters.

Ideal sind Leistungen, die sich direkt aus dem ethischen Auftrag des Anbieters ergeben und die gleichzeitig Gewinne abwerfen können. Die meisten karitativen Anbieter haben jedoch auch Leistungen in ihrem Portfolio, bei denen auch bei optimaler Produktionstechnologie Verluste zwingend sind. Ist der ethische Auftrag für diese Leistungen hoch, so sollten sie subventioniert werden. Die entsprechenden Cash Flows können bei den Stars und im Projekt-Bereich erwirtschaftet werden. Die Projekte sind Leistungen, die nicht wegen ihrer besonderen Bedeutung für die ethische Ausrichtung des Unternehmens ins Portfolio aufgenommen wurden, sondern mit dem Ziel, Gewinne zur Subventionierung anderer Bereiche zu erwirtschaften.

Ein Problem vieler Nonprofit Organisationen besteht darin, dass sie immer häufiger in Geschäftsfeldern tätig werden, für die sie keinen originären Auftrag haben. Wenn beispielsweise ein kirchliches Krankenhaus einen großen Teil seiner Umsätze im Bereich der Schönheitschirurgie erwirtschaftet, so kann dies nur dann als zielsystemkonform angesehen werden, wenn man entweder die Schönheitsoperationen als diakonischen Auftrag wahrnimmt (was praktisch nie geschieht) oder in diesem Segment ausreichend Überschüsse zur Subventionierung verlustträchtiger Bereiche erwirtschaftet, die dem originären diakonischen Zielsystem stärker entsprechen. Hier gilt zu prüfen, ob diese Subventionierung tatsächlich stattfindet. Es gibt auch Beispiele dafür, dass Segmente in das Leistungsportfolio aufgenommen wurden, um den Subventionsbereich zu unterstützen. Allerdings mutierten sie relativ schnell selbst zu ethischen Fragezeichen, d.h., die Leistungen wurden weder refinanziert noch waren sie zielsystemkonform. In diesem Fall muss die Normstrategie klar lauten: Aufgeben.

Abb. 5.19 zeigt ein Beispiel für eine andere Anwendung der Portfolio-Analyse, wobei sich die Darstellung nicht zwischen kommerziellen oder Nonprofit Krankenhaus unterscheidet. Auf den Achsen sind die Zahl der Konkurrenten im Einzugsgebiet sowie der Falldeckungsbeitrag ausgewiesen. Die Kreise symbolisieren Gruppen ähnlicher DRGs, wobei die Fläche proportional zum relativen Umsatz ist.

In diesem Beispiel erwirtschaften alle drei DRG-Gruppen der HNO positive Falldeckungsbeiträge, wobei nur in einem Fall nennenswerte Konkurrenz herrscht. Die Stärkung dieses Bereichs ist auf jeden Fall sinnvoll. In der Pädiatrie hingegen gibt es zwei Gruppen mit positiven Falldeckungsbeiträgen. Hier ist eine weitere Stärkung sinnvoll. Allerdings gibt es auch eine Gruppe mit negativen Deckungsbeiträgen und ohne Konkurrenz. Hier würde die Aufgabe der schwierigen Gruppe zu einer Unterversorgung des Einzugsgebietes führen. Dies muss gegenüber den Krankenkassen vertreten werden, wobei in der Regel kommerzielle Anbieter es leichter haben zu vermitteln, dass sie notfalls die Behandlung dieser DRGs einstellen werden. Darüber hinaus muss auch das Krankenhaus darauf achten, ob es sich hier um Kuppel- oder Verbundprodukte handelt. Beispielsweise könnte die Neonatalintensivstation eine Abteilung mit negativen Deckungsbeiträgen sein, die jedoch für die Belegung der Geburtshilfe ausgesprochen wichtig ist. Die Orthopädie ist in diesem Beispiel sämtlich im Bereich

5.2 Geschäftsfeld- und Leistungspolitik

negativer Deckungsbeiträge. Die Aufgabe dieser Abteilung würde zu keiner Unterversorgung führen, da ausreichend Konkurrenten den Markt abdecken könnten.

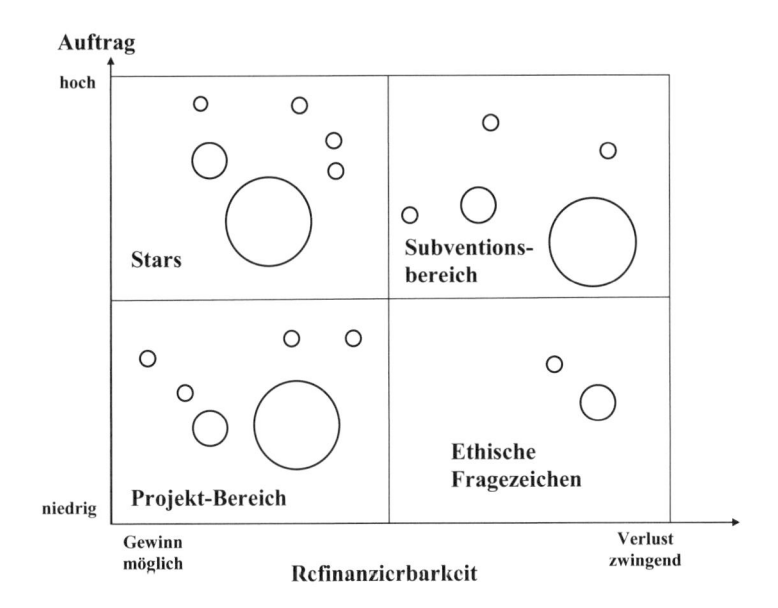

Abb. 5.18 Portfolio-Matrix eines karitativen Krankenhauses

Abschließend zeigt Abb. 5.20 eine weitere Portfolio-Matrix mit den Dimensionen Kostenniveau und -entwicklung. DRGs, deren Fallkosten über dem Durchschnitt liegen und bei denen eine Kostensteigerung zu erwarten sind, werden als Verlustquellen charakterisiert. Sie sollten – nach einer ausführlichen Analyse – aufgegeben werden. DRGs mit überdurchschnittlichen Fallkosten, bei denen jedoch eine Kostensenkung prognostiziert wird, sind Kostensenker. Eine Leistungsausweitung erscheint sinnvoll, insbesondere wenn eine weitere Analyse zeigt, dass hohe Fixkostenanteile vorliegen. DRGs, deren Fallkosten derzeit noch unter den Durchschnittskosten liegen, jedoch in Zukunft ansteigen werden, sind Kostentreiber. Hier sind erhebliche Anstrengungen zu unternehmen, die Kosten in den Griff zu bekommen. Schließlich können DRGs als Erfolgsquellen bezeichnet werden, bei denen sowohl die derzeitigen Kosten unter dem Durchschnitt liegen als auch in Zukunft weitere Kostensenkungen zu erwarten sind. Zur Ermittlung der Durchschnittskosten können entweder die eigenen Fälle oder auch Ergebnisse eines Krankenhausbetriebsvergleichs herangezogen werden.

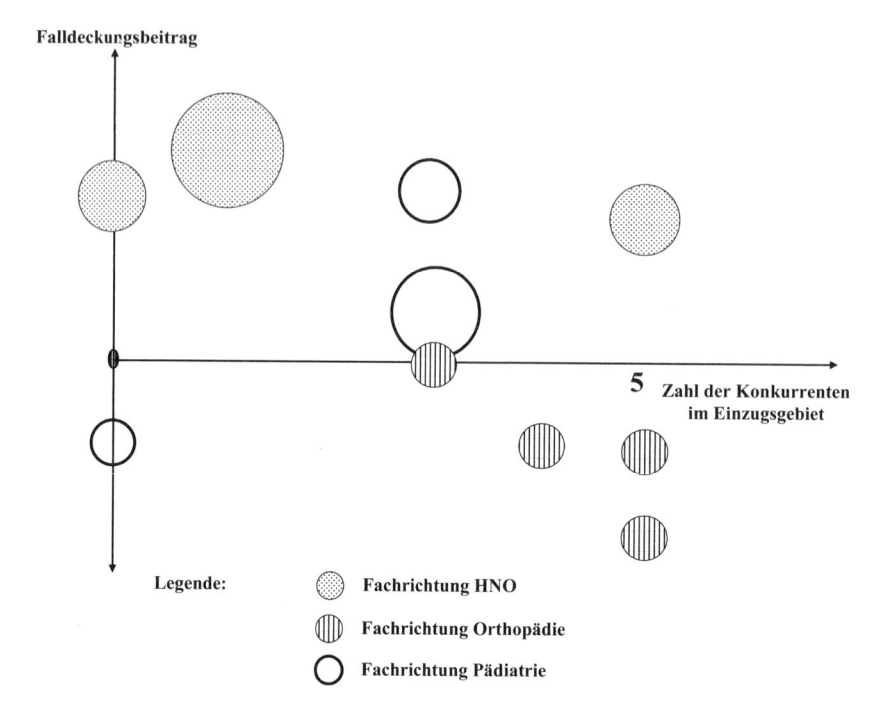

Abb. 5.19 Portfolio-Matrix eines Krankenhauses: Konkurrenz und Falldeckungsbeitrag

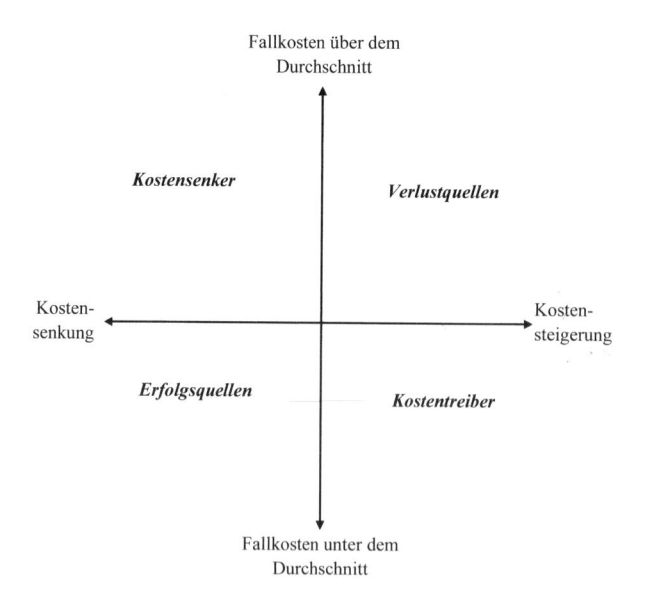

Abb. 5.20 Fallkosten-Portfolio

Diese Beispiele sollen genügen um aufzuzeigen, dass die Portfolio-Matrix ein wichtiges Instrument der Geschäftsfeld- und Leistungspolitik ist. Dynamisiert enthält sie Aspekte der Lebenszyklus-, der GAP- und der SWOT-Analyse bzw. kann mit diesen Instrumenten kombiniert werden. Der Phantasie der strategischen Planer ist hierbei keine Grenze gesetzt. Vielmehr sollten sie den eigenen strategischen Informationsbedarf bewerten und entsprechende Portfolio-Analysen selbständig entwickeln.

5.2.2.2 Balanced Scorecard

Die Geschäftsfeld- und Leistungspolitik darf sich nicht in einer Analyse der Märkte und Produkte erschöpfen. Vielmehr muss sie sich in ein Gesamtunternehmenskonzept einbinden, das Geschäftsfelder und Leistungen aus den Bedürfnissen der Kunden ableitet, die notwendigen Potenziale strategisch sichert, die Produktion prozessorientiert steuert und die notwendigen Finanzmittel zeitgerecht zur Verfügung stellt. Eine Geschäftsfeld- und Leistungspolitik ist deshalb nur sinnvoll, wenn die Dimensionen Kunde, Potenzial, Prozesse und Finanzen harmonisch auseinander hervorgehen und miteinander abgestimmt sind. Die Balanced Scorecard (BSC) ist ein Instrument, das diese abgewogene Gesamtunternehmenssteuerung erlaubt. Da sich in einer Marktwirtschaft letztlich alle betrieblichen Aktivitäten aus den Kundenbedürfnissen und den darauf zugeschnittenen Leistungen ableiten lassen, behandeln wir die BSC an dieser Stelle. Dies soll aber nicht darüber hinwegtäuschen, dass die BSC weit mehr als ein Instrument der Geschäftsfeld- und Leistungspolitik ist.

Balanced Scorecard bedeutet wörtlich eine ausgewogene Wertungsliste. Scorecards werden beispielsweise im Golfsport verwendet. Der Spieler trägt auf seiner Liste ein, wie viele Schläge er für ein Loch benötigt hat. Betriebswirtschaftlich gesprochen ist eine Scorecard folglich ein Kennzahlensystem. Die Ausgewogenheit (balanced) impliziert, dass mehrere Dimensionen berücksichtigt und aufeinander bezogen werden. Folglich ist die BSC ein Ansatz zur Visualisierung verschiedener Oberziele, die unterschiedliche Dimensionen aufspannen und deshalb nicht in einen eindeutigen, hierarchischen Zielbaum überführt werden können. Der strategische Unternehmenserfolg hat mehrere Dimensionen, die nicht als Komponenten miteinander verrechenbar sind. Eine häufig gebrauchte Analogie ist das Cockpit des Piloten beim Instrumentenflug, d.h., die Unternehmensführung soll mit Hilfe eindeutiger Kennzahlen unterschiedlicher Dimensionen in die Lage versetzt werden, das Unternehmen punktgenau zu steuern.

Die klassischen Kennzahlensysteme des operativen Managements sind insbesondere die Finanzkennzahlen. Sie sind eindimensional, d.h. monetär, und können damit problemlos miteinander verrechnet werden. Die BSC hingegen ist ein Instrument des strategischen Controllings, das Erkenntnisse über weiche Faktoren für die langfristige Unternehmenssteuerung bereitstellen soll. Eine Rückführung der Kunden-, Potenzial-, Prozess- und Finanzperspektive auf eine einzige Dimension ist nicht möglich.

Die BSC wurde von Robert S. Kaplan und David P. Norton Anfang der 1990er Jahre entwickelt. Sie erkannten, dass der langfristige Erfolg nicht allein von der kurz- oder mittelfristigen Erreichung finanzieller Ziele abhängt, so dass eine primäre Ausrichtung an Finanzzielen auch für kommerzielle Unternehmen keine gute Zukunftsstrategie ist. Stattdessen fordern sie die Bestimmung von kritischen Erfolgsfaktoren und die Überführung in ein Kennzahlensystem. Anschließend soll die Unternehmenssteuerung sich an diesen Faktoren ausrichten. Abb. 5.21 zeigt die BSC in ihrer ursprünglichen Form.

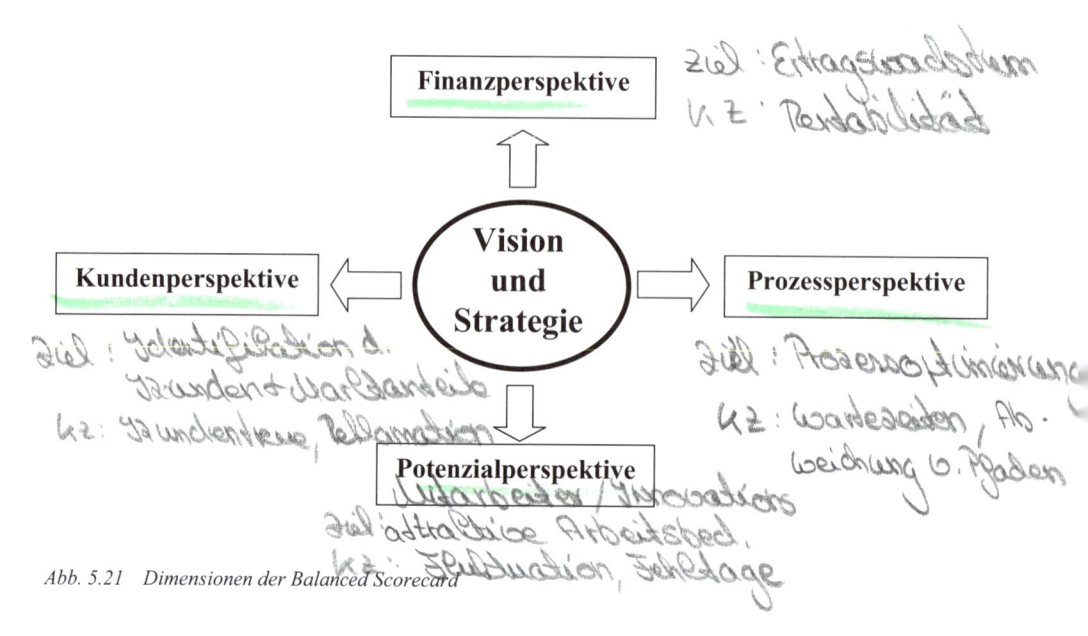

Abb. 5.21 Dimensionen der Balanced Scorecard

Die Entwicklung einer BSC erfolgt in der Regel in vier Schritten. Zuerst werden für die vier grundlegenden Perspektiven mehrere Ziele bestimmt und gewichtet. Es gibt keine feste Vorgabe, sondern jedes Unternehmen entscheidet selbst über seine Ziele. Die Zielerreichung muss messbar sein, d.h., für jedes Ziel wird eine eindeutige, quantifizierbare Kennzahl definiert, wobei abweichend von den klassischen Finanzkennziffern unterschiedliche Skalen verwendet werden können (z.B. Zufriedenheit, Umsatz, kg). Im zweiten Schritt werden für jedes Ziel Maßnahmen der Zielerreichung bestimmt. Wiederum müssen die Kennzahlen mit Zielwerten definiert werden, mit denen die Maßnahmen bewertet werden. Im dritten Schritt werden diese strategischen Gesamtunternehmensziele operationalisiert, d.h. auf die einzelnen Abteilungen herunter gebrochen. Schließlich müssen im vierten Schritt die einzelnen Balanced Scorecards unterschiedlicher Abteilungen koordiniert bzw. synchronisiert werden.

Auch bei der BSC gilt, dass der Phantasie der strategischen Planer keine Grenze gesetzt ist. Die Dimensionen müssen ebenso adaptiert werden wie die Ziele und die Gewichte. Entscheidend ist, dass mit Hilfe der BSC der Zielbildungsprozess, so wie er in den Grundzügen der Krankenhausbetriebslehre diskutiert wurde, systematisiert und in messbare Kenngrößen überführt wird. Abb. 5.22 zeigt abschließend eine Balance Scorecard für eine Fachabteilung an einem Universitätsklinikum, Tab. 5.6 ein Beispiel für die Kennzahlen der vier klassischen Perspektiven der BSC im Krankenhaus.

5.2 Geschäftsfeld- und Leistungspolitik

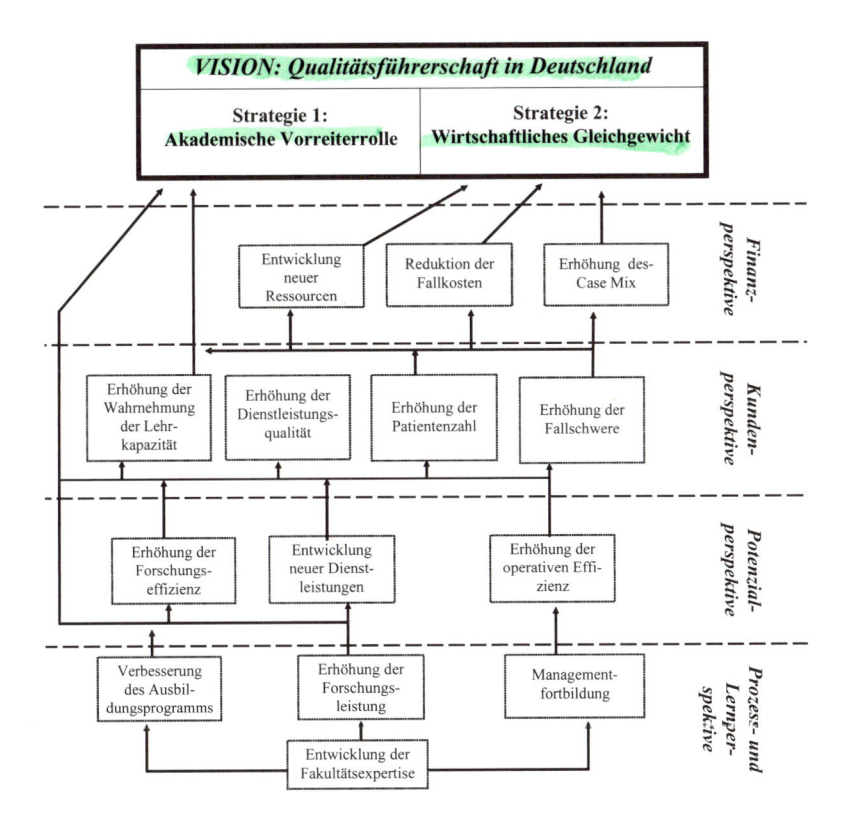

Abb. 5.22 Balanced Scorecard einer Fachabteilung

Tab. 5.6 Kennzahlen einer BSC im Krankenhaus (Beispiele)

Dimension	Kennzahl
Finanzperspektive	Umsatz, Umsatzrendite, Cash Flow, Fallzahl, Case Mix, Case Mix Index, Fallkosten, Deckungsbeitrag, Liquiditätsgrade, Kostendeckung
Kundenperspektive	Marktanteil, Patientenzufriedenheit, Beschwerdehäufigkeit, Einweisungen pro Arzt, Einweiserzufriedenheit, Krankenhausimage
Prozessperspektive	Anzahl der Pflegestandards, Anzahl der klinischen Pfade, Abweichung von klinischen Pfaden, Wartezeiten, Stillstandszeiten, Auslastung der Kapazitäten, Komplikationsrate, Verweildauern
Lern- und Entwicklungsperspektive	Mitarbeiterzufriedenheit, Fluktuationsrate, Krankheitstage, Fortbildungseinheiten, Anteil der Mitarbeiter mit Fachweiterbildung, Publikationen, Verbesserungsvorschläge

Die Zahl der Instrumente des strategischen Controllings nimmt ständig zu. Meist handelt es sich um Abwandlungen bestehender Verfahren, selten um wirkliche Innovationen. Der Krankenhausmanager muss die angebotenen Varianten auf Grundlage seiner Methodenkompetenz prüfen. Nur so kann man vermeiden, dass Unternehmensberatungen „alten Wein in neuen Schläuchen" teuer anpreisen, ohne dass das Krankenhaus hiervon einen wirklichen

Vorteil gegenüber bestehenden Verfahren hat. Häufig könnten diese Analysen auch mit dem bestehenden Personal durchgeführt werden, wenn die Führungskräfte nur ausreichend Zeit hätten, um neben dem Alltagsgeschäft ihrer eigentlichen Aufgabe, nämlich der strategischen Steuerung, nachzugehen.

Im Fokus eines Krankenhauses auf dem modernen Gesundheitsmarkt stehen die Kunden mit ihren Bedürfnissen. Aus ihnen leiten sich Geschäftsfelder und Leistungen ab. Erst im nächsten Schritt sollte man fragen, mit welchen Ressourcen diese Bedürfnisse gestillt werden sollen. Deshalb sind die Personal-, die Struktur- und die Autonomiepolitik letztlich Ergebnisse der Geschäftsfeld- und Leistungspolitik.

5.3 Personalpolitik

Die wichtigste Ressource zur Erreichung der Mission und Vision, zur erfolgreichen Besetzung von Geschäftsfeldern und zur Generierung zukunftsträchtiger Leistungen sind die Mitarbeiter. Wie bereits im ersten Kapitel beschrieben, entscheidet der Führungsstil über die Fähigkeit und Bereitschaft des Mitarbeiters, Wagnisse einzugehen und Neuerungen auszuprobieren. Produkt- und Verfahrensinnovationen gelingen durch oder scheitern an Mitarbeitern. Obwohl wir die Personalführung bereits ausführlich dargestellt haben, sollten hier noch einmal einige zentrale Aussagen zusammengefasst und in den strategischen Zusammenhang gestellt werden.

Das obige Modell der Innovationsadoption (vgl. Abb. 5.8) zeigt, dass die Existenz und Wahrnehmung von Systemmängeln der Ausgangspunkt jeder Neuerung und damit der Zukunftsfähigkeit ist. Wenn alle Prozesse störungsfrei laufen und alle Unternehmensziele vollständig erreicht werden, ist keine verantwortliche Führungskraft bereit, eine risikoreiche Neuerung einzuführen. Aber selbst wenn es erhebliche Probleme im Unternehmen gibt, werden diese Perturbationen von den Führungskräften oftmals gar nicht wahrgenommen. Sie sind zu weit von der Basis entfernt und können die Fluktuationen der Mikrostruktur nicht aufnehmen. Deshalb ist es notwendig, dass sie zahlreiche Sensoren haben, die die Disfunktionalität der bisherigen Systemlösung selbst fühlen und die Führungskräfte darauf aufmerksam machen. Die Fähigkeit und Bereitschaft der Mitarbeiter des operativen Kerns, als Sensoren für schwache Signale drohender Umweltveränderungen oder Disfunktionalitäten zu agieren, fordern eine offene, dialogorientierte Unternehmensführung, die Mitarbeitern das Recht und die Chance gibt, sich zu Problemen zu äußern, Vorschläge zu machen und nicht als Prellbock missbraucht zu werden. Jeder Prellbock verhindert, dass die Oszillationen des Mikrosystems auf der Makroebene ankommen. Oder anders gesagt: Wenn die Unternehmensführung die Mitarbeiter der Basis dazu anhält, trotz aller widrigen Umstände die Arbeit zu verrichten und ansonsten ruhig zu sein, werden Manager erst viel zu spät auf schwerwiegende Störungen reagieren können. Das System ist dann bereits meta-stabil und droht bei noch stärkeren Schlägen auseinander zu brechen. Deshalb sollten Unternehmen kleine Verbesserungen zulassen und Schritt für Schritt (Kaizen) Veränderungen umsetzen. Hierzu brauchen wir eine Unternehmenskultur des Diskurses.

5.3 Personalpolitik

In Kapitel 1.5.2.2 wurde deshalb ein offener, auf Vertrauen basierender Führungsstil als Grundlage einer modernen, innovativen Unternehmensführung beschrieben. Eine intensive Fremdkontrolle mag kurzfristig Reibungskosten senken, sie verhindert jedoch langfristig die Nutzung des Innovationspotenzials der Mitarbeiter. Vertrauen sowie die Bereitstellung von Instrumenten zur Selbstkontrolle schaffen hingegen den Raum, Bedrohungen und Systemfehler zu erkennen, selbständig Gegenmaßnahmen zu ergreifen und – soweit nötig – die Unternehmensführung über die Notwendigkeit einer Systemänderung zu informieren. Der Satz „Vertrauen ist gut, Kontrolle ist besser" war die Maxime von Lenin. Letztlich ist sein Regime an der Metastabilität und Innovationsunfähigkeit gescheitert. Auch Krankenhausmanager sollten darüber nachdenken, ob sie sich wirklich in der dynamischen Umwelt Mitarbeiter leisten können, die ihre Fähigkeit, Probleme und Schwierigkeiten wahrzunehmen und zu kommunizieren, nicht vollständig nutzen.

Sobald eine Disfunktionalität wahrgenommen und erkannt ist, beginnt die Suche nach Innovationen. Auch hier sind die Führungskräfte allein überfordert. Sie kennen weder die tatsächliche Problemgestalt noch haben sie Zugang zu allen Lösungsstrategien. Sie sollten stattdessen ihre Mitarbeiter motivieren, als Problemlösungssucher tätig zu werden. Gleichzeitig müssen sie jedoch auch Beziehungspromotoren etablieren, die sich im Sinne einer strukturierten Marktforschung auf die Suche nach Neuerungen machen.

Neben den Beziehungspromotoren sollten auch Fachpromotoren gewonnen und gefördert werden. Dies stellt allerdings einen Investitionsprozess dar, denn Fachpromotoren dürften nicht mit den operativen Tätigkeiten des Alltags überfordert werden. Sie brauchen Zeit zum Denken, Zeit zum Lernen, Zeit zum Probieren. Kein Mitarbeiter kann innovativ sein, wenn er ständig überfordert ist. Selbstverständlich gibt es Stoßzeiten, in denen eine Leistung jenseits der Kapazitätsgrenze gefordert ist. Aber eine ständige Überforderung mit ausführender Tätigkeit beraubt ein Krankenhaus seines Innovationspotenzials und damit seiner Zukunft. Das Argument „Wir können es uns nicht leisten, dass Mitarbeiter Zeit zum Denken haben" ist extrem kurzsichtig.

Auch die Machtpromotoren sind gezielt zu wählen und zu fördern. Innovationsfähigkeit muss ein maßgebliches Kriterium bei der Auswahl von Führungskräften sein: Verspricht der Kandidat eine schnelle und effiziente Umsetzung von Neuerungen im Unternehmen? Kann er Innovationen erkennen? Ist er in der Lage, Mitarbeiter bei der Umsetzung zu motivieren? Allein die bewusste Auswahl von innovationsfreundlichen Führungskräften garantiert eine hohe Innovationsadoptionskapazität.

Abb. 5.23 erweitert Abb. 5.8 und führt die Innovationsfähigkeit auf die Tugenden Demut und Mut zurück. Demut (als Gegenteil von Stolz) impliziert das Wissen um die eigene Begrenztheit und Fehlerhaftigkeit. Sie impliziert eine Offenheit für die Äußerungen anderer Menschen und eine gewisse Vergebungsbereitschaft. Beide Eigenschaften wurden in Kapitel 5.1.5.5 als Voraussetzung für effiziente Führung abgeleitet. Weiterhin verhindert Demut, dass die Umstellung von einem Systemregime auf ein anderes als Gesichtsverlust definiert wird. Damit ist gewährleistet, dass die demütige Führungskraft Systemmängel schnell wahrnimmt.

Eine weitere Tugend, die sich positiv auf die Innovationsfähigkeit auswirkt, ist der Mut. Der Mutige sieht hoffnungsvoll in die Zukunft, hat eine geringe Zeitpräferenzrate und eine hohe Risikoneigung. Er kann Vertrauen wagen, weil er keine Angst vor dem Scheitern hat. Angst leitet sich letztlich aus der Furcht vor der Endlichkeit der eigenen Existenz ab.

Die Auswahl von Mitarbeitern sollte deshalb nicht nur deren fachliche Kompetenz, ihre Ehrlichkeit und Loyalität berücksichtigen, sondern auch ihre Demut und ihren Mut. Beides ist kaum formal abzuprüfen. Zum Teil lässt es sich aus dem Lebenslauf ersehen (z.B. soziale Aktivitäten, Auslandsaufenthalte, etc.), zum Teil lässt sich ein Eindruck nur in einem persönlichen Gespräch gewinnen. Für die ausführende Arbeit spielen Demut und Mut nur eine geringe Rolle, für die strategische Ausrichtung eines Unternehmens sind sie essenziell.

Da Entscheidungen im Krankenhaus häufig in Teams getroffen werden, ist die innovationsförderliche Zusammensetzung von Teams ebenfalls von Bedeutung. Sowohl bei der Personalauswahl als auch bei der Zusammensetzung von Teams sollte eine Ausgewogenheit zwischen initiativen und gewissenhaften, zwischen Vordenkern und Umsetzern beachtet werden. Besteht beispielsweise die bisherige Krankenhausführung aus Persönlichkeiten, die eher zu einem depressiven oder zwanghaften Persönlichkeitstyp neigen, so sollte unbedingt eine Persönlichkeit ergänzt werden, die hysterische Züge aufweist. Dies birgt zwar das Risiko von Konflikten, erhöht jedoch die Zukunftsfähigkeit in einer dynamischen Umwelt erheblich. Besteht hingegen ein Team ausschließlich aus hysterischen Persönlichkeiten, braucht es dringend die bremsenden und gewissenhaften Persönlichkeiten, die auf die Umsetzbarkeit der Innovationen achten.

Neben der Gewinnung von innovationsfähigen und -willigen Mitarbeitern ist die Fähigkeit des Unternehmens entscheidend, diese Innovationsneigung zu erhalten und zu fördern. Hier wird es stark auf die Erfahrungen ankommen, die ein Mitarbeiter im Laufe seiner Mitarbeit macht. Haben die Vorgesetzten keinerlei Fehlertoleranz, d.h., führt jeder Fehler des Mitarbeiters zu einer für ihn bedrohlichen Situation, wird der Mitarbeiter auch alle Situationen zu vermeiden suchen, in denen er Fehler machen kann. Da die Entwicklung und Adoption von Neuerungen stets mit dem Risiko eines Fehlschlages behaftet sind, wird der Mitarbeiter alle Neuerungen vermeiden, wenn er Angst vor den Konsequenzen haben muss. Hierzu gehört insbesondere die Arbeitsplatzsicherheit: Menschen, die ständig von Arbeitslosigkeit bedroht sind, können nicht innovativ sein.

Damit wird zusammenfassend deutlich, dass Innovationen Freiräume benötigen: Freiräume für Experimente, für Scheitern und für Entwicklung. Dieser Handlungsfreiraum ist essenziell, da Innovationen stets einen individuellen, kreativen Akt der Mitarbeiter erfordern. Diese Kreativität lässt sich nur auf der Basis einer intrinsischen Motivation ohne Zwang und Kontrolle entfalten, extrinsische Motivation hingegen fördert Konformität (vgl. Kapitel 1.5). Eine informelle Organisationsstruktur mit hohem Delegationsgrad und geringer Kontrolle wirkt deshalb innovationsfördernd, insbesondere wenn die gesamte Krankenhausleitung sich der Aufgabe der Innovationsförderung verschreibt.

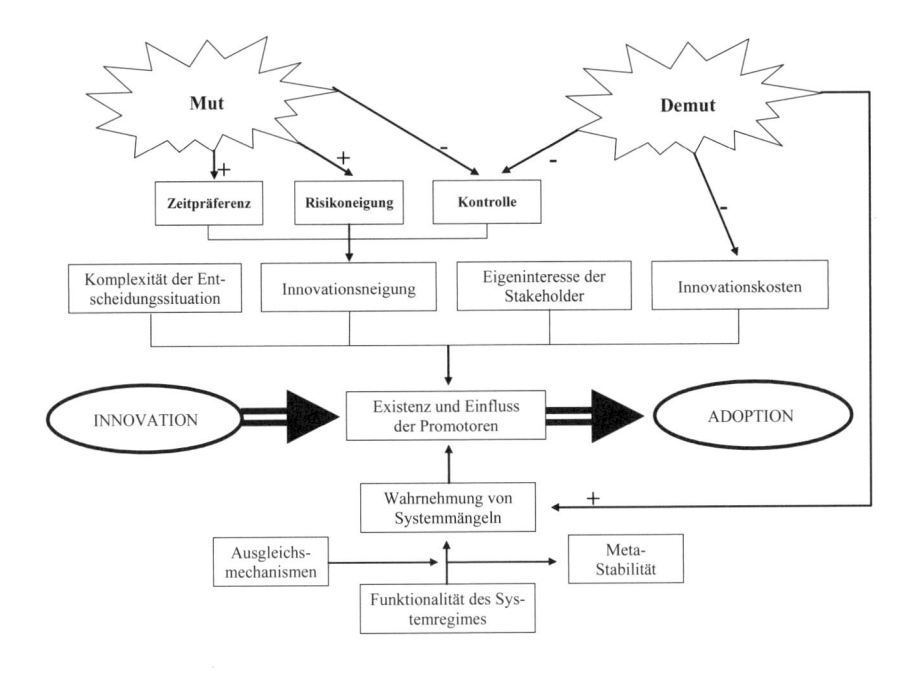

Abb. 5.23 Demut und Mut als Innovationsvoraussetzungen

5.4 Exkurs: Rechtsformen im Wandel

5.4.1 Rechtsformen des Krankenhauses

Ein Lehrbuch zur Krankenhaussteuerung kann weder eine umfassende Darstellung noch eine vollständige ökonomische Bewertung der Rechtsformen leisten, die dem Krankenhaus und den entsprechenden Integrationspartnern zur Auswahl stehen. Die grundlegenden Aussagen der Allgemeinen Betriebswirtschaftslehre treffen selbstverständlich auch auf Krankenhäuser zu, so dass eine vertiefte Darstellung der Rechtsformen (vgl. Abb. 5.24) hier nicht nötig ist. Es sollen lediglich – quasi zur Wiederholung – einige wenige Eigenschaften der Rechtsformen benannt und ihre Bedeutung im Krankenhauswesen aufgezeigt werden.

Für eine konkrete Rechtsformentscheidung ist eine Vertiefung nötig, wobei in der Regel sowohl eine juristische als auch eine steuerliche Beratung gesucht werden sollte. Dies gilt insbesondere für den Rechtsformwechsel. Wird beispielsweise ein Krankenhaus von einem Regiebetrieb in eine gGmbH überführt, so kann unter Umständen Grunderwerbsteuer anfallen. Juristen und Steuerberater empfehlen Konstrukte, wie diese Steuer vermieden werden kann (z.B. durch Trennung von Krankenhausbetrieb und Immobilien). Die konkrete Umsetzung erfordert jedoch vertiefte Kenntnisse des Steuer- und Gesellschaftsrechts.

Ordnungskriterien

Abb. 5.24 zeigt die Vielfalt von Rechtsformen in Deutschland. Die Untergliederung erfolgt nach unterschiedlichen Gesichtspunkten. Erstens können privatrechtliche und öffentlich-rechtliche Unternehmen unterschieden werden. Privatrechtliche Unternehmen entstehen durch eigene Entscheidungen im Rahmen der Privatautonomie (Art. 2 Abs. 1 GG). Demgegenüber entstehen öffentlichrechtliche Unternehmen durch staatlichen Hoheitsakt und dienen in der Regel der Wahrnehmung öffentlicher Aufgaben.

Zweitens werden Unternehmen nach dem Zielsystem unterteilt. Erwerbswirtschaftliche Unternehmen sind durch das Streben nach Gewinnerzielung gekennzeichnet, während gemeinwirtschaftliche Unternehmen der Förderung der Allgemeinheit auf materiellen, geistlichen oder sittlichen Gebiet ohne Gewinnerzielungsabsicht (§ 52 Abs. 1 S. 1 AO) dienen (sollen).

Drittens können die in Abb. 5.24 enthaltenen Personenzusammenschlüsse (d.h. ohne die Einzelunternehmen) unter dem Gesichtspunkt der Gesellschaftsorganisation in zwei Gruppen unterteilt werden, die Gesellschaften (im engeren Sinne) und Körperschaften (nichtkapitalistische Körperschaften, Kapitalgesellschaften).

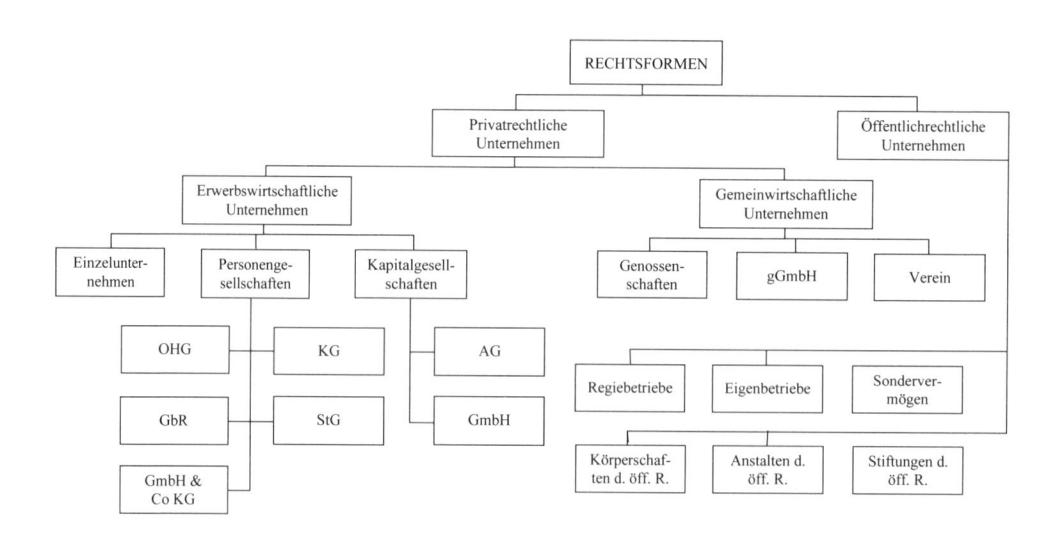

Abb. 5.24   Rechtsformen der Unternehmen

Die Personengesellschaften sind auf eine kleine Mitgliederzahl angelegt und der Zusammenschluss beruht auf dem persönlichen Vertrauen der Gesellschafter und dem fehlenden Trennungsprinzip (Beschränkung der Haftung für Gesellschaftsverbindlichkeiten auf das Gesellschaftsvermögen). Daraus resultiert die Selbstorganschaft, d.h., die Gesellschaft hat in ihren Mitgliedern geborene Organe, eine Bestellung Dritter als Organe ist unzulässig. Alle in der Abbildung angeführten Personengesellschaften gehören zu den Gesellschaften im engeren Sinn.

Bei den Körperschaften gilt der Grundsatz der Fremdorganschaft, d.h., die zu bestellenden Gesellschaftsorgane (Geschäftsführung oder Vorstand) müssen keine Gesellschafter bzw. Mitglieder der Körperschaft sein. Bei den Körperschaften bestimmt das Gesetz, z.B. § 1 AktG, § 13 Abs. 2 GmbHG, dass für Verbindlichkeiten der Körperschaft nur das Gesellschaftsvermögen haftet, nicht aber die Gesellschafter bzw. Mitglieder mit ihrem Privatvermögen (Trennungsprinzip).

Einzelunternehmen, Offene Handelsgesellschaft und Kommanditgesellschaft

Bei einem Einzelunternehmen ist der Eigentümer eine natürliche Person. Sie haftet unbeschränkt, d.h., im Insolvenzfall muss sie auch mit ihrem Privatvermögen für die Verbindlichkeiten des Unternehmens einstehen. Das Einzelunternehmen hat keine eigene Rechtspersönlichkeit, d.h., das Unternehmen ist vollständig an die Person des Unternehmers gebunden. Er ist der alleinige Geschäftsführer und kann im Prinzip Entscheidungen alleine treffen. Das Kapital ist variabel, d.h., Gewinne oder Verluste erhöhen oder reduzieren das Eigenkapital direkt.

Einzelunternehmen haben zwei grundlegende Nachteile. Erstens muss der Eigentümer unbeschränkt mit seinem Privatvermögen haften. Eine Beschränkung der Haftung kann in diesen Fällen nur durch eine einzelvertragliche Vereinbarung mit jedem Geschäftspartner erreicht werden. Zweitens sind die Möglichkeiten der Eigenkapitalbeschaffung relativ beschränkt, so dass ein Unternehmenswachstum nur über Fremdkapital oder Umwandlung möglich ist. Deshalb werden auch nur wenige Krankenhäuser als Einzelunternehmen geführt. Öffentliche Krankenhäuser können eine Rechtsform, bei der der Eigentümer eine natürliche Person sein muss, nicht wählen. Das Einzelunternehmen ist jedoch die gängige Rechtsform der Arztpraxis.

Personengesellschaften sind überwiegend im Handelsgesetzbuch (HGB) geregelt und haben mehrere Eigentümer, wobei mindestens einer unbeschränkt mit seinem Privatvermögen haftet. Sie haben ebenfalls ein variables Eigenkapital und keine eigene Rechtspersönlichkeit. Das Gesetz (§ 124 HGB; § 161 Abs. 2 HGB; § 7 Abs. 2 PartGG) bzw. die Rechtsprechung (BGH-Urteil v. 29.01.2001, Az. II ZR 331/00) billigen den Personengesellschaften eine so genannte Teilrechtsfähigkeit zu, d.h., sie können unter ihrer Firma klagen, verklagt werden, Rechte erwerben und Verbindlichkeiten eingehen. Die Reichweite der Teilrechtsfähigkeit der Personengesellschaften ist jedoch noch nicht abschließend durch die Rechtsprechung geklärt.

Die wichtigsten Formen sind die Offene Handelsgesellschaft (OHG) und die Kommanditgesellschaft (KG). Varianten sind die Stille Gesellschaft (StG), die GmbH & Co KG und die Gesellschaft des bürgerlichen Rechts (GbR). Letztere wird auf Grund ihrer Bedeutung für das Gesundheitswesen im Folgenden explizit behandelt.

Bei einer OHG (§§105-160 HGB) sind die Eigentümer mehrere Personen, die alle unbeschränkt und solidarisch haften. Die solidarische Haftung impliziert, dass jeder Gesellschafter vollständig zur Übernahme der Verbindlichkeiten gegenüber Dritten verpflichtet ist. Ein Verweis darauf, dass die Verbindlichkeit durch einen anderen Gesellschafter im Rahmen der Geschäftstätigkeit der OHG eingegangen wurde, ist unzulässig. Dieser Grundsatz gilt, wie auch bei den anderen Personengesellschaften, nicht für Ansprüche gegen die Gesellschaft, die auf eine unerlaubte Handlung nur eines einzelnen Gesellschafters beruhen (Deliktsrecht §§ 823ff. BGB). Jeder Gesellschafter ist zur Geschäftsführung berechtigt, wobei dies explizit im Gesellschaftsvertrag ausgeschlossen werden kann.

Im Vergleich zum Einzelunternehmen hat die OHG eine breitere Kapitalbasis, da mehrere Eigentümer Eigenkapital beisteuern können. Gleichzeitig wird das Risiko auf mehrere Schultern verteilt. Als weiterer Vorteil wird die Kompetenzbündelung mehrerer Gesellschafter gesehen, da jeder von ihnen seine Stärken in das Unternehmen einbringen kann. Allerdings dürften diese Vorteile den Nachteil der unbeschränkten und solidarischen Haftung nicht aufwiegen. Gleichfalls dürfte die Kapitaldecke im Vergleich zu Kapitalgesellschaften geringer sein, so dass nur wenige Kleinst- bzw. Privatkrankenhäuser überhaupt auf dieser Basis finanzierbar wären.

Die Bedeutung der OHG im Krankenhauswesen ist gering. Erstens dürfen Krankenhäuser nicht die Rechtsform einer OHG nach § 105 HGB annehmen, da der Zweck eines Krankenhauses nicht auf den Betrieb eines Handelsgewerbes gerichtet ist. Zweitens dürfen sich Kommunen nach dem Haushaltsrecht überhaupt nicht an Gesellschaften beteiligen, bei denen keine Haftungsbeschränkung besteht. Drittens ist die Gemeinnützigkeit an eine Kapitalgesellschaft gebunden. Viertens ist die Einwerbung von Eigenkapital auf Grund der Haftung im Vergleich zu Kapitalgesellschaften schwieriger, so dass nur wenige Kleinst- bzw. Privatkrankenhäuser überhaupt auf dieser Basis finanzierbar wären. Die OHG spielt jedoch trotzdem eine gewisse Rolle bei Tochterunternehmen. Krankenhäuser können an einer OHG als Eigentümer beteiligt sein, z.B. an einer Einkaufsgesellschaft mit anderen Krankenhäusern. Sie kann als OHG geführt werden.

Die Kommanditgesellschaft (KG, §§ 161-177a HGB) hat wie die OHG mehrere natürliche Personen als Eigentümer. Allerdings unterscheidet man bei der KG zwischen Vollhaftern (Komplementäre) und Teilhaftern (Kommanditisten). Komplementäre haften wie bei der OHG uneingeschränkt und solidarisch, während Kommanditisten eine auf ihre Eigenkapitaleinlage beschränkte Haftung haben. Die KG hat wie die OHG keine eigene Rechtspersönlichkeit. Sie wird allein durch das Handeln der Gesellschafter existent, wobei jeder Komplementär zur Geschäftsführung berechtigt ist, es sei denn, der Gesellschaftsvertrag bestimmt etwas anderes. Kommanditisten sind von der Geschäftsführung ausgeschlossen. Das Eigenkapital ist wie bei der OHG variabel.

Der Vorteil der KG gegenüber der OHG und der Einzelunternehmung ist die Möglichkeit der Haftungsbeschränkung. Es genügt, wenn eine Person ein Vollhafter ist, während alle anderen Eigentümer nur mit ihrer Einlage einstehen. Dadurch ist es einfacher, Miteigentümer zu finden und somit die Eigenkapitalbasis zu erhöhen. Gleichzeitig kann man durch die Unterscheidung in Voll- und Teilhafter einen Teil der Eigentümer von der Geschäftsführung ausschließen. Als Nachteil ist die Notwendigkeit zu nennen, dass mindestens eine Person vollständig haftet.

Dieser Nachteil wird durch die GmbH & Co KG überwunden. Es handelt sich um eine Kommanditgesellschaft, bei der der Komplementär eine Gesellschaft mit beschränkter Haftung ist. Dadurch wird die Haftung insgesamt beschränkt, und doch bleibt die GmbH & Co

KG eine Personengesellschaft. Da in der Praxis jedoch insbesondere Bankkredite bei Unternehmen mit einem geringen Eigenkapital eine persönliche Bürgschaft mindestens eines Eigentümers erfordern, ist der Vorteil der GmbH & Co KG nicht so groß wie es theoretisch scheint.

Als weitere Sonderform der Personengesellschaft, die ebenfalls eine geringe Bedeutung im Krankenhauswesen hat, ist die Stille Gesellschaft (StG, §§ 230-236 HGB) zu nennen. Bei dieser Rechtsform beteiligt sich eine Person an dem Unternehmen eines anderen als stiller Gesellschafter. Er tritt nach außen nicht in Erscheinung und hat eine auf seinen Eigenkapitalanteil beschränkte Haftung. Der stille Gesellschafter ist grundsätzlich von der Geschäftsführung ausgeschlossen. Obwohl die stille Gesellschaft prinzipiell eine bessere Eigenkapitalbasis ermöglicht, dürfte der Nachteil einer unbeschränkten Haftung für mindestens eine Person so schwer wiegen, dass Krankenhäuser diese Rechtsform kaum wählen.

Gesellschaft des bürgerlichen Rechts

OHG, KG und StG sind aus der Gesellschaft des bürgerlichen Rechts (GbR, BGB-Gesellschaft) hervorgegangen, die im Bürgerlichen Gesetzbuch (§§705-749 BGB) geregelt ist. Ihre Bedeutung für Krankenhäuser ist ebenfalls gering. Allerdings gibt es zahlreiche Integrationspartner, z.B. Gemeinschaftspraxen, die diese Rechtsform wählen, so dass die GbR hier kurz dargestellt werden soll.

Die GbR ist eine Vereinigung von natürlichen oder juristischen Personen, die sich durch einen Gesellschaftsvertrag gegenseitig verpflichten, die Erreichung eines gemeinsamen Zwecks in der durch den Vertrag bestimmten Weise zu fördern, insbesondere die vereinbarten Beiträge zu leisten. Als gemeinsamer Zweck kommen hier alle nur denkbaren Zwecke in Betracht. Der Betrieb eines Handelsgewerbes scheidet als Zweck allerdings aus, da hierfür die Sonderformen der OHG und KG vorgesehen sind. Die Gesellschafter haften persönlich mit ihrem gesamten Vermögen für Schulden der Gesellschaft gegenüber den Gläubigern der Gesellschaft. Sie hat eine große Ähnlichkeit zur OHG, allerdings können Freiberufler keine OHG gründen.

Als freie Berufe oder Freiberuf werden Berufe bezeichnet, die nicht der Gewerbeordnung unterliegen. Sie haben im Allgemeinen auf der Grundlage besonderer beruflicher Qualifikation oder schöpferischer Begabung die persönliche, eigenverantwortliche und fachlich unabhängige Erbringung von Dienstleistungen höherer Art im Interesse der Auftraggeber und der Allgemeinheit zum Inhalt. Heilberufe sind grundsätzlich Freiberufe. Dies ist von Bedeutung, da Freiberufler keine Kaufleute i.S. des Handelsgesetzbuches sind und damit auch keine OHG oder KG bilden können. Eine Ausnahme sind die Apotheken, da sie überwiegend Kaufhandlungen durchführen und Kaufleute i.S. des HGB sind.

Als Spezialform der GbR für Freiberufler wurde 1994 die Partnerschaft als Rechtsform konstituiert. Ärzte, die z.B. in einer Gemeinschaftspraxis arbeiten, können eine auf Dauer ausgelegte Gesellschaft gründen, wobei eine reine Kapitalbeteiligung und die Beteiligung juristischer Personen nicht zulässig sind. Ein Krankenhaus kann deshalb nicht Partner einer Ärzte-Partnerschaft werden. Dies ist hingegen bei einer Praxis-GmbH bzw. Praxis-AG möglich, die als so genannte Ärztegesellschaften 2005 in der neuen Musterberufsordnung der Ärzte zugelassen wurden. Allerdings gilt die Ärztegesellschaft nicht mehr als Freiberufler, d.h., sie ist gewerbesteuerpflichtig und wie andere Gewerbetreibende bei der Wahl ihres Geschäftssitzes an die Vorgaben und Zulässigkeiten eines Bebauungsplanes gebunden.

Die Partnerschaftsgesellschaft berücksichtigt die Haftung der Partner bei fehlerhafter Berufausübung im Außenverhältnis entsprechend der Eigenart des freien Berufes besser. Die Partner haften wie bei der OHG für Verbindlichkeiten der Partnerschaftsgesellschaft neben dieser unbeschränkt und gesamtschuldnerisch (§ 8 Abs. 1 PartGG). Bei fehlerhafter Berufsausübung haften jedoch nur diejenigen Partner neben der Partnerschaftsgesellschaft auf Schadensersatz, die mit der Berufsausübung des Auftrags befasst waren (§ 8 Abs. 2 PartGG). Die Eintragung der Partnerschaftsgesellschaft erfolgt im Gegensatz zur OHG nicht im Handelsregister, sondern im Partnerschaftsregister (§ 4 Abs. 1 PartGG).

Aktiengesellschaft

Die Aktiengesellschaft (AG), die Gesellschaft mit beschränkter Haftung (GmbH) sowie die hier nicht behandelte Kommanditgesellschaft auf Aktien (KGaA) sind Kapitalgesellschaften, die als juristische Personen eine eigene Rechtspersönlichkeit unabhängig von der natürlichen Person der Eigentümer haben. Sie haben selbständig Rechte und Pflichten, können Eigentum erwerben, klagen und verklagt werden. Sie handeln zwar durch natürliche Personen, sind jedoch unabhängig von diesen Organen existent.

Kapitalgesellschaften haben einen fixen und einen variablen Anteil des Eigenkapitals. Der fixe Anteil wird von den Eigentümern eingezahlt, der variable Anteil bildet sich durch eine Selbstfinanzierung, d.h. durch die Thesaurierung von Gewinnen. Das variable Eigenkapital verändert sich durch Gewinne oder Verluste, während das fixe Eigenkapital nur durch eine Kapitalerhöhung steigen kann (Außenfinanzierung).

Bei der Aktiengesellschaft gemäß dem Aktiengesetz (AktG) wird das fixe Eigenkapital in Aktien aufgeteilt, wobei es zahlreiche Varianten (z.B. Nennwertaktie, Quotenaktie, Vorzugsaktie) gibt. Jede Aktie stellt ein Wertpapier dar, das in der Regel unabhängig vom Unternehmen gehandelt werden kann. Der Aktiengesellschaft steht damit prinzipiell eine beliebige Anzahl natürlicher und juristischer Personen als Eigentümer zur Verfügung, so dass eine breite Eigenkapitalbasis geschaffen werden kann. Die Aktionäre haften nur in Höhe ihres Grundkapitalanteils, d.h., eine persönliche Haftung der Gesellschafter ist ausgeschlossen.

Die Aktiengesellschaft handelt durch ihre Organe. Der Vorstand führt die täglichen Geschäfte und wird dabei durch den Aufsichtsrat unterstützt und kontrolliert. Die Hauptversammlung ist die (meist jährlich stattfindende) Versammlung der Aktionäre. Sie nimmt den Bericht des Vorstandes entgegen, entlastet den Vorstand und wählt den Teil des Aufsichtsrates, der die Eigentümerinteressen vertritt. Je nach Größe und Branche des Unternehmens wird ein weiterer Teil des Aufsichtsrats von der Arbeitnehmervertretung bestimmt.

Die Aktiengesellschaft ist die häufigste Rechtsform großer Unternehmen. Dementsprechend haben auch die meisten Klinikketten die Form der AG. Ein Vorteil ist die kleine Stückelung der Aktien. Sie ermöglicht, dass auch Kleinstanleger als Eigentümer aktiv werden können.

Damit steht als Kapitalbasis praktisch die ganze Bevölkerung zur Verfügung. Auch die eigenen Mitarbeiter können als Miteigentümer gewonnen werden (z.B. Investivlohn) und erhalten damit Sitz und Stimme in der Hauptversammlung. Der einfache Handel von Aktien erleichtert weiterhin die Entscheidung, Aktionär zu werden, und erhöht damit die Kapitalbasis für das Unternehmen. Das wichtigste Argument für den Aktionär ist aber die beschränkte Haftung. Er riskiert nicht mehr als seine ursprüngliche Investition.

Aus Sicht der Unternehmensführung ist die Trennung von Geschäftsführung und Eigentum ein großer Vorteil. Nicht mehr derjenige, der die größte Eigenkapitalbasis hat, bestimmt die Führung des Unternehmens, sondern der Kompetenteste. Meist sind dies Berufsmanager. Die Trennung von Kapital und Führung ermöglicht auch den Wechsel der Manager von einem Unternehmen zum anderen und somit den Erwerb von betriebsübergreifenden Kenntnissen.

Die Nachteile wiegen bei großen Unternehmen diese Vorteile nicht auf. Kleinere Unternehmen hingegen werden das relativ hohe Gründungskapital (mind. 50.000 €) und die hohen Gründungskosten scheuen. Allerdings dürfte es kaum ein Krankenhaus geben, für das Gründungskapital und -kosten ein Argument gegen die AG sind. Problematischer ist, dass die Aktiengesellschaft sowohl eine strengere Mitbestimmung als auch eine höhere Publizitätspflicht haben als andere Rechtsformen.

Bislang blieb die Rechtsform der AG auf kommerzielle Klinikketten beschränkt. Es gibt allerdings keinen Grund, warum nicht auch eine Kommune oder ein kirchlicher Träger eine AG gründen sollten, um ihr Krankenhaus zu betreiben. Die gemeinnützige Aktiengesellschaft (gAG) ist zwar bei weitem nicht so bekannt wie die gemeinnützige Gesellschaft mit beschränkter Haftung (gGmbH), jedoch möglich und sinnvoll. Beispielsweise könnten Förderer eines karitativen Krankenhauses Aktionäre werden anstatt zu spenden. Damit würde auch ihre Bindung an das Haus erhöht. Ein Ausschluss der Mitsprache wäre z.B. über stimmrechtslose Aktien möglich, wobei die Gemeinnützigkeit eine Gewinnausschüttung verbietet. Hier bleibt noch viel Raum für weitergehende Forschung und Experimente.

Gesellschaft mit beschränkter Haftung

Die Gesellschaft mit beschränkter Haftung (GmbH) hat im Verhältnis zur AG eine begrenzte Anzahl natürlicher oder juristischer Personen als Eigentümer. Das fixe Eigenkapital wird als Stammkapital bezeichnet. Im Gegensatz zur AG wird es nicht in handelbare Wertpapiere (Aktien) aufgeteilt, sondern auf einen durch fünfzig teilbaren Betrag ausgestellt. Die Übertragung der Geschäftsanteile bedarf der notariellen Beurkundung, so dass der Eigentümerwechsel sehr viel schwieriger ist als bei der AG. Auf der anderen Seite ist damit gewährleistet, dass das Unternehmen stets seine Eigentümer kennt.

Wie bei der AG haften die Gesellschafter nur in Höhe ihres Eigenkapitalanteils. Eine Trennung von Geschäftsführung und Kapitaleigentum ist ebenfalls möglich, wobei in der Praxis die GmbH häufig eine Rechtsform für kleinere und mittlere Betriebe ist und somit weit häufiger eine Identität von Eigentümer und Geschäftsführung vorliegt.

Der Vorteil der Gesellschaft mit beschränkter Haftung gegenüber den Personengesellschaften liegt primär in der beschränkten Haftung für alle Eigentümer. Theoretisch genügt ein

Stammkapital von 25.000 €. Daraus ergibt sich auch eine bessere Eigenkapitalausstattung, da mehr Personen bereit sind, ihr Kapital in die GmbH zu investieren. Der Vorteil der beschränkten Haftung relativiert sich in der Praxis allerdings, denn ein Unternehmen mit derart geringem Eigenkapital und beschränkter Haftung ist kaum kreditwürdig. Dementsprechend muss für höhere Kredite eine persönliche oder dingliche Sicherheit gestellt werden, so dass häufig mindestens ein Eigentümer auch mit seinem Vermögen bürgt.

Im Vergleich zu den Personengesellschaften fallen insbesondere die höhere Publikationspflicht und die Körperschaftssteuerpflicht ins Gewicht. Letztere ist die Steuer, die auf Gewinne der Kapitalgesellschaften anfällt. Da Gewinne aber auch bei den Eigentümern der Personengesellschaften steuerpflichtig sind, dürfte dies kein schwerwiegender Einwand gegen die GmbH sein. Vielmehr können bei der GmbH die Gehälter der geschäftsführenden Eigentümer als steuermindernde Kosten geltend gemacht werden.

Gegenüber der AG hat die GmbH den Vorteil geringerer Gründungskosten und eines geringeren Gründungskapitals. Für die Rechtsformwahl eines Krankenhauses dürfte dies irrelevant sein. Für Tochterunternehmen hingegen sind beide Vorteile erheblich. Die GmbH ist deshalb die klassische Rechtsform für Ausgründungen, z.B. für die eigene Servicegesellschaft oder den angegliederten Pflegedienst. In diesen Fällen ist auch der Nachteil einer schwereren Übertragbarkeit der Geschäftsanteile gegenüber Aktien von geringer Bedeutung, da ohnehin eine vollständige Eigentümerschaft durch das Krankenhaus intendiert ist.

Verein

Der Verein ist die klassische Organisationsform des bürgerlichen Engagements im 19. und beginnenden 20. Jahrhundert. Der größte Teil der kirchlichen Einrichtungen des Gesundheitswesens wurde damals von Vereinen getragen, und bis heute sind viele Träger kirchlicher Krankenhäuser Vereine.

Ein Verein ist ein auf Dauer angelegter Zusammenschluss von natürlichen oder juristischen Personen, der einen gemeinsamen Namen trägt, sich von hierzu bestimmten Mitgliedern vertreten lassen kann und in dem jeder im Rahmen der Satzung nach freien Stücken ein- und austreten kann. Für die Gründung eines Vereines müssen mindestens sieben Personen mit Hilfe des Vereins ein gemeinsames Anliegen (Vereinszweck) verfolgen. Dieser wird in der Satzung festgelegt, die unter anderem auch die Befugnisse des Vereinsvorstandes regelt. Ansonsten gelten die Regelungen des Bürgerlichen Gesetzbuches (BGB).

Im Gesundheitswesen kommt praktisch nur der eingetragene Verein (e.V.) vor. Der nichtrechtsfähige Verein scheidet als Rechtsform von Krankenhäusern aus, da er keine eigene juristische Person darstellt und die Handelnden persönlich haften. Es gibt noch einige wenige altrechtliche Vereine, die bereits vor Inkrafttreten des BGB existierten. Sie sind auch dann juristische Personen, wenn sie nicht im Vereinsregister des jeweils zuständigen Amtsgerichts eingetragen sind. Der Regelfall ist jedoch der e.V. nach § 21 ff. BGB, der ins Vereinsregister eingetragen ist und gemeinwirtschaftlich ausgerichtet ist.

Aus rechtlicher Sicht müssen beim Verein drei Teilbereiche differenziert werden: der ideelle Bereich, der Zweckbetrieb und der wirtschaftliche Geschäftsbetrieb. Der ideelle Bereich und der Zweckbetrieb sind gemeinwirtschaftlich ausgerichtet und besitzen keine Gewinnerzielungsabsicht. Der Zweckbetrieb dient der unmittelbaren Förderung des ideellen Vereinszwecks. Er erbringt in der Regel umsatzsteuerbare Lieferungen und Leistungen. Vom ideellen Bereich und vom Zweckbetrieb eines Vereins ist der wirtschaftliche Geschäftsbetrieb abzugrenzen. Dieser ist erwerbswirtschaftlich ausgerichtet und besitzt eine Gewinnerzielungsabsicht. Der Betrieb eines Kiosk oder einer Kantine im Krankenhaus stellt im Regelfall einen wirtschaftlichen Geschäftsbetrieb dar, wofür der Verein körperschaftssteuerpflichtig ist.

Der e.V. ist als juristische Person rechtsfähig. Nach außen vertritt ihn der Vorstand. Für Verbindlichkeiten, die der Verein durch seinen Vorstand begründet, haften nicht die einzelnen Vereinsmitglieder mit ihrem jeweiligen Privatvermögen, sondern nur der Verein mit dem Vereinsvermögen. Allerdings gibt es eine so genannte Durchgriffshaftung der Vorstandsmitglieder, d.h., bei einem groben Verstoß gegen die kaufmännische Vorsicht und Sorgfalt haftet der Vorstand persönlich. Das oberste Organ ist jedoch die Mitgliederversammlung, die in der Regel jährlich vom Vorstand einberufen wird. Sie entscheidet letztlich über alle Vereinsangelegenheiten, wobei Satzungsänderungen nur mit einer Mehrheit von 75% der erschienenen Mitglieder beschlossen werden können. Die Änderung des Vereinszwecks ist sogar nur mit Zustimmung aller Mitglieder möglich. Mitglied eines e.V. wird man entweder durch die Mitwirkung als Gründer oder durch Beitritt. In diesem Fall ist ein Antrag auf Mitgliedschaft zu stellen, der auch abgelehnt werden kann. Die Vereinsrechte sind nicht übertragbar, insbesondere nicht vererbbar.

Der Verein ist ein Ausdruck der Zivilgesellschaft und hat damit bei vielen Bürgern Sympathien. Da in der Mitgliederversammlung Bürger unterschiedlicher Berufe zusammenwirken, kann der Verein eine breite Expertise nutzen. Weiterhin ermöglicht der Verein mehr als alle anderen Rechtsformen die Partizipation der Betroffenen. So ist es nicht unüblich, dass Mitarbeiter eines Krankenhauses im Trägerverein Mitglieder sind und damit eine unmittelbare Mitbestimmung in ihrem Unternehmen ausüben, die weit über die gesetzliche Mitbestimmung hinausgeht.

Die Vereinsmitgliedschaft ist in der Regel an einen geringen Vereinsbeitrag geknüpft, Aufnahmegebühren sind möglich, jedoch insbesondere im karitativen Bereich eher unüblich. Damit entsteht eine klare Trennung von Kapital und Eigentümer. Vereine sind deshalb grundlegend auf Spenden zur Kapitalbeschaffung angewiesen, ihre Kapitaldecke ist sehr dünn. Ein weiterer Nachteil ist die schwerfällige Führung. Die jährlichen Mitgliederversammlungen mit ihren inhomogenen Gruppen verhindern eine schnelle und innovative Entscheidungsfindung. Nicht wenige Vereine wurden deshalb in den letzten Jahren in gGmbHs umgewandelt.

Gemeinnützige Gesellschaften

Die Zahl der Krankenhäuser, die in der Rechtsform der gemeinnützigen Gesellschaft mit beschränkter Haftung (gGmbH) oder der gemeinnützigen Aktiengesellschaft (gAG) betrieben wird, nimmt zu. Grundsätzlich sind die gGmbH sowie die gAG keine eigenen Rechtsformen. Vielmehr handelt es sich um eine GmbH bzw. AG, die zur gGmbH bzw. gAG durch

Zuerkenntnis der Gemeinnützigkeit wird. Allgemein spricht die Abgabenordnung von Gemeinnützigkeit, wenn eine Körperschaft ihre Tätigkeit darauf richtet, die Allgemeinheit auf materiellem, geistigem oder sittlichem Gebiet selbstlos zu fördern (§ 52 Abs. 1 S. 1 AO). Die Voraussetzungen der Selbstlosigkeit wurden in den Grundzügen der Krankenhausbetriebslehre diskutiert. Als freigemeinnützig bezeichnet man Einrichtungen, die von Trägern der kirchlichen und freien Wohlfahrtspflege, Kirchengemeinden, Stiftungen oder Vereinen unterhalten werden.

Der Vorteil der Gemeinnützigkeit liegt primär in der Befreiung von der Körperschaftssteuer. Weiterhin können gemeinnützige Betriebe Zuwendungsbestätigungen für Spenden ausstellen, die beim Spender als Sonderausgaben (von Privatpersonen) oder Betriebsausgaben (von Betrieben) absetzungsfähig sind.

Stiftung

Eine Stiftung (§§ 80-88 BGB) ist eine durch Zuwendung von Vermögenswerten (Stiftungsakt) errichtete Institution, die mit Hilfe ihres Vermögens einen vom Stifter bestimmten Zweck verfolgen soll. Man unterscheidet rechtsfähige und nicht-rechtsfähige Stiftungen. Im Gegensatz zum Verein, GmbH und AG kennt die Stiftung keine Mitgliedschaft, sondern lediglich Begünstigte.

Es gibt eine Reihe von Krankenhäusern, die rechtsfähigen Stiftungen gehören. Die Stiftung entsteht durch eine Willenserklärung des Stifters und die staatliche Anerkennung durch die Stiftungsbehörde. Der Stiftungszweck muss klar in der Satzung definiert sein und bleibt bis zur Auflösung der Stiftung unveränderlich. Das Stiftungsvermögen muss ausreichend hoch sein, um den Zweck der Stiftung dauerhaft und nachhaltig aus den Erträgen des Vermögens verwirklichen zu können. Folglich dürfen in der Regel lediglich die Zinserträge (abzüglich einer Inflationsrücklage) zur Finanzierung des Stiftungszwecks benutzt werden. Es gibt aber die Möglichkeit, das Stiftungskapital durch Zustiftung zu erhöhen.

Nicht jede Stiftung ist automatisch gemeinnützig. Die Gemeinnützigkeit ergibt sich aus dem Stiftungszweck und muss vom Finanzamt bescheinigt werden. Bei der Stiftung ist die Geschäftsführung vollständig unabhängig von den Kapitalgebern und allein dem Stiftungszweck verpflichtet. Eine Beeinflussung durch die Stifter ist darüber hinaus nicht möglich. Auf der anderen Seite stehen der Stiftung die normalen Kapitalmärkte für Eigenkapital nicht offen.

Sonderformen der Stiftung sind die Stiftungen des öffentlichen Rechts und die kirchlichen Stiftungen, die im Krankenhauswesen eine seltene Ausnahme darstellen.

Genossenschaft

Derzeit gibt es in Deutschland kein Krankenhaus, das direkt als Genossenschaft betrieben wird. Allerdings haben zahlreiche Krankenhäuser Einkaufsgenossenschaften gebildet, so dass diese Rechtsform durchaus eine gewisse Relevanz hat.

Genossenschaften dienen der Förderung ihrer Mitglieder durch gemeinschaftlichen Geschäftsbetrieb. Die Förderung der Mitglieder hat Vorrang vor eigenwirtschaftlichen Zielen, d.h., eine Einkaufsgenossenschaft mehrerer Krankenhäuser soll keinen Gewinn abwerfen, sondern für die Genossen (die Krankenhäuser) gute Einkaufsbedingungen garantieren. Genossenschaften sind juristische Personen, jedoch keine Kapitalgesellschaften. Sie haben kein Mindestkapital und ein variables Eigenkapital. Die Abstimmung der Genossen erfolgt nach Köpfen, nicht nach Anteilen.

In der Regel wählen Einkaufsgenossenschaften die Rechtsform der eingetragenen Genossenschaft (eG) nach dem Genossenschaftsgesetz (GenG). Im Gegensatz zum e.V. ist der Zweck der Genossenschaft immer die wirtschaftliche Förderung ihrer Mitglieder. Die Genossenschaft ist deshalb auch ein Kaufmann i.S. des HGB. Der Idealverein hingegen dient der Förderung Dritter.

Regiebetrieb

Der Regiebetrieb ist eine nichtrechtsfähige, nachgeordnete Einrichtung eines Verwaltungsbetriebes, die aus Zweckmäßigkeitsgründen organisatorisch ausgegliedert wurde. Er wird auch als unselbständige Anstalt bezeichnet. Das klassische Stadtkrankenhaus ist Teil der städtischen Verwaltung, d.h., seine Einnahmen und Ausgaben gehen unsaldiert in den Haushalt der Gebietskörperschaft ein (= Bruttobetrieb). Im Grunde ist dieses Krankenhaus nichts anderes als ein Amt der Stadt. Der Stadtrat trifft alle wichtigen Entscheidungen, das Krankenhausbudget ist Teil des städtischen Haushalts, die haushaltsrechtlichen Regularien der Stadt sind einzuhalten und der Verwaltungsleiter ist in der Regel ein städtischer Beamter, der primär auf die Einhaltung der gesetzlichen Regelungen bedacht ist.

Etwas mehr Unabhängigkeit hat der verselbständigte Regiebetrieb. Auch er hat keine eigene Rechtspersönlichkeit, ist jedoch organisatorisch und finanzwirtschaftlich selbständig. Einnahmen und Ausgaben fließen saldiert in den Haushalt der Gebietskörperschaft ein (=Nettobetrieb), und das Haushaltsrecht trifft nur bedingt zu. Dadurch entsteht auch eine höhere Unabhängigkeit bei Entscheidungen. Bei Gemeinden nennt man den verselbständigten Regiebetrieb auch Eigenbetrieb, der ein ausgegliedertes Sondervermögen darstellt. Nichtrechtsfähige Einrichtungen des Bundes, die für besondere Aufgaben geschaffen wurden, werden als Sondervermögen des Bundes bezeichnet. Da städtische Krankenhäuser in der Regel große Betriebe sind, werden sie häufig als Eigenbetriebe geführt.

Körperschaften und Anstalten des öffentlichen Rechts

Körperschaften und Anstalten des öffentlichen Rechts sind juristische Person, d.h., sie haben eine eigene Rechtspersönlichkeit, einen eigenen Haushalt, relative Unabhängigkeit gegenüber der Verwaltung und eine eigenständige Vertretung nach Außen durch ihre Organe. Öffentliche Krankenhäuser sind regelmäßig Anstalten des öffentlichen Rechts. Im Gegensatz zu den Körperschaften des öffentlichen Rechts (z.B. Krankenkassen) haben sie keine Mitglieder, sondern nur Nutzer. In einigen Bundesländern gibt es Sonderformen, wie z.B. das selbständige Kommunalunternehmen in Bayern.

5.4.2 Dynamik

In den letzten Jahren kam es zu zahlreichen Umwandlungen und Mischformen. Noch vor wenigen Jahren war der überwiegende Anteil der staatlichen Krankenhäuser als Eigenbetrieb, die meisten Nonprofit Organisationen als Verein oder Stiftung und viele Privatkrankenhäuser als Personengesellschaft ausgewiesen. Heute hingegen sind immer mehr staatliche, karitative oder kommerzielle Krankenhäuser eine GmbH oder AG. Gleichzeitig nimmt der Anteil der Häuser mit gemischter Trägerschaft zu. Allgemein spricht man von einer privaten Trägerschaft, wenn mehr als 75% des Eigenkapitals in den Händen von Personen des Privatrechts liegt, ansonsten handelt es sich um eine öffentliche Trägerschaft. Allerdings gibt es Beispiele von Krankenhäusern, in denen 15% des Eigenkapitals von einer Kommune, 50% von einem kirchlichen Träger und 35% von einem privatwirtschaftlichen Klinikkonzern eingelegt sind. Hier ist eine eindeutige Zurechnung zu einem Sektor schwierig.

Die Entwicklung hin zu Privatunternehmen und zu den Rechtsformen der GmbH und AG stellt eine Reaktion auf die Umweltveränderungen dar, die oben diskutiert wurden. Die Zunahme der Dynamik und Komplexität des Krankenhauswesens verlangt Rechtsformen, die eine hohe Flexibilität, schnelle Entscheidungsfindung, Unabhängigkeit von politischen Prozessen, Zugang zum Kapitalmarkt und ein hohes Interesse der Eigentümer an dem wirtschaftlichen Erfolg des Krankenhauses bei gleichzeitiger Haftungsbeschränkung ermöglichen.

Der Regie- und Eigenbetrieb haben sich weitestgehend überlebt, da sie zu stark in die Kommunalverwaltungen eingebunden sind. Der politische Einfluss bei der Besetzung von Positionen, bei Investitionsentscheidungen und bei Standortverlagerungen verhindert eine schnelle und effiziente Entscheidungsfindung. Zahlreiche Regie- und Eigenbetriebe wurden deshalb in den letzten Jahren entweder in selbständige Anstalten oder in gGmbHs umgewandelt.

Einzelunternehmung, Gesellschaft des bürgerlichen Rechts, offene Handelsgesellschaft, Kommanditgesellschaft und stille Gesellschaft spielen eine untergeordnete Rolle im Krankenhauswesen. Problematisch ist vor allem ihre Kapitalbasis. Da sie nicht kapitalmarktfähig sind, sind sie in der Finanzierung vollständig auf staatliche Zuschüsse bzw. die dünne Eigenkapitalbasis angewiesen, die sich nur sehr bedingt erweitern lässt. Gemeinnützige Unternehmen können diese Rechtsformen grundsätzlich nicht annehmen. Weitere Nachteile sind die fehlende Haftungsbeschränkung mindestens eines Eigentümers sowie häufig die geringe Professionalität der Eigentümer im Management.

Der Verein und die Stiftung als Prototypen der gemeinnützigen Organisationen können ebenfalls nur sehr bedingt die Herausforderungen einer Dynaxity Zone III meistern. Beide haben eine geringe Eigenkapitalbasis bzw. eine geringe Möglichkeit der Eigenkapitalerhöhung. Der Verein leidet unter einem langsamen und unprofessionellen Management, wobei die Spannungen zwischen Vorstand und Mitgliedern erheblich sein können, wenn der Vorstand eine Professionalisierung sucht, während die Vereinsmitglieder nur marginales Interesse an der Substanzerhaltung des Vereins zeigen, da sie finanziell davon nicht betroffen sind. Sie verlieren im Falle der Insolvenz kein Kapital.

Somit ist verständlich, dass der Anteil der Krankenhäuser in der Rechtsform der Gesellschaft mit beschränkter Haftung (bzw. gGmbH) und der Aktiengesellschaft (bzw. gAG) in den letzten Jahren stark angestiegen ist. Die Geschäftsführung liegt in der Hand professioneller Manager, die schnell und flexibel auf Umweltänderungen reagieren können. Das Mitspracherecht der Eigentümer ist deutlich geringer als beim Verein bzw. beim Regie- und Eigenbetrieb, so dass auch die politische Einflussnahme sehr viel schwächer ist. Krankenhäuser mit dieser Rechtsform haben Zugang zum Kapitalmarkt, was in Zukunft immer wichtiger werden dürfte. Die Eigentümer haben ein Interesse an der Substanzerhaltung oder sogar -erhöhung, gleichzeitig haften sie nicht persönlich.

GmbH und AG sind folglich zukunftsweisende Rechtsformen. Stiftungen und Anstalten des öffentlichen Rechts dürften ebenfalls auch in einigen Jahren noch als Krankenhausträger auftreten. Die anderen Rechtsformen werden tendenziell in ihrer Bedeutung abnehmen. Die Umwandlung kann eine Makroinnovation darstellen, die erhebliche Auswirkungen auf alle Elemente des Krankenhaussystems hat. Beispielsweise kann die Wandlung von einem Verein in eine gGmbH eine ganz neue Machtverteilung implizieren. Der Geschäftsführer wird das Unternehmen straffer führen können, und bisherige machtvolle Stakeholder werden darauf mit Ablehnung reagieren. Auch hier gilt, dass Wandlungsprozesse gemanagt werden müssen. Im Vergleich zu der Aufnahme eines neuen Geschäftsfeldes oder zu einer Kooperation bzw. Integration, die im nächsten Abschnitt diskutiert werden, ist eine Rechtsformänderung jedoch in der Regel ein relativ harmloses Ereignis.

5.5 Autonomiepolitik

Krankenhäuser sind Gesundheitsdienstleister, d.h., sie haben die Funktion, geeignete Problemlösungen zur Befriedigung des Bedürfnisses ihrer Kunden nach Gesundheit anzubieten. Dieses subjektive Mangelerlebnis kann allerdings nur in Ausnahmefällen durch einen Leistungsanbieter allein befriedigt werden. Prävention, Kuration, Rehabilitation und Pflege wirken beim potenziellen oder tatsächlichen Patienten zusammen, um seine Bedürfnisse zu stillen. Das Krankenhaus ist deshalb dringend auf eine Zusammenarbeit mit anderen Leistungsanbietern angewiesen. Die Autonomiepolitik determiniert Umfang und Ausgestaltung dieser Zusammenarbeit.

Im Folgenden werden Möglichkeiten der Zusammenarbeit des Krankenhauses mit anderen Betrieben des Gesundheitswesens diskutiert. Hierzu werden zuerst die betriebswirtschaftlichen Grundlagen gelegt. Anschließend werden einige ausgewählte Instrumente dargestellt. Es folgt eine Methodik zur Steuerung der Zusammenarbeit von Krankenhäusern mit anderen Anbietern auf dem Gesundheitsmarkt.

5.5.1 Grundlagen

Abb. 5.25 zeigt das Krankenhaus im Netzwerk der Leistungsanbieter, Patienten und Finanzierer. Jede Kante des Grafen stellt eine potenzielle Beziehung dar, wobei aus Gründen der

Übersichtlichkeit nicht alle möglichen Kanten eingezeichnet wurden. Jede Kante impliziert eine Schnittstelle, die einer bewussten Gestaltung bedarf. Die Art der Zusammenarbeit, der Leistungsaustausch und die Kommunikation müssen zielgerichtet gemanagt werden, d.h., die Krankenhausleitung muss festlegen, wie sie mit anderen Krankenhäusern, niedergelassenen Ärzten, Physiotherapeuten etc. zusammenarbeitet. Weiterhin muss die Zusammenarbeit mit den Krankenkassen, den Kassenärztlichen Vereinigungen, den staatlichen Stellen etc. geplant, implementiert und kontrolliert werden.

Die Zusammenarbeit mit anderen Unternehmen erfordert Koordination. Die beiden grundlegenden Koordinationsmechanismen sind die Abstimmung durch Preise auf Märkten (heterarchische oder marktliche Koordination) und die Regelung durch Hierarchien (hierarchische Koordination). Eine hierarchische Koordination impliziert stets den teilweisen Verlust an wirtschaftlicher Autonomie, so dass ein Unternehmen nur bereit ist, von der marktlichen Lösung abzugehen, wenn die Vorteile des Unternehmenszusammenschlusses, d.h. der Verbindung von Unternehmen unter teilweiser Aufgabe der Entscheidungsfreiheit, diesen Nachteil mindestens kompensieren. Vorteile des Unternehmenszusammenschlusses sind insbesondere eine Risikoreduktion in der Zusammenarbeit, die Erhöhung der Produktivität sowie die Verbesserung der Kundenbefriedigung, insbesondere durch Qualitätsvorteile.

Tab. 5.7 klassifiziert Unternehmenszusammenschlüsse nach verschiedenen Kriterien. Die Terminologie der Allgemeinen Betriebswirtschaftlehre ist nicht ganz eindeutig. Einige Autoren sprechen nur dann von einem Unternehmenszusammenschluss, wenn dieser freiwillig erfolgt. Eine staatlich erzwungene Fusion, beispielsweise, würde von ihnen nicht als Unternehmenszusammenschluss bezeichnet werden. Weiterhin ist der Begriff Integration nicht klar definiert. Soziologisch bezeichnet Integration die Herstellung einer Einheit aus bislang unterscheidbarem bzw. die Eingliederung der Einzelzeile in ein größeres Ganzes. Auf dieser Grundlage ist ein Unternehmenszusammenschluss, der ein homogenes Ganzes erzeugt, eine Integration. Allerdings sprechen einige Autoren nur von einer Integration, wenn die Zusammenfassung von Betrieben unter einer einheitlichen Unternehmensführung erfolgt. Wie wir später noch sehen werden, ist die integrierte Gesundheitsversorgung folglich eine Integration im soziologischen, aber nicht immer im betriebswirtschaftlichen Sinn.

Von einem horizontalen Zusammenschluss spricht man, wenn Unternehmen derselben Branche und gleicher Produktionsstufe sich zusammenschließen. Unter vertikaler Integration versteht man hingegen die Zusammenfassung von Betrieben vor- und nachgelagerter Produktionsstufen. Ein heterogener (lateraler) Zusammenschluss entsteht, wenn Unternehmen unterschiedlicher Produktionsstufen und Branchen zusammenarbeiten.

Die Intensität der marktlichen bzw. der hierarchischen Koordination induziert auch die Bindungsintensität. Abb. 5.26 zeigt einige Formen der Zusammenschlüsse. Eine marktliche Koordination geht von einer vollständigen Autonomie des Unternehmens aus. Bereits eine längerfristige Vertragsbindung stellt eine Form der Kooperation dar, die allerdings sehr nah an der marktlichen Koordination liegt.

Eine Kooperation schränkt einen Teil der Entscheidungsfreiheit der Unternehmen ein, wobei die wirtschaftliche und rechtliche Selbständigkeit prinzipiell erhalten bleibt. Lediglich auf Teilgebieten verpflichten sich die kooperierenden Unternehmen zu einem koordinierten

5.5 Autonomiepolitik

Handeln. Der Kooperation liegt ein expliziter oder impliziter Vertrag zu Grunde, der die Zusammenarbeit regeln soll. In Netzwerken als lockerste Kooperation von Unternehmen beruht die Bindung meist mehr auf Vertrauen als auf vertraglicher Basis, häufig setzt dies persönliches Kennen voraus.

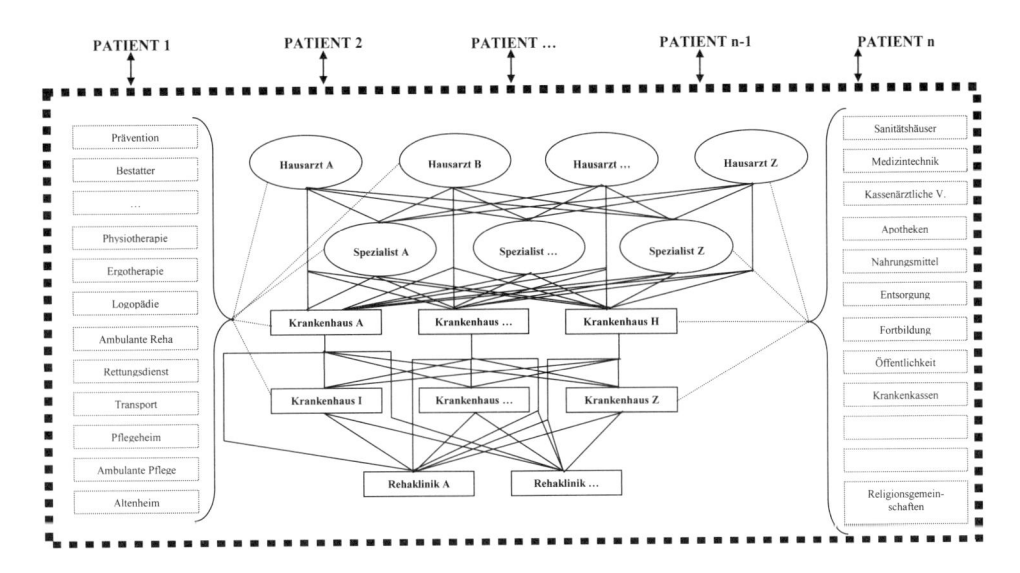

Abb. 5.25 Netzwerk des Gesundheitswesens

Tab. 5.7 Klassifikation von Unternehmenszusammenschlüssen

Merkmal	Ausprägung		
Freiheitsgrad der Entscheidung	freiwillig		erzwungen
Bindungsdauer	befristet		unbefristet
Ausrichtung	horizontal	vertikal	heterogen
Reichweite	teilfunktionsbezogen	funktionsbezogen	unternehmensweit
Bindungsinstrument	Persönliches Vertrauen	Vertrag	Personal- oder Kapitalverflechtung
Bindungsintensität	eingeschränkte Selbständigkeit		Verlust der Selbständigkeit
Institutionalisierung	ohne eigenen Geschäftsbetrieb		mit eigenem Geschäftsbetrieb
Verhältnis der Partner	wirtschaftlich und rechtlich gleichgeordnet	rechtlich gleichgeordnet, wirtschaftlich untergeordnet	rechtlich und wirtschaftlich untergeordnet
Wettbewerbswirkung	förderlich	neutral	beschränkend

Kooperationen können zeitlich befristet oder unbefristet sein. Je längerfristig und je intensiver die Absprache der Zusammenarbeit ist, desto stärker geht auch die Entscheidungsfreiheit des Unternehmens verloren. Beispiele für Kooperationen sind Kartelle, Konsortien, Genossenschaften, Verbände, Joint Ventures und Interessengemeinschaften (strategische Allianzen).

Bei einer Unternehmensvereinigung geht die wirtschaftliche Selbständigkeit mindestens eines Unternehmens verloren. Da eine Vereinigung in der Regel eine einheitliche Leitung impliziert, kann die Unternehmensvereinigung auch als Integration bezeichnet werden. Zwei Formen sind häufig anzutreffen: Die Konzernbildung und die Fusion.

Ein Konzern ist ein Zusammenschluss zweier oder mehrerer Unternehmen unter einheitlicher Leitung, wobei die rechtliche Selbständigkeit gewahrt bleibt. In der Regel entsteht ein Unterordnungsverhältnis, d.h., die wirtschaftliche Selbständigkeit der beherrschten Unternehmung geht verloren. Eine Sonderform des Konzerns ist die Holding. Sie ist eine Dachgesellschaft, deren einziger wirtschaftlicher Zweck die Verwaltung bzw. Steuerung der untergeordneten Unternehmen ist. Im Krankenhauswesen sind auch so genannte Management-Holdings anzutreffen. In diesem Fall liegt das strategische Management in den Händen der Dachgesellschaft, während das operative Management bei den Töchtern liegt.

Die stärkste Form der hierarchischen Koordination ist die Fusion, d.h. die Verschmelzung von rechtlich selbständigen Unternehmen zu einem neuen Unternehmen. Die rechtliche und finanzielle Selbständigkeit geht bei der Fusion verloren. Der Aufkauf eines Krankenhauses durch eine Klinikkette entspricht meist der Fusion.

Konzernbildung und Fusion unterliegen der Kontrolle durch das Bundeskartellamt. Nach §§35 ff. GWB (Gesetz gegen Wettbewerbsbeschränkungen) kann es Unternehmensvereinigungen untersagen, wenn das fusionierte Unternehmen eine marktbeherrschende Stellung ausüben würde. Ein Beispiel hierfür wird in den „Fragen zum Weiterdenken" vorgestellt.

Marktliche Koordination — *Hierarchische Koordination*

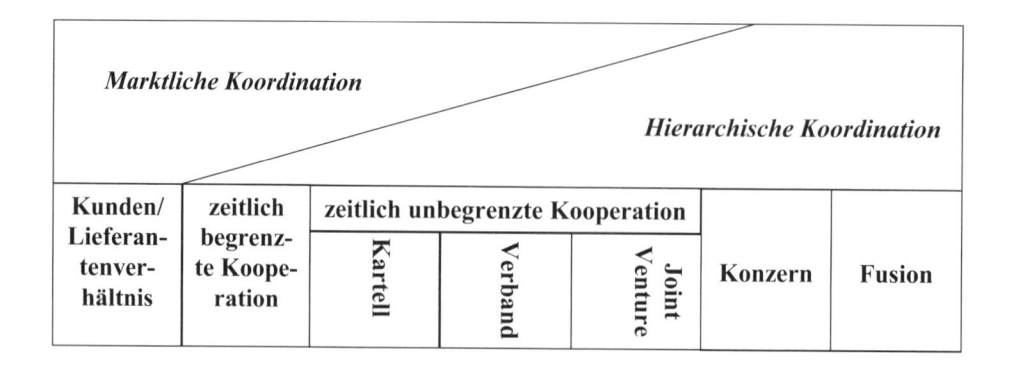

Kunden/ Lieferantenverhältnis	zeitlich begrenzte Kooperation	zeitlich unbegrenzte Kooperation			Konzern	Fusion
		Kartell	Verband	Joint Venture		

Abb. 5.26 *Marktliche und hierarchische Koordination*

5.5 Autonomiepolitik

Krankenhäusern stehen im Rahmen des gesetzlich zulässigen alle Formen der Zusammenarbeit offen. Der Unternehmenszusammenschluss kann horizontal, vertikal oder lateral erfolgen. Man spricht von einer horizontalen Zusammenarbeit, wenn Krankenhäuser derselben Versorgungsstufe kooperieren. Eine vertikale Zusammenarbeit liegt vor, wenn ein Krankenhaus mit vor- oder nachgelagerten Bereichen zusammenarbeitet. Liegt der Partner außerhalb des Gesundheitswesens, spricht man von einer lateralen Zusammenarbeit.

Eine Zusammenarbeit von Krankenhäusern der gleichen Versorgungsstufe findet häufig in räumlicher Nähe statt (z.B. innerhalb eines Landkreises), wobei in diesem Fall häufig unterschiedliche Träger involviert sind. Die Möglichkeiten horizontaler Zusammenarbeit reichen von der Kooperation (z.B. gemeinsame Buchhaltung, EDV, Controlling, Codierung, Personalverwaltung, Beschaffung, Materialwirtschaft, Apotheke, Hol- und Bringdienste, Hausmeister, Technik, Informations- und Sicherheitsdienste, Speiseversorgung, Mensa, Wäscherei, Krankenpflegeschule, Telemedizin) über die Konzernbildung bis hin zur Fusion. Beispielsweise haben sich in den letzten Jahren einige Landkreise zu Zweckverbänden zusammengeschlossen und ihre Krankenhäuser jeweils zu einem Rechtskörper mit mehreren Standorten überführt.

Der Zusammenschluss mit vor- oder nachgelagerten Bereichen kann die Zusammenarbeit in der Patientenbehandlung sowie die Zusammenarbeit in der Ver- und Entsorgung umfassen. Vorgelagerte Leistungsträger sind beispielsweise niedergelassene Ärzte, Krankenhäuser niedriger Versorgungsstufe, Pflegedienste, Altenheime und Behinderteneinrichtungen. Nachgelagerte Leistungsträger sind beispielsweise niedergelassene Ärzte, Krankenhäuser höherer oder niedrigerer Versorgungsstufen, Pflegedienste, Altenheime, Rehaeinrichtungen, Sanatorien, Physiotherapeuten, Behindertenheime, Hospize, Selbsthilfegruppen, Bestattungsunternehmen, Sportstätten, Fitnessstudios etc. Beispiele für Ver- und Entsorger sind Apotheken, Pharmaunternehmen, Wäschedienste, Speiseversorgung, Sterilisationsanbieter, lokale Entsorgungsunternehmen, Transportunternehmen, Rotes Kreuz, Rettungsdienst etc. Auch hier kann die Zusammenarbeit von reinen Marktbeziehungen bis hin zum Aufkauf des Partners und zur Eingliederung in das eigene Unternehmen reichen.

Schließlich ist auch eine Zusammenarbeit mit Unternehmen außerhalb des Gesundheitswesens sinnvoll, z.B. um Patienten im Krankenhaus einen Zusatznutzen durch Dienstleistungen der Banken, Versicherungen, Floristikbetriebe, Friseure, Fernseh- und Telefonverleihgesellschaften, Galerien, Lebensmittelläden, Kioske, etc. zu bieten. Hier ist ebenfalls festzulegen, ob die Zusammenarbeit zwischen völlig selbständigen Unternehmen (z.B. Friseur als Mieter der Räume im Krankenhaus) oder zwischen abhängigen Unternehmen erfolgt (z.B. Friseur als Tochterunternehmen des Krankenhauses).

Aus der großen Fülle der Intensitätsgrade der Zusammenarbeit und möglicher Partner ergibt sich die Notwendigkeit eines Managements der Zusammenarbeit. Sie muss strategisch geplant und überwacht werden, um den Zielen des Gesamtunternehmens zu dienen. Die primären Gründe, weshalb ein Krankenhaus einen Zusammenschluss anstrebt, liegen in dem Potenzial der Zusammenschlüsse, Kosten zu senken und Qualität zu erhöhen. Die Kostenreduktion ergibt sich aus Größen- und Verbundvorteilen. Die Größenvorteile (Economies of Scale) bestehen darin, dass insbesondere bei horizontalen Zusammenschlüssen im einzelnen Haus größere Quantitäten erreicht werden, wodurch die Einkaufspreise von Materialien, die Fixkostenanteile (Fixkostendegression) und die variablen Kosten (Übungsgewinne) reduziert werden können. Die Verbundvorteile (Economies of Scope) können darin gesehen werden, dass Krankenhäuser im Verbund sich gemeinsam Einrichtungen leisten können, die sie jeder für sich allein nicht finanzieren könnten, z.B. ein Speziallabor, gemeinsame Ausbildungsinstitute etc. Durch eine vertikale Integration werden insbesondere Schnittstellenkosten gesenkt, beispielsweise durch die Festlegung von Informations- und Leistungsstandards.

Eine Qualitätsverbesserung resultiert unter Umständen aus Übungseffekten, durch die Anschaffung von Spezialgeräten sowie den Aufbau eines standardisierten Qualitätsmanagements. Weitere Vorteile, die in der Allgemeinen Betriebswirtschaftslehre für die Zusammenarbeit genannt werden, sind die Standortsicherung, die Erhöhung der Verhandlungsmacht (z.B. gegenüber den Kassen und der Regierung), die gemeinsame Personalgewinnung und Ausbildung sowie die Verbesserung von Forschung und Entwicklung.

In den letzten Jahren haben sich einige Kooperationen im Gesundheitswesen entwickelt, die einer besonderen Diskussion bedürfen. Im Folgenden werden diese innovativen Formen der Zusammenarbeit dargestellt.

5.5.2 Innovationen der Zusammenarbeit

5.5.2.1 Zusammenarbeit mit Krankenkassen

Seit 1933 besteht in Deutschland eine strikte Trennung von Leistungsanbietern und -finanzierern. Mit Ausnahme der Knappschaften und der Berufsgenossenschaften ist es keiner Krankenversicherung erlaubt, eigenständig ein Krankenhaus zu betreiben oder Ärzte für die Patientenversorgung anzustellen. Ebenso wenig dürfen Krankenhäuser eine eigene Krankenversicherung gründen.

In anderen Ländern ist die Trennung von Leistungserbringer und -finanzierer nicht so strikt. Beispielsweise arbeiten private Krankenkassen und Krankenhäuser in den USA häufig enger zusammen als in Deutschland. Eine Kontraktionspflicht besteht in diesem Land nicht, d.h., Krankenkassen wählen sehr bewusst die Krankenhäuser aus, deren Behandlungskosten sie für ihre Mitglieder übernehmen. Damit wird die freie Wahl des Leistungserbringers eingeschränkt. Diese als selektive Kontrahierung (selective contracting) bezeichnete Zusammenarbeit von Krankenkassen und Leistungserbringern wurde unter dem Begriff Managed Care in den letzten Jahren erfolgreich in der Schweiz eingeführt und wird auch für Deutschland diskutiert.

Managed Care stellt eine Form des Unternehmenszusammenschlusses zwischen Leistungsfinanzierern und Leistungserbringern dar, bei der Krankenkassen spezielle Verträge mit ausgewählten Leistungserbringern abschließen. Managed Care ist darüber hinaus gekennzeichnet als Managementansatz, d.h., die Aktivitäten des Managed Care werden strategisch und operativ geplant, implementiert und kontrolliert. Die Zusammenarbeit der Kassen mit den Vertragsärzten bzw. Krankenhäusern erstrecken sich folglich in der Regel nicht nur auf die Bezahlung von Rechnungen. Vielmehr wird die komplette Arbeit des Leistungserbringers durch den Finanzierer unterstützt.

5.5 Autonomiepolitik

Abb. 5.27 zeigt verschiedene Ausprägungen des Managed Care, wobei nicht alle für das Krankenhaus gleichermaßen relevant sind. Von einer Preferred Provider Organisation spricht man, wenn die Versicherung Verträge mit unabhängigen Ärzten und / oder Krankenhäusern schließt und der Versicherte sich von Anfang an für einen Leistungserbringer entscheiden muss. In der Regel schließt dies nicht aus, dass der Versicherte auch von anderen Anbietern behandelt wird, jedoch fällt dann in der Regel eine höhere Zuzahlung an. Üblich ist beispielsweise eine feste Wahl des Hausarztes, der bei Bedarf als Pförtner des Gesundheitssystems bzw. als Gatekeeper weiter überweist. Der Hausarzt ist der Preferred Provider. Geht der Patient zu einem anderen Allgemeinarzt oder zu einem Facharzt, ohne vorher den Preferred Provider zu kontaktieren, so muss er mit einer Zuzahlung rechnen.

Der Point-of-Service-Plan (POS) verlangt keine vorherige Festlegung des Versicherten, von welchem Leistungserbringer er sich behandeln lassen möchte. Der Versicherte kann theoretisch zu jedem Arzt und in jedes Krankenhaus. Er hat jedoch eine Liste, aus der er entnehmen kann, mit welchem Leistungserbringer seine Krankenkasse eine spezielle Vertragsbeziehung hat. Geht er zu einem Anbieter, der nicht auf dieser Liste steht, so muss er mit hohen Zuzahlungen rechnen. Innerhalb der Liste kann er jedoch frei wählen.

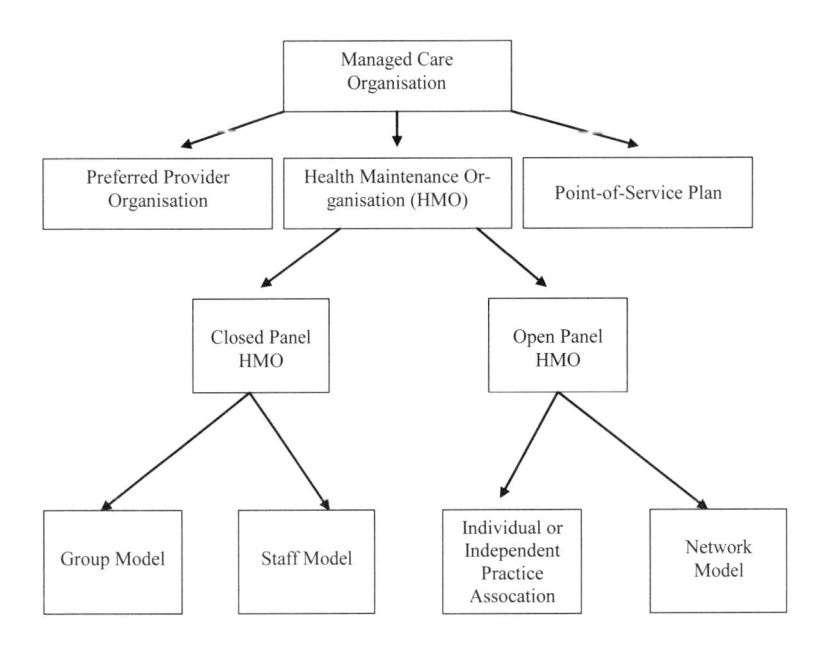

Abb. 5.27 Varianten des Managed Care

Sowohl bei der Preferred Provider Organisation als auch beim Point-of-Service-Plan bleibt die wirtschaftliche und rechtliche Selbständigkeit des Finanzierers wie des Leistungserbringers vollständig erhalten. Bei einer Health Maintenance Organisation (HMO) hingegen kommt es zu einer über den Vertrag hinausgehenden Integration von Versicherung und Leistungserbringer. Die HMO kann verschieden gestaltet sein. In einer Closed Panel HMO bestehen feste Verträge zwischen der Versicherung und den Leistungserbringern. Im Group Model sind die Leistungserbringer zwar rechtlich selbständig, sie dürfen jedoch nur Patienten der HMO behandeln. Der Vorteil für den Anbieter besteht darin, dass er einerseits rechtlich selbständig ist, andererseits oftmals die komplette Infrastruktur (z.B. Arztpraxis) von der HMO gestellt bekommt und feste Kunden hat. Beim Staff Model verlieren die Leistungsanbieter ihre rechtliche Selbständigkeit, sie sind Angestellte der HMO.

Die Open Panel HMO unterscheidet sich von der Closed Panel HMO dadurch, dass die Leistungserbringer auch Patienten behandeln dürfen, die nicht in der HMO versichert sind. Die Versicherten hingegen haben kein Wahlrecht. Im Gegensatz zur Preferred Provider Organisation führt die Mitgliedschaft in einer Closed Panel HMO zu einem Verlust jeglichen Erstattungsanspruches, falls ohne Überweisung des Gatekeepers ein anderer Leistungserbringer aufgesucht wurde. Bei der Individual bzw. Independent Practice Association schließt die Versicherung einen Vertrag mit einzelnen Anbietern, bei dem Network Model wird ein Vertrag mit einer Gruppenpraxis oder anderen integrierten Organisationen (z.B. Netzwerk aus Hausarzt, Facharzt, Krankenhaus, Physiotherapeuten) geschlossen.

Managed Care stellt einen Eingriff in die Wahlfreiheit des Patienten dar. Derzeit ist in Deutschland nur vorstellbar, dass Versicherte, die ein Managed Care Produkt wählen, einen Bonus erhalten, während alle anderen Patienten die freie Leistungsanbieterwahl behalten. In Zukunft ist aber denkbar, dass sich Patienten bei einer HMO versichern, die ein Medizinisches Versorgungszentrum und ein Krankenhaus betreibt. Der Patient hätte dann keine Wahl mehr. In diesem Fall wäre durchaus zu überlegen, ob die Initiative hierzu nicht vom Krankenhaus ausgehen sollte. Es könnte ein Versorgungsnetzwerk bilden, an das sich eine Krankenversicherung anschließt. Derzeit dürfte dieses Szenario politisch noch nicht durchsetzbar sein. Insbesondere in Ostdeutschland dürfte diese Variante auch unliebe Erinnerungen an die sozialistische Versorgung ohne Wahlfreiheit wecken.

5.5.2.2 Vertikale Zusammenarbeit mit anderen Leistungsanbietern

Der Zusammenschluss eines Krankenhauses mit einer Krankenkasse ist derzeit noch eine seltene, auf wenige Einzelfälle und Funktionen beschränkte Innovation. Die intensive Zusammenarbeit und der Zusammenschluss mit anderen Leistungsanbietern hingegen ist auch über Sektorgrenzen hinweg bereits Realität. Die wichtigste Grenze besteht zwischen ambulanter und stationärer Versorgung, aber auch zwischen Akutmedizin, Pflege und Rehabilitation bestehen Barrieren, die mit Hilfe dieser Innovationen überwunden werden sollen.

Die Erwartungen an eine vertikale Kooperation oder Integration sind primär die Reduktion der Kosten und die Erhöhung der Qualität der Leistung. Da durch die Sektorierung des Gesundheitswesens die Behandlungspfade künstlich unterbrochen werden, treten längere Behandlungs- und Wartezeiten, Mehrfachuntersuchungen, Überversorgung und Informationsdefizite auf. Gleichzeitig verhindert die Sektorierung, dass Patienten auf der jeweils kostengünstigsten Versorgungsstufe behandelt werden. Durch eine interdisziplinäre, sektorübergreifende Zusammenarbeit kann der frakturierte Behandlungspfad wieder integriert werden, so dass die beschriebenen Nachteile aufgelöst werden.

Im Folgenden werden die Innovationen der Zusammenarbeit im Gesundheitswesen in ihrer zeitlichen Abfolge kurz dargestellt. Anschließend werden einige dieser Innovationen, die für das Krankenhaus von besonderer Bedeutung sind, vertieft diskutiert.

Innovationen der Zusammenarbeit in ihrer zeitlichen Entwicklung

Die Überwindung der sektoralen Trennung wurde seit dem Gesundheitsreformgesetz (GRG 1989) verfolgt. Es erstrebte eine kontinuierliche ambulante und stationäre Versorgung durch eine enge Kooperation der Vertragsärzte mit den Krankenhäusern (§ 115, § 121 SGB V). Hierzu sollten dreiseitige Verträge zwischen den Landesverbänden der Krankenkassen, der Landeskrankenhausgesellschaft und der Kassenärztlichen Vereinigung geschlossen werden. Für Krankenhäuser sind die Stärkung des Belegarztwesens, die Einführung von Praxiskliniken und die Organisation des Notdienstes auf Grundlage dreiseitiger Verträge relevant.

1997 folgten im zweiten GKV-Neuordnungsgesetz (2. GKV-NOG) die Modellvorhaben (§63, §64 SGB V) und Strukturmodelle (§73a SGB V). Die Krankenkassen und ihre Verbände können Modellvorhaben mit individuellen Leistungsanbietern, Gruppen von Leistungsanbietern oder den Kassenärztlichen Vereinigungen durchführen oder vereinbaren, wobei sich der Modellcharakter entweder auf Strukturen (Strukturmodelle) oder Leistungen (Leistungsmodelle) beziehen kann. Der Begriff Modell deutet an, dass es sich um keine Routinestruktur oder Regelleistung handeln darf, sondern um Innovationen der Verfahrens-, Organisations-, Finanzierungs- und Vergütungsformen der Leistungserbringung bzw. um Leistungen, die bislang nicht als Regelleistung gelten. Modellvorhaben müssen wissenschaftlich begleitet werden und sind in der Regel auf maximal 8 Jahre begrenzt. Beispiele für durchgeführte Modellvorhaben sind eine Vereinbarung über die ärztliche Versorgung mit Akupunktur, eine Vereinbarung zum institutionenübergreifenden Diabetes Gesundheitsmanagement, sowie eine Vereinbarung über die strukturelle und finanzielle Förderung ambulanter Operationen im Bereich der Kinderchirurgie.

Die Strukturverträge nach § 73a SGB V betreffen ausschließlich die horizontale Integration der Vertragsärzte. Die Kassenärztlichen Vereinigungen schließen hierzu mit den Landesverbänden der Krankenkassen Verträge über innovative Versorgungs- und Vergütungsstrukturen ab, wobei für diesen Fall eigene Budgets vereinbart werden können, die intern abweichend vom EBM aufgeteilt werden können.

Das Gesetz zur Reform der gesetzlichen Krankenversicherung ab dem Jahr 2000 (GKV-Gesundheitsreform 2000) legte mit den Paragrafen 140a-h SGB V die Grundlage für eine Integrierte Versorgung (IV), die im GKV-Modernisierungsgesetz (GMG 2004) gestrafft und zu einem erfolgreichen Instrument ausgebaut wurde. Ziel der Integrierten Versorgung ist die Fokussierung auf den Patienten, d.h. die kontinuierliche Versorgung des Patienten während des gesamten Behandlungsverlaufes quer durch alle Sektoren, wobei eine gemeinsame Vergütung des gesamten Behandlungspfades möglich ist. Krankenkassen schließen hierzu Verträge mit Vertragsärzten, Krankenhäusern oder anderen Leistungsanbietern, wobei die Kassenärztlichen Vereinigungen im GMG 2004 explizit ausgeschlossen wurden. Die Vergütung erfolgt abweichend von den bisherigen sektoralen Entgelten.

Das Gesetz zur Reform des Risikostrukturausgleichs (RSA-RG) hat im Jahr 2002 §116b sowie die §§ 137f-g in das SGB V eingefügt, die die strukturierten Behandlungsprogramme bei chronischen Erkrankungen (Disease Management Programme) regeln. Sie dienen der koordinierten Behandlung über Sektorengrenzen hinweg und beinhalten auch die Möglichkeit der ambulanten Versorgung im Krankenhaus. Die entsprechenden Verträge werden zwischen Krankenkassen und den Leistungserbringern geschlossen.

Das GKV-Modernisierungsgesetz (GMG 2004) brachte grundlegende Änderungen, deren Bedeutung von einigen Krankenhausmanagern mit der DRG-Einführung gleichgesetzt wird. Erstens wurden die Möglichkeiten der Integrierten Versorgung (§§ 140a-d SGB V) verbessert. Die zweite Änderung des GMG ist die Stärkung der ambulanten Behandlung im Krankenhaus (§116b SGB V). Die Krankenkassen bzw. ihre Landesverbände schließen hierzu mit Krankenhäusern individuelle Verträge über die ambulante Erbringung hoch spezialisierter Leistungen (z.B. Brachytherapie) sowie zur Behandlung seltener Erkrankungen und Erkrankungen mit besonderen Krankheitsverläufen (z.B. Tropenkrankheiten). Damit erweitert sich die Angebotsmöglichkeit ambulanter Leistungen des Krankenhauses erheblich.

Drittens führte das GMG Medizinische Versorgungszentren (MVZ, §95 SGB V) als gleichwertigen Partner der vertragsärztlichen Versorgung ein. Medizinische Versorgungszentren sind fachübergreifende ärztlich geleitete Einrichtungen, in denen Ärzte als Angestellte oder Vertragsärzte tätig sind. Da Krankenhäuser unter bestimmten Umständen MVZ gründen können, haben sie auf diesem Weg einen Zugang zur ambulanten Versorgung, der vorher nur bedingt und in Ausnahmefällen (siehe unten) möglich war.

Das GKV-Wettbewerbsstärkungsgesetz (GKV-WSG 2007) verbessert die ambulante Behandlung im Krankenhaus durch einen einfacheren Zugang. Krankenhäuser können im Rahmen der integrierten Versorgung hoch spezialisierte Leistungen ambulant erbringen, auch wenn kein Vertragsarzt an der ambulanten Versorgung teilnimmt. Damit haben Krankenhäuser auch einen Zugang zur Anschubfinanzierung. Darüber hinaus können Krankenhäuser eine erweiterte ambulante Leistungserbringung beantragen. Die Umsetzbarkeit und Tragweite dieser Bestimmungen ist derzeit noch nicht absehbar.

Tab. 5.8 fasst die wichtigsten Entwicklungen zusammen.

Obwohl die Zahl der Instrumente seit 1989 erheblich angewachsen ist, blieb der Erfolg bis zur Einführung eines finanziellen Anreizes im Jahr 2004 relativ bescheiden. Im Folgenden werden die wichtigsten Innovationen vertieft, soweit sie für das Krankenhaus relevant sind.

5.5 Autonomiepolitik

Tab. 5.8 Gesetzliche Regelungen zur intersektoralen Zusammenarbeit im Gesundheitswesen

Zeit	Gesetzliche Grundlage	SGB V, §§	Inhalt	Ziel	Beteiligte	Bedeutung für Krankenhäuser
1989	GRG	115, 121	Dreiseitige Verträge	Überwindung der sektoralen Trennung, insb. Belegarztwesen	• Landesverband der Krankenkassen • Landeskrankenhausgesellschaft • Kassenärztliche Vereinigung	gering
1997	2. GKV-NOG	63-64	Modellvorhaben	Modellhafte Erprobung neuer Strukturen oder Leistungen	• Individuelle Krankenkassen oder ihre Verbände • individuelle Leistungserbringer, Gruppen von Leistungserbringern oder Kassenärztliche Vereinigung	gering, zeitlich begrenzte Vorhaben, z.B. Akupunktur
1997	2. GKV-NOG	73a	Strukturverträge	Versorgung von Patienten durch einen Verbund von Ärzten	• Landesverbände der Krankenkassen • Kassenärztliche Vereinigungen	ausgeschlossen
2000	GKV-Gesundheitsreform 2000	140a-h	Integrierte Versorgung	Sektorübergreifende Versorgung	• Krankenkassen • Leistungserbringer	Krankenhaus als Integrationspartner, z.B. Integrierte Schlaganfallbehandlung mit Rehaklinik
2002	RSA-RG	116b, 137f-g	Disease Management Programme	Koordinierte Behandlung Chronisch-Kranker über Sektorengrenzen hinweg	• Krankenkassen • Leistungserbringer	Ambulante Behandlung Chronisch-Kranker im Krankenhaus, z.B. Brustkrebs
2004	GMG	116b	Ambulante Behandlung im Krankenhaus	Nutzung der Spezialkenntnisse und -geräte im Krankenhaus für seltene oder besonders schwierige Krankheiten	• Krankenkassen oder ihre Verbände • Krankenhaus	Ausbau der ambulanten Behandlung, z.B. HIV-Ambulanz
2004	GMG	95	Medizinisches Versorgungszentrum	Fachübergreifende, ambulante Versorgung	• Zulassung beim zuständigen Zulassungsausschuss	Krankenhäuser können MVZ gründen
2007	GKV-WSG	116b	Ambulante Behandlung im Krankenhaus	Vereinfachter Zugang zur ambulanten Behandlung im Krankenhaus	• Krankenkassen oder ihre Verbände • Krankenhaus	Ausbau der ambulanten Behandlung, insb. im Rahmen der IV

Disease Management

Bei vielen Krankheiten besteht der Behandlungsprozess aus zahlreichen Teilprozessen, die von unterschiedlichen Leistungsträgern verantwortet werden. Prävention, Diagnostik, Therapie, Rehabilitation und Pflege bilden ein System, das auf Vertragsärzte, Krankenhäuser, Rehabilitationseinrichtungen etc. aufgeteilt ist. Insbesondere bei Chronisch-Kranken sind die Prozessketten lang und dicht, wobei zahlreiche materielle und informationelle Relationen zwischen den Elementen bestehen. Die Systemkomplexität bei diesen Krankheiten kann dazu führen, dass die Elemente unabhängig voneinander agieren, wichtige medizinische Wechselwirkungen nicht beachtet werden und der Behandlungserfolg als Endpunkt der Systemkette suboptimal erreicht wird. Gerade chronische Erkrankungen benötigen deshalb ein strukturiertes und professionelles Management. Es sollte eine intensive Patientenschulung, Datenmanagement, Reminding für Untersuchungen und eine Lotsenfunktion umfassen.

Mit Disease Management bezeichnet man ein derartiges integriertes Versorgungsmanagement über den gesamten Verlauf einer Erkrankung. Prinzipiell wäre ein Disease Management für alle Krankheiten denkbar, es lohnt sich jedoch meist nur für chronische, leistungsintensive Erkrankungen, bei denen eine hohe Komplexität der Behandlung gegeben ist. Der Disease Manager sollte den kompletten Behandlungsprozess managen. Hierzu eignet sich insbesondere der Hausarzt. Disease Management umfasst jedoch regelmäßig eine Vernetzung der ambulanten und stationären Versorgung, d.h., auch Krankenhäuser sind ins Disease Management involviert.

Die hohe Komplexität der Behandlung impliziert, dass Disease Management ein strukturiertes und standardisiertes Vorgehen erfordert. Die Behandlungs- und Betreuungsprozesse müssen evidenzbasiert und auf der Grundlage der neuesten wissenschaftlichen Erkenntnisse und Leitlinien stehen. Dies erfordert auch die Schulung aller Beteiligten.

Disease Management Programme (DMP) stammen ursprünglich aus den USA und wurden im Jahr 2002 in das Sozialgesetzbuch (§§ 137f-g SGB V) eingeführt. Sie werden dort als strukturierte Behandlungsprogramme bei chronischen Krankheiten bezeichnet, wobei sich der volkstümliche Ausdruck Chronikerprogramme etabliert hat. Obwohl das SGB V nur für die GKV relevant ist und darüber hinaus auch „freie DMPs" mit dem Ziel einer Verbesserung des Behandlungsablaufs und der Qualität der medizinischen Versorgung Kranker gestaltet werden könnten, werden DMP und strukturierte Behandlungsprogramme nach §137f SGB V in Deutschland normalerweise gleichgesetzt.

In Deutschland sind zum Zeitpunkt der Drucklegung dieses Buches DMPs für Diabetes mellitus Typ 1 und 2, Brustkrebs, koronare Herzkrankheiten und chronisch-obstruktive Atemwegserkrankungen etabliert. Diese Krankheiten wurden ausgewählt, da eine hohe Zahl von Versicherten betroffen ist, der finanzielle Aufwand für ihre Behandlung hoch ist, evidenzbasierte Leitlinien existieren und die Versorgungsqualität u.a. durch sektorenübergreifende Zusammenarbeit erhöht werden kann. Das Verfahren zur Zulassung eines DMP ist ausführlich im Gesetz geregelt. Unter anderem ist eine Evaluierung der Wirtschaftlichkeit des DMP vorgeschrieben.

Die Teilnahme an einem DMP ist freiwillig. Die Krankenkassen können lediglich versuchen, mit Hilfe eines Bonus ihre Mitglieder zur Teilnahme zu bewegen. Die erste Zulassung eines DMP erfolgte im Februar 2003 (Brustkrebs). Seither bieten immer mehr Krankenkassen entsprechende Programme an. Allerdings ist eine flächendeckende Versorgung noch nicht erreicht. Die Leistungen der Krankenkassen unterscheiden sich durchaus, und nicht jede Kasse bietet alle DMPs an.

Vom Disease Management abzugrenzen ist das Fallmanagement (Case Management). Hier handelt es sich nicht um die generelle Steuerung eines standardisierten Behandlungsprozesses, sondern um eine Verfahrensweise, mit der dem Einzelfall eine bestmögliche Versorgung zukommt. Primär konzentriert sich das Case Management auf die Synchronisation der Akutversorgung im Krankenhaus mit den weiteren Gliedern der Versorgungskette, z.B. der Pflege und der Rehabilitation. Case Management zielt folglich auf die Förderung spezieller Einzelfälle durch einen Case Manager, während Disease Management einen leitliniengestützten Standard für alle Patienten einer bestimmten Krankheit beschreibt, von dem nur im begründeten Ausnahmefall abgewichen wird. Case Management ist folglich auch kein Ansatzpunkt der strategischen Autonomiepolitik, sondern ein Problem des operativen Work Flow.

Integrierte Versorgung

Der Begriff der Integrierten Versorgung (IV) kann unterschiedlich definiert werden. Eine Integrierte Versorgung im weiteren Sinne liegt vor, wenn Leistungserbringer kooperieren, wobei das Maß der Kooperation unterschiedlich sein kann. Einige Autoren sehen die sektorenübergreifende Versorgung als konstitutiv für die Existenz einer IV i.w.S. Demnach könnte ein Krankenhaus eine Einrichtung des ambulanten Sektors (z.B. eine Arztpraxis, ein Praxisnetz oder ein Medizinisches Versorgungszentrum) oder des Rehabilitationsbereiches als Integrationspartner wählen. Eine horizontale Kooperation wäre hingegen ausgeschlossen. Andere Autoren fordern zusätzlich eine hohe Interdisziplinarität der Leistungserstellung. Sowohl die Intersektoralität als auch die Interdisziplinarität implizieren eine intensive Kommunikation als weiteres, teilweise genanntes Charakteristikum der IV.

Umstritten ist, ob die Integrierte Versorgung einer eigenen Steuerung und einer Änderung der Organisation des Behandlungsablaufes bedarf. Einige Autoren sehen die Steuerung der Patienten- und Informationsflüsse nach Managementprinzipien als konstitutiv, während andere dies als Konsequenz einer IV, jedoch nicht als ihre Voraussetzung auffassen. Häufig wird gefordert, dass die bisherigen Behandlungspfade verändert werden, d.h. eine Organisationsänderung erfolgt. Andere sehen jedoch auch eine reine Finanzierungsänderung als ausreichend für eine IV.

Als Integrierte Versorgung im engeren Sinne werden Systeme definiert, die den Anforderungen des Sozialgesetzbuches an eine IV entsprechen. Das SGB V bestimmt, mit welchen Leistungserbringern die Krankenkassen IV-Verträge im Sinne der §§ 140a-140d des SGB V schließen dürfen. Eine Integrierte Versorgung i.e.S. liegt demnach vor, wenn entweder eine sektorenübergreifende oder eine ausschließlich interdisziplinäre Versorgung erfolgt, d.h., keines der oben genannten Kriterien ist für sich alleine konstitutiv für eine IV i.e.S. Die Integrierte Versorgung wird in § 140a SGB V als eine „verschiedene Leistungssektoren übergreifende Versorgung der Versicherten oder eine interdisziplinär-fachübergreifende Versorgung" definiert, wobei der letzte Teilsatz erst durch das GKV-Modernisierungsgesetz (2004) hinzugefügt wurde. Er ist von großer Bedeutung, da es nicht mehr notwendig ist, dass Leistungserbringer unterschiedlicher Sektoren Vertragspartner eines IV-Vertrages sind. Eine enge Verzahnung von Fachabteilungen eines Krankenhauses kann theoretisch ebenfalls als IV im Sinne des SGB V verstanden werden. Weiterhin sieht das Gesetz weder eine spezielle Steuerung noch eine Organisationsänderung als konstitutiv.

Die Krankenkassen können die IV-Verträge mit Ärzten, Medizinischen Versorgungszentren, Ärztenetzen, Krankenhäusern, Vorsorge- und Rehabilitationseinrichtungen, Trägern von ambulanten Rehabilitationseinrichtungen oder ähnlichen Einrichtungen sowie mit Managementgesellschaften abschließen. Mit der Einführung des GKV-WSG wird auch die Pflege (bzw. die Pflegeversicherung) künftig in die Integrierte Versorgung einbezogen. Explizit ausgenommen sind die Kassenärztlichen Vereinigungen. Sie spielen für die Integrierte Versorgung praktisch keine Rolle mehr. Sie haben ihre Berechtigung durch die ungleiche Machtverteilung zwischen dem einzelnen Vertragsarzt und den Krankenkassen. Bei einer IV hingegen treten die Leistungsanbieter gemeinsam als Partner auf und verhandeln über einen Zusatzvertrag. Es besteht deshalb auch kein Grund, hier eine zusätzliche Vereinigung einzuschalten.

In den IV-Verträgen verpflichten sich die Vertragspartner zu einer qualitätsgesicherten, wirksamen, ausreichenden, zweckmäßigen und wirtschaftlichen Versorgung der Versicherten. Sie kann indikationsübergreifend (z.B. für eine ganze Region) oder indikationsbezogen (z.B. Schlaganfall) sein. Die Krankenkassen bieten diese Versorgung ihren Mitgliedern an, wobei für die Mitglieder Wahlfreiheit besteht, ob sie daran teilnehmen möchten. Die meisten Kassen gewähren Vorteile, wenn ein Mitglied an der IV teilnimmt, z.B. durch den Verzicht auf die Praxisgebühr. Die Mitglieder haben damit sowohl einen monetären als auch einen qualitativen Vorteil durch die IV. Beispielsweise wurden IV-Verträge für Hüftendoprothesen abgeschlossen. Das beteiligte Krankenhaus garantiert eine deutlich geringere Wartezeit auf den OP-Termin, was von den meisten Patienten als sehr positiv bewertet wird. Der Nachteil ist unter Umständen eine gewisse Ungleichbehandlung von Patienten abhängig von ihrer Kassenwahl.

Der Vorteil für die Leistungsanbieter besteht darin, dass bei der IV eine Vergütung außerhalb der bestehenden Budgets vereinbart werden kann. Beispielsweise können somit Krankenhausleistungen, die vorher einem Mehrmengenausgleich unterlagen, herausgelöst und separat finanziert werden. Wie in Kapitel 2 diskutiert, darf ein Krankenhaus bei einer Überschreitung des vereinbarten Case Mix nur 35% des Entgeltes behalten. Durch eine Verlagerung der Leistungen aus dem Fallpauschalen-Budget in die IV kann das Krankenhaus hingegen das volle Entgelt verbuchen. Allerdings besteht die Gefahr, dass bei den Budgetverhandlungen der Case Mix entsprechend reduziert wird.

Für die Krankenkassen impliziert die IV zusätzliche Ausgaben, die durch eine Anschubfinanzierung refinanziert wurde. § 140d SGB V sah eine generelle Kürzung der Rechnungen der Krankenhäuser sowie der Budgets der Kassenärztlichen Vereinigungen um 1% in den Jahren 2004 bis 2006 vor (maximal 680 Mio. € jährlich). Aus diesem Volumen konnten IV-Verträge finanziert werden. Falls die Gelder nicht vollständig ausgeschöpft wurden, waren sie anteilig an die Krankenhäuser und KVs zurückzuerstatten. Dies implizierte, dass Krankenhäuser, die keine IV-Verträge abschließen, mit einer Erlöseinbuße rechnen müssen. Die Anschubfinanzierung wurde mit dem Vertragsarztrechtsänderungsgesetz sowie dem GKV-WSG (2007) verlängert, der gesetzliche Anspruch auf Rückerstattung der unverbrauchten Mittel aus der Anschubfinanzierung zur IV fiel weg. Das GKV-WSG (2007) sieht vor, dass die Anschubfinanzierung auf Verträge mit einer „bevölkerungsbezogenen Flächendeckung" beschränkt bleiben soll. Die exakte Definition dieses Terms steht bislang aus.

Erst dieser finanzielle Anreiz verbunden mit der bürokratischen Erleichterung der IV durch das GMG brachte eine erhebliche Ausweitung der Zahl der Verträge. Die gemeinsame Registrierungsstelle zur Unterstützung der Umsetzung des § 140 d SGB V (IV-Registrierungsstelle) gibt an, dass vom Dezember 2004 bis zum März 2007 die Zahl der Vertragsabschlüsse von 342 auf 3.498 stieg. Damit hatten 4.066.522 Versicherte Anspruch auf IV, das Volumen der Verträge belief sich auf 611 Mio. €. Bei 57,2% der IV-Verträge war ein Akutkrankenhaus der direkte bzw. einer der direkten Vertragspartner, wobei Kooperationen zwischen niedergelassenem Arzt und Krankenhaus bzw. zwischen Krankenhaus und Rehaklinik die häufigsten Formen sind. Im ersten Fall sind Krankenhäuser Teil eines Netzwerkes, für das ein Budget (z.B. für Darmkrebspatienten) ausgehandelt wird. Im letzten Fall sind Krankenhäuser meist nur mit einem oder wenigen nachgelagerten Leistungserbringern verbunden. Die Finanzierung erfolgt in diesem Fall meist auf Basis einer Komplexpauschale.

Eine Bewertung der bisherigen Erfolge der IV im Sinne des SGB V ist schwierig, da noch kein ausreichendes Datenmaterial vorliegt. Die Intention ist zweifelsohne richtig, und die Verlängerung der 1%-Abführung zur Finanzierung der IV-Verträge sorgt für ein nachhaltiges Interesse der Krankenhäuser an der IV. Für viele Krankenhäuser ist ein IV-Vertrag die leichteste Methode, ihre Erlösabzüge wiederzubekommen. Einige Krankenhausmanager nutzen den IV-Vertrag auch als Möglichkeit, Behandlungsfälle in die IV zu verlagern und somit einen Mehrmengenausgleich zu umgehen.

Von einer grundlegenden Änderung der Mentalität kann bislang aber nicht gesprochen werden. IV ist eine Makroinnovation, da sie das Selbstverständnis des Krankenhauses bzw. des Krankenhausmanagers herausfordert. Das Krankenhaus wird durch die IV ein Leistungserbringer unter anderen, verliert seine Primärrolle und soll insbesondere in Netzwerken eine stärker unterstützende Funktion haben. Dies wird zwar seit langem von der Weltgesundheitsorganisation und auch von der deutschen Politik gefordert, jedoch in der Praxis wenig umgesetzt. Deshalb scheint trotz der wachsenden Zahl der IV-Verträge die Sektorbrille unverändert den Blick auf das Gesundheitswesen zu färben. Eine Organisationsänderung steht gegenüber einer reinen Finanzalternative häufig im Hintergrund. Da Integration jedoch politisch hoch auf der Agenda steht, ist zu erwarten, dass in Zukunft weitere Schritte erfolgen werden, um diese Kooperation weiter voranzubringen. Dies kann mittelfristig auch zu einer Veränderung der Haltung der Krankenhausmanager führen.

Es sei hier abschließend erwähnt, dass auch die Desintegration bestehender Systeme eine betriebswirtschaftliche Herausforderung darstellt. Die Auflösung eines Integrierten Vertrages, die Privatisierung von Universitätskliniken mit der anschließenden Trennung von Krankenbehandlung und Lehre bzw. Forschung sowie die Übernahme von Teilen eines Unternehmens durch ein anderes stellen erhebliche Anforderungen an die Betriebsführung, die hier nicht weiter vertieft werden können, jedoch als Gegenteil der Integration im Rahmen der betrieblichen Autonomiepolitik zu beachten sind.

Ambulante Versorgung im Krankenhaus

Das Krankenhaus wurde in den Grundzügen der Krankenhausbetriebslehre als ein Gesundheitsbetrieb definiert, in dem Patienten mindestens eine Nacht verbringen. Die stationäre Aufnahme ist folglich konstitutiv für das Krankenhaus. Dies schließt jedoch nicht aus, dass Patienten auch ambulant behandelt werden. Tatsächlich sind die Ambulanzen in vielen Ländern essenzielle Bestandteile des Krankenhauses, deren Fallzahl die Betttage häufig übersteigt. In Deutschland entwickelt sich das Krankenhaus erst langsam zu einem Anbieter ambulanter Gesundheitsdienstleistungen.

Die Gründe hierfür sind vielschichtig. Erstens entspricht die stationäre Versorgung dem Selbstverständnis des Krankenhauses. Ambulante Dienste werden von Krankenhausärzten häufig noch als geringwertiger angesehen, obwohl dies faktisch sicherlich nicht so ist. Zweitens wird argumentiert, die ambulante Versorgung im Krankenhaus sei teurer als in der Arztpraxis. Vollkostenrechnungssysteme, die einen großen Teil der Gemeinkosten auf den ambulanten Krankenhausbereich zuschlüsseln, unterstützen dieses Vorurteil. Moderne Konzepte der ambulanten Versorgung im Krankenhaus können jedoch unter Umständen deutlich effizienter sein als die vertragsärztliche Versorgung, wie das Beispiel Holland zeigt. Drittens führt die Spaltung in jeweils einen Sektortopf für die ambulante und die stationäre Versorgung dazu, dass ambulant tätige Krankenhäuser in Konkurrenz mit den niedergelassenen Ärzten um dieselben Ressourcen kommen. Da sie gleichzeitig die Einweiser sind, können es sich Krankenhäuser nicht erlauben, in Konflikt mit ihnen zu geraten. Schließlich stellte das SGB V eine klare Grenze zwischen ambulanter und stationärer Versorgung auf, die erst in den letzten Jahren schrittweise aufgeweicht, aber noch lange nicht aufgelöst wurde.

Es gibt zahlreiche Varianten der Sektorenüberschreitung. Beispielsweise sind Belegärzte (§121 SGB V) im Krankenhaus für stationäre Patienten tätig. Allerdings handelt es sich hier nicht um eine ambulante Tätigkeit des stationären Sektors, sondern um eine stationäre Tätigkeit des niedergelassenen Vertragsarztes. Weiterhin besteht nach §115a SGB V die Möglichkeit der vor- und nachstationären Behandlung im Krankenhaus, wobei ebenfalls die Übernachtung entfällt. Hier liegt jedoch eine unmittelbar mit der stationären Leistung verknüpfte Behandlung vor, so dass sie nicht vollständig als ambulante Versorgung angesehen werden kann.

Eine ambulante Versorgung ohne direkten Bezug zu einer stationären Behandlung ist im Krankenhaus derzeit in folgenden Fällen möglich:

- Ambulantes Operieren im Krankenhaus: Das GSG (1993) führte mit dem §115b SGB V für Krankenhäuser die Möglichkeit ein, ambulante Operationen und stationsersetzende Eingriffe durchzuführen. Das Krankenhaus steht in einer direkten Konkurrenz zu den niedergelassenen Ärzten, die ebenfalls ambulant operieren.
- Ermächtigter Krankenhausarzt: Nach §116 SGB V ist der ermächtigte Krankenhausarzt neben seiner stationären Tätigkeit zur ambulanten vertragsärztlichen Versorgung ermäch-

tigt. Er erbringt Leistungen an GKV-Patienten und kann einen Honoraranspruch gegenüber der zuständigen Kassenärztlichen Vereinigung geltend machen. Darüber hinaus kann er privatärztliche Leistungen oder individuelle Gesundheitsleistungen (IGeL-Leistungen) für Kassenpatienten erbringen, die nicht Teil des Leistungskatalogs der gesetzlichen Krankenversicherung sind (z.B. Vorsorgeuntersuchungen). Eine Ermächtigung erfolgt insbesondere dann, wenn keine ausreichende Versorgung durch niedergelassene Vertragsärzte gegeben ist.
- Hochschulambulanz: Universitätskliniken müssen zur Aufrechterhaltung von Forschung und Lehre ambulante Leistungen erbringen, da nur eine ausreichende Zahl ambulanter Patienten eine Populationsbasis für Studien und praktischen Unterricht liefert. Dementsprechend sieht §117 SGB V die Ermächtigung einer Hochschulambulanz zur Erstellung ambulanter Leistungen vor. Äußerlich unterscheiden sich Hochschulambulanzen und ermächtigte Krankenhausärzte kaum. Formal gesehen erfolgt jedoch bei ersteren eine Institutionenermächtigung, bei letzteren eine Personenermächtigung.
- Ambulante Behandlung im Krankenhaus nach §116a SGB V: Krankenhäuser können eine institutionelle Zulassung zur ambulanten Versorgung in einem Fachgebiet erhalten, wenn eine Unterversorgung in diesem Fachgebiet festgestellt wird. Die Unterversorgung wird vom Landesausschuss der Ärzte und Krankenkassen festgestellt. Die Zulassung zur ambulanten Versorgung erlischt, wenn keine Unterversorgung mehr besteht.
- Ambulante Behandlung im Krankenhaus bei spezialisierten Leistungen nach §116b SGB V: Krankenhäuser können ambulante Leistungen erbringen, wenn diese entweder Teil eines strukturierten Behandlungsprogramms sind oder in der vertragsärztlichen Versorgung nicht effizient erbracht werden können. Letzteres ist der Fall für hoch spezialisierte Leistungen (z.B. CT/MRT-gestützte interventionelle schmerztherapeutische Leistungen) sowie bei seltenen Erkrankungen (z.B. HIV/AIDS).
- Psychiatrische Institutsambulanz: § 118 SGB V ermöglicht eine ambulante Leistungserbringung durch psychiatrische Einrichtungen und Fachabteilungen. Eine Zulassung ist hierfür nicht erforderlich.
- Medizinisches Versorgungszentrum: Das GKV-Modernisierungsgesetz ermöglichte es Krankenhäusern, selbständig MVZ zu gründen und damit ambulant tätig zu werden. Wegen ihrer steigenden Bedeutung wird dieser Bereich im nächsten Unterkapitel ausführlicher behandelt.

Die Vergütung der ambulanten Leistungen ist sehr unterschiedlich geregelt. Dies eröffnet Möglichkeiten der Erlösoptimierung, stellt aber auch Konfliktpotenzial mit den Vertragsärzten dar. § 120 SGB V bestimmt, dass die im Krankenhaus erbrachten ambulanten ärztlichen Leistungen der ermächtigten Krankenhausärzte und der ermächtigten ärztlich geleiteten Einrichtungen nach den für Vertragsärzte geltenden Grundsätzen aus der vertragsärztlichen Gesamtvergütung vergütet werden. Die Abrechnung erfolgt folglich in der Regel nach dem Einheitlichen Bewertungsmaßstab (EBM) gegenüber den Kassenärztlichen Vereinigungen. Dieselbe Regelung trifft auf das ambulante Operieren zu. Die Leistungen der Hochschulambulanzen, der psychiatrischen Institutsambulanzen und der sozialpädiatrischen Zentren hingegen werden unmittelbar von der Krankenkasse vergütet.

Der Einstieg in die ambulante Versorgung erfordert eine genaue betriebswirtschaftliche Analyse. Investitionskosten müssen mit zu erwartenden Erlösen und laufenden Kosten abgeglichen werden. Vor allem aber müssen die strategischen Konsequenzen bedacht werden. Das Angebot einer ambulanten Versorgung kann eine Verbesserung der Kundenbindung implizieren. Die Patienten gehen in ihr Krankenhaus, treffen auch in der Ambulanz ihre Ärzte, können auf dieselben Daten zurückgreifen und werden vollständig an das Haus gebunden. Auf der anderen Seite ist das Einweisungsverhalten der niedergelassenen Vertragsärzte von großer Wichtigkeit für Krankenhäuser. Ein Konflikt zwischen dem Krankenhaus und den Vertragsärzten, die insbesondere beim ambulanten Operieren ihr Budget teilen müssen, kann zu einer negativen Beeinflussung der Patienten führen und somit langfristig nachfrageschmälernd wirken. Die Öffnung zum ambulanten Bereich setzt deshalb auch eine intensive Kooperation mit den ambulant tätigen Ärzten voraus.

Medizinisches Versorgungszentrum

Das GKV-Modernisierungsgesetz (2004) erweiterte die vertragsärztliche Versorgung nach §95 SGB V (zugelassene Ärzte, ermächtigte Ärzte, ermächtigte ärztlich geleitete Einrichtungen) auf Medizinische Versorgungszentren (MVZ). Ein MVZ ist eine fachübergreifende ärztlich geleitete Einrichtung, in der Ärzte als Angestellte oder Vertragsärzte tätig sind. Es kann sich aller zulässigen Organisationsformen bedienen und von allen Leistungserbringern, d.h. auch von Krankenhäusern, gegründet werden. Der Behandlungsvertrag erfolgt nicht mit dem Arzt, sondern mit dem MVZ, das auch abrechnungstechnisch der Leistungserbringer ist.

Es gibt zwei Typen von Medizinischen Versorgungszentren. Ein Grundversorgungs-MVZ umfasst Arztgruppen, die die breite Versorgung der Bevölkerung abdecken. In der Regel arbeiten mehrere Allgemeinmediziner in einem Grundversorgungs-MVZ, die durch weitere Mediziner ergänzt werden (z.B. hausärztlicher Internist, Kinderarzt, Orthopäde, Gynäkologe). Ein Spezialisierungs-MVZ hingegen ist in der Regel indikationsbezogen, z.B. als Diabetes-MVZ. Hier würden beispielsweise Allgemeinmediziner, Diabetologen, Nephrologen, Gefäßchirurgen, Augenärzte, Diätassistenten, Fußpfleger und orthopädische Schuhmacher in einem MVZ zusammenarbeiten und die umfassende Betreuung der Diabetes-Patienten übernehmen. Das Grundversorgungs-MVZ benötigt einen geringeren Einzugsbereich als das Spezialisisierungs-MVZ, so dass es auch in Kleinstädten betrieben werden kann. Die Spezialisierungs-MVZ dürften tendenziell eher in Ballungszentren etabliert werden. Für die Versorgung dünn besiedelter, ländlicher Regionen ist das MVZ keine Alternative.

Die Orientierung an den Städten kommt auch im Begriff Poliklinik (polis = Stadt) zum Ausdruck. Die Polikliniken waren bis zur Wiedervereinigung der Standard der ambulanten Versorgung in der Deutschen Demokratischen Republik. Am 31.12.1989 gab es in der DDR 1.650 Polikliniken, während in der damaligen BRD keine einzige Poliklinik in diesem Sinne existierte. Der Vereinigungsvertrag sah zwar einen bedingten Schutz der Polikliniken vor, im Prinzip wurde jedoch auf die vertragsärztliche Versorgung nach westlichem Vorbild umgestellt. Dementsprechend sank die Zahl der Polikliniken in Deutschland bis zum 31.12.2003 auf 50, wobei alle Kliniken in Ostdeutschland waren. Das GMG brachte einen Boom an Medizinischen Versorgungszentren. Am 31.12.2006 gab es 666 MVZ mit 2.624 darin tätigen Ärzten, wovon 1.696 Ärzte in einem Anstellungsverhältnis waren. Im Durchschnitt arbeite-

5.5 Autonomiepolitik

ten 4 Ärzte in einem MVZ. 29% der MVZ waren in reiner Trägerschaft eines Krankenhauses, bei weiteren 2% war ein Krankenhaus beteiligt. Der überwiegende Anteil der MVZ, bei denen Krankenhäuser direkt beteiligt waren, wurde in der Rechtsform der GmbH geführt, während die MVZ ohne Krankenhausbeteiligung vor allem die Rechtsform der GbR hatten. Interessanterweise lag der Gründungsboom vor allem in Westdeutschland. In Bayern gab es 166 MVZ, in Nordrhein Westfalen 92 und in Hessen 54, wohingegen in den östlichen Bundesländern nur 34 (Berlin), 20 (Brandenburg), 9 (Mecklenburg-Vorpommern), 15 (Sachsen-Anhalt) und 28 (Thüringen) gezählt wurden. Eine Ausnahme stellte lediglich Sachsen mit 55 Einheiten dar. Über die Gründe der geringen Verbreitung in den Ursprungsländern der Polikliniken liegen keine gesicherten Ergebnisse vor.

Die Genehmigung zur Gründung eines MVZ wird erteilt, wenn die ärztliche Bedarfsplanung durch die Kassenärztliche Vereinigung dies zulässt, d.h., es muss eine unbesetzte Niederlassung geben. Die KV hat damit die Macht, die Gründung von MVZ zu verhindern. Krankenhäuser können unter Umständen sich um den Erwerb einer freiwerdenden Niederlassung bewerben, um den entsprechenden Marktanteil in ihr MVZ einzubringen.

Weiterhin muss ein MVZ mindestens zwei Facharztgruppen umfassen, d.h., die Zulassung setzt voraus, dass in einem Gebiet mindestens zwei Zulassungen unbesetzt sind. Das MVZ als Ausgründung des Krankenhauses ist deshalb regelmäßig nur in solchen Bereichen anzutreffen, die einen hohen Kapitalaufwand haben, so dass es insbesondere in dünn besiedelten Regionen keine ausreichende Nachfrage für selbständige Ärzte gibt. Das MVZ kann hingegen auf die bereits bestehende Infrastruktur des Krankenhauses zugreifen und vermeidet die Doppelanschaffung von teuren Geräten. Deshalb sind beispielsweise mehrere MVZ mit dem Schwerpunkt Strahlentherapie als Ausgliederung eines Krankenhauses gegründet worden. Ein Grundversorgungs-MVZ im Anhang eines Krankenhauses ist hingegen die Ausnahme.

Abb. 5.28 zeigt ein Beispiel für eine Integration der ambulanten, stationären und rehabilitativen Versorgung für Diabetiker. MVZ und Krankenhaus sind organisatorisch, personell und räumlich stark verzahnt. Im MVZ wird die vollständige ambulante Versorgung der Diabetiker sichergestellt, d.h., nicht nur Ärzte (Hausarzt, Diabetologe, Nephrologe, Augenarzt etc.) arbeiten im MVZ, sondern auch weiteres Fachpersonal, das die komplexe und umfassende Betreuung der Diabetiker sicherstellt. Hierzu zählen unter anderem ein Diätiker, ein Sporttherapeut und ein Fußpfleger. Benötigt der Patient einen stationären Aufenthalt, so stehen dem Krankenhaus bereits alle Daten zur Verfügung. Die behandelnden Ärzte sind weitgehend identisch, da entweder MVZ-Ärzte als Belegärzte im Krankenhaus oder Krankenhausärzte Teilzeit im MVZ arbeiten. An den stationären Aufenthalt schließt sich die ambulante Behandlung im MVZ bzw. eine Rehabilitation an, wobei ebenfalls auf gemeinsame Daten zugegriffen werden kann. Weiterhin haben alle drei Bereiche gemeinsame Zentraldienste, z.B. die Cafeteria oder die Kinderbetreuung während der Wartezeit bzw. während des Krankenhausaufenthaltes. Diese Dienste sind nur für alle Einrichtungen gemeinsam finanzierbar.

Die enge Zusammenarbeit von MVZ und Krankenhaus (und Reha) ist prinzipiell auf verschiedene Weisen möglich. Das Krankenhaus könnte einen Kooperationsvertrag mit einem bestehenden MVZ schließen. Allerdings ist bei derartigen Verträgen sehr detailliert zu regeln, welche Anteile der Kosten gemeinsamer Einrichtungen und Prozesse welchem Partner verrechnet werden müssen. Hier sind Auseinandersetzungen zu erwarten. Häufiger ist jedoch eine Konzernbildung oder Fusion. Abb. 5.28 gibt als Beispiel eine Holding für alle drei Einrichtungen vor. Ob ursprünglich das MVZ sich mit dem Krankenhaus zusammenschloss oder ob das Krankenhaus ein MVZ gründete, spielt hier keine Rolle mehr. Entscheidend ist, dass alle Partner gleichberechtigte Töchter derselben Holding sind. In diesem Fall ist auch eine innovative Finanzierung in Form eines gemeinsamen Budgets pro Patient, der sich in das Diabetesprogramm einschreibt, möglich. Modellvorhaben, Disease Management Programme oder insbesondere IV-Verträge stehen zur Wahl.

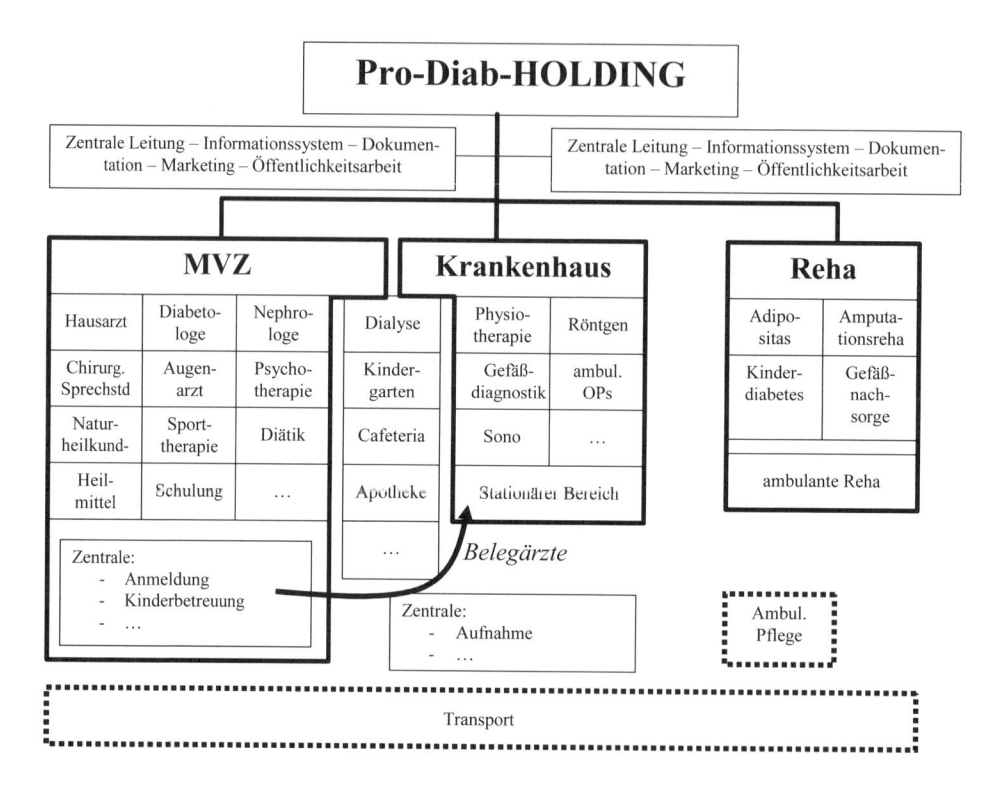

Abb. 5.28   MVZ und Krankenhaus

Zusammenarbeit mit der Touristikbranche

Disease Management, Integrierte Versorgung, Ambulante Versorgung im Krankenhaus und Medizinisches Versorgungszentrum sind Innovationen der Zusammenarbeit innerhalb der Gesundheitsbranche. Darüber hinaus können Krankenhäuser jedoch sinnvoll mit anderen Branchen kooperieren, insbesondere mit der Touristikbranche. Einerseits können Hotels und andere Touristikbetriebe Teilleistungen der Krankenhäuser übernehmen, andererseits können Krankenhäuser das touristische Programm um die Dimension der Prävention und Rehabilitation ergänzen.

Ein Beispiel für die erste Kooperationsform sind Krankenhäuser, die ihrem Kernbereich ein Hotel angegliedert haben, in dem Angehörige und teilweise auch Patienten während ihres Krankenhausaufenthalts wohnen. Das traditionelle Stationskonzept ging davon aus, dass der Patient immobil und vor allem betreuungsbedürftig ist, so dass er während seines gesamten Krankenhausaufenthaltes einer Betreuung durch die Pflege auf der Station bedarf. Tatsächlich sind die meisten Patienten jedoch mobil, entweder weil sie laufen können, oder weil sie sich mit modernen, selbst steuernden Transportfahrzeugen selbständig von ihrem Zimmer in die Behandlungsräume bewegen können. Eine Unterbringung in der traditionellen Station ist deshalb meist nur für kurze Zeit nötig. Anschließend kann der Patient im angeschlossenen Hotel wohnen. Hier sind sowohl die Kosten niedriger als auch die gefühlte Annehmlichkeit höher. Letzteres kann zum Teil auch daher rühren, dass die Patienten überwiegend nicht mehr von Pflegekräften, sondern von Hotelfachkräften versorgt werden. Ob ein Krankenhaus hierfür ein eigenes Hotel gründet oder mit Touristikunternehmen kooperiert, muss im Einzelfall betrachtet werden.

Krankenhäuser haben darüber hinaus das Potenzial, Dienstleistungen für die Touristikbranche anzubieten und somit deren Angebotsspektrum werbewirksam zu erweitern. Angesichts der demografischen Entwicklung wird der Produktionsfaktor menschliche Arbeit immer knapper, und die Gesellschaft sowie das Individuum müssen in den Erhalt der Arbeitskraft rechtzeitig investieren. Ein geringer Teil dieser Präventionsmaßnahmen wird von der gesetzlichen Krankenversicherung erfasst und den bisherigen Anbietern des Gesundheitswesens zugewiesen, z.B. Vorsorgeuntersuchungen zur sekundären Krebsprävention. Ein anderer Teil wird derzeit vollständig von der Touristikbranche abgedeckt. Meist handelt es sich um medizinisch fragwürdige Wellnessangebote unterschiedlichster Art. Es gibt jedoch eine Reihe von Dienstleistungen außerhalb der Regelleistungen, die von Touristikbetrieben nicht angeboten werden können. Hierzu zählen beispielsweise freiwillige Präventionsmaßnahmen wie z.B. ein vollständiger Herz-Kreislauf-Test mit Belastungs-EKG.

Der Kunde, der hier nicht mehr als Patient, sondern als Gast bezeichnet werden sollte, hat den Vorteil, dass er diese Krankenhausleistungen im Rahmen seines Urlaubs in entspannter Atmosphäre nachfragen kann. Er wohnt in einem angenehmen Hotel, genießt seinen Urlaub und verbringt nur wenige Stunden davon im Krankenhaus. Für das Krankenhaus stellen diese Leistungen zusätzliche Deckungsbeiträge dar, die gerade in Bereichen mit hohen Fix- und geringen variablen Kosten fast Gewinnen gleichkommen. Darüber hinaus sind Touristen keine Notfälle und gut planbar. Voraussetzung für eine derartige Dienstleistung ist allerdings, dass die Krankenhäuser die Touristen als Gäste, und nicht als leidende Patienten ansehen und ihr Verhalten im Umgang mit ihnen entsprechend anpassen.

Es bleibt abzuwarten, ob Krankenhäuser in Deutschland die Möglichkeiten der Zusammenarbeit mit der Touristikbranche nützen. In den Urlaubsgebieten, z.B. auf Usedom, gibt es bereits erste Ansätze hierfür.

5.5.2.3 Innovationskeimlinge

Als Innovationskeimling wurde ein Potenzial bezeichnet, das sich als neue Systemlösung in einer Nische entwickelt, jedoch während der synchronen Phase des alten Systemregimes nicht zur Standardlösung werden kann. Derzeit gibt es einige derartige Keimlinge im Gesundheitswesen, deren Existenz kaum auffällt, die jedoch im Falle einer weitergehenden Krise der bestehenden Problemlösungen richtungweisend sein können.

Eine derartige Innovation ist das Franchising im Gesundheitswesen. Unter Franchising versteht man ein Vertriebssystem, bei dem der Franchising-Geber dem Franchising-Nehmer die Nutzung des Markennamen sowie der Corporate Identity gegen Gebühr gestattet. Der Franchising-Vertrag kann die Nutzung des Namens und Logos, ein standardisiertes Betriebskonzept, einen gemeinsamen Datenpool, zentrale Werbung, zentrale Fortbildung sowie die Übernahme administrativer Aufgaben (Patientenverwaltung, Abrechnung,…) umfassen. Ist die Franchisingbeziehung sehr intensiv, so entsteht eine Quasi-Filialisierung, d.h., für den Kunden ist kaum zu erkennen, ob er seinen Bedarf in einer Filiale oder in einer rechtlich unabhängigen Unternehmung deckt.

Der Patient hätte von einem Franchising-System bei niedergelassenen Ärzten viele Vorteile. Die Franchisingmarke impliziert ein klares Qualitätsversprechen unabhängig vom Heimatstandort. Im Urlaub, auf Geschäftsreisen oder nach einem Wohnortswechsel kann er im Krankheitsfall stets darauf vertrauen, auf demselben Niveau behandelt zu werden wie zu Hause. Er müsste sich dann nicht mühsam einen Arzt suchen, sondern könnte in vertrauter Atmosphäre, mit der gleichen Einrichtung, demselben Datenbestand und denselben Abläufen weiterbehandelt werden. Gerade die Verfügbarkeit von Daten in anderen Orten ist unabhängig von der Konzeption der Gesundheitskarte ein großer Vorteil für den Patienten.

Der Arzt, der sich niederlassen möchte, kann durch den Franchising-Vertrag an einem eingeführten guten Namen, an einem Logo und anderen zentralen Dienstleistungen (z.B. Werbung) partizipieren. Er erhält Unterstützung beim Aufbau des Qualitätsmanagementsystems und der Administration. Unter Umständen impliziert das Franchising auch eine höhere Kreditwürdigkeit. Er erkauft dies allerdings mit dem Verlust an Autonomie. Bislang widerspricht in den Augen vieler Ärzte ein Franchising dem Standesbewusstsein als Freiberufler.

Franchising blieb bislang im Gesundheitswesens auf wenige Ausnahmen beschränkt. Innovationskeimlinge sind die Zahnarztpraxis McZahn, das Zentrum für Impf- und Reisemedizin ZIRM sowie die Discount-Apotheke von C. Richter. Sollte sich Franchising als Möglichkeit der Qualitätssicherung sowie des erleichterten Einstiegs für junge Mediziner, Apotheker etc. durchsetzen, so wären die Franchising-Geber auch wichtige Integrationspartner für Krankenhäuser. Es gibt auch keinen Grund, warum Krankenhäuser nicht selbst Marken entwickeln und über Franchising filialisieren sollten. Die Patienten würden es sicherlich begrüßen, wenn sie beispielsweise in einem Franchising-Netz der Charitè bestehend aus Hausärzten, Fachärzten, Pflegediensten, Krankenhäusern und Altenheimen vollständig betreut wären. Die Leistungsanbieter wären selbständig, aber das Qualitätsversprechen der Charitè stünde im Hintergrund.

Ein weiterer Innovationskeimling sind die mobilen Gesundheitsdienstleistungen, die sich insbesondere in dünn besiedelten Flächenstaaten entwickeln. Zum einen gibt es das Konzept der arztentlastenden Krankenpflege. Sie führt im Auftrag des Hausarztes Krankenbesuche durch, erfasst Daten und steht in ständiger Verbindung zum Arzt. Das Konzept zielt darauf, die absehbare hausärztliche Unterversorgung mancher Gebiete insbesondere in Ostdeutschland zu überwinden.

Die Pflegekraft ist dabei mit modernsten elektronischen Geräten ausgestattet. Hier bietet sich eine Zusammenarbeit mit dem Krankenhaus an. Die schwierige Interpretation der Daten könnte den Hausarzt überfordern und zumindest für die statistische Auswertung größere Bezugseinheiten verlangen. Eine Möglichkeit wäre es, wenn Krankenhäuser als Kompetenzzentren die Koordination dieser Tätigkeiten übernehmen würden.

Darüber hinaus wäre auch denkbar, dass Krankenhäuser dem absehbaren Fachärztemangel in den dünn besiedelten Regionen durch mobile Teams entgegenwirken. Beispielsweise könnten Fachärzte an größeren Krankenhäusern in regelmäßigen Abständen Krankenhäuser und niedergelassene Ärzte besuchen, deren Einzugsbevölkerung keine Vorhaltung des entsprechenden Facharztes erlaubt.

Derzeit besteht für die meisten dieser Innovationen keine Finanzierungsgrundlage. Der absehbare Ärztemangel in einigen Regionen sowie die demografische Entwicklung mit dem immer größer werdenden Anteil immobiler Menschen in der ländlichen Häuslichkeit erfordern jedoch innovative Lösungen. Krankenhäuser könnten hier als Innovationsgeneratoren und -promotoren eine wichtige Rolle übernehmen. Hierzu wäre es allerdings notwendig, das überkommene Denken in Branchen- und Sektorengrenzen zu überwinden und sich auf die Suche nach neuen Zielgruppen, unbefriedigten Bedürfnissen, Märkten und Problemlösungen zu machen.

5.5.3 Betriebswirtschaftliche Bewertung

Die Entscheidung über einen Unternehmenszusammenschluss muss mehrere Ziele und Nebenbedingungen berücksichtigen. Für viele Unternehmen ist die Aufrechterhaltung der Autonomie eine eigene Zieldimension, die nicht auf die langfristige Rentabilitätsmaximierung zurückgeführt werden kann. Sie sind bereit, auf Gewinnpotenziale zu verzichten, um sich eine größere Unabhängigkeit zu erhalten. Meist überwiegt jedoch das Ziel der Substanzerhaltung, d.h., Unternehmenszusammenschlüsse werden nur angestrebt, wenn die eigene Existenz gefährdet ist.

Eine weitere, nicht auf das Rentabilitätsziel zurückzuführende Dimension des betrieblichen Entscheidungsprozesses ist die Sicherheit. Jeder Zusammenschluss impliziert eine diachronische Phase, deren Endpunkt nicht mit Sicherheit anzugeben ist. Der Zusammenschluss erfordert eine strukturelle, personelle und kulturelle Integration, die die Gefahr des Scheiterns in sich trägt. Risikoscheue Unternehmer werden deshalb versuchen, längerfristige Bindungen an andere Unternehmen zu vermeiden und somit das Risiko zu reduzieren. Erst wenn das Gefährdungspotenzial der bestehenden Lösung als selbständiges Unternehmen höher ist als das Risiko eines Unternehmenszusammenschlusses, werden sie letzteren bevorzugen.

Eine dritte Dimension ist die soziale Verantwortung gegenüber den Patienten und Mitarbeitern. Gerade in dünn besiedelten Regionen erwirtschaften Krankenhäuser häufig nicht einmal eine Mindestrendite, die der marktüblichen Verzinsung entspricht. In diesem Fall können jedoch karitative Nonprofit Organisationen oder verantwortungsvolle Unternehmer trotzdem bereit sein, die Versorgung sicherzustellen.

Als wichtige Nebenbedingung ist das Kartellrecht zu nennen. Wird eine marktbeherrschende Stellung durch einen Zusammenschluss erreicht, so wird das Kartellamt den Zusammenschluss untersagen. Hierbei ist allerdings die Situation in Ballungsräumen und in dünn besiedelten Räumen zu unterscheiden. In größeren Städten stehen meist mehrere Krankenhäuser derselben Versorgungsstufe in Konkurrenz. Ein Unternehmenszusammenschluss reduziert damit möglicherweise zu Lasten der Patienten die Wahlmöglichkeit. In ländlichen Regionen hingegen haben Krankenhäuser häufig ein natürliches räumliches Monopol. Hier kann eine Fusion benachbarter Krankenhäuser kaum zu Nachteilen der Kunden führen. Trotzdem hat das Kartellamt derartige Fusionen bereits untersagt.

Im Folgenden werden Modelle zur betriebswirtschaftlichen Bewertung einer horizontalen und einer vertikalen Integration diskutiert. Das mehrdimensionale Zielsystem wird hierbei auf die Zielsetzung der Deckungsbeitragsmaximierung reduziert. Die anderen Ziele werden in verschiedenen Szenarien als Nebenbedingungen hinzugefügt (Zieldominanz). Die Grundlage hierfür ist das Modell der optimalen Leistungsprogrammplanung, das in Kapitel 2.2.2.4 diskutiert wurde.

5.5.3.1 Horizontale Integration

Das Modell zur Ermittlung des optimalen Leistungsprogramms (Kapitel 2.2.2.4) wird in der Regel zu dem Ergebnis führen, dass ein Akutkrankenhaus sich auf wenige Abteilungen und Fälle spezialisieren sollte. Unter der Voraussetzung, dass benachbarte Krankenhäuser zeitlich und räumlich erreichbar sind, entspricht dieses Vorgehen dem Rosinenpicken: Das optimierte Krankenhaus sucht sich die deckungsbeitragsstarken Fälle raus und überlässt den anderen Krankenhäusern diejenigen Fälle, die für es selbst nicht lukrativ sind. Falls sich jedoch alle Krankenhäuser nach diesem Muster verhalten, ist die Versorgung in einer Region gefährdet, da mit hoher Wahrscheinlichkeit nicht mehr alle DRGs abgedeckt werden.

Das folgende Modell setzt voraus, dass eine Region von s Krankenhäusern versorgt wird. Auch in Zukunft sollen sämtliche Fälle behandelt werden, d.h., der Versorgungsauftrag wird durch den Kooperationsverbund wahrgenommen. Weiterhin wird vereinfachend vorausgesetzt, dass die DRGs in allen Krankenhäusern denselben Abteilungen zugeordnet sind.

$$\sum_{j=1}^{n} c_{ijk} \cdot x_{jk} \leq k_{ik} \cdot K_{ik} \quad \text{für } i = 1..m; k = 1..s$$

$$x_{jk} \leq M \cdot \beta_{jk} \quad \text{für } j = 1..n; k = 1..s$$

$$x_{jk} \geq mm_j \cdot \beta_{jk} \quad \text{für } j = 1..n; k = 1..s$$

$$\sum_{j \in R_p} x_{jk} \leq M \cdot D_{pk} \quad \text{für } p = 1..b; k = 1..s$$

5.5 Autonomiepolitik

$$\sum_{j=1}^{n} x_{jk} \leq M \cdot DTotal_k \quad \text{für } k = 1..s$$

$$\sum_{k=1}^{s} x_{jk} = B_j \quad \text{für } j = 1..n$$

$$Z = \sum_{k=1}^{s}\sum_{j=1}^{n}(d_j - a_{jk}) \cdot x_{jk} - \sum_{k=1}^{s}\sum_{j=1}^{n} FD_{jk} \cdot \beta_{jk} - \sum_{k=1}^{s}\sum_{p=1}^{b} FA_{pk} \cdot D_{pk}$$

$$- \sum_{k=1}^{s} FK_k \cdot DTotal_k - \sum_{k=1}^{s}\sum_{i=1}^{m} w_{ik} \cdot K_{ik} \to Max!$$

mit den Strukturvariablen

x_{jk}	Anzahl der behandelten Patienten in DRG j in Krankenhaus k, j=1..n; k=1..s; ganzzahlig
K_{ik}	Einheiten von Ressource i in Krankenhaus k, i=1..m; k=1..s
β_{jk}	$= \begin{cases} 1 & \textit{falls DRG j im Leistungsprogramm von Krankenhaus k} \\ 0 & \textit{sonst} \end{cases}$, j=1..n; k=1..s
D_{pk}	$= \begin{cases} 1 & \textit{falls Abteilung p in Krankenhaus k eröffnet} \\ 0 & \textit{sonst} \end{cases}$, p=1..b; k=1..s
$DTotal_k$	$= \begin{cases} 1 & \textit{falls Krankenhaus k eröffnet} \\ 0 & \textit{sonst} \end{cases}$, k=1..s

und den Konstanten

k_{ik}	Kapazität pro Einheit der Ressource i in Krankenhaus k, i=1..m; k=1..s
c_{ijk}	Verbrauch der Ressource i einer Einheit der DRG j in Krankenhaus k, j=1..n; i=1..m; k=1..s
d_j	Entgelt für DRG j; j=1..n
a_{jk}	Direkte Kosten für einen Fall in DRG j in Krankenhaus k; j=1..n; k=1..s
n	Zahl der DRGs
mm_j	Mindestmengenanforderung an DRG j; j=1..n
M	$M \in \mathbb{N}, \textit{mit } M > \sum_{j=1}^{n}\sum_{k=1}^{s} x_{jk}$
b	Zahl der Abteilungen
R_p	Menge aller DRGs, die in Abteilung p behandelt werden; p=1..b
FD_{jk}	DRG-spezifische Fixkosten in Krankenhaus k, j=1..n; k=1..s
FA_{pk}	Abteilungsfixkosten von Abteilung p in Krankenhaus k, p=1..b; k=1..s
FK_k	Krankenhausfixkosten in Krankenhaus k; k=1..s
B_j	Zahl der Patienten mit DRG j, j=1..n
w_{ik}	Kosten einer Einheit von Ressource i in Krankenhaus k, i=1..m; k=1..s

Die letzte Nebenbedingung garantiert die Erfüllung des Versorgungsauftrages im Verbund.

Für ein Modell der horizontalen Kooperation mit s Krankenhäusern, n DRGs und m Kapazitäten ergeben sich s·(n+b+1) binäre und s·(n+m) ganzzahlige Variablen. Damit ist verständlich, dass realistische Anwendungen erst seit wenigen Jahren überhaupt rechenbar sind. Noch immer handelt es sich um Modelle, die mehrere Tage bis Wochen rechnen werden. Da es sich jedoch bei Kooperationen um strategische Entscheidungen handelt, ist dies kein Hindernis.

Fallbeispiel

Dieses Modell soll im Folgenden mit Hilfe eines einfachen Beispiels erläutert werden. Hierzu werden zwei Krankenhäuser in derselben Region betrachtet, die sich den Markt teilen. Zur Illustration sollen lediglich fünf DRGs betrachtet werden, wobei DRG 1 und 2 Fallklassen der Inneren Medizin und DRG 3, 4 und 5 Fallklassen der Chirurgie sind. Tab. 5.9, Tab. 5.10 und Tab. 5.11 geben die Parameter der Ausgangslage ohne Kooperation oder Optimierung vor. Tab. 5.12sowie Tab. 5.13 zeigen für jedes Krankenhaus die Deckungsbeitragsrechnung in der Ausgangslage.

Tab. 5.9 Kapazitäten und Kapazitätsbedarf der Krankenhäuser X und Y

Krankenhaus	Ressource	Kapazität	Kapazitätsbedarf pro Fall in DRG				
			1	2	3	4	5
X	Pflegeminuten	70000	120	20	70	40	200
	Arztminuten	3000	3	6	8	7	8
Y	Pflegeminuten	36000	100	30	90	70	190
	Arztminuten	2000	2	12	12	4	8

Tab. 5.10 DRG-Daten Krankenhaus X und Y

	DRG	Patientenzahl (Basis)	Erlöse pro Patient [€]	Direkte Kosten pro Patient [€]
Krankenhaus X	1	100	3.000	500
	2	150	4.000	200
	3	100	5.000	100
	4	50	2.500	1.500
	5	81	3.000	1.000
Krankenhaus Y	1	50	3.000	1.000
	2	80	4.000	1.000
	3	50	5.000	600
	4	25	2.500	1.000
	5	16	3.000	900

5.5 Autonomiepolitik

Tab. 5.11 Fixkosten Krankenhaus X und Y [€]

	Abteilungsfixkosten		Krankenhausfixkosten
	Innere Medizin	Chirurgie	
Krankenhaus X	500.000	800.000	300.000
Krankenhaus Y	150.000	400.000	200.000

Tab. 5.12 Deckungsbeitragsrechnung der Ausgangslage von Krankenhaus X [€]

	DRG 1	DRG 2	DRG 3	DRG 4	DRG 5
Erlöse	300.000	600.000	500.000	125.000	243.000
- Direkte Kosten	50.000	30.000	10.000	75.000	81.000
= Deckungsbeitrag I	250.000	570.000	490.000	50.000	162.000
- Stationskosten		500.000		800.000	
= Deckungsbeitrag II		320.000		-98.000	
- Krankenhausfixkosten			300.000		
= Gewinn/Verlust			-78.000		

Tab. 5.13 Deckungsbeitragsrechnung der Ausgangslage von Krankenhaus Y [€]

	DRG 1	DRG 2	DRG 3	DRG 4	DRG 5
Erlöse	150.000	320.000	250.000	62.500	48.000
- Direkte Kosten	50.000	80.000	30.000	25.000	14.400
= Deckungsbeitrag I	100.000	240.000	220.000	37.500	33.600
- Stationskosten		150.000		800.000	
= Deckungsbeitrag II		320.000		-108.900	
- Krankenhausfixkosten			200.000		
= Gewinn/Verlust			-118.900		

In der gesamten Region werden 150 Patienten mit DRG 1, 230 Patienten mit DRG 2, 150 Patienten mit DRG 3, 75 Patienten mit DRG 4 und 97 Patienten mit DRG 5 versorgt. Der Verlust beträgt 196.900 € für beide Krankenhäuser.

Ausgehend von der Annahme, dass jedes Krankenhaus sich spezialisieren kann und unabhängig von dem anderen Krankenhaus ausreichend Patienten akquirieren kann, wird im Folgenden für jedes Krankenhaus ein optimales Leistungsprogramm entwickelt und unabhängig voneinander berechnet, d.h., die letzte Nebenbedingung wird nicht berücksichtigt. Tab. 5.14 und Tab. 5.15 zeigen die Ergebnisse.

Tab. 5.14 Deckungsbeitragsrechnung der Spezialisierung von Krankenhaus X [€]

	DRG 1	DRG 2	DRG 3	DRG 4	DRG 5
Zahl der Patienten	544	228			
Erlöse	1.632.000	912.000	0	0	0
- Direkte Kosten	272.000	45.600	0	0	0
= Deckungsbeitrag I	1.360.000	866.400	0	0	0
- Stationskosten	500.000			0	
= Deckungsbeitrag II	1.726.400			0	
- Krankenhausfixkosten			300.000		
= Gewinn/Verlust			1.426.400		

Tab. 5.15 Deckungsbeitragsrechnung der Spezialisierung von Krankenhaus Y [€]

	DRG 1	DRG 2	DRG 3	DRG 4	DRG 5
Zahl der Patienten	326	111			
Erlöse	978.000	444.000	0	0	0
- Direkte Kosten	326.000	111.000	0	0	0
= Deckungsbeitrag I	652.000	333.000	0	0	0
- Stationskosten	150.000			0	
= Deckungsbeitrag II	835.000			0	
- Krankenhausfixkosten			200.000		
= Gewinn/Verlust			635.000		

Die reine Rosinenpickerei führt zu einer Versorgung von 870 Patienten von DRG 1 und 339 Patienten von DRG 2, während keine chirurgische Fachabteilung (DRGs 3, 4, 5) eröffnet wird. Das Betriebsergebnis für beide Häuser steigt von einem Verlust von 196.900 € auf einen Gewinn von 2.061.400 €. Die Versorgungssicherheit ist allerdings nicht mehr gewährleistet.

Berechnet man das obige Modell unter Berücksichtigung der letzten Nebenbedingung

$$\sum_{k=1}^{s} x_{jk} = B_j \quad \text{für} \quad j = 1..n,$$

so bleibt die Versorgungssicherheit gewährleistet. Krankenhaus X behandelt 150 Patienten von DRG 1, 230 Patienten von DRG 2 und 146 Patienten von DRG 3. Es eröffnet beide Fachabteilungen. Krankenhaus Y nimmt nur chirurgische Fälle auf (4 Fälle von DRG 3, 75 Fälle von DRG 4 und 97 Fälle von DRG 5). Das Krankenhaus X macht mit diesem Modell einen Gewinn von 364.000 €, während Krankenhaus Y einen Verlust von 266.200 € erwirtschaftet. Damit liegt das Gesamtergebnis für beide Häuser bei 97.800 €.

Tab. 5.16 kontrastiert die Kooperation und die ursprüngliche Situation. Es stellt sich die Frage, unter welchen Umständen Krankenhaus Y bereit ist, sich auf diese Kooperation einzulassen. Zweifelsohne darf der Verlust bei Kooperation nicht höher sein als ohne Kooperation, d.h., Krankenhaus X muss mindestens 147.300 € (266.200 € - 118.900 €) an Krankenhaus Y

5.5 Autonomiepolitik

als Kompensation bezahlen, damit Krankenhaus Y der Kooperation beitritt. Die Marke von 147.300 € ist ein Entscheidungswert für Krankenhaus Y.

Eine Kompensation in dieser Höhe impliziert, dass Krankenhaus X gegenüber der Ausgangssituation einen Vorteil von 294.700 € hat. Es wäre deshalb fair, wenn Krankenhaus Y an diesem, allein auf der Kooperation beruhenden Vorteil des Krankenhauses X partizipieren könnte. Eine Möglichkeit eines Arbitriumwertes wäre die Vorteilsteilung, d.h., Krankenhaus Y würde zusätzlich zu dem Betrag von 147.300 € noch die Hälfte von 294.700 €, d.h. insgesamt 294.650 € von Krankenhaus X erhalten. Krankenhaus Y könnte mit dieser Vorteilsteilung einen Gewinn von 28.450 € erzielen, während Krankenhaus X immer noch einen Gewinn von 69.350 € hätte.

Eine weitere Möglichkeit wäre, den Vorteil von Krankenhaus X anteilig nach dem Case-Mix aufzuteilen. Da die Erlöse proportional zum Case-Mix sind, kann auch der Erlösquotient (2.100.000 € zu 498.500 € bzw. 80,82% zu 19,18%) als Aufteilungsmaß herangezogen werden. Danach würde Krankenhaus Y neben den 147.300 € noch eine Zahlung von 19,18% des Vorteils von Krankenhaus Y nach der Kompensation zustehen, d.h. 19,18% von 294.700 € (=56.536 €). Krankenhaus X würde damit einen Gewinn von 160.164 € erzielen, während Krankenhaus Y einen Verlust von 62.364 € erleiden müsste. Es ist allerdings fraglich, ob das Krankenhaus auf Dauer einen Verlust kompensieren kann. Deshalb liegt ein realistischer Arbitriumwert der Zahlung von Krankenhaus X zu Krankenhaus Y zwischen € 266.200 € und 294.650 €.

Tab. 5.16 *Gewinn bzw. Verlust beim Basisszenario und Kooperation [€]*

	Krankenhaus X	Krankenhaus Y	Summe
Basisszenario	-78.000	-118.900	-196.900
Kooperation	364.000	-266.200	97.800

An diesem Beispiel lässt sich zeigen, dass die Optimierung des Gesamtsystems mit anschließender Verhandlung zwischen den Krankenhäusern eine gesamtwirtschaftlich wünschenswerte Lösung erzeugt. Rechnet man das obige LP mit der Nebenbedingung, dass der Verlust von Krankenhaus Y auf 118.900 € beschränkt wird, ergibt sich für Krankenhaus X ein Gewinn von 197.800 € und für Krankenhaus Y ein Verlust von 116.600 €, d.h. zusammen ein Gewinn von 81.200 €. Der angestrebte Wert von 118.900 € kann wegen der Forderung der Ganzzahligkeit nicht erreicht werden. Der gesellschaftliche Nutzen sinkt von 97.800 € auf 81.200 € ab. Krankenhäuser sollten folglich im räumlichen Verbund ihre Leistungsprogramme optimieren und anschließend Zahlungen zum Ausgleich von Nachteilen vereinbaren.

5.5.3.2 Vertikale Integration

Ein großer Anteil der IV-Verträge wurde zwischen Akutkrankenhäusern und Rehabilitationskliniken geschlossen. Das folgende Modell optimiert die Schnittstelle zwischen beiden Einrichtungen. Es geht davon aus, dass der einrichtungsübergreifende Behandlungspfad keine medizinisch eindeutig definierte Schnittstelle besitzt. Vielmehr können Behandlungsteilprozesse der Frührehabilitation sowohl im Akutkrankenhaus als auch in der Rehabilitationsklinik durchgeführt werden. Abb. 5.29 zeigt, dass der erste Teilprozess ausschließlich im Akutkrankenhaus abgearbeitet werden kann. Der letzte Teilprozess (h) ist nur in der Rehaklinik möglich. Die Teilprozesse zwei bis (h-1) können hingegen sowohl im Akutkrankenhaus als auch in der Rehaklinik durchgeführt werden. Für jeden Teilprozess fallen bestimmte Kosten und Erlöse an. Als Kosten werden lediglich die direkt zurechenbaren, variablen Kosten verrechnet, die Vorhaltekosten (inklusive Personal) werden nicht den einzelnen Fällen zugerechnet. In der Reha werden noch immer tagesgleiche Pflegesätze entgolten, so dass die Erlöse pro Teilprozess proportional zur Verweildauer in einem Teilprozess der Reha sind. Die Erlöse im Krankenhaus hängen hingegen davon ab, ob die durchschnittliche Verweildauer erreicht wird. Ein Teilprozess wird so definiert, dass er genau an der durchschnittlichen Verweildauer endet. Für alle vorgelagerten Teilprozesse erfolgt ein Abschlag, für alle nachgelagerten ist das Entgelt konstant.

Rehaklinikum: y_n^2, y_n^3, $y_n^{...}$, y_n^{h-1}, y_n^h

Akutkrankenhaus: x_n^1, x_n^2, x_n^3, $x_n^{...}$, x_n^{h-1}

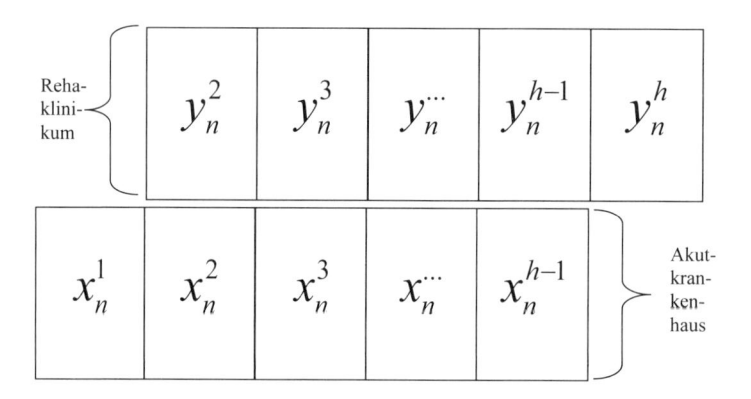

Abb. 5.29 Parallele Teilprozesse im Akutkrankenhaus und Rehaklinikum

Der optimale Verlegungszeitpunkt aus Sicht des Akutkrankenhauses und der Rehaklinik wäre einfach durch eine Alternativenrechnung zu ermitteln (Verlegung nach Teilprozess I, II, III, IV oder V), wenn die Patienten der DRG n nicht gleichzeitig dieselben Ressourcen verwenden würden wie die anderen Patienten des Krankenhauses bzw. der Reha. Ein Teilprozess führt folglich zu Opportunitätskosten in Höhe verlorener Erlöse für eine alternative Kapazitätsverwendung. Die Höhe dieser Opportunitätskosten hängt hierbei von der Auslastung der Einrichtungen ab. Das folgende Modell abstrahiert von den stufenfixen Kosten der Abteilungsbildung sowie von den Mindestmengenbeschränkungen, wie sie im Modell der horizontalen Integration dargestellt wurden.

5.5 Autonomiepolitik

$$\sum_{j=1}^{n-1} k\_c_{ij} \cdot x_j + \sum_{g=1}^{h-1} k\_c_i^g \cdot x_n^g \leq K_{i1} \quad \text{für } i = 1..m$$

$$\sum_{j=1}^{r-1} r\_c_{ij} \cdot y_j + \sum_{g=2}^{h} r\_c_i^g \cdot y_r^g \leq K_{i2} \quad \text{für } i = 1..m$$

$$x_n^{g+1} \leq x_n^g \quad \text{für } g = 1..h-2$$

$$y_r^{g-1} \leq x_r^g \quad \text{für } g = 3..h$$

$$x_n^g + y_r^g = x_n^1 \quad \text{für } g = 2..h-1$$

$$Z = \sum_{j=1}^{n-1} (d_j - k\_a_j) \cdot x_j + \sum_{g=1}^{h-1} \left(d_n^g - k\_a_n^g \right) \cdot x_n^g +$$

$$\sum_{j=1}^{r-1} (ps - r\_a_j) \cdot pf_j \cdot y_j + \sum_{g=l+1}^{h} (ps - r\_a_r^g) \cdot pf_r^g \cdot y_r^g \rightarrow \text{Max!}$$

mit den Strukturvariablen

x_j	Anzahl der behandelten Patienten im Akutkrankenhaus in DRG j, j=1..n-1; ganzzahlig
y_j	Anzahl der behandelten Patienten in der Reha in Fallklasse j, j=1..r-1; ganzzahlig
x_n^g	Anzahl der behandelten Patienten im Akutkrankenhaus der reha-pflichtigen DRG n im Teilprozess g, g=1..h-1
y_r^g	Anzahl der behandelten, übergeleiteten Patienten in der Reha im Teilprozess g, g=2..h

und den Konstanten

k_c_{ij}	Verbrauch der Ressource i einer Einheit der DRG j im Akutkrankenhaus, j=1,..,n-1; i=1,..,m
r_c_{ij}	Verbrauch der Ressource i einer Einheit der Fallklasse j in der Reha, j=1,..,r-1; i=1,..,m
$k\_c_i^g$	Verbrauch der Ressource i einer Einheit der reha-pflichtigen DRG n im Teilprozess g im Akutkrankenhaus, i=1,..,m; g=1,..,h-1
$r\_c_i^g$	Verbrauch der Ressource i einer Einheit der übergeleiteten Fallklasse r im Teilprozess g in der Reha, i=1,..,m; g=2,..,h
d_j	Entgelt für DRG j; j=1,..,n-1
d_n^g	Entgelt im Akutkrankenhaus für DRG n, wenn Teilprozess g abgeschlossen ist. g=1,..,h-1
pf_j	Zahl der Pflegetage, die das Rehaklinikum für einen Patienten mit Fallklasse j abrechnen kann; j=1,..,r
pf_n^g	Zahl der Pflegetage, die das Rehaklinikum für Reha-Teilprozess g abrechnen kann; g=2,..,h
ps	Pflegesatz
$k\_a_n^g$	Direkte Kosten für Teilprozess g der DRG n im Akutkrankenhaus, g=1,..,h-1
$r\_a_r^g$	Direkte Kosten für einen Pflegetag der Fallklasse r in Teilprozess g in Rehaklinik, g=2,..,h

k_a_j	Direkte Kosten für einen Fall in DRG j im Akutkrankenhaus; j=1,..,n-1
r_a_j	Direkte Kosten für einen Pflegetag in Fallklasse j in der Reha, j=1,..,r-1;
n	Zahl der DRGs im Krankenhaus
r	Zahl der Fallklassen in der Reha
	Zuordnungsvorschrift: n → r
h	Zahl der Phasen der integrierten Versorgung von DRG n (im Krankenhaus) bzw. Fallklasse r (in der Reha)
K_{ik}	Gesamtkapazität der Ressource i in Einrichtung k, i=1,..,m; k∈{Akutkrankenhaus, Reha}

Die Nebenbedingungen

$$x_n^{g+1} \leq x_n^g \quad \text{für} \quad g = 1..h-2$$

$$y_r^{g-1} \leq x_r^g \quad \text{für} \quad g = 3..h$$

stellen sicher, dass Patienten in einer Einrichtung immer den vollständigen Pfad bis zur Überleitung aus dem Krankenhaus bzw. Entlassung aus der Reha durchlaufen. Verlegungen aus anderen Krankenhäusern bzw. Rehakliniken sind nicht berücksichtigt. Die Nebenbedingung

$$x_n^g + y_r^g = x_n^1 \quad \text{für } g = 2..h-1$$

garantiert, dass jeder Patient alle Teilprozesse durchläuft.

Fallbeispiel

Das folgende, stark vereinfachte Fallbeispiel definiert für das Akutkrankenhaus zwei DRGs, wobei lediglich Fälle der DRG 2 sowohl einer Akutbehandlung als auch einer Rehabilitation bedürfen. Die Patienten der DRG 2 müssen den Teilprozess 1 im Akutkrankenhaus durchlaufen, die Teilprozesse 2 bis 5 können jedoch sowohl im Krankenhaus als auch in der Rehaklinik erfolgen. Eine Rückverlegung sei ausgeschlossen. Der sechste Teilprozess des Behandlungspfades sei allein in der Rehaklinik möglich. In der Rehaklinik sei eine weitere Fallklasse definiert. Tab. 5.17, Tab. 5.18 und Tab. 5.19 geben die Basisdaten wieder.

Tab. 5.17 Kapazitäten (Beispiel vertikale Integration)

Einrichtung	Ressource	Kapazität	Kapazitätsbedarf pro Fall					
			andere Fälle	Rehabilitationsfall – Teilprozess				
				1	2	3	4	5	6
Akutkrankenhaus	Pflegeminuten	70.000	100	100	20	30	40	20	-
	Arztminuten	3.000	10	8	6	8	7	8	-
Rehaklinik	Pflegeminuten	36.000	120	-	100	30	90	70	190
	Arztminuten	2.000	15	-	2	12	12	4	8

5.5 Autonomiepolitik

Tab. 5.18   Erlöse und Kosten des Akutkrankenhauses (Beispiel vertikale Integration) [€]

	Leistung	Erlöse pro Patient pro Phase	Direkte Kosten pro Patient
Akutkrankenhaus	andere DRGs	3.000	500
	Teilprozess 1	2.000	500
	Teilprozess 2	250	50
	Teilprozess 3	350	50
	Teilprozess 4	0	50
	Teilprozess 5	0	60

Tab. 5.19   Erlöse und Kosten in der Rehaklinik (Beispiel vertikale Integration) [€]

	Leistung	Pflegesatzerlöse	Direkte Kosten pro Patient
Rehaklinik	andere Fälle	12000	2000
	Teilprozess 2	1600	100
	Teilprozess 3	1300	300
	Teilprozess 4	2200	200
	Teilprozess 5	1700	200
	Teilprozess 6	7500	1500

Die mittlere Verweildauer ist im Akutkrankenhaus nach Teilprozess 3 erreicht. Für die Teilprozesse 1 und 2 muss ein Erlösabschlag hingenommen werden, für die Teilprozesse 4 und 5 gibt es keine zusätzlichen Erlöse. Es sei angenommen, dass das Akutkrankenhaus 10 Patienten in der Periode der reha-pflichtigen DRG aufnehmen muss. Optimiert das Akutkrankenhaus ohne Rücksicht auf die Rehabilitationsklinik ihr Leistungsprogramm, so nimmt es diese 10 Patienten für die minimale Zeit auf, d.h., die reha-pflichtigen Patienten werden nach dem ersten Teilprozess entlassen. Diese Belegungspolitik ist allerdings davon abhängig, wie hoch die Nachfrage von Patienten anderer DRGs ist. Tab. 5.20 zeigt die Auswirkungen der Beschränkung der Patientenzahl der DRG 1.

Tab. 5.20   Sensitivität des Akutkrankenhauses auf Nachfrageschwankung

Maximale Zahl von Patienten in DRG 1	Leistungsprogramm bzgl. reha-pflichtiger DRG
≤ 278	Die 10 Patienten der reha-pflichtigen DRG werden vollständig für die Teilprozesse 1, 2 und 3 im Krankenhaus behalten.
280	Von den 10 aufgenommenen Patienten wird einer nach Teilprozess 1, ein Patient nach Teilprozess 2 und acht Patienten nach Teilprozess 3 an die Reha abgegeben
290	Von den 10 aufgenommenen Patienten werden acht nach Teilprozess 1, ein Patient nach Teilprozess 2 und ein Patient nach Teilprozess 3 an die Reha abgegeben
≥ 292	Alle Patienten werden nach Teilprozess 1 an die Reha abgegeben.

Tab. 5.21 zeigt die das Ergebnis einer Optimierung des Leistungsprogramms der Rehaklinik unabhängig vom Akutkrankenhaus. Es wurde angenommen, dass spätestens für den letzten Teilprozess 10 Patienten aufgenommen werden müssen. Es zeigt sich, dass die Rehaklinik die Patienten bei obigen Daten möglichst spät bekommen möchte, d.h. nach der fünften Pha-

se. Diese Aussage ist jedoch von der Nachfrage der anderen Fallklassen abhängig. Wenn die Nachfrage sinkt, reduzieren sich die Opportunitätskosten und damit steigt die Bereitschaft, die Fälle aus dem Akutkrankenhaus frühzeitig zu übernehmen.

Tab. 5.21 Sensitivität der Rehaklinik auf Nachfrageschwankung

Maximale Zahl von Patienten in Fallklasse 1	Leistungsprogramm
108	Alle Patienten werden in Teilprozess 2 aufgenommen
110	Neun Patienten werden in Teilprozess 2 aufgenommen, ein Patient zusätzlich in Teilprozess 6
115	Fünf Patienten werden in Teilprozess 2 aufgenommen, zwei Patienten zusätzlich in Teilprozess 4, drei zusätzlich in Teilprozess 6
120	Drei Patienten werden in Teilprozess 2 aufgenommen, sieben zusätzlich in Teilprozess 6
125	Zehn Patienten werden in Teilprozess 5 aufgenommen
128	Alle Patienten werden in Teilprozess 6 aufgenommen

Ohne feste Kooperation werden Akutkrankenhaus und die Rehaklinik tendenziell versuchen, die Patienten möglichst kurz in ihren Einrichtungen zu halten, es sei denn, dass die Kapazitäten nicht ausgelastet sind. Eine Optimierung ohne Berücksichtigung der anderen Fallklassen bzw. DRGs ist damit unmöglich. Eine Einzelbetrachtung schließt nicht aus, dass bestimmte Teilprozesse weder von dem Akutkrankenhaus noch von der Rehaklinik angeboten werden. Damit ist eine Gesamtbetrachtung notwendig, die im obigen Modell in der Gleichung

$$x_n^g + y_r^g = x_n^1 \quad \textit{für } g = 2..h-1$$

zum Ausdruck kommt. Sie garantiert, dass der Patient den kompletten Behandlungspfad durchläuft. Der Gesamtdeckungsbeitrag für die Kooperation soll maximiert werden.

Die optimale Lösung führt zu einem Deckungsbeitrag von 1.325.000 € für die Rehaklinik und einem Deckungsbeitrag von 697.500 € für das Akutkrankenhaus (2.022.500 €). Die Patienten durchlaufen die Phasen 1 bis 4 im Krankenhaus und werden anschließend auf die Reha für die Phase 5 und 6 verlegt. Das Krankenhaus muss einen Abschlag hinnehmen, wenn die durchschnittliche Verweildauer unterschritten wird. Für den Teilprozess 4 erhält damit das Krankenhaus gegenüber Teilprozess 3 kein zusätzliches Entgelt. Da die Kosten für diesen Teilprozess im Krankenhaus jedoch deutlich niedriger sind als in der Rehaklinik, empfiehlt das Modell, dass die Patienten in dieser Phase noch im Akutkrankenhaus verbleiben. Tab. 5.22 zeigt die Veränderung der Deckungsbeiträge im Akutkrankenhaus und in der Reha in Abhängigkeit vom Verlegungszeitpunkt.

Tab. 5.22 Deckungsbeiträge in Abhängigkeit vom Verlegezeitpunkt [€]

Verlegezeitpunkt	Akutkrankenhaus	Reha	Summe
nach Teiltätigkeit 1	745.000	1.200.000	1.945.000
nach Teiltätigkeit 2	732.000	1.200.000	1.932.000
nach Teiltätigkeit 3	715.000	1.265.000	1.980.000
nach Teiltätigkeit 4 = Koordinationslösung	697.500	1.325.000	2.022.500
nach Teiltätigkeit 5	677.500	1.340.000	2.017.500
Individuelles Optimum	745.000	1.340.000	2.085.000

Die letzte Zeile gibt den Deckungsbeitrag für den Fall wieder, dass keine Kooperationslösung erfolgt. Es zeigt sich, dass beide Institutionen einen höheren Deckungsbeitrag erzielen, wenn sie nicht kooperieren, sondern die Patienten möglichst früh entlassen bzw. möglichst spät aufnehmen. In der Realität ist das Akutkrankenhaus für den kompletten Behandlungsablauf bis zum Ende des Teilprozesses 5 sowie die disruptionsfreie Verlegung verantwortlich, so dass sich automatisch eine Kooperation ergeben muss.

Zusammenfassend können wir festhalten, dass die Zusammenarbeit mit anderen Krankenhäusern, mit anderen Leistungsanbietern des Gesundheitswesens und mit Branchenfremden in Zukunft stark zunehmen wird. Die hohe Dynamik und Komplexität des Gesundheitswesens erfordern eine planvolle und zielsystemkonforme Autonomiepolitik. Sie umfasst den kompletten Managementkreislauf. Zuerst müssten Informationen beschafft werden, wobei das Controlling diese Aufgabe zum Teil übernehmen kann. Zum Teil handelt es sich jedoch um softe Faktoren, die nur geschätzt werden können. Das strategische Controlling muss deshalb um Kreativitätstechniken, Expertenbefragungen und dynamische Prognosetechniken (z.B. System Dynamics) bereichert werden.

Als nächster Schritt müssen Entscheidungen über Unternehmenszusammenschlüsse getroffen werden. Die Implementierung erfordert eine strukturelle (z.B. rechtliche), personelle und kulturelle Integration. Hier ist wiederum das Change Management gefragt, entsprechende Konzepte zur Zusammenführung unterschiedlicher Unternehmen mit eigener Geschichte und eigenen Wertehaltungen zur Verfügung zu stellen. Anschließend muss der Prozess des Zusammenschlusses kontrolliert und bewertet werden.

5.6 Ergebnisse

Krankenhäuser sind mit einer zunehmenden Dynamik und Komplexität konfrontiert. Verlässliche Patientengruppen brechen weg, da entweder die Bedürfnisse sich verändert haben (z.B. Abnahme der Geburtenzahl) oder die Bedarfe bei konstanten Bedürfnissen sich wandeln (z.B. ambulante Geburt im Hebammenhaus). Leistungen, die seit Jahrzehnten nahezu unverändert angeboten wurden, müssen durch neue Angebote ersetzt werden (z.B. minimalinvasive Chirurgie). Die Finanzierungsmechanismen verändern sich (z.B. DRGs, Monistik), und die Sonderstellung (z.B. karitativer Einrichtungen) wird hinterfragt. Ohne das Heine-Zitat „Nichts ist beständiger als der Wandel" übermäßig zu belasten, kann man sicherlich feststellen, dass die Krankenhauslandschaft heute vor epochalen Veränderungen steht. Die Privatisierung wird voranschreiten, die Geschäftsprozesse werden fundamental verändert und die Sektoren- und sogar Branchengrenzen überwunden. Das Krankenhaus 2020 wird mit dem heutigen Betrieb nur noch die Funktion gemein haben – die Formalstruktur wird sich vollständig gewandelt haben.

Diese Veränderungsprozesse müssen antizipiert und gestaltet sein, ansonsten wird das Krankenhaus davon überrollt. Um es in einem Bild zu beschreiben: Der Wellenreiter muss auf der Welle surfen. Dies ist ein mutiger und kraftvoller Akt. Gerät er unter die Welle, ist er verloren. Das Ziel des strategischen Managements ist es, die Wellen zu erkennen und zielsystemkonforme Maßnahmen zu ergreifen, um nicht in den Strudel der Ereignisse gezogen zu werden. Hierzu gehört die planvolle Gestaltung von Märkten, von Zielgruppen und Leistungen. Ein Krankenhaus muss heute planen, welche Leistungen es in 15 Jahren für welche Kundengruppen anbieten möchte, sonst werden die Konkurrenten die Märkte übernehmen. Weiterhin müssen die Potenziale entwickelt werden, um die Leistungen erstellen zu können. Der Aus-, Fort- und Weiterbildung kommt deshalb eine wichtige Rolle zu, wobei die medizinische Brillanz in Zukunft immer mehr als Standard angesehen werden wird. Die Kauf- und Wiederkaufentscheidung wird vor allem durch die Added Values getroffen werden, d.h. durch Annehmlichkeiten des Krankenhausalltags. Hierzu gehören hotelartige Unterkunft, volle Medienpräsenz, wartefreie Prozesse etc. Diese Potenziale müssen heute geplant werden, damit sie rechtzeitig zur Verfügung stehen.

Ein grundsätzliches Problem ist hierbei, dass die meisten staatlichen und karitativen Krankenhäuser ihre Zukunftsplanung alleine durchführen. Während die Klinikketten zentral Standardlösungen entwickeln und dann in vielen Kliniken umsetzen, erfinden die nichterwerbswirtschaftlichen Einrichtungen die Lösung jedes Mal neu. Dieser Prozess ist auf Dauer sehr zeit- und kostenintensiv, so dass die kommerziellen Anbieter auf den Konkurrenzmärkten größere Chancen haben. Dies ist jedoch nicht zwangsläufig so, denn auch staatliche bzw. karitative Anbieter können sich zusammenschließen, und warum sollte es nicht ein System kirchlicher Franchise-Krankenhäuser geben? Die betriebliche Autonomiepolitik ist deshalb ein wichtiger Teilbereich der strategischen Unternehmenssteuerung, wobei insbesondere die nicht-erwerbswirtschaftlichen Einrichtungen Nachholbedarf haben.

Der Gesetzgeber versucht seit einigen Jahren, Anreize zu schaffen, die Grenzen zwischen den Leistungsanbietern bzw. zwischen den Leistungsanbietern und den Krankenkassen zu überwinden. Auch hier sind starke Perturbationen zu verzeichnen. Integrierte Versorgung, Health Maintenance Organisations, Disease Management, Medizinisches Versorgungszentrum etc. sind Innovationen, die das Selbstverständnis des Krankenhauses als Krönung der Versorgungskette ebenso erschüttern wie die klassischen Sektorengrenzen. Die Zukunft gehört dem Krankenhaus als kompetentem Gesundheitszentrum, in dem der Patient mit seinen Bedürfnissen fokussiert wird, und zwar unabhängig von Sektorbudgets und Standesgrenzen. Hier muss die Politik allerdings noch Freiräume schaffen.

Das strategische Management beschäftigt sich ex definitione mit der Zukunft eines Unternehmens. Dementsprechend sind auch die Aussagen sehr viel vager und unverbindlicher als beim operativen Management. Manche Manager bevorzugen deshalb das operative Management, denn es entspricht dem kurzfristigen, stetigen, linearen und risikoscheuen Denken

5.6 Ergebnisse

der meisten Menschen sehr viel eher als die Wechsellagen synchroner und diachronischer Systemregime in der langfristigen Perspektive. Das operative Management bedarf jedoch der strategischen Perspektive, sonst besteht die Gefahr, trotz perfekter Prozesse mit ausgefeilten Führungs- und Controllingtechniken in die Insolvenz zu laufen. In dynamischen Systemen kann es passieren, dass man alles richtig, aber nicht das Richtige macht.

Auf der anderen Seite gibt es auch Manager, die nur noch in der Zukunft schweben. Sie haben jeden Tag neue Ideen und belasten ihre Mitarbeiter mit ständig neuen Strategien. Ihre Persönlichkeitsstruktur liebt Risiko und Unvorhersagbarkeit. Für sie besteht die Gefahr, zwar das Richtige zu wollen, aber dieses nicht umsetzen zu können. Entscheidend ist folglich die richtige Kombination aus operativem und strategischem Management. Die Strategie muss die Richtung vorgeben, die Operation muss die betrieblichen Regelungssysteme so einstellen, dass sie erreicht werden kann. Eine ständige Richtungsänderung kann von der operativen Basis nicht verkraftet werden.

Die meisten Lehrbücher zur Krankenhausbetriebslehre sowie zur Allgemeinen BWL enthalten auch Aspekte zum strategischen Management. Sie sollen an dieser Stelle nicht wiederholt werden. Zur Vertiefung der Theorie dissipativer Systeme eignen sich die Veröffentlichungen von Dopfer (Elemente einer Evolutionsökonomik), Jantsch (Die Selbstorganisation des Universums), Prigogine (Time and human knowledge) und Witt (Wirtschaft und Evolution; Studien zur evolutorischen Ökonomik I). Die Innovationstheorie stellen Leder (Innovationsmanagement – ein Überblick), Rogers (Diffusion of innovations) und Ritter (Allgemeine Wirtschaftsgeografie) verständlich dar. Anwendungen auf das Gesundheitswesen liegen nur für Spezialprobleme vor (Fleßa: Gesundheitsökonomik in Entwicklungsländern; Helfen hat Zukunft!). Die Dynaxity wird von Rieckmann (Managen und Führen am Rande des 3. Jahrtausends) dargestellt.

Die Zahl der Lehrbücher zum strategischen Management ist ebenfalls groß. Da die Strategielehre ex definitione relativ unkonkret bleiben muss, ist die Übertragung von allgemeinen Lehrbüchern auf das Krankenhaus relativ leicht möglich. Bereichernd sind unter anderem die Bücher von Steinmann & Schreyögg (Management), Bea & Haas (Strategisches Management) sowie Müller-Stewens & Lechner (Strategisches Management). Ein spezielles Lehrbuch zur Krankenhausstrategie liegt von Reinerdorff (Strategische Krankenhausführung) vor. Eine Vertiefung bieten auch Greulich (Wissensmanagement im Gesundheitswesen), Schirmer (Krankenhaus-Controlling) sowie Greulich et al. (Balanced Scorecard im Krankenhaus). Allerdings fehlt diesen Darstellungen überwiegend die Theoriebasierung.

Schließlich ist in den letzten Jahren eine umfassende Bibliografie zu Unternehmenszusammenschlüssen im Gesundheitswesen entstanden. Die Wettbewerbsbedingungen analysieren Bruckenberger, Klaue & Schwintowski (Krankenhausmärkte zwischen Regulierung und Wettbewerb). Eine vertiefende Darstellung der Innovationen der Zusammenarbeit geben Amelung et al. (Integrierte Versorgung und Medizinische Versorgungszentren), Weatherly et al. (Leuchtturmprojekte Integrierter Versorgung und Medizinischer Versorgungszentren), Mühlbacher (Integrierte Versorgung) sowie Amelung & Schumacher (Managed Care).

Fragen zum Weiterdenken:

1. Erstellen Sie eine Liste der Herausforderungen, mit denen Ihr Krankenhaus voraussichtlich in den nächsten 20 Jahren konfrontiert wird! Welchen Einfluss können Sie auf diese Entwicklungen nehmen?
2. Entwickeln Sie ein Konzept für das „Krankenhaus 2020"! Es sollte Teilkonzepte zur Führungsstruktur, zur Abteilungsgliederung, zur Medizintechnik, zur Medikamentenversorgung, zum Stationsmanagement, zur Integration und zur Finanzierung enthalten.
3. Erstellen Sie eine Liste von zehn Einrichtungen des Gesundheitswesens in ihrer Nähe! Untersuchen Sie die Rechtsform und begründen Sie diese!
4. In den letzten Jahren kam es zu einem Wandel bei öffentlichen Krankenhäusern von Regiebetrieben zu gGmbHs. Begründen Sie diese Entwicklung! Ist die Umwandlung eine Alternative zur Privatisierung?
5. Analysieren Sie Entscheidungen des Bundeskartellamts (www.bundeskartellamt.de) zu Zusammenschlüssen von Krankenhäusern (z.B. Fusion des Universitätsklinikums Greifswald mit dem Kreiskrankenhaus in Wolgast)!
6. Einige Bundesländer sehen die Zukunft in einer engen Kooperation zwischen Krankenhäusern und Tourismus. Analysieren Sie den Masterplan des „Gesundheitslandes Nr. 1 – Mecklenburg-Vorpommern"! Welche Chancen sehen Sie hierbei für Krankenhäuser? (http://www.bcv.org/hosting/bcv/docs.nsf/urlnames/NBueR-6MRDGT/$file/Masterplan%20GW.pdf).
7. Welche Daten benötigt eine Leistungsprogrammplanung im räumlichen Verbund? Wie können diese routinemäßig generiert werden?
8. Informieren Sie sich über den aktuellen Stand der Gesundheitsreform! Welche Bedeutung haben die skizzierten Entwicklungen für Krankenhäuser? (http://www.die-gesundheitsreform.de/presse/infografiken/index.html?param=st)
9. Analysieren Sie die Entwicklung der Medizinischen Versorgungszentren in Deutschland (http://www.kbv.de/koop/9173.html)! Welche Bedeutung haben MVZ für Krankenhäuser?
10. Analysieren Sie die Entwicklung der IV-Verträge (http://www.bqs-register140d.de/)! Warum sind einige Krankenhausmanager sehr zurückhaltend mit dem Eingehen dieser Verträge?

Ausblick

Im Vorwort zu den „Grundzügen der Krankenhausbetriebslehre" habe ich proklamiert, dass es bislang noch nicht gelungen sei, eine umfassende Krankenhausbetriebslehre aus dem Forschungsgebäude der Allgemeinen Betriebswirtschaftslehre abzuleiten. Ich sah es als meine Aufgabe an, mit den nun vorliegenden Lehrbüchern diese Forschungslücke ansatzweise zu schließen, indem ich die Erkenntnisse der Allgemeinen BWL für die Krankenhausführung in Wert setzte. Konnte ich diesem hohen Anspruch gerecht werden?

Zweifelsohne müssen dies andere bewerten. Ich selbst kann lediglich feststellen, dass die von mir vorgelegte Konzeption einer Allgemeinen Krankenhausbetriebslehre ein Rahmenmodell vorgibt, in das einige wichtige Teilfunktionen sinnvoll eingehängt werden können. Eine konsistente und vollständige Verknüpfung der somit entstandenen Fächer ist mir jedoch nicht gelungen. Ein Lehrbuch kann nur eine lineare Abfolge von Kapiteln tragen, während die Lebensrealität mehrdimensional und zyklisch ist. Spätestens im letzten Kapitel zur Strategie wurde deutlich, wie häufig wir auf früher getroffene Aussagen zurückgreifen mussten, sie relativiert oder in einen anderen Zusammenhang gesetzt haben.

Es bleibt meine Hoffnung, mit diesen Lehrbüchern eine Hilfestellung für eine ökonomisch zukunftsfähige und ethisch verantwortete Krankenhausführung in turbulenten Zeiten gegeben zu haben. Ich hoffe aber auch, dass ich der weiteren Entwicklung unserer Wissenschaft Potenzial zum Widerspruch und zur Ergänzung gegeben habe. Schließlich ist es mein Bestreben, in wenigen Jahren eine Weiterentwicklung vorlegen zu können. Sie kann nur im Dialog mit meinen Studenten, den Praxispartnern und den Kollegen aus der Wissenschaft entstehen. Auf diesen Austausch freue ich mich und lade jeden Leser dazu ein.

Literatur

Albach, H. (2000): Allgemeine Betriebswirtschaftslehre, Wiesbaden.

Amelung, V. E. et al. (2006): Integrierte Versorgung und Medizinische Versorgungszentren. Berlin.

Amelung, V. E.; Schumacher, H. (2004): Managed Care. Wiesbaden.

Ammenwerth, E.; Haux, R. (2005): IT-Projektmanagement in Krankenhaus und Gesundheitswesen. Stuttgart.

Arnold, D. et al. (2004): Handbuch Logistik. Berlin et al.

Bärwolff, H.; Victor, F.; Hüsgen, V. (2006): Handbuch IT-Systeme in der Medizin. Wiesbaden.

Bea, F. X.; Haas, J. (2005): Strategisches Management. Stuttgart.

Beaglehole, R.; Bonita, R.; Kjellström, T. (1997): Einführung in die Epidemiologie, Bern.

Berthel, J. (2000): Personal-Management. Stuttgart.

Breyer, F.; Kifmann, M.; Zweifel, P.S. (2005): Gesundheitsökonomik. Berlin.

Brink; A.; Tiberius, V.A. (2005): Ethisches Management. Bern.

Bruckenberger, E.; Klaue, S.; Schwintowski, H.-P. (2006): Krankenhausmärkte zwischen Regulierung und Wettbewerb. Heidelberg.

Busse, R.; Schreyögg, J.; Gericke, C. (2006): Management im Gesundheitswesen. Heidelberg.

Christiansen, M. (2003): Logistik-Controlling im Krankenhaus: Analyse und Entwicklung eines Planungs- und Kontroll- und Informationssystems für die Krankenhauslogistik. Frankfurt a.M.

Corsten, H.(1998): Grundlagen der Wettbewerbsstrategie. Stuttgart.

Corsten, H. (2001): Dienstleistungsmanagement. München, Wien.

Denton, B.; Viapiano, J.; Vogl, A. (2007): Optimization of surgery sequencing and scheduling decisions under uncertainty. Journal of Health Care Management Science, Vol. 10, S. 13–24.

Domschke, W.; Scholl, A. (2003): Grundlagen der Betriebswirtschaftslehre. Berlin u.a.O.

Dopfer, K. (1990): Elemente einer Evolutionsökonomik: Prozess, Struktur und Phasenübergang. Witt, U. (Hrsg.): Studien zur evolutorischen Ökonomik I. Berlin, S. 19–47.

Eichhorn, P. (1997): Öffentliche Betriebswirtschaftslehre. Berlin.

Eichhorn, P. (2000): Das Prinzip Wirtschaftlichkeit. Wiesbaden.

Eichhorn, P.; Seelos, H.-J.; Schulenburg, J.-M. Graf v. d. (2000): Krankenhausmanagement. München, Jena.

Eichhorn, S. (1975): Krankenhausbetriebslehre I. Stuttgart u.a. O.

Eichhorn, S. (1977): Krankenhausbetriebslehre II. Stuttgart u.a. O.

Eichhorn, S. (1987): Krankenhausbetriebslehre III. Stuttgart u.a. O.

Eichhorn, S.; Schmidt-Rettig, B. (1998): Chancen und Risiken von Managed Care. Berlin, Köln.

Eichhorn, S.; Schmidt-Rettig, B. (2001): Krankenhausmanagement. Stuttgart.

Eiff, W. v.; Ziegenbein, R. (2001): Geschäftsprozessmanagement, Methoden und Techniken für das Management von Leistungsprozessen im Krankenhaus. Gütersloh.

Eisele, W. (2002): Technik des betrieblichen Rechnungswesens. München.

Falk, K.; Da-Cruz, P. (2006): Balanced Scorecard in der Krankenhausbeschaffung. Kulmbach.

Fischer, D. (2005): Best Practice im Beschaffungsmanagement im Krankenhaus. E-book.

Fleßa, S. (2002): Gesundheitsreformen in Entwicklungsländern. Frankfurt a. M.

Fleßa, S. (2003): Arme habt Ihr allezeit! Ein Plädoyer für eine armutsorientierte Diakonie. Göttingen.

Fleßa, S. (2003): Geistlich Denken – Rational Handeln. Bausteine einer Christlichen Betriebswirtschaftslehre. Frankfurt a. M.

Fleßa, S. (2006): Helfen hat Zukunft. Göttingen.

Greulich, A. (2002): Wissensmanagement im Gesundheitswesen. Heidelberg.

Greulich, A. et al. (2002): Balanced Scorecard im Krankenhaus. Heidelberg.

Greulich, A.; Thiele, G.; Thiex-Kreye, M. (1997): Prozessmanagement im Krankenhaus. Heidelberg.

Grob H.L. (2004): Controlling, Lerneinheiten zum Wissensnetzwerk Controlling. München.

Gudehus, T. (2004): Logistik – Grundlagen, Strategien, Anwendungen. Berlin et al.

Haas, P. (2006): Gesundheitstelematik. Grundlagen, Anwendungen, Potenziale Berlin et al.

Haas, P. (2006): Medizinische Informationssysteme und elektronische Krankenakten. Berlin et al.

Hahn, O. (1997): Allgemeine Betriebswirtschaftslehre. München, Wien.

Harneit, J. (1999): Modellierung der Krankenhauslogistik für die Versorgung mit Medicalprodukten. Aachen.

Haubrock, M.; Schär, W. (2002): Betriebswirtschaft und Management im Krankenhaus. Bern et al.

Hentze, J.; Kehres, E. (1999): Kosten- und Leistungsrechnung in Krankenhäusern. Stuttgart.

Hentze, J.; Kehres, E. (2005): Buchführung und Jahresabschluss in Krankenhäusern. Stuttgart.

Homann; K.; Blome-Drees, F. (1992): Wirtschaft- und Unternehmensethik. Göttingen.

Horn, K.I. (1996): Moral und Wirtschaft: zur Synthese von Ethik und Ökonomik in der modernen Wirtschaftsethik und zur Moral in der Wirtschaftstheorie und im Ordnungskonzept der sozialen Marktwirtschaft. Tübingen.

Jähn, K.; Nagel, E. (2004): e-Health. Berlin et al.

Jansen, S.A.; Priddat, B.P.; Stehr, N. (2005): Demographie. Wiesbaden.

Jantsch, E. (1982): Die Selbstorganisation des Universums. München.

Keun, F.; Prott, R. (2006): Einführung in die Krankenhaus-Kostenrechnung. Wiesbaden.

Klockhaus, H.-E. (1996): Finanz- und Erfolgsplanung im Krankenhaus. München u.a.O.

Klockhaus, H.-E. (1997): Kosten- und Leistungsrechnung im Krankenhaus. München u.a.O.

Klusen, N.; Meusch, A. (2002): Gesundheitstelematik. Baden-Baden.

Koch, J. (1998): Gesundheitsökonomie, betriebswirtschaftliche Kosten- und Leistungsrechnung. München u.a.O.

Koch, J. (2004): Betriebswirtschaftliches Kosten- und Leistungscontrolling in Krankenhaus und Pflege. München u.a.O

Kotler, P.; Armstrong, G.; Saunders, J.A.; Wong, V. (2003): Grundlagen des Marketing. München.

Kreikebaum, H. (1996): Grundlagen der Unternehmensethik. Stuttgart.

Kuntz, L. (2002): Krankenhauscontrolling in der Praxis - Quantitative Methoden. Stuttgart.

Landry, S.; Philippe, R. (2004): How logistics can service healthcare. Supply Chain Forum Vol. 5 (2), S. 24–30.

Leder, M. (1989): Innovationsmanagement – ein Überblick. Zeitschrift für Betriebswirtschaft, Ergänzungsheft 1, 1–54.

Lohmann, K.; Enke, M.; Körnert, J. (1995): Kosten- und Leistungsrechnung. München u.a.O.

Macha, R. (2007): Grundlagen der Kosten- und Leistungsrechnung. München.

Maul, C. (1993): Der Beitrag der Systemtheorie zum strategischen Führungsverhalten in komplexen Situationen. Zeitschrift für Betriebswirtschaft, 63. Jg., H7, 715–740.

Meffert, H. (1994): Marketing-Management, Analyse – Strategie – Implementierung. Wiesbaden.

Meffert, H. (2005): Markenmanagement: identitätsorientierte Markenführung und praktische Umsetzung mit Best Practice-Fallstudien. Wiesbaden.

Meffert, H.; Burmann, Ch.; Kirchgeorg, M. (2007): Marketing; Grundlagen marktorientierter Unternehmensführung, Konzepte, Instrumente, Praxisbeispiele. Wiesbaden.

Mertens, P.; Bodendorf, F. (2001): Programmierte Einführung in die Betriebswirtschaftslehre. Wiesbaden.

Meyer, M. (1996): Operations Research – Systemforschung. Jena, Stuttgart.

Mogyorosy, Z.; Smith, P. (2005): The main methodological issues in costing health care services. A literature review. RP7-2005, Centre for Health Economics, University of York, York.

Mühlbacher, A. (2002): Integrierte Versorgung. Bern.

Müller-Stewens, G.; Lechner, C. (2005): Strategisches Management. Wie strategische Initiativen zum Wandel führen. Stuttgart.

Oechsler, W.A. (2000): Personal und Arbeit, Grundlagen des Human Resource Management und der Arbeitgeber-Arbeitnehmer-Beziehungen. München u.a. O.

Olfert, K.; Rahn, H.-J. (2005): Einführung in die Betriebswirtschaftslehre. Ludwigshafen.

Pföhler, W.; Riegl, G.F.; Diehl, V.; Vogel, F.; Hiddemann, W.(2000): Krankenhaus Marketing & Qualitäts-Management, Großes Handbuch für das Erfolgs-Management in Hospitälern. Augsburg.

Prigogine, I. (1985): Time and human knowledge. Planning and Design, Bd. 12, 5–20.

Puch, H.-J.; Westermeyer, K. (1999): Managementkonzepte. Freiburg im Breisgau.

Reichart, T. (1999): Bausteine der Wirtschaftsgeographie. Bern.

Reinersdorff, A. B. v. (2002): Strategische Krankenhausführung. Bern.

Rich, A. (1991): Wirtschaftsethik, Band I, Grundlagen in theologischer Perspektive. Gütersloh.

Rich, A. (1992): Wirtschaftsethik, Band II Marktwirtschaft, Planwirtschaft, Weltwirtschaft aus sozialethischer Sicht. Gütersloh.

Rieckmann, H. (2000): Führungs-Kraft und Management Development. München.

Rieckmann, H. (2005): Managen und Führen am Rande des 3. Jahrtausends. Frankfurt a.M. et al.

Ritter, W. (1991): Allgemeine Wirtschaftsgeographie. München.

Rogers, E. M. (1983): Diffusion of innovations. New York, London.

Sabathil, G. (1984): Humanes Krankenhausmarketing, Betriebswirtschaftliche Forschungsbeiträge. München.

Samuelson, P. A.; Nordhaus, W. D. (1998): Volkswirtschaftslehre. Boston u.a.O.

Schirmer, H. (2006): Krankenhaus-Controlling. Renningen.

Schirrmacher, T. (2002): Führen in ethischer Verantwortung – Die drei Seiten jeder Entscheidung. Giessen.

Schmalen, H.; Pechtl, H. (2006). Grundlagen und Probleme der Betriebswirtschaft. Stuttgart.

Schöffski, O.; Schulenburg, J.-M. Graf v. d. (2002): Gesundheitsökonomische Evaluationen. Berlin u.a.O.

Schulenburg, J.-M. et al. (1998): Praktisches Lexikon der Gesundheitsökonomie. Sankt Augustin.

Schulenburg, J.-M.; Greiner, W. (2000): Gesundheitsökonomik. Tübingen.

Schwartz, F.; Badura, B.; Leidl, R.; Raspe, R.; Siegrist, H. (2003): Das Public Health Buch. München.

Schweitzer, M.; Küpper, H.-U. (2003): Systeme der Kosten- und Erlösrechnung. München.

Seelos, H.-J. (2007): Personalführung in Medizinbetrieben. Wiesbaden.

Siepermann, C. (2004): Stand und Entwicklungstendenzen der Krankenhauslogistik in Deutschland. Berlin.

Simchi-Levi, D.; Kaminsky, P.; Simchi-Levi, E. (2003): Designing & Managing the Supply Chain. Boston.

Sisignano, A. (2001): Kommunikationsmanagement im Krankenhaus. Neuwied.

Städtler-Mach, B. (2002): Ethik im Gesundheitswesen. Berlin.

Steinmann, H.; Schreyögg, G. (2000): Management. München.

Storcks, H. (2003): Markenführung im Krankenhaus, Eine empirische Analyse am Beispiel eines regionalen Konkurrenzumfeldes. Hamburg.

Strohm, T; Klein, M. (2004): Entstehung einer sozialen Ordnung Europas, Band 1: Historische Studien und exemplarische Beiträge zur Sozialreform im 16. Jahrhundert. Heidelberg.

Strohm, T; Klein, M. (2004): Entstehung einer sozialen Ordnung Europas, Band 2: Europäische Ordnungen zur Reform der Armenpflege im 16. Jahrhundert. Heidelberg.

Stubenvoll, M. (2007): Kommunikation im Krankenhaus. Saarbrücken.

Trill, R. (2000): Krankenhausmanagement. Berlin.

Trill, R. (2001): Krankenhaus-Software im Überblick. Neuwied.

Trill, R. (2002): Informationstechnologie im Krankenhaus. Strategien, Auswahl, Einsatz. Neuwied.

Tscheulin, D.K.; Helmig, B. (2000): Krankenhausmarketing. Freiburg.

Vogelsang, R. (2003): Dienstleisterkonzepte für die Versorgungslogistik von Krankenhäusern. Aachen.

Walter, R. (1995): Krise und Neuerung in wirtschafts- und unternehmenshistorischer Perspektive. Scripta Mercaturae, Bd. 29, Nr. 2, 1–13.

Weatherly, J. N. et al. (2006): Leuchtturmprojekte: Integrierter Versorgung und Medizinischer Versorgungszentren. Berlin.

Wibbeling, S.; Kuhn, A. (2006): Zielorientierte und wirtschaftliche Gestaltung der krankenhausinternen Materialversorgung. Dortmund.

Winkelmann, P. (2006): Marketing und Vertrieb, Fundamente für die marktorientierte Unternehmensführung. München.

Witt, U. (1990): Studien zur evolutorischen Ökonomik I. Berlin.

Witt, U. (1994): Wirtschaft und Evolution. Einige neuere theoretische Entwicklungen. WiSt, Heft 10, Oktober 1994, 503–512.

Wöhe, G. (2002): Einführung in die Allgemeine Betriebswirtschaftslehre. München.

Zapp, W. (2002): Prozessgestaltung im Krankenhaus. Heidelberg.

Zdrowomyslaw, N.; Dürig, W. (1998): Gesundheitsökonomie. München, Wien.

Hilfreiche Internetquellen

AOK-Krankenhaus: http://www.aok-gesundheitspartner.de/bundesverband/krankenhaus/

Arbeitsgruppe Health Care Management: http://www.gor-hcm.de/htdocs/index.html

BQS-Register (IV-Verträge): http://www.bqs-register140d.de/

Bundeskartellamt: www.bundeskartellamt.de

Bundesministerium für Gesundheit: www.bmg.bund.de

Bundesverband deutscher Privatkliniken: www.bdpk.de

Deutsche Krankenhausgesellschaft: http://www.dkgev.de/

DRG-Diskussions-Forum: http://www.mydrg.de/

Fleßa, Steffen: www.rsf.uni-greifswald.de/bwl/gesundheit

Gesetze: http://www.gesetze-im-internet.de/aktuell.html

Gesundheitsreform: http://www.die-gesundheitsreform.de/

Grouper: http://drg.uni-muenster.de/de/webgroup/m.webgroup.php4?version=3

InEK: www.g-drg.de

Kassenärztliche Bundesvereinigung: http://www.kbv.de/

Statisches Bundesamt: www.destatis.de; http://www.destatis.de/basis/d/gesu/gesutab26.php

WHO Gesundheitsstatistiken: http://www.euro.who.int/hfadb

WHO Glossary: www.who.int/health-systems-performance/docs/glossary.htm

Index

Abgrenzungsverordnung 88, 89, 90
Absatz 27, 31, 75, 98
Abschreibungen 91–122, 186
Abteilungen 30–32, 292
Agent 61
Akkordlohn 5
Aktiengesellschaft 26, 63, 229, 261–63, 269
Ambulante Versorgung im Krankenhaus 284, 288
Ambulantes Operieren 284
Anlagennachweis 89
Anlagevermögen 94, 96, 100, 103, 106, 161
Arbeiten am System 3
Arbeitsteilung 4, 5, 19–23, 76, 197
Archivierung 201, 203, 204
Artenteilung 4, 20
Arztpraxis 5, 85, 259, 276, 281, 284
Assessment Center 36
Aufbauorganisation 5, 23, 238
Ausgleichsposten 95–98, 102–4, 111
Ausgleichszahlungen 154
Ausreißer 149
Autonomie 240, 270, 290, 291
Autonomiepolitik 212, 236, 240, 254, 269, 281, 284, 303, 304
Balanced Scorecard 87, 245, 251
Basisfallwert 150, 151, 154
BCG-Matrix 134, 246, 247, 248
Bedarfsgebirge 38
Bedarfsstellenlager 182, 184
Beharrungstendenz 48, 212
Beschaffungskosten 184–89, 206

Beschaffungslogistik 177, 178
Bestellkosten 185, 186, 188
Bestellmenge 185, 186, 188, 189
Bestellpolitik 185, 189
Bestellzyklus 185, 186, 188, 189
Betriebsabrechnungsbogen 119–25, 144
Betriebsmittel 87, 173, 174, 178
Betriebsstatistik 84, 87, 107, 160, 161
Betriebswirtschaftslehre 7, 12, 13, 30, 44, 80, 83, 150, 167, 209, 257, 274, 307
Bewertungsrelation 151, 152
Beziehungspromotor 225, 226, 255
Bifurkation 230
Big Man 46
Bilanz 92–107, 161
Bilanztheorien 93
Bottom-Up Verfahren 156
Break-Even-Point 132, 135, 136
Brutto-Personalbedarf 33
Buchhaltung 88–107, 109, 149, 198, 201, 273
Budgetabgleich 71, 157
Budgetierung 87, 107, 116, 149, 150, 155, 156, 158, 167
Budgetüberwachung 150
Budgetverhandlungen 84, 150, 197, 200, 282
Bundeskartellamt 272
Case Management 281
Case Mix 150–62, 171, 244, 253, 282
Change Management 237, 303
Chronikerprogramme 280
Coaching 47, 220, 238
Computer 3, 38, 204, 209

Computer-Based-Learning 206
Controlling 27, 29, 83–171, 190, 200, 201, 208, 244, 273, 303, 305
Corporate Behaviour 77
Corporate Communication 77
Corporate Design 77
Corporate Identity 40, 77, 78, 238, 290
Corporate Image 77
Data Envelopment Analysis 164, 166, 171
Datenverarbeitung 84, 117, 193–99, 206
Decision Making Unit 164
Deckungsbeitragsrechnung 131–41, 295, 296
Delegation 55, 60, 195, 220
Delphi-Methode 18
Detailplanung 8
Direct Costing 116, 132–36, 137
Direktorialprinzip 26
Disease Management 280, 281
DISG-Persönlichkeitstest 50, 55
Dissipative Systeme 213
Dissipatives System 48, 215
Distribution 177
Distributionslogistik 177
Dokumentation 92, 109, 112, 117, 118, 131, 200, 240
Dokumentationsbedarf 197
DRG 11, 27, 149–65, 202, 291–303
DRG-Browser 149
DRG-Kalkulationshandbuch 141, 144, 145
Duale Finanzierung 91, 100, 218
Durchschnittskosten 116, 141, 249
Dynamik 1, 17, 63, 74, 87, 212, 218, 220, 221, 240, 268, 303
Dynamische Programmierung 18
Dynaxity 220, 268, 305
Economic Order Quantity 186, 188, 189
Economies of Scope 274
EDV 41, 83, 84, 183, 193, 194, 197, 199, 201, 206, 208, 209, 227, 273
Effizienz 4, 30, 164, 165, 180, 198

Effizienzhüllkurve 164, 165
EFQM 69, 171
Eigenbetrieb 267
Eignungsprofil 37
Einkauf 31, 85
Einzelkosten 99, 107–25, 132, 142, 144
Einzelunternehmen 259
E-Learning 206
Endkostenstelle 111–24
Entgeltverhandlungen 121, 150, 155, 160, 162
Entlohnung 5, 57
Entscheidung 12, 14, 44, 135, 211
Entscheidungsfeld 8, 9, 10
Entscheidungsregeln 9, 12, 15
Entscheidungsträger 15, 17, 193, 194, 226, 227, 230, 234
Erfolgsrechnung 115, 158
Erfolgszurechnung 27
Ermächtigter Krankenhausarzt 284
Evolution 215, 225, 305
Expertensysteme 208
Externe Budgetierung 150
Fachpromotor 225
Fallpauschalen 99, 150, 218, 282
Feedback 6, 63, 64, 70, 72, 156, 157, 196, 232
Feedforward-Kontrolle 72, 80
Firmenwert 106
Fixeinkommen 230
Fixkosten 5, 19, 108, 116, 131–40, 140, 152, 154, 230, 293, 295
Fluktuation 213, 217, 254
Franchising 290
Freezing 221, 238
Freiberuf 261
Fremdkontrolle 61, 70, 255
Führung 43–70, 166, 195, 198, 220, 230, 263
Führungsethik 67, 69
Führungsfunktionen 6

Führungsgröße 1, 4, 47, 213
Führungspersönlichkeit 40, 41, 43, 48, 67, 78
Führungsstil 31, 43, 57, 69, 72, 77, 81, 226, 232, 254, 255
Funktionaler Managementbegriff 2, 19
Funktionärsorganisation 29, 220
Fusion 270, 272, 273, 288, 292, 306
GAP-Analyse 244, 245
G-DRG 99
Gefangenendilemma 18, 61, 62
Gegenstromverfahren 156
Gegenwartsorientierung 226, 232, 234
Gemeinkosten 108, 109, 112, 113, 116, 119, 123, 128, 131, 134, 137, 141, 142, 144, 145, 149, 284
Genossenschaft 266, 267, 272
Geschäftsfeldpolitik 212, 236, 237, 240, 241, 243, 244, 245, 251, 254
Gesellschaft des bürgerlichen Rechts 259, 261, 268
Gesellschaft mit beschränkter Haftung 263–64
Gesundheitsakte 204
Gesundheitsstrukturgesetz 83
Gewinnmotiv 12, 229, 232
gGmbH 229, 257, 263, 265, 269
Goal Programming 13, 14
Grundformen der Angst 50, 51
Güterlogistik 174
GuV 92–104, 161
Handlager 182, 184
Handlungswissenschaft 4, 7
Harris-Andler-Modell 186, 189
Hausvaterprinzip 29
Health Maintenance Organisation 275
Herzberg 55, 57
Heuristiken 18, 39, 186, 190
HGB 88, 89, 90, 93, 94, 95, 104, 259, 260, 261, 267
Hochschulambulanz 285
Homöostasie 213

Hygienefaktoren 57, 58, 59
Hysterese 214, 215
IAS/IFRS 94, 95, 104–6
InEK 100, 141, 149, 152, 158
Infinitesimalrechnung 18, 189
Inflexibilität 8
Information Overload 160
Informationen 15, 17, 21, 36, 44, 72, 84, 85, 107, 193–208, 303
Informationslogistik 173
Informationspool 44, 60, 157
Informationswirtschaft 85, 173, 193, 194, 198, 201, 208, 209
innerbetriebliche Leistungsverrechnung 89, 144, 158
Innovation 76, 206, 213–40, 245, 276, 290
Innovationsadoption 224–36, 254
Innovationsbereitschaft 229, 233
Innovationsforschung 230
Innovationskeimling 60, 216, 217, 223, 230, 289, 290
Innovationskosten 234
Innovationsmanagement 229, 235, 305
Innovationsneigung 226, 228, 229, 232, 233, 234, 256
Innovationsphasen 217
Innovationspolitik 227, 229, 244
Innovationstheorie 222, 227, 305
Insights-Typenlehre 50
Institutsambulanz 285
Integrierte Versorgung 277, 279, 281, 282, 288, 304, 305
Interessengemeinschaften 272
Invention 215, 216, 222, 223, 232
Inventory Management 184
Jahresabschluss 88, 89, 90, 93, 94, 104, 141, 167
Job enrichment 71
Joint Ventures 272
Kalkulation 107, 109, 113, 118, 122, 126, 140, 141, 144, 145, 149, 198

Kalkulationsverfahren 87, 115, 121, 149
Kapazitätsabgleich 10
Kapitalbindung 184
Karoshi 76
Kartell 272
Kennzahlen 87, 160–66, 251, 253
Kodierung 160, 161, 195
Kohlberg 68
Kollegialprinzip 26
Kommanditgesellschaft 259–61
Kommissionierung 174, 182
Kommunikation 76, 77, 194–97, 270, 281
Kommunikationslogistik 174
Kommunikationspolitik 228
Kompetenzzentren 27, 291
Komplexität 17, 27, 29, 63, 74, 86, 190, 235–36, 268, 280, 303
Konfliktpotentiale 53, 54
Kontenrahmen 89, 90
Kontrolle 1–7, 70–73, 174–79, 220, 237, 255, 256, 272
Kontrollinstrumente 61, 71
Konzern 272
Kooperationspolitik 240
Koordination 19–23, 244, 272, 291
Körperschaften 258, 259, 267
Kosten- und Leistungsrechnung 87, 88, 90, 107, 117, 118, 149, 159, 167
Kostenartenrechnung 109–26, 142, 143, 167
Kostenrechnungssysteme 109, 113, 116, 141
Kostenstellenrechnung 110, 112, 113, 118, 122, 127, 141, 144, 168
Kostenträger 107, 108, 112, 113, 116, 117, 118, 119, 125, 131, 158
Kostenträgerrechnung 109, 113, 115, 118, 122, 141, 142, 144, 146, 147, 170, 227
Kostenträgerstückrechnung 113, 115, 118, 125
Kostenträgerzeitrechnung 113, 115, 118, 125
Kostentreiber 126, 128, 131, 249
Kostenverhalten 109, 149, 155

Krankenhausbuchführungsverordnung 89
Krankenhauscontroller 83, 150
Krankenhausfinanzierung 7, 217, 218, 219, 221, 223, 243
Krankenhausinformationssystem 193, 197
Krankenhausleitung 24, 25, 63, 72, 85, 150, 211, 212, 222, 256, 270
Krankenhaussteuerung 73, 83, 86, 94, 115, 173, 193, 199, 206, 208, 211, 212, 257
Krankenkassen 92, 113, 121, 150, 160, 201, 217, 279, 281, 274–86, 304
Kreativität 8, 27, 60, 65, 66, 215, 222, 223, 224, 256
Krise 1, 49, 63, 216, 225, 230, 231, 237, 290
Kultur 7, 57, 76, 77
Kybernetik 1, 3
Lagerbestandsmanagement 186
Lagerhaltung 7, 182, 183, 184, 189
Lagerhaltungskosten 183
Lagerhaltungsmodelle 186, 190
Lagerhaltungsplanung 18
Lagerhaltungspolitik 185
Lagerkosten 185, 188
Lagerlogistik 173, 182
Lagerstufe 182, 184
Lagerung 34, 174, 177, 182
Leadership 2, 44
Lean Management 30, 76
Lebensphasen 49, 237
Lebenszyklus 244, 246, 251
Lebenszyklus-Analyse 244
Leistungsbeurteilung 41
Leistungsmengeninduzierte Kosten 127
Leistungsmengenneutrale Kosten 127
Leistungspolitik 241–54
Leistungsportfolio 237, 243
Leitstelle 181
Leitungsspanne 31
Lernen 206, 239, 240, 255
Lexikografische Ordnung 13

Lineare Programmierung 16, 18, 87, 190
Lineares Programm 38
Logistik 18, 117, 173
Lotsenfunktion 280
Macht 44, 45, 224, 232, 287
Machtgrundlage 44, 45, 55
Machtpromotor 225, 226
Make-or-Buy Entscheidung 134
Makroinnovation 216, 218, 225, 234, 235
Makrostruktur 214–16
Managed Care 274, 275, 276, 274–76, 305
Management 1–78, 206, 212, 238
Managementfunktionen 1, 6, 73, 83
Managementkonzeption 1, 73, 74
Managementzyklus 6, 7, 155
Marketing 75, 84
Markov-Modelle 18, 87
Marktdurchdringung 232, 242, 243
Marktentwicklung 242, 243
Markt-Produkt-Konstellationen 242, 243
Maslow 55–57
Materiallogistik 177, 178
Mathematische Modelle 18
Matrixorganisation 23, 25
Maximierungszielsetzung 12
McGregor 55, 59
Medicaid 223
Medicare 223
Medizincontrolling 83, 160
Medizinisches Versorgungszentrum 276, 285–88
Mehrliniensystem 23
Mehrstufige Deckungsbeitragsrechnung 136
Mengenteilung 20
Mensch-Mensch-Interaktion 2
Mesostruktur 214
Metaebene 212, 240
Metastabilität 216, 225, 231, 255
Mikroinnovation 216, 235

Mikrostruktur 214–17, 221, 254
Minimierungszielsetzung 12
Mintzberg 27, 28, 30, 220
Mission 2, 4, 211, 238, 254
Mitarbeiterbindung 240
Mitarbeiterzufriedenheit 10, 229, 253
Modellgestützte Planung 17
Modularisierung 27
Motivation 41, 45, 55–61, 80, 220, 256
Motivationstheorie 4, 55
Motivatoren 57, 59
Multiattributive Nutzentheorie 17
Myers-Briggs Typenindikator 50, 55
Nachkalkulation von Fallpauschalen 115
Nachlieferung 185
Netzplantechnik 16, 18
Netzwerk 77, 220, 221, 269, 271, 276
Neugierde 215, 223
Nischenanbieter 240
Nonprofit 10, 29, 55, 212, 229, 230, 233, 247, 248, 268, 292
Nutzen 11, 40, 59, 61, 68, 90, 160, 233, 297
Offene Handelsgesellschaft 259
Operatives Controlling 86, 87, 88, 107, 166
OP-Planung 31, 179, 180
Opportunitätskosten 152, 153, 184, 234, 298, 302
Optimierungsmodelle 18, 186
Organe 258, 262, 267
Organisation 19, 66, 73, 77, 180, 193, 225, 237, 238
Organisational Learning 240
Organisationsstrukturen 2, 19, 23, 46, 66, 74, 75
Outsourcing 76, 208
PACS 205, 209
Partnerschaft 261
Patchwork Identity 54
Patientenakte 198, 202–6, 209
Patiententransport 145, 179, 180

Personalabteilung 6, 33, 36
Personalbedarf 5, 33, 42
Personalbeschaffung 33, 36
Personalbestand 5, 33, 36, 42
Personalbeurteilung 5, 33, 41
Personaleinsatz 1, 6, 7, 11, 19, 31, 32, 43, 79, 85
Personalentwicklung 33, 39, 41
Personalfreisetzung 32, 33, 42
Personalführung 1, 5, 62, 78, 80, 85, 234, 254
Personalgespräch 41
Personalgewinnung 5, 274
Personalinformationssystem 33, 35
Personalkennzahlen 33
Personalmanagement 80, 173
Personalpolitik 42, 212, 237, 240, 254
Personalzuweisung 5, 33, 34, 37, 200
Personalzyklus 32, 33
Personengesellschaften 258, 264
Personenlogistik 174
Personenzusammenschluss 258
Persönlichkeit 30, 36, 43–55, 61, 62, 65, 67, 74, 79, 83, 196, 225, 228, 256
Persönlichkeitstyp 57, 196, 223, 256
Persönlichkeitstypologie 50, 228
Pflegepersonalregelung 34, 35
Pflegesatz 90, 99, 121, 299
Phasenabfolge 217
PIKA 6
Plankostenkurve 152, 153, 155, 159
Plankostenrechnung 116
Planung 7–19
Planungsdominanz 7
Planungsprozess 7
Planungstheorie 7
Planungsverfahren 173
Planungszeitraum 8
Point-of-Service-Plan 275
Poliklinik 286, 287
PORK 6

Portfolio-Analyse 86, 239, 244, 248
Preferred Provider Organisation 275
Preisführerschaft 240, 243, 247
Principal-Agency-Theorie 61
Prinzipal 61
Problemlösungsprozess 9
Produktion 27, 31, 76, 85, 98, 122, 165, 174, 177, 185, 213, 251
Produktionslogistik 177, 178
Produktionsprogrammplanung 18, 76, 87
Prognosemodelle 18
Prognostizierende Modelle 18
Prozess 1, 6, 16, 30, 40, 67, 126, 157, 175, 177, 193, 223, 245, 251, 303
Prozessanalyse 18
Prozesskosten 107, 130
Prozesskostenrechnung 116, 117, 119, 125–31
Prozesspromotor 225, 226, 230
Qualifizierung 39
Qualität 12, 75, 78, 129, 155, 164, 176, 181, 185, 193, 198, 207, 208, 213, 229, 244, 273, 276, 280
Qualitätsführerschaft 240, 244, 247
Qualitätsmanagement 29, 75, 160, 198, 201, 244
Quellen 2, 4, 174
Reagibilität 112, 152, 155
Rechnungswesen 27, 84, 88–149, 166, 239
Rechtsformen 268, 269, 257–69
Recycling 174
Regelkreismodell 1, 2, 212, 213
Regiebetrieb 257, 267
Reminding 280
Ressource 7, 81, 139, 254, 293, 294
Ressourcenbindung 8
Ressourcenverbräuche 117, 118, 131, 149
Richards & Greenlaw 55, 57, 58
Rieckmann 50, 51, 53, 80, 220, 305
Riemann 50, 51, 52, 65, 228

Index

Risikobereitschaft 61, 226, 233
Risikopräferenz 15
Risikosituation 10, 11, 12
ROI-Treiberbaum 162, 163
Rollende Planung 16
Routenplanung 181
Routing 181
Rückstellungen 95, 97, 105, 106
Schlüsselung 113, 116, 118, 120, 121, 122, 126, 131, 136, 142, 145, 149
Schnitt-Naht-Zeit 119, 127, 128, 129, 145, 170
Schulz von Thun 195
Selbstkosten 89, 115, 121, 125, 150, 161
Selbsttransformation 215
Selektionsmechanismus 216
Self-fulfilling prophecy 60
Sender-Empfänger-Modell 195
Sicherheit 10, 12, 56, 59, 184, 224, 243, 264, 291
Sicherheitsbestand 183
Soll-Ist-Vergleich 6, 70
Sollkostenrechnung 116
Sonderentgelt 99
Sonderposten 100–102, 102, 104, 111
Sondervermögen 267
Spieltheorie 11, 18
Stakeholder 173, 225, 227, 232, 233, 269
Stellenplan 32, 33, 35, 37
Stewardship-Theorie 61
Stiftung 14, 266
Stochastische Modelle 15
Strategisches Controlling 84, 86, 303
Strategisches Management 212, 305
Strukturerhaltung 213
Supply Chain Management 76, 177
SWOT-Analyse 244, 251
System Dynamics 18, 87, 303
Systemanpassungen 220
Systemisches Management 3

Systemmodell 2, 48, 72, 73
Systemregime
  diachronisches 213, 225, 229, 234, 239
  synchrones 214
Systemsteuerung 1, 213, 225, 234
Systemtheorie 212
Szenarientechnik 16
Taktik 7, 239
Teambildung 64
Teilkostenrechnung 116
Telechirurgie 207
Telekonsultation 207
Telematik 202, 206, 207
Telemedizin 206–8, 227, 273
Telemonitoring 207, 210
Telepathologie 207
Teleradiologie 207
Terminplanung 179, 181, 200
Theorie dissipativer Systeme 212, 305
Tit for Tat 62
Tool-Kit 83
Top-Down Verfahren 156
Total Quality Management 75
TQM 75
Transitionsphase 226
Transparenz 17, 41, 66, 183
Transportdienst 176, 181
Transportplanung 18
Trennungsprinzip 258, 259
Triumvirat 25, 63
Umwandlung 237, 240, 259, 269, 306
Unfertige Erzeugnisse 99
Unsicherheit 8, 10, 17, 124, 233, 246
Unternehmensethik 67, 80, 235
Unternehmenssteuerung 2, 74, 78, 83, 88, 107, 121, 193, 198, 209, 251, 252, 304
Unternehmensvereinigung 272
Unternehmenszusammenschluss 237, 258, 264, 269–74, 291, 292, 303
US-GAAP 95, 106

Verbände 105, 272, 277, 279

Verbundbestellung 183

Verein 25, 105, 229, 264–65

Verrechnung der Gemeinkosten 112

Verrechnungspreise 87, 115, 158, 159

Versorgungszentrum 281

Vertrauen 45, 55, 60–62, 60–62, 63, 64, 65, 66, 67, 75, 226, 255, 256, 258, 271

Vertrauensmatrix 62

Verweildauer 151, 161, 298, 301, 302

Vision 2, 4, 47, 49, 77, 81, 211, 238, 254

Vollkostenrechnung 116, 118, 133, 134, 141, 149

Vorausdenken 7

Vorkostenstelle 112, 113, 117, 119, 122

Vorstand 23, 63, 155, 259, 262, 265, 268

Wahrhaftigkeit 63, 64, 65, 66, 67

Warenannahme 182, 184, 198

Weisungsbefugnis 5

Weiterbildung 5, 21, 32, 33, 39, 79, 114, 160, 202, 206, 304

Werkstoffe 144, 173

Werkzeugkasten 86

Werte 4, 6, 9, 13, 21, 22, 40, 42, 47, 66, 77, 80, 85, 93, 103, 159, 200, 211, 233, 240

Wertesystem 21, 22, 42, 68, 69, 77, 78, 85, 213

Wertschöpfungskette 76, 177

Wertsystemanalyse 9

Wettbewerbspolitik 240, 243, 244

Widerstand 44, 50, 216, 217, 227

Wiederbeschaffungszeit 185, 186

Wirtschaftlichkeit 86, 88, 107, 108, 110, 180, 198, 239, 280

Wirtschaftsethik 67

Zahlenknecht 84, 150, 166

Zeitplanung 181

Zeitpräferenzrate 232, 256

Zieldominanz 13, 292

Zielgewichtung 13

Zielgruppenpolitik 212

Zielsystem 4, 7, 9, 10, 20, 25, 28, 61, 66, 79, 211, 212, 248, 258, 292

Zuschlagskalkulation 115, 122

Zwillingsfunktion 6, 7

Erfolgreiche Krankenhausführung

Steffen Fleßa
Grundzüge der Krankenhausbetriebslehre
2007. XI, 330 Seiten, Broschur
€ 36,80
ISBN 978-3-486-58280-2

Krankenhäuser sind komplexe Wirtschaftsbetriebe, die betriebswirtschaftliche Methoden anwenden müssen, um auf den dynamischen Märkten der Gesundheitsdienstleistungen ihre Ziele verwirklichen und solvent bleiben zu können. Eine erfolgreiche Krankenhausführung benötigt hierzu nicht nur einzelne Methoden der Betriebswirtschaftslehre, sondern sie muss das Gesamtsystem verstehen und gestalten. Hierzu entwickelt das Buch ein umfassendes Krankenhausmodell. mit dessen Hilfe alle Teilfunktionen (z.B. Beschaffung, Qualitätsmanagement, Marketing, Finanzierung) in ihren Interdependenzen beschrieben werden können.

Das Buch wendet sich an Studierende des Gesundheitsmanagements, der Krankenhausbetriebslehre und des Pflegemanagements; an Betriebswirte, die ihre Kenntnisse im Krankenhaus anwenden möchten, sowie an Ärzte und Pflegekräfte, die ihre Managementerfahrungen grundlegend reflektieren möchten.

Dr. rer. pol. Steffen Fleßa ist Professor für Allgemeine Betriebswirtschaftslehre und Gesundheitsmanagement an der Ernst-Moritz-Arndt-Universität Greifswald.

1.300 Stichwörter zum Medizinmanagement

Hans-Jürgen Seelos
Lexikon Medizinmanagement
2008. XIX, 266 Seiten, gebunden
€ 39,80
ISBN 978-3-486-58532-2

Medizinmanagement befasst sich mit der Anwendung der Managementlehre in der institutionalisierten Medizin. Dem wachsenden Informationsbedarf von Wissenschaft und Praxis folgend wird mit diesem Lexikon erstmals eine terminologische Synthese dieses Fachgebietes vorgelegt, die mehr als 1.300 Stichwörter umfasst.

Das Buch richtet sich an Führungskräfte in Medizinbetrieben, an Unternehmensberater mit Spezialisierung auf das Gesundheitswesen sowie an Studierende und Dozierende insbesondere der Medizin, Psychologie, Wirtschaftswissenschaften, Gesundheitsökonomie und Gesundheitswissenschaften an Universitäten, Fachhochschulen und Weiterbildungsakademien.

Prof. Dr. Dr. Hans-Jürgen Seelos ist Alleingeschäftsführer von mehreren Fachkrankenhäusern, Pflegeheimen, verbundenen Tageskliniken und Direktor des Instituts für Medizinmanagement (ifm). Er lehrt an den Universitäten Konstanz und Düsseldorf, an der European Business School und an der FHS St. Gallen – Hochschule für Angewandte Wissenschaften.

Oldenbourg

Biometrische Statistik

Karl-Ernst Biebler, Bernd Jäger
Biometrische und epidemiologische Methoden
2008. VIII, 384 Seiten, Broschur
€ 34,80
ISBN 978-3-486-58511-7

Wissenschaftliche Datenauswertungen sind nicht auf statistische Methoden zu reduzieren. Dieser Erkenntnis trägt dieses Buch Rechnung: Neben den unverzichtbaren Kenntnissen aus Wahrscheinlichkeitsrechnung und Statistik werden die algebraischen Grundlagen multivariater Verfahren systematisch vermittelt. Zusammen mit topologischen Begriffsbildungen erlaubt dies das Verständnis häufig angewandter und in Programmsystemen verfügbarer Verfahren der explorativen Analyse höherdimensionaler Datenmengen. Auf einige Prinzipien der Clusteranalyse und der Diskriminanzanalyse wird explizit eingegangen.
Typische Begriffsbildungen der Epidemiologie sowie spezifische Strategien der Studienplanung und -auswertung werden leicht verständlich formuliert.

Der Leser findet eine Vielzahl vollständig durchgerechneter Beispiele. Je nach Benutzersituation ist das Werk ein Lehrbuch, Handbuch oder Nachschlagewerk.

Prof. Dr. Karl-Ernst Biebler ist Fachmathematiker der Medizin und leitet das Institut für Biometrie und Medizinische Informatik an der Greifswalder Universität.

Dr. Bernd Paul Jäger ist am Institut für Biometrie und Medizinische Informatik der Greifswalder Ernst-Moritz-Arndt-Universität tätig.

Oldenbourg

Experiments and Surveys

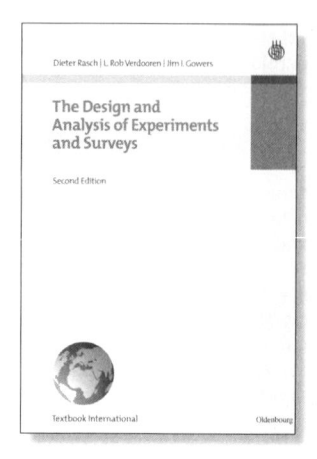

Dieter Rasch, L. Rob Verdooren, Jim Gowers
The Design and Analysis of Experiments and Surveys

2. Auflage 2007 | IX, 261 S. | Broschur
€ 34,80
ISBN 978-3-486-58299-4

This volume is the English version of the second edition of the bilingual textbook by Rasch, Verdooren and Gowers (1999). A parallel version in German is available from the same publisher.

It is intended for students and experimental scientists in all disciplines and presumes only elementary statistical and mathematical knowledge. This prerequisite knowledge is summarised briefly in an appendix.

The present edition introduces some new sections, such as testing the equality of two proportions, and the inclusion of sequential tests. It includes the equivalence tests which should replace the usual tests especially in psychological and medical research if the acceptance of the usual null hypothesis is the goal. Most of the methods are accompanied by examples demonstrating the relevant SPSS and CADEMO (a statistical design optimising package) procedures.

One important feature which distinguishes this book from the majority of elementary statistics texts is the emphasis placed on correct experimental design and the optimising of the experiment size. Given the steadily increasing financial problems facing research institutions, how can empirical research be conducted as efficiently (cost-effectively) as possible? This book seeks to make a contribution to answering this question. The design methods are in existence, but they are not widely used. The reasons for this stem on the one hand from the traditions of experimental research, and also from the behavioural patterns of the researchers themselves. Optimal research design implies that the objective of the investigation is determined in detail before the experiment or survey is carried out. In particular it is important that the precision requirements for the type of analysis planned for the data are formulated.

Further Information:
www.oldenbourg-wissenschaftsverlag.de